O CAMINHO ESPIRITUAL DE
DOM HELDER CAMARA

COLEÇÃO PESQUISA TEOLÓGICA
- *A Encarnação: debate cristológico na teologia cristã das religiões* – Manuel Hurtado
- *O caminho espiritual de Dom Helder Camara* – Ivanir Antonio Rampon

Ivanir Antonio Rampon

O CAMINHO ESPIRITUAL DE
DOM HELDER CAMARA

Dados Internacionais de Catalogação na Publicação (CIP)
(Câmara Brasileira do Livro, SP, Brasil)

Rampon, Ivanir Antonio
   O caminho espiritual de Dom Helder Camara / Ivanir Antonio
Rampon. – São Paulo : Paulinas, 2013. – (Coleção pesquisa
teológica)

   Bibliografia.
   ISBN 978-85-356-3457-0

   1. Bispos - Brasil - Biografia   2. Câmara, Helder, 1909-1999
I. Título.   II. Série.

13-02027   CDD-922.2

Índice para catálogo sistemático:
1. Bispos : Brasil : Biografia   922.2

1ª edição – 2013
3ª reimpressão – 2017

Direção-geral: *Bernadete Boff*
Editores responsáveis: *Vera Ivanise Bombonatto e*
Afonso M. L. Soares
Copidesque: *Amália Ursi*
Coordenação de revisão: *Marina Mendonça*
Revisão: *Ruth Mitzuie Kluska*
Assistente de arte: *Ana Karina Rodrigues Caetano*
Gerente de produção: *Felício Calegaro Neto*
Projeto gráfico: *Wilson Teodoro Garcia*
Capa e diagramação: *Manuel Rebelato Miramontes*

*Nenhuma parte desta obra poderá ser reproduzida
ou transmitida por qualquer forma e/ou quaisquer meios
(eletrônico ou mecânico, incluindo fotocópia e gravação)
ou arquivada em qualquer sistema ou banco de dados
sem permissão escrita da Editora. Direitos reservados.*

Paulinas
Rua Dona Inácia Uchoa, 62
04110-020 – São Paulo – SP (Brasil)
Tel.: (11) 2125-3500
http://www.paulinas.org.br
editora@paulinas.com.br
Telemarketing e SAC: 0800-7010081

© Pia Sociedade Filhas de São Paulo – São Paulo, 2013

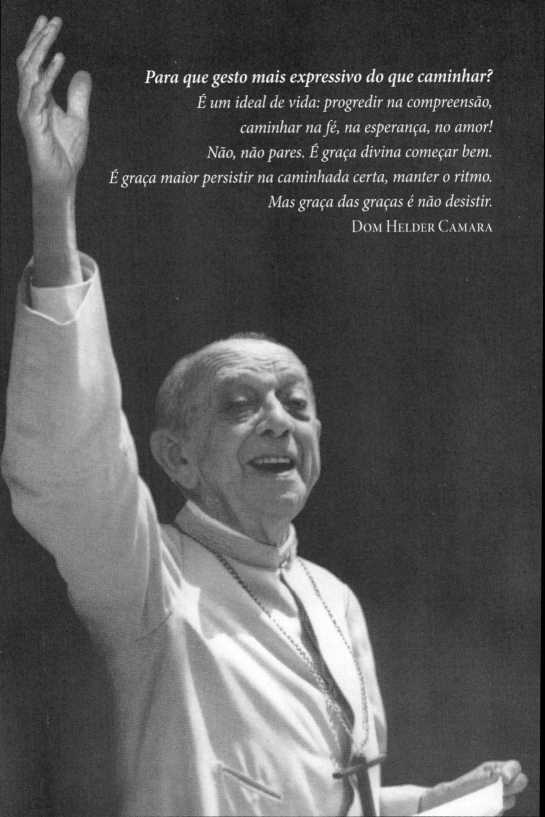

Para que gesto mais expressivo do que caminhar?
É um ideal de vida: progredir na compreensão,
caminhar na fé, na esperança, no amor!
Não, não pares. É graça divina começar bem.
É graça maior persistir na caminhada certa, manter o ritmo.
Mas graça das graças é não desistir.
Dom Helder Camara

Sumário

Siglas 11

Introdução 13

I - PRIMEIROS PASSOS NO CAMINHO ESPIRITUAL

1. Infância e juventude 25

2. "O pecado de juventude" 38

3. "Quem sabe não é a Providência que me aproxima do Senhor?" 53

II - ATIVIDADES PASTORAIS
E DESENVOLVIMENTO ESPIRITUAL (1936-1964)

1. "Francisco deu uma lição..." 65

2. "Em tuas mãos, Senhor!" 79

3. "Este é um momento de virada em minha vida.
O senhor poderá ver minha consagração aos pobres" 94

4. "Quando a primavera irrompe só quem foi despojado vibra com
o milagre da ressurreição" 118

III - O INÍCIO DO PASTOREIO DE DOM HELDER EM RECIFE

1. "[...] me entreguei a Recife com a mesma lealdade,
a mesma sinceridade e o mesmo amor com que me dei ao Rio..." 139

2. "[...] o Bom Pastor, aos ombros, traz o mundo subdesenvolvido" 169

IV - DOM HELDER NO VATICANO II

1. "Deus nos permite participar do Vaticano II. Vivê-lo por dentro. Ajudar a mantê-lo na linha inspirada por Deus ao Papa João" 194

2. "[...] me confirmo em minha vocação complementar de pregador do Vaticano II" 220

V - DOM HELDER, DIFAMADO E EXECRADO

1. "Rezei o tempo todo pela paz no Mundo e pela rápida e total redemocratização do País..." 245

2. "[...] exacerbou a violência daqueles que querem tirar o sal do Evangelho" 262

3. "Tomamos a liberdade de propor como candidato ao prêmio Nobel da Paz Dom Helder Câmara" 275

VI - O CULTIVO ESPIRITUAL DE DOM HELDER

1. "Que seria de mim sem a Vigília?..." 305

2. "À querida Família Mecejanense..." 312

3. "Obrigado, Senhor, porque elas [as Circulares] são a TUA e a sua presença entre nós" 322

4. "[...] a Missa é o momento alto do meu dia" 328

VII - AS DEVOÇÕES DE DOM HELDER

1. "Nem te conto o que pretendo fazer com as rosas, Rosa Mística" 347

2. "Tenho uma grande confiança no meu Anjo da Guarda. Chamo-o de José..." 352

3. "[...] estou convicto, se vivesse hoje, o apóstolo da caridade buscaria fazer a justiça" 359

4. "[São Carlos] nos ajude a ser e fazer do Vaticano II o que ele fez em relação ao Concílio de Trento..." 362

5. "Na Vigília e na Missa cotidiana, Pedro tem sempre um lugar único nas orações do amigo e irmão em Cristo" 366

VIII - A MÍSTICA HELDERIANA: AS MEDITAÇÕES DO PE. JOSÉ

1. As Meditações do Pe. José 397

2. Análise da dinâmica mística do Pe. José com base em São João da Cruz 402

3. Autores espirituais conhecidos e especiais para Dom Helder 412

4. Autores espirituais que possuem semelhanças com Dom Helder................442

5. Dom Helder e os místicos cearenses 449

IX - O PENSAMENTO PROFÉTICO-ESPIRITUAL DE DOM HELDER

1. "[...] um autêntico doutor da fé, [...] ante quem os 'catedráticos' de Teologia se levantam de suas cátedras e se inclinam" 455

2. "Não deixe cair a profecia" 501

Conclusão 517

Bibliografia 521

Siglas

AAS	Acta Apostolicae Sedis
AASS	Acta Sanctorum
ABE	Associação Brasileira de Educação
AC	Ação Católica
ACB	Ação Católica Brasileira
AI-5	Ato Institucional número cinco
AIB	Ação Integralista Brasileira
AJP	Ação Justiça e Paz
ALN	Aliança Libertadora Nacional
AP	Ação Popular
CAL	Conselho Pontifício para a América Latina
CCC	Comando de Caça aos Comunistas
CCE	Confederação Católica de Educação
CEBs	Comunidades Eclesiais de Base
CELAF	Conselho Episcopal Africano
CELAM	Conselho Episcopal Latino-Americano
CEPAL	Comissão Econômica para a América Latina
CGT	Central Geral dos Trabalhadores
CLASC	Confederação Latino-Americana de Sindicatos Cristãos
CNBB	Conferência Nacional dos Bispos do Brasil
CPT	Comissão Pastoral da Terra
DIM	Dizionario di Mistica
DMi	Diccionario de la Mística
DOPS	Departamento de Ordem Política e Social
FUR	Frente Universitária de Resistência
JAC	Juventude Agrária Católica
JEC	Juventude Estudantil Católica
JIC	Juventude Independente Católica
Jo	Evangelho segundo João
JOC	Juventude Operária Católica

JUC	Juventude Universitária Católica
LDB	Lei de Diretrizes e Bases da Educação
LEC	Liga Eleitoral Católica
MAC	Movimento Anticomunista
MEB	Movimento de Educação de Base
MST	Movimento dos Trabalhadores Rurais Sem Terra
Mt	Evangelho segundo Mateus
NDS	Dicionário de Espiritualidade = Nuovo Dizionario di Spiritualità
OAB	Ordem dos Advogados do Brasil
OBAN	Operação Bandeirantes
OEA	Organização dos Estados Americanos
PCB	Partido Comunista Brasileiro
PDC	Partido Democrático Cristão (Brasileiro e Italiano)
PDS	Partido Democrático Social
PFL	Partido da Frente Liberal
PILETTI–PRAXEDES	Trata-se da biografia mais completa sobre Dom Helder: N. PILETTI, W. PRAXEDES. *Dom Hélder Câmara: Entre o poder e a profecia* (1997). Acrescido de um capítulo, o livro recebeu o título *Dom Helder Camara: o profeta da paz*, em 2008.
PPC	Plano de Pastoral de Conjunto
PSB	Partido Socialista Brasileiro
PSDB	Partido da Social Democracia Brasileira
PT	Partido dos Trabalhadores
PTB	Partido Trabalhista Brasileiro
PTN	Partido Trabalhista Nacional
PUC-RJ	Pontifícia Universidade Católica do Rio de Janeiro
PUC-SP	Pontifícia Universidade Católica de São Paulo
Sedoc	Serviço de Documentação
SUDENE	Superintendência de Desenvolvimento do Nordeste
TFP	Tradição, Família e Propriedade
UDN	União Democrática Nacional
UNE	União Nacional dos Estudantes
UNESCO	Organização das Nações Unidas para a Educação, a Ciência e a Cultura

Introdução

Helder Pessoa Camara (1909-1999)[1] é, para muitas pessoas, em particular no Brasil, uma das personalidades mais importantes do século XX. Sua grandeza abrange várias dimensões. É considerado, por exemplo, expoente da profecia, figura exemplar de Bispo-pastor e símbolo mundial da não violência ativa, juntamente com Gandhi e Martin Luther King.[2] Paulo VI, com propriedade, considerava-o um místico e um poeta, um grande homem para o Brasil e para a Igreja, alguém com um coração incapaz de odiar: que só sabe amar, que recebeu de Deus a missão de pregar a justiça e o amor como caminho para a paz. João Paulo II, por sua vez, chamava-o de "Irmão dos pobres, meu Irmão".

Dom Helder consegue ser uma síntese da melhor tradição espiritual da América Latina, pois, no dizer do historiador Beozzo, nele encontramos o profetismo e a veia literária de Pedro Casaldáliga, a intrepidez e o senso político de Ivo Lorscheiter, a atenção aos pobres e a capacidade de conciliação de Dom Luciano Mendes de Almeida, a bondade e a intuição teológica de Aloísio Lorscheider, a coragem e a defesa intransigente dos direitos dos pequenos de Evaristo Arns.

A Vigília (oração) e a Santa Missa (Eucaristia) foram fundamentais para que Dom Helder se tornasse "a síntese da melhor tradição espiritual da América Latina": sem elas, provavelmente, ele não teria sido o Bispo das Favelas do Rio de Janeiro, o Arcebispo dos Pobres no Nordeste, o Advogado do Terceiro Mundo, o Apóstolo da não violência ativa, a Esperança de uma sociedade renovada segundo o ideal cristão, o Poeta-místico e Profeta de uma fé jovem e forte. Sem a Vigília e a Santa Missa "não seria possuidor desta espiritualidade madura que nos leva a ver nele um monumento espiritual para a América Latina e para o Terceiro Mundo", a vê-lo como

---

[1] Os autores escrevem o nome de Dom Helder de muitas maneiras. A grafia correta é Dom Helder Pessoa Camara.

[2] Cf. Bibliografia.

"o DOM": o Dom da paz, do amor, da justiça, da libertação... o Dom de Deus![3]

1. Objetivo deste livro

Quando se celebrava o centenário do nascimento de Dom Helder, muitas atividades comemorativas foram realizadas na América Latina e no mundo, a fim de louvar a Deus pelo amor que ele nos revelou através do Bispinho. Na ocasião, centenas de estudiosos, autoridades civis e eclesiásticas, comunidades, pastorais, universidades, movimentos populares lançaram o apelo para que se aprofundasse a herança espiritual helderiana. Baseados naquele contexto, aceitamos o desafio de elaborar a tese de doutorado em Teologia Espiritual sobre *o caminho espiritual de Dom Helder Camara*, a fim de contribuir com uma reflexão teológico-espiritual acerca dele. A Pontifícia Universidade Gregoriana, mediante o Instituto de Espiritualidade, incentivou e demonstrou vivo interesse por esta pesquisa. O meu orientador, Prof. Dr. Rogelio García Mateo, professores, colegas, amigos e *helderianos* de diversas partes do mundo insistiram para que se efetuasse tal publicação. Atendendo apelos diversos, portanto, partilhamos com você, por meio das Paulinas, parte do estudo realizado durante os anos de 2008-2011.

Estabelecemos como objetivo central da referida tese a análise do caminho espiritual de Helder Camara. Para responder a essa meta, além da descrição da *cronologia espiritual* helderiana, salientamos *aspectos relevantes* de sua espiritualidade. Concretizamos isso de duas maneiras: 1) analisando como Helder *aplicou* a sua força místico-espiritual concretamente na vida (especialmente os capítulos I a V); 2) dissertando como ele *cultivou* a força místico-espiritual (especialmente os capítulos VI a IX).

Com a tese – e agora com o livro – ainda, desejávamos tributar honra a Dom Helder. Porém, somos obrigados a reconhecer que, estudá-lo, é uma honra aos estudiosos. Honra que se traduz, sobretudo, em compromisso, pois – como disse o decano de Teologia da Universidade de Friburgo,

---

[3]   Ainda na década de 1950, o povo começou a chamá-lo de "Dom". Carinhosamente, também era chamado de "Padrezinho" e "Bispinho".

INTRODUÇÃO

quando lhe concedeu o título de *Doctor Honoris Causa* em Teologia Espiritual – "por sua vida, por sua atuação de pastor, por seu testemunho", Dom Helder é "um autêntico doutor da fé, um genuíno intérprete da verdade evangélica, ante quem os 'catedráticos' de Teologia se levantam de suas cátedras e se inclinam".

O estudo do caminho espiritual de Dom Helder influenciou muito na minha espiritualidade. Desafiou-me, por exemplo, a buscar momentos de oração e silêncio para "salvar a unidade"; a "espalhar a Santa Missa" em todo o meu viver; a cultivar e difundir a esperança, alicerce das ações da "Família Abraâmica". Além disso, o estudo é um apoio e um sustento teológico-espiritual para as ações do meu apostolado acadêmico e diocesano. Este livro é também uma contribuição para o conjunto dos estudos biográficos e do pensamento de Dom Helder, bem como para a História da Espiritualidade Contemporânea, principalmente na América Latina.

2. Originalidade

A originalidade da tese/livro está no fato de apresentar o *caminho espiritual* de Dom Helder. Em outras palavras, não se trata, apenas, de descrever características de sua espiritualidade a partir de um momento fixo de sua vida, mas de *caminhar com ele*, percebendo quais foram as *constantes*, as *novidades*, as *mudanças* e os *progressos* (ou as "conversões", as "humilhações", os "novos acentos") no seu modo de viver sob a orientação do Espírito Santo. Por isso, daremos grande importância aos próprios textos e relatos do Arcebispo.

Ao *caminhar* com Dom Helder, percebe-se, numa perspectiva diferente e mais profunda, como ele viveu unido "à Vida divina da Santíssima Trindade" e em "união com Cristo", no decorrer do *processo histórico-espiritual* que envolveu sua vida e ministério. A análise nos leva a afirmar que o Dom pode ser apresentado como um modelo de pessoa que se doou, sublimemente, na caridade, por amor a Cristo e a sua Igreja. Ele, movido pelo Espírito Santo, ouviu a voz do Pai, adorando-o em espírito e verdade, e seguiu a Cristo pobre, humilde e crucificado-ressuscitado, progredindo no caminho da fé viva, que acende a esperança e age por meio da caridade.

Seu *relacionamento* pessoal e profundo com Cristo era expresso no calor do seu amor, na bondade do seu coração, na verdade de suas palavras, no alento dado à esperança, na beleza da sua prece. Terminada sua vida terrena, Dom Helder continua recebendo admiração, afeto, reconhecimento e orações, permanecendo, assim, vitalmente unido aos seus irmãos ainda peregrinos na estrada de Jesus. Por meio da partilha de *bens espirituais*, nossa fragilidade é mais amparada por sua fraterna solicitude.

3. Métodos de pesquisa

A Teologia Espiritual é uma disciplina teológica que estuda a experiência espiritual cristã, descreve o seu desenvolvimento, suas estruturas e suas leis. Devido a sua complexidade, exige um conhecimento interdisciplinar, porque em sua natureza participam, além da Teologia, a Antropologia, a História, a Psicologia... com suas exigências práticas. Para efetivar nossa pesquisa, utilizamo-nos de métodos que fossem capazes de garantir o caráter teológico-espiritual da tese/livro.

O método narrativo nos permitiu *descrever* o caminho. O histórico-crítico foi importante para efetivar a *hermenêutica* do contexto em que foi possível a caminhada, percebendo as *constâncias* e *novos acentos* na caminhada espiritual helderiana. O fenomenológico nos permitiu considerar a *singular* experiência espiritual helderiana, *comparando-a* com outras experiências, e *analisá-la* com base nas leis e das estruturas da Teologia Espiritual. Desse modo, colocamos em diálogo quatro exigências importantes para o nosso estudo: a experiência, a hermenêutica, a sistemática e a mistagogia.

Nossa pesquisa foi, fundamentalmente, bibliográfica e contamos com *muitas* fontes, pois Dom Helder era um constante e exímio escritor. Seus textos podem ser classificados em cinco grupos:

1) Conferências: de 1964 a 1993, o Arcebispo fez 509 conferências no Brasil e no exterior. Algumas delas foram publicadas em livros: *Revolução dentro da paz, Terzo Mondo defraudato, Utopias peregrinas...* Versam sobre justiça, paz, não violência, colonialismo interno, integração

Norte-Sul, Direitos Humanos etc. Dentre as publicadas, a maioria foi pronunciada no estrangeiro.

2) Meditações: são pequenos textos e poemas místicos, quase sempre escritos durante as Vigílias. Alguns estão publicados em livros: *Em tuas mãos, Senhor!*, *Quem não precisa de conversão?*, *O deserto é fértil*, *Rosas para meu Deus*... Versam sobre Deus, humanidade, vida, natureza, fé, sentimentos, acontecimentos cotidianos etc.

3) Crônicas: são textos meditativos, geralmente usados para os programas matinais na Rádio Olinda. Alguns estão publicados em livros: *Um olhar sobre a cidade*, *Um olhar sobre a cidade... olhar atento de esperança, de prece*; ou gravados em CDs – *Deus nos tempos de hoje e na vida de cada dia*, *Um olhar sobre a cidade*.

4) Circulares: são cartas espirituais mediante as quais "cuidava" da Família. As *Circulares Conciliares* e as *Circulares Interconciliares* foram publicadas por ocasião das comemorações dos cem anos de nascimento de Helder. O primeiro tomo das *Circulares Pós-Conciliares* foi publicado no dia 12 de abril de 2012, quando se comemorava os 48 anos da chegada de Dom Helder em Recife, portanto após a apresentação da tese, ocorrida em junho de 2011.

5) Entrevistas: diversas entrevistas tornaram-se livros. De cunho biográfico merecem destaque *Le conversioni di un vescovo* (1977), organizado pelo primeiro biógrafo de Dom Helder, José de Broucker, e *Chi sono io?* (1979), sob a organização de Benedicto Tapia de Renedo. Já o livro *O Evangelho com Dom Helder* (1987), organizado por Roger Bourgeon, apresenta a hermenêutica que o Arcebispo fazia de alguns textos do Evangelho.

Além dessas fontes principais, utilizamos outros importantes escritos sobre o Arcebispo. De fato, inúmeros são os textos em jornais, revistas, sites, livros, monografias, dissertações, teses e biografias, que analisam a pessoa e o pensamento de Dom Helder, abordando-os em diferentes áreas do saber humano, tais como a Teologia, a Antropologia, as Ciências da Religião, a Sociologia, a Pedagogia, a Política, a Literatura... Utilizamos esses escritos, analisando-os, porém, sob o prisma da Teologia Espiritual. Importantes, para esta obra, foram os textos de espiritualidade e as biografias.

1) Dentre os textos de espiritualidade, merece destaque: a) o livro *Uma vida para os pobres: Espiritualidade de D. Hélder Câmara* (1991), de Nelmo Roque Ten Kathen. O autor apresenta Dom Helder como profeta-testemunha de Cristo, amigo dos pobres e do Papa, portador de uma espiritualidade amadurecida ao longo dos anos através do seguimento a Cristo no cotidiano e da atitude orante de quem vigia na madrugada à espera do toque, da moção, da conversão; b) o texto-conferência inédita *Espiritualidade de Dom Helder* (2001), de José Comblin, pronunciada por ocasião da celebração do 92.º aniversário do Dom. O autor apresenta o Arcebispo como uma pessoa em quem a espiritualidade não era um acidente, mas a essência da vida: um místico original, todo centrado no Amor que, em certo momento, colocou a sua mística a serviço dos pobres, vivenciando as consequências dessa opção.

2) Dentre as biografias destacamos: a) *La violenza di un pacifico* (1969), de José de Broucker: é um documento ímpar porque Dom Helder narra ao amigo – e redator-chefe do *Informations Catholiques Internationales*, que fora visitá-lo em Recife – a sua vida, o seu pensamento, os seus sentimentos. Com base nas narrações, Broucker apresenta Helder como um menino estudioso, um jovem de fortes convicções, o Bispo das Favelas do Rio de Janeiro, o Pastor no Nordeste, enfim, o Apóstolo da não violência ativa, que, com poesia e profecia, espalhava a esperança de um mundo renovado; b) *Hélder Câmara – Brasil:¿un Vietnam católico?* (1969), de José Cayuela: o autor apresenta Dom Helder como fiel ao Sumo Pontífice, amigo pessoal de Paulo VI, pregador da não violência ativa (questionado por grupos radicais da esquerda revolucionária) e corajoso na denúncia da injustiça social (caluniado por grupos radicais da direita conservadora); c) *Helder Câmara: il grido dei poveri* (1970), de José González: apresenta Helder Camara como pessoa de grandes ideais e gestos, que aos poucos foi se tornando "a consciência humana do Terceiro Mundo" e a "voz dos que não têm voz"; d) *Dom Hélder Câmara: entre o poder e a profecia* (1997), de Nelson Piletti e Walter Praxedes: trata-se de uma biografia surpreendente, em que a figura carismática de Helder Camara surge diante do leitor como um militante integralista que, com o passar do tempo, vai assumindo contornos cada vez mais libertários até tornar-se pessoa *non*

INTRODUÇÃO

grata à ditadura militar e expoente da profecia mundial no século XX (em 2008, acrescentado de um capítulo, o livro recebeu o título *Dom Helder Camara: o profeta da paz*).

4. Itinerário dos conteúdos

Nos primeiros cinco capítulos, apresentamos como Dom Helder *aplicou* a sua força místico-espiritual no apostolado e no ministério sacerdotal, servindo a Igreja, a sociedade e os pobres. Nos outros quatro, analisamos como ele *cultivou* essa "força", que lhe dava sustento no "caminho do Senhor".

O primeiro capítulo abrange o período em que Helder viveu no Ceará (1909-1936); nele abordamos também seus primeiros passos no caminho espiritual. Além de descrever a sua infância e juventude, colocamos em destaque *ensinamentos espirituais* recebidos que marcaram a sua personalidade. Evidenciamos a origem das *Meditações do Pe. José*, a experiência da primeira grande *humilhação*, a opção radical de realizar *Vigílias* para "salvar a unidade" e o *pecado de juventude*.

O segundo capítulo engloba os anos em que o Pe. Helder residiu no Rio de Janeiro (1936-1964), vivenciando forte experiência mística e realizando intensas atividades pastorais, mediante as quais efetivou um vigoroso *progresso espiritual* caracterizado, sucessivamente, pela busca de um novo *estilo de santidade* (1936-1946), uma nova *metodologia e espiritualidade* na ação pastoral (1946-1955) e uma nova aplicação *para a sua força mística* (1955-1964).

O terceiro capítulo abrange os dois primeiros anos de Dom Helder em Recife (1964-1965). Analisamos, primeiramente, o *Discurso de Chegada*, no qual o Arcebispo adjetivou a sua *espiritualidade pastoral*. Em seguida, através das *Circulares Interconciliares*, visualizamos alguns dramas sociopastorais vivenciados pelo Pastor, em uma das regiões com alto índice de pobreza, devido, entre outras causas, ao colonialismo interno e à injustiça internacional do comércio.

O quarto capítulo se refere ao período em que Dom Helder esteve em Roma, participando do Concílio Vaticano II (1962-1965). O Arcebispo brasileiro – considerado entre os mais importantes Padres Conciliares – realizou o *apostolado oculto*, principalmente nos espaços informais: organizou o Ecumênico e o *Opus Angeli*, além de ser notável no Grupo dos Pobres e muito apreciado pelos jornalistas. Através das *Circulares Conciliares* – nas quais ele reza, medita e partilha o Concílio com a Família –, vislumbramos a sua ação em prol de um cristianismo aberto, renovado, libertador e promotor da paz.

O quinto capítulo compreende o período em que Dom Helder foi difamado, caluniado, execrado e silenciado pela repressão militar, instalada no Brasil pelo regime político autoritário (1964-1985). Além de registrarmos a ação das forças que se declararam inimigas do Arcebispo, evidenciamos o crescimento da fama de sua santidade e o auge de sua notoriedade internacional, quando foi indicado, quatro vezes consecutivas, ao Nobel da Paz e agraciado com dezenas de doutorados *Honoris Causa*. Nas páginas desse capítulo, é saliente o modo como o Dom padeceu o *sacrifício da cruz* que celebrava em cada Santa Missa, sofrendo, solidário, com presos, torturados, silenciados, martirizados...

O sexto capítulo trata do modo como Dom Helder cultivava a sua espiritualidade, merecendo destaques: a vivência de uma forte amizade espiritual com um grupo de pessoas especiais, que ele chamava de *Família*; a *Vigília*, na qual meditava a sua união à Vida divina da Santíssima Trindade e mantinha uma relação pessoal, *de camaradas*, com Cristo, com os Anjos e os Santos; as *Circulares*, nas quais descreve, de modo orante e com pureza de coração, sua missão, seus sonhos, sua utopia e sua espiritualidade; a *Santa Missa*, ponto mais alto e mais importante do seu dia.

No sétimo capítulo analisamos algumas devoções, por meio das quais Dom Helder cultivava a sua espiritualidade. Ele se relacionava intensamente com Maria, tendo a liberdade de chamá-la, carinhosamente, com novos títulos, oriundos da situação socioexistencial; conversava com seu Anjo da Guarda, a fim de considerar os acontecimentos à luz de uma *visão sobrenatural*; fazia planos com os Santos sobre as lidas em favor da justiça, da paz, da renovação da Igreja; venerava e seguia as orientações do sucessor de

Pedro e, por isso, comentamos alguns dos encontros de Dom Helder com João XXIII, Paulo VI e João Paulo II.

No oitavo capítulo analisamos a experiência mística de Dom Helder expressa nas *Meditações do Pe. José*. Para isso, utilizamos alguns *critérios analíticos*, oriundos de São João da Cruz, e ressaltamos as principais *afinidades espirituais* de Dom Helder com Francisco de Assis, Teresinha do Menino Jesus, Teilhard de Chardin, Irmão Roger de Taizé e Thomas Merton, e, enfim, colocamos em evidência certas *semelhanças* do Bispinho com Catarina de Sena, Inácio de Loyola e os místicos cearenses.

No último capítulo apresentamos, de modo sintético: o legado profético-espiritual helderiano, especialmente sua participação no caráter "fundacional" da Igreja na América Latina; seu esforço para garantir a tradição espiritual libertadora latino-americana; sua peregrinação pelo mundo, pregando a paz e conclamando as Minorias Abraâmicas a se unirem para o exercício da pressão moral libertadora; seu apostolado, irradiante da mística evangélica, na Arquidiocese de Olinda e Recife. Por fim, recordaremos Dom Helder, no "grande silêncio", recolhido em oração, qual místico no deserto, preparando-se para a "grande viagem".

5. Limites

Entre os diversos limites desta obra, destacamos: 1) não foi possível consultar todos os textos de Dom Helder, pois a maioria de suas conferências, crônicas, circulares e meditações não foram publicadas. Em que pese o privilégio de esta ser a primeira tese/livro a contar com a publicação das *Circulares Conciliares* e *Interconciliares*, há o imenso tesouro das *Pós-Conciliares* que, praticamente, não foram utilizadas. Por outro lado, sabemos que é impossível exaurir os "inesgotáveis reservatórios de energias renováveis" que são os escritos helderianos: eles permanecem como herança extremamente preciosa para as gerações atuais e futuras. Inovadoras teses podem, certamente, ser escritas. Esta – não há dúvida – foi uma singela contribuição, continuando aberto um amplo horizonte de pesquisas; 2) não deixa de ser um limite a grande quantidade de páginas desta obra. Porém, a opção de analisar o dinâmico *caminho espiritual*, ao invés de descrever *características fixas*, levou-nos a assumir, conscientemente, esse limite; 3) não dedicamos espaços maiores para descrever os contextos socioeclesiais nos quais Dom Helder atuou, tendo-os, portanto, por pressupostos; 4) não efetivamos um estudo da evolução histórico-espiritual nas *Meditações do Pe. José*, pois isso, no nosso entender, vai além de uma tese/livro – seria necessária uma edição crítica delas, envolvendo estudiosos de diversas áreas, tais como a Teologia Espiritual, a Mística, a Arte, a Literatura... Em que pese os limites, acreditamos ter conseguido, com esta obra, dissertar sobre o belo, exemplar e estimulante caminho espiritual de Helder Camara.

6. Agradecimentos

Em primeiro lugar, quero agradecer ao Pai, que na graça do Espírito Santo, chamou Dom Helder para o seguimento a Jesus Cristo, o Bom Pastor; à Universidade Gregoriana, especialmente aos professores, aos colegas, ao grupo dos doutorandos do Instituto de Espiritualidade, com quem refleti durante três anos; ao orientador da tese, Prof. Dr. Rogelio García Mateo, pela orientação, apoio, confiança e amizade; ao Pe. João Roque Rohr, ao Pe. Geraldo Antônio Coêlho de Almeida, e com eles, à direção, estudantes, religiosos e religiosas e funcionários do Pontifício Colégio Pio Brasileiro, com quem convivi durante a permanência em Roma; ao Pe. Marcello Mielle, Giusy Furlan, Paolo e Loredana Casonato e, representada neles, à Paróquia São Pio X, de San Donà di Piave, na qual exerci o ministério sacerdotal e convivi com pessoas que me acolheram com muito carinho; a Dom Pedro Ercílio Simon e à Arquidiocese de Passo Fundo, ao Pe. Ivanir Antonio Rodighero e ao *Itepa Faculdades*, que me enviaram para os estudos em Roma; às comunidades e lideranças eclesiais, entre as quais atuei pastoralmente, que me acompanharam com a oração e o bem-querer; a *Adveniat* e à *Porticus*, que me deram apoio financeiro; ao Pe. Paulo Lisboa e à Ir. M. Imelda Seibel que contribuíram com a correção do português; ao amigo Juarez Dutra Nicácio pelas dicas bibliográficas; ao falecido amigo Pe. Felix Pastor pela orientação nos estudos; à minha querida família – Dorvalino, Irma, Ivanice, Valmor, Nathalia, Gustavo –, que, de longe, permaneceu acompanhando meus passos, na saudade e na prece; à Editora Paulinas, especialmente à

Irmã Irma Cipriani, por desejarem esta publicação; aos que se dedicam a espalhar os "ideais helderianos"; aos amigos e amigas. Enfim, a Dom Helder, com afeto, estima, veneração e compromisso! Obrigado DOM!

CAPÍTULO I

Primeiros passos no caminho espiritual

Helder Pessoa Camara viveu a "primeira fase" de sua vida em Fortaleza.[1] Ali se sentiu chamado ao sacerdócio e se fez vicentino. No seminário destacou-se pela inteligência, retidão e respeito. Ordenado sacerdote, dedicou-se ao apostolado educacional e político. Ingressou no integralismo, liderou a LEC e tornou-se Secretário de Educação do Ceará. No suceder dos fatos, aprendendo com acertos e *fragilidades*, deu seus primeiros passos na via da espiritualidade.

1. Infância e juventude

1.1 "O nome dele vai ser Helder"

João Eduardo Torres Camara Filho – pai de Helder – é o terceiro filho de José Eduardo Torres Camara e Maria Sussuarana.[2] Nasceu em dezembro de 1872. Tentou a vida profissional de jornalista na Capital Federal, Rio de Janeiro, mas não conseguindo o sucesso esperado voltou a Fortaleza e,

---

[1]   Piletti e Praxedes classificam a vida de Dom Helder em três períodos correspondendo aos lugares nos quais ele habitou: Ceará (1909-1935), Rio de Janeiro (1936-1964) e Recife (1964-1999). Também atribuem uma cor a cada período: no Ceará, viveu os Anos Verdes, a cor símbolo do integralismo brasileiro; no Rio de Janeiro, os Anos Dourados, recordando a fama que adquiriu na Igreja, no Governo, na convivência com os ricos e poderosos; em Recife, os Anos Vermelhos, porque perseguido, difamado – chamado de comunista – e silenciado (PILETTI–PRAXEDES, 17.111.299). Além dessa classificação, nos serviremos de outra – usada pelo próprio Dom Helder – a qual visualiza melhor o objetivo e a originalidade desta tese. No caminho espiritual de Dom Helder é de suma importância o "momento da virada". Por isso, classificamos sua caminhada entre o período anterior e posterior ao encontro com o Cardeal Gerlier, em 1955 (cf. Cap. II, 3.4).

[2]   PILETTI–PRAXEDES, 29-23.

por influência do pai,[3] tornou-se o contador da principal casa comercial do Ceará. Adquiriu grande confiança do dono do estabelecimento, o senhor Aquiles Borris. O emprego lhe permitiu ter boas condições econômicas para formar uma família, possibilitando até colégio privado – de maior qualidade – para os filhos, embora a possibilidade de se tornar proprietário de loja ou de terras fosse remota.[4]

Na tentativa de arranjar uma mulher para João Eduardo Filho, tios e cunhados por parte de Dona Maria o convidaram para ir ao interior – Araçoiaba – a fim de favorecer-lhe algum namoro, mas ainda não havia chegado o momento... Retornando da viagem, quase aconteceu uma tragédia, pois o trem em que ele viajava descarrilou provocando ferimentos em vários passageiros. Seu braço estava sangrando quando uma gentil professora, ilesa do acidente, com uma ponta de sua saia fez um torniquete para estancar o sangramento. O rapaz impressionou-se com a atitude, mas também com a beleza de Adelaide.

Adelaide Rodrigues Pessoa ensinava em Araçoiaba e era filha de um médio proprietário de terra.[5] Seu pai, João Pereira Pessoa, desiludido com a agricultura por causa da seca, incentivou seus sete filhos a estudarem. Adelaide e sua irmã Olinda continuaram os estudos mais avançados em Fortaleza. Adelaide frequentou a Escola Normal durante dois anos (1889-1891). Em 1890, seu pai faleceu sem ver a filha diplomada como tanto desejava. Aprovada em um concurso público e tendo os requisitos necessários (idade, saúde e moralidade), ela começou a dar aula em Caio Prado, Araçoiaba e Baturité. Em 1896, conseguiu a transferência para a capital, Fortaleza. No mesmo ano, casou-se com João Eduardo Camara Filho. A presidência da

---

[3] A influência do pai se deu por "apadrinhamento", ou seja, uma forma de a classe média se submeter à oligarquia. Relações recíprocas de obrigação se consagram nos apadrinhamentos de filhos e noivos e se consolidam nos empregos, empréstimo de dinheiro, avalista, apoio político-eleitoral.

[4] João Eduardo Filho era formado em jornalismo e tinha grande sensibilidade para a natureza e a arte. O jornalismo fazia parte da história familiar, envolvendo avô, pai e filho primogênito. Seu pai era proprietário e diretor do jornal de Fortaleza. Depois, o órgão de imprensa mudou de proprietário (CAMARA, H. "Dom Helder Câmara racconta la sua vita". In: BOURGEON, R. *Il profeta del Terzo Mondo*, 236). João Eduardo Filho escrevia para os jornais, especialmente, crítica teatral.

[5] PILETTI–PRAXEDES, 23-24.

Santa Missa coube ao ajudante do Bispo, Pe. Antônio Carlos Barreto, e entre os padrinhos estava o Doutor José Freire Bezerril Fontenelle, Governador do estado do Ceará. Adelaide e João Eduardo alugaram uma casa. Ela contribuía financeiramente, uma vez que exercia o magistério. Não era comum que as mulheres contribuíssem com dinheiro no sustento da família. Nesse sentido, Dona Adelaide foi uma inovadora.

Após o casamento, nasceram treze filhos: Gilberto, João, Maroquinha, Zenilda, Rubens, Ethelberto, José, Eduardo, Adelaide, Mardônio, Helder, Nair e João. A família viveu momentos de intensas dores com a morte de seis crianças. Helder não chegou a conhecer quase a metade de seus irmãos.[6]

O décimo primeiro filho de João Eduardo e Adelaide nasceu no dia 7 de fevereiro de 1909 na casa-escola[7] e foi batizado no dia 31 de março na Capela da Santa Casa de Misericórdia pelo Monsenhor José Menescal.[8] Sua mãe queria chamá-lo de José (nome de um irmão falecido), mas o marido a convenceu que deveria receber um nome diferente porque os nomes preferidos pelo casal estavam "dando desgraças"... Olhando os materiais didáticos da esposa, João Eduardo viu em um atlas geográfico um ponto da

---

[6] PILETTI–PRAXEDES, 25-29. Em 1905 aconteceu uma epidemia de difteria, e o casal perdeu os quatro filhos mais novos – Zenilda, Rubens, Ethelberto e José. Os outros – Gilberto, João e Maroquinha – estavam passeando e, por isso, não foram atingidos pela epidemia. João Eduardo e Adelaide pediram para o Governador Nogueira Acióli conseguir vacinas, mas, quando estas chegaram do Rio de Janeiro, a família só pôde vacinar três dos sete filhos. Durante esse período, Adelaide estava grávida de três meses de Eduardo, que nasceu em novembro. Em 1906, nasceu Adelaide, que morreu antes de completar um ano, vítima de uma epidemia de meningite. Em janeiro de 1908, nasceu Mardônio e, um ano depois, Adelaide deu à luz Helder. Nesse mesmo ano, seu irmão João, jogando bola na estrada, foi atingido por uma bicicleta, ferindo uma perna e, depois de alguns dias, faleceu por causa da hemorragia. Em 1911, nasceu Nair e, finalmente, em 1915, foi concebido João, que recebeu este nome em recordação do irmão que havia falecido em 1909.

[7] Naquele tempo, o estado não tinha possibilidade de suprir a carência de edifícios-escolas, por isso permitia escolas públicas em casas privadas. Adelaide recebia um salário de professora e mais um estipêndio como pagamento do aluguel de sua casa, onde dava as lições (CAMARA, H. *Le conversioni di un vescovo*, 32).

[8] A madrinha foi Diva Pamplona, casada com Carlos Camara, tio de Helder. O padrinho foi o Doutor Maurício Grancho Cardoso, vice-Governador do Ceará e casado com a filha do Governador Nogueira Acióli. Carlos Camara escrevia teatros e, mais tarde, levava Helder a assistir aos ensaios. Segundo Dom Helder, Carlos contribuiu para despertar-lhe o gosto pelas artes e línguas (CAMARA, H. "Dom Helder Câmara racconta la sua vita". In: BOURGEON, R. *Il profeta del Terzo Mondo*, 236; CAMARA, H. *Le conversioni di un vescovo*, 37-38).

Holanda e, voltando-se para a mulher, disse: "O nome dele vai ser Helder"[9]. Mais tarde, já no Seminário, Helder descobriu o significado de seu nome: "Descobri então que Helder significa *céu límpido* e gostei. Um *helder*, céu feliz! Sem nuvens".[10] Dona Adelaide, no entanto, usará "José" para expressar apoio materno nos momentos difíceis da vida ou a alegria que sentia com as virtudes do filho.[11] Mais tarde, em muitas cartas para amigos e amigas, nas Circulares para a sua Família *espiritual* e em suas *Meditações* (poemas místicos), o Padre/Dom Helder assinará como *Pe. José*, principalmente nos momentos em que vivia tensões ou estava muito contente com a missão realizada. Também chamará de "José" o seu Anjo da Guarda, de quem era devoto.[12]

Fora de casa, João Eduardo continuava a tradição de seu pai e irmãos sendo fiel aos ideais e aos amigos da maçonaria, o que lhe garantia uma vida social intensa, com presença nos cafés, livrarias e teatros da cidade.[13]

---

[9] Não há consenso se o nome foi encontrado em um atlas geográfico (CÂMARA, H. *Chi sono io?*, 15; GONZÁLEZ, J. *Helder Câmara: il grido dei poveri*, 40-41; PENEDO, B. T. de. *Hélder Câmara proclama la Juventud*, 10) ou em um dicionário (WEIGNER, G. *Helder Câmara: la voce del mondo senza voce*, 38; CAYUELA, J. *Hélder Câmara – Brasil: ¿un Vietnam católico?*, 158; CAMARA, H. "Dom Helder Câmara racconta la sua vita". In: BOURGEON, R. *Il profeta del Terzo Mondo*, 235).

[10] CÂMARA, H. *Chi sono io?*, 15.

[11] CASTRO, M. de. *Dom Helder: misticismo e santidade*, 57; CÂMARA, H. *O Evangelho com Dom Hélder*, 21.

[12] CÂMARA, H. *Chi sono io*, 30. Dom Helder manteve por toda a vida confiança no seu Anjo da Guarda, a quem chamava de "José" porque não sabia o seu nome e porque sua mãe, quando estava muito contente com o filho, assim o chamava (RENEDO, B. T. de. *Hélder Câmara: proclamas a la Juventud*, 15).

[13] A família de Helder era pobre? Tápia de Renedo afirma que Helder nasceu em uma família pobre (RENEDO, B. T. de. *Hélder Câmara, signo di contradizione*, 10; ID. *Hélder Câmara: proclamas a la Juventud*, 10). Dom Helder conta que, certa vez, viu sua mãe chorar, porque faltavam alimentos. Dona Adelaide lhe ensinou que "eu gosto, eu não gosto disto" é luxo de gente rica (CÂMARA, H. *Chi sono io?*, 14). Como ele não gostasse de comer nabos e um dia não queria comê-los, sua mãe lhe disse: "Helder, gostar ou não gostar é coisa de gente rica; come um pouquinho e verás que é bom". Blazquez disserta que o menino cresceu em um ambiente moralmente sadio, dentro de uma discreta pobreza, em que se respirava amor e espírito de serviço à humanidade (BLAZQUEZ, F. *Ideario de Hélder Câmara*, 11). Dom Helder diz que sua família vivia de uma forma modesta. Somente depois de 35 anos de trabalho, seus pais conseguiram comprar, a preço simbólico, a casa que Borris lhes alugava. Quando Helder entrou no Seminário, os pais conseguiram pagar somente a metade de seus estudos (CAMARA, H. *Le conversioni di un vescovo*, 31). Diante dessas observações, podemos dizer que, pelo contexto da época, a família era de classe média ao menos do ponto de vista cultural, pois apesar das dificuldades econômicas, tinha um alto grau de instrução acadêmica, o que não era possível para classe pobre em geral.

PRIMEIROS PASSOS NO CAMINHO ESPIRITUAL   29

As suas convicções maçônicas se acordavam com o catolicismo e, inclusive, ele consagrava o mês de maio a Maria, dirigindo todos os dias uma oração do Rosário em latim. Na casa havia um altar com as imagens de Cristo, da Virgem e dos Santos de quem Adelaide era devota. Em junho, por sua vez, era a esposa quem dirigia as orações dedicadas ao Sagrado Coração de Jesus. A segunda esposa do pai de João Eduardo Filho era anticlerical e chegava a fazer brincadeiras com este por causa de sua tradição cristã-católica. Mais tarde, quando a filha Maroquinha entrou na Ordem Terceira Franciscana, pediu ao pai para que renunciasse à maçonaria, mas ele refutou o pedido dizendo que vivia em harmonia com os sacramentos e concordava com o Creio, mas que renunciar à maçonaria seria trair a memória do pai e de toda a família.[14] Adelaide, além de mãe, era professora dos próprios filhos. Destacava-se pela paciência e afeto para com eles. Naquela época, já defendia que não se educa com "tapas", mas com "boas conversas", pois os filhos são seres racionais.

1.2 "Pai, é um padre como o senhor está dizendo que eu quero ser"

A infância de Helder foi marcada pela agitação política,[15] a seca de 1915, o ingresso na Conferência de São Vicente de Paulo[16] e o nascimento do desejo de ser padre. Desse período há uma história que Helder nunca

---

[14]   PILETTI–PRAXEDES, 29-30; CAMARA, H. *Le conversioni di un vescovo*, 33-36. No livro *Chi sono io?*, Helder diz que "a religião não interessava ao seu pai", mas parece ser mais força de expressão do que afirmação categórica, pois na mesma página recorda que seu pai lhe ensinou que "é possível ser bom sem ser religioso e é impossível ser católico praticante e egoísta ao mesmo tempo" (ID. *Chi sono io*, 15).

[15]   Nos anos de 1911-1912, a política do estado do Ceará ficou agitada. Houve descontentamentos e revoltas contra o Governador Acióli e seus aliados. Casas foram incendiadas. A residência dos "Camara" estava na mira, mas devido à fuga de Acióli para o Rio de Janeiro e a vitória dos descontentes, os revoltosos não fizeram nada com os "peixes pequenos" (PILETTI–PRAXEDES, 31-34).

[16]   Em 1915, tendo seis anos, Helder experimentou a grande seca em que 30 mil cearenses morreram de fome e doenças e 42 mil retirantes abandonaram o estado. A agricultura e a pecuária zerou. Por essa época, ele ingressou na Conferência Vicentina e a sua primeira obra de caridade foi visitar três famílias pobres que viviam nos fundos de um terreno, perto da sua própria casa (PILETTI–PRAXEDES, 34-36). O padre/Dom Helder manterá por toda a vida uma admiração especial por São Vicente e mais tarde ele próprio será chamado "São Vicente das Favelas" e dirá que, se "o Santo vivesse hoje, diria que a maior caridade é lutar pela justiça".

esqueceu. A mãe-professora queria que ele terminasse a leitura de um livro e como o menino não estava conseguindo começou a chorar. Dona Adelaide chamou o filho para perto de si. Ele pensou que iria receber um castigo, mas a mãe lhe deu um *santinho* de São Geraldo e escreveu o seguinte: "Ao meu querido filho Helder, de quem estou exigindo um esforço acima de suas forças, afetuosamente...". Para ele, esta foi a lição de humildade mais importante que teve na infância, ou seja, sua mãe soube admitir o próprio erro e pediu perdão.[17] Em termos de sexualidade, Adelaide ensinava que todo o corpo humano fora criado por Deus – pois alguns diziam que certas partes foram criadas pelo diabo.[18] Também dizia que, se existe o mal no mundo, é sobretudo, por causa da fragilidade humana, pois, se nos aproximarmos das pessoas que nos parecem más e nos esforçarmos para conhecer o seu íntimo, descobriremos que o que há são fragilidades. Este é o motivo pelo qual Cristo, no Calvário, disse àqueles que lhe haviam feito o mal, deixando-o nu e cheio de feridas: "Pai, perdoa-lhes, porque não sabem o que fazem".[19] Essa lição materna será constantemente retomada no pensamento espiritual de Dom Helder Camara.

Helder e Mardônio, seu irmão, foram companheiros inseparáveis na Escola de Dona Adelaide. Depois, devido aos temperamentos, continuaram amigos, mas já não ficavam muito tempo juntos. Mardônio gostava de bagunça, desobedecia aos pais e fazia gracinhas. Helder era mais reservado e tímido. Desde os quatro anos, gostava de observar o que os padres faziam nas Missas, nos Batismos, nos Matrimônios.[20] Em casa, algumas vezes, dizia que queria ser padre e outras que seria Lazarista – a Congregação estava desenvolvendo um belo trabalho em Fortaleza. Além disso, gostava de brincar de "rezar Missas". Outro divertimento que o diferenciava de Mardônio é que apreciava contar histórias. Um grupo de criancinhas se reunia ao redor

---

[17] GONZÁLEZ, J. *Helder Câmara: il grido dei poveri*, 42; PILETTI–PRAXEDES, 39-40; CAMARA, H. "Dom Helder Câmara racconta la sua vita". In: BOURGEON, R. *Il profeta del Terzo Mondo*, 236; CAMARA, H. *Le conversioni di un vescovo*, 32.

[18] PILETTI–PRAXEDES, 39-40; CAMARA, H. *Le conversioni di un vescovo*, 32.

[19] CAMARA, H. "Dom Helder Câmara racconta la sua vita". In: BOURGEON, R. *Il profeta del Terzo Mondo*, 235.

[20] A casa, que seus pais conseguiram comprar, ficava próxima da praça – onde Helder brincava com outras crianças - e da Catedral – onde participava da Missa aos domingos com sua mãe, fez a Primeira Comunhão e presidiu a primeira Missa.

dele para ouvir as historinhas e, às vezes, interrompia em suspense para continuá-las em outro dia.

De tanto Helder falar em ser padre, Dona Adelaide começou a sonhar com a possibilidade e a reforçar o desejo do filho. Ele se tornava cada vez mais atento aos *sermões*, devoções e atividades católicas. Quando tinha entre sete a nove anos,[21] seu pai lhe disse algo inesquecível e que sempre procurou viver: "Filho, você está crescendo e continua a dizer que quer ser padre, mas você sabe de verdade o que significa ser padre?". O menino ficou quieto, meio acabrunhado com o questionamento do pai, que prosseguiu: "Você sabia que para uma pessoa ser padre ela não pode ser egoísta, não pode pensar só em si mesma? Ser padre e ser egoísta é impossível, eu sei, são duas coisas que não combinam". Atento, Helder não sabia o que dizer. O pai continuou: "Os padres acreditam que quando celebram a Eucaristia é o próprio Cristo que está presente. Você já pensou nas qualidades que devem ter as mãos que tocam diretamente no Cristo?". Helder, convicto, disse: "Pai, é um padre como o senhor está dizendo que eu quero ser". "Então filho" – disse o pai – "que Deus te abençoe! Que Deus te abençoe! Você sabe que não temos dinheiro, mas, mesmo assim, vou pensar como ajudá-lo a entrar no Seminário".[22] Helder ficou muito contente com a atenção e o afeto do pai, que, então, começou a levá-lo a cafés, teatros e livrarias.[23]

---

[21] Piletti e Praxedes afirmam que Helder tinha de oito a nove anos (PILETTI–PRAXEDES, 43). No entanto, em depoimento anterior dado a Tapia de Renedo, Helder havia dito que devia ter sete anos (CAMARA, H. *Chi sono io?*, 15).

[22] PILETTI–PRAXEDES, 42-43; GONZÁLEZ, J. *Helder Câmara: il grido dei poveri*, 43; CASTRO, M. de. *Dom Helder: misticismo e santidade*, 56; CÂMARA, H. *Chi sono io?*,, 15-16; ID. *O Evangelho com Dom Hélder*, 13-14. Seu pai também lhe teria dito que o sacerdote não se pertence. Pertence a Deus e à humanidade. Leva as outras pessoas à fé, à esperança e à caridade. E, sobretudo, ao amor e à pureza (RENEDO, B. T. de. *Hélder Câmara: proclamas a la Juventud*, 10; CAMARA, H. *Le conversioni di un vescovo*, 34-35).

[23] Outros dois eventos da infância que o marcaram foram: um incêndio acidental e uma tentativa de suicídio por parte de sua irmã. Certo dia, brincando, ele provocou um incêndio com álcool. Seu irmão Eduardo sofreu dolorosas queimaduras. Por pouco a casa não foi queimada (este foi o primeiro pecado que Helder confessou na sua primeira Confissão, antes da Primeira Comunhão ocorrida em 29 de setembro de 1917). Naqueles mesmos dias, sua irmã Maroquinha tentou se suicidar, após a desilusão com o primeiro amor. Ao receber Jesus Eucarístico, o menino rezou especialmente por Maroquinha. Ela, recuperada, tomou a firme decisão de se fazer Irmã de Caridade.

1.3 "Sou incapaz de bater em alguém"

Quando Helder tinha por volta de 11 anos, ele e Mardônio começaram a frequentar as lições de Dona Salomé Cisne, a fim de progredirem nos estudos. Helder se distinguia pela inteligência, mas também por ser muito amado pela professora, que incentivava o seu tímido aluno a ser sacerdote.[24] Um único incidente constrangedor aconteceu quando Helder se negou a usar a *palmatória* em um colega, durante uma competição que consistia no seguinte: um colega fazia uma pergunta para o outro e se este não soubesse responder receberia uma batida de *palmatória*. Helder, ao invés de bater, disse: "Sou incapaz de bater em alguém". A professora, então, afirmou que ele iria receber o castigo. "Prefiro mil vezes apanhar que bater", respondeu ele. O clima ficou tenso e Dona Salomé encerrou a aula, dispensando os alunos. Mardônio pensou que seu irmão seria expulso da escola. Em casa, os dois contaram a verdade aos pais, os quais concordaram plenamente com Helder. Depois que Salomé e Dona Adelaide conversaram, o menino ficou sabendo por sua mãe que continuaria seus estudos. Dona Adelaide não concordava com atitudes violentas,[25] e Dom Helder seria conhecido mundialmente como o "Dom da Paz". Além das aulas de Dona Salomé, o menino teve formação sobre teatro e língua francesa[26] da qual era apaixonado.

Com 14 anos, Helder ingressou no Seminário da Prainha[27] e logo se distinguiu dos colegas, quase todos vindos do interior do Ceará, sem terem

---

[24] Na verdade, um irmão de Salomé havia abandonado o sacerdócio deixando a família muito envergonhada. Para a professora, ajudar Helder a ser padre significava conseguir o perdão para a sua família diante de Deus e da Igreja.

[25] PILETTI–PRAXEDES, 42-43; CAMARA, H. *Le conversioni di un vescovo*, 48-49.

[26] PILETTI–PRAXEDES, 48-50; CAMARA, H. *Le conversioni di un vescovo*, 36. Helder aprendeu o francês sob influência de seu irmão mais velho Gilberto, que era apaixonado por essa língua e recebia jornais e revistas da França. Gilberto, trabalhando nos Correios, conseguiu pagar seus estudos e conquistou o título de bacharel em Ciências Jurídicas e Sociais. A influência da cultura francesa, no Ceará, era antiga (arquitetura, visita de franceses à capital, famílias mais abastadas viajavam para a França, havia casamento entre cearenses e franceses, a *Aliança Francesa* divulgava a cultura e a língua no Brasil, vários comerciantes tinham origem francesa e vendiam medicamentos, perfumes, bebidas, roupas, tecidos, sapatos da França). O Seminário Arquidiocesano – no qual Helder ingressará – era dirigido por Lazaristas, com professores quase todos franceses. Havia ainda outras obras sociais religiosas de origem francesa. Enfim, em Fortaleza, as classes média e alta viviam *à moda francesa*.

[27] CAMARA, H. *Le conversioni di un vescovo*, 43; PILETTI–PRAXEDES, 53-59; CASTRO, M. de. *Dom Helder: misticismo e santidade*, 57-58.

PRIMEIROS PASSOS NO CAMINHO ESPIRITUAL

33

tido as mesmas oportunidades que ele, pois sua mãe era professora, o pai colaborador de jornal, contava com tios laureados, jornalistas, políticos e seu irmão Gilberto frequentava ambientes literários em Fortaleza. Desse modo, ele tinha mais condições de receber a educação erudita, de cunho europeu, oferecida pelos padres Lazaristas franceses e holandeses.[28] Também se distinguia pela paixão vocacional, pois muitos estavam no Seminário para ter acesso a uma educação de melhor qualidade. Uma vez que o seu pai não tinha condições de pagar toda a anuidade do Seminário, obteve uma bolsa de 50%, das Obras pelas Vocações Sacerdotais.

A vida de Seminário era rigorosa, com programas intensos de estudo, oração e lazer. Helder era muito educado para com os professores e colegas e, apesar de tímido, era um dos mais extrovertidos e amante de brincadeiras. Seu empenho nos estudos logo chamou a atenção dos professores. Seu "rival" era o brilhante Luiz Braga, de quem se fez amigo, lançando-lhe um desafio: "Acho que deve ser muito monótono para você não ter concorrência. Farei o possível para tirar-lhe três prêmios: o de literatura brasileira, o de literatura portuguesa e o de literatura francesa. Os outros prêmios podem ficar para você". Luiz aceitou o desafio.[29] Os professores davam boas orientações sobre a adolescência, a sexualidade, a sinceridade do amor para com Deus e pelas pessoas. Além do francês, ele aprendeu o latim e o inglês, sendo o mais brilhante estudante de literatura.

1.4 "Coragem, José!"

Além do reverente respeito, Helder foi um verdadeiro amigo dos reitores Guilherme Veassen[30] e do francês Tobias Dequidt. A este último fazia

---

[28] Se não fosse por causa do latim, Helder teria ingressado diretamente na Filosofia (CÂMARA, H. *Chi sono io?*, 16).

[29] PILETTI–PRAXEDES, 58-59; CÂMARA, H. *Chi sono io?*, 16; ID. *Le conversioni di un vescovo*, 47.

[30] O primeiro reitor era o holandês Guilherme Veassen. Tinha vocação missionária e pediu para deixar a reitoria do Seminário para viver mais intensamente a sua vocação. Coube a Helder dizer o "adeus" em nome de todos os seminaristas. Dom Helder recordava das palavras que preparara para aquele solene momento: "Vá, padre, os seus filhos olham o senhor como os filhos dos cruzados olharam partir seus pais... Seguiremos o senhor com nossos olhos... Estaremos com o senhor através do coração...". E acrescenta: "palavras típicas de um adolescente" (CAMARA, H. *Le conversioni di un vescovo*, 38). Pe. Veassen faleceu em Fortaleza com 92 anos, 67 de Brasil, quando Dom Helder já era Arcebispo Metropolitano de Recife. O missionário dedicou-se a

perguntas e apresentava sugestões. Entre tantos episódios do Seminário, Helder destacava alguns que lhe ofereceram ensinamentos para toda a vida. Ele recordava, por exemplo, que cada seminarista tinha, na sala de estudos, uma mesa com tampão que se fechava com cadeado. Nas mesas ficavam os livros e o material escolar. O cadeado tinha duas chaves: uma permanecia com o seminarista e outra com o reitor. Um dia, bem cedo, quando Helder foi buscar os livros de oração, o colega Luiz Braga lhe transmitiu um recado do reitor: se ele precisasse de algum papel que estivesse faltando deveria pedir ao Pe. Tobias. Ao abrir o tampão, Helder percebeu que estava tudo revirado. Fez de conta que nada tinha acontecido. Uma ou duas semanas depois, como ainda não havia se manifestado sobre o ocorrido, o reitor lhe perguntou: "Você não está precisando de seus papéis?". Helder, então, disse-lhe:

> Padre reitor, posso responder como sempre falo, de coração aberto? [...] O senhor sabe por que não fui procurá-lo? Porque tenho um grande respeito ao meu reitor, e lhe quero muito bem. Sinto pelo senhor respeito, admiração e simpatia humana. Tanto que prefiro antes abrir mão dos meus papéis que ir buscá-los com o senhor. Acho que o senhor se sentiria mal em reconhecer que de madrugada, como um ladrão, foi até a sala de aula com um lampião para abrir minha mesa e levar meus papéis... Não, não. Não quero submetê-lo a esta humilhação.[31]

O reitor, comovido, lhe disse: "Venha cá, você tem razão. Realmente é algo vergonhoso... e não o farei de novo. Não, não, jamais voltarei a fazer isto". E acrescentou: "Olha, meu filho, em seu armário estavam estes poemas...". Helder então lhe disse: "Como o senhor reitor tem coragem de falar contra alguns poemas? Logo o senhor, um poeta?". "Como que você sabe disto? Como?", perguntou o reitor. "Poeta, padre reitor, não é só quem faz versos. É quem vibra diante da beleza! O senhor é incapaz de deixar de vibrar. O senhor lê uma página bela, o senhor vibra, o senhor vê um dia lindo, o senhor vibra, seus olhos cintilam. Eu o considero um poeta. E logo o senhor, um poeta, vai falar contra os meus poemas?". "Sim, precisamente por isso" – disse o reitor. "Eu o vejo como um sacerdote, sinto em você a

---

ajudar prostitutas em Moura Brasil (Circular [129] de 14/15-1-65, escrita no Encontro dos Bispos do Nordeste, em Natal).

[31] PILETTI–PRAXEDES, 60.

vocação sacerdotal, e sei os perigos que está correndo por causa da poesia. E quero protegê-lo deles. A imaginação... Eu ia perdendo a vocação por causa da imaginação". "Ah, padre reitor, perdão" – disse o seminarista. "A imaginação é dom de Deus. Entre nós, quando se quer chamar alguém de um pobre homem, sem inteligência, dizemos que não tem imaginação. Porque imaginar é participar de uma forma totalmente especial no poder criador de Deus." E acrescentou: "Como o senhor pode ter medo, como pode estar contra a imaginação, um dom de Deus?". "Ah, meu filho, é que a poesia nos leva longe... mais do que queremos". Então, Helder propôs:

> O padre reitor é tão leal que lhe digo: o senhor não me convence, mas como também não tem a pretensão de me convencer, vamos fazer um pacto de honra: até minha ordenação não voltarei a fazer o que o senhor chama de poesia, que eu chamo de meditações. Mas o senhor deverá confiar em mim e não ficar fiscalizando minhas coisas nem mexendo em meus papéis. Da minha parte, prometo: nenhuma poesia mais até minha ordenação.[32]

Em seguida, o reitor acrescentou: "Você faz por um tempo o sacrifício da poesia, mas não definitivamente". E explicou: "Aqui nós não temos inverno, não conhecemos a neve. Se você estivesse na Europa e a neve caísse, seria ingênuo pensar que ela anuncia a morte. A morte? Não: é a preparação para a primavera. Logo se verá".

Em seguida, fazendo um gesto com a mão, o reitor disse: "Está aqui a sua chave". Helder, então, refutou: "Não, não quero isso só para mim. Não aceitaria um privilégio desses". O reitor, quase se impacientando, retrucou: "O senhor pensa que todo o mundo tem a sua maturidade". "O seu engano, padre reitor, é pensar que os jovens não têm maturidade. O seu engano é não confiar na juventude. Se o senhor fizer um apelo na base da lealdade, garanto que saberemos cumprir". O reitor se deu por vencido e resolveu: "Tudo bem, hoje mesmo vou entregar as chaves para todos". Até a ordenação de Helder, as duas partes cumpriram o acordo. Depois da conversa, ao sair, o seminarista percebeu lágrimas nos olhos do homem.[33]

---

[32] PILETTI–PRAXEDES, 60.

[33] PILETTI–PRAXEDES, 60-61; RENEDO, B. T. de. *Hélder Câmara: proclamas a la Juventud*, 11-12. O primeiro biógrafo de Dom Helder, José de Broucker, afirma que teria sido o reitor que pedira

Dois dias depois, Helder recebeu a visita de sua mãe Dona Adelaide e esta percebeu que o filho estava um tanto desanimado, em crise vocacional, chateado por não poder mais escrever suas *Meditações*. Tentou encorajá--lo, usando argumentos que tocassem o seu coração. No final da conversa, disse as palavras que ela sempre usava para expressar seu apoio materno, quando o filho mais precisava – eram como palavras mágicas, que levantavam o ânimo, animavam a esperança, transmitiam energia, iluminavam as trevas: "Coragem, José!".[34]

1.5 "[...] no coração de um cristão, e sobretudo de um padre, não cabe uma gota de ódio"

No final do ano escolástico de 1927, Monsenhor Tabosa Braga, Vigário Geral de Fortaleza, pediu ao seminarista Helder que dedicasse as férias visitando as paróquias, a fim de conseguir assinaturas para o jornal da diocese, *O Nordeste*. Em Juazeiro, apesar de contínuas insistências do pároco Manuel Macedo, ninguém assinou o jornal. O pároco, então, sugeriu ao seminarista que fosse pedir apoio ao famoso e discutido Pe. Cícero. Dois dias depois, os dois se encontraram e Helder lhe disse: "Monsenhor Tabosa Braga me pediu... eu vim a Juazeiro, estou percorrendo todo o Ceará, mas aqui, o senhor sabe, sem o seu apoio não vai, não é?". O padre, com 83 anos, lhe respondeu:

> Meu filho, se eu fosse agir humanamente, era para eu nem querer ouvir o nome desse jornal. Esse jornal tem sido ingrato comigo. Nunca mandou um repórter aqui. Faz afirmações que não são verdadeiras, e nunca me deu o direito de resposta. Mas eu devo provar a você, hoje você é um jovem

para o seminarista ficar um tempo sem escrever, e o seminarista teria respondido: "Padre... é terrível isto que me pede [...]. Escrever poesia é como viver, é como falar..." (CAMARA, H. *Le conversioni di un vescovo*, 38-40). Em outra ocasião, Dom Helder dá a entender que o reitor tinha certo medo de que ele deixasse de estudar filosofia para fazer poesias (ID. *Chi sono io?*, 18-19). Ainda a José de Broucker, Dom Helder comentou sobre seu grande respeito pelo reitor, porque dava a possibilidade de dialogar, e isto, antes do Vaticano II. Permitia a um jovem seminarista se expressar e, também, reconhecia quando errava (BROUCKER, J. de. *Helder Camara: la violenza di un pacifico*, 12-13). Depois da ordenação sacerdotal, Helder retornou a escrever suas *Meditações*.

[34] PILETTI–PRAXEDES, 61.

PRIMEIROS PASSOS NO CAMINHO ESPIRITUAL

37

seminarista, amanhã será um padre, que no coração de um cristão, e sobretudo de um padre, não cabe uma gota de ódio.[35]

Helder muito se emocionou e guardou essas palavras do velho sacerdote no seu coração. O Pe. Cícero assinou, sem ler a carta de recomendação ao jornal... No outro dia, choveram assinaturas.

Quando Helder já estava agradecendo pelo apoio, o Pe. Cícero o convidou para ver como ele atendia o povo que tanto o amava. Logo chegou um jovem sertanejo que caiu de joelhos e disse: "A bênção, meu padim!". "Deus te abençoe." "Meu padim vim aqui pedi perdão a vosmecê, porque eu vou precisar matar Rosa." Assustado, Pe. Cícero perguntou: "Que história é essa?". "Eu até que gosto da Rosa. Mas meu padim me deu licença preu ir pos Piauí. Eu fui, cheguei, Rosa tá com um menino que num é meu. O jeito é matar Rosa." Disse o padre: "Venha cá, mais perto de mim. Quanto tempo eu disse que você poderia ficar no Piauí?". "Meu padim disse que eu não passasse dos cinco méis." "Você passou cinco anos! Deixa Rosa com três crianças esperando a quarta. Se eu não acudisse Rosa, as crianças tinham morrido! Você nunca mandou um tostão para ela!" E depois disse: "Venha cá mais perto de mim, com os olhos nos meus olhos sem bater a pestana: você no Piauí foi fiel a Rosa?". "Ah, meu padim, o senhor sabe, home é home", falou o sertanejo. O padre então lhe disse: "Não, meu filho. Homem não é aquele que grita com os outros, homem é o que se domina a si mesmo. Olhe, passe para cá a sua faca!". "Ah, meu padim. Pelo amor de Deus! Um home sem faca é um home nu." Abraçando com força o sertanejo, o padre continuou: "Meu filho, vou dizer uma coisa para você. Se você levantar um dedo contra Rosa, esse seu braço aqui, daqui até a ponta dos dedos, seca na hora. Dê-me a sua faca, meu filho". O homem entregou a faca chorando e o Pe. Cícero encerrou a conversa: "Eu sabia. Você tem coração bom. Meu filho, comece vida nova com Rosa, e daqui um ano passe aqui pra gente batizar mais uma criança".[36]

---

[35] PILETTI-PRAXEDES, 63. Na década de 1970 será a vez de Dom Helder passar, em escala maior, por situação semelhante ao do Pe. Cícero. Dom Helder será difamado, execrado e silenciado pela ditadura militar.

[36] CAMARA, H. *Le conversioni di un vescovo*, 24-25; PILETTI-PRAXEDES, 63-65; BROUCKER, J. de. *Helder Camara: la violenza di un pacifico*, 162-164; CASTRO, M. de. *Dom Helder: misticismo e santidade*, 184-187; REDE GLOBO NORDESTE. "Dom Hélder Câmara e o Padre Cícero do

2. "O pecado de juventude"

2.1 Seminaristas "jacksonianos"

O período em que Helder Camara estava no Seminário coincidiu com o tempo em que a Igreja Católica no Brasil recuperava sua influência política sobre os estados, governantes e populações.[37] A principal liderança dessa obra foi Dom Sebastião Leme Silveira Cintra.[38] No Seminário da Prainha, os seminaristas acompanhavam com atenção e reverência o pensamento e a ação desse Arcebispo Coadjutor do Rio de Janeiro. De fato, Dom Leme era um grande conhecedor da realidade eclesial brasileira e havia assumido a missão de instaurar no país uma ordem político-social com base católica, afastando a influência de maçonaria, espiritismo, protestantismo e comunismo, tidos como perigosos para o futuro católico do país.

Para Dom Sebastião, o Brasil dos inícios do século XX era essencialmente católico, como se verificava nas tradições, nos nomes de pessoas e lugares, nas devoções, nos templos, nas peregrinações aos santuários de Nossa Senhora, na procura do Batismo para as crianças e pela facilidade com que os fiéis recebiam a Extrema Unção. Paradoxalmente, ele percebia que a maioria católica era incapaz de fazer valer sua própria força. Ao

---

Juazeiro" [acesso em 17-11-2009]. Dom Helder também brilhará na lista dos místicos brasileiros que, por sinal, conta com cearenses de relevo: Pe. Ibiapina, Antônio Conselheiro, Pe. Cícero, Beato Lourenço e Dom Hélio Campos (COMBLIN, J. *Espiritualidade de Dom Helder*, 3-6).

[37] PILETTI–PRAXEDES, 65-66. Na Constituição de 1891, fora decretada a separação entre Igreja e Estado; a Igreja perdeu uma série de prerrogativas como o direito de voto aos religiosos, o não reconhecimento do Matrimônio pelo Estado, a eliminação do ensino religioso dos currículos escolares, a proibição de subvenções governamentais a escolas e hospitais católicos. Paradoxalmente, esse período foi positivo na medida em que a Igreja teve a liberdade de organizar-se – antes, até a criação de uma capela dependia do Governo.

[38] ROSÁRIO, M. R. do S. *O Cardeal Leme (1822-1942)*, 61-298. Dom Leme nasceu em Espírito Santo do Pinhal, São Paulo, em janeiro de 1882. Ingressou no Seminário em 1894. Matriculou-se no Pontifício Colégio Pio Latino Americano de Roma e na Universidade Gregoriana (1896). Ordenado sacerdote (1904), foi nomeado coadjutor na Paróquia Santa Cecília, em São Paulo. Colaborou no Seminário e tornou-se diretor da *Revista do Clero* (1906), Cônego Catedrático (1908) e Vigário Geral de São Paulo (1910). Eleito Bispo (1911), foi ordenado em Roma, tornando-se, naquele momento, o Bispo mais jovem do mundo; assumiu a função de Bispo Auxiliar do Rio de Janeiro. Foi nomeado Arcebispo de Olinda e Recife (1915), Arcebispo-Coadjutor do Rio de Janeiro (1921), eleito Cardeal da Santa Igreja (1930). Faleceu no Palácio São Joaquim, Rio de Janeiro, no dia 17 de outubro de 1942.

contrário, resignava-se ao domínio da minoria não católica, eficiente em impor à sociedade seu ponto de vista: "Somos católicos de clausura; nossa fé se restringe ao encerro do oratório ou à nave das igrejas. [...] Marasmar assim, é grave; assim dormir é fatal. [...] Somos uma maioria asfixiada. O Brasil que aparece, o Brasil-nação, esse não é nosso. É da minoria. A nós católicos apenas dão licença de vivermos. Que humilhação para a nossa fé!".[39]

Na visão de Dom Sebastião, a causa dos males estava no fato de que as verdades, a doutrina, os ensinamentos não eram conhecidos com clareza de ideia, nem com fundamentos de razões.[40] Era importante, portanto, um programa de instrução religiosa em que a verdade, a doutrina, os ensinamentos da Igreja e os preceitos evangélicos fossem ensinados: "Seremos – oh! aproxime Deus esse dia! – seremos a *maioria absoluta* do país não somente pelo número, como pela força de nossas convicções e pelo clarão fulgente de nossos arraiais".[41]

Para que "esse dia" chegasse, era preciso conquistar e instruir religiosamente a classe dirigente e intelectual que tinha o poder de formar a opinião pública: "[...] têm instrução religiosa nossos intelectuais? Não – respondemos convictos. Basta ler as suas produções, folhear os seus livros".[42] Dom Leme, então, mobilizou uma elite católica de intelectuais a fim de que pressionassem o Governo em defesa dos interesses da Igreja e conquistassem o Ministério da Educação.[43] Entre os atraídos ao seu projeto eclesial estava o recém-convertido Jackson de Figueiredo, que se tornou o leigo de maior influência no Brasil desse período.[44] O jovem Helder estava atento ao modo como Dom Sebastião agia e admirava a sua capacidade de se

---

[39] LEME. S. *Primeira Carta Pastoral de Dom Sebastião Leme*, 16.

[40] LEME, S. *Primeira Carta Pastoral de Dom Sebastião Leme*, 10.

[41] LEME, S. *Primeira Carta Pastoral de Dom Sebastião Leme*, 44.

[42] LEME, S. *Primeira Carta Pastoral de Dom Sebastião Leme*, 25.

[43] LEME, S. *Primeira Carta Pastoral de Dom Sebastião Leme*, 44. Dom Leme tinha todo um programa de ação para instruir também as classes populares, ganhando destaque a pregação eficiente, a evangelização das classes trabalhadoras pot meio da Ação Católica, a boa leitura, a instrução religiosa, a educação no lar, a formação do caráter (Ibidem, 57-87), o ensino religioso (Ibidem, 87-105) e uma cruzada de catecismo (Ibidem, 105-118). Mais adiante, Dom Leme nomeará, justamente, o Pe. Helder para o Ministério da Educação...

[44] ROSÁRIO, M. R. do S. *O Cardeal Leme (1822-1942)*, 173-188.

comunicar com os intelectuais, mesmo os afastados da fé católica.[45] Profunda impressão lhe causou a conversão de Jackson de Figueiredo.[46]

Jackson fundou, em 1921, a revista *A Ordem* e, em 1922, o Centro Dom Vital para difundir o apostolado católico nos ambientes intelectuais, objetivando a defesa dos interesses da Igreja. Ele defendia com impetuosidade a legalidade, a ordem, a autoridade, o nacionalismo, o moralismo; afirmava que o comunismo não representaria perigo se as autoridades impedissem a desordem revolucionária. Helder compartilhava essas opiniões e chegou a criar um grupo de seminaristas chamados de "jacksonianos".[47] Quando, em 1930, o movimento revolucionário chegou ao poder com o Presidente Getúlio Vargas, Helder se posicionou contra, pois – ensinava Jackson – "a melhor revolução é pior do que a pior legalidade".

---

[45] Com o tempo, o Cardeal Leme verá florescer em meio ao laicato uma intelectualidade católica: "Inteligências cultas, eruditos professores, apreciados literatos, homens de ciência, escritores de nomeada e publicistas de nota. [...] Continuadores de Tertuliano, de Joseph de Maistre, Ozanam, Ampère, Pasteur e A. Nicolas..." (LEME, S. *Primeira Carta Pastoral de Dom Sebastião Leme*, 25).

[46] ROSÁRIO, M. R. do S. *O Cardeal Leme (1822-1942)*, 174-178. Jackson de Figueiredo nasceu em Aracaju, Sergipe, em outubro de 1891. Frequentou um colégio protestante e um ginásio laico. Fez curso superior em Maceió e na Bahia, recebendo um "influxo de ideias negativas". Viveu a boemia das repúblicas de estudantes. Tornou-se materialista agressivo. Antirreligioso, saiu com colegas para destruir imagens de santos nos templos. Ao retornar desse ato, angustiou-se com a dúvida: "Se isto que eu combato é a Verdade?". Os anos passaram até cruzar-se com o espiritualismo subjetivista de Farias Brito que o pôs no caminho da crença religiosa. Passou a considerar a fé católica, embora se angustiasse com o indiferentismo e a passividade dos católicos. Esperava por uma voz autorizada que se elevasse contra a apatia religiosa e chamasse a consciência católica à luta. Foi quando em 1916 Dom Leme escreveu a *Carta Pastoral*. Para Jackson, a *Carta* pareceu-lhe o "caminho da salvação para o Brasil". Começou, então, a trocar correspondências com o Arcebispo de Olinda e a aproximar-se da fé. Jackson já estava no Rio de Janeiro quando, em 1921, chegou Dom Leme para chefiar a Arquidiocese de São Sebastião. Para o sergipano havia chegado o momento de se apresentar ao Arcebispo com o qual há tempo se correspondia. O encontro foi emocionante. Jackson contou-lhe a sua história de vida e, no final, disse que resistia em se ajoelhar diante de um homem e confessar os pecados. Surpreendeu-se ao ouvir de Dom Leme: "Não se confesse. Enquanto tiver dúvidas, não force a natureza. Deixe a graça agir". Saiu pensando na frase "Deixe a graça agir". Decidiu ir até o Morro Santo Antônio, na Igreja dos franciscanos, e lá confessou os seus pecados. Convertido e, sob a direção espiritual de Dom Leme, tornou-se o maior líder do laicato católico daquele período. Antes da conversão já se dedicava ao jornalismo e à política. Em 1921, defendeu a candidatura de Artur Bernardes, considerando-o candidato da ordem e da religião; Nilo Peçanha era-lhe revolucionário e ligado à maçonaria. Apoiou o Governo Bernardes na repressão ao movimento tenentista (1922-1924).

[47] PILETTI–PRAXEDES, 66-67.

PRIMEIROS PASSOS NO CAMINHO ESPIRITUAL 41

Jackson de Figueiredo realizou uma intensa discussão, por cartas, com o intelectual Alceu Amoroso Lima, a fim de atraí-lo ao catolicismo.[48] No dia 15 de agosto de 1928, Alceu comungou pela primeira vez como convertido numa Missa celebrada pelo Pe. Leonel Franca.[49] Pouco tempo depois, no dia 4 de novembro, Jackson, que havia ido pescar com o filho de oito anos e o amigo Rômulo de Castro, acidentalmente morreu afogado.[50] Então, Dom Sebastião convenceu Alceu Amoroso Lima a assumir o lugar do falecido.[51]

O seminarista Helder escreveu-lhe uma carta lamentando a partida de Jackson e agradecendo a Deus pela chegada de seu "novo líder". Essa correspondência foi o ponto de partida de uma amizade ímpar... Alceu respondeu prontamente – deixando o seminarista orgulhoso de seu novo líder laico – sugerindo-lhe avizinhar-se do recém-convertido tenente Severino Sombra. O tenente formara-se em uma Escola Militar no Rio de Janeiro e começava a trabalhar em Fortaleza. Para Helder, a sugestão foi uma ordem e logo se aproximou de Severino, um homem cheio de entusiasmo pelo corporativismo português de Antônio Salazar e o exemplo de Benito Mussolini.[52] Helder e Severino passaram a se encontrar e conversavam

---

[48] FIGUEIREDO, J. de. *Correspondência*.

[49] O seminarista Helder também foi influenciado pelo autor jesuíta Leonel Franca, que criticava o movimento modernista na literatura brasileira e a Escola Nova no campo da educação.

[50] ROSÁRIO, M. R. do S. *O Cardeal Leme (1822-1942)*, 201-202. Poucos dias depois, no dia 6 de dezembro de 1928, o irmão mais novo de Helder, João Eduardo Torres Camara Neto, de 13 anos, também morreu afogado.

[51] MENDES, C. *Dr. Alceu: da 'persona' à pessoa*. Alceu Amoroso Lima (1893-1983) foi crítico literário, professor, pensador, escritor e líder católico. Formou-se em Ciências Jurídicas e Sociais (1913) e advogou. Ao tornar-se crítico literário em *O Jornal* adotou o pseudônimo de Tristão de Ataíde (1919). Dirigiu a indústria de tecidos Cometa que herdara de seu pai. Casou-se com Maria Teresa de Faria, filha do escritor Alberto de Faria, que também fora membro da Academia Brasileira de Letras. Aderiu ao Modernismo em 1922. Travou um famoso e fértil debate com Jackson de Figueiredo, do qual decorreu sua conversão ao catolicismo (1928), sucedendo-lhe na liderança laica católica e na direção do Centro Dom Vital e da Revista *A Ordem*. Fundou o Instituto Católico de Estudos Superiores (1932) e a Universidade Santa Úrsula (1937). Foi eleito para a cadeira 40 da Academia Brasileira de Letras (1935). Participou da fundação da PUC-RJ (1941), onde foi docente até a aposentadoria (1963). Morou na França e nos Estados Unidos no início dos anos 50, ministrando cursos sobre civilização brasileira em várias universidades, inclusive na Sorbonne. Representou o Brasil no Vaticano II. Tornou-se símbolo de intelectual progressista na luta contra as transgressões do regime militar. Recebeu muitas homenagens de estudantes que lhe renderam tributo por sua constante luta contra os regimes de caráter totalitário. Entre as dezenas de suas obras estão: *Os direitos do homem e o homem sem direitos* (1974) e *Tudo é mistério* (1983).

[52] PILETTI–PRAXEDES, 68-71; CAMARA, H. *Le conversioni di un vescovo*, 72.

muitos assuntos, desde a filosofia de São Tomás de Aquino ao pensamento de Farias Brito, Jacques Maritain e outros que tinham artigos publicados na revista *A Ordem*, da qual o seminarista era assinante.

Em uma de suas viagens ao Seminário, o tenente Severino mostrou-lhe a carta de um colega, o tenente Jeová Mota. Este estava disposto a examinar seu cristianismo. É que a conversão de Sombra o havia tocado interiormente e, agora, gostaria de rever a própria fé.[53] Assim começaram as trocas de correspondências entre Helder e Jeová. Quando Jeová foi transferido para Fortaleza, os dois passaram a se encontrar seguidamente. Um dia, o tenente pediu-lhe um conselho sobre como melhorar a própria fé e o seminarista sugeriu um "exercício de humildade": ir até uma Igreja e ajoelhar-se diante do Santíssimo Sacramento. Pouco entusiasta com a ideia, Severino pediu-lhe emprestado o livro *A história de uma alma* de Santa Teresinha do Menino Jesus. Helder emprestou-o dizendo-lhe que não era o mais indicado... No dia seguinte, recebeu um bilhete: "O que você não conseguiu, Teresinha obteve: a fé me veio".[54]

Pode-se dizer que Helder e seus colegas receberam no Seminário uma formação do catolicismo oficial suscitada pelo Concílio de Trento e pelo Vaticano I. Eram abominados o iluminismo filosófico, a Revolução Francesa, o liberalismo, o comunismo, o movimento tenentista e o PCB (criado em 1922). A impressão era a de que o mundo estava se dividindo em dois: comunismo e capitalismo. O comunismo era o mal dos males pois eliminava a religião (Deus) e a propriedade privada. Defender o capitalismo tornava-se meta (inevitável). Bispos e intelectuais católicos ensinavam que o comunismo dissolvia as famílias, pregava o "amor-livre", o divórcio e o controle da natalidade (aborto). Contra a ideia do proletariado internacional era preciso defender a pátria; enfim, defender o povo brasileiro desse grande perigo "vermelho".

---

[53] PILETTI–PRAXEDES, 70-71; BROUCKER, J. de. *Helder Camara: la violenza di un pacifico*, 18; CAMARA, H. *Le conversioni di un vescovo*, 71-72.

[54] Weigner recorda que a simplicidade e a humildade de Santa Teresa de Lisieux impressionavam o seminarista. Mais tarde, Dom Helder estará convencido de que a humildade é uma das maiores virtudes (WEIGNER, G. *Helder Câmara: la voce del mondo senza voce*, 39-40). A linguagem mística de Dom Helder possui semelhanças com as da Santa.

Os padres Lazaristas valorizavam a formação intelectual, insistindo no ensinamento de línguas, literatura, humanidades e tradição greco-latina, impregnando os alunos de um pensamento erudito que se transformava em sentimento de superioridade nos confrontos com os estudantes de escolas secundárias e superiores laicas que começavam a privilegiar as ciências e as tecnologias. Sem dúvida, os professores eram apaixonados pelas grandes questões sociais e humanas (na perspectiva do humanismo greco-latino--cristão), mas depois, na ação pastoral, os novos padres sentiam um grande descompasso entre a sua formação acadêmica e a realidade cotidiana. Dom Helder dirá que ao sair do Seminário tinha uma cabeça muito lógica, cartesiana, silogística, mas o povo não pensava do mesmo modo. No curso de Filosofia, os seminaristas estudavam basicamente a Escolástica e, na Teologia, dava-se destaque à história das heresias. Helder mergulhou com profundidade nos estudos, fazendo perguntas difíceis de serem respondidas, como, por exemplo: "Como se explica que Deus é amor e impõe 10 Mandamentos, quase todos negativos?".[55] Posteriormente, o padre/Dom Helder será uma referência do novo humanismo cristão.

2.2 "Um dia tua voz será ouvida em todo o Brasil"

Unidos na fé e nas ideias políticas, Helder, Jeová e Sombra começaram a escrever artigos para o jornal católico O *Nordeste* e até chegaram a criar uma revista, *Bandeirantes*, que teve pouca duração, ou seja, dois números. Sob a orientação de Sombra, o grupo usou o pseudônimo *Agthon* – o mesmo usado em 1912 por um grupo de intelectuais católicos da França. Os três queriam colaborar na renovação da intelectualidade católica, criticando, principalmente, o modernismo.[56]

---

[55] GONZÁLEZ, J. *Helder Câmara: il grido dei poveri*, 44-45; CAMARA, H. *Le conversioni di un vescovo*, 33.

[56] CAMARA, H. *Le conversioni di un vescovo*, 76-77. Por ironia, nesse período, o já prestigiado jornalista Gilberto Camara, irmão de Helder, trazia a Fortaleza e hospedava em sua casa autores modernistas como Manuel Bandeira e Guilherme de Almeida. Seu irmão também se correspondia com o poeta modernista Ronaldo de Carvalho, que até chegou a escrever uma poesia para a pequenina Berenice, filha primogênita de Gilberto e Zuleika. Dom Helder dirá que os seus artigos eram "débeis e de extrema direita" (ID. *Le conversioni di un vescovo*, 77).

Uma professora de psicologia do Instituto de Educação de Fortaleza estava ensinando uma nova teoria, o *behaviorismo* ou comportamentalismo. Helder, Jeová e Sombra consideraram a teoria herética e materialista. O seminarista conseguiu os cadernos usados pela professora e, com a autorização do reitor, resolveu denunciá-la, publicamente, como materialista.[57] O primeiro artigo de Alceu Silveira – pseudônimo que usou em homenagem a dois intelectuais que admirava, a saber, Alceu Amoroso Lima e Tasso Silveira[58] – causou sensação nos ambientes intelectuais da cidade. No Seminário, os colegas ficaram admirados com o dote polemista do novo articulista. A professora Edith Braga retrucou e Alceu Silveira retornou com um estilo mais eloquente, combatendo sem piedade "os erros" da professora. Depois veio o terceiro e último artigo de Alceu Silveira. É que Monsenhor Tabosa Barbosa, Vigário-geral de Fortaleza, o chamou no dia 29 de julho de 1927 para um colóquio.[59] O seminarista pensava que iria receber felicitações pela sua capacidade jornalística e defesa da fé católica, mas ouviu: "Você deve saber que o artigo de ontem foi o último".[60] "Mas, padre, isso é impossível. Por favor. O senhor não leu os enormes disparates que essa mulher publicou hoje no jornal? Não pode ser, padre! Ao menos o senhor me permita publicar o último artigo amanhã, já está até pronto". Mas o Vigário-geral fechou a conversa, dizendo: "Eu já disse que ontem você escreveu o seu último artigo".

---

[57] PILETTI–PRAXEDES, 72-75; GONZÁLEZ, J. *Helder Câmara: il grido dei poveri*, 51-55; BROUCKER, J. de. *Helder Camara: la violenza di un pacifico*, 15-17; CAMARA, H. *Le conversioni di un vescovo*, 114-116. Talvez por engano, Weigner diz que a professora era "notavelmente marxista" (WEIGNER, G. *Helder Câmara: la voce del mondo senza voce*, 40).

[58] Tasso Azevedo da Silveira (1895-1968), curitibano, filho do poeta simbolista Silveira Neto. Formado em Ciências Jurídicas e Sociais, foi professor de Literatura Portuguesa na Universidade Católica e na Faculdade Santa Úrsula no Rio de Janeiro. Seu modo de pensar era semelhante ao de Alceu Amoroso Lima e Cecília Meireles. Entre seus livros estão *Fio d'Água* (1918) e *Alegorias do homem novo* (1926).

[59] É difícil localizar o ano certo deste acontecimento. Na Circular 68 de 7-8-64, Dom Helder afirma que foi em 1927. Pilatti e Praxedes escrevem que teria sido em 1929 (PILETTI–PRAXEDES, 73). Em outra ocasião, Dom Helder diz que estava orgulhoso de si porque apenas havia iniciado a Filosofia, nem havia recebido a tonsura, e já vencera uma professora nas discussões (CÂMARA, H. *Chi sono io?*, 19-22). Isso leva-nos a antes de 1927.

[60] Pensava também que o Monsenhor lhe fosse pedir outros artigos para publicar no jornal católico (CAMARA, H. *Le conversioni di un vescovo*, 115).

Primeiros passos no caminho espiritual

O gesto de não seguir a polêmica ressoou-lhe como extremamente autoritário e injustificável. Por isso, estava disposto a desobedecer e continuar a discussão, mesmo que lhe custasse a expulsão do Seminário. Chateado, foi numa capela rezar. Disse a si mesmo que de lá não sairia até não conseguir tranquilidade e paz interior. Passaram-se duas horas e meia. Recordou, então, que era 29 de julho, dia de Santa Marta, e pensou na frase: "Marta, Marta! Você se inquieta e se preocupa com muitas coisas, uma só é necessária. Maria escolheu a melhor parte". Uma só coisa bastava: sentar aos pés do Senhor! Ao pensar nisso, subitamente sentiu uma grande paz. Seus olhos se abriram e disse a si próprio: "Helder, estás para receber a tonsura e começar a preparação imediata ao sacerdócio. E te preparas no ódio? Porque nos teus artigos há ódio e orgulho. Tu não o sentes, não o entendes, mas estás cheio de orgulho. É assim que te preparas ao sacerdócio?".[61] Foi assim que compreendeu que aquilo que parecia defesa da fé e da verdade era orgulho. Agradeceu a Deus por ter conseguido essa consciência,[62] pois se o orgulho o vencesse, talvez perdesse a vocação e a fé.[63] Esta foi a primeira das grandes *humilhações* que o Senhor lhe enviou para que pudesse progredir no seu caminho espiritual.

Enquanto Helder rezava, os colegas tomaram conhecimento, por meio do reitor, da proibição imposta pelo Vigário-geral. Indignados com o fato, prepararam uma manifestação a favor do seminarista e contra Monsenhor Tabosa, contando com o apoio do próprio reitor. Seus colegas o queriam como líder, mas ficaram surpresos, pois Helder não aceitou a proposta. Era quase incompreensível ouvir o polemista pedir para que o ajudassem a vencer o orgulho e a vaidade.[64] Apesar da decepção inicial, Helder tornou-se ainda mais admirado pelos colegas e alguns lhe disseram: "Um dia tua

---

[61] Camara, H. *Le conversioni di un vescovo*, 116.

[62] Câmara, H. *Chi sono io?*, 21-22.

[63] Camara, H. *Le conversioni di un vescovo*, 116.

[64] Dom Helder comentará que, se não tivesse aceitado essa *humilhação* que lhe fora mandada, não pelo diabo, mas por Deus, quase seguramente teria deixado o Seminário e, quem sabe, a fé (Câmara, H. *Chi sono io?*, 21) e afirma também que, depois disso, sempre recebeu grandes graças pouco antes ou depois do dia de Santa Marta (Broucker, J. de. *Helder Camara: la violenza di un pacifico*, 17). Os termos "humilhação" e "humildade" serão constantes na espiritualidade helderiana.

voz será ouvida em todo o Brasil". Posteriormente, Helder soube que Edith Braga era cunhada do Vigário-geral.[65]

2.3 "[...] Não aceito confiança pela metade"

Pouco antes da ordenação sacerdotal, ao saber que fora aceito para a tonsura, Helder pediu ao reitor Pe. Tobias Dequidt para ingressar na Congregação Mariana, pois, desde que entrara no Seminário, não fora aceito![66] Ele disse ao reitor:

> Padre reitor, se o senhor me permite entrar no caminho do sacerdócio, acho que é possível também aceitar minha candidatura a congregante de Maria. Imagine, padre reitor: desde minha entrada no Seminário até hoje jamais foi aceita minha candidatura. Por quê? Porque, padre reitor, no regulamento de nosso Seminário existem proibições sem sentido. Por exemplo, há corredores enormes que devemos cruzar em silêncio absoluto. Exigir silêncio é muito fácil, muito mais fácil que conseguir que se fale como pessoas humanas que sabem respeitar-se e respeitar as demais. Acaba sendo muito mais fácil impor o silêncio que educar para o diálogo. Mas minha pouca idade não me faz compreender isso. Por isso me rebelo e falo nos corredores. E quando vejo um superior que vem em minha direção continuo falando, parece-me uma questão de honra, de caráter. Evidentemente, isso me vale uma má nota de comportamento que me impede de ser admitido entre os congregantes de Maria. Na sala de estudos também é exigido silêncio! Lá, padre reitor, é proibido consultar ou ajudar o vizinho! Ou seja, estamos aprendendo a nos fechar no egoísmo, no individualismo. É assim que aprendemos a ser sacerdotes? Por isso, também lá me rebelo, falo e consulto meus colegas quando preciso, ou ajudo-os quando sou capaz. E se por acaso um inspetor me olha eu sigo falando, é uma questão de honra. Por isso eu recebo uma nota baixa que se torna um obstáculo para entrar na Congregação Mariana.[67]

---

[65] PILETTI–PRAXEDES, 74. É provável que o seminarista tivesse intuído o grau de parentesco, pois, para ele, o Vigário-geral era um santo e aquele santo estava se deixando irritar por laços de amizade e de parentela (CÂMARA, H. *Chi sono io?*, 21). Também confessou que seus artigos eram cruéis e que sentia vergonha daquilo.

[66] PILETTI–PRAXEDES, 73-74; H. CÂMARA, *Chi sono io?*, 18; ID. *Le conversioni di un vescovo*, 40-42; BROUCKER, J. de. *Helder Camara: la violenza di un pacifico*, 10-11.

[67] PILETTI–PRAXEDES, 74-75.

PRIMEIROS PASSOS NO CAMINHO ESPIRITUAL

O padre reitor lhe disse: "Meu filho, hoje mesmo você será aceito como congregante...". Mas Helder não se deu por satisfeito: "Padre reitor, o senhor pensará que é muito o que está me concedendo. Perdoe-me, mas não aceito apenas a minha admissão, há pelo menos dezoito colegas meus exatamente na mesma situação". E o reitor: "Todos, se quiserem, serão recebidos amanhã, domingo, na Congregação Mariana". No dia seguinte, Helder voltou para agradecer e fez um novo pedido:

> Ah, padre reitor, sempre tenho coisas para pedir... Desta vez quero pedir que o senhor faça uma experiência: quem quiser estudar em silêncio, que fique na sala de estudos. Mas em nossa turma há aqueles que precisam de ajuda e outros que entendem mais rápido o que está sendo ensinado, que veem mais longe. Por que não deixar que, enquanto os que preferem o silêncio fiquem na sala chamada Silêncio, os demais possam ir para outra sala? Porque a pessoa que tem maior facilidade, que recebeu esse favor do Senhor, favor que não lhe pertence, deve compartilhá-lo. Acho que meu amigo Luiz Braga pode perfeitamente encarregar-se de ajudar nas disciplinas científicas. E eu poderia me encarregar da filosofia. Depois ele se encarregará da moral, e eu da dogmática.[68]

O reitor não só concordou com o pedido como manteve a experiência, mesmo depois da saída de Helder e Luiz do Seminário.[69] Também aconteceu que Helder recebeu a tarefa de ajudar o reitor Pe. Tobias e o professor de literatura, Monsenhor Otávio de Castro, a selecionar os livros que seriam lidos pelos seminaristas. Os três faziam debates sobre os conteúdos de muitas obras. Certa vez, o reitor deu-lhe um livro recomendando que não lesse as páginas assinaladas.[70] Helder lhe disse: "Perdão, padre reitor, mas prefiro não tocar neste livro se o senhor não tem confiança total em mim. Não aceito confiança pela metade, de dois terços, não me interessa...". "Mas é que, você sabe, nestas páginas há coisas verdadeiramente delicadas...", disse-lhe o reitor. "Padre reitor, o senhor é um homem inteligente,

---

[68] PILETTI–PRAXEDES, 75.

[69] BROUCKER, J. de. *Helder Camara: la violenza di un pacifico*, 9-10.

[70] BROUCKER, J. de. *Helder Camara: la violenza di un pacifico*, 11-12; PILETTI–PRAXEDES, 76-77; H. CÂMARA, *Chi sono io?*, 17-18; CAMARA, H. "Dom Helder Câmara racconta la sua vita". In: BOURGEON, R. *Il profeta del Terzo Mondo*, 236-237; RENEDO, B. T. de. *Hélder Câmara: proclamas a la Juventud*, 11-12; CAMARA, H. *Le conversioni di un vescovo*, 42.

um homem honesto, e sabe que se eu começar a ler este livro, ao chegar a uma parte em que tiver que parar, minha imaginação com certeza irá mais longe que o próprio autor foi". E acrescentou: "Seria melhor o senhor me dizer: atenção, aqui há uma coisa um pouco forte, talvez você não entenda bem. Desejo que depois de ler venha discutir comigo". O reitor concordou: "Está bem, está bem. Aceito".[71]

Ao final do curso de Teologia, Helder passou por uma forte crise vocacional. Angustiava-se pelo fato de encontrar-se próximo da ordenação sacerdotal.[72] Estava chegando o momento de realizar o ideal de sua vida, mas, pensava ele, também poderia contribuir mais com a Igreja canalizando sua inquietude intelectual e ação política sendo um leigo à altura de Jackson de Figueiredo e Alceu Amoroso Lima. Depois de meses de oração, de conselhos da mãe, de conversas com o reitor e amigo Pe. Tobias, convenceu-se de que não deveria frustrar seu ideal de infância e juventude. Então decidiu que, como sacerdote, não se deixaria engolir pela vida, mas transformaria tudo em oração.[73] Faria encontros com Deus para salvar a unidade.[74] Desta decisão nasceram as Vigílias nas quais alimentará sua mística, práxis e utopia.

Helder foi ordenado sacerdote juntamente com oito colegas na Igreja da Prainha, no sábado, 15 de agosto de 1931. Com apenas 22 anos, precisou de uma autorização especial do Vaticano. No dia seguinte, presidiu a Primeira Missa e escolheu dois militares para servi-lo na celebração: Severino Sombra e Jeová Mota. Depois da Missa, os convidados foram para a casa dos seus pais. Dona Adelaide havia preparado o almoço para festejar a ordenação presbiteral do seu filho *José*. Pe. Helder recebeu a missão de coordenar os Círculos Operários Cristãos[75] e iniciar a JOC. Também foi

---

[71]   PILETTI–PRAXEDES, 76-77.

[72]   PILETTI–PRAXEDES, 77-79.

[73]   H. CÂMARA, *Chi sono io?*, 22; CAYUELA, J. *Hélder Câmara – Brasil: ¿un Vietnam católico?* 160.

[74]   Dom Helder disse a Tapia de Renedo que, próximo da ordenação, sentiu que seria tragado pela vida. Por outra parte, estava convencido de que tudo podia transformar-se em oração. Mas para alcançá-la era necessário fazer esforços, ter alguns encontros com Deus: "Este é o segredo, a alma de minha vida: creio que uma das coisas mais importantes da própria vida é salvar nossa própria unidade" (RENEDO, B. T. de. *Hélder Câmara: proclamas a la Juventud*, 12).

[75]   Assim chamados, em Fortaleza, ao invés de Círculos Operários Católicos, por decisão do Bispo Dom Manuel da Silva Gomes.

nomeado Assistente Eclesiástico da Liga dos Professores Católicos e professor de religião do Liceu do Ceará.

2.4 "[...] muito moço ainda, mas possuidor de uma inteligência fulgurante que põe a serviço de Deus e da Pátria"

Com o fim da Velha República (1899-1930), a Igreja Católica se reaproximava do poder político, a fim de alcançar os *interesses católicos*. O clima político e ideológico tendia à radicalização. Já havia acontecido a Revolução de 1930 e estava em curso a Revolução Constitucionalista de 1932. No Ceará, Severino Sombra defendia a ordem social e o princípio da autoridade como meios para combater o comunismo, visto como o principal inimigo. Com prestígio conquistado na Academia Militar, Severino agrega ao redor de si parte notável da elite cearense e funda, em outubro de 1931, a Legião Cearense do Trabalho,[76] com 15 mil inscritos. O objetivo da Legião era educar o operariado para que se tornasse coeso e "colaborador honesto e consciente das outras classes", sem ser levado pela propaganda comunista. Ele acreditava que era preciso combater o individualismo e recuperar o corporativismo da Idade Média europeia. A Legião se declarava anticapitalista, antiburguesa e anticomunista.

Pe. Helder, Sombra, Jeová e Ubirajara Índio do Ceará promoveram uma greve com a Legião contra a *Light*, uma companhia canadense que oferecia "condução" – bondes –, luz e energia a Fortaleza. Após esgotar os meios de parlamentação pacífica contra as injustiças para com os operários, pararam os bondes, esperando que, em três dias, a companhia cedesse. Porém, esta não cedeu e eles suspenderam a greve, porque pensaram que não era moralmente certo deixar a cidade sem luz e transporte. A manifestação, provavelmente, daria resultado se fosse continuada. Apesar do fracasso, Severino Sombra usou pela primeira vez uma blusa que imitava os blusões

---

[76] CAMARA, H. *Le conversioni di un vescovo*, 76-77.

de Mussolini.[77] Depois, a Legião promoveu outras greves, de resultados duvidosos.

Nesse mesmo período, Pe. Helder organizou a JOC com a mesma orientação ideológica da Legião. Em poucos meses, ele reuniu dois mil rapazes pobres, oferecendo atividades de alfabetização e recreação. Seu trabalho foi tão frutuoso que, mais tarde, ao comemorar dois anos de fundação, o jornal *Legionário* de 7 de outubro de 1933 teceu grandes elogios à JOC – "nas escolas jocistas prepara-se o operário legionário do amanhã e o cidadão brasileiro patriota e católico, pronto a defender a Pátria e a Cruz" – e ao fundador do movimento – um padre "muito moço ainda, possuidor de uma inteligência fulgurante que a põe a serviço de Deus e da Pátria, senhor de uma capacidade de trabalho invulgar, humilde e simples – eis em linhas sinceríssimas e ligeiras os traços marcantes de sua personalidade".[78]

Em julho de 1933, Pe. Helder causou polêmica entre a elite cearense ao fundar o movimento Sindicalização Operária Católica Feminina com o objetivo de reunir e promover a alfabetização de lavadeiras, passadeiras, domésticas, cozinheiras e camareiras da cidade. A primeira objeção foi a de que não convinha sindicalizar mulheres. Mas como o Bispo apoiou a intenção do Pe. Helder, integrantes da elite partiram para outros argumentos, tais como: ele estava se exibindo à custa das operárias, colocando-as contra as patroas, ensinando a classe a querer melhores salários e a fazer greve. A elite, então, boicotou o movimento, mas mesmo assim surgiram dez núcleos de escolas que ensinavam a escrever, ler e fazer contas. Além disso, ofereciam aulas de educação artística, religiosa e de nacionalismo.[79]

2.5 "[...] fez da batina sacerdotal um apostolado fecundo de fé e civismo"

No dia 2 de outubro de 1932, Plínio Salgado lançou em São Paulo o *Manifesto de Outubro*, iniciando oficialmente um movimento

---

[77] PILETTI–PRAXEDES, 84-85; CAMARA, H. *Le conversioni di un vescovo*, 76-77.

[78] PILETTI–PRAXEDES, 82-83.

[79] PILETTI–PRAXEDES, 83-84.

declaradamente fascista, a AIB. O movimento pregava a valorização da pátria mediante um nacionalismo exagerado; defendia a tradição, a família, os valores militares; combatia o capitalismo internacional – dominado por banqueiros judeus – e o comunismo soviético. Salgado pensava que ao Brasil estava reservado um grande futuro de nação organizada, una, indivisível, forte, potente, rica e feliz com sua cultura, civilidade e um modo de viver genuinamente brasileiro. Para tal, não deveria haver luta de classes e, sim, um Estado forte capaz de defender a nação e impor a harmonia das classes. O *Manifesto* aceitava a inspiração católica. Para organizar nacionalmente a AIB, Plínio entrou em contato com dirigentes estudantis ligados à Igreja Católica. No Ceará, o escolhido foi Severino Sombra, mas este não pôde assumir pois estava exilado em Portugal por ter sido contrário à Revolução de 1930 e por ter apoiado a Revolução Constitucionalista de 1932. O convite, então, foi feito a Pe. Helder, Jeová Mota e Ubirajara Índio do Brasil.[80]

Severino Sombra escreveu uma carta aos amigos dizendo para não aceitarem o convite, pois não concordava com o comando único de Plínio Salgado. Já Alceu Amoroso Lima escreveu na revista *A Ordem* que não havia incompatibilidade entre as doutrinas católica e integralista e que os católicos não só poderiam apoiar, mas empenharem-se pela AIB, embora discordasse da fidelidade incondicionada a Plínio Salgado – fidelidade incondicionada só a Deus. Pe. Helder consultou o seu Bispo, Dom Manuel, e este – após entrar em contato com Dom Leme – autorizou-o a aceitar o convite de Plínio Salgado, tornando-se, então, o Secretário do Setor Estudantes da AIB no Ceará.[81] Mais tarde, Dom Helder dirá que a sua participação no integralismo foi seu pecado de juventude.[82]

---

[80] PILETTI–PRAXEDES, 85-86.

[81] H. CÂMARA, *Chi sono io?*, 33-24; PILETTI–PRAXEDES, 87-89; BROUCKER, J. de. *Helder Camara: la violenza di un pacifico*, 17-19; RENEDO, B. T. de. *Hélder Câmara: proclamas a la Juventud*, 12-13; CAMARA, H. *Le conversioni di un vescovo*, 29. Dom Helder dirá que teve a grande tentação, a do fascismo. Era a época de Mussolini, Salazar, Hitler. Plínio Salgado lançou o "fascismo brasileiro" – o integralismo – e o convidou para ser Secretário do Setor Estudantes. Ele aceitou o cargo porque tinha a ideia de que o mundo estava dividido em duas partes: direita e esquerda, fascismo e comunismo (ID. "Dom Helder Câmara racconta la sua vita". In: BOURGEON, R. *Il profeta del Terzo Mondo*, 237).

[82] RENEDO, B. T. de. *Hélder Câmara: proclamas a la Juventud*, 13. Dom Helder dirá a Tapia de Renedo: "Foi pecado de juventude. Tinha vinte e cinco anos. Era um ingênuo [...]. Mas ainda muito jovem, percebi o grande equívoco daquela visão simplista do mundo".

Pe. Helder fundou grupos integralistas e organizou manifestações, comícios, conferências, além de escrever artigos sobre a doutrina do movimento. Não só ingressou na AIB, mas levou consigo a Legião. No dia 12 de agosto de 1933, Plínio Salgado visitou o Ceará e participou das comemorações do segundo aniversário da ordenação do jovem padre. O *Legionário* publicou um artigo elogiando o significado ditoso da data e afirmando que o reverendo "fez da batina sacerdotal um apostolado fecundo de fé e civismo. Ele é sacerdote de Cristo, mas também apóstolo de sua geração, do Brasil novo. Ah! como o Brasil está precisando de sacerdotes assim cheios de fé e de patriotismo, capazes de fazer jocismo e Sindicalização Operária Católica!".[83]

Mas o conflito com Severino Sombra, no entanto, ficara sem solução. Severino escreveu um artigo para o *Legionário*, mas os editores do periódico, em sintonia com a posição do Pe. Helder e de Jeová Mota, decidiram não publicá-lo. Sombra, então, conseguiu a publicação no *Correio do Ceará*, mas somente em janeiro de 1934. Em fevereiro, o Presidente Getúlio Vargas decretou a sua anistia e ele retornou ao Ceará. Fez contatos com antigos companheiros da Legião para retornar à liderança do movimento. Falindo no seu intento, no dia 22 de março manifestou-se publicamente contra o integralismo e declarou "guerra" aos antigos correligionários num artigo publicado, cinco dias depois, no *Correio do Ceará*. Pe. Helder escreveu um longo artigo rebatendo todas as objeções de Sombra. A tensão aumentava dia a dia até que o Pe. Helder e Jeová, com apoio de 55 (dos 56) conselheiros da Legião, declararam em nota oficial que Severino Sombra era inimigo do movimento legionário e da classe operária por sua atitude hostil e desleal contra os dirigentes da Legião. Com Severino afastado, Pe. Helder pôde levar adiante o seu integralismo.

---

[83] Piletti–Praxedes, 88.

3. "Quem sabe não é a Providência que me aproxima do Senhor?"

3.1 Usou camisa verde debaixo da batina preta

As manifestações e comícios da Legião, as conferências e os cursos como Secretário do Ofício de Estudos da AIB, as atividades com a JOC, a assistência à Liga dos Professores Católicos não eram suficientes para a juvenil força do Pe. Helder. Ele quis se empenhar ainda mais em favor das reformas que interessavam à Igreja e contra seus adversários. Ajudou a organizar congressos estaduais de educação, manifestações populares em outros estados, cursos de pedagogia em prol da educação das elites, tendo em vista que a instituição eclesial estava espalhando escolas confessionais católicas em todo o país.[84] O Governo apoiava a criação de escolas, pois o desenvolvimento industrial que começava no Brasil exigia mão de obra qualificada, e a maioria da população era analfabeta.

A ABE, fundada em 1924, também realizava conferências, incentivando a criação de escolas públicas com orientação adaptada à crescente industrialização e urbanização. Em 1929, estabeleceu-se o conflito entre a proposta dos professores liberais e dos professores católicos. Em 1932, a ABE lançou o *Manifesto dos Pioneiros da Educação Nova* em defesa da escola pública, obrigatória, gratuita e laica contando com assinaturas de Anísio Teixeira, Manuel Lourenço Filho, Júlio de Mesquita Filho, Cecília Meireles, Paschoal Leme e Francisco Venâncio Filho. A reação católica se deu imediatamente e, em oposição à ABE, nasceu, em 1933, a CCE, contra a gratuidade, laicidade e obrigatoriedade de escolas públicas. Em 1934, o Pe. Helder rebateu um livro anônimo de Anísio Teixeira, tornando-se, assim, um grande líder católico no âmbito educacional.

Muitos debates calorosos aconteceram entre *católicos* e *inovadores*. No dia 7 de fevereiro de 1934, realizou-se a Conferência Nacional pela Educação, em Fortaleza. O Pe. Helder havia levado seus simpatizantes ao

---

[84] Piletti–Praxedes, 90-91.

plenário a pedido da CCE. O primeiro a palestrar foi o beneditino Dom Xavier de Mattos. Depois, Edgar Sussekind de Mendonça contestou as ideias elitistas e antidemocráticas contrárias ao acesso da maioria à escola pública. O terceiro conferencista foi o Pe. Helder Pessoa Camara. Ele defendeu a importância do Ensino Religioso nas escolas públicas como a única maneira de promover a paz social e a salvação das almas do comunismo ateu. O padre cearense também rebateu as ideias de Sussekind de Mendonça e o tachou de representante do bolchevismo. Finalizou pedindo que a Conferência enviasse um telegrama à Assembleia Nacional Constituinte, que estava elaborando a nova Constituição do Brasil, pedindo-lhe o Ensino Religioso nas escolas públicas. O terceiro conferencista foi muito aplaudido. Depois, aproveitando-se dos aplausos, disse que a ABE o havia convidado para a Conferência a fim de fazer um discurso, mas que depois disso não haveria nenhuma outra possibilidade de interferência nas decisões finais. Por isso, não tinha mais nada a fazer e iria se retirar. Conclamou seus amigos para o seguirem. O teatro se esvaziou rapidamente. Os professores escolanovistas se espantaram com o fato.[85]

No dia seguinte, os representantes estaduais falaram sobre como se dava o ensino nos respectivos Estados da federação. Ciro Viera da Cunha, do Espírito Santo, pediu para a Conferência aprovar a sugestão dada pelo Pe. Helder – enviar um telegrama à Assembleia Nacional Constituinte, pedindo o Ensino Religioso nas escolas. Edgar Sussekind Mendonça, disposto ao conflito, rebateu a ideia e convidou os participantes do evento a afrontar em todos os campos o representante da CCE, Dom Xavier de Mattos. Como desagravo ao confronto declarado contra o beneditino, foram realizadas, nos dias 9 e 10, várias manifestações organizadas pela Igreja Católica e militantes integralistas. O Pe. Helder e Ubirajara contra-atacaram duramente Sussekind Mendonça. No dia 11 de fevereiro, os escolanovistas fizeram um manifesto em favor de seu líder. No dia 12, jovens integralistas fizeram um protesto vestindo camisas verdes e gravatas marrons. O Pe. Helder usou a camisa verde debaixo da batina preta aberta no peito. Ao pôr

---

[85] PILETTI–PRAXEDES, 92-93. Mais tarde, Dom Helder confessará que esta sabotagem foi um "ato totalitário" (CAMARA, H. *Le conversioni di un vescovo*, 103).

PRIMEIROS PASSOS NO CAMINHO ESPIRITUAL

do sol, o grupo se encontrou com Sussekind na Praça e o escolanovista foi agredido.[86]

3.2 "Fora galinha verde"

A notoriedade do Pe. Helder cresceu e a CCE organizou uma viagem cujo objetivo era o de ele defender os interesses da entidade no Maranhão e no Pará. Ao retornar, afirmou que os dois Estados eram atrasados, não só no aspecto material, mas de inteligência e de religião. Faltavam bibliotecas e escolas, e a Igreja Católica estava com um clero extremamente reduzido.

No Pará, Pe. Helder foi vítima de um golpe organizado por Manuel Barata que o recebeu com altos elogios e delicadezas cativantes, convencendo-o a ir a uma conferência de operários.[87] O padre fez uma palestra que considerou serena. Depois desta, o hóspede homenageado teve o desprazer de ouvir duras críticas contra o integralismo. Um dos oradores investiu contra o chefe dos integralistas despertando animosidade no ambiente. Então, o Pe. Helder percebeu que fora vítima de uma armadilha. Em seguida, ainda ouviu ataques a sua própria pessoa. Foi chamado de discursador e revolucionário de boca. Ele se defendeu dizendo que não era discursador, mas estudioso-doutrinador e defendia a sindicalização de todas as classes e não só do proletariado – o que seria comunismo. Este acontecimento, que fora divulgado até na impressa carioca, chocou o jovem sacerdote, pois nunca havia enfrentado um público numa situação tão desfavorável. Houve repúdio a sua presença em Belém e alguns manifestantes organizaram o seu enterro simbólico, exibindo um caixão numa praça pública, aos gritos: "fora, galinha verde" – apelido dos integralistas. O caixão, simbolicamente, foi jogado numa praia.

A situação lhe causou problemas gástricos, precisando recorrer às famosas Gotas Arthur de Carvalho – Arthur emprestava o seu nome ao seu invento milagroso e era anunciante frequente do jornal católico. Depois, o próprio Helder fez uma propaganda do remédio no jornal O *Nordeste*, de

---

[86] PILETTI–PRAXEDES, 93.

[87] PILETTI–PRAXEDES, 94-96.

24 de março de 1934, intitulada "Valioso testemunho do virtuoso sacerdote padre Hélder Câmara". Ele testemunhou que estava com um embaraço gástrico um tanto sério e muito aborrecedor. Isso iria impedi-lo de ir às manifestações operárias. Precisava de um remédio eficaz, e as Gotas Arthur de Carvalho lhe restituíram todas as energias. Por isso, recomendava as Gotas para homens de trabalho e condutores de homens que se achassem em circunstâncias semelhantes às dele.[88]

3.3 "Estes são os nossos candidatos, é neles que vocês devem votar"

Devido ao seu excelente trabalho, em 1934, o Arcebispo de Fortaleza nomeou o Pe. Helder condutor da LEC do Ceará. Ele deveria visitar o interior do estado convencendo os eleitores a votarem nos candidatos apoiados pela Igreja nas eleições estaduais e federais de outubro.[89] Apesar de tamanha responsabilidade – garantir a vitória dos *candidatos católicos* nas eleições –, o Pe. Helder quis participar do Primeiro Congresso Católico de Educação no Rio de Janeiro, entre os dias 20 a 27 de setembro. Lá, por uma semana, defendeu intensamente o integralismo.[90] Fez uma palestra sobre os excessos da pedagogia moderna, causando forte impressão nos educadores católicos. Entrou em contato com várias pessoas que se tornarão lideranças

---

[88] PILETTI–PRAXEDES, 96.

[89] PILETTI–PRAXEDES, 96-97. Pressionado pela Revolução Constitucionalista de São Paulo, o Presidente Getúlio Vargas convocara eleições para a Assembleia Constituinte de 1933. Dom Sebastião imediatamente começou a articular a participação católica. Porém, ele não quis criar *um partido católico* afirmando que há incompatibilidade com o *ser católico* que significa universal. Por isso, Dom Leme criou a LEC com o objetivo de instruir o eleitorado católico e assegurar candidatos de vários partidos, desde que defendessem as posições da Igreja, especialmente a indissolubilidade do matrimônio, o ensino religioso facultativo nas escolas públicas e a assistência eclesiástica às forças armadas. Para dirigir a LEC em âmbito nacional, Dom Sebastião escolheu Alceu Amoroso Lima, o principal líder do laicato católico brasileiro. Nas eleições de 1933, a LEC elegeu a maioria dos deputados constituintes que aprovaram quase todas as propostas católicas na Nova Constituição – diferente da anterior, que era de linha positivista. A Igreja chegou a organizar comemorações para festejar a Nova Constituição do Brasil. Em Fortaleza, a festa foi no teatro José de Alencar, e quando se anunciou o pronunciamento do Pe. Helder houve uma prolongada ovação.

[90] CASTRO, M. de. *Dom Helder: misticismo e santidade*, 63; BROUCKER, J. de. *Helder Camara: la violenza di un pacifico*, 19-20.

PRIMEIROS PASSOS NO CAMINHO ESPIRITUAL

57

nacionais, como Francisco Clementino de Santiago Dantas e Fernando de Bastos Ávila.[91]

Durante o Congresso, Pe. Helder recebeu um telegrama de Dom Manuel, dizendo-se assustado com a provável vitória do político adversário, bem como com os ataques abertos à Igreja Católica por parte da candidata socialista Raquel de Queiroz, ainda jovem mas já importante escritora. Para chegar antes em Fortaleza, Pe. Helder fez a sua primeira viagem de avião. O Bispo o enviou em todas as cidades e vilas para sustentar a lista dos candidatos aprovados pela Igreja. Dom Manuel recomendou que não parasse para debater, mas que dissesse: "Estes são os nossos candidatos, é neles que vocês devem votar". Dos onze deputados federais eleitos, sete eram da LEC e dos trinta estaduais, dezessete.[92] Os socialistas e comunistas não elegeram nenhum representante naquele estado.

Após as eleições de 1934, Pe. Helder dedicou-se a ler um documento do Departamento Nacional de Doutrina da AIB chamado "Diretrizes integralistas" e decidiu publicá-lo no jornal O *Nordeste*, colocando em evidência os pontos principais. Naquele momento, ele estava disposto a afastar-se da "atividade política" e dedicar-se à propaganda doutrinal católica e integralista junto aos professores e estudantes. Mas logo começou um novo conflito.[93] O interventor do Governo Vargas no Ceará, o coronel Felipe

---

[91] Santiago Dantas (1911-1964), jornalista, advogado, professor e político. Estudou na Faculdade de Direito do Rio de Janeiro (1928-1932), participando do Centro Acadêmico de Estudos Jurídicos e Sociais. Em 1932, filiou-se ao integralismo, afastando-se de suas fileiras em 1938. Assumiu a cátedra de Direito Civil da Faculdade Nacional de Direito (1940). Participou, como representante do Brasil, em organismos internacionais como o Comitê Permanente de Arbitragem de Haia. Também foi Deputado Federal, Embaixador do Brasil na ONU durante o Governo de Jânio Quadros, Ministro das Relações Exteriores durante o período parlamentarista de João Goulart, reatando relações com a União Soviética, e Ministro da Fazenda durante o período presidencialista de Jango. Morreu cinco meses depois do Golpe Militar de 1.º de abril de 1964.

Fernando de Bastos Ávila nasceu em 1918 e ingressou na Companhia de Jesus em 1935. Fez Mestrado em Filosofia e Teologia na Universidade Gregoriana. Em Roma, foi ordenado presbítero em 1948. Fez doutorado em Ciências Políticas e Sociais na Universidade Católica de Louvain, Bélgica, defendendo tese sobre *L'immigration au Brésil*. A partir de 1954, começou a ensinar – Sociologia. Introdução às Ciências Sociais, Ética e Doutrina Social da Igreja – na PUC-RJ, da qual foi vice-reitor acadêmico. Em 1997, foi eleito para ocupar a cadeira 15 da Academia Brasileira de Letras, sucedendo a Dom Marcos Barbosa. Faleceu no dia 6 de novembro de 2010, em Belo Horizonte.

[92] PILETTI–PRAXEDES, 97-99; CAMARA, H. *Le conversioni di un vescovo*, 83-86.

[93] PILETTI–PRAXEDES, 100-103.

Moreira Lima, apresentou-se como candidato a Governador constitucionalista, mas o Arcebispo já havia decidido que o candidato da LEC seria Francisco Menezes Pimentel. O coronel Felipe ameaçou dizendo que seria o Governador no voto ou na bala. Então, como coordenador da LEC, o Pe. Helder se viu obrigado a entrar em conflito com o coronel representante do Presidente do Brasil. O interventor de Getúlio Vargas fez um decreto contra os professores integralistas e proibiu, no dia 20 de fevereiro de 1935, o Pe. Helder de entrar em qualquer instituto estadual de ensino.

A situação ainda se tornou mais tensa porque, durante o carnaval, um grupo de jagunços matou o sargento Correia Lima, ligado ao interventor, com outros dois amigos que o acompanhavam. O jornal O *Combate* considerou um crime político, atribuindo a responsabilidade a Menezes Pimentel e ao Pe. Helder. No O *Nordeste* os acusados se defenderam. O interventor, por sua vez, não se preocupou em esclarecer o crime, deixando os acusados sob suspeitas. Dias depois, descobriu-se que havia sido vingança de uma família de um homem que fora morto pelo sargento em Maranguape. Nos dias anteriores à eleição, o clima era de terror devido às posturas do coronel Felipe Moreira Lima. Mesmo assim, foi eleito Menezes Pimentel com 16 votos contra 14 de José Acióli – que aceitara a candidatura depois que o coronel retirou seu nome, certo da derrota.

3.4 Na Secretaria da Educação

Durante a eleição, o coordenador da LEC sempre afirmou que não teria cargos no Governo, pois fazia a campanha motivado por suas convicções, sem nenhuma ambição pessoal – defendia sim, os direitos legítimos da Igreja Católica no Ceará e no Brasil.[94] Mas consciente da influência e representatividade do Pe. Helder, e como reconhecimento pela vitória na difícil eleição, o Governador o convidou para ocupar a Diretoria de Instrução Pública – correspondendo atualmente à Secretaria da Educação. O padre

---

[94] O que chama a atenção – dirá mais tarde Dom Helder – "é que a LEC não se preocupava com os direitos da pessoa humana, dos oprimidos, mas somente com a defesa dos costumes e da religião. Era a visão daquele tempo..." (CAMARA, H. *Le conversioni di un vescovo*, 85).

PRIMEIROS PASSOS NO CAMINHO ESPIRITUAL

recusou o convite sem saber que o Governador e o Arcebispo já estavam de acordo sobre a sua indicação.

Justificando-se ao Arcebispo, o Pe. Helder disse que não poderia aceitar o cargo porque precisava ser coerente com aquilo que havia dito na campanha, e a incoerência seria para ele uma grande *humilhação*. O Arcebispo foi taxativo e resoluto, dizendo que não tinha ninguém mais preparado que o Assistente Eclesiástico da Liga dos Professores Católicos, o qual havia participado de cursos de pedagogia e psicologia e do Congresso sobre Educação e, por fim, que a vontade do Bispo era a vontade de Deus.[95] Em nome da obediência, o Coordenador da LEC aceitou, mas pôs uma condição: o Governador não deveria compactuar com o apadrinhamento e as transferências que os coronéis costumavam fazer na área da educação.[96] Conhecedor dos problemas da educação, o futuro "Secretário" sabia que esta era uma antiga reivindicação da categoria. O Governador aceitou a condição exigida – embora não tenha cumprido a promessa feita – e o diretor da Instrução Pública iniciou com afinco o trabalho no Governo do estado.[97] Ele tinha apenas 26 anos.

Dez dias depois de assumir a função, o Secretário da Educação denunciou a situação de penúria em que se encontrava a Secretaria, pois nem material escolar havia para as crianças pobres. A imprensa e os ambientes intelectuais deram atenção ao seu eficiente trabalho: formação de professores, assistência às crianças pobres, instalação de um Jardim de Infância, execução da lei que decretava 11 de agosto como Dia da Classe Estudantil sendo feriado estadual, retirada da obrigatoriedade do ensino de Inglês, inclusão do Ensino Religioso facultativo na grade curricular e o patrocínio da Secretaria para o Segundo Congresso Católico Regional de Educação, na cidade de Sobral, interior do Ceará. Em poucos meses, o Secretário de

---

[95] PILETTI–PRAXEDES, 103-107; BROUCKER, J. de. *Helder Camara: la violenza di un pacifico*, 20; CAMARA, H. "Dom Helder Câmara racconta la sua vita". In: BOURGEON, R. *Il profeta del Terzo Mondo*, 237; RENEDO, B. T. de. *Hélder Câmara: proclamas a la Juventud*, 14; CAMARA, H. *Le conversioni di un vescovo*, 85.

[96] O apadrinhamento consistia na contratação sem concurso público. A transferência se dava de forma arbitrária: os correligionários escolhiam as escolas onde iriam trabalhar e os adversários eram removidos para outras escolas ou cidades.

[97] CÂMARA, H. *Chi sono io?*, 27.

Educação demonstrou uma enorme capacidade de trabalho que, no entanto, faltava aos outros Secretários e ao Governador.

No dia 20 de novembro de 1935 explodiu um grave conflito. O Bispo de Sobral, Dom José Tupinambá da Frota, amigo do Secretário de Educação, fez Visita Pastoral em Meruoca. O núcleo integralista de Sobral, com dois mil inscritos, se uniu com o núcleo de Meruoca para fazer uma manifestação de apoio ao Bispo. Porém, o Governador havia proibido qualquer manifestação, visando com isso impedir o crescimento da ANL.[98] A polícia reprimiu os integralistas, morrendo um soldado e um "camisa verde". O Pe. Helder protestou diante do Governador e, já cansado das suas interferências na "Secretaria de Educação" – privilégios para correligionários –, pediu demissão, depois de cinco meses e meio na função.[99]

Desde que deixara o Seminário, o Pe. Helder residiu com a família.[100] Sua irmã Nair o chamava de *Padrezinho* e seu irmão Mardônio, estudante da Marinha no Rio de Janeiro, de *seu vigário*. Helder, por sua vez, os chamava de *maninha* e *piloto*. Os familiares acompanhavam com satisfação o seu trabalho eclesiástico, mas preocupavam-se com sua trajetória integralista, uma vez que nenhum deles nutria simpatia pelos "camisas verdes". Apesar de todo o trabalho, ele ainda tinha tempo para reunir crianças pobres ao redor de si, ensinava-lhes o catecismo e depois distribuía doces e balas. No dia da canonização de Dom Bosco, 1.º de abril de 1934, um pobre, vendo o padre no meio da criançada, disse a Dona Adelaide que era como se estivesse olhando para Dom Bosco. Ao ouvir isso de sua mãe, Helder brincou dizendo que iria chamá-la de Margarida – nome da mãe do santo. Em 1935, Adelaide adoeceu – o médico diagnosticou câncer no útero e deu seis meses

---

[98] Uma organização política liderada pelo PCB com o objetivo de organizar e instaurar um Governo de inspiração soviética no Brasil. Era uma reação ao crescimento da AIB. Defendia a suspensão do pagamento da dívida externa do país, a nacionalização de empresas estrangeiras, a reforma agrária e a proteção aos pequenos e médios proprietários, garantia das liberdades democráticas e constituição de um Governo popular (não ligado às oligarquias). Entre seus integrantes estavam Carlos Lacerda (que se tornará um dos maiores inimigos do comunismo), Luís Carlos Prestes e Pedro Ernesto. Decretada ilegal pelo Presidente Vargas, manteve-se por pouco tempo na ilegalidade, realizando levantes como o de Natal, Recife e Rio de Janeiro. O Governo Federal não teve dificuldades de dominar a situação. A ANL foi desarticulada.

[99] CAMARA, H. *Le conversioni di un vescovo*, 85-86; PILETTI–PRAXEDES, 105-106.

[100] PILETTI–PRAXEDES, 107-109.

de vida. Ela faleceu no dia 23 de agosto de 1935, com 61 anos, quando o seu filho era Secretário da Educação. Cinco minutos antes de partir, pediu que o seu filho, *Pe. José*, cantasse no seu ouvido *No céu, no céu, com minha mãe estarei.*

3.5 "Meu filho, é Deus [...] quem o está chamando para o Rio de Janeiro"

A crise com o Governo Menezes Pimentel, a morte da mãe e as acusações de que estivesse namorando Letícia Ferreira Lima interferiram muito nos sentimentos do Pe. Helder. Seus adversários haviam espalhado fofocas de que ele namorava a irmã de Ubirajara, a professora integralista Letícia. Na verdade, eram grandes amigos que se viam frequentemente para tratar assuntos da Liga dos Professores Católicos e do movimento integralista.[101]

Pouco antes de pedir demissão do cargo de Secretário de Educação, o padre cearense escreveu ao pedagogo Manuel Lourenço Filho, afirmando que não aguentava mais as ingerências do Governador e de outros Secretários em assuntos da Secretaria da Educação.[102] Em 1934, Helder e Lourenço haviam se encontrado no Congresso Católico para a Educação no Rio de Janeiro, mas a relação não fora muito boa, pois o cearense estava no auge de seu integralismo, fazendo retóricas agressivas a quem se opunha às suas ideias integralistas e católicas ultraconservadoras.[103] Lourenço, por sua vez, havia adotado uma postura mais equilibrada no conflito entre católicos e escolanovistas.[104] No entanto, ao assumir o cargo de Secretário de Educação,

---

[101] PILETTI–PRAXEDES, 113-115.

[102] PILETTI–PRAXEDES, 115-119. Lourenço Filho, antigo conhecido de Helder, era um técnico competente. Quando jovem, havia trabalhado no Ceará (1920-1923) e, em 1922, ajudara o Governo em uma reforma educativa, aplicando as ideias escolanovistas. Gilberto Camara era redator do *Correio do Ceará* e, seguidamente, pedia ao seu irmão Helder para ir à casa de Lourenço buscar artigos para o jornal, ocasião em que o pedagogo conversava com o adolescente de treze anos que mais tarde assumiria, coincidentemente, o seu cargo. Ao sair do Ceará, o pedagogo trabalhou em São Paulo, publicou artigos e fez parte do grupo de Anísio Teixeira na Secretaria de Educação, no Rio de Janeiro, em 1932.

[103] CASTRO, M. de. *Dom Helder: misticismo e santidade*, 67-68. Mais tarde Dom Helder lamentará o fato de ter considerado "comunistas" pessoas como Anísio Teixeira e Lourenço Filho.

[104] A sua postura moderada lhe permitirá sobreviver às perseguições que levaram Anísio Teixeira a abandonar a Secretaria da Educação e a se esconder no interior da Bahia, a fim de não ser preso,

o Pe. Helder teve a humildade de restabelecer as relações, via correspondências, com o experiente pedagogo. Lourenço, não se importando com as provocações sofridas no Rio de Janeiro, imediatamente lhe enviou sugestões e estudos. Isso também serviu de lição ao padre integralista, porque o pedagogo o auxiliou prontamente sem levar em conta os vexames que passara.[105]

Depois de deixar a Secretaria de Educação, Pe. Helder enviou um telegrama a Lourenço, solicitando um trabalho no Ministério da Educação, mas como não recebesse resposta resolveu escrever uma carta dizendo que deixara a Secretaria porque o Governo estava fazendo partidarismo faccioso; explicou, então, que era "camisa verde", mas ninguém podia acusá-lo de ter usado seus cargos com intuitos partidários, como o Governador fizera com os integralistas. E continuava:

> [...] o senhor que é um idealista há de compreender o dilaceramento que venho sentindo ao ver e sentir que meus sonhos vão morrer. É horrível, Dr. Lourenço. Daí meu desejo de partir. De fugir para longe, bem longe... [...] Não há razão para temer meu integralismo. A meu ver, servirei ao sigma, trabalhando, honestamente, pela criação do sistema educacional de que precisa nosso país. [...] Desculpe a franqueza e a liberdade com que lhe falo. Quem sabe não é a Providência que me aproxima do Senhor?... Do amigo e admirador em Jesus Cristo. Padre Hélder.[106]

Lourenço respondeu por um telegrama que estava empenhado em atender ao pedido do amigo. Alguns dias depois, conseguiu-lhe um cargo de Assistente Técnico para a Educação.[107] Ao receber o telegrama confirmando

---

porque acusado de *comunista*. Lourenço até receberá outros cargos, sendo indicado pela Igreja Católica ao Governo Vargas.

[105] CASTRO, M. de. *Dom Helder: misticismo e santidade*, 68.

[106] PILETTI–PRAXEDES, 118.

[107] A contratação do Pe. Helder ampliou as bases de sustentação de Lourenço Filho no cargo. Ele contará com o apoio da influente Igreja Católica, justamente quando o Secretário de Educação, Anísio Teixeira, e o próprio prefeito do Distrito Federal, Pedro Ernesto, corriam riscos de perderem seus cargos em razão dos boatos de que apoiavam, veladamente, um plano de insurreição que estava sendo preparado pelo PCB e uma ala mais da esquerda do movimento tenentista. De fato, a insurreição liderada por Luis Carlos Prestes – que ficou conhecida, depreciadamente, como Intentona Comunista – aconteceu no final de novembro de 1935. Anísio foi destituído e, logo depois, o mesmo ocorreu com Pedro Ernesto, assumindo seus cargos Olímpio Melo e Francisco Campos, homens de grande confiança do Cardeal Sebastião Leme.

PRIMEIROS PASSOS NO CAMINHO ESPIRITUAL

63

o novo trabalho, Pe. Helder foi falar com o seu Arcebispo, o qual, por sua vez, estava preocupado com o acirramento do conflito entre integralistas e Governo e com a difícil relação que se daria entre Governo e Igreja.[108] Sem nunca imaginar que o padre quisesse abandonar a sua própria terra, o Bispo lhe disse: "Meu filho, é Deus, é Deus quem o está chamando para o Rio de Janeiro. Aceite! Vá, meu filho, vá!".[109] O padre ficou mais do que satisfeito por ter conseguido a aprovação sem o mínimo conflito. O próprio Dom Manuel encaminhou a transferência com o Cardeal Leme.

* * *

Em Fortaleza, portanto, Helder deu seus primeiros passos no caminho espiritual: 1) de sua mãe, aprendeu a importância do diálogo, da humildade, do pacifismo e da compreensão diante das fragilidades humanas; 2) com afeto e atenção, ouviu seu pai dizer que "sacerdócio" e "egoísmo" não combinam; 3) na Conferência Vicentina, compreendeu que a caridade é virtude central da espiritualidade cristã; 4) durante o período de Seminário, iniciou suas *Meditações,* que, após a ordenação sacerdotal, tornaram-se constantes e, atualmente, as *Meditações do Pe. José* são uma fonte incomparável para se compreender a mística helderiana; 5) do Pe. Cícero recebeu uma lição que viverá exemplarmente: no coração de um cristão e, sobretudo, de um padre, não deve existir uma gota de ódio; 6) para que pudesse progredir no caminho espiritual, o Senhor lhe enviou a primeira das grandes *humilhações*: descobriu que aquilo que parecia defesa da fé era na verdade orgulho intelectual. Como discípulo, deveria sentar aos pés de Jesus e seguir a seta da humildade, pois sem esta virtude não se dá um passo nas vias do Senhor; 7) pouco antes da ordenação, decidiu que não se deixaria engolir pela vida. Para tanto, dedicaria um tempo diário à oração. Desse modo, nasceram as Vigílias, que lhe proporcionarão o ingresso na experiência mística. No entanto, o Pe. Helder ainda estava atrelado ao "pecado de juventude" e seus afins. Outros grandes passos lhe proporcionarão um amplo desenvolvimento espiritual.

---

[108] Marcos de Castro comenta que o Arcebispo provavelmente havia percebido a possibilidade de o Pe. Helder começar uma campanha contra o Governo estadual (CASTRO, M. de. *Dom Helder: misticismo e santidade*, 69-70).

[109] PILETTI–PRAXEDES, 120; H. CÂMARA. *Chi sono io?*, 27-28.

CAPÍTULO II

Atividades pastorais e desenvolvimento espiritual (1936-1964)

Helder Pessoa Camara viveu a "segunda fase" da sua vida no Rio de Janeiro (1936-1964). Aproximou-se das teorias do Humanismo Integral e do Desenvolvimento Integral. Deixou-se influenciar pelo testemunho de São Francisco de Assis e pela espiritualidade da AC. Dinamizou o Ano Santo de 1950. Foi ordenado Bispo enquanto realizava a fundação da CNBB, sendo o Secretário-geral da entidade por doze anos. Organizou o XXXVI Congresso Eucarístico Internacional, a Cruzada de São Sebastião e o Banco da Providência. Foi um dos fundadores do CELAM. Após o Congresso Eucarístico, desafiado pelo Cardeal Gerlier, iniciará um processo de conversão e de consagração aos pobres. Apoiou o MEB e participou do Concílio Vaticano II, convocado pelo Papa João XXIII.

1. "Francisco deu uma lição..."

1.1 Reforçar a fama de "caçador de esmeraldas"

O Pe. Helder chegou ao Rio de Janeiro no dia 16 de janeiro de 1936 e, alguns dias depois, foi recebido pelo Cardeal Sebastião Leme Silveira Cintra, que o convidou para jantar no Palácio São Joaquim.[1] O Cardeal brindou a chegada do padre, dizendo que tinha certeza de que Helder só iria reforçar a sua fama de "caçador de esmeraldas", a qual conquistara como Arcebispo

---

[1] PILETTI–PRAXEDES, 119-120.

do Rio de Janeiro, por atrair para lá ótimos sacerdotes de várias dioceses. Além de trabalhar como Assistente-Técnico em Educação, no Instituto de Educação do Distrito Federal, juntamente com Lourenço Filho, o Cardeal Leme o designou para o Conselho Arquidiocesano de Ensino Religioso. No dia seguinte, Monsenhor Rosalvo Costa Rego lhe comunicou que o Cardeal não queria padres na política partidária e, assim, deveria encerrar a sua ação na AIB.[2] Pe. Helder aceitou para sempre essa resolução. Na verdade, ele estava desiludido com a AIB e abandoná-la por ordem superior era um ótimo argumento diante das inumeráveis pressões que viriam de seus amigos integralistas.

Plínio Salgado, percebendo que o padre havia se afastado do integralismo, buscará uma reaproximação, mas este lhe respondeu que, por determinação superior, estava proibido de militar na AIB. Mesmo assim, buscando uma nova forma de direção para a AIB, em 1937, Salgado o nomeia integrante do Grupo dos Doze. Helder estava curioso para ver a reação de Dom Leme. O Cardeal, no entanto, comentou com ele estar surpreso com o crescimento da AIB e que era melhor manter boas relações com os integralistas. Deveria aceitar o cargo com a condição de que seu nome não aparecesse na lista, pois ele seria apenas, *formalmente*, o Assistente Eclesiástico. Mas os integralistas, com orgulho, espalharam que o Pe. Helder Camara era membro do Conselho Superior, com o apoio do Cardeal Leme.[3] Em seu íntimo, no entanto, Helder já não tinha ligação com a doutrina integralista, e os constantes anúncios nos jornais sobre o "companheiro Pe. Helder Camara, membro do Conselho Supremo da Ação Integralista Brasileira", desgastava-o espiritualmente.[4] Foi nesse contexto que, em novembro 1937, ele realizou a "missão secreta" de levar a Nova Constituição – a qual garantia os interesses católicos – ao Cardeal Leme.[5]

---

[2]   PILETTI–PRAXEDES, 120-121.

[3]   CASTRO, M. de. *Dom Helder: misticismo e santidade*, 71-73; PILETTI–PRAXEDES, 137-139; CAMARA, H. *Le conversioni di un vescovo*, 73-74.

[4]   CASTRO, M. de. *Dom Helder: misticismo e santidade*, 74.

[5]   Para continuar na Presidência da República, Getúlio Vargas divulgou que havia descoberto uma conspiração judaico-comunista – o fantasioso Plano Cohen, elaborado pelo militar integralista capitão Olímpio Mourão Filho, e divulgado na imprensa pelo Departamento de Propaganda do próprio Governo como de autoria comunista – que tinha como meta, também, a destruição da Igreja e da família. Por isso, o Presidente da República decretou "estado de guerra", deu um

ATIVIDADES PASTORAIS E DESENVOLVIMENTO ESPIRITUAL (1936-1964)

Depois do golpe que instalou o Estado Novo, o Cardeal disse ao Pe. Helder que deveria afastar-se decisivamente do integralismo, dizendo-lhe: "O senhor entrou no integralismo a pedido do seu Bispo. Mas agora o seu Bispo sou eu. E o seu Bispo pede que renuncie a sua vida de partido".[6] Em 1938, o ex-Assistente Eclesiástico passou a ser perseguido por integralistas, tendo inclusive de se esconder em casas de amigos como Margarida Lima Heitor. O Pe. Helder, no entanto, não se afastou do "pecado de juventude" somente por causa da "ordem superior", mas, também, devido às experiências místicas que estava realizando nesta "segunda fase" de seu caminho espiritual: ele procurava luzes para ser cada vez mais do Senhor.

1.2 "[...] Peçam a Nosso Senhor para que eu seja cada vez mais dele"

Nos primeiros tempos de Rio de Janeiro, Pe. Helder habitou na casa de Cecy Cruz, recebendo todas as gentilezas possíveis da proprietária. Essa casa-albergue era conhecida como "Consulado Cearense", porque hospedava, principalmente, estudantes vindos do Ceará. Lá Pe. Helder conheceu o estudante pernambucano Pe. José Távora, de quem se tornará fiel amigo por

---

golpe político, fundou o Estado Novo (10 de novembro de 1937) e mandou elaborar uma Nova Constituição, contando com o apoio do Cardeal Leme. Mas, na verdade, antes de Getúlio dar o golpe, o Ministro da Justiça Francisco Campos já havia elaborado a Nova Constituição. Campos pediu a Plínio Salgado que realizasse uma "missão secreta", ou seja, fazer o texto chegar às mãos de Dom Leme, pois o Presidente não queria que nada acontecesse sem o conhecimento prévio do Cardeal. Plínio encarregou o Assistente Eclesiástico da AIB de explicar tudo a Dom Leme, recomendando que isso não viesse a público (PILETTI–PRAXEDES, 135-136). Desse modo, o Cardeal não seria considerado cúmplice do "golpe" e, para todos os efeitos, nem "conhecia" a Constituição que, de certo modo, legitimava os interesses católicos. Plínio Salgado esperava ser chamado a desempenhar a função de Primeiro Ministro, o verdadeiro *Fuhrer* (CAMARA, H. *Le conversioni di un vescovo*, 74), mas ao invés disso o Presidente ditador decretou o fechamento de todos os partidos e proibiu qualquer símbolo, uniforme ou gesto de reconhecimento, tocando diretamente a AIB. Plínio foi exilado, em Portugal. Os integralistas romperam com o Governo Vargas. Um grupo da AIB, em protesto, desfilou próximo ao Palácio Guanabara, onde estava Getúlio com seus familiares, mas o Exército reagiu e alguns foram mortos. Vargas pediu ao Cardeal que dissesse aos padres e leigos que os católicos deveriam ficar longe dos partidos e fiéis às autoridades constituídas, pois os interesses da Igreja seriam garantidos. Foi então que o Cardeal avisou Helder que deveria afastar-se decisivamente do integralismo (RENEDO, B. T. de. *Hélder Câmara: proclamas a la Juventud*, 14).

6   RENEDO, B. T. de. *Hélder Câmara: proclamas a la Juventud*, 14.

toda a vida.[7] Cecy fazia da casa um verdadeiro lar, e Helder encantou-se com o clima de respeito e alegria que havia naquele local. Nairzinha, sobrinha de Cecy, fazia questão de ciceroneá-lo em inumeráveis passeios turísticos pela "cidade maravilhosa", e este dizia que ela o introduzira nos segredos do Rio de Janeiro. Nas festas de carnaval que se fazia no "Consulado", o padre cearense cantava alegremente as marchinhas e sambas, mergulhando na cultura carioca. Da mesma forma, habitar no Rio de Janeiro e não se envolver em futebol era quase impossível: em 1936, Helder assistiu dez clássicos do *fla-flu* (Flamengo e Fluminense). Ele mesmo observou e descreveu o ritual das torcidas: primeiro surgem os torcedores uniformizados com as cores do time e bandeiras; depois aparecem os tambores de escolas de samba, pratos da banda militar, clarins e sinos...[8] E segue a festa das torcidas.

A amiga Nair, inteligente e ilustrada, logo introduz o novo habitante do "Consulado" no meio da juventude intelectualizada que discutia política, religião, teatro, literatura e cinema. Fazia parte do grupo o advogado Fernando Carneiro, o político Barreto Filho, o advogado Sobral Pinto, o advogado e político Santiago Dantas. Todos gostavam dos clássicos da literatura e de artes, além de serem próximos do catolicismo e do integralismo. Nesse período, Pe. Helder cultivou boa amizade com a pedagoga maranhense Celina Nina, que viera ao Rio de Janeiro a convite de Lourenço Filho, para dirigir o Jardim da Infância do Instituto Educacional. Segundo Helder, Celina era linda, meiga, inteligente, fina e educada a ponto de um dia surpreender-se vendo a professora branca beijar, com a maior simplicidade, uma criança negra.[9]

Certo dia, Santiago Dantas comentou com Alceu Amoroso Lima sobre um padre cearense, Helder Camara, o qual falava de forma arrebatadora. Perguntou-lhe se o conhecia e Alceu disse que ouvira o Cardeal Leme falar "qualquer coisa" e, também, que os dois trocavam algumas

---

[7] A sintonia entre o Pe. Helder e o Pe. José era tão intensa que Helder passará a chamá-lo de "Eu": "O Eu (que sempre está comigo em tudo)" (Circular 31 de 13-11-1962); "Almoçávamos, tranquilamente, o Eu e eu" (Circular 2 de 13/14-4-64) etc. O livro *Dom Távora: o bispo dos operários – um homem além do seu tempo*, de Isaias do Nascimento, relata com detalhes a sintonia entre o Dom e o Eu.

[8] PILETTI–PRAXEDES, 122-124.

[9] PILETTI–PRAXEDES, 125.

ATIVIDADES PASTORAIS E DESENVOLVIMENTO ESPIRITUAL (1936-1964)

correspondências, desde 1928. Foi Santiago quem apresentou um ao outro, e Alceu convidou Helder para uma palestra no Centro Dom Vital – ocasião em que estariam presentes muitos intelectuais, artistas e escritores, entre eles o jovem romancista Jorge Amado.[10] Pe. Helder, por sua vez, pediu que Amoroso Lima o ajudasse a esclarecer com Severino Sombra a origem do boato sobre seu romance com Letícia Ferreira Lima – Sombra e Amoroso Lima eram amigos. Alceu marcou um encontro: Severino disse a Helder que seria incapaz de ter feito esta infâmia e os dois fizeram as pazes.

Pe. Helder resolveu, então, escrever ao clero de Fortaleza e à direção da sindicalização juvenil uma bela carta comunicando a "grande alegria": Sombra iria comungar na Missa presidida por ele. Acrescentou que nenhum dos dois havia cedido, mas que ambos reconheciam que houve exaltação dos dois lados e intrigas de terceiros. Depois, escreveu:

> eu me convenci de que não era exata a suposta acusação de que ele teria feito contra a minha honra de sacerdote. Digam isto a todos os sindicatos. Espalhem em toda a parte que o Pe. Helder fez as pazes com o Tenentão, ou melhor, encontrou-se com ele, porque o ódio vocês sabem que não havia no meu coração... Quanta paz e quanta felicidade o Bom Deus derrama sobre mim! Vocês que me acompanham, leais, em todos os meus sofrimentos e em todas as minhas alegrias, me entenderão perfeitamente hoje, mesmo porque, no íntimo, todos desejávamos sempre que se tornasse possível a reconciliação... Peçam a Nosso Senhor para que eu seja cada vez mais dele e para que em mim a voz da graça fale sempre mais forte do que os instintos e do que a carne... O amigo e irmão em J.C. Padre Alceu.[11]

Apesar do ambiente alegre na casa de Cecy Cruz, do envolvimento no ambiente intelectual da Capital Federal, do bom trabalho no Ministério da Educação,[12] da missão sacerdotal em uma Capelania, a tristeza teimava em

---

[10] PILETTI–PRAXEDES, 125-127.

[11] PILETTI–PRAXEDES, 126.

[12] CASTRO, M. de. *Dom Helder: misticismo e santidade*, 70. Com o passar do tempo, devido ao seu cargo, mas também por seu carisma, o Pe. Helder passou a ser convidado para realizar pregações aos jovens nas paróquias ou para guiar retiros espirituais organizados pela ACB, através da Juventude Católica Brasileira (masculina) e da Juventude Feminina Católica, movimentos fundados pelo Cardeal Leme em 1935. Os jovens saíam dos retiros fascinados pelo jovem padre de acento nordestino que entusiasmava, não por discutir teorias abstratas do catolicismo, mas

permanecer no coração do Pe. Helder. Faltava-lhe um sentido maior para a vida. Em 1937, pensou em ser jesuíta. Pe. Franca, no entanto, mostrou-lhe o engano a respeito desse desejo e começou a orientá-lo espiritualmente. Aos poucos, Helder foi se dando conta de como era gratificante viver na bela e cosmopolita cidade do Rio de Janeiro, entrando em contato com as figuras mais importantes do catolicismo como o Cardeal Leme, o Pe. Franca e Alceu Amoroso Lima. Também era belo fazer novas e bonitas amizades como a de Nair Cruz, Celina Nina, Santiago Dantas, Sobral Pinto e de trabalhar com grandes pedagogos como Lourenço Filho e Everardo Backheuser.[13]

Depois de alguns meses trabalhando com Lourenço Filho, Pe. Helder recebeu o convite de Everardo Backheuser para transferir-se ao Instituto de Pesquisas Educacionais, assumindo a Seção Medidas e Programas.[14] Em 1939, ele prestou um concurso público para Técnico em Educação, tendo sido aprovado em terceiro lugar.[15] Nos anos seguintes, trabalhará em diversos organismos do Ministério da Educação, cumprindo as burocracias do ofício. Devido às profundas amizades e à grande confiança dos colegas do Ministério da Educação, tornou-se uma espécie de orientador espiritual.[16]

---

sim os problemas da idade juvenil. Não ficava distante, mas próximo dos jovens, buscando uma linguagem capaz de sensibilizar os interlocutores. Por isso, foi se tornando uma das pessoas mais convidadas para conferências em escolas, universidades e encontros religiosos. Ele falava de filosofia, problemas políticos, questões sociais e literatura brasileira, clássica e universal.

[13] O príncipe Dom Pedro de Orléans e Bragança, filho mais velho da princesa Isabel e do Conde d'Eu, quis de volta a casa alugada a Cecy Cruz e, em meados de 1938, o "Consulado do Ceará" se transferiu para a Rua Voluntários da Pátria – uma casa com três andares, espaçosa e com jardim. O ambiente continuou sendo muito agradável e Cecy preparava pratos deliciosos. Nesse mesmo ano, Eduardo Camara e a sua esposa Elisa se transferiram de Fortaleza para o Rio de Janeiro e foram habitar no "Consulado do Ceará". A transferência foi iniciativa de Elisa, a fim de tentar livrar o marido do alcoolismo. Pe. Helder conseguiu trabalho e tratamento para Eduardo e este ficou curado, embora, anos depois, venha a morrer por conta da cirrose. Foi por essa época que integralistas fanáticos e descontentes perseguiram "ex-colegas que obedeciam ao governo". O Pe. Helder era visado, mas seus amigos de moradia e outros faziam questão de protegê-lo (PILETTI–PRAXEDES, 141-143).

[14] CAMARA, H. *Le conversioni di un vescovo*, 99-100.

[15] Segundo Piletti e Praxedes, para participar fez algo ilícito: apresentou um certificado de frequência em aulas de psicologia, conseguido por Alceu Amoroso Lima, no Instituto de Educação Familiar e Social (PILETTI–PRAXEDES, 128-131). Dom Helder comenta que apresentou uma tese sobre um estudo que havia aplicado em escolas do Distrito Federal. Segundo ele, sua tese era uma "vergonha espaventosa" e, por isso, nem quis conservar uma cópia (CAMARA, H. *Le conversioni di un vescovo*, 100).

[16] CAMARA, H. *Le conversioni di un vescovo*, 108.

ATIVIDADES PASTORAIS E DESENVOLVIMENTO ESPIRITUAL (1936-1964)   71

Tempos depois, sentindo-se insatisfeito com aquele ritmo de vida, Helder pediu para Alceu Amoroso Lima interferir junto ao Cardeal, a fim de que o exonerasse do Ministério da Educação e lhe permitisse exercer somente seu sacerdócio ministerial, pois pensava que seu trabalho poderia ser feito por leigos. Talvez, poderia sair em missão pelo Brasil afora... O Cardeal não aceitou a proposta, dizendo que a simples presença de um sacerdote naquele local já era uma forma importante de apostolado.[17] Então ele permaneceu naquele trabalho; comprovou-se que o Cardeal tinha razão, ou seja, ali ele defendia os interesses católicos.[18]

Em 1942, o Cardeal Leme, por meio do Pe. Leonel Franca, fez o Pe. Helder saber que o desejava como professor na nova Universidade Católica. O padre cearense recorreu ao jesuíta Leonel a fim de que este convencesse o Cardeal da sua incapacidade: deveria dizer a Dom Leme que sempre havia sonhado com uma Universidade Católica na qual fosse aluno; até compreenderia ser nomeado assistente de professor depois que professores estrangeiros já tivessem colocado em andamento a Universidade; e depois, quando

---

[17] CASTRO, M. de. *Dom Helder: misticismo e santidade*, 78-79; PILETTI–PRAXEDES, 131-132; RENEDO, B. T. de. *Hélder Câmara: proclamas a la Juventud*, 14. Dom Helder comenta que falou sobre isso pessoalmente com o Cardeal (H. CÂMARA, *Chi sono io?*, 28). Alegou que estava fazendo muitos trabalhos que não eram especificamente de um padre e, por isso, também tomava o lugar de um leigo que poderia fazer, quem sabe, até melhor. Mas o Cardeal lhe respondeu que a Igreja precisava dele naquele lugar, junto às pessoas que se afastaram da prática religiosa e não possuíam mais ocasião para encontrar um padre. Devia fazer o "apostolado da presença". O Cardeal acrescentou que as pessoas julgam a religião segundo os padres que conhecem. Deveria fazer este sacrifício e ter humildade para continuar nessa missão. Aquele era o apostolado que, no momento, era-lhe confiado pela Igreja. (ID. *Le conversioni di un vescovo*, 108-109). No entanto, em seu depoimento, Alceu Amoroso Lima concorda com Pilatti e Praxedes ao dizer que o Pe. Helder lhe pediu para ir falar com o Cardeal Leme a fim de que o liberasse das atividades no Ministério da Educação e pudesse dedicar-se exclusivamente ao apostolado, pois sonhava sair pregando pelo país, para cumprir a missão que Cristo lhe dera. Era um pedido difícil, pois o Cardeal não concordava com a ideia. Amoroso Lima ainda recorda que Dom Leme achou engraçado, pois, em geral, as pessoas iam lhe pedir cargos, mas ele fora solicitar o desligamento de uma pessoa. Somente depois, com o Cardeal Jaime, Helder dedicar-se-á ao apostolado social (Depoimento de Alceu Amoroso Lima. In: CASTRO, M. de. *Dom Helder: misticismo e santidade*, 263). Sugerimos duas hipóteses: Dom Helder disse que foi ele quem falou porque não quis se alongar nos detalhes da história; ou então, teriam acontecido duas conversas com o Cardeal: uma de Alceu Amoroso Lima e outra do Pe. Helder.

[18] PILETTI–PRAXEDES, 132-134. Pe. Helder ajudou a organizar o terceiro Congresso Católico Nacional de Educação, manteve um intenso apostolado intelectual como cooperador da *Revista Brasileira de Pedagogia*, escrevendo para as revistas *A Ordem*, do Centro Dom Vital, e *Formação*, do Ministério da Educação.

assistente, ainda deveria fazer um concurso e vencer a fim de receber uma cátedra. Mas não era possível ser imediatamente professor. Apesar de toda a argumentação, mais uma vez o Cardeal foi implacável: "Padre Helder não é um principiante, mas um 'doutor'". Desse modo, a partir daquele ano, ele começou a dar aulas de Didática Geral na PUC-RJ e na Faculdade de Filosofia do Instituto Santa Úrsula.[19] Foi também professor de Psicologia para as Irmãs-Professoras (Ursulinas), ajudando-as a compreender a vida e o mundo.[20]

O Cardeal ainda lhe pedirá para ser professor de Letras da Universidade Santa Úrsula. É nesse local que ele conhecerá Virgínia Côrtes Lacerda. Ela era uma pessoa de inteligência privilegiada que lia os clássicos gregos (Eurípedes, Sófocles...) no original. Eles começaram a estudar juntos e, aos poucos, Virgínia retornou à prática religiosa. Todas as manhãs, ela participava das Missas e comungava. Após as Missas, o padre lhe comunicava as *Meditações do Pe. José*, ou seja, as reflexões que Helder escrevia durante a Vigília a fim de elevar-se espiritualmente. As Circulares de Dom Helder Camara, embora tenham começado durante o Concílio Vaticano II, lançam suas raízes nessa troca de correspondências.

Um dia, depois de ler um livro sobre o "apostolado oculto", o Pe. Helder elaborou uma "regra do apostolado oculto" para um grupo de pessoas que se reuniam todas as sextas-feiras na casa de Virgínia. Ele não pensava em fundar uma congregação religiosa, nem um instituto laico, mas apenas realizar encontros de irmãos que partilhavam sua ascensão espiritual. Os integrantes conversavam sobre textos espirituais e místicos e escutavam músicas. Certa vez, os integrantes do "Confiança" decidiram viajar em pensamento e com a oração. Escolheram um itinerário e, mês a mês, dia a

---

[19] CAMARA, H. *Le conversioni di un vescovo*, 111.

[20] Em 1943, Pe. Helder tornou-se professor de Psicologia e Moral da recém-criada Escola de Serviço Social das Faculdades Católicas. Estimulou debates no Círculo de Mulheres Católicas sobre Literatura e Teatro. Em 1944, fez conferência sobre "Demanda do Santo Graal, fonte de pesquisas" em evento promovido pelo Diretório dos Estudantes da Faculdade de Filosofia das Faculdades Católicas. Lecionou Didática Geral e Especial na Faculdade de Filosofia das Faculdades Católicas e participava de Retiros Espirituais com as Alunas na casa das Religiosas do Cenáculo. Foi Paraninfo dos Formandos da Faculdade de Filosofia, fazendo um discurso em que propunha o entendimento com a Rússia, após a vitória contra o Nazismo (CAMARA, P. H. "Oração do Paraninfo dos Bacharéis e Licenciados na Faculdade de Filosofia" [acesso em 2-9-2010]).

ATIVIDADES PASTORAIS E DESENVOLVIMENTO ESPIRITUAL (1936-1964) 73

dia, viajaram, de cidade em cidade, de país a país. Buscavam informações sobre a situação e os problemas daquelas cidades. Passaram pela Ásia, África, América, Europa, Oceania. Sem dúvida – dirá mais tarde Dom Helder –, com isso o Senhor estava me preparando para as viagens que faria mais tarde.[21] O "Grupo Confiança" não deixa de ser propedêutico da Família Mecejanense. A pedido do Pe. Franca, Virgínia conservou e organizou as *Meditações*. Nessa fase, o *Pe. José* estava vivenciando intensamente aquilo que, em Teologia Espiritual, se chama de "três vias da mística": purgativa, iluminativa e unitiva.

Dom Leme também convidou o Pe. Helder para pregar ao clero, durante a Hora Santa, a fim de promover a formação dos sacerdotes. O pregador solicitou ao clero mais fervor e mais afeição ao trabalho pastoral. A pedido do Cardeal, ele ainda coordenou a Maratona Catequética em que o vencedor ganhava uma viagem para a Europa. Aprofundou-se em Catequese e defendeu a introdução de novos métodos para ensinar dogma, moral, liturgia e história da Igreja Católica – métodos que não esquecessem o senso da força e da paixão dos adolescentes e jovens (Psicologia das Idades). Desse modo, aquele que atacara a Escola Nova, agora reconhece seu valor pedagógico:

> Os sinceros não ignoram que os representantes legítimos do pensamento católico, longe de se atemorizarem com a escola nova, reconhecem, de bom grado, as boas e belas parcelas de verdade que os modernos, se não inventaram, tiveram a oportunidade e a glória de focalizar melhor. Mais: é patente que os centros de estudos católicos vêm sendo laboratórios de pedagogia renovada, que nós somos os únicos a encarar de modo total.[22]

---

[21] CAMARA, H. *Le conversioni di un vescovo*, 112. Dom Helder leu e meditou textos de místicos como São João da Cruz e Santo Inácio de Loyola.

[22] CAMARA, H. "Programas de religião em unidades didáticas". *Reb* 2 (1942) 938. Seu grande colaborador neste trabalho foi o Pe. Álvaro Negromonte, que dava cursos e escrevia artigos e livros de ensino catequético para escolas e paróquias, a fim de que os catequizandos fossem capazes de perceber a implicação da fé no comportamento pessoal e social.

1.3 "Nós, também, temos nossas falhas e os nossos pecados... pois encobrimos injustiças sociais gritantes..."

Quando Vargas decretou o fim da AIB, o Pe. Helder já não estava satisfeito com seu catolicismo ultraconservador que herdara do Seminário e era sustentado por Jackson Figueiredo, Pe. Leonel Franca e o Cardeal Leme. Mas sabia também que poucos padres e autoridades eclesiásticas tinham-se dado conta de que aquele catolicismo "estava fora de lugar". Os ventos democráticos que vinham da Europa questionavam suas antigas posições. Para quem tinha aderido ao integralismo, em nome de um futuro mais humano e católico e como forma de defesa contra o comunismo soviético, era humilhante admitir que os regimes totalitários de Hitler, Mussolini e outros instigavam perseguição terrorista e racista contra todos os opositores, além de estarem se preparando para uma nova guerra mundial. O nazismo e o fascismo, que inspiraram o integralismo brasileiro, eram, agora, reconhecidos como manifestação da barbárie e da decadência e não como possibilidade de luta contra o comunismo e o liberalismo burguês. Alceu Amoroso Lima também começara a defender um catolicismo mais aberto e democrático e foi ele quem indicou, em 1936, o livro *Humanismo integral* de Jacques Maritain para o Pe. Helder – que o leu no original, em francês.[23]

O livro *Humanismo integral* propõe a reconciliação entre catolicismo e democracia e se posiciona contra todas as formas de totalitarismo, seja de direita ou de esquerda. Maritain defende o respeito ao pluralismo religioso e a defesa da liberdade individual e grupal. É muito fácil, portanto, notar a diferença do pensamento de Maritain e o do Pe. Helder em sua juventude, uma vez que este resistia em admitir outra força de natureza política, econômica e social fora do integralismo. Maritain defendia que a renovação cristã do mundo deveria ser realizada por pessoas que adotassem *um novo estilo de santidade*, abdicando o uso da força, da agressividade e da coação e adotando as forças da paciência e do sofrimento voluntário, que são os meios do amor e da verdade.[24] A leitura do livro *Humanismo integral* provocou forte impacto na consciência daquele que apenas dois

---

[23] PILETTI–PRAXEDES, 139-140; LIMA, A. A. *No limiar da Idade Nova*, 61-78.

[24] MARITAIN, J. *Umanesimo integrale*.

anos antes em um artigo, de combate a Severino Sombra, escrevera: "Violentos seremos, não o negamos, contra os inimigos de Deus...".[25]

A busca do "novo estilo de santidade" foi uma "luz" na vida do Pe. Helder. Progressivamente, ele foi mudando seu pensamento e suas práticas, superando, ou melhor, abandonando a visão católica ultraconservadora. Em 1942, quando as Forças Armadas cessaram de dar apoio a Getúlio Vargas e crescia no país o movimento pela democracia através dos aliados contra os regimes nazifascistas europeus, o Pe. Helder não escondeu sua simpatia pelo movimento democrático.[26] Em seu discurso, como convidado de honra dos laureados na Faculdade de Filosofia, em 1944, pediu aos cristãos para evitar "o farisaísmo de julgar que nós burgueses [somos] representantes da ordem social e da virtude, ao passo que os comunistas encarnam a desordem, o desequilíbrio e o desencadeamento das forças do mal"; e completou dizendo: "Nós, também, temos nossas falhas e os nossos pecados... pois encobrimos injustiças sociais gritantes com esmolas generosas e espetaculares".[27] Essa nova visão de vida e de santidade revelam o grande desenvolvimento espiritual acontecido na vida do Pe. Helder entre os anos de 1936 a 1946. Foi nesse período também que Francisco de Assis se tornou uma referência fundamental para a sua espiritualidade.

---

[25] PILETTI–PRAXEDES, 140.

[26] PILETTI–PRAXEDES, 156-157. O Pe. Helder percebeu que estavam acontecendo rápidas mudanças no cenário político brasileiro: em maio de 1943 teve grande repercussão a Semana Antifascista, organizada pela UNE e por vários sindicatos, na qual se fez um julgamento simulado de Plínio Salgado e Adolfo Hitler; em agosto, o amigo Sobral Pinto, nas comemorações dos cem anos da OAB, atacou a ditadura do Estado Novo e a cultura autoritária do país, recebendo grande aprovação; em plena ditadura, o advogado católico Sobral Pinto defendeu, no Tribunal, o comunista Luis Carlos Prestes. Além disso, Helder vibrou com a nova posição do líder laico católico: em 1945, na introdução ao livro *Christianisme et démocratie* (de Maritain, escrito em 1943), Alceu Amoroso Lima surpreendeu ao afirmar que a liberdade deve ser fruto de uma democracia social vivida na sociedade pós-guerra, na convivência social entre católicos, cristãos não católicos, liberais, socialistas, comunistas ou indiferentes (LIMA, A. A. "Introdução." In: MARITAIN, J. *Cristianismo e democracia*, 7-16). Ora, havia decênios a Igreja concentrava forças na luta contra o comunismo...

[27] PILETTI–PRAXEDES, 158.

1.4 Francisco de Assis deu lições...

No final de 1940, o Pe. Helder leu o livro *São Francisco de Assis e a revolução social*, que lhe causou forte impressão. O autor do livro publicado em Montevidéu, Ernesto Pinto, escreveu que Francisco sentia atração por Clara, talvez a moça mais bela de Assis. Ele teria vencido a atração oferecendo a beleza de Clara para a glória do Senhor. O Pe. Helder escreveu à margem do livro: "Belo! Uma flor não para colhê-la, mas para ofertá-la em toda a sua beleza ao Criador". Quando Ernesto comenta que Francisco tirou a roupa e rolou nu sobre a neve a fim de "dominar o instinto furioso das veias e os assaltos da carne", Pe. Helder anotou à margem: "Ajuda-me, Senhor".

Mas o livro não influenciou somente no aspecto de castidade e celibato; Pe. Helder se reconhece em Francisco de Assis! Como o Poverello, também ele queria renovar a liturgia atualizando-a e aproximando-a do povo; também queria transformar a sociedade para oferecer vida digna aos pobres.[28] Ele sublinhou a parte em que o autor comenta que São Francisco

> deu uma lição de heroísmo interior para quem só acreditava no heroísmo das armas; deu uma lição de pobreza para os que amavam o ouro e as honrarias; deu uma lição de trabalho para os que só acreditavam na nobreza das armas; deu uma lição de alegria vital e generosa para aqueles que viam o mundo deformado e consideravam o belo corpo humano como um aliado obscuro do demônio, ao invés de uma fonte de alegrias legítimas.[29]

A vida de São Francisco de Assis tornou-se, portanto, uma importante fonte de inspiração no caminho espiritual do Pe. Helder. Tempos depois, nos momentos de reafirmar a importância da opção pelos pobres, Dom Helder usará o cognome de Frei Francisco. O seu Santo predileto será inspiração para as mudanças que realizará na Arquidiocese de Recife durante e após o Vaticano II e para a sua missão de "peregrino da paz" em busca da "Senhora Justiça". Ao completar 75 anos, criará a Fundação Obras de Frei Francisco.

---

[28] PILETTI–PRAXEDES, 146-147.

[29] PINTO, E. *São Francisco e a revolução social*. Apud PILETTI–PRAXEDES, 147.

1.5 Penitências, Vigílias e milagres

Em 1941, os familiares e amigos ficaram preocupados ao perceber que o Pe. Helder estava comendo pouco e, seguidamente, fazia jejuns. Em meados de 1942, enquanto assistia a um filme sobre a vida de Santa Bernadete, passou mal. Quando as reuniões no Palácio São Joaquim se prolongavam até tarde da noite, ele nem retornava para casa, mas dormia nas pedras, próximo ao Palácio, também para fazer penitência.[30]

O Pe. Helder continuava fazendo as Vigílias, iniciadas em 1931, a fim de salvaguardar "alguns momentos de encontro com Deus, na oração".[31] Geralmente, ele ia dormir por volta das 23 horas, e o despertador tocava às 2 horas. Para ele, este primeiro sono o liberava do cansaço e, então, levantava e ficava até as 5 horas, em silêncio, uma vez que nesse período estava partilhando o quarto com o pai.[32] Ele rezava, recitava o breviário, respondia cartas, preparava as homilias, lia textos espirituais – de São Francisco de Assis, Santo Inácio de Loyola, São João da Cruz e outros – e escrevia poesia – as *Meditações do Pe. José*. Também avaliava o dia anterior, oferecendo-o a Deus. Entre às 5 e 6 horas, fazia o segundo sono. A Santa Missa e a Vigília eram momentos especiais da experiência mística que estava realizando intensamente nesse período.[33]

Como o Pe. Helder tinha a fama de ser caridoso, muitas pessoas vinham pedir-lhe esmolas.[34] Havia um menino pobre que sempre ia à sua casa para "falar com o padre". Num dia chuvoso, Norma lhe disse que Helder não estava. Mas o menino não se deu por convencido e resolveu esperar.

---

[30] PILETTI–PRAXEDES, 143-145.

[31] PILETTI–PRAXEDES, 145.

[32] Em 1941, chegando aos 50 anos, Cecy casou-se com Paulo Saldanha, o qual havia passado toda a vida tentando este matrimônio. Helder, Eduardo e Elisa alugaram uma casa na mesma rua. Logo depois, o sobrinho Gilberto Osório, filho de Gilberto e Zuleika Camara, chegou ao Rio de Janeiro a fim de completar os seus estudos e passou a residir com eles. No início de 1942, conseguiram comprar uma casa... No final do mesmo ano, o pai João Camara, agora aposentado, e a irmã Nairzinha vieram juntar-se a eles. Pouco tempo depois, chegaram Mardônio e Norma, com a filha Isolda. O Pe. Helder dividia o quarto com o pai.

[33] LAURIER, P. J.-M. "Mística e profecia: Dom Helder Pessoa Câmara". *Contempl@ção* 1 (2010), revista eletrônica.

[34] PILETTI–PRAXEDES, 147-148.

Então Norma, compadecida, pediu a Mardônio que lhe desse uma esmola. No dia seguinte, o menino novamente quis falar com o padre, mas Maria – a empregada – lhe disse que ele não estava, e o menino, então, argumentou que podia ser "com a mulher do padre".

Também aconteceu que um homem lhe pediu uma ajuda, queixando- -se de estar endividado. Helder o convidou para ir junto comprar um maço de cigarros. Aquele retrucou que não fumava, mas o padre lhe falou que poderia achar um vale-brinde dentro do maço. Os dois compraram e acharam um vale-brinde que resolveu, momentaneamente, o problema financeiro daquela pessoa, a qual começou a espalhar que o Pe. Helder era milagreiro. Outro homem, cheio de dívidas, com aluguel atrasado e com ordem de despejo, provavelmente iria tentar o suicídio. Helder comentou, discretamente, a situação com a sua amiga Margarida Campos Heitor. Esta lhe disse que justamente naquele dia – seu aniversário – tinha recebido dinheiro de seu marido para doar aos pobres. Assim, o Pe. Helder ia resolvendo, "milagrosamente", os problemas de muitos pobres. O lugar onde ele trabalhava recebeu o apelido de "Átrio dos Milagres", porque muitas pessoas chegavam pedindo ajudas. Talvez esteja aqui a raiz do Banco da Providência.

Outro *milagre* aconteceu no início de 1942. A dona da casa em que estavam morando precisava dela para hospedar parentes. Então, Helder e Nairzinha saíram à procura de um novo local. Um menino pobre insistiu muito e o padre comprou um bilhete de loteria; era premiado, e eles ganharam 150 contos de réis. Foi um alívio para a família porque assim puderam comprar um pequeno prédio na Rua Francisco de Moura por 200 contos de réis – Margarida Campos Heitor emprestou os outros 50 contos.[35]

No início de outubro de 1946, seu irmão Eduardo Camara estava para morrer devido à cirrose. Ele pediu uma conversa íntima com o Pe. Helder e lhe disse: "Sei que você é mais inteligente que eu. Você tem uma cultura muito, muito maior que a minha e eu tenho grande confiança em você. Nunca percebi separação entre sua fé e sua vida". Depois lhe perguntou: "É possível ter fé por representação, beneficiar-se da fé de outro em quem se acredita? Eu acredito em sua sinceridade, mas perdi a fé. Posso receber

---

[35] PILETTI–PRAXEDES, 148-149.

a Comunhão me apoiando em sua fé?". Comovido, Helder consolou seu irmão dizendo: "Meu irmão, estou certo de que sua humildade, porque isto é humildade de sua parte, será recompensada pelo Senhor. Não tenho a menor dúvida. Vou dar-lhe a Comunhão e o Senhor lhe abrirá os olhos como você merece". Mas, antes de comungar, Eduardo quis se confessar. Helder propôs chamar o Pe. José Távora, mas Eduardo insistiu que tinha de ser com Helder. Depois da Confissão e Comunhão, Eduardo sentiu-se convertido: "Eu acredito! Eu acredito! E não é simplesmente porque você acredita... Agora eu acredito". Poucas horas depois, Eduardo gritou pela mãe e morreu de uma parada cardíaca.[36]

2. "Em tuas mãos, Senhor!"

2.1 Converter para Cristo o mundo operário...

O Cardeal Leme, homem de grande carisma, habilidade política e líder nacional do Episcopado, morreu repentinamente, de infarto, em 1942. Foi substituído por Dom Jaime de Barros Câmara, proveniente da Arquidiocese de Belém, Pará, e que não tinha as características do predecessor.[37] Dom Jaime era uma pessoa introvertida e sua distância da política deixava acéfalo o Episcopado e fragmentado o agir do laicato, diminuindo notavelmente a influência política da Igreja Católica no Brasil. Além disso, com o acelerado processo migratório do campo para a cidade, a Igreja foi perdendo um grande espaço de influência que era a zona rural. A organização dos operários urbanos, por sua vez, era disputada com outras organizações influenciadas pelo PCB.[38] As pessoas que não eram atraídas nem pela Igreja Católica, nem pelos comunistas, sobreviviam na periferia e começavam a

---

[36] PILETTI–PRAXEDES, 149-150. Quando criança, Eduardo era religioso praticante e estudou em uma Escola Marista. Mas, em seguida, perdeu a fé. Sempre que o Pe. Helder saía para celebrar uma Missa, ele perguntava o que iria dizer na homilia. Ouvia e não fazia comentários (CAMARA, H. *Le conversioni di un vescovo*, 110).

[37] PILETTI–PRAXEDES, 159.

[38] PILETTI–PRAXEDES, 159-160. Nas eleições, depois da queda de Vargas (1945) os comunistas conquistaram 10% do eleitorado, elegendo 14 deputados federais e o senador Luiz Carlos Prestes, apesar de toda a repressão que sofreram durante o Estado Novo.

ser atraídas pelo pentecostalismo e o espiritismo, que iniciavam o seu rápido desenvolvimento em Recife, Salvador, São Paulo e Rio de Janeiro.

A Igreja Católica, com suas principais lideranças e grupos, não estava preparada para enfrentar as novas situações, pois ainda permanecia agarrada às ideias tradicionais e conservadoras, mais aptas para um país rural e oligárquico. Era preciso renovar a catequese, criar novas práticas pastorais e novas formas de ação dos leigos na sociedade, mas para tanto se necessitava da união, da organização e do apoio do Episcopado nacional. O Pe. Helder foi um dos primeiros a perceber a crise da Igreja e, falando isso com o Cardeal Jaime Câmara, começaram a construir uma relação de amizade e colaboração, que influenciará decisivamente a história da Igreja – e da espiritualidade – no Brasil.

Dom Jaime, quando chegou ao Rio de Janeiro, tinha boas informações do Pe. Helder e buscou aproximar-se deste, afirmando, com orgulho, que ele era seu parente, pois – dizia o Arcebispo – a família Câmara tinha uma única origem: três irmãos portugueses que vieram da Ilha da Madeira no século XVIII e que se dispersaram pelo Brasil. Dom Jaime logo o desejou para Bispo Auxiliar, propondo-o à Nunciatura em 1946. O Cardeal fazia questão de levá-lo nas visitas pastorais e, em 1946, permitiu a exoneração do cargo no Ministério da Educação, a fim de que se dedicasse exclusivamente ao ministério sacerdotal.[39] Recebeu, então, a missão de acompanhar a ACB e organizar a Semana Nacional da entidade (de 31 de maio a 9 de junho de 1946). O Pe. Helder se apaixonou pelo movimento, colaborando nos diversos setores, sobretudo nas organizações femininas.[40]

A Semana foi muito bem organizada e participada. Uma das decisões era a de continuar os encontros reunindo bispos, padres e leigos em todo o país, a fim de analisar os problemas que ultrapassavam as dimensões diocesanas. O Pe. Helder, então, começou a visitar várias dioceses do país para acompanhar o desenvolvimento da ACB. Em agosto de 1947, ocorreu em Belo Horizonte um Congresso, com a presença de 29 bispos que decidiram

---

[39] Castro. M. de. *Dom Helder: misticismo e santidade*, 78-79; Id. *64: Conflito Igreja x Estado*, 65-66; Piletti–Praxedes, 161.

[40] Camara, H. *Le conversioni di un vescovo*, 123-124.

ATIVIDADES PASTORAIS E DESENVOLVIMENTO ESPIRITUAL (1936-1964)

criar o Secretariado Nacional da ACB com o objetivo de integrar as atividades desenvolvidas em cada diocese e garantir a publicação da *Revista do Assistente Eclesiástico*, confiados ambos à responsabilidade do Pe. Helder Camara. Dom Jaime foi designado Assistente Nacional – função honorífica – e Helder vice-assistente da ACB.[41]

Pe. Helder solicitou ajuda e apoio ao Pe. Távora, que logo indicou a senhora Cecília Goulart Monteiro para ajudá-lo na parte administrativa do Secretariado.[42] Sob a ação de Cidinha foi se formando um grupo compacto de colaboradores, todos jovens da ACB, da classe média do Rio de Janeiro. O Pe. Távora conseguiu grandes verbas com pessoas famosas. Aos poucos, o Secretariado demonstrou-se operativo e funcional. A *Revista do Assistente Eclesiástico*, por sua vez, foi um eficaz órgão de formação doutrinal e de divulgação de atividades de todo o país – encontros religiosos, reuniões, estudos, caminhadas e celebrações. Algumas dioceses enviaram verbas para sustentar a revista.

Em 1948, orientados por José Távora e Helder Camara, lideranças da ACB começaram a reestruturá-la, colocando em prática as ideias do padre belga Joseph Cardjin, segundo o qual o ser humano é, em grande parte, fruto do meio e não há profunda reforma espiritual nos indivíduos sem, concomitantemente, haver reforma no meio em que trabalham. Com essas ideias, foi fundada, no Rio de Janeiro, a JOC composta por operários católicos militantes que deveriam converter para Cristo não só dezenas de colegas, mas o próprio mundo operário. Essa visão terá profundas repercussões no apostolado da ACB,[43] nascendo, em seguida, a JAC, JEC, JIC e JUC;

---

[41]   O Cardeal Câmara não participara do Congresso. Ao voltar do evento, Helder referiu tudo ao Cardeal e este lhe deu a bênção para iniciar o trabalho. Desse modo, ele contava com o apoio dos Cardeais do Rio de Janeiro e de São Paulo (o recém-nomeado Vasconcelos Motta), do Núncio Apostólico Dom Chiaro e de outros Bispos. A ACB permitiu que, antes da criação da CNBB, acontecessem reuniões regionais de Bispos, os quais colocaram em pauta os grandes problemas do povo brasileiro e a missão da Igreja diante destes (CAMARA, H. *Le conversioni di un vescovo*, 124-125).

[42]   Cecília já era conhecida das reuniões das moças da ACB e estava disposta a ajudar. Ela, porém, trabalhava para o advogado Armando Falcão – que será famoso na política brasileira. Helder conversou com Falcão e este liberou a secretária. Cecília procurou uma sala para o Secretariado e reuniu um grupo de voluntárias da ACB para ajudá-la nos trabalhos (PILETTI–PRAXEDES, 162-165).

[43]   CONDINI, M. Dom *Helder Camara: um modelo de esperança*, 124-127.

seus militantes colocavam em prática o método ver-julgar-agir. O método revelou-se eficaz à medida que ajudava os jovens a refletirem sobre sua própria realidade, identificando os problemas, dando um juízo à base dos valores evangélicos e tomando decisões operativas para tornar o país mais cristão. Pe. Helder, através da Secretaria Nacional da ACB, dava corpo às ideias da AC especializada, aprendendo que, para crescer, o apostolado deve chegar aos ambientes de modo diverso, respeitando os valores culturais dos diferentes grupos.[44]

Por ocasião da Terceira Semana Nacional da ACB, em Porto Alegre (outubro 1948), ocorreu, simultaneamente, um Congresso Eucarístico Nacional. Denotou-se, então, duas correntes no catolicismo brasileiro. Uma defendia a incompatibilidade entre fé e participação na vida social. Sustentava que a Igreja deveria se preocupar só com o *espiritual*, sendo seu papel alimentá-lo com Missas e demais sacramentos e defender a "moral católica". A outra corrente pretendia maior responsabilidade do catolicismo na criação de uma ordem social justa. Por isso, era fundamental oferecer formação aos líderes laicos, para que ajudassem o povo a lutar por uma sociedade fraterna. Portanto, uma corrente, pela sua omissão, acabava justificando o *status quo*, e a outra, por sua ação nos ambientes específicos, começava a defender *a colaboração na criação de uma ordem justa*.

A maneira como a AC especializada concebeu a *missão terrena* da Igreja suscitou, então, reações contrárias de católicos conservadores que começaram a acusar a ACB de ceder às tentações do modernismo e de trair o espírito de sua fundação.[45] Por isso, antes de uma nova Semana Nacional da ACB, os padres Helder e José Távora começaram a articular com os Bispos uma mudança nos estatutos. Em 1950, aconteceu no Rio de Janeiro a Quarta Semana Nacional, e a Comissão Episcopal da ACB apoiou a mudança

---

[44] SOUZA, L. A. G. de. *A JUC: Os estudantes católicos e a política*, 63; PILETTI–PRAXEDES, 165-166.

[45] PILETTI–PRAXEDES, 167-168. Antigos militantes da ACB, como Plínio Correia de Oliveira e os padres Antônio Castro Mayer e Geraldo Proença Sigaud, acusaram os padres Helder e José Távora de provocar a divisão dos fiéis católicos, pois, conforme os estatutos, a ACB deveria ter somente quatro grupos – Homens da ACB, Liga Feminina Católica, Juventude Católica Brasileira e Juventude Católica Feminina –, sem distinção de setores especializados. Antônio, Geraldo, Helder e José serão Bispos, sendo que os dois primeiros farão oposição a Dom Helder.

ATIVIDADES PASTORAIS E DESENVOLVIMENTO ESPIRITUAL (1936-1964)

estatutária, garantindo, assim, o reconhecimento oficial dos grupos já existentes. A AC especializada, por sua pedagogia e espiritualidade encarnada, foi importante para o desenvolvimento espiritual do Pe. Helder, bem como para os rumos da Igreja no Brasil nas décadas seguintes.[46]

2.2 Ano Santo de 1950: dotes de organizador

Em 1948, Helder foi nomeado Monsenhor da Arquidiocese do Rio de Janeiro por Dom Jaime Câmara e, no final de 1949, o Cardeal o encarregou de ajudar o Bispo Auxiliar, Dom Rosalvo Costa Rego, a organizar as solenidades decorrentes do Ano Santo – 1950.[47] Um sacerdote italiano, Ângelo Orazzi – que havia muito tempo ajudava a Arquidiocese e que, em 1925, fizera parte de uma peregrinação a Roma –, sugeriu ao Monsenhor Helder uma nova peregrinação. O Monsenhor convenceu Dom Rosalvo a conversar com o Presidente da República, Eurico Gaspar Dutra, para conseguir uma frota marítima. Estando próximas as eleições, o Presidente não hesitou e associou oficialmente o Brasil nas celebrações do Ano Santo, o que possibilitava a viagem de funcionários públicos.

Enquanto era reformada, a nave para 800 pessoas foi visitada muitas vezes pelo Monsenhor Helder e por Bispos brasileiros – o que servia de campanha para a divulgação na imprensa. Helder convidou Aglaia Peixoto, voluntária da ACB, para ajudá-lo nas orientações que se deveriam dar nos 22 dias de viagens – e ela fez um ótimo trabalho. A viagem recebeu o pomposo nome de Primeira Peregrinação Oficial Popular a Roma. Como as inscrições chegaram a 1.300, para não frustrar ninguém Monsenhor Camara prometeu uma segunda viagem – a qual o Pe. Orazzi se empenhou de realizar em setembro. Mesmo assim, aconteceram certas tensões, e quando a nave partiu do Rio de Janeiro para buscar os passageiros de Santos já estavam a bordo 800 pessoas. O Monsenhor ajudava o grupo, recordando que não se estava fazendo turismo, mas peregrinação, justificando-se os

---

[46] CAMARA, H. *Le conversioni di un vescovo*, 125-126.

[47] PILETTI–PRAXEDES, 169-170; CAMARA, H. *Le conversioni di un vescovo*, 137-140. Na verdade, Dom Rosalvo estava doente e idoso, precisando de um padre jovem e dinâmico para garantir as celebrações.

sacrifícios e a falta de muito conforto. Houve estudos, orações, encontros, atividades recreativas e brincadeiras em grupo. Vários filmes foram exibidos como, por exemplo, sobre o Santo Sudário, as aparições de Nossa Senhora de Fátima e histórias de Santos.[48]

Em Roma, os peregrinos buscaram as indulgências visitando as basílicas de São Pedro, São Paulo fora dos Muros e Santa Maria Maior. Depois visitaram outros lugares religiosos e museus. Os brasileiros viram gente de todas as partes do mundo, ouviram diversas línguas e ficaram impressionados com a universalidade da Igreja Católica. Compraram terços, imagens sacras, distintivos, garrafas de licores e vinhos do Ano Santo. No dia 22 de abril, um grupo foi escolhido para receber a bênção do Papa Pio XII, do qual Monsenhor Helder não fez parte, mas sim Dom Rosalvo, Presidente da Comissão Nacional para o Ano Santo. Dom Rosalvo foi a Roma de avião por causa dos problemas de saúde e recebeu muitas homenagens por ter organizado uma caravana tão numerosa. Os peregrinos brasileiros também foram para Tívoli, Assis, Perusa, Firenze, Montecatini, Pisa e outros lugares. Em Pistoia, no dia 30 de abril, visitaram o cemitério onde haviam sido sepultados os 465 soldados brasileiros mortos na Segunda Guerra Mundial – em 1960, seus corpos foram transferidos para o Rio de Janeiro. De Gênova, partiram para Lisboa e outras cidades de Portugal. No dia 12 de maio, visitaram o Santuário de Nossa Senhora de Fátima. Dali, o Monsenhor voltou de avião porque muitos trabalhos o aguardavam, entre eles a Quarta Semana Nacional da ACB, na qual foram mudados os estatutos da entidade.[49] Com o sucesso da programação em torno do Ano Santo, Helder recebeu muitos elogios pelo seu dote de organizador de eventos religiosos. Após essa primeira viagem internacional, ele recebeu um convite do

---

[48] PILETTI–PRAXEDES, 170-172. Muitas histórias se contam dessa viagem, da qual surgiram amizades duradouras. Monsenhor Helder, que alegremente circulava entre os peregrinos, teve de mudar o regulamento – o qual proibia mulheres de usar calças – porque uma enfermeira, apoiada por muitas mulheres, se queixou dos olhares lascivos. Também recebeu uma revelação imprevista de cinco moças: elas lhe revelaram que eram prostitutas e estavam na peregrinação para ganhar dinheiro e conhecer Paris. No entanto, vieram lhe falar porque sabiam que iam ser compreendidas; o padre poderia ficar tranquilo, pois nada iria acontecer na viagem. A fama da bondade do Monsenhor Helder crescia tanto que um grupo de jovens o jogou na piscina vestido com a batina para comemorar a passagem da linha do Equador (ID., 173-174).

[49] PILETTI–PRAXEDES, 175-177.

Monsenhor Sérgio Pignedoli, Secretário-geral do Ano Santo, para retornar a Roma a fim de avaliar com os demais secretariados das comissões nacionais as atividades do Ano Santo. Na oportunidade, Helder iniciou junto a um eminente auxiliar de Pio XII as articulações que resultariam na fundação da CNBB, em 1952.

2.3 "[...] quero apenas servir à Igreja e ao meu país"

No final de 1948, o Núncio Apostólico do Brasil, Dom Carlo Chiaro, convidou Monsenhor Helder para ser Conselheiro da Nunciatura, tendo em vista os bons resultados que vinha adquirindo na organização do Secretariado Nacional da ACB e pelas boas relações com o Episcopado. Dom Chiaro queixou-se de que não havia tido sucesso com os seus Conselheiros, mas que, então, parecia ter acertado.[50] Para o Monsenhor, o convite representava uma verdadeira honra, mas também uma oportunidade de realizar um sonho de lideranças da ACB, ou seja, criar uma conferência de Bispos que fosse capaz de analisar os problemas nacionais e colaborar para criar uma *ordem evangélica* na sociedade brasileira.[51] Helder queria também que fosse oferecido aos Bispos bons textos, escritos por especialistas, a fim de ajudá-los a tomar as melhores decisões diante dos problemas. Dom Chiaro apoiava essas ideias. No final do Ano Santo, ele encaminhou Helder ao Subsecretário de Estado de Pio XII, Monsenhor João Batista Montini, a fim de que lhe apresentasse a proposta da ACB.[52]

---

[50]   CAMARA, H. "A CNBB nasceu assim". *Sedoc* 10, (1978) 803-805; ID. "Dom Helder Câmara racconta la sua vita". In: BORRGEON, R. *Il profeta del Terzo Mondo*, 237; ID. *Le conversioni di un vescovo*, 140; ID. *Chi sono io?*, 29; CASTRO, M. de. *Dom Helder: misticismo e santidade*, 84; WEIGNER, G. *Helder Câmara: la voce del mondo senza voce*, 42; BROUCKER, J. de. *Helder Camara: la violenza di un pacifico*, 22; CAYUELA, J. *Hélder Câmara – Brasil: ¿un Vietnam católico?* 160-161; RENEDO, B. T. de. *Hélder Câmara: proclamas a la Juventud*, 14-15.

[51]   RENEDO, B. T. de. *Hélder Câmara: proclamas a la Juventud*, 14-15. Em 1947, durante a Semana da ACB, em Belo Horizonte, o Pe. Helder e o advogado José Vieira Coelho, dirigente da ACB-MG, conversaram longamente sobre a necessidade de os Bispos brasileiros agirem de modo mais organizado e unificado, para não desperdiçarem forças e garantirem o futuro da Igreja. Poderia ser criado um Secretariado Permanente, a exemplo do Secretariado Nacional da ACB, que promovesse a unidade episcopal e orientasse o apostolado católico. Nos anos seguintes, a ideia foi sendo amadurecida e recebeu apoio de muitos Bispos.

[52]   CÂMARA, H. *Chi sono io?*, 29; PILETTI–PRAXEDES, 178-180. Dom Chiaro havia escrito uma carta a Montini recomendando o sacerdote brasileiro.

Helder viajou para Roma, levando consigo as 18 teses da ACB – o contributo brasileiro para o Congresso Mundial para o Apostolado Leigo. No final do texto, estava o persuasivo apelo: "Mas tudo isso será inútil se não tivermos uma Assembleia de Bispos do Brasil que anime, impulsione e controle toda a pastoral do país...". Ao chegar ao Vaticano, Helder foi logo recebido e, em francês, expôs a ideia da criação da Assembleia dos Bispos. Montini escutou e não falou quase nada. Disse, apenas, que a decisão iria depender da Cúria e do próprio Papa. Por fim, anotou em uma agenda pessoal o local e o telefone onde o Monsenhor brasileiro estava hospedado. Os dias passaram e Montini não entrava em contato. Helder começou a temer pelo resultado negativo da iniciativa. No dia 20 de dezembro, ao voltar da Missa, encontrou o recado: "O encontro será dia 21, às 13 horas".[53]

Ao acordar para a Vigília daquela noite fria de Roma, o sacerdote brasileiro percebeu que seus ouvidos estavam sangrando. Sentiu um pouco de dor. Rezou. De manhã, quando o seminarista Kerginaldo Memória chegou para assisti-lo na Missa, descobriu que estava surdo. Recorreu então ao seu Anjo da Guarda: "José, hoje eu tenho um encontro com Montini. Se esta ideia de uma Assembleia de Bispos é uma invenção pessoal, se tenho segundas intenções, então que não ouça nada e que ele não entenda o meu francês! Mas se verdadeiramente é uma ideia importante, peço-lhe duas graças: ouvir Montini e conseguir transmitir-lhe minha mensagem".[54] Após a Missa, o seminarista o levou a um hospital e foi diagnosticado: princípio de ruptura dos tímpanos, sem garantia de que a audição normal voltasse.[55]

Monsenhor Helder continuou rezando para seu Anjo da Guarda e, depois do almoço, foi ao Vaticano. Explicou aos funcionários da portaria que tinha um colóquio privado com Monsenhor Montini, mas os dois funcionários começaram a rir e disseram que ele estava enganado: era impossível

---

[53] Circular 33 de 10/11-10-1964; Câmara, H. *Chi sono io?*, 29-30; Castro, M. de. *Dom Helder: misticismo e santidade*, 85-93; Piletti–Praxedes, 180-181; Broucker, J. de. *Helder Camara: la violenza di un pacifico*, 22-25; Renedo, B. T. de. *Hélder Câmara: proclamas a la Juventud*, 15-16.

[54] Câmara, H. *Chi sono io?*, 30; Piletti–Praxedes, 181-182; Renedo, B. T. de. *Hélder Câmara: proclamas a la Juventud*, 15.

[55] Câmara, H. *O Evangelho com Dom Hélder*, 21-22; Id. *Le conversioni di un vescovo*, 141-142; Castro, M. de. *Dom Helder: misticismo e santidade*, 89.

um colóquio no dia 21 de dezembro.[56] Helder chegou até a pensar que tinha sido vítima de um trote telefônico de algum amigo, mas resolveu insistir dizendo que fora Montini quem o havia chamado. Como eles não mostrassem interesse, apelou dizendo, em italiano, que estava aí porque recebera uma convocação do Subsecretário de Estado para uma audiência privada e se esta não sucedesse os funcionários seriam os culpados. Um deles resolveu telefonar e ficou surpreso, pois Montini estava esperando o visitante.

A segunda surpresa Monsenhor Helder teve ao perceber que seus ouvidos permitiram uma ótima conversa com Montini durante os 30 minutos. Montini, então, pediu desculpas pela demora, mas justificou dizendo que fizera uma análise detalhada do documento da ACB (que estava escrita em português). Helder percebeu que quase todas as teses estavam sublinhadas. Havia alguns pontos sobre os quais desejava mais explicações, mas não houve nenhuma divergência. E o Subsecretário de Estado lhe disse: "Monsenhor Câmara, a ideia de uma Assembleia dos Bispos do Brasil me convenceu. Temos de criá-la. Entretanto, tenho uma dúvida...". E para captar os motivos que teriam levado um Monsenhor a querer uma Assembleia Nacional dos Bispos, diplomaticamente perguntou: "Se não entendi mal, trata-se de uma Assembleia de Bispos. Conforme tudo o que li nestes relatórios, o homem-chave para dirigi-la é o senhor, mas o senhor não é Bispo. E então?". Helder percebendo aonde o Subsecretário queria chegar, também com diplomacia, respondeu: "Por favor, Monsenhor Montini, acho que não entendi muito bem. Tenha a bondade de expor-me seu pensamento com mais clareza".[57]

Montini, então, expôs que, por tudo o que havia lido, o Secretário deveria ser Monsenhor Helder, mas ele não era Bispo. Logo... Mas neste momento, Helder, usou um argumento irrefutável:

> Excelência, sou um simples sacerdote e assim quero continuar sendo até que Deus queira. Por outro lado, a história do Vaticano nos dá exemplos luminosos de simples sacerdotes que chegam a ocupar os cargos mais delicados

---

[56] No livro *Chi sono io?*, Dom Helder acrescenta que não queriam deixá-lo passar porque não estava com roupa vermelha (de Monsenhor) (H. CÂMARA. *Chi sono io?*, 31).

[57] PILETTI–PRAXEDES, 183-184; CÂMARA, H. *Chi sono io?*, 31; ID. *Le conversioni di un vescovo*, 140-143.

e importantes da Igreja. Talvez o melhor exemplo seja o de vossa excelência: um simples sacerdote que o Santo Padre quis colocar na direção da Secretaria de Estado. E eu, outro simples sacerdote, aqui estou chamando-o de excelência e rendendo-lhe o respeito e a admiração que merece. Não, eu não aspiro a nada: quero apenas servir à Igreja e ao meu país. Acredita-me. Perdoa-me, Monsenhor Montini, mas o senhor é o único que não tem o direito de manifestar esta desconfiança, esta dúvida. Porque se Nosso Senhor se serve do seu trabalho na Secretaria de Estado, a serviço do Santo Padre, para ser o elo de ligação entre todos os Bispos do mundo, por que não poderia eu, sem ser Bispo, servir igualmente a Cristo e à sua Igreja sendo o elo de ligação de um pequeno grupo de Bispos, em um pequeno rincão do mundo?[58]

Montini sorriu e comprometeu-se em dar pleno apoio à iniciativa. Mas alertou que o sacerdote brasileiro precisava tomar muito cuidado. Então lhe mostrou uma pequena publicação, a revista *Juventude*, editada por algumas moças que o auxiliavam no Secretariado da ACB, que chegara ao Vaticano sublinhada em vermelho e com grandes pontos de interrogação, enviada por autoridades brasileiras sugerindo alguma necessidade de censura à publicação, em razão de excesso de modernismo.[59] Daquele encontro, no entanto, nasceu uma grande amizade, que nunca conheceu interrupção.

Helder Camara deixou a Montini o primeiro esboço da estrutura jurídica da Assembleia dos Bispos do Brasil. O Monsenhor brasileiro teve a impressão de que o Anjo José lhe tivesse dado a audição para aquela conversa, pois, ao sair, não escutava mais nada. Mesmo proibido por médicos, porque poderia perder definitivamente a audição, logo voltou ao Brasil.

Nos meses seguintes, no entanto, não aconteceu nenhuma conversa importante entre a Santa Sé e a Igreja no Brasil. Dom Chiaro sugeriu que Helder voltasse a Roma a fim de descobrir pessoalmente o que estava acontecendo. Para não parecer cobrança, o Monsenhor faria parte de uma delegação de quinze leigos que iriam participar do Congresso Mundial do Apostolado Leigo, em outubro de 1951. Quando chegou à Secretaria de Estado, Helder estava preparado para ouvir o pior, mas o Subsecretário foi

---

[58] Piletti–Praxedes, 184; Câmara, H. *Chi sono io?*, 31-32.

[59] Piletti–Praxedes, 184-185.

ATIVIDADES PASTORAIS E DESENVOLVIMENTO ESPIRITUAL (1936-1964)

logo dizendo: "Estamos em dívida para com o Brasil. Dentro de dois meses a Conferência dos Bispos do Brasil estará criada".[60] A autorização de Montini chegou dentro do prazo e a instalação oficial da CNBB foi marcada para ocorrer no Palácio São Joaquim, no dia 14 de outubro de 1952.[61] Antes da data, Helder preparou uma sólida base para a Conferência, organizando encontros com os prelados da Amazônia e do Vale do São Francisco. Ele contava para isso com a estrutura da ACB, o apoio do Núncio e dos dois Cardeais. Nesse período, no entanto, Helder será nomeado Bispo titular de Salde, norte da África, e Auxiliar do Cardeal Jaime Câmara.

2.4 In manus tuas

Em 3 de março de 1952, Monsenhor Helder foi eleito Bispo por indicação do Cardeal Jaime Câmara com pleno consentimento do Núncio Dom Chiaro.[62] A cerimônia de ordenação episcopal aconteceu no dia 20 de abril de 1952, um domingo ensolarado, na suntuosa Igreja da Candelária, na época a mais rica do país.

A Missa de ordenação episcopal, presidida pelo Cardeal Jaime, foi soleníssima,[63] toda em latim, e durou mais de duas horas. Ao final, Dom Helder foi cumprimentado por seu padrinho de sagração, Antonio Alves Sarda, genro de Margarida Campos Heitor e diretor do Banco Português. Em seguida, vieram os familiares e amigos. Seu pai octogenário, João Câmara, acompanhou toda a celebração juntamente com as filhas Nairzinha,

---

[60] PILETTI–PRAXEDES, 186; H. CÂMARA. *Chi sono io?*, 32. Foi nessa oportunidade que Helder sugeriu a Montini uma Conferência Continental (ID. *Le conversioni di un vescovo*, 143-145).

[61] "A história de Dom Helder Câmara" [acesso em 15-5-2009]. Por inspiração francesa, foi chamada de Conferência ao invés de Assembleia.

[62] Dom Helder afirmou que o Cardeal Câmara o estimava muito e o indicou para Bispo Auxiliar (1952) e depois Arcebispo Auxiliar (1955) (H. CÂMARA. *Chi sono io?*, 34). Marcos de Castro comenta que o Cardeal havia solicitado que o Pe. Helder fosse ordenado Bispo ainda em 1946, mas, devido a uma informação enviada a Roma – de que o Rio de Janeiro jamais perdoaria Dom Jaime por indicar um Bispo Auxiliar integralista –, a nomeação saiu somente em 1952 (CASTRO, M. de. *Dom Helder: misticismo e santidade*, 78). González acredita, no entanto, que muitos Bispos devem ter-lhe indicado a mitra; é provável, também, que Montini tenha sugerido a Pio XII essa boa nomeação publicada no *L'Osservatore Romano* de 3 de março de 1952 (GONZÁLEZ, J. *Helder Câmara: il grido dei poveri*, 77-78).

[63] PILETTI–PRAXEDES, 187-192.

Ir. Stefânia (Maroquinha) e a nora Elisa. Estavam presentes Mardônio e Norma. Muitos amigos, intelectuais e militantes da ACB, felizes, acompanhavam a ordenação. Houve, no entanto, a ausência do grande amigo Alceu Amoroso Lima, que estava trabalhando como diretor do departamento cultural da OEA, nos Estados Unidos.

Ao cumprimentar o novo Bispo, Margarida Campos Heitor fez questão de apontar para a cruz peitoral, dando uma piscadinha, querendo insinuar uma cumplicidade entre os dois. A cruz era bem trabalhada, em alto relevo, e ela o presenteara há vários anos. Mas em um aniversário, distraído, ele a presenteou com a mesma cruz. Margarida, na ocasião, não só a recebeu, mas mostrou-se encantada. Quando o Monsenhor foi eleito Bispo, Margarida a devolveu, comentando, amavelmente, o que se passara. Helder achava a cruz de bronze lindíssima, mas Dom Rosalvo, Arcebispo Auxiliar do Rio de Janeiro, exigiu que ela fosse banhada a ouro para que ficasse à altura da dignidade eclesiástica do futuro Bispo.[64]

In manus tuas foi a frase escolhida como lema de seu ministério episcopal. A ideia não foi do próprio Helder, mas do Monsenhor José Távora. O *Pe. José* fez várias *Meditações* e escreveu vários pensamentos com base nessa frase. Um de seus livros foi publicado com o título *Em tuas mãos, Senhor!*[65] Em junho de 1954, quando o Papa Pio XII nomeou Monsenhor

---

[64] PILETTI–PRAXEDES, 190-191. Dom Helder pedia a alguns amigos mais íntimos para não chamá-lo de "senhor" ou "dom", mas de "padre", e para os mais próximos, ainda, de "padrezinho". Para Sobral Pinto, era obrigação chamá-lo de "Helder" porque quando jovem, em 1936, disse-lhe para não chamá-lo de "padre" e, então, deveria continuar assim.

[65] Eis uma de suas Meditações:
"Claro que eu sei
que, sendo Puro Espírito,
não tens corpo como nós
ou como teu Filho,
que, sob a ação do Espírito Divino,
tomou,
no seio de Maria
corpo igual ao nosso...
Mas quem primeiro disse
'In manus tuas',
'Em tuas mãos',
foi o próprio Cristo, na Cruz...
O que em ti
equivale, transcende, infinitamente,

ATIVIDADES PASTORAIS E DESENVOLVIMENTO ESPIRITUAL (1936-1964)

Távora como Auxiliar do Rio de Janeiro e titular de Prussiade, foi Dom Helder quem lhe indicou o lema *In manibus tuis sortes meae*.[66]

Dom Helder continuou habitando com sua família. Para ele, era preferível um pequeno apartamento em um bairro popular do Rio de Janeiro, o Botafogo, ao opulento Palácio São Joaquim. Compartilhava a casa com sua irmã, sua cunhada e seu pai. Com os vizinhos falava de futebol, carnaval, escolas de samba... Nos momentos solenes, usava todas as insígnias de um Bispo e, depois de 1955, de um Arcebispo.[67]

2.5 A fundação da CNBB

A fundação da CNBB contou com a presença do Núncio Apostólico, dos dois Cardeais brasileiros e de vinte Bispos e Arcebispos que, na ocasião, deram sugestões para o regulamento da entidade. Para a Comissão Permanente foram eleitos Dom Vicente Scherer, Dom Mário Miranda Vilas Boas e Dom Antônio Morais de Almeida Júnior e os dois Cardeais, membros por direito. Os dois cargos mais importantes ficaram com o Cardeal Carlos Carmelo de Vasconcelos Motta e Dom Helder Camara, respectivamente, Presidente e Secretário da nova entidade.[68] Faziam parte do Secretariado Geral os Secretariados Nacionais para a Educação, Ação Social, Ensino Religioso, Seminários e Vocações Sacerdotais, Apostolado Leigo e a Liga Eleitoral Católica. A reunião ordinária foi marcada para 17 a 20 de agosto de 1953, em Belém, e os temas principais seriam a posição da Igreja diante da Reforma Agrária e a migração e a ação dos leigos na sociedade, ou seja,

---

a proteção das mãos!?...
Posso garantir
é que sempre mais, sempre mais,
eu me sinto um passarinho,
na concha de tuas Mãos!..." (CÂMARA, H. *Em tuas mãos, Senhor!*, 75).

[66] I. NASCIMENTO. *Dom Távora: o bispo dos operários – um homem além de seu tempo*, 28.

[67] CAYUELA, J. *Hélder Câmara – Brasil: ¿un Vietnam católico?*, 160.

[68] "Ata da Assembleia de Fundação da CNBB". *Sedoc* 54 (1972) 561-565. Dom Helder será o Secretário da entidade até 1964, quando mudará o cenário político do país e, de certo modo, também o da CNBB (PILETTI–PRAXEDES, 193-196).

na agenda dos Bispos aparece claramente a preocupação com os problemas sociais do país.[69]

No dia da fundação da CNBB, os Bispos foram também visitar as autoridades, entre elas o Presidente da República, Getúlio Vargas, que ouviu um discurso elogioso do primeiro Presidente da nova entidade e, por sua vez, o Presidente do Brasil afirmou que gostaria de continuar mantendo a harmonia dos poderes temporal e espiritual como nos tempos do Cardeal Leme.[70] Desse modo, Dom Helder conseguiu fundar a CNBB, não só porque houve o apoio da Secretaria de Estado do Papa Pio XII, mas também porque captou e deu corpo ao desejo existente de unificação episcopal a fim de ajudar a Igreja e o Brasil. Almejava-se uma Igreja com espiritualidade encarnada e, por isso, engajada e colaboradora na busca de soluções evangélicas – justas e fraternas – dos problemas da política social brasileira.

Três aspectos merecem destaque no tocante à fundação da CNBB: 1) a Conferência nasce por obra de um místico. Antes de ser o seu fundador, Dom Helder era um místico. Ela é fruto de uma profunda experiência de Deus que o Dom estava efetivando em sua vida. Retomar a *mística inicial* será sempre um desafio à entidade; 2) houve uma descentralização do poder. A presidência ficou com o Cardeal Motta, de São Paulo, um homem de ideias mais avançadas em relação ao Cardeal do Rio de Janeiro. As autoridades eclesiásticas foram valorizadas e respeitadas e deram um belo exemplo quando quiseram contar com o trabalho dos membros dos Secretariados – e é bom ressaltar que a maioria era mulheres – que, de fato, foram centros operantes e propulsores da história nascente da CNBB; 3) a Conferência nasceu com uma linha aberta, progressista e avançada. Dom Helder levou para trabalhar no Secretariado da CNBB as mesmas personalidades que o ajudaram a criar o Secretariado da ACB, ou seja, pessoas capazes, dedicadas, progressistas, que escreviam uma das mais belas páginas da Igreja Católica na América Latina.[71] No dizer de Marcos de Castro, "Dom Helder foi um pioneiro mundial, pois a CNBB nasceu de uma tese elaborada por

---

[69] CONDINI, M. *Dom Helder Camara: um modelo de esperança*, 18-23.

[70] PILETTI–PRAXEDES, 196-198.

[71] SOUZA, L. A. G. de. *A JUC: Os estudantes católicos e a política*, 63-64.

ele antes que houvesse qualquer coisa semelhante em outros países".[72] E Comblin destaca que

> Dom Helder quis a CNBB, porque queria bispos engajados nos problemas sociais do Brasil. Sabia que os bispos, isolados em comunhão bilateral somente com a Santa Sé, nunca teriam condições para tomarem posições firmes e claras diante das situações da sociedade brasileira [...]. No mundo católico, a CNBB tem uma fisionomia bem particular, que não decorre de textos jurídicos, e sim da sua história. Não é uma Conferência Episcopal semelhante às outras. Ela é a CNBB. Quem fez a CNBB foi Dom Helder. Ele formou e animou durante 12 anos o Secretariado-geral, fazendo dele e dos diversos departamentos um centro ativo, um motor, um centro de iniciativas e de divulgação no Brasil inteiro.[73]

No final de 1952, Dom Helder realizou a primeira viagem a Roma depois de eleito Bispo para comunicar ao Monsenhor Montini o êxito da assembleia de fundação da CNBB e conversar sobre passos futuros. Na conversa, ficou evidente a consolidação de uma grande amizade. Quando Dom Helder se despediu, Monsenhor Montini apressou-se, impediu que a porta fosse aberta e fez-lhe um pedido inesperado: "Agora, me dê sua primeira bênção de Bispo". Dom Helder ficou embaraçado e quis retribuir o gesto de humildade do Monsenhor: "Está bem! Dar-lhe-ei minha primeira bênção de Bispo. Mas, como já o vejo vestido de branco, quero receber depois sua primeira bênção de Papa". Monsenhor Montini, perturbado, resistiu ao pedido, mas devido à insistência de Dom Helder, cedeu: "Também darei a bênção, mas não de Papa".[74] Os dois se abençoaram e, ajoelhados e abraçados, rezaram o Pai-nosso. Onze anos depois, a previsão de Dom Helder se realizaria. Esta "foi a única bênção dada pelo 'Papa Paulo VI' antes de ser Paulo VI".[75]

---

[72] Castro, M. de. *Dom Helder: misticismo e santidade*, 84; Id. 64: Conflito Igreja X Estado, 66-69.

[73] Comblin, J. "Dom Helder e novo modelo episcopal no Vaticano II". In: Potrick, M. B. *Dom Helder, pastor e profeta*, 27-28.

[74] Piletti–Praxedes, 198.

[75] Castro, M. de. *Dom Helder: misticismo e santidade*, 94.

3. "Este é um momento de virada em minha vida. O senhor poderá ver minha consagração aos pobres"

3.1 Conduzindo as relações entre o poder temporal e o espiritual

O Cardeal Jaime Câmara encarregou Dom Helder de conduzir mais de perto as relações entre o poder temporal e o espiritual. Com isso, o Arcebispo Auxiliar se vê obrigado a conciliar a colaboração com o Governo Vargas e a sua amizade com Carlos Lacerda, o mais influente opositor de Getúlio.[76] Devido ao seu encargo, Dom Helder acompanhará de perto os acontecimentos de agosto de 1954 e garantirá a harmonia entre Igreja e Estado durante os Governos sucessivos de Vargas até João Goulart.[77] De certa forma, assumiu o papel do Cardeal Leme.

No dia 4 de agosto de 1954, Lacerda é vítima de um atentado e, na mesma data, é assassinado o major da Aeronáutica, Rubens Florentino Vaz, encarregado da segurança de Lacerda. A bala era exclusiva do Exército e também usada pelo corpo da guarda do Presidente. No dia seguinte, a oposição, guiada por Lacerda, acusará o Presidente da República como responsável pelo atentado. Começam, então, manifestações em todo o país contra o Governo. Na Missa de sétimo dia do major Vaz, Dom Helder fez questão de acompanhar o Cardeal Jaime, também como forma de manifestar sua amizade para com Lacerda. Mais de cinco mil pessoas estavam dentro ou nos arredores da Igreja da Candelária para participar da Missa. Havia grupos exaltados que gritavam contra o Governo e contra a polícia. Após a Celebração Eucarística, aconteceram várias manifestações; foi incendiado

---

[76] Carlos Lacerda reivindicara, em 1935, o poder para Carlos Prestes. Por volta de 1947 viveu uma transição para o catolicismo sob a influência de Alceu Amoroso Lima, Gustavo Corção, Hamilton Nogueira e Sobral Pinto. Depois de 1948, o Monsenhor Camara passou a ser seu confessor e confidente.

[77] CÂMARA, H. *Chi sono io?*, 85.

ATIVIDADES PASTORAIS E DESENVOLVIMENTO ESPIRITUAL (1936-1964) 95

um carro que fazia propaganda para o PTB e invadido o Comitê do partido. O Exército reagiu e vários manifestantes ficaram feridos.[78]

Por sugestão de Dom Helder, os dois Bispos fizeram uma visita ao Presidente que os recebeu na biblioteca.[79] Getúlio Vargas estava retraído e com óculos escuros. Bastou o Cardeal dizer que julgou seu dever fazer a visita que o Presidente começou a desabafar por trinta minutos, dizendo que agradecia de coração, que não era um homem de ódio, que os falsos amigos haviam fugido, que o palácio estava deserto... Ao sair do palácio, Dom Helder comentou com o Cardeal que sentiu Vargas à beira da morte, a um palmo do suicídio.

No dia 13 de agosto, Alcino João do Nascimento foi capturado e as investigações sobre o assassinato do major concluíram que os disparos foram encomendados por pessoas próximas a Vargas. Desse modo, a ideia de deposição de Getúlio foi ganhando forças, até que, no dia 23 de agosto, ele recebeu um ultimato das Forças Armadas. Lacerda teria ficado a noite toda de 23 de agosto comemorando a deposição, mas, ao amanhecer, recebeu a notícia de que o Presidente havia se suicidado, deixando uma carta... O pressentimento de Dom Helder se tornara trágica realidade.

A morte e a carta do Presidente comoveram a nação e logo começou a mudar o comportamento dos manifestantes. Um grupo até se preparou para ir à casa de Lacerda vingar a morte de Vargas. Mas como Dom Távora o avisara por telefone, ele se escondeu no Aeroporto Santos Dumont.[80] As massas também tinham em mira o jornalista Roberto Marinho e o brigadeiro Eduardo Gomes, que eram líderes opositores a Vargas. Dois carros da *Rádio Globo* foram incendiados enquanto a polícia tentava impedir a invasão da Embaixada dos Estados Unidos, da empresa Standard Oil e de instalações da Aeronáutica.

No dia 24 de agosto, o vice-Presidente, Café Filho, assumiu a presidência e o brigadeiro Eduardo Gomes foi nomeado para o Ministério da

---

[78] PILETTI–PRAXEDES, 199-202.

[79] CAMARA, H. "Entrevista com D. Hélder". *Sedoc* 10, (1977) 218; PILETTI–PRAXEDES, 203-204.

[80] Mais tarde, Lacerda "esquecerá" esse gesto e denunciará o MEB, presidido por Dom Távora, como subversivo, na véspera do golpe de 1964 (CAMARA, H. *Le conversioni di un vescovo*, 69).

Aeronáutica. Até a noite, também foram nomeados outros militares que haviam exigido a renúncia de Getúlio. Coube a Dom Helder representar Dom Jaime e a Igreja brasileira no aval ao novo Governo. Em sua mensagem, o Bispo pediu ao povo contenção e equilíbrio naquele momento doloroso que o país atravessava.[81] Em outubro de 1954, os mandantes do crime contra o major Vaz e do atentado a Lacerda se livraram das acusações e os executantes foram presos, dando mais uma vez a entender que quem tem dinheiro, influência política e bons advogados raramente vai preso no Brasil. No dia 3 de outubro, Carlos Lacerda conseguiu ser eleito deputado federal; foi o mais votado daquelas eleições.

Mas a amizade entre Dom Helder e Carlos Lacerda cada vez mais se tornava inconveniente, principalmente após a eleição de outubro de 1955. Lacerda havia apoiado os candidatos da UDN, Juarez Távora e Milton Campos, os quais foram derrotados por Juscelino Kubitschek e João Goulart, candidatos do PDS e do PTB. Lacerda difamou muitas pessoas amigas e conhecidas de Dom Helder que apoiaram Juscelino e Jango e orquestrou um golpe contra o Presidente legitimamente eleito pelo povo.[82] Fracassado o golpe, teve de fugir para os Estados Unidos.

Dom Helder, então, recebeu uma carta de Lacerda que lhe explicava os motivos do exílio, avaliava sua vida e sua trajetória política, confessando estar muito cansado. Em outra carta, resolveu condenar o apoio que o seu "querido e bom pastor" dava a Juscelino, defendendo uma revolução para depor o Presidente. Uma das cartas de Lacerda teve seu conteúdo publicado na *Tribuna da Imprensa*, sem autorização de Dom Helder, e este resolveu

---

[81] PILETTI–PRAXEDES, 204-206. Dom Helder disse: "Nunca fui getulista, nem antigetulista. Naquele tempo eu olhava Getúlio e via nele uma figura estranha; de um lado, sem dúvida, era um ditador. Houve abusos terríveis de poder. Eu não era tão ingênuo a ponto de não perceber que havia abusos de poder. Mas, de outro lado, era um ditador que, por motivos hoje conhecidos, porque já se escreveu muito sobre a sua época, resolveu doar aos trabalhadores uma legislação, sem dúvida avançada" (CAMARA, H. "Entrevista com D. Hélder". *Sedoc* 10 [1977] 219).

[82] Lacerda tentou dar um golpe militar com Carlos Luz, Presidente da República em substituição a Café Filho (que se licenciou do cargo porque estava doente), contra a posse de Juscelino e João Goulart. Sobral Pinto não aceitou apoiar o golpe e, por isso, Lacerda rompeu a amizade com ele, desgostando Dom Helder. O golpe fracassou porque o general Teixeira Lott conseguiu aprovar a destituição de Carlos Luz e a designação do Presidente do Senado, Nereu Ramos, para ocupar a Presidência. Lacerda, ameaçado de morte, se exilou na Embaixada de Cuba e, uma semana depois, fugiu para os Estados Unidos (PILETTI–PRAXEDES, 207-208).

ATIVIDADES PASTORAIS E DESENVOLVIMENTO ESPIRITUAL (1936-1964)

responder-lhe em carta aberta, no dia 2 de abril de 1956, na qual afirmava que Juscelino é "o legítimo Presidente do Brasil" e que Lacerda "se revelara um indivíduo cheio de ódio".

Dona Olga, mãe de Lacerda, não gostou do conteúdo e também escreveu uma carta aberta, questionando por que Dom Helder dava a Comunhão ao seu filho, se este era um homem cheio de ódio. Lacerda ainda escreveu: "O senhor sabe que eu não tenho ódio a ninguém. Mas não fala dos ódios organizados contra mim".[83] Dom Helder evitou ampliar a polêmica, inclusive porque estava absorvido nos trabalhos de Secretário-geral da CNBB e no arrojado trabalho da Cruzada de São Sebastião. Lacerda continuará criticando Dom Helder por muitos anos.

3.2 Congresso Eucarístico – Dom Helder torna-se líder nacional do catolicismo

O XXXVI Congresso Eucarístico Internacional foi sediado no Rio de Janeiro em julho de 1955, no encerramento do Ano Litúrgico. O evento contou com a presença de Cardeais, Bispos, Presbíteros e peregrinos do mundo inteiro. Dom Jaime não precisou pensar muito para escolher o Presidente da comissão organizadora do maior megaevento religioso até então sediado no país. Embora com certo temor, Dom Helder aceitou o desafio a ele confiado.[84] Novamente, a equipe de Cecília Monteiro entrou em ação. Dom José Távora ajudou a coordenar equipes e a divulgar o evento. Foi preciso organizar as celebrações, a hospedagem, a alimentação, os fundos econômicos. Marina Bandeira, que tinha receio de "trabalhar com os padres", logo simpatizou com Dom Helder e resolveu dedicar-se integralmente à divulgação do Congresso. Para não cair no ativismo, uma ou duas vezes por mês a equipe se reunia para a Missa seguida de uma Meditação.

Desde a primeira reunião, o Presidente Getúlio Vargas se dispôs a apoiar o evento e nomeou um Embaixador – Coelho Lisboa – para conseguir de todos os ministros o necessário em prol do Congresso, que daria

---

[83] CASTRO, M. de. *Dom Helder: misticismo e santidade*, 119-122; PILETTI–PRAXEDES, 208-209.

[84] CAMARA, H. *Le conversioni di un vescovo*, 159-161; PILETTI–PRAXEDES, 210-211.

visualização do Brasil para o mundo. Também se comprometeu em apressar o aterramento de parte da baía da Guanabara onde seria construído o altar. Mas em junho de 1954, tudo ainda não passava de promessas. Dom Helder marcou uma reunião com o Presidente da República e lhe disse que era preciso agilizar, pois o Cardeal considerava uma grande vergonha ter assumido a responsabilidade de realizar o Congresso na Arquidiocese e, depois de tanto tempo e em cima da hora, ter de devolver a responsabilidade ao Papa; acrescentou que, sem dúvida alguma, Dom Jaime se julgaria na obrigação de pedir demissão do Arcebispado. Então o Presidente encaminhou apressadamente o aterro.[85] A obra resultou em uma imensa força para o Governo, que estava imerso numa grande dívida econômica e acusado de corrupção por Carlos Lacerda. Devido a sua excelente relação com as famílias mais ricas da cidade, Dom Helder conseguiu pratas, pérolas, pedras preciosas, alimentos... para o caixa do Congresso. Porém, nas grandes doações, além da generosidade, havia interesses políticos.[86]

Nesse período, Dom Helder passou a receber visitas de Bispos de todo o país, em que pese a quantidade de trabalhos. Também fazia conferências, participava de programas de televisão, sendo muito convidado devido à sua desenvoltura diante das câmaras, inclusive em programas de auditório.[87] Ainda procurava atender a todos os que lhe pediam para celebrar batizados e assistir matrimônios, pois se tornara *status* tê-lo como *celebrante*. A amizade com Roberto Marinho permitiu a Dom Helder, no final dos anos 1950, fazer o programa *O pão nosso de cada dia,* na Rádio Globo.[88] O Cardeal Jaime, contente com seu Auxiliar, resolveu promovê-lo a Arcebispo Auxiliar

---

[85] PILETTI–PRAXEDES, 211-213.

[86] PILETTI–PRAXEDES, 214-216. Os empresários Francisco Matarazzo, Carlos e Ricardo Jafet, por exemplo, haviam apoiado a eleição do Presidente e agora estavam prosperando sob a acusação de gozar de favores oficiais. Justamente quando eles doavam verbas para o Congresso, era aberta uma CPI para averiguar as denúncias. A contabilidade do Congresso foi realizada por Aglaia Peixoto, que fez um ótimo trabalho.

[87] Dom Helder era presença constante nos programas "O Mundo de Tônia", "Papai sabe tudo" e "Esta é sua vida".

[88] O jornalista Roberto Marinho quis se tornar compadre do Pe. Helder. Por isso, em 1947, o sacerdote batizou e foi padrinho do filho Roberto Irineu Marinho (jornalista e atual Presidente das Organizações Globo). Em 1958, além do programa diário *O pão nosso de cada dia,* na Rádio Globo, Dom Helder fazia o programa semanal *Nas trilhas de Deus,* na Rádio Tupi.

do Rio de Janeiro, em 2 de abril de 1955 – depois do falecimento de Dom Rosalvo Costa Rego, que passara por uma longa enfermidade.[89]

Durante a preparação do Congresso Eucarístico, Dom Helder recebeu uma carta de Montini, parabenizando-o pelo bom trabalho que estava realizando e afirmando que estava na hora de se pensar em uma convocação para a primeira assembleia latino-americana dos Bispos. Esta poderia ser realizada no Rio de Janeiro, logo depois e como primeiro fruto do Congresso Eucarístico. Montini, em nome do Papa Pio XII, encarregou Dom Helder e Dom Larraín de organizarem o CELAM.[90] Os dois, com muito entusiasmo, logo começaram a trabalhar com esmero para o encontro, no qual foi criado o CELAM para ajudar a Igreja a se adaptar melhor à realidade latino-americana.

Apesar da agenda cheia, Dom Helder encontrava tempo para, nos sábados à noite, conversar com amigos sobre música ou para assistir a alguma peça teatral. Gostava de ir aos restaurantes, principalmente para ouvir música ao vivo. Festejava os aniversários, participando de brincadeiras, conversando e cantando valsinhas.[91] Embora participasse da vida lúdica com os amigos, nunca foi amante da "boa mesa". Ele comia pouco e era-lhe um sacrifício comer a mais quando lhe serviam.

O Congresso Eucarístico Internacional, realizado nos dias 17 a 24 de junho de 1955, foi triunfal, contando com a presença de dezenas de Cardeais, centenas de Arcebispos e Bispos de todo o mundo, uma multidão de participantes.[92] O Congresso teve para a Igreja no Brasil uma grande importância. Só na Arquidiocese do Rio de Janeiro aconteceram 109 Congressos Eucarísticos Paroquiais com muitas confissões e comunhões. Centenas de fábricas, colégios, unidades militares foram visitadas por missionários. Dom Helder conseguiu movimentar a Igreja no Brasil e a sociedade carioca,

---

[89] PILETTI–PRAXEDES, 217-219.

[90] CAMARA, H. *Le conversioni di un vescovo*, 144. Foi o Pe. Helder Camara quem sugeriu, em outubro de 1951, ao Monsenhor Montini a criação de uma Assembleia Episcopal Latino-americana. Dom Helder soube que a ideia muito agradara a Pio XII.

[91] PILETTI–PRAXEDES, 219. Foi nesse tempo que Dom Helder fez amizade com a cantora Elizete Cardoso, da qual conhecia todas as músicas.

[92] O Legado Pontifício foi o Cardeal Aloísio Masella. Apesar de todo o trabalho, Dom Távora acompanhou o evento do hospital, pois havia sofrido o primeiro ataque cardíaco.

inclusive os que não praticavam a fé católica. O evento o consagrou, definitivamente, líder de estatura nacional.[93] No final do evento, amavelmente questionado pelo Cardeal Gerlier, Dom Helder iniciará sua consagração aos pobres.

3.3 "[...] o seu amigo deverá ser Dom Hélder Câmara"

"No Brasil, você terá muitos amigos. Mas o *seu* amigo deverá ser dom Hélder Câmara."[94] Esta foi a recomendação que o Subsecretário do Estado do Vaticano deu a Dom Armando Lombardi, quando, em setembro de 1954, foi designado para substituir o Núncio Dom Carlo Chiaro.[95] Chegando ao Brasil, o novo Núncio logo se tornou amigo e companheiro de Dom Helder. Os dois agiam em sintonia e se encontravam aos sábados, por volta das 11 horas – algo "sagrado". Essa unidade de pensamento e ação exerceu influência na escolha dos novos Bispos, mas também serviu de motivo para alguns sacerdotes acusarem Dom Helder de servir-se da familiaridade com o Núncio para promover seus amigos ao Episcopado. No Congresso Eucarístico, Dom Armando colaborou muito para trazer grandes dignitários católicos do mundo ao evento.[96]

Também foi de suma importância a colaboração de Dom Lombardi para realizar a primeira Conferência Geral do Episcopado Latino-Americano de 25 de julho a 04 de agosto de 1955, no Rio de Janeiro, na qual foi criado o CELAM, que contribuiu para transformar a ação pastoral em uma resposta aos desafios vindos do subdesenvolvimento econômico. Dom

---

[93] WEIGNER, G. *Helder Câmara: la voce del mondo senza voce*, 22-23; PILETTI–PRAXEDES, 220-221.

[94] Circular 11 de 4/5-5-64.

[95] PILETTI–PRAXEDES, 222-223. Havia onze anos, Dom Armando trabalhava junto com Monsenhor Montini. Era responsável pelo Setor América Latina e um dos mais importantes diplomatas da Santa Sé. No Brasil, ele foi um dos grandes promotores da renovação eclesial, conseguindo apoio da cúria romana para a CNBB e suas propostas progressistas. Ao visitar quase todas as dioceses do país, também conseguiu neutralizar forças contrárias à renovação. Ele renovará a hierarquia da Igreja no Brasil, nomeando 109 Bispos e 24 Arcebispos, criando 16 prelaturas, 48 dioceses e 11 arquidioceses. Para Dom Helder, Lombardi era um "homem de visão objetiva e sobrenatural" (Circular 38 de 11/12-11-1963) e, por isso, pedirá a Paulo VI que o nomeie Secretário de Estado do Vaticano (Circular 15 de 14-3-1964).

[96] PILETTI–PRAXEDES, 223-224.

Helder ofereceu à nova entidade a experiência da CNBB e as boas relações com o Vaticano, especialmente com a Secretaria de Estado.[97] O CELAM, a primeira articulação de uma hierarquia católica em nível continental, foi de suma importância nos rumos do Vaticano II[98] e preparou a "geração Medellín".[99]

Em 1954, Dom Lombardi apoiou Dom Helder na organização de um encontro informal entre alguns Bispos representantes da América Latina e da América do Norte a fim de analisarem juntos os problemas comuns da Igreja, no continente. Montini foi entusiasta do projeto e possibilitou a primeira e única audiência privada de Dom Helder com o Papa Pio XII. Dom Helder disse ao Papa:

> Santo Padre, permita-me que lhe apresente uma sugestão. O senhor sabe que as Américas têm problemas comuns. Se o senhor puder então apoiar um pequeno encontro, que eu imaginaria em Washington, entre seis Bispos dos Estados Unidos, seis do Canadá e seis da América Latina... E deixa-me dizer claramente que não se trataria de pedir dinheiro ou pedir padres. Não. Tratar-se-ia unicamente de começar a estudar em comum os problemas das Américas. Há entre nós, Santo Padre, na América Latina, problemas que nunca poderão ser resolvidos sem a compreensão e a colaboração efetiva de nossos irmãos da América do Norte. É necessário conseguir que os Bispos americanos e canadenses tenham a coragem de tomar consciência das injustiças que esmagam o continente latino-americano e de mobilizar a força espiritual que representa a Igreja na América do Norte...[100]

Pio XII aceitou a sugestão e condicionou a sua decisão à concordância de Montini e Tardini, seus assessores diretos. Quando Dom Helder falou com Tardini percebeu que este já tinha conhecimento do projeto e não só apoiou, mas também o encorajou na execução. Porém, os Bispos norte-americanos não simpatizaram com a proposta, pensando que era uma maneira

---

[97] CAMARA, H. "Dom Helder Câmara racconta la sua vita". In: BOURGEON, R. *Il profeta del Terzo Mondo*, 238; ID. *Le conversioni di un vescovo*, 144; PILETTI–PRAXEDES, 224-225.

[98] CAMARA, H. *Le conversioni di un vescovo*, 174-175.

[99] COMBLIN, J. "Dom Helder e novo modelo episcopal no Vaticano II". In: POTRICK, M. B. *Dom Helder, pastor e profeta*, 30-32.

[100] PILETTI–PRAXEDES, 225.

de pedir dinheiro. Devido a isso, a reunião aconteceu quatro anos depois, já no pontificado de João XXIII, em Washington, nos dias 2 e 3 de novembro de 1959. O encontro foi embaraçoso, não só porque, pela primeira e última vez, Dom Helder usou o *clergyman*,[101] nem só porque, durante a reunião, não conseguia entender e se expressar bem em inglês, mas por causa de uma proposta-surpresa da Santa Sé. O Monsenhor Antonio Samoré, Presidente da CAL criada pelo Vaticano em abril de 1958, resumiu a proposta em dois pontos que logo foram aprovados, apesar do brado de aflição de Dom Helder, a saber: a doação de um milhão de dólares por ano, durante dez anos, para ajudar a América Latina e, ao longo dos dez anos, o envio de 10% de líderes leigos, religiosas e padres. Dom Helder reagiu, dizendo que o pedido de dinheiro não fazia parte da agenda, e sim a reflexão sobre a superação das injustiças... Depois desse episódio, os dois Bispos romperam as relações. Foi necessário que Dom Armando Lombardi conseguisse uma intervenção de Paulo VI, em 1964, para amenizar a tensão.[102] Apesar de tudo, no final, o resultado teve seu lado positivo: até 1968, a CAL designará 3.391 padres, religiosas, religiosos, leigas e leigos norte-americanos para atuar na América Latina.[103]

Ainda em 1955, encarregado pela CNBB, Dom Helder foi convidar Dom Montini, então Arcebispo de Milão, para pregar um retiro espiritual aos Bispos brasileiros. Montini acolheu o amigo com muito carinho e o levou a visitar os túmulos de Santo Ambrósio e São Carlos Borromeu. Nesse momento, Dom Helder nem imaginava que teria uma missão semelhante à de São Carlos: Borromeu foi pregador do Concílio de Trento e Camara será do Vaticano II. Durante o passeio, encontraram um grupo de senhoras da AC que se reuniam na Universidade. O Arcebispo de Milão pediu a Dom Helder que falasse às senhoras. Pego de surpresa, ele falou em francês, e

---

[101] PILETTI–PRAXEDES, 225-226; CAMARA, H. *Le conversioni di un vescovo*, 143-147. Na manhã de 2 de novembro, Dom Helder e Dom Larraín foram ao café de *clergyman*. No dizer do Dom: "nos sentimos com dez dedos em cada mão". O hotel estava cheio de jovens que participavam de um congresso, e Helder comentou com Larraín que aqueles jovens lhe deram uma lição de independência: ele voltou para o quarto, vestiu a batina, e nunca mais a tirou...

[102] Circular 46 de 19/20-10-1964. Em diversas Circulares, Dom Helder revela seu sofrimento devido a essa tensão com Dom Samoré. Ele queria que Samoré tivesse uma "visão objetiva e sobrenatural" de pessoas como Lombardi, Suenens, Alfrink...

[103] PILETTI–PRAXEDES, 226-228.

Montini, no início, fazia a tradução para o italiano, mas depois perceberam que não era necessário.

Antes de almoçarem no Palácio Episcopal, Helder passou por uma grande sala na qual se impressionou com uma galeria que continha centenas de quadros com retratos dos antecessores no pastoreio daquela Igreja, desde os primeiros tempos do cristianismo.[104] O Arcebispo de Milão fez, então, um comentário enigmático: "Meus antecessores, na sede episcopal de Milão, todos, sem exceção, foram martirizados. Ser Bispo de Milão era sinônimo de martírio". Montini lhe confidenciou que o fardo não estava sendo leve. Sofria pesada carga da parte dos integralistas locais, que o chamavam de "arcebispo vermelho" ou "arcebispo comunista".[105]

Depois do almoço, foram rezar na capela. Em seguida, Dom Helder elencou os motivos pelos quais o convidava para pregar um retiro espiritual aos Bispos do Brasil. Sem dúvida, a presença de Dom Helder convenceria mais do que uma carta, mas, mesmo assim, Montini não aceitou, dizendo que seria uma insigne e profunda alegria atender o convite, mas que havia aprendido, ao longo da vida, que há momentos para aparecer e horas de mergulhar, e que estava em cheio no mergulho... Dom Helder entendeu a negativa e respeitou a decisão do amigo.[106]

---

[104] PILETTI–PRAXEDES, 228-229.

[105] O jornalista Marcos de Castro relata que, segundo Dom Helder, Montini "lembrou que isso tinha começado no dia em que fora visitar uma fábrica naquele grande centro industrial do norte da Itália. Como faria a visita em companhia dos diretores da fábrica, foi avisado de que seria malrecebido pelos operários. Realmente, num dos pátios da indústria em que era maior o número de trabalhadores, notou grande hostilidade por parte de quase todos, que não desgrudavam os olhos dele, com cara de poucos amigos. O fato de estar ciente de antemão de que haveria hostilidade levou-o a enfrentar a situação rapidamente. Afastou-se inopinadamente dos diretores da fábrica que o acompanhavam e se dirigiu aos operários, erguendo os dois braços e dizendo: 'Só tenho compromisso com o Evangelho!'. Com essas palavras iniciou um breve mas inflamado discurso, dizendo aos operários, aberta e largamente, tudo o que achava que devia ser dito naquele momento. Falou – segundo comentário feito a Dom Helder – 'como cabe a um bispo, a um apóstolo da Igreja de Cristo falar! Tanto bastou para se transformar, em Milão, num 'arcebispo vermelho'" (CASTRO, M. de. *Dom Helder: misticismo e santidade*, 97).

[106] PILETTI–PRAXEDES, 229. Segundo Pilleti e Praxedes, Montini interpretou a perda de seu cargo de Subsecretário de Estado do Vaticano como um golpe na sua carreira eclesiástica. Ocupando um cargo equivalente, Dom Eugênio Pancelli credenciara-se para assumir o Sumo Pontificado em 1939, como Pio XII. Portanto, a remoção teria colocado uma sombra em seu futuro (ID., 229-230).

Como a imprensa fizera muita divulgação da agonia de Pio XII, não foi surpresa o anúncio de sua morte na metade de outubro de 1958. Durante nove dias, dois milhões de fiéis em luto foram à Basílica de São Pedro. No Brasil, o Presidente Juscelino Kubitschek encomendou uma Missa pelo sufrágio do Papa, presidida pelo Cardeal Jaime Câmara e assistida por Dom Helder. Estavam presentes muitos membros do Governo, deputados, juízes, diplomatas e chefes das Forças Armadas.

Dom Helder esperava que o novo Papa fosse um jovem, que soubesse usar os meios modernos de comunicação como as redes de televisão para chegar às grandes massas de católicos e não católicos. Que soubesse compreender o mundo – os dramas da cortina de ferro, da guerra fria, do subdesenvolvimento, da superpopulação global, das migrações em massa, do perigo de uma guerra nuclear e das viagens espaciais. Enfim, alguém com as características de Montini... Porém, desconfiava que Pio XII não havia elevado Montini ao cardinalato justamente para dificultar a sua eleição.[107]

Depois de três dias e onze escrutínios, no entardecer do dia 28 de outubro de 1958 saiu a fumaça branca... O eleito foi Ângelo José Roncalli, um italiano, filho de agricultores, nascido em 25 de novembro de 1881, em Sotto il Monte, Bérgamo. O 262.º sucessor de Pedro começou a surpreender o mundo desde a escolha do nome, João XXIII. Dom Helder, no entanto, não se empolgou com a notícia de que o novo Papa era um tal de Roncalli, um ancião... Porém, dias depois, na terceira reunião anual do CELAM, em Roma, de 6 a 15 de novembro, ficou surpreso com João XXIII, que fez uma visita aos representantes da hierarquia latino-americana e encorajou os Bispos para que continuassem a aprofundar a visão da realidade latino-americana a fim de preparar e realizar, com coragem, um novo plano de ação da Igreja para o continente. Durante o Concílio Vaticano II, Dom Helder será o grande defensor da canonização de João XXIII, pois nele havia santidade![108]

---

[107] PILETTI–PRAXEDES, 230-231.

[108] CAMARA, H. *Le conversioni di un vescovo*, 172; Circular 32 de 4/5-11-1963.

3.4 "[...] por que [...] não coloca todo este seu talento [...] que o Senhor lhe deu a serviço dos pobres?"

Após o sucesso e a grande fortuna conseguida para o Congresso Eucarístico Internacional, alguns políticos e jornalistas comentaram que a Igreja tinha grande força e, no entanto, não se empenhava o necessário para colaborar na resolução dos problemas sociais. Para aumentar a inquietude de Dom Helder, uma opinião semelhante tinha o alto dignitário, o Cardeal Gerlier, de Lion, França.[109] Gerlier, que acompanhara os trabalhos do Arcebispo Auxiliar na organização do Congresso Eucarístico, concluiu que não era razoável que a capacidade desse Bispo brasileiro ficasse presa à organização de megaeventos religiosos. Por isso, antes de retornar à França, quis um colóquio com ele, a fim de elogiá-lo, mas muito mais para lhe lançar um apelo:

> Permita-me falar-lhe como um irmão, um irmão no batismo, um irmão no sacerdócio, um irmão no episcopado, um irmão em Cristo. Você não acha que é irritante todo este fausto religioso em uma cidade rodeada de favelas? Eu tenho certa prática em organização e por ter participado desse Congresso devo dizer-lhe que você tem um talento excepcional de organizador. Quero que faça uma reflexão: por que, querido irmão dom Hélder, não coloca todo este seu talento de organizador que o Senhor lhe deu a serviço dos pobres? Você deve saber que o Rio de Janeiro é uma das cidades mais belas do mundo, mas também uma das mais espantosas, porque todas essas favelas, neste quadro de beleza, são um insulto ao Criador...[110]

O Cardeal sensibilizou Dom Helder, que interpretou aquelas palavras como um novo desafio. Pegando e beijando as mãos do Cardeal, disse-lhe: "Este é um momento de virada em minha vida. O senhor poderá ver minha consagração aos pobres. Não estou convencido de possuir dotes

---

[109] PILETTI–PRAXEDES, 232-233; GONZÁLEZ, J. *Helder Câmara: il grido dei poveri*, 80-83; CÂMARA, H. *Chi sono io?*, 32-33; ID. *Le conversioni di un vescovo*, 161-163; WEIGNER, G. *Helder Câmara: la voce del mondo senza voce*, 43; BROUCKER, J. de. *Helder Camara: la violenza di un pacifico*, 25; CAYUELA, J. *Hélder Câmara – Brasil: ¿un Vietnam católico?*, 162; RENEDO, B. T. de. *Hélder Câmara: proclamas a la Juventud*, 16; KATHEN, N. R. T. *Uma vida para os pobres: espiritualidade de D. Hélder Câmara*, 68-69.

[110] PILETTI–PRAXEDES, 233.

excepcionais de organizador, mas todo o dom que o Senhor me confiou colocarei ao serviço dos pobres".[111]

A partir daquele dia, as visitas às favelas começaram a ser frequentes e estas se converteram em sua preferência pastoral. Quando Bispos e Cardeais o visitavam, ele os recebia com grande cordialidade e os levava para um passeio. O principal lugar a conhecer não era mais a Catedral de São Sebastião ou o Corcovado – de onde se contempla uma das paisagens mais belas do mundo –, mas as favelas de Pinto, Jacarezinho, Cantagalo, Cabritos, Saudade, Babilônia, Prazeres, Céu, Cachorrinha...[112] Portanto, aquele que antes frequentava a casa dos ricos agora começava a frequentar o ambiente dos pobres. As duas experiências se confrontarão no seu coração. Dessa tensão virá novidade!

Não se sabe ao certo, mas calcula-se que o Rio de Janeiro tivesse em torno de 400 a 600 mil pessoas habitando em 150 favelas.[113] Dom Helder pensava que em 10 anos seria possível um Rio de Janeiro sem favelas! Por isso, após a conversa com o Cardeal Gerlier, foi pedir autorização a Dom Jaime para compor um grupo de colaboradores e conseguir apoio do Governo. O Cardeal Câmara prontamente o apoiou dando-lhe toda a lenha utilizada no Congresso Eucarístico. O grupo da ACB, mais uma vez, entrou em ação. O Presidente Café Filho foi convencido pelo jornalista Roberto Marinho a encontrar-se com Dom Helder e declarou-se disposto a apoiar a iniciativa e que, ainda na sua curta gestão, gostaria de ver urbanizada a primeira favela do país. Assim, com o objetivo de dar uma solução humana e cristã aos problemas das favelas no Rio de Janeiro nasceu a Cruzada de São Sebastião, no dia 29 de outubro de 1955.[114] O nome era uma homenagem ao Santo que, além de ser o padroeiro da cidade carioca,[115] era um dos preferidos pelos pobres.[116]

---

[111] PILETTI–PRAXEDES, 233.

[112] GONZÁLEZ, J. Helder Câmara: il grido dei poveri, 84-85; CASTRO, M. de. Dom Helder: misticismo e santidade, 94-99; CAYUELA, J. Hélder Câmara – Brasil: ¿un Vietnam católico?, 163.

[113] Weigner comenta que havia mais de 450 mil habitantes (WEIGNER, G. Helder Câmara: la voce del mondo senza voce, 22).

[114] PILETTI–PRAXEDES, 233-234.

[115] CAMARA, H. Le conversioni di un vescovo, 163.

[116] WEIGNER, G. Helder Câmara: la voce del mondo senza voce, 23.

ATIVIDADES PASTORAIS E DESENVOLVIMENTO ESPIRITUAL (1936-1964)

Uma vez, o poeta Tiago Mello foi com Dom Helder visitar as favelas e, vendo as crianças brincando em meio a moscas, porcos, cabras, detritos, galinhas, excrementos... afirmou que era difícil dar nome de vida humana à existência desses favelados, visto as condições em que habitavam, dormiam e comiam. Faltava-lhes o mínimo de conforto, indispensável à dignidade humana. As pessoas dormiam umas em cima das outras, e em algumas barracas só se entrava encurvando-se.[117]

No projeto da Cruzada de São Sebastião, as favelas seriam substituídas por prédios a serem construídos no mesmo local, ou seja, no Leblon, lugar que exibia o extremo da desigualdade social. Para Dom Helder, seria a ocasião de superar a chamada "luta de classes", aproximando pobres e ricos, morando os trabalhadores vizinhos aos patrões, não obstante as reclamações da burguesia.[118] O Dom queria integrar as favelas na estrutura socioeconômica da cidade.[119]

A intenção do Presidente Café Filho era liberar 50 milhões de cruzeiros para construir 10 edifícios com 910 apartamentos, mas, quando enviou uma mensagem ao Congresso, no dia 26 de outubro de 1955, este estava no final de mandato, sem tempo e sem interesse para aprovar o projeto solicitado pelo Presidente, que logo deixaria o cargo. A conjuntura política foi desastrosa para o início da Cruzada,[120] e o dinheiro prometido só foi liberado em junho de 1957, embora, em janeiro do mesmo ano, algumas famílias tivessem ido morar em apartamentos, graças ao empréstimo que

---

[117] PILETTI–PRAXEDES, 234-235. Weigner também descreve que as favelas são quase todas iguais, a saber, falta água, instalações higiênicas, estradas (WEIGNER, G. *Helder Câmara: la voce del mondo senza voce*, 22).

[118] Em 1959, Dom Helder escreveu que os apartamentos estavam sendo construídos no próprio local das favelas por dois motivos. Primeiro, os habitantes trabalham nas imediações e a cidade não possui transportes coletivos suficientes. Segundo, é uma tentativa de aproximar as classes, não obstante as reclamações da burguesia (CAMARA, H. "Dados sobre a Cruzada São Sebastião". *Reb* 19 (1959) 636). No projeto, além da construção de prédios para moradia, incluíam-se escolas, jardins de infância e alguns centros sociais (WEIGNER, G. *Helder Câmara: la voce del mondo senza voce*, 23).

[119] A partir de 1960, o Governador Carlos Lacerda fará o contrário: construirá alguns conjuntos habitacionais para moradores de favelas em região sem urbanização e desvalorizada, a fim de afastá-los da zona sul (PILETTI–PRAXEDES, 235).

[120] Café Filho adoeceu; assumiu Carlos Luz, que foi deposto pelo general Teixeira Lott, por sua vez substituído pelo senador Nereu Ramos.

Dom Helder fizera no Banco do Brasil por influência do Presidente Jusceli-no.[121] Em 1959, Dom Helder escreveu:

> A Favela da Praia do Pinto era uma das mais tristes das favelas do Rio de Janeiro. Situada na zona sul da cidade, apresentava contraste violento entre os seus 1.400 barracos infectos (sem água, sem luz, sem esgoto, sem o mínimo de condições humanas) e o bairro do Leblon com seus luxuosos clubes e edi-fícios imponentes. A Cruzada São Sebastião promoveu a construção, ao lado da Favela, da primeira parte do Bairro São Sebastião: 10 edifícios residenciais com 910 apartamentos, escola, igreja, centro social e mercadinho.[122]

Para conseguir fundos econômicos, a Cruzada obteve, com o apoio do Presidente Juscelino, terrenos facilmente inundáveis, às margens da Avenida Brasil, para serem aterrados, urbanizados e vendidos em pequenos lotes.[123] A doação de empresários só atingiu um montante mais significativo depois que Alfred Jurzykowski, Presidente do conselho administrativo e fundador da Mercedes-Benz do Brasil, financiou a instalação de água em 13 favelas e, só no ano de 1963, doou à Cruzada a importância de 65 milhões de cruzei-ros.[124] Por esse gesto, deu seu nome a uma escola construída pela Cruzada em Lins de Vasconcelos. A Cruzada também organizou terrenos para esta-belecimentos comerciais, e os futuros comerciantes até faziam empréstimos para que as obras andassem mais depressa.

Foi durante a inauguração de um reservatório de água no Morro San-ta Maria que Dom Helder quis visitar Dona Heronda, que, ainda menina, trabalhava em sua casa, desde 1952. Ela quis esconder um rasgo do sofá com uma almofada, mas, ao sentar, o Arcebispo Auxiliar tirou a almofada,

---

[121] CAMARA, H. *Le conversioni di un vescovo*, 163-164.

[122] CAMARA, H. "Dados sobre a Cruzada São Sebastião". *Reb* 19 (1959) 636. A história dessa experiência é descrita e analisada com profundidade em uma monografia de Bart Slob. O autor afirma: "Até os dias de hoje, não se realizaram outros projetos semelhantes do mesmo porte" (B. SLOB. "Do Barraco para o Apartamento: a 'humanização' e a 'urbanização' de uma favela situada em um bairro nobre do Rio de Janeiro", 141 [acesso em 3-9-2010]).

[123] CAMARA, H. "Dados sobre a Cruzada São Sebastião". *Reb* 19 (1959) 637. 80% das entradas entre 1956-1960 vieram de doações e dos 50 milhões concedidos pelo Governo. Nesse momen-to, diversos amigos de Dom Helder estavam no poder, entre eles, Augusto Frederico Schimidt, Santiago Dantas e Armando Falcão. Estes facilitavam as articulações para conseguir dinheiro em prol da Cruzada.

[124] PILETTI–PRAXEDES, 239.

deixando-a toda envergonhada. Dom Helder custou a acreditar que Dona Heronda morava em lugar tão pobre. Porém, os dias de habitar naquele local estavam contados pois, por meio da Cruzada, ela recebeu o seu apartamento, pago a prestações, na Praia do Pinto.[125] Dom Helder era amado por ricos e por pobres, como a Dona Heronda.

A irmã Enny Guarnieri, liderando um grupo de assistentes sociais, colocou-se à disposição da educação – conscientização e formação cristã – dos favelados, para que estes assumissem as responsabilidades de zelar pelas novas habitações. O grupo de assistentes sociais com representantes das favelas e outros colaboradores elaboraram, em 1957, os artigos do "Código de Honra", que depois foi discutido e aprovado pelos participantes. Desse modo, entre os homens nasceu a Ordem dos Cavalheiros de São Sebastião. Os integrantes deveriam observar dez princípios: 1) Palavra de homem é uma só; 2) Ajude seu vizinho; 3) Bater em mulher é covardia; 4) Sem exemplo não se educa; 5) Homem que é homem não bebe até perder a cabeça; 6) Jogo só futebol; 7) Difícil não é mandar nos outros: é mandar na gente; 8) Comunismo não resolve; 9) Quero meu direito, mas cumpro minha obrigação; 10) Sem Deus não somos nada.[126]

A ordem das mulheres recebeu o nome de Legionárias de São Jorge, também com dez artigos no seu "Código de Honra": 1) Questão fechada: casa limpa, arrumada e bonita; 2) Quando um não quer, dois não brigam; 3) Anjo de paz e não demônio de intriga; 4) Não vire a cabeça porque o marido não tem juízo; 5) Se o marido faltar, seja mãe e seja pai; 6) Educar de verdade, sem palavrão, sem grito e sem pancada; 7) Seja companheira dos educadores de seu filho; 8) Não seja do contra: com jeito se vai à lua; 9) Nada mais triste do que mulher que degenera; 10) Mulher sem religião é pior que homem ateu.[127]

Havia também uma ordem das crianças, os Pequeninos de São Cosme e São Damião, e foi Dom Helder quem elaborou os artigos do "Código de

---

[125] PILETTI–PRAXEDES, 240-241.

[126] PILETTI–PRAXEDES, 235-236; WEIGNER, G. *Helder Câmara: la voce del mondo senza voce*, 21-22. Entre os homens, o artigo 3 foi o mais difícil de ser aprovado porque vigorava a ideia de que mulher só se controla no laço.

[127] PILETTI–PRAXEDES, 235.

Honra": 1) Nem covarde, nem comprador de brigas; 2) Desgosto aos pais, jamais; 3) Antes só do que mal acompanhado; 4) O que suja mão é pegar no alheio; 5) Menino de bem não diz palavrão; 6) Homem não bate em mulher; é triste mulher que se mete a homem; 7) Não minta nem que o mundo acabe; 8) Delicadeza cabe em qualquer lugar; 9) Quem não aproveita a escola se arrepende para o resto da vida; 10) Quem não reza é bicho.[128]

Em 1959, a Cruzada de São Sebastião estava construindo 672 lojas, 216 armazéns, 216 escritórios, 192 lojas (para Bancos, repartições públicas, restaurantes etc.), 140 salas (para médicos, dentistas, veterinários, agrônomos, advogados, despachantes etc.). Além disso, estava projetando o Palácio da Bolsa de Gêneros Alimentícios (8 a 10 andares), serviço de assistência aos veículos, frigorífico e outros blocos residenciais.[129] Dom Helder era considerado um brilhante reformador social e, quem sabe, um futuro *Santo*.[130]

Apesar de ter aliviado a situação difícil de milhares de famílias, em 1963 o déficit de habitações no Rio de Janeiro havia dobrado em relação a 1955, pois, nesse período, chegaram levas de nordestinos; o sonho de extirpar as favelas foi ficando cada vez mais difícil. O próprio Dom Helder comentou que cada família transferida para um apartamento era substituída por várias outras que, na esperança, aguardavam a sua vez. Devido a isso, alguns deputados atacavam a Cruzada, afirmando que ela havia se transformado num atrativo de migrantes da zona rural à cidade, ou, em outras palavras, a obra era acusada de incentivar o crescimento das favelas no Rio de Janeiro.[131]

A Cruzada precisou mudar de objetivo, centrando seu trabalho na humanização e cristianização das favelas, uma vez que não se previa o fim delas. Foi então que inovou, auxiliando os favelados a conseguir escolas para a alfabetização de crianças e adultos, depósito de água nos morros, rede de iluminação elétrica, postos de saúde, alguns lugares de trabalho,

---

[128] Piletti–Praxedes, 236-236.

[129] Camara, H. "Dados sobre a Cruzada São Sebastião". *Reb* 19 (1959), 637.

[130] Weigner, G. *Helder Câmara: la voce del mondo senza voce*, 44.

[131] Piletti–Praxedes, 241-242; Camara, H. *Le conversioni di un vescovo*, 165-166.

ATIVIDADES PASTORAIS E DESENVOLVIMENTO ESPIRITUAL (1936-1964)

creches, igrejas, capelas, centros catequéticos.[132] No dizer de Dom Helder, a "construção material é ponto de partida, pois é impossível verdadeira formação humana dentro da favela, onde falta o mínimo de conforto material capaz de servir de base para a organização familiar".[133] A Cruzada também começou a formar líderes entre os próprios favelados.[134] A ação de Dom Helder nas favelas o colocou em uma estrada que nunca mais abandonou: a via do empenho para conseguir a justiça social no seu país, na América Latina e no Terceiro Mundo.[135] No Vaticano II, Dom Helder será conhecido como o *Bispo das favelas*!

3.5 *"São Vicente de Paulo das Favelas"*

Desde o primeiro momento, Carlos Lacerda foi um crítico da Cruzada de São Sebastião. Ainda no exílio, escreveu uma carta a Dom Helder, publicada no *Tribuna da Imprensa*, de 26 de março de 1956. Lacerda dizia que não haveria resolução dos problemas das favelas até que não fosse realizada a reforma agrária no país, chamando, assim, a atenção para a causa principal do crescimento desordenado das cidades, ou seja, o êxodo rural provocado pela concentração da propriedade fundiária. No raciocínio de Lacerda, Dom Helder, com a Cruzada de São Sebastião, apoiava o Presidente Juscelino que não tinha interesse em fazer a reforma agrária e, dessa forma, o Brasil vivia na ilusão, pensando que resolveria seus problemas com projetos como a Cruzada. Dom Helder respondeu, em carta aberta, dizendo que, para impedir o êxodo rural que leva ao crescimento das favelas, era

---

[132] Para o melhoramento das favelas, em 1959 foram projetados: redes de iluminação elétrica em 14 favelas; instalação de água em 10; auxílio à construção de escolas em 3; auxílio à construção de capelas, escadas, esgotos, caminhos, depósito de lixo. A Cruzada mantinha serviço médico e dentário em algumas favelas e sustentava desempregados (CAMARA, H. "Dados sobre a Cruzada São Sebastião". *Reb* 19 (1959) 638.

[133] CAMARA, H. "Dados sobre a Cruzada São Sebastião". *Reb* 19 (1959) 636.

[134] PILETTI–PRAXEDES, 242; MURATORI, L. "Le sue parole e l'Opera". In: BOURGEON, R. *Il profeta del Terzo Mondo*, 242-243.

[135] WEIGNER, G. *Helder Câmara: la voce del mondo senza voce*, 23; CONDINI, M. *Dom Helder Camara: um modelo de esperança*, 25-27. Nesse período, no dia 10 de julho de 1956, faleceu o pai de Dom Helder, o octogenário João Câmara, enquanto assistia televisão, com sua filha Nair, depois de ter passado o dia cantando e brincando com a neta Ana Maria, filha de Eduardo e Elisa (PILETTI–PRAXEDES, 243-244).

preciso enfrentar o problema dos latifúndios, promovendo acesso à terra, assistência técnico-financeira, estocagem dos produtos e transportes.[136] A visão de Dom Helder estava, portanto, de acordo com a postura da CNBB, ou seja, era preciso a reforma agrária!

Mas Lacerda não se convenceu da sinceridade de Dom Helder e, então, começou a acusá-lo de usar a questão social com o objetivo maquiavélico de se promover politicamente e subir na hierarquia da Igreja; desse modo, para o Arcebispo Auxiliar seria proveitoso cultivar a miséria. Ao assumir o Governo do Estado em 1961, Lacerda fez de tudo para boicotar os projetos da Cruzada de São Sebastião. A burguesia do Leblon se uniu ao Governador para transferir as favelas para bem longe de suas casas.[137] Dom Helder recebeu ameaças por telefone e cartas anônimas nas quais era chamado de "Bispo das favelas" e outras expressões grosseiras. Uma noite, já estava dormindo quando telefonaram dizendo que os prédios da Cruzada, no Leblon, estavam pegando fogo. Ele foi até lá de taxi, e nada havia acontecido. Mas para Dom Helder, o mais duro não eram as críticas do ex-amigo e dos ricos, mas as críticas de alguns colegas sacerdotes[138] que, de certo modo, sentiam inveja porque ele era apreciado na imprensa e visitado por autoridades eclesiásticas de todo o mundo.

---

[136] PILETTI–PRAXEDES, 245-246. Dom Helder até pensou em realizar um "êxodo urbano": escreveu que a Cruzada queria "atrair para o interior do país boa parte dos atuais favelados cariocas" e "um grupo já estava partindo para a Fazenda Nossa Senhora da Conceição de Corumbá de Goiás" (CAMARA, H. "Dados sobre a Cruzada São Sebastião". *Reb* 19 (1959) 638.

[137] Segundo Dom Helder, o então Governador da Guanabara, Carlos Lacerda, escolheu um método diferente daquele da Cruzada: mandou construir casas aos favelados em lugares distantes, em terrenos de pouco valor e não urbanizados, longe dos ricos. Desse modo, aquela gente não "incomodaria" a burguesia, e seus terrenos ficavam mais valorizados, pois a vizinhança de ex-favelados fazia cair o preço dos apartamentos elitizados. Carlos Lacerda havia feito uma análise justa sobre a origem do processo de favelização – a falta de reforma agrária, o surgimento da agricultura mecanizada, a expulsão dos posseiros do campo, a falta de legalização das terras, a busca de vida melhor nas cidades –, mas não poderia ter se esquecido de oferecer vida digna aos que já estavam nas favelas (CAMARA, H. *Le conversioni di un vescovo*, 165-166). Dom Helder será apoiador e inspiração para a CPT e o MST.

[138] PILETTI–PRAXEDES, 246-247. O teor dessas críticas apareceu em um estudo realizado por Betap de Rosb e publicado na Espanha, em 1974, com o título *Hélder Câmara: signo de contradiccion*. Na obra, o autor diz que o clero conformista faz outra leitura da trajetória de Dom Helder. Ele aparece como intruso, aventureiro, fracassado, perigoso, politiqueiro, oportunista que driblou a todos até chegar a Arcebispo.

No entanto, era enorme o número de entusiastas de Dom Helder. Jornalistas do *O Cruzeiro* o chamavam carinhosamente "o São Vicente de Paulo das favelas".[139] Jornais publicavam fotos, entrevistas e artigos com elogios às realizações da Cruzada. Autoridades eclesiásticas de todo o mundo vinham conhecer o projeto de urbanização das favelas cariocas. Em junho de 1960, o projeto foi visitado pelo Arcebispo de Milão, João Batista Montini, sendo este recebido no aeroporto, com honras, pelo Presidente Juscelino, o Ministro do Exterior Horácio Lafer, o Comandante do Segundo Exército Arthur da Costa e Silva e Dom Helder Camara. Sendo hóspede da Nunciatura, Dom Armando Lombardi fez de tudo para que os dois amigos permanecessem juntos, encarregando Dom Helder de mostrar-lhe a cidade. Então, o Arcebispo Auxiliar do Rio de Janeiro mostrou-lhe o Mosteiro de São Bento, a Igreja da Candelária, a favela da Praia do Pinto com os edifícios construídos pela Cruzada.[140] Algum tempo depois, Dom Helder encontraria uma foto dos dois, com alguns moradores da favela do Pinto, na capa da revista espanhola *Populorum Progressio*.

Outro ilustre visitante foi o Bispo Auxiliar de Nova Iorque, Fulton John Sheen, que estava no auge de sua popularidade de Bispo, escritor e educador.[141] Dom Helder resolveu imitar o Cardeal Gerlier, mas não teve a mesma sorte. Disse o Arcebispo brasileiro:

> O senhor me permite uma pergunta? Depois destes três dias juntos, sinto que estamos mais próximos um do outro, que compartilhamos a mesma visão de mundo e de Igreja. Por que o senhor não aproveita seu imenso prestígio e utiliza esse instrumento milagroso que é a televisão para combater, por exemplo, o racismo? Por que não se serve dessa força que tem nas mãos para denunciar, por exemplo, as injustiças da política internacional de comércio?[142]

A reação do Cardeal nem de longe se assemelhou à resposta de Dom Helder a Gerlier:

---

[139] "D. Helder – o São Vicente de Paulo das favelas". *O Cruzeiro*, 5-1-1957, 96.

[140] PILETTI–PRAXEDES, 247-248.

[141] CAMARA, H. *Le conversioni di un vescovo*, 147-148.

[142] PILETTI–PRAXEDES, 248.

Meu irmão, agradeço-lhe a confiança, a coragem com que me fez essa pergunta. O senhor poderia ter guardado no íntimo esta dúvida. Vou responder-lhe com muita sinceridade. O senhor sabe que nós Bispos dos Estados Unidos damos juntos a cada ano um milhão de dólares para a América Latina. [...] Graças à televisão também posso enviar todos os anos ao Santo Padre uns 80 milhões de dólares para a *Propaganda Fide*. Esse dinheiro permite ao Papa ajudar escolas, leprosários e hospitais no mundo inteiro. Asseguro-lhe que se amanhã, na televisão, eu passar a combater o racismo ou as injustiças da política internacional de comércio, imediatamente o dinheiro deixará de chegar a mim. Por isso se trata de uma opção pessoal. Prefiro que me julguem mal, como um ingênuo ou alguém que não tem convicções. Aceito tudo isso conscientemente. Alguém tem de se sacrificar para realizar os trabalhos assistencialistas, enquanto outros trabalham pela mudança das estruturas. Estou feliz de que meu irmão Dom Hélder diga as verdades que não tenho a possibilidade de dizer. Assim, de algum modo, nos completamos.[143]

Dom Helder percebeu a gafe e tentou consertar: "O senhor aceita... Isso é pobreza, aceitar ser julgado como um ingênuo, como alguém que se aburguesa, cego diante das injustiças... E o faz por uma opção deliberada..."[144] Beijou, então, a mão do visitante. Fulton permanecerá um dos grandes admiradores de Dom Helder, e ambos terão muitos encontros pela frente.

Com o trabalho de Dom Helder, as favelas passaram a ser vistas como uma chaga viva na cidade. No desenrolar dos trabalhos, o Dom percebeu que a Cruzada não resolveria o problema habitacional nas favelas, mas era preciso mudar a própria estrutura social. Afirmou que, mesmo assim, faria tudo de novo, apesar de sua evolução espiritual vivida no Vaticano II e em Medellín, pois, se a solução definitiva não era esta, também não era ficar parado. Talvez direcionasse mais sua obra para transformar as estruturas. O que mudaria, com certeza, era o nome anacrônico de "Cruzada".[145]

A repercussão da Cruzada de São Sebastião foi tanta que João XXIII, em uma das audiências privadas, resolveu "puxar a orelha" do Dom. O

---

[143] PILETTI–PRAXEDES, 248-249.

[144] PILETTI–PRAXEDES, 248-249.

[145] CASTRO, M. de. *Dom Helder: misticismo e santidade*, 123-126.

Papa inicou a conversa dizendo: "Estou sabendo que você se dedica aos pobres, das... como se chamam?... das favelas". Dom Helder, feliz com o assunto, começou a falar entusiasmadamente da Cruzada de São Sebastião, quando o Papa o interrompeu e lhe disse: "Logo se percebe que o senhor não conhece o Oriente Médio! Se o senhor conhecesse o Oriente Médio, jamais utilizaria o termo 'cruzada' para o seu trabalho de libertação dos pobres! Porque, apesar do que dizem muitas vezes os historiadores, essas malditas cruzadas abriram um fosso entre nós católicos e os muçulmanos muito difícil de ser superado..."[146] A partir de então, o próprio Dom Helder começou a dizer que, se começasse tudo de novo, com certeza não usaria mais o termo "Cruzada" porque "dá uma ideia de guerra, ainda que guerra santa". E ele se transformou em um apóstolo da paz – da santa paz.[147]

Como muitas pessoas cercavam Dom Helder no Palácio São Joaquim pedindo-lhe ajudas, alguns amigos pensaram em fundar algo mais organizado e eficiente. Nasceu assim, em outubro de 1959, uma instituição que recolherá donativos dos ricos e dos pobres, de instituições internacionais e do Estado para distribuir aos pobres. A obra recebeu o nome de Banco da Providência.[148] Mas o Banco não deveria apenas fazer "caridade" e, sim, "justiça". Por isso, não surgiu apenas como mais uma instituição para atender às necessidades dos empobrecidos, mas, fundamentalmente, como uma nova forma de criar relações entre todas as pessoas, de modo a gerar como consequência a construção de um mundo justo, solidário, fraterno. O Banco quebrou o paradigma tradicional das instituições assistenciais da década de 1950, pelo menos em quatro aspectos: 1) o trabalho era feito pela sociedade civil organizada; 2) o empresariado não devia apenas fazer doações, mas assumir a sua responsabilidade social; 3) o projeto devia ser autossustentável; e, 4) ser um celeiro de voluntariado ("pessoas que existem

---

[146] CAMARA, H. "A entrevista [proibida]". *Sedoc* 12 (1980) 716; PILETTI–PRAXEDES, 249-250. Segundo Cayuela, João XXIII estava bem informado do trabalho de Dom Helder e amava profundamente o "Bispo das favelas" (CAYUELA, J. *Hélder Câmara – Brasil: ¿un Vietnam católico?*, 163; CAMARA, H. *Le conversioni di un vescovo*, 163).

[147] CASTRO, M. de. *Dom Helder: misticismo e santidade*, 125.

[148] PILETTI–PRAXEDES, 250-251; CAYUELA, J. *Hélder Câmara – Brasil: ¿un Vietnam católico?*, 162-163. O Banco da Providência foi a primeira experiência brasileira de um banco popular (CONDINI, M. *Dom Helder Camara: um modelo de esperança*, 28).

para se doar aos outros", dirá Dom Helder posteriormente).[149] Para gerenciar o Banco, dispuseram-se Alceu Amoroso Lima, Heráclito Sobral Pinto, Celina Paulo Machado e os brigadeiros Ivan Carpenter Ferreira e Honório Koeler, o general Carlos Paiva Chaves, o embaixador Oswaldo Aranha, os ministros Cândido Mota e Lafaiete Andrade, o ex-ministro e banqueiro Clemente Mariani, o desembargador Murta Ribeiro e ainda vários empresários e profissionais liberais.

Para não receber somente verbas dos ricos, o *slogan* do Banco era: "Ninguém é tão pobre que não tenha o que oferecer. Ninguém é tão rico que não precise de nada". Na mensagem de apelo, Dom Helder escreveu que as pessoas podiam ajudar com dinheiro, material de construção, bolsas de estudos, objetos novos e usados, roupas e calçados, uniformes e materiais escolares, serviços médicos e odontológicos, cadeiras, assistência jurídica etc. O sucesso foi imediato. Alguns amigos do Arcebispo Auxiliar, pertencentes à Marinha, tiveram de providenciar uma série de caminhões para recolher as doações. Os banqueiros do Rio de Janeiro o escolheram "o banqueiro do ano".

O Presidente Juscelino colocou vários agentes sociais a serviço do Banco da Providência, entre eles Nair Cruz, amiga de Dom Helder. Muitos empresários, políticos, embaixadores fizeram doações. O embaixador da Bélgica, por exemplo, fez uma visita ao Palácio São Joaquim onde funcionava o Banco da Providência para entregar 50 mil cruzeiros doados pela petrolífera Esso Brasileira. Festas para a elite eram organizadas no Hotel Copacabana Palace destinando os grandes lucros ao Banco. No mesmo local, foi feito um bazar com produtos de luxo, destinando os resultados financeiros para o Banco. Com o sucesso desse evento, outros semelhantes aconteceram no Yate Clube e no Clube Piraquê, tornando-se um bazar popular. De tanta gente que frequentava esses eventos, foi necessário realizá-los em área aberta nas proximidades da Lagoa Rodrigo de Freitas.[150] O bazar foi chamado, então, de "Feira da Providência". A primeira Feira aconteceu em 1961 e, em 1963, foi divulgada em rede nacional:

---

[149] NASCIMENTO, T. "A trajetória de 50 anos do Banco da Providência: Legado de Dom Helder Camara para a cidade do Rio de Janeiro" [acesso em 9-9-2010] 1-2.

[150] PILETTI–PRAXEDES, 252-253.

A Feira da Providência imaginada por Dom Helder Camara, na sua luta incansável em favor dos pobres, só não constituiu este ano sucesso mais extraordinário porque havia gente demais. Todos os Estados se fizeram representar com barracas em que os costumes e, principalmente, as comidas típicas deram um infalível motivo de atração. A multidão se comprimiu nos 16 mil metros quadrados do Yate Clube, desde as primeiras horas de sábado até as últimas de domingo. A basear-se no crescente sucesso da Feira da Providência de ano para ano, é possível que a realização da próxima venha a exigir o espaço da cidade inteira.[151]

Com as verbas, o Banco ajudou também na formação profissional em mecânica, agricultura, artesanato, culinária etc. Um dos principais centros de formação foi a Comunidade Emaús, concebida em 1959, durante uma visita do Abade Pierre ao Brasil. Mesmo depois que Dom Helder tornou-se Arcebispo de Olinda e Recife, o Banco da Providência continuou suas atividades, sendo gerenciado pelos amigos: "A Feira da Providência não é minha, [...] é da Providência. É de toda uma equipe admirável e, se ela continuou, foi porque encontrou da parte do Cardeal Câmara compreensão e apoio".[152] Dom Eugênio Sales, que sucedeu ao Cardeal Jaime Câmara, em 1970, deu continuidade, com empenho e sucesso, ao Banco e à Feira da Providência, fazendo sempre questão de dizer que se tratava de um trabalho criado por Dom Helder Camara.[153]

---

[151] GLOBONEW. "Nesse ano faz um século do nascimento de Dom Hélder Câmara" [acesso em 7-1-2010]; "Entrevista com Marina Araujo no programa RJTV" – Rede Globo [acesso em 3-1-2011].

[152] CAMARA, H. "Ser Cristiano hoy". *Pasquim*. In: RENEDO, B. T. de. *Hélder Câmara: proclamas a la Juventud*, 107.

[153] CONDINI, M. *Dom Helder Camara: um modelo de esperança*, 29-30. "A Feira da Providência realiza-se até hoje e acontece no Rio Centro, em Jacarepaguá, Rio de Janeiro. Essa feira atravessou o século XX e entrou no século XXI funcionando sempre como sustentação maior do Banco da Providência e da Comunidade de Emaús. Essa comunidade recupera moradores de ruas, dependentes químicos, alcoólatras; pessoas que perderam o sentido da vida, mas têm oportunidade da reiniciação por intermédio de algum tipo de trabalho, com casa, comida e orientação humana (CONDINI, M. *Dom Helder Camara: um modelo de esperança*, 30). Em Recife, Dom Helder também criará o Banco da Providência, que funcionará no próprio "Palácio" Episcopal.

4. "Quando a primavera irrompe só quem foi despojado vibra com o milagre da ressurreição"

4.1 "A Igreja não se atrela às situações de injustiças, mas se coloca ao lado das vítimas..."

Com a Cruzada de São Sebastião e com inumeráveis projetos financiados pelo Banco da Providência, Dom Helder colaborou para inaugurar uma nova e respeitosa forma de presença da Igreja Católica entre as pessoas marginalizadas, embora ainda marcada por um caráter bastante assistencialista. Assim, a vida de milhares de pessoas melhorou, diminuindo a pobreza e a miséria, sem, no entanto, combater suficientemente as causas das injustiças, como a concentração da propriedade privada e o uso das verbas públicas prioritariamente em benefício das classes média e alta.[154] Mas o Secretário da CNBB logo teve consciência desse limite e, por isso, começou a afirmar que, na *guerra* contra a injustiça, 80% dos esforços devem ser dedicados às mudanças estruturais e à promoção humana, mas 20% para socorrer os feridos, vítimas da *guerra*. Por isso, nesse período, Dom Helder desenvolveu um intenso trabalho na CNBB colocando em primeiro lugar a luta para transformar a sociedade, promovendo a justiça.[155]

O Secretário da CNBB, naquele tempo, tinha maiores atribuições que o Presidente e o Vice uma vez que a reunião da equipe dirigente acontecia apenas uma vez por ano. A presidência era mais um cargo honorífico, ao passo que cabia à secretaria executar as ações em nome da entidade.[156] Dom Helder também fora escolhido o responsável pela Comissão Nacional Católica de Imigração, criada por incentivo do Vaticano, com o objetivo de estudar e propor soluções ao problema das migrações. Nessa Comissão, a partir

---

[154] CAMARA, H. "Helder Camara – autocritica e utopia". In: CAMARA H.; SILVA, M.; FRAGOSO, A. B.; F. BETTO; LEBRET, G.; SILVA SOLAR, J.; FREIRE, P. *Complicità o resistenza? La Chiesa in America Latina*, 18-19.

[155] PILETTI–PRAXEDES, 253-255.

[156] PILETTI–PRAXEDES, 258-261. Por isso, nesse período, Dom Helder era, na prática, o principal guia do Episcopado brasileiro.

de 1954, poderá contar com a ajuda do Pe. Fernando Bastos de Ávila, que retornava de Lovania, Bélgica, depois de ter defendido tese sobre o assunto.

Entre as inumeráveis atividades do Secretário da CNBB estão as históricas conferências dos Bispos do Nordeste, em Campina Grande (1956) e Natal (1959). Para preparar os encontros, ele contou com o importante apoio de Dom José Távora, Dom Expedito Lopes, Dom Manuel Pereira da Costa e Dom Eugênio Sales, de técnicos laicos e do Banco Nacional de Desenvolvimento Econômico. Nas duas reuniões esteve presente o Presidente Juscelino para *celebrar* a colaboração entre Igreja e Estado. Houve empenho para conseguir verbas destinadas à infraestrutura: projetos habitacionais, incentivos para a agroindústria, centrais elétricas, modernização do porto de Recife... promovendo o desenvolvimento econômico e combatendo a miséria da região.

O Comunicado de Campina Grande afirmou que "a Igreja não se atrela às situações de injustiças, mas se coloca ao lado das vítimas das injustiças, para cooperar com estas, numa tarefa de recuperação e redenção". A *Operação Nordeste* será um dos objetivos do Presidente Juscelino que, para isso, criou, em 1959, a SUDENE,[157] sob a direção do economista Celso Furtado. A entidade visava à redenção do Nordeste, ou seja, banir as injustiças promovendo o desenvolvimento. Por isso, tocava no secular problema do latifúndio nordestino.[158] Dom Helder colocará sua mística, experiência, capacidade de articular lideranças e vontade política a serviço desse projeto de redenção das populações pobres e marginalizadas diante dos bens econômicos. Juscelino apreciava dizer que o trabalho realizado pelo Estado nasceu da inspiração caritativa da Igreja.

A "geração Dom Helder" ocupou postos importantes no Governo, e Juscelino percebia a influência e o apoio que o Secretário-geral da CNBB recebia na Igreja. Além disto, o Arcebispo Auxiliar possuía grande popularidade na Capital Federal. No Domingo de Ramos de 1958, por exemplo,

---

[157] PILETTI–PRAXEDES, 261-262. Foi a Igreja, mediante a liderança de Dom Helder, que articulou a criação da SUDENE (CAMARA, H. *Le conversioni di un vescovo*, 93-94).

[158] Em Pernambuco, os 9.400.000 hectares de terrenos plantados com cana-de-açúcar estavam nas mãos de 52 latifundiários (CALLADO, A. *Tempo de Arraes, padres e comunistas na revolução sem violência*, 172).

Dom Helder organizou a Tarde Sagrada, levando 150 mil pessoas ao Estádio Maracanã.[159] A multidão, com palmas, cantava *Hosana a Deus*. O evento foi divulgado por cadeias de rádios, jornais, revistas e a TV Tupi. Setecentas meninas representavam os Sete Pecados Capitais, e a multidão invocava a misericórdia divina. O Arcebispo disse: "Aproximem-se os que se sentirem pecadores, sedentos de vida nova, necessitados do perdão de Deus".

Juscelino até tentou fazer Dom Helder Ministro da Educação, mas este refutou veemente, dizendo ao Presidente que preferia continuar sendo o seu amigo e simples conselheiro, podendo dizer-lhe com sinceridade o que pensava, ao invés de ser um colaborador com o dever de obedecê-lo. Quando o PDS e o PTB, partidos que davam sustentação ao Governo no Congresso, lançaram, em 1959, a candidatura do general Teixeira Lott para a Presidência da República, Dom Helder chegou a ser sondado para vice.[160] Juscelino também tentou convencê-lo a ser candidato a Prefeito do Rio de Janeiro.[161] A não aceitação de cargos políticos subtraía as acusações de adversários de que o Arcebispo se preocupava demais com a política e com problemas sociais e pouco com a "dimensão religiosa" – acusações, aliás, que sempre lhe causavam muito desgosto.

Para a inauguração de Brasília, o Presidente Juscelino convidou João XXIII por intermédio de Dom Helder, mas em segredo, porque se o Papa refutasse o convite os adversários políticos poderiam ridicularizar.[162] O Presidente o encarregou de dizer oficialmente o seguinte: "O senhor presidente da República do Brasil me encarregou de dizer-lhe que, quando um filho se dispõe a inaugurar sua casa, a casa de seus sonhos, a casa de seu futuro, ainda que saiba que seu pai não poderá comparecer, o convida"; e que "o Brasil se sente na obrigação sagrada de convidar o seu pai". Dom Helder viajou a Roma, desviando a rota pelos Estados Unidos, chegando à Santa Sé com a

---

[159] PILETTI–PRAXEDES, 263.

[160] PILETTI–PRAXEDES, 263-264; CAMARA, H. "Prêmio Roma-Brasília, Cidade da Paz". In: CÂMARA, H. *Utopias peregrinas*, 121-122.

[161] CÂMARA, H. *Chi sono io?*, 93-94; ID. "Dom Helder Câmara racconta la sua vita". In: BOURGEON, R. *Il profeta del Terzo Mondo*, 238; ID. In: RENEDO, B. T. de. *Hélder Câmara: proclamas a la Juventud*, 23.

[162] PILETTI–PRAXEDES, 264-265.

ATIVIDADES PASTORAIS E DESENVOLVIMENTO ESPIRITUAL (1936-1964)

credencial de Embaixador Extraordinário do Itamaraty.[163] O próprio João XXIII abriu a porta e disse brincando: "Ah! Me disseram que eu ia receber um grande Arcebispo, mas foi um pequeno Arcebispo que veio...!". O Papa foi muito gentil e simpático durante a curta audiência.[164] Dom Helder então disse que estava para transmitir uma mensagem do Presidente que o havia emocionado muito. João XXIII ficou comovido e disse três vezes: "Tenho que ir ao Brasil, tenho que ir ao Brasil, tenho que ir ao Brasil... Desgraçadamente, não posso ir...". E não veio.[165] Coube ao Cardeal Carlos Carmelo de Vasconcelos Motta, acompanhado de Dom Helder Camara, representar a Igreja Católica na inauguração oficial de Brasília, no dia 21 de abril de 1960, e invocar, durante a Missa, a proteção de Deus para aquela cidade.

4.2 "Só eu sei o quanto me pareço com Anísio"

Na década de 1950, o Governador de São Paulo, Jânio Quadros (1955-1958), ganhava popularidade por moralizar a administração pública, combater a corrupção e ser empreendedor. Lançando-se candidato à Presidência da República, queria que o seu vice fosse Dom Helder, mas este não aceitou, dizendo que era um "homem de Igreja", sempre disposto a servir ao povo, mas aquilo que poderia fazer como Bispo nunca realizaria se aceitasse entrar em uma ótica de partido.[166]

No dia 3 de outubro de 1960, Jânio Quadros foi eleito Presidente pela coligação UDN, PTN e PDC para o mandato 1961-1966, com a maior votação até então obtida no Brasil, embora não tenha elegido o seu vice, Milton Campos; foi eleito João Goulart, do PTB. O Presidente Jânio recebeu Dom Helder e Dom Távora em Brasília e apoiou oficialmente o MEB, projeto da CNBB. Além disso, em abril de 1961, nomeou o Arcebispo para

---

[163] CAMARA, H. In: RENEDO, B. T. de. *Hélder Câmara: proclamas a la Juventud*, 26.

[164] O Papa João XXIII chamou Dom Helder de pequeno Arcebispo porque, de fato, sua altura era de 1,60m, pesava 60 quilos e tinha um "apetite de passarinho" (BROUCKER, J. de. *Helder Camara: la violenza di un pacifico*, 35).

[165] CAMARA, H. *Le conversioni di un vescovo*, 170-171. O convite dirigido ao Papa era muito ousado, uma vez que não era comum o Sucessor de Pedro sair do Vaticano.

[166] CÂMARA, H. *Chi sono io?*, 93.

a Comissão de Notáveis que estudaria a reforma agrária no país e definiria o Estatuto da Terra.

Mesmo se declarando anticomunista, no dia 19 de agosto de 1961, Jânio condecorou, com a Grã Cruz da Ordem Nacional do Cruzeiro, o Ministro cubano Ernesto Che Guevara, por ter atendido ao apelo de libertar 20 sacerdotes presos em Cuba, que estavam condenados ao fuzilamento, exilando-os para a Espanha. Jânio havia feito o pedido a Che Guevara por solicitação do Núncio Dom Lombardi (Vaticano). O anúncio da condecoração teve péssimas repercussões e houve uma insubordinação da oficialidade do Batalhão de Guarda, que se recusava a formar tropas defronte ao Palácio do Planalto para a execução dos hinos nacionais dos dois países. Poucas horas antes do evento, os superiores conseguiram convencer a Guarda. A oposição aproveitou-se desse mero ato de cortesia para difamar o Presidente, apresentando-o como apoiador da ditadura de Castro.[167] Enquanto Afonso Arinos discursava no Congresso tentando tranquilizar a opinião pública sobre a nova política externa, Carlos Lacerda, Roberto Marinho, Júlio de Mesquita Filho e Dom Jaime Câmara apoiavam os adversários. Não tardou para sair o comentário de que Jânio estava levando o Brasil ao comunismo, embora, na verdade, ele reprimisse movimentos esquerdistas.

Com todo o Brasil, Dom Helder surpreendeu-se quando, no dia 25 de agosto de 1961, Jânio anunciou sua renúncia, depois de apenas sete meses no Governo. Logo em seguida, o Arcebispo Auxiliar foi informado de que os Ministros militares Odylo Dennys, Sylvio Heck e Gabriel Grun Moss, com o apoio do deputado Ranieri Mazzili, que assumira a Presidência *ad interim* (pois o vice-Presidente estava na China), arquitetavam um golpe político para que João Goulart não se tornasse o Chefe de Governo. O grupo já tinha conseguido apoios, inclusive do ex-Presidente Juscelino. Estes foram procurar Dom Helder para saber como a Igreja reagiria diante do

---

[167] A verdade é que o Brasil estava buscando uma política externa independente, sob a direção de pessoas capacitadas como Santiago Dantas. O Governo havia, por isso, estabelecido relações com URSS e a China; nomeou o primeiro embaixador negro da história do Brasil; defendeu a autodeterminação dos povos e condenou o isolamento de Cuba pelos Estados Unidos; criou as primeiras reservas indígenas e o Parque Nacional do Xingu; enviou ao Congresso projetos de lei antitrustes, de regulamentação de lucros e *royalties* e de reforma agrária.

ATIVIDADES PASTORAIS E DESENVOLVIMENTO ESPIRITUAL (1936-1964)

possível golpe.[168] Armando Falcão e Juscelino expuseram o plano. O Arcebispo ouviu em silêncio e, quando concluíram, disse: "Absurdo! Isso é um movimento de cúpula, sem base! A Constituição tem de ser respeitada! O Jango é o novo Presidente e os ministros militares vão ficar falando sozinhos". No final do encontro, Juscelino concluiu que havia "perdido Dom Helder" e desabafou: "É, está tudo perdido. Nosso Dom Hélder está comunizado". Naquele momento, os golpistas não conseguiram o apoio necessário para chegar ao poder, mas criaram dificuldades.[169]

O Presidente João Goulart empenhou-se na luta contra o analfabetismo, incentivando o MEB, que desenvolvia, além da simples alfabetização, também a "conscientização", e apoiando Paulo Freire, que, em 1963, elaborou seu método de alfabetização e, com sua equipe, viu adultos lendo e escrevendo em 40 horas de estudos.[170] Segundo Dom Helder, João Goulart era um rico, um burguês, mas tinha certa sensibilidade pelos problemas do povo. Falava abertamente em reformas.[171]

Na posição de representante oficial da Igreja Católica no Governo, Dom Helder precisou agir de modo paradoxal. Por um lado, defendeu de modo conservador a defesa dos interesses corporativistas da Igreja – o ensino privado e elitista nas escolas confessionais – e, por outro, apoiou o MEB, ligado à CNBB e financiado pelo Governo Federal.[172] O próprio

---

[168] PILETTI–PRAXEDES, 272-273.

[169] Os ministros militares se opuseram à posse do estancieiro gaúcho João Goulart porque viam nele uma ameaça ao futuro do país. Alegavam que Jango tinha vínculos com o PCB e PSB. O Governador do Rio Grande do Sul, Leonel Brizola, iniciou, então, a Campanha da Legalidade, mobilizando o Estado em defesa da posse de Jango. Brizola logo recebeu apoio dos Governadores de Goiás e do Paraná. No Congresso Nacional, também havia parlamentares contrários à posse. Para sair da crise, o Congresso resolveu adotar o parlamentarismo, ou seja, o Presidente tomaria posse cumprindo a ordem constitucional, mas o seu poder seria deslocado para o Primeiro Ministro. No dia 7 de Setembro de 1961, João Goulart assumiu como Presidente e Tancredo Neves, do PSD, como o Primeiro Ministro. Em 1962, após um plebiscito, foi decidido que, a partir de janeiro de 1963, o Brasil voltaria ao regime presidencialista.

[170] CAYUELA, J. Hélder Câmara – Brasil: ¿un Vietnam católico?, 34-35. Em Angicos, um grupo de trabalhadores da construção civil fez o curso de Paulo Freire e, alfabetizado, leram a lei do salário mínimo. Indignados porque seus patrões não pagavam o mínimo estabelecido pela lei, resolveram fazer uma greve. Quando aconteceu o golpe militar de 1964, um dos primeiros detidos foi Paulo Freire.

[171] BROUCKER, J. de. Helder Camara: la violenza di un pacifico, 80-81.

[172] PILETTI–PRAXEDES, 270-271.

Dom Helder reconheceu que, depois do integralismo, viveu este segundo grande equívoco, durante o tempo em que foi Secretário-geral da CNBB (1952-1964).[173]

Uma das maiores conquistas da Igreja, nesse período, após momentos tensos, foi a aprovação da LDB no dia 20 de dezembro de 1961, graças às articulações de Dom Helder com os deputados Armando Falcão e Santiago Dantas. Eles elaboraram um projeto mais moderado do que aquele de Carlos Lacerda e Dom Jaime e, dessa forma, conseguiram garantir os interesses católicos, a saber, a equivalência de diplomas entre as escolas públicas e privadas, a educação religiosa como componente do currículo das escolas públicas, o direito de as escolas privadas receberem subvenções públicas e a presença da Igreja Católica no corpo decisório do Ministério da Educação.[174] Depois da aprovação na Câmara, a LDB foi assinada pelo Presidente João Goulart, em 20 de dezembro de 1961. A partir de então, Dom Helder fez parte do corpo de decisões do Ministério da Educação (1962-1964) sendo, no entanto, Alceu Amoroso Lima o representante mais ativo. O Arcebispo Auxiliar tinha se tornado o representante "ilustre" da Igreja Católica.

Um momento significativo – tanto para Dom Helder quanto para Anísio Teixeira – ocorreu em uma solene reunião do Ministério da Educação e Cultura, em 1963, durante o Governo do Presidente João Goulart. Naquele momento, o Secretário da CNBB evidenciou que não estava de acordo com a atitude apologética da ala conservadora do Episcopado, mas preferia a via do diálogo... Seria assinado o Plano Nacional de Educação 1963-1970. A sala estava cheia de senadores, deputados, diretores, funcionários, escritores e jornalistas. O plano fora obra de Anísio Teixeira. Como Anísio era considerado homem de esquerda, havia tido muitas solicitações para que ele fosse afastado da direção do Instituto Nacional de Estudos e Pesquisas. As petições mais fortes vinham da ala conservadora da Igreja Católica. Durante a cerimônia, Dom Helder pediu a palavra, elogiou o plano, apoiou com calor e franqueza Anísio Teixeira. Este, surpreso, escutou com emoção e seus olhos umedecidos revelaram felicidade.[175] Ao lado de Anísio,

---

[173] CASTRO, M. de. *Dom Helder: misticismo e santidade*, 109.

[174] PILETTI–PRAXEDES, 267-269.

[175] PILETTI–PRAXEDES, 269-270; CASTRO, M. de. *Dom Helder: misticismo e santidade*, 107-108.

o escritor Josué Montello contemplou a cena e, ao cumprimentar Dom Helder, lhe disse: "Sou testemunha da emoção de Anísio com o seu discurso". E o Secretário da CNBB lhe sussurrou: "Só eu sei o quanto me pareço com Anísio".[176]

No livro *Le conversioni di un vescovo*, ao falar disso, Dom Helder confessou que também na área da educação passou de uma visão míope para outra mais larga e profunda. Como técnico da educação, deveria conferir se os projetos cumpriam as exigências requeridas. Se do Piauí, por exemplo, chegasse um projeto para criar uma faculdade, deveria reunir o Conselho Superior de Instrução a fim de que examinasse se estava tudo em ordem (instalações, programas etc.) e dar um parecer positivo ou apontar o que faltava para uma futura aprovação. Para essa função, recebeu o pomposo título de Técnico em Educação.[177] Mas "felizmente, o Senhor, com paciência, estava preparando o caminho. Foi naquele mesmo período que mergulhei nas favelas do Rio de Janeiro e encontrei a miséria. E, nas reuniões com os Bispos da Amazônia, do Nordeste, do Centro-Oeste, descobri que nos problemas de educação havia outras dimensões, muito mais profundas".[178] Gradativamente, com outros padres, questionava-se: a maioria das escolas de ensino superior era privada, e destas a maioria católica: o que a Igreja havia feito com os filhos dos ricos que frequentavam as universidades católicas? Que educação foi dada? Foram colocados em contato com os grandes problemas sociais, os grandes problemas de justiça? É verdade que as universidades católicas eram bravas em transmitir o humanismo greco-latino; mas aquele era o verdadeiro humanismo? Seguidamente esquecia-se de que "para formar humanos, desenvolver o espírito humano, é preciso ampliar a visão, alargar o coração, vencer o egoísmo. Mas a imersão nas favelas, o encontro com a dura miséria, o estudo dos problemas sociais do povo da América Latina nos fez descobrir as exigências de uma verdadeira educação".[179]

---

[176] PILETTI–PRAXEDES, 270.

[177] CAMARA, H. *Le conversioni di un vescovo*, 99-100.

[178] CAMARA, H. *Le conversioni di un vescovo*, 101.

[179] CAMARA, H. *Le conversioni di un vescovo*, 102.

4.3 "Somos solícitos no combate ao comunismo, mas nem sempre assumimos a mesma atitude diante do capitalismo liberal"

Dom Helder meditava em seu coração a experiência realizada junto aos pobres, aos favelados. Questionando-se sobre o passado e o presente da Igreja no Brasil e na América Latina, foi tomando consciência de que a Igreja quase sempre havia colaborado para manter a "ordem", que era, na verdade, a opressão dos pobres pelos ricos. Para evitar mudanças profundas, usou e até abusou da prudência, sendo muito mais "freio" que "acelerador". A generosidade dos ricos e as ajudas dos Governos para as escolas e obras sociais, quando não para o culto, haviam se convertido numa tentação que interferia nos seus juízos e na sua linha de conduta.

Estudando os Documentos Sociais da Igreja, notava que estes eram empenhativos e audazes, mas os católicos não eram capazes de praticá-los. Os "bons" ricos aplaudiam os Documentos, mas não aceitavam que fossem praticados. Aceitavam, sim, que a Igreja pedisse muita paciência aos pobres e caridade aos ricos, mas pouca justiça a ambos.[180] Dom Helder não estava sozinho nessas reflexões: com outros membros do Episcopado e do Presbiterato foi chegando à conclusão de que era preciso ir além da pregação da caridade e da oferta de alguns pãezinhos. Foi nessa perspectiva que, em 1960, nasceu o MEB, com o objetivo de conscientizar as massas.[181]

O MEB originou-se de uma iniciativa do Secretariado da Ação Social da CNBB. O Secretário da Ação Social, Dom Eugênio Sales, organizou, com a ajuda de Marina Bandeira – que trabalhava no Palácio São Joaquim – e das rádios católicas, um programa para promover a educação de base.[182] Dom José Távora, agora Arcebispo de Aracaju, vendo a experiência positiva, propôs à CNBB a criação de um novo organismo que se preocupasse com a educação de base. No dia 11 de novembro de 1961, Dom José e Dom Helder foram a Brasília falar com o novo Presidente Jânio Quadros e

---

[180] GONZÁLEZ, J. *Helder Câmara: il grido dei poveri*, 84-87.

[181] GONZÁLEZ, J. *Helder Câmara: il grido dei poveri*, 87-89.

[182] A experiência inspirava-se naquela realizada por Abate Salcedo, através da Rádio Sutatenza, na Colômbia (CAYUELA, J. *Hélder Câmara – Brasil: ¿un Vietnam católico?*, 146).

ATIVIDADES PASTORAIS E DESENVOLVIMENTO ESPIRITUAL (1936-1964)

conseguiram o apoio oficial do Ministério da Educação ao MEB. O primeiro diretor do Movimento foi Dom Távora, tendo como colaboradores Dom Eugênio e Dom Helder, entre outros.

O MEB partia da alfabetização por meio de programas de rádio e buscava abrir os olhos do povo para os Direitos Humanos, os abusos perpetrados às pessoas e indicava os meios para se obter a justiça. Seus adeptos sabiam que a sua missão não era somente alfabetizar o trabalhador rural, mas oferecer uma educação integral que desenvolvesse a consciência política, social e religiosa dos participantes, valorizando o saber dos adultos – o código oral e a cultura popular. O método do MEB ajudava os participantes a interpretar a sua condição de vida como resultado de injustiças existentes na estrutura da sociedade brasileira. O passo seguinte era lutar para transformar a sociedade por meio de ações comunitárias dos trabalhadores.[183]

Nessa mesma perspectiva empenhativa, em 1962 a Igreja, no Brasil, lançou o Plano de Emergência coordenado pelo Secretário da CNBB, Dom Helder, tendo a participação de Dom Eugênio Sales, que trazia a experiência do Movimento de Natal, de Dom José Távora, Presidente do MEB, e de Dom Fernando Gomes, conhecedor dos problemas agrários do país.[184] O Plano de Emergência era uma resposta aos apelos do Papa João XXIII, que, a partir da terceira reunião do CELAM, em novembro de 1958, incentivou a Igreja Católica na América Latina a programar a própria ação pastoral, a fim de responder mais adequadamente aos desafios do tempo. No Plano de Emergência, os Bispos pronunciam-se contra as condições de miséria a que o capitalismo reduzia milhões de seres humanos no Brasil e se faziam uma autocrítica: "Somos solícitos no combate ao comunismo, mas nem sempre assumimos a mesma atitude diante do capitalismo liberal. Sabemos ver a ditadura do Estado marxista, mas nem sempre sentimos a ditadura esmagadora do econômico e do egoísmo nas estruturas atuais que esterilizam nossos esforços de cristianização".[185]

---

[183] PILETTI–PRAXEDES, 271-272; CONDINI, M. *Dom Helder Camara: um modelo de esperança*, 128-132. Em 1963, o Movimento abraçava 12 estados do Brasil: 7.500 professores conscientizando 180 mil estudantes em 7.353 aulas (BROUCKER, J. de. *Helder Camara: la violenza di un pacifico*, 71).

[184] PILETTI–PRAXEDES, 274-275.

[185] CNBB, *Plano de Emergência para a Igreja do Brasil*, 10. O Plano de Emergência foi muito

Essa postura empenhativa foi vista como perigosa por latifundiários, coronéis e conservadores. Por isso, logo espalharam a ideia de que o MEB suscitava e fomentava o espírito revolucionário nas massas. O slogan *Viver é lutar* foi taxado de comunista e, segundo os opositores, na cartilha do MEB até o Pai Eterno fazia propaganda comunista. Certamente, o objetivo de tais acusações conservadoras era ferir as pessoas e os projetos mais arrojados[186] que visavam ao respeito aos Direitos Humanos e à reforma agrária.

Em fevereiro de 1964, a polícia prendeu na tipografia, por ordem do Governador Carlos Lacerda, três mil cartilhas alegando que ensinavam a subversão. O Presidente do MEB Dom José Távora, o vice Pe. Hilário Pandolfo e a secretária Marina Bandeira foram tratados como criminosos. No entanto, outras 47 mil cartilhas já haviam partido para as respectivas destinações. O gesto provocou uma tempestade de opiniões: alguns acusaram a polícia e Lacerda de "intolerância e arbítrio" e outros aplaudiram o Governador que desmascarava a "armadilha psicológica" dos Bispos. O *Globo* e a *Tribuna da Imprensa* (ligada a Lacerda) acusaram o MEB de "comunismo". A maioria da imprensa, no entanto, apoiou Dom Távora. Lacerda, no entanto, disse com orgulho que contava com a aprovação do Cardeal Câmara.[187]

Essa iniciativa da CNBB fortaleceu a nova visão acerca da ação dos cristãos na sociedade brasileira. Os leigos levantaram novas questões teórico-teológicas que serão aprofundadas nos anos seguintes. O Secretário-geral da CNBB era favorável ao MEB porque acreditava na necessidade

---

influenciado pela postura de João XXIII. O Papa fora audaz em convocar o Concílio Vaticano II e em escrever a Encíclica *Mater et Magistra* – e depois a *Pacem in Terris* –, indicando que os católicos deveriam trabalhar pela solução dos problemas dos países subdesenvolvidos e pelas melhorias de vida das comunidades rurais. Dom Helder e a Comissão Central da CNBB compreenderam que o Papa "exigia justiça" e apoiava a "conscientização". Por isso, tornava-se ainda mais importante sustentar o MEB e a ACB.

[186] O MEB era acusado de promover a subversão: "Aliás, era mesmo o seu objetivo subverter aquela ordem secular de subserviência, fatalismo e marginalização social" (FERRARINI, S. A. *A imprensa e o arcebispo Vermelho: 1964-1984*, 226).

[187] CAYUELA, J. *Hélder Câmara – Brasil: ¿un Vietnam católico?* 147. Poucos dias depois, os militares golpistas também se sentiram respaldados no Cardeal para atacar duramente o MEB, terminando, praticamente, com o esforço alfabetizador mais profícuo lançado pelo clero brasileiro. Calcula-se que mais de 400 mil pessoas aprenderam a ler e escrever via MEB. Estas poderiam ser eleitoras, uma vez que analfabetos não votavam. O Cardeal Câmara não se pronunciou sobre a afirmação de Lacerda.

de conscientizar os pobres, abrindo-lhes os olhos sobre a sua dignidade e direitos:

> O MEB colocava as pessoas em pé, abria os olhos, desenvolvia a consciência. Seria triste que, devido aos nossos pecados por omissão, as criaturas humanas tivessem a impressão de que foram abandonadas pela Igreja, porque esta estava ligada aos poderosos e era cúmplice dos ricos que cobrem as suas injustiças tremendas com as ofertas generosas para o culto e as obras sociais cristãs.[188]

4.4 "As árvores que jamais perdem o viço [...] olham, com uma ponta de inveja, as árvores que se desnudam de folhas..."

Entre o Cardeal Jaime e Dom Helder havia uma grande e velha amizade e, provavelmente, o Cardeal nunca se arrependeu de ter indicado o "seu parente" ao Episcopado.[189] No Congresso Eucarístico, por exemplo, o Cardeal recebeu muitos elogios de Arcebispos, Cardeais e outras autoridades civis e eclesiásticas pelo triunfal evento. De fato, as grandes obras de seu Governo Pastoral (1942-1971) foram conduzidas por Helder Camara e, depois da transferência deste para Recife (1964), não há nada que mereça destaque.

Por sua vez, Dom Jaime escolheu o Pe. Helder para coordenar a ACB em 1946 e para ser o seu Bispo Auxiliar em 1952, promovendo-o a Arcebispo Auxiliar em 1955. Além disso, sem o aval do Cardeal Jaime, Helder não teria organizado o Ano Santo, a fundação da CNBB e do CELAM, a preparação do Congresso Eucarístico Internacional, a Cruzada de São Sebastião e o Banco e a Feira da Providência. O Cardeal lhe permitiu desenvolver seus dotes de grande líder espiritual. Ainda preocupava-se com a saúde de seu Auxiliar e exigia que se alimentasse melhor, fazia chás quando ele estava

---

[188] CAMARA, H. "Per una visione cristiana dello sviluppo". In: CÂMARA, H. *Terzo Mondo defraudato*, 17-18.

[189] CASTRO, M. de. *Dom Helder: misticismo e santidade*, 79; RENEDO, B. T. de. *Hélder Câmara: proclamas a la Juventud*, 17; GONZÁLEZ, J. *Helder Câmara: il grido dei poveri*, 79.

engripado e gostava de "bater papo" partilhando suas ideias. Ao perceber que o *Bispinho* estava se tornando mais popular do que ele, não ficou insatisfeito, mas, ao contrário, o apoiava e encorajava dizendo: "Vai, vai! O pessoal todo gosta de você!". Quando Dom Helder escreveu o livro, ainda inédito, sobre a presença de Deus, Dom Jaime com prazer o prefaciou.[190]

Por mais de dez anos, a relação entre os dois foi excelente. As diferenças não os separavam, mas os uniam ainda mais, até que, em 19 de julho de 1960,[191] Dia de São Vicente de Paulo, começaram a separar.[192] A Missa foi presidida pelo Cardeal, e a Dom Helder coube falar do Santo. Era uma celebração muito solene em uma das maiores igrejas do Rio de Janeiro, que estava lotada. Dom Helder começou dizendo que o mais importante não era recordar aquilo que São Vicente havia feito, até porque todos já sabiam. Continuou afirmando que o Santo nem precisa de nossos elogios, pois não acrescentariam nada à sua glória. Em seguida, afirmou que a melhor maneira de honrar Vicente de Paulo era se perguntar o que ele faria se estivesse vivendo entre nós. Ao seu tempo, Vicente fez o que lhe ditava a sua consciência e seu amor aos pobres, "mas estou convicto, se vivesse hoje, o apóstolo da caridade buscaria fazer a justiça".[193] Dom Jaime passou a ter certeza de que seu Auxiliar havia deixado para o segundo plano a batalha contra o comunismo ateu, e estava colocando os seus talentos em prol da

---

[190] RENEDO, B. T. de. *Hélder Câmara: proclamas a la Juventud*, 17. Dom Helder nunca quis publicar esse livro. Ele só o havia apresentado ao Cardeal para partilhar ideias sobre a presença de Deus no mundo, mas Dom Jaime quase que o obrigou a publicar, entregando-lhe o prefácio da futura obra. Mais tarde, Dom Helder dirá que, depois da sua morte, esse livro poderia ser publicado (CÂMARA, H. *Chi sono io?*, 34).

[191] Há dúvidas sobre o ano exato. Ferrarini registra "1960" (FERRARINI, S. A. *A imprensa e o arcebispo Vermelho: 1964-1984*, 143). Todos os autores consultados, no entanto, destacam que o fato se deu no Dia de São Vicente de Paulo.

[192] Weigner localizará o início da separação, no entanto, quando Dom Helder resolveu aceitar o desafio lançado pelo Cardeal Gerlier (WEIGNER, G. *Helder Câmara: la voce del mondo senza voce*, 43-44). Pode-se dizer que esta localização é correta, mas ainda não era objetivada. De fato, o próprio Dom Helder dirá que as palavras de Gerlier serviram de eco decisivo perante o Cardeal Câmara.

[193] GONZÁLEZ, J. *Helder Câmara: il grido dei poveri*, 94; CÂMARA, H. *Chi sono io?*, 34-35; ID. "Dom Helder Câmara racconta la sua vita". In: BOURGEON, R. *Il profeta del Terzo Mondo*, 239; PILETTI-PRAXEDES, 288; BROUCKER, J. de. *Helder Camara: la violenza di un pacifico*, 26-27; CAYUELA, J. *Hélder Câmara – Brasil: ¿un Vietnam católico?*, 165-166.

luta contra as injustiças sociais. Teve a sensação de que as estradas dos dois nunca mais se encontrariam.

No entender do Cardeal, a missão da Igreja era cristianizar a sociedade de maneira que o Governo, as organizações sociais e as pessoas se orientassem pelo catolicismo. A transformação social não era missão eclesial, embora a luta contra o comunismo o levasse a apoiar as reformas de base. Um dos primeiros sinais da tensão foi a transferência de Dom José Távora para Aracaju em julho de 1960. O "Eu" era uma espécie de *alter ego* espiritual e político de Dom Helder. Nem a amizade com Dom Armando Lombardi e a influência da CNBB conseguiram evitar a transferência para a distante Aracaju. Naquela ocasião, o próprio Helder pensou que seus dias no Rio de Janeiro estavam contados.

Já em 1962, o Cardeal escolheu para ser seu Bispo Auxiliar Dom Cândido Padim, monge beneditino, nomeando-o guia da ACB, em substituição a Dom Helder. Dom Padim se tornará, no entanto, um dos Bispos mais progressistas do Brasil. Entre o Primeiro e o Segundo Período do Vaticano II, os Bispos norte-americanos mimeografaram um texto de Dom Helder e um deles deu uma cópia ao *New York Times*, que publicou um capítulo sobre a pobreza. O Cardeal Spelmann, por engano, atribuiu o texto ao Cardeal Câmara. Dom Jaime ficou irritado com esse episódio e buscava separar-se de Dom Helder.[194] Em 1963, durante o Segundo Período do Concílio, Dom Helder foi surpreendido com a notícia de que a Secretaria de Estado do Vaticano havia recebido um dossiê que o denunciava como comunista, mas na ocasião isso não o preocupou, porque mantinha boas relações com o Núncio, o Cardeal Suenens e o próprio Papa Paulo VI.[195]

O conflito entre o Cardeal Jaime e Dom Helder, no entanto, vem à tona por ocasião da apreensão da cartilha *Viver é lutar*, por determinação do Governador Carlos Lacerda, em fevereiro de 1964. A imprensa fez disso um espetáculo jogando com as oposições entre políticos e eclesiásticos, colocando-os a favor de Lacerda ou de Dom Távora. Termos como

---

[194] Provavelmente, o episódio aumentou o desejo do Cardeal de separar-se de Dom Helder, embora publicamente sempre tenha negado isso.

[195] PILETTI–PRAXEDES, 289.

"subversivos", "comunistas", "bispos vermelhos" foram muito usados.[196] Dom José Távora argumentava que as propostas do MEB não se fundamentavam no comunismo, mas nos documentos pontifícios, de Leão XIII a Paulo VI, os quais defendem a vida justa para as populações humanas. Dom Jaime, por sua vez, afirmou que não tinha nada a ver com o silabário do MEB nem com o que se fazia no primeiro andar do Palácio São Joaquim – sede do Movimento e escritório de Dom Helder. Lacerda, no entanto, divulgou a notícia de que Dom Jaime teria aprovado o seu gesto. O coronel Gustavo Borges, ligado ao Governador, disse que *Viver é lutar* foi feito no Palácio São Joaquim por Bispos cor-de-rosa que cercavam Dom Helder e sem o menor consentimento do Cardeal. Dom Jaime não discordou publicamente dessa versão.[197]

Diante do conflito em torno do apoio ou não ao MEB, o Cardeal chamou Dom Helder e lhe disse: "Filho, estou vendo que a única maneira de seguirmos bons amigos é nos separando. Temos de fazer como São Paulo e São Barnabé. Procuremos, cada um por seu lado, fazer o que seja possível. Teremos de nos separar".[198] Mesmo sabendo da possível transferência desde a saída de Dom Távora, aquelas palavras tocaram-no profundamente. Deveria deixar a Arquidiocese, os amigos, os colaboradores que estiveram com ele desde 1936. Dom Helder agradeceu a franqueza do Cardeal e disse que uma das coisas que o oprimia era a falta de sinceridade entre os cristãos, sacerdotes e até Bispos: a coragem de dizer diretamente é algo admirável. Agradeceu e lhe deu todo o direito de falar ao Papa. Afirmou que estava disposto a ir para qualquer diocese, sem criar obstáculos.

Dom Lombardi procurava o melhor lugar possível para Dom Helder. Pensou em nomeá-lo Administrador Apostólico de São Salvador, Bahia, com direito à sucessão, o que lhe garantiria a púrpura cardinalícia. Mas Dom Álvaro da Silva, apesar de quarenta anos à testa da Arquidiocese, reagiu,

---

[196] GONZÁLEZ, J. *Helder Câmara: il grido dei poveri*, 90.

[197] GONZÁLEZ, J. *Helder Câmara: il grido dei poveri*, 99-91; NASCIMENTO, I. *Dom Távora: o bispo dos operários – um homem além de seu tempo*, 159-165. A fase final da elaboração da cartilha, na verdade, aconteceu em Aracaju e dela participaram assessores estaduais e nacionais do MEB (FILHO, J. L. C. *MEB 40 anos: crônicas*, 76).

[198] PILETTI–PRAXEDES, 290; CÂMARA, H. *Chi sono io?*, 34-35; ID. *Le conversioni di un vescovo*, 203; RENEDO, B. T. de. *Hélder Câmara: proclamas a la Juventud*, 17.

ATIVIDADES PASTORAIS E DESENVOLVIMENTO ESPIRITUAL (1936-1964)   133

dizendo que isso tornaria a sua função apenas honorífica.[199] Como estava demorando a transferência, para apressá-la o Cardeal Câmara enviou ao Vaticano um informe com denúncias do envolvimento político de seu Auxiliar.[200] O Núncio, então, comunicou a Dom Helder que Paulo VI não queria forçar a transferência para São Salvador e, no momento, havia só uma sede vacante, a pequena São Luís, Maranhão. Assim, o "grande" Secretário da CNBB seria nomeado para uma diocese distante dos centros de decisões políticas do país. Dom Helder aceitou.[201]

No final de fevereiro de 1964, antes de uma viagem a Roma para participar de reuniões das comissões preparatórias conciliares, Dom Helder foi visitar o Cardeal, adoentado, com distúrbios circulatórios, reumatismos e problemas nos rins. Com muita insistência, o Arcebispo Auxiliar conseguiu chegar até o Cardeal, depois de várias tentativas, porque os colaboradores de Dom Jaime não permitiam sua visita nem avisavam o Cardeal do seu pedido. Depois de falar sobre sua saúde, o Cardeal quis falar da transferência. Mas Dom Helder não quis conversar nem polemizar com o doente sobre esse assunto. O Cardeal comunicou-lhe – Dom Helder já sabia – que iria para São Luís. O Arcebispo Auxiliar acatou a decisão dizendo que estava disposto a ir para qualquer lugar. Houve um silêncio o qual foi cortado pelo Cardeal: "Também, nós já nos distanciamos tanto...". E Dom Helder: "Nos distanciamos, senhor?..."[202]

Em Roma, Dom Helder trabalhou bastante com o Cardeal Suenens e Dom Larraín. No sábado, 7 de março, às 13horas, saiu sua nomeação para São Luís. Mas, às 16h30min, Dom Lombardi enviou um telegrama ao

---

[199] CÂMARA, H. *Chi sono io?*, 35-36; ID. "Dom Helder Câmara racconta la sua vita". In: BOURGEON, R. *Il profeta del Terzo Mondo*, 239; RENEDO, B. T. de. *Hélder Câmara: proclamas a la Juventud*, 17-18.

[200] PILETTI–PRAXEDES, 291. Provavelmente esse e outro venenoso dossiê preparado pela TFP foram usados para impedir a transferência de Dom Helder para Salvador, Bahia, como Arcebispo Coadjutor de Dom Álvaro Silva (Circular 15 de 1/2-3-1964). Sobre outro dossiê, preparado por Plínio Corrêa de Oliveira e levado pessoalmente a Roma pelo Arcebispo de Diamantina, Dom Sigaud, no início de janeiro de 1964, temos notícia por uma carta do próprio fundador da TFP ao Arcebispo, datada de 11 de janeiro de 1964. A TFP difamava Dom Helder e a linha pastoral adotada pela CNBB.

[201] PILETTI–PRAXEDES, 290-291; CAMARA, H. "Dom Helder Câmara racconta la sua vita". In: BOURGEON, R. *Il profeta del Terzo Mondo*, 239-240.

[202] GONZÁLEZ, J. *Helder Câmara: il grido dei poveri*, 97-99.

Vaticano avisando da morte imprevista, após uma cirurgia, do Arcebispo de Olinda e Recife, Dom Carlos Coelho, 57 anos. Imediatamente, Dom Lombardi articulou com Paulo VI a transferência de Dom Helder para Recife, mas, por respeito ao prelado falecido – a pedido de Dom Helder –, o anúncio só saiu no dia 14 de março.[203] Na Vigília de 10 para 11 de março, o Pe. José escreveu um belo poema:

> Talvez seja engano
> As árvores
> que jamais perdem o viço
> que são perenemente verdes,
> olham,
> com uma ponta de inveja,
> as árvores
> que se desnudam de folhas
> e lembram esqueletos...
> Quando a primavera irrompe
> só quem foi despojado
> vibra
> com o milagre da ressurreição.[204]

4.5 " [...] quando uma criatura fica assim nas mãos de Deus opera maravilhas..."

Paulo VI, ao nomear Dom Helder para Recife, estava dando um claro sinal de que aprovava a linha de ação do Secretário da CNBB. O próprio Papa lhe disse isso, no dia 13 de março, ao recebê-lo, muito feliz e de braços abertos, em uma audiência privada.[205] Paulo VI agradeceu porque o amigo esquecia-se de si para adotar como seus os grandes problemas da Igreja;

---

[203] BROUCKER, J. de. *Helder Camara: la violenza di un pacifico*, 27-28; H. CÂMARA. *Chi sono io?*, 36-37; PILETTI–PRAXEDES, 292.

[204] Circular 13 de 11-3-1964.

[205] PILETTI–PRAXEDES, 293-294. Ao nomeá-lo para Recife, Paulo VI lhe deu a Arquidiocese mais importante do Nordeste e uma oportunidade de colocar em prática as concepções que o maduro sacerdote desenvolveu por mais de dez anos em contatos frequentes com Bispos do Terceiro Mundo. Lá poderia realizar a "Igreja servidora e pobre" com os colegas Bispos da região, que também eram engajados na luta contra a miséria (CAYUELA, J. *Hélder Câmara – Brasil: ¿un Vietnam católico?* 166-167).

ATIVIDADES PASTORAIS E DESENVOLVIMENTO ESPIRITUAL (1936-1964)   135

pelos trabalhos realizados no Rio de Janeiro – "ninguém me contou: vi com meus próprios olhos como e o que faz pelos pobres. Fiquei feliz vendo como os pobres o conhecem e o amam"; pela "nossa" Conferência; pelo coração largo e pela visão sobrenatural em suas ações durante o Vaticano II;[206] pela atitude perfeita no tocante à transferência. O Papa revelou conhecer por dentro todos os passos: Salvador, São Luís, Recife. E disse-lhe: "Sei que lhe custará muito arrancar-se do seu Rio e que aos seus colaboradores será também penosíssimo vê-lo partir. Quero que eles saibam que o Papa também sofreu. Mas tenham certeza de que tudo vai correr bem: quando uma criatura fica assim nas mãos de Deus opera maravilhas..."[207]

Dom Helder disse ao Papa que estava feliz sabendo que seu caso fora analisado pelo Vigário de Cristo e agradeceu pela nomeação.[208] Paulo VI o interrompeu para dizer: "Fique tranquilo. É evidente a mão de Deus sobre a sua cabeça. A Providência se tornou tangível".[209] Depois ainda conversaram sobre o Concílio e a situação social na América Latina. Dom Helder elogiou o Núncio Armando Lombardi dizendo que ele poderia ser a pessoa certa para a reforma da Cúria – ele e o Cardeal Suenens desejavam que Lombardi fosse nomeado para a Secretaria de Estado. O Papa, diplomaticamente, sorriu e recomendou: "Reze, reze...". Antes de Dom Helder se retirar, Paulo VI quis registrar esse momento com uma foto para guardar em seus arquivos pessoais: "Faço questão de assinalar com um retrato este encontro caríssimo". Carinhosamente, despediram-se.

Na tarde de sábado, dia 14 de março de 1964, a Rádio Vaticano anunciou a transferência de Dom Helder para a Arquidiocese de Olinda e Recife. Os estudantes do Pio Brasileiro foram correndo até a Domus Mariae: "Os seminaristas brasileiros acabam de irromper quarto adentro.

---

[206] No Vaticano II, o "homenzinho afável e sorridente, que surpreendia os observadores não precavidos, por sua simplicidade [era] um dos mais notáveis organizadores de todo o episcopado católico" (CORPORALE, R. *Vatican II: Last of the councils*. Apud BROUCKER, J. de. *As noites de um profeta: Dom Helder Câmara no Vaticano II*, 44). Dedicaremos o IV capítulo para refletir como Dom Helder agiu, ajudou e rezou no Vaticano II.

[207] Circular 15 de 14-3-1964.

[208] Circular 15 de 14-3-1964. Dom Helder dirá que, quando Paulo VI lhe confiou Recife, sentiu que toda a sua vida tinha sido uma grande preparação para a missão pastoral que desempenharia no Nordeste (RENEDO, B. T. de. *Hélder Câmara: proclamas a la Juventud*, 18).

[209] Circular 15 de 14-3-1964.

Cantaram, riram, conversaram, felicíssimos! Tiveram as primícias dos planos do *piccolo* Pastor e eu tive a sensação de defrontar-me, pela primeira vez, com meus seminaristas".[210] A felicidade dos seminaristas tinha seus motivos, pois eles não concordavam com o desejo de Dom Jaime de transferir Dom Helder para a pequena São Luís, mas aprovaram a decisão do Papa de nomeá-lo para Recife. Aquele lugar era um centro político do Nordeste, onde o sindicalismo rural, especialmente as Ligas Camponesas, estava em pleno vigor na luta pela reforma agrária. O próprio Governador, Miguel Arraes, era um grande defensor das reformas de base.

Apesar do conflito e da consequente dor, Dom Helder continuou sempre recordando que era muito amado pelo Cardeal Jaime, "um homem de Deus". Recordava que, na hora de recitar o "Creio", eram unânimes, porém nos posicionamentos sociais estavam cada vez mais distantes. É que as palavras do Cardeal Gerlier haviam encontrado um eco mais favorável em seu coração e serviram de apoio definitivo perante o Cardeal Câmara. De outro lado, Dom Jaime, da total confiança começou a olhá-lo com preocupação, pensando que seu Auxiliar iria perder a cabeça. Este, no entanto, o tranquilizava, dizendo-se comovido por tamanha proteção e por atitude tão paternal. Desse modo, enquanto o Cardeal continuava pensando que o maior problema do mundo era o comunismo, Dom Helder tinha certeza de que era a distância entre os países desenvolvidos e os subdesenvolvidos.[211] Dom Jaime falava da caridade para com os pobres, mas Dom Helder afirmava que, diante da situação estruturalmente injusta, a Igreja deveria propor mais a justiça que a caridade.

No dia 10 de abril, Dom Helder celebrou a Missa de despedida na Igreja São Sebastião e, diante dos amigos que vinham se despedir, mostrou-se feliz e otimista em relação à nova fase de sua vida e de seu apostolado. Mas, ao sair, sem querer, apoiou-se na parede e chorou... No dia seguinte, o Cardeal Câmara foi até a sua casa para depois levá-lo ao aeroporto. Lá, foi acolhido, com surpresa, por um grupo de habitantes das casas construídas pela Cruzada de São Sebastião, que cantaram com grande emoção

---

[210] Circular 16 de 14-3-1964.

[211] GONZÁLEZ, J. *Helder Câmara: il grido dei poveri*, 92-93.

ATIVIDADES PASTORAIS E DESENVOLVIMENTO ESPIRITUAL (1936-1964)

um sambinha composto para a ocasião: "Dom Hélder tem nossa gratidão, transformou em lindo apartamento, nosso humilde barracão. Pôs fim ao meu sofrimento, vai morar para sempre em meu coração. Agradecemos comovidos ao Senhor, por ter mandado um homem, de real valor. E tem também a nossa gratidão, o grande presidente da nação, salve o glorioso São Sebastião".[212] Também estavam presentes os parentes Nair, Elisa, Mardônio, Norma, Irmã Stefânia Maria, tia Nina. Na viagem para Recife, foi acompanhado por 24 colaboradores e amigos e pelo Governador de Pernambuco, Paulo Guerra, imposto pelo golpe militar de 31 de março de 1964.[213] Assim, a Providência levava Dom Helder para uma região-chave do Terceiro Mundo, no coração do subdesenvolvimento, onde Jesus Cristo, identificado com os oprimidos e injustiçados – com Zé, Antônio e Severino – clama por justiça.[214]

***

No Rio de Janeiro, Helder desenvolveu intensamente a sua espiritualidade: "A jovem mangueira nordestina se fizera árvore de raízes profundas, tronco reforçado e copa dando sombra para muitos...".[215] Em termos didáticos, podemos dividir o crescimento espiritual helderiano, desse período, em três fases: 1) 1936-1946: é o período em que abandonou o integralismo e buscou um novo estilo de santidade. O nazismo e o fascismo – que influenciaram o integralismo brasileiro – passaram a ser vistos como sinônimos de barbárie, totalitarismo, intolerância e maldade. Ao mesmo tempo, o padre cearense entrou em contanto com o Humanismo Integral de Jacques Maritain, que é contrário a todos os totalitarismos e defende um novo estilo de santidade: abdica o uso da força, da agressividade e da coação e adota as "forças" da paciência e do sofrimento voluntário, que são os meios do amor e da verdade. Essa passagem é marcada por uma forte experiência de Deus que o Pe. José realizava, especialmente durante a Vigília e a Santa Missa. Serviram de apoio a orientação espiritual do Pe. Franca, a troca

---

[212] Circular 1 de 11/12-4-1964; PILETTI–PRAXEDES, 301-302.

[213] Circular 1 de 11/12-4-1964.

[214] CAMARA, H. "Tomada de posse como Arcebispo de Olinda e Recife". In: CÂMARA, H. *Utopias peregrinas*, 22-23; B. T. de RENEDO. *Hélder Câmara: proclamas a la Juventud*, 19.

[215] Circular 1 de 11/12-4-1964.

de correspondência com Virgínia Côrtes Lacerda, os encontros do "Grupo Confiança", as boas amizades com intelectuais católicos e o exemplo revolucionário de São Francisco de Assis; 2) 1946-1955: é o período em que militou na ACB e fundou a CNBB. Através da AC especializada, o Pe. Helder entrou em contato, viveu e divulgou uma nova pedagogia de ação pastoral e uma nova proposta de espiritualidade, as quais analisavam a realidade social à luz do Evangelho e do Ensino Social da Igreja e buscavam soluções comunitárias que significassem vivência do Evangelho de Jesus Cristo. Com os jovens, ele percebeu a necessidade de criar uma Conferência Nacional de Bispos que fosse capaz de analisar os problemas sociais do Brasil e colaborar na criação de uma ordem social evangélica. A ideia recebeu aprovação de diversas personalidades eclesiásticas e se concretizou com a criação da CNBB. Nesse período, o Pe. Helder foi eleito Bispo e o "Eu" lhe deu o lema episcopal que traduz sua experiência espiritual: *In manus tuas*; 3) 1955-1964: é o período em que Dom Helder inicia o direcionamento de seus dons – de sua mística – a serviço dos pobres. Organizando o Congresso Eucarístico Internacional, ele tornou-se um líder do catolicismo de estatura nacional, e a Santa Sé contou com a sua capacidade para, juntamente com Dom Larraín, garantir o primeiro fruto do Congresso: o nascimento do CELAM. Mas é o "desafio do Cardeal Gerlier" que marcará o "momento da virada"... De fato, o talento desse Arcebispo não poderia ficar preso à realização de megaeventos religiosos. A partir de então, Dom Helder direcionará sua força mística a serviço da promoção da vida dos pobres. Através de Gerlier, Deus lhe enviou a "grande luz" e, por isso, iniciou a Cruzada de São Sebastião, o Banco e a Feira da Providência. Tornou-se o "São Vicente das Favelas". Como Secretário da CNBB, enfocou a urgência da justiça: impulsionou a Operação Nordeste, esteve na origem da SUDENE, promoveu o MEB e conduziu a elaboração do Plano de Emergência – o qual condenou a situação de miséria a que o capitalismo reduz milhões de pessoas e defendeu a conscientização, a justiça social e a reforma agrária. Conduzido pelas mãos do Senhor, viverá outra fase de sua vida no "coração do subdesenvolvimento". Como "bom pastor", sentirá compaixão daquele povo e fará tudo o que estiver ao seu alcance para conduzi-lo às verdes pastagens e às fontes de águas puras.

CAPÍTULO III

O início do pastoreio de Dom Helder em Recife

Dom Helder viveu a "terceira fase" de sua vida em Recife (1964-1999). Em sua *Mensagem de Chegada* esboçou a missão e a vocação que Deus lhe confiou e, logo em seguida, mergulhou na realidade: visitou os mocambos, as vilas e a zona canavieira. Sentiu compaixão do povo e organizou o Banco da Providência e a Operação Esperança. Transformou o Palácio em "Casa do Pai", que acolhe todos os filhos – especialmente as crianças e os pobres. Realizou as Noitadas do Solar São José reunindo jovens e intelectuais. Iniciou a reforma agrária nas terras da Igreja. Encaminhou a renovação conciliar na Arquidiocese. Quis que o Seminário preparasse padres com a mística necessária para colaborar na construção do novo Nordeste.[1]

1. "[...] me entreguei a Recife com a mesma lealdade, a mesma sinceridade e o mesmo amor com que me dei ao Rio..."

1.1 "Vamos ter ditadura militar no duro"

Além da mudança eclesiástica que se processava em sua vida com a transferência para Recife, Dom Helder tinha diante de seus olhos as mudanças políticas que se efetivavam, no Brasil, em março de 1964. No mesmo dia em que ele abraçava Paulo VI, 13 de março, o Presidente da República, João

---

[1] Nosso objetivo, neste capítulo, é mostrar como Dom Helder viveu a *espiritualidade do bom pastor*, que conhece suas ovelhas e doa-se para que elas tenham vida em abundância (cf. Jo 10,10). No entanto, focalizaremos o período que coincide com as Circulares Interconciliares, ou seja, de abril de 1964 a setembro de 1965.

Goulart, e seus sustentadores como Leonel Brizola e Miguel Arraes faziam um gigantesco comício na Central do Brasil, Rio de Janeiro, em favor das reformas de base.[2] Enquanto isso, clandestinamente, grupos contrários ao Governo arquitetavam um golpe militar. No dia 14 de março, os jornais publicaram duas notícias importantes: a nomeação de Dom Helder como Arcebispo de Olinda e Recife e o significativo comício do Presidente João Goulart, com a presença de 200 mil pessoas.

Como reação ao Comício da Central e às posturas do Presidente, a oposição começou a acusá-lo de não respeitar a ordem constitucional. Carlos Lacerda, governador da Guanabara, taxa-o de "subversivo". No dia 18 de março de 1964, os jornais alertavam para a crescente tensão entre favoráveis e contrários ao Presidente da República.[3] Os militares que já estavam tramando um golpe, no entanto, mais do que a Goulart, temiam a política do governador de Pernambuco, Miguel Arraes, que realizava, verdadeiramente, um governo democrático, valorizando a participação das Ligas Camponesas, dos Sindicatos Rurais e da ACB. Os militares, aliados dos coronéis, receavam o programa de alfabetização e conscientização campesina que o governador promovia no estado.[4]

A atuação de Arraes, de fato, chamava a atenção das esquerdas do país e tornava-o um forte candidato às eleições presidenciais de 1965. Mas duas sombras passaram por sua vida: os militares conservadores e João Goulart, que aspirava manter-se no cargo. Para atrapalhar a ascensão de Arraes, Goulart nomeou o general Justino Alves Bastos para o IV Exército

---

[2] Trata-se das *reformas: educacional* que visava combater o analfabetismo com a multiplicação das pioneiras experiências do método Paulo Freire e incluía uma reforma universitária com a obrigatoriedade de investir 15% da renda na área educacional; *tributária* que visava controlar os lucros das empresas multinacionais para o exterior a fim de que fossem reinvestidos no Brasil; *eleitoral* estendendo o voto aos analfabetos e militares de baixa patente; *agrária* com o objetivo de desapropriar os latifúndios com mais de 600 hectares e distribuir a terra (nesse momento, a população rural ainda era maior que a urbana); *urbana* estipulando que as pessoas que tivessem mais de uma casa, ficando com uma, poderiam doar ou vender a baixo preço as outras para o Estado.

[3] GONZÁLEZ, J. *Helder Câmara: il grido dei poveri*, 103-105.

[4] CAYUELA, J. *Hélder Câmara – Brasil: ¿un Vietnam católico?*, 99.

em Recife[5] e liberou dinheiro para os fazendeiros nordestinos pagarem os salários dos campesinos os quais exigiam a aplicação do Estatuto da Terra.[6]

O Comício da Central também evidenciou duas posturas no seio da Igreja Católica. O Cardeal Jaime Câmara demonstrou publicamente seu desacordo com o Governo, declarando-se contra o projeto de expropriação da propriedade privada para fins de reforma agrária. Justificou sua posição dizendo que a exigência da justiça não poderia tirar a terra dos proprietários para dar a quarenta milhões de analfabetos e que os que citavam a *Mater et Magistra* de João XXIII, para sustentar a tese da expropriação, deveriam antes fixar a atenção nos outros problemas aos quais o documento atribuía urgência prioritária.[7] No dia 19 de março, a ala conservadora da Igreja Católica, com o apoio de Dom Jaime, reuniu meio milhão de pessoas para protestar contra o Governo: era a *Marcha da Família com Deus pela Liberdade*. O Presidente da CNBB Cardeal Motta, o Núncio Apostólico Dom Armando Lombardi e o Secretário da CNBB Dom Helder Camara, entre outros, se opuseram à manifestação.

Diante da gravidade política e prevendo um golpe militar, Dom Helder telefonou, na manhã de 22 de março, para o Cardeal Motta convidando-o

---

5   Arraes, sabendo que suas relações com Castelo Branco não seriam cordiais, pediu confidencialmente que o Presidente transferisse o general do comando do IV Exército, sediado em Recife. Goulart o nomeia para a chefia do Estado Maior do Exército, no Rio de Janeiro. Em seu lugar colocou o perigoso general inimigo das esquerdas, Justino Alves Bastos, com ordens secretas de "ficar de olho em Arraes". A falta de lucidez de Goulart foi tão grande que preparou a sua própria queda: doze meses depois, Castelo Branco dirigirá o golpe que o derrubará da presidência, com total apoio de Bastos (CAYUELA, J. *Hélder Câmara – Brasil: ¿un Vietnam católico?*, 104-106).

6   Arraes havia nomeado o sacerdote Wanderlei Simões para colocar em prática o Estatuto da Terra, aprovado pelo Presidente da República em 1963. Mas os fazendeiros da cana-de-açúcar se negaram a pagar o salário mínimo, previsto pelo Estatuto, ao campesinato. Os agricultores, então, ocuparam 35 refinarias e decretaram a greve geral. Os fazendeiros recorreram aos capangas (à violência, à intimidação...). O governador, com o seu Secretário de Segurança Pública, general Humberto Freire, decretou a manutenção da ordem e não criminalizou os agricultores. Era a primeira vez que isso acontecia. Os coronéis do açúcar, então, foram protestar no Parlamento Nacional como meio de pressionar o governador a mudar de posição, mas Arraes manteve-se inflexível: os latifundiários deveriam pagar o mínimo legal. Foi então que entrou em cena João Goulart com a sua debilidade: quando os coronéis recorreram a ele, liberou dinheiro público para que pagassem os agricultores. Em outras palavras, ele ajudava todos os grupos que se declaravam contra Arraes com o objetivo de inviabilizar a candidatura do Governador à Presidência da República (CAYUELA, J. *Hélder Câmara – Brasil: ¿un Vietnam católico?*, 106-107).

7   GONZÁLEZ, J. *Helder Câmara: il grido dei poveri*, 118.

para um encontro a portas fechadas no Palácio São Joaquim. De lá, telefonaram ao Presidente Goulart, marcando uma reunião secreta no Palácio das Laranjeiras.[8] O Presidente convidou os dois Arcebispos para o almoço – Dom Helder achou que não era conveniente aceitar o convite, mas o Cardeal não via problemas, pois estariam só eles três. Durante o almoço, Dom Motta e Dom Helder tentaram alertar o Presidente sobre o provável golpe. Disseram-lhe que, se este acontecesse, os generais não o apoiariam. Goulart respondeu que mesmo assim contaria com o apoio dos sargentos e da CGT. Dom Helder replicou dizendo que o Presidente não se iludisse, pois não havia CGT no Brasil:

> A experiência que temos, infelizmente, é de muito peleguismo, o que não conduz jamais a uma autêntica Confederação Geral dos Trabalhadores. E quanto aos sargentos, não se iluda, Presidente. Ao menos no Brasil, o sargento está de tal maneira acostumado a obedecer que, se estiver com uma metralhadora na mão e um major ou um coronel der um grito, ele larga a metralhadora e bate continência.[9]

Goulart não se convenceu com esses argumentos e Dom Helder, então, foi categórico: "Presidente, vamos partir para uma ditadura militar. Os militares não vão aceitar isso. Os Estados Unidos estarão atrás, dando cobertura. Os Estados Unidos não podem permitir uma vitória da esquerda nesse país. O Brasil é a chave para a América Latina inteira. Vamos ter ditadura militar no duro. E o senhor será responsável em grande parte".[10] Quando o Arcebispo ainda estava falando, entrou um fotógrafo que, rapidamente, fez uma foto. Dom Helder reagiu, dizendo que o acordo do segredo havia sido quebrado. Goulart, no entanto, deu a sua "palavra de honra": aquela foto seria apenas para o seu arquivo pessoal. No entanto, em 24 de março, a foto saiu no *Jornal do Brasil*, dando a impressão de que os líderes da CNBB apoiavam o Presidente, opondo-se à *Marcha da Família pela Liberdade*. Apesar do truque de Goulart, a foto não surtiu maior efeito

---

[8] PILETTI–PRAXEDES, 294-295; CASTRO, M. de. *Dom Helder: misticismo e santidade*, 109-114; CÂMARA, H. *Chi sono io?*, 90-92; ID. In: RENEDO, B. T. de. *Hélder Câmara: proclamas a la Juventud*, 22; ID. *Le conversioni di un vescovo*, 201-203.

[9] PILETTI–PRAXEDES, 295.

[10] PILETTI–PRAXEDES, 295.

político e, no dia 31 de março, explodiu a conspiração, como fora prevista por Dom Helder e Dom Motta. As ambições pessoais do Presidente Goulart voltaram-se contra ele e o povo.[11]

No dia 31 de março, houve o golpe militar com "somente" duas mortes – dois estudantes de Pernambuco que reagiram contra os militares, quando estes cercaram o palácio do Governo para capturar Miguel Arraes. Os governadores de Minas Gerais, São Paulo, Guanabara, Paraná e Rio Grande do Sul se levantaram contra Goulart, comandados por Castelo Branco e Arthur Costa e Silva, altos comandantes do Exército. Em menos de 24 horas, receberam apoio de outros governadores e generais como Amaury Kruel e Justino Alves Bastos. Com o Presidente se aliaram somente alguns grupos sindicalistas e alguns homens do PTB. Goulart, então, renunciou sem resistência. De Porto Alegre, no dia 3 de abril, exilou-se no Uruguai. Como Dom Helder previra, o Exército não apoiou o Presidente e não houve resistência sindical ou campesina.

Por pouco tempo, a Presidência foi confiada a Ranieri Mazzili, Presidente da Câmara dos Deputados. O primeiro telegrama que os autores do golpe militar receberam foi do Presidente dos Estados Unidos, Lyndon Johnson, afirmando que o povo norte-americano tinha seguido com ânsia as dificuldades políticas e econômicas que o Brasil estava atravessando e a grande coragem demonstrada pelo povo brasileiro na sua tentativa de resolvê-las sem sair dos limites da democracia e sem recorrer à guerra civil.[12] Grupos ultraconservadores saíram às ruas louvando a Deus pelo golpe. Mulheres com terços e homens com cartazes agradeciam a Deus pela queda de

---

[11] PILETTI–PRAXEDES, 295-296; BROUCKER, J. de. *Helder Camara: la violenza di un pacifico*, 81-82. Em março de 1964, Goulart precisava unir os progressistas, mas ele havia optado por dividir mantendo, por exemplo, Justino Alves Bastos no comando do IV Exército – Arraes havia solicitado a retirada desse famoso inimigo das esquerdas. Com isso, o Presidente decepcionava muitos de seus próprios apoiadores.

[12] GONZÁLEZ, J. *Helder Câmara: il grido dei poveri*, 114-116. Convém recordar que alguns dias antes do golpe militar, o Governo dos Estados Unidos havia demonstrado preocupação com a infiltração comunista nos sindicatos, nas organizações estudantis e no exército graças à tolerância de Goulart, e o argumento usado para a confirmação disso era o fato de que o Presidente do Brasil se recusara a cooperar com os Estados Unidos e outros países da América Latina na ação de isolar o regime de Fidel Castro e impedir a "subversão castrista" no hemisfério.

João Goulart. Dom Geraldo Proença Sigaud, Arcebispo de Diamantina, e Dom Castro Mayer, Bispo de Campos, apoiaram as manifestações.

De 1 a 15 de abril de 1964, o Brasil foi governado por uma junta militar que iniciava a formação de um novo Governo e a repressão aos seus opositores. No dia 15, assumiu a Presidência da República o chefe do Estado-Maior do Exército e coordenador da conspiração contra Goulart, marechal Humberto de Alencar Castelo Branco. Como a Igreja devia se pronunciar, Dom Armando Lombardi, Núncio Apostólico, levou ao Presidente o reconhecimento oficial do Vaticano. No programa radiofônico *A voz do Pastor*, o Cardeal Jaime Câmara elogiou as Forças Armadas que estavam dispostas a libertar o Brasil dos comunistas. Afirmou ainda que não seria uma atividade fácil, pois o comunismo avançava a galopes. Porém, além dessa posição conservadora de total apoio dada pelo Cardeal Câmara, existiam outras duas posições na Igreja, a saber, uma de rejeição total ao golpe militar e outra de neutralidade e espera "sem comprometer-se com os vencedores nem com os vencidos", como declarou Dom Eugênio Sales no início de abril de 1964. Esta será também a posição de Dom Helder Camara, que mantinha boas relações com as duas partes.

Dom Helder e Dom Eugênio tiveram um primeiro encontro confidencial com o ainda articulador e condutor da "revolução" Castelo Branco, nos primeiros dias de abril. Na ocasião, os Bispos disseram que estava havendo arbitrariedades, injustiças e violências por parte das Forças Armadas contra pessoas consideradas suspeitas de fazer o jogo comunista. Segundo Dom Helder, o encontro foi ótimo, pois o general reconheceu que o ódio gera ódio, que não se deve apelar para a violência e que ideias se combatem com ideias. Queixou-se, no entanto, de que alguns padres se empolgavam demais com as obras sociais e se esqueciam da evangelização. Mas "Dom Eugênio e eu pusemos os pontos nos **is**".[13] Em seguida, Castelo Branco entrou em contato com o general Justino Alves Bastos e com Paulo Guerra – governador de Pernambuco, desde a derrubada de Miguel Arraes – para que acolhessem solenemente Dom Helder Camara, quando chegasse a Recife como o novo Arcebispo Metropolitano.

---

[13] Circular 1 de 11/12-4-1964; PILETTI–PRAXEDES, 297.

1.2 "Minha porta e meu coração estarão abertos a todos"

Em Recife, no dia 11 de abril, a acolhida ao novo Metropolita foi triunfante. Dom Helder desceu do avião ao lado do governador Paulo Guerra e foi recebido pelo prefeito da cidade, Augusto Lucena – também imposto pelo golpe militar –, pelo comandante do IV Exército Justino Alves Bastos, pelo brigadeiro Homero Souto e pelo almirante Dias Fernandes. Participou de uma carreata pela cidade, protegida por policiais. O povo o cercava em busca de bênçãos e aclamava o novo Arcebispo,[14] que desfilava nas ruas de Recife como um herói, acompanhado do governador, dos representantes do IV Exército, da burguesia industrial e dos usineiros pernambucanos. Nas ruas também estavam os parentes dos detidos, vítimas do golpe, os quais esperavam que o novo Arcebispo continuasse a obra em defesa da justiça e dos pobres iniciada pelo antecessor Dom Carlos Coelho.[15] O prefeito lhe entregou a chave da cidade e o Arcebispo disse: "Gostaria de abrir com estas chaves todos os corações".[16]

Dom Helder escreveu uma *Mensagem* para o momento, tendo o cuidado de articular-se antes com Dom Eugênio Sales, Secretário Regional dos Bispos no Nordeste, com vários amigos e com o Núncio. Divulgou-a na imprensa brasileira e estrangeira e, em geral, a *Mensagem* foi bem-aceita.[17] Na Basílica de Nossa Senhora do Carmo, o novo Arcebispo, paramentado com as mais solenes vestes episcopais – mas com um báculo de madeira emprestado do seu Auxiliar, Dom José Lamartine, pois não tinha o seu –, tomou posse do Arcebispado de Olinda e Recife.[18]

A *Mensagem de Chegada*, além de apresentar profundo teor espiritual, revela o desejo de viver uma intensa mística pastoral. O novo Pastor

---

[14] Dom Helder escreveu à Família: "Viagem ótima, com 24 colaboradores mais imediatos e mais queridos e com o Governador Paulo Guerra. Recepção triunfal... Constrangeu-me um pouco desembarcar ao lado do Governador e percorrer a cidade, com batedores, em carro aberto, ao lado do General Justino e do Governador... A cidade inteira saiu à rua, para aclamar, cheia de fé, o novo Arcebispo" (Circular 1 de 11/12-4-1964).

[15] CAYUELA, J. *Hélder Câmara – Brasil: ¿un Vietnam católico?*, 168.

[16] MURATORI, L. "Le sue parole e l'Opera". In: BOURGEON, R. *Il profeta del Terzo Mondo*, 243.

[17] Circular 1 de 11/12-4-1964.

[18] PILETTI–PRAXEDES, 302.

disse que a sua ida a Recife não havia sido planejada, mas fora a Providência que o levara àquele ponto-chave do Nordeste brasileiro. Ele era vocacionado, chamado por Deus para essa nova missão, assim como fora chamado, quando menino, ao sacerdócio:

> Partiu, inesperadamente, nosso querido D. Carlos Coelho; a Providência me trouxe pela mão para Olinda e Recife; o Papa Paulo VI, profundo conhecedor da situação da América Latina e do Brasil, resolveu que deveria ser ocupado, sem perda de tempo, este ponto-chave do Nordeste brasileiro; a posse foi marcada para o Domingo do Bom Pastor. É uma graça divina descobrir os sinais dos tempos, estar à altura dos acontecimentos, corresponder em cheio aos planos de Deus.[19]

Dom Helder apresentou-se como filho do Nordeste, criatura humana débil e pecadora e irmão de toda a humanidade, cristão e ecumênico, Bispo da Igreja Católica que chegou para servir e, por isso, ninguém deveria se surpreender vendo-o com gente de direita ou de esquerda, do poder ou da oposição. Ninguém estava excluído do seu diálogo fraterno. Percebe-se, portanto, que ele não estava disposto a repetir o "pecado de juventude". Essa postura moderada, no entanto, naquela situação política, poderia ser considerada altamente subversiva:

> Ninguém se escandalize quando me vir frequentando criaturas tidas como indignas e pecadoras. Quem não é pecador? Quem pode jogar a primeira pedra? Nosso Senhor, acusado de andar com publicanos e almoçar com pecadores, respondeu que justamente os doentes é que precisam de médico. Ninguém se espante me vendo com criaturas tidas como envolventes e perigosas, da esquerda ou da direita, da situação ou da oposição, antirreformistas ou reformistas, antirrevolucionárias ou revolucionárias, tidas como de boa ou de má-fé. Ninguém pretenda prender-me a um grupo, ligar-me a um partido, tendo como amigos os seus amigos e querendo que eu adote as suas inimizades. Minha porta e meu coração estarão abertos a todos, absolutamente a todos. Cristo morreu por todos os homens: a ninguém devo excluir do diálogo fraterno.[20]

---

[19] CAMARA, H. "Tomada de posse como Arcebispo de Olinda e Recife". In: CÂMARA, H. *Utopias peregrinas*, 15.

[20] CAMARA, H. "Tomada de posse como Arcebispo de Olinda e Recife". In: CÂMARA, H. *Utopias peregrinas*, 16-17.

O INÍCIO DO PASTOREIO DE DOM HELDER EM RECIFE

Em seguida, o Metropolita lembrou àqueles a quem consagrou sua vida desde que ouviu o desafio do Cardeal Gerlier, em 1955:

> Claro que amando a todos, devo ter, a exemplo de Cristo, um amor especial pelos pobres. No julgamento final, nós todos seremos julgados pelo tratamento que tivermos dado a Cristo, a Cristo, nas pessoas dos quem têm fome, têm sede, andam sujos, machucados e oprimidos... Continuando atividades a que já se entrega nossa Arquidiocese, cuidaremos dos pobres, velando sobretudo pela pobreza envergonhada e tentando evitar que da pobreza se resvale para a miséria. [...] A miséria é revoltante ou aviltante: fere a imagem de Deus que é cada homem; viola o direito e o dever do ser humano ao aperfeiçoamento integral.[21]

A mensagem também revela a mudança de postura que havia se processado em seu coração e que estava se processando no coração da Igreja latino-americana, ou seja, compreende-se que os pobres não precisam apenas de alguns auxílios, mas da transformação das estruturas injustas:

> É evidente que estão, de modo especial, em nossas cogitações, os mocambos e as crianças abandonadas. Quem estiver sofrendo, no corpo ou na alma; quem, pobre ou rico, estiver desesperado, terá lugar especial no coração do Bispo. Mas não venho ajudar ninguém a se enganar, pensando que basta um pouco de generosidade e de assistência social. Sem dúvida, há misérias gritantes diante das quais não temos o direito de ficar indiferentes. Muitas vezes, o jeito é dar um atendimento imediato. Mas não vamos pensar que o problema se restringe a algumas pequenas reformas e não confundamos a bela e indispensável noção de ordem, fim de todo o progresso humano, com contrafações suas, responsáveis pela manutenção de estruturas que todos reconhecem não poder ser mantidas. Se quisermos ir à raiz dos nossos males sociais, teremos que ajudar o país a romper o círculo vicioso do subdesenvolvimento e da miséria. [...] Mas desenvolvimento não se faz de cima para baixo, não pode ser imposto. Não tenhamos medo das ideias certas mesmo que andem muito exploradas: desenvolvimento supõe despertar de

---

[21] CAMARA, H. "Tomada de posse como Arcebispo de Olinda e Recife". In: H. CÂMARA, *Utopias peregrinas*, 17.

consciência, despertar de sentido público, despertar de cultura, autopromoção, planejamento técnico...[22]

Dom Helder, então, proclama a necessidade de as massas se tornarem povo: "Seria escandaloso e imperdoável que as massas fossem abandonadas pela Igreja em sua hora mais dura, o que daria a impressão de desinteresse em ajudá-las a atingir um nível de dignidade humana e cristã, elevando-se à categoria de povo".[23] Também recorda que o avanço material necessita de uma fé esclarecida:

> Quanto mais avançamos no progresso material, mais precisaremos de uma fé esclarecida e firme, capaz de iluminar, por dentro, a construção do novo Nordeste. [...] A Igreja não quer dominar a marcha dos acontecimentos. Quer servir aos homens ajudando-os na sua libertação. E ela estará aí para dizer que esta libertação, que começa no tempo só poderá ter seu acabamento completo quando o Filho de Deus voltar, no fim dos tempos, que é o verdadeiro começo.[24]

O novo Arcebispo de Olinda e Recife convida a todos para a união a fim de fazer um Nordeste solidário:

> Unamo-nos em torno da decisão de fazer do Nordeste a antecipação do Brasil de amanhã, a prefiguração da nova América Latina e da face nova do Terceiro Mundo. [...] É grave, diante de Deus e diante da história, negar-se à reconstrução do mundo. [...] É preciso que o cristianismo nos inspire a mística de servir, de tal modo que, à medida que nos desenvolvamos, não nos tornemos egoístas e prepotentes.[25]

Para Dom Helder, o esforço em prol do desenvolvimento é intrínseco à evangelização:

---

[22] CAMARA, H. "Tomada de posse como Arcebispo de Olinda e Recife". In: CÂMARA, H. *Utopias peregrinas*, 17-18.

[23] CAMARA, H. "Tomada de posse como Arcebispo de Olinda e Recife". In: CÂMARA, H. *Utopias peregrinas*, 20.

[24] CAMARA, H. "Tomada de posse como Arcebispo de Olinda e Recife". In: CÂMARA, H. *Utopias peregrinas*, 21.

[25] CAMARA, H. "Tomada de posse como Arcebispo de Olinda e Recife". In: CÂMARA, H. *Utopias peregrinas*, 21-22.

Aceleremos, sem perda de tempo, como obra cristã e de evangelização, o esforço do desenvolvimento. De nada adiantará venerarmos belas imagens de Cristo, digo mais, nem bastará que paremos diante do Pobre e nele reconheçamos a face desfigurada do Salvador, se não identificarmos o Cristo na criatura humana a ser arrancada do subdesenvolvimento. Por estranho que a alguns pareça, afirmo que, no Nordeste, Cristo se chama Zé, Antônio, Severino... "Ecce Homo": eis o Cristo, eis o Homem! Ele é o homem que precisa de justiça, que tem direito à justiça, que merece justiça.[26]

Para haver desenvolvimento é preciso romper com o egoísmo, com a concentração da terra e das riquezas em mãos de poucos, enfim, efetivar as reformas de base. Dom Helder, corajosamente, proclama a inadiabilidade dessas reformas:

Em nosso País todos entendem e proclamam a inadiabilidade das reformas de base. Havia, da parte de muitos, desconfiança em relação aos executantes das reformas e, sobretudo, medo da infiltração comunista. Agora que a situação mudou, não temos tempo a perder. Que venham sem demora as esperadas reformas. Que venham justas e equilibradas, mas sem de modo algum darem a impressão de mistificação.[27]

Depois de proclamar que viverá o espírito de colegialidade no governo da diocese e com toda a Igreja,[28] Dom Helder revela que sua inspiração

---

[26] CAMARA, H. "Tomada de posse como Arcebispo de Olinda e Recife". In: CÂMARA, H. *Utopias peregrinas*, 22-23. Implicitamente, Dom Helder recorda o famoso poema *Morte e Vida Severina*, de João Cabral de Melo, que entre seus versos lê-se: "E se somos Severinos, iguais em tudo na vida, morremos de morte igual, mesma morte severina: que é a morte de que se morre de velhice antes dos trinta, de emboscada antes dos vinte, de fome um pouco por dia (de fraqueza e de doença é que a morte severina ataca em qualquer idade, e até gente não nascida)".

[27] CAMARA, H. "Tomada de posse como Arcebispo de Olinda e Recife". In: CÂMARA, H. *Utopias peregrinas*, 24.

[28] Dom Helder ainda disse que, "com a graça divina, viveremos da melhor maneira a Colegialidade" com D. José Lamartine, com os Sufragâneos da Província, o Secretariado Regional do Nordeste, a CNBB, o CELAM, os Bispos do Mundo inteiro, o Santo Padre que é "garantia e fecho da Colegialidade". Também na Arquidiocese, a colegialidade episcopal se completaria com os presbíteros, o clero religioso, os seminaristas, as religiosas e os leigos. O "Arcebispo de Olinda e Recife e Bispo da Santa Igreja" acrescentou que respeitaria a liberdade de opções: "diversidades de opiniões e posições diferentes, em questões abertas, revelam espírito criador e desejo de autenticidade. Não vemos aí quebra de fidelidade, mas desejo de, por mil maneiras, viver o sentido da Encarnação Redentora. Esperamos apenas que, ao adotarem ângulos diversos em campos livres, todos salvem o respeito mútuo e a caridade. Mais ainda: que todos sejam

será o Papa João XXIII: "[...] Peçam ao Pai Celeste de quem vos vem toda a graça e toda a luz que esta seja a marca do Novo Arcebispo: **que ele lembre o Papa João XXIII**. Será uma excelente maneira de lembrar o próprio Cristo, o Bom Pastor".[29] O Arcebispo finalizou o discurso convidando Cristo, o verdadeiro sacerdote que o padre representa, para celebrar o Santo Sacrifício sobre o mundo, o Brasil, o Nordeste.

A *Mensagem de Chegada* transformou-se em fonte de estudos e meditações ao longo dos anos. Alguns estudiosos dizem que ela representa o início da resistência da Igreja ao novo regime, pois defende as reformas de base, as quais o governo ditatorial impedirá. Sebastião Antonio Ferrarini, por exemplo, entende que, desde o discurso de posse, Dom Helder passou a ser visado: "Daí para a frente, até meados da década de 1980, ele passa a ser um problema para o Estado, a Igreja, as oligarquias, os militares e a Justiça. Todos esses grupos, segmentos ou instituições vão altercar com o Arcebispo quando esse, em suas falas, os atingir. Em que pese a sua orquestração, não deterão o seu vigor, que irá crescendo significativamente".[30]

A *Mensagem de Chegada* dava à esquerda a impressão de que Dom Helder seria um Bispo protetor dos perseguidos, pois ele defendia a realização das reformas de base; mas, ao mesmo tempo, dava à direita a impressão de que ele queria efetivar uma boa relação com o novo governo implementado no país. Em outras palavras, a *Mensagem* dá a entender que o Arcebispo aceitava o regime desde que os governantes efetivassem as reformas. Nesse sentido, José González comenta que as palavras foram, simultaneamente, prudentes e corajosas: o novo Arcebispo estava propenso a dar crédito aos militares até que se pudesse verificar a prática das boas intenções. Mas também era um discurso corajoso tendo em vista a

---

capazes de encontro em verdades mais altas que a todos congracem" (CAMARA, H. "Tomada de posse como Arcebispo de Olinda e Recife". In: CÂMARA, H. *Utopias peregrinas*, 25-27).

[29] CAMARA, H. "Tomada de posse como Arcebispo de Olinda e Recife". In: CÂMARA, H. *Utopias peregrinas*, 28.

[30] FERRARINI, S.A. *A imprensa e o arcebispo Vermelho: 1964-1984*, 65. O jornalista Marcos Cirano comenta que o golpe não admitia outras tomadas de posição senão a de ser 'revolucionário' ou 'anti-revolucionário'. E, como Dom Helder não aceitou tal dicotomia, reservando-se o direito de discordar do que entendesse errado, acabou se transformando no representante da Igreja Católica que, até hoje [1982] teve maior número de atritos com os militares brasileiros (CIRANO, M. *Os caminhos de Dom Helder: perseguição e censuras (1964-1980)*, 9).

circunstância política. O próprio Helder lhe falou, posteriormente, que, se naquela ocasião não tivesse tido a coragem de dizer tudo aquilo, talvez, nunca mais teria a força para dizê-lo.[31]

José Cayuela, por sua vez, após comentar que a *Mensagem* é uma das mais eloquentes e representativas do pensamento helderiano, acrescenta que revela uma atitude política hábil para um prelado que chegava a Recife nos dias implacáveis da repressão desatada por um grupo de militares apoiados por parcela da hierarquia católica contra o clero progressista, os jovens católicos militantes, homens e mulheres de esquerda que se inspiravam nos Bispos nordestinos.[32] Ernani Pinheiro recorda que, quando Dom Helder chegou, Recife era palco de numerosas arbitrariedades, repressões e mortes. O clima de medo invadia a população. Sua *Mensagem de Chegada* procurou desarmar os espíritos, embebida de sabor profético e missionário.[33] Ele plantou uma semente que prosperou nos 20 anos vindouros. Sua presença ia irradiando confiança e sedimentando na Arquidiocese a mística do compromisso evangélico: "Ele não chegou com um plano de pastoral preestabelecido, mas com a coragem de ser fiel aos apelos da Igreja, aos apelos do Espírito em meio a este povo que espelha de tantas maneiras o rosto de Cristo sofredor".[34]

Luigi Muratori, por sua vez, entende que a expressão "Bispo de todos" – polêmica tanto para a direita que estava no poder, quanto para a esquerda próxima do cárcere – revela uma dose de coragem, principalmente diante da intolerância dos detentores do poder naquele momento. Mas, por outro lado, Dom Helder não queria que sua ação pastoral fosse censurada; queria independência política de acordo com as diretivas emanadas das Encíclicas Sociais de João XXIII e do Vaticano II.[35] José Comblin destaca que a declaração de dialogar com todos, quando chegou a Recife, representou o segundo momento importante na vida de Dom Helder no sentido

---

[31] GONZÁLEZ, J. *Helder Câmara: il grido dei poveri*, 131.136-138.

[32] CAYUELA, J. *Hélder Câmara – Brasil: ¿un Vietnam católico?* 167-168.

[33] PINHEIRO, E. "Dom Helder Camara como arcebispo de Olinda e Recife (1964-1985)". In: ROCHA, Z. *Helder, o Dom. Uma vida que marcou os rumos da Igreja no Brasil*, 77-78.

[34] PINHEIRO, J. E. "Dom Helder Câmara como Arcebispo de Olinda e Recife – um depoimento pastoral". In: POTRICK, M. B. *Dom Helder, pastor e profeta*, 45.

[35] MURATORI, L. "Le sue parole e l'Opera". In: BOURGEON, R. *Il profeta del Terzo Mondo*, 243.

de provocar transformações profundas. A primeira foi o encontro com o Cardeal Gerlier e a terceira será a *Mensagem de Paris*.[36]

Dom Helder escreveu, durante a Vigília, a sua própria avaliação, destacando que deu testemunho de cristão e de Bispo:

> Não me iludo: a imprensa do Rio e de São Paulo, como a daqui, podem interpretar mal a mensagem julgando-a perigosa, aliciadora do comunismo que as Forças Armadas estão a duras penas procurando extirpar... O Comando Supremo da Revolução pode achar ruim. [...] Alegra-me pensar que, com a graça de Deus, dei testemunho cristão, fui Bispo, estive à altura da exigência histórica, procurando não trair e não decepcionar milhares de cristãos, com olhos e corações voltados para a circunstância providencialíssima da posse do Arcebispo da cidade-chave do Nordeste-chave. Vejamos o que sucede. *In manus tuas!*[37]

Dom Helder articulou-se com os Bispos do Nordeste e, no dia 17 de abril, eles lançaram uma *nota* em que, com audácia humanitária, pediam ao Governo para colocar em liberdade os inocentes e que os culpados fossem tratados com respeito: os "inocentes, eventualmente detidos em um primeiro momento de confusão, sejam, quanto antes, restituídos à liberdade, e que mesmo os culpados sejam livres de vexames e tratados com o respeito que merece toda criatura humana".[38] A Comissão Central da CNBB, nos dias 27 a 29 de abril, também emitirá uma *Mensagem*, mas com teor diferente: agradece a Deus porque os militares impediram a infiltração comunista no Brasil, embora não aceitassem a acusação injuriosa, generalizada e gratuita, velada ou explícita, segundo a qual Bispos, padres, fiéis ou organizações como ACB e MEB fossem comunistas ou favoráveis ao comunismo. A *nota* dos Bispos do Nordeste tem uma linguagem muito mais incisiva em relação à urgência das reformas de base, na advertência sobre as restrições da

---

[36] COMBLIN, J. "Entrevista realizada por Martinho Condini no dia 26 de julho de 2000". In: CONDINI, M. *Dom Helder Camara: um modelo de esperança*, 164-167.

[37] Circular 1 de 11/12-4-1964.

[38] PILETTI–PRAXEDES, 304-305. A presença de 40 Bispos na posse de Dom Helder e a *Nota* conjunta do Episcopado Nordestino reclamando a realização das reformas de base revelavam uma boa unidade episcopal.

liberdade e na denúncia das arbitrariedades.[39] Calcula-se que, naquele período, cerca de 300 leigos e membros do clero já estavam presos.

O novo Arcebispo logo começou a ser visitado no Palácio São José de Manguinhos por parentes de presos que lhe pediam socorro. No dia seguinte à tomada de posse, enquanto estava almoçando com Dom Távora, entrou uma moça gritando e suplicando ajuda. Quatro policiais armados queriam prendê-la.[40] O comando da IV região militar espalhou a informação de que os soldados entraram no palácio episcopal porque receberam uma informação errada de que a irmã do governador deposto, Miguel Arraes, estava em Manguinhos.[41]

Sobre esse episódio há uma hipótese de que Justino, já de início, queria intimidar Dom Helder – o próprio Arcebispo escreveu que o episódio "valeu, providencialmente, como um teste" –, porém, ao ficar sabendo da "amizade" deste com Castelo Branco,[42] percebeu que deveria mudar de tática: o Exército, então, fazia questão de oferecer "mordomias" – a Aeronáutica, inclusive, ofereceu passagens grátis de avião.[43] Dom Helder, em troca dos bons tratamentos, participava nos eventos militares.

---

[39] Souza, L. A. G. de. *A JUC: Os estudantes católicos e a política*, 71. Gomes destaca que a mensagem da Comissão Central da CNBB retratou o que foi a reunião dos Bispos, pois nela houve debates confusos entre os que tinham a tendência de aplaudir o novo regime e os que preferiam indicar as exigências da justiça social. Por isso, o documento aprova o golpe ao mesmo tempo em que reconhece a existência de abusos por parte de alguns militares e afirma que não se pode chamar, gratuitamente, membros da Igreja de comunistas. O autor ressalta, no entanto, um ponto que não fora questionado pelas duas tendências, mas que demarcará a linha no futuro: "A preocupação é sobretudo em relação aos católicos que estão nas prisões e não tanto a todos os que sofrem a repressão. O espírito de corporação é muito forte na Igreja institucional, que defende seus membros acima de tudo, e ele presidirá uma boa parte de suas tomadas de posição nos anos seguintes. Só mais tarde é que seus setores mais abertos patentearão claramente seu posicionamento diante de toda e qualquer violação dos direitos humanos" (Souza, L. A. G. de. *A JUC: Os estudantes católicos e a política*, 70).

[40] Circular 2 de 13/14-4-64.

[41] González, J. *Helder Câmara: il grido dei poveri*, 141.

[42] Dom Helder mantinha contato direto com o Presidente Castelo Branco. Quando ainda vivia no Rio de Janeiro, a esposa de Castelo Branco seguia os programas de rádio e televisão do Bispo. Além disso, o Presidente, que também era cearense, estava convencido de que seu conterrâneo não era comunista (Renedo, B. T. de. *Hélder Câmara: proclamas a la Juventud*, 23).

[43] González, J. *Helder Câmara: il grido dei poveri*, 141.

Mas havia um ponto de discórdia entre Dom Helder e os militares, ou seja, o Arcebispo Metropolitano não concordava com as detenções que estavam acontecendo. Os militares insistiam para que ele não visitasse os prisioneiros políticos,[44] mas o Pastor queria "ouvir a todos". Isso tornava polêmicas as próprias reuniões dos militares. Por estar com as portas e o coração abertos e por defender a vida e a liberdade, a justiça e a paz, Dom Helder terá de enfrentar sérios problemas com o regime político, que sustentará a secular desigualdade social e desrespeitará continuamente os Direitos Humanos no Brasil. O Arcebispo será difamado, execrado e silenciado nos anos seguintes.

1.3 "As crianças e os pássaros estarão invadindo, cada vez mais, São José de Manguinhos"

Dom Helder iniciou as atividades em Recife colocando em prática sua *Mensagem de Chegada*. Queria, de fato, acelerar a "obra cristã e de evangelização, o esforço do desenvolvimento". Almejava arrancar os pobres do subdesenvolvimento, pois via neles o Cristo que no Nordeste se chama Zé, Antônio, Severino... "Ele é o homem que precisa de justiça, que tem direito à justiça, que merece justiça".[45] Por isso, o Arcebispo, entre outras coisas, visitou Mocambos, abriu a porta do palácio a todos, acolheu os pobres com carinho e atenção, iniciou o Banco da Providência e realizou noitadas de estudos com intelectuais e artistas.

No dia 14 de março, acompanhado de uma equipe da revista *O Cruzeiro*, fez questão de visitar os chamados Mocambos a fim de realizar um primeiro de outros milhares de contatos. Nessa ocasião, os pobres lhe ensinaram que o termo "Mocambo" significa barraco e não favela como pensava o Arcebispo. No Recife, as favelas são chamadas de Morro, Alagado, Córrego. Ele também descobriu que os Alagados eram "muito pior do que as nossas [do Rio de Janeiro] mais tristes Favelas...".[46] O contato

---

[44] Circular 42 de 28/29-6-64.

[45] CAMARA, H. "Tomada de posse como Arcebispo de Olinda e Recife". In: CÂMARA, H. *Utopias peregrinas*, 22-23.

[46] Circular 3 de 14/15-4-64.

com o povo de Recife, especialmente dos Mocambos, deu-lhe forças para ir pensando na sua missão de Pastor no coração do subdesenvolvimento: "Curioso: sinto o mesmíssimo calor dos 27 anos, ao chegar ao Rio... A chama sagrada, longe de abater-se, está mais viva e crepitante".[47]

No dia 23 de maio de 1964, Dom Helder visitou a Ilha das Mangas para conversar com o Pe. José Mousinho sobre um projeto de promoção humana e cristã sugerida pelo próprio sacerdote. A Ilha era quase toda da Arquidiocese: "Ao invés de despejar os Moradores de **uma de nossas terras** vamos transformá-los em proprietários (são criaturas excelentes) e ajudar a promoção deles... Estimularemos uma plantação de inhame e de manga Primavera [...] capaz de valer como exemplo e incentivo à Ilha inteira". Para tanto, "nossas Assistentes estarão ajudando os Moradores a melhorar as próprias casas [...]. A Equipe paroquial (uns 30 futuros Diáconos) participará em cheio na evangelização da Ilha".[48] Na Circular 23, Dom Helder comenta: "A experiência me interessa vitalmente porque é delimitada, fácil de conduzir e valerá como modelo".[49]

Nos primeiros meses de seu pastoreio em Olinda e Recife, o Arcebispo quis realizar uma festa junina que deveria acontecer no Pátio do Palácio Episcopal. Almejava ver as crianças pobres e ricas brincando juntas como irmãs. Com sua veia poética, Dom Helder destaca que as criaturas da terra e do céu estavam aguardando o esperado dia da irmandade:

> **No jardim de nossa Casa,** preparação intensiva para a abertura do Parque Infantil na véspera de São Pedro: – o velho Tamarineiro, majestoso e belo, remoçou de tão feliz; a jaqueira deu até para tagarela; todas as árvores (sapotizeiros, oitizeiros, pés de romãs e pitangas...) andam radiantes... Só andam meio temerosas as plantas suspensas por fios em vasos de barro... Mas as flores (o jasmineiro da frente da

---

[47] Circular 3 de 14/15-4-64. "É evidente que estão, de modo especial, em nossas cogitações, os mocambos e as crianças abandonadas" (CAMARA, H. "Tomada de posse como Arcebispo de Olinda e Recife". In: CÂMARA, H. *Utopias peregrinas*, 17-18). Dom Helder descobrirá em agosto de 1964, em um estudo mimeografado – "Políticas de Desenvolvimento do Recife Metropolitano" –, que "apenas 9% dos Mocambos (exatamente 8,7%) são próprios. Tudo o mais é alugado" (Circular 69 de 8/9-8-64).

[48] Circular 23 de 21/22-5-64.

[49] Circular 23 de 21/22-5-64.

Casa e a trepadeira dos lados) – talvez seja impressão – nunca foram tão belas e perfumadas... – já chegou a lenha para a fogueira; – a lua anda desolada por não poder esperar até 28... – os pássaros não cabem em si de contentes (embora eu mesmo me aflija um tanto vendo certos ninhos que são uma tentação para a garotada); – os Anjos foram convocados e São Miguel combinou que fiquem sob a liderança fraterna de José.[50]

Muitas pessoas participaram da festa no pátio do palácio. Na Circular 41, Dom Helder escreveu sobre as longas filas, a recepção, os alimentos, as danças, os sorteios... "Devo ter confiança e a simplicidade de reconhecer que o interesse mesmo – o empurra-empurra, o carinho, o calor, o delírio – era entrar 'na casa de D. Helder'". E acrescentou: "Mistura absoluta: netos de usineiros e garotos de beira-rio e alagadiço. [...] Recife esqueceu a Revolução. Superou rancores. Rifou o medo. E entrou, confiante, na casa do pai. Deus seja louvado!". Para Dom Helder uma "tarde destas valeu mais como promoção de Igreja, como aproximação entre povo e Bispo do que muita iniciativa do estilo antigo... *Magnificat!* O Senhor fez em mim maravilhas: Santo é o seu nome".[51]

O carinho de Dom Helder para com os pobres logo se espalhou pela Arquidiocese de Recife. Por isso, todas as tardes ele passou a receber centenas de pessoas – pobres sem comida, sem casa, mulheres abandonadas...[52]

Há sempre mais de 200 pessoas, à tarde, desejosas de falar com o Dom. [...] Reparem o pezinho desta criança, deformado pela frieira. Quando se vive, se brinca e se mora dentro da lama, não é preciso ter pisado algum sapo (como pensa a mãe aflita) para ficar assim... [...] "O inocente que eu carrego no seio já teve 15 irmãozinhos... mas 12 morreram..." Onde estão os teólogos para mergulhar as mãos em realidades assim!?... [...] O que é teoria na

---

[50] Circular 35 de 21/22-6-64.

[51] Circular 41 de 27/28-6-64. Dom Helder registra um "flagrante" acontecido na festa: "'O Sr. precisa ser Papa, para fazer uma festa assim no Vaticano'. (Vou soprar a ideia ao Santo Padre)" (Circular 42 de 28/29-6-64).

[52] PILETTI–PRAXEDES, 312.

Europa e nos Estados Unidos, a propósito da situação infra-humana, aqui é realidade visível, audível, tangível...[53]

Para amenizar essa situação, Dom Helder pensou na criação do Banco da Providência a fim de que fosse providenciado o necessário para garantir a vida dos pobres. Em julho de 1964, o Banco começou a funcionar:[54] "O Banco da Providência em fase de montagem... que equipezinha deliciosa Deus me mandou! Que dedicação, que largueza d'alma, que fineza de atendimento!".[55] O Arcebispo, no entanto, não visava apenas assistir os pobres, mas transformar a realidade social injusta: "Na minha cabeça, Bispo de área subdesenvolvida tem obrigação cristã e apostólica de ajudar a arrancá-la do subdesenvolvimento, dentro do qual é impossível a vida humana e, portanto, a menos que se trate de milagre, a vida cristã".[56]

Muitas pessoas começaram a comparar Dom Helder com São Vicente de Paulo ou São Francisco de Assis. Ele recebeu uma carta com um soneto: "Permitam a simplicidade de enviar o soneto incluso. Peçam a Deus que eu não decepcione o meu povo. É assim, é desta maneira que os simples me veem. Só dizendo mesmo como Frei Francisco: 'Peçam a Deus que eu seja o que eles pensam que eu sou'".[57] No entanto, mais adiante, o Arcebispo de Recife confessou: "A que distância ficamos dos cristãos heroicos que beijavam os leprosos!...".[58] Sensibilizado por tantos sofrimentos que os pobres padeciam, Dom Helder entregava sua prece a Nossa Senhora do Nordeste. Ele mesmo deu este título a Maria, depois de encontrar, no Palácio São José de Manguinhos, uma "imagem querida de Nossa Senhora" toda mutilada.[59]

---

[53] Circular 55 de 15/16-7-64.
[54] Circular 44 de 2/3-7-64.
[55] Circular 45 de 3/4-7-64.
[56] Circular 45 de 3/4-7-64.
[57] Circular 45 de 3/4-7-64. O soneto é intitulado "Dom Helder".
      "São Francisco de Assis dos Nordestinos, Irmãosinho (sic!) dos pobres dos mocambos. Amigo dos humildes, dos meninos De pés sujos, cobertos de molambos. Santo do sem lar, do peregrino, Dos velhinhos que vão, os passos bambos, Caminhando nas noites sem destino, Rostos magros da roxa cor dos jambos. Pastorinho do bem e da ternura A Senhora do Céu anda à procura De Francisco, que não voltou ainda. Mas olhem! Lá está êle (sic!) disfarçado Naquele Bispo magrinho, rodeado Pelos pobres e os passáros (sic!) de Olinda".
[58] Circular 34 de 20/21-6-64.
[59] Circular 54 de 14-7-64.

Ele vê nessa imagem um sinal que a Mãe lhe ofereceu como apoio na luta contra a miséria.

Em seu pastoreio, o Arcebispo Metropolitano também dedicou uma atenção especial aos intelectuais e à juventude. Para tanto, criou as Noitadas do Solar São José.[60] Desse modo, buscou transformar o Palácio Episcopal em um foco de irradiação cultural. As Noitadas eram uma maneira de unir todas as forças vivas para promover o desenvolvimento integral baseando--se no novo humanismo cristão.

No dia 6 de maio, Dom Helder visitou o poeta e dramaturgo Ariano Suassuna com quem combinou a "Noitada de Literatura". Foi coordenada pelo poeta.[61] A "Noitada de Artes Plásticas" foi coordenada pelo artista Francisco Brennand. Também ocorreram encontros para discussões filosó- ficas e teológicas conduzidas por Newton Sucupira, além de representações teatrais e musicais e mostra de artes: "Perda de tempo? Esnobismo? Diletan- tismo? Imperdoável numa região subdesenvolvida, com problemas terríveis pela frente?... Ai do país que deixa de ter poetas ou onde a poesia deixa de ser amada, entendida, discutida. Alegra-me ver um grupo sério discutindo problemas limpos, sedentos de beleza".[62] Durante a Vigília de 16 para 17 de maio, registrou:

> A Vigília foi marcada pelo início das Noitadas. Como agradeci a Deus o que os meus olhos viam! A Casa do Pai aberta à inteligência, imagem viva do Senhor. [...] Que o Espírito Santo abençoe nossas Noitadas: – nascidas do desejo humilde de estudar e promover, pelo exemplo, estudo entre os Bispos e entre os padres; – criadas para dar testemunho da luz e promover a verdade na caridade...[63]

Na primeira "Noitada Filosófica" se discutiu o pensamento de Marx, e Dom Helder maravilhou-se porque, em pleno regime militar, podia-se dis- cutir tal autor com liberdade.[64] Em relação à primeira "Noitada Teológica",

---

[60] PILETTI–PRAXEDES, 308-309.

[61] Circular 24 e 25 de 22/23-5-64 e 23/24-5-64; Circular 204 de 18/19-5-1965.

[62] Circular 40 de 26/27-6-64.

[63] Circular 20 de 16/17-5-64.

[64] Circular 76 de 19/20-8-64.

ficou um pouco triste devido à ausência de leigos, mas gostou da apresentação do Pe. Marcelo Carvalheira sobre as correntes teológicas mais discutidas no momento.[65] No final de junho, aconteceu a "Noitada dos Jovens", e o Arcebispo quis que eles cantassem as suas músicas preferidas e não ficou frustrado por eles tirarem logo a mesa do centro e dançarem no Palácio Episcopal. Um deles até brincou dizendo que estava sobrando luz e faltando bebida para a demonstração ser completa. Uma jovem disse que se a sua mãe visse aquilo cairia dura de espanto. Dom Helder anotou que os ritmos preferidos pelos jovens eram bolero, *halligale, twist*. Também que, à falta de *bebidas* – só tinha refrigerantes –, fumaram muito![66]

Na "Noitada Ecumênica", quarenta "protestantes" (batistas, anglicanos, metodistas e presbiterianos) encheram o segundo Salão do Palácio. O Pastor metodista Lourival Beuk veio direto da prisão, de onde, pela segunda vez, Dom Helder conseguiu "arrancá-lo". O Arcebispo registrou vários detalhes da noite, tais como:

> Tiveram a confiança de explicar-me que a rigidez anda maior nos meios da Reforma do que no meio romano. O preconceito anda alto. [...] Os anglicanos querem que eu obtenha licença para celebrar para a comunidade deles. Todos desejam que eu fale às respectivas comunidades e aos seminaristas... [...] Todas as Igrejas e os três Seminários recomendam os programas de TV do nosso Arcebispo... [...] "Já duas crianças, em minha Igreja, foram registradas com o nome do Senhor. E u'a Mãe ficou desolada porque nasceu u'a menina: queria homem para chamar de Helder...". [...] Na Vigília, mergulhei na meditação da Prece Sacerdotal de Cristo. Ele esteve conosco, em nossa Noitada. E estava radiante![67]

Dom Helder realizou também uma "Noitada" para reunir lideranças nordestinas dispostas a liderar o Banco da Providência em Recife.[68] Logo apareceram 35 diretores e vários assistentes sociais. Receberam apoios de

---

[65] Circular 32 de 18/19-6-64.

[66] Circular 35 de 21/22-6-64; PILETTI–PRAXEDES, 310-312. Dom Helder acrescenta que o segredo para manter a juventude de alma é manter a capacidade de entender as novas gerações (Circular 36 de 22/23-6-64).

[67] Circular 39 de 25/26-6-64.

[68] Circular 193 de 7/8-5-1965.

Bancos, da Federação das Indústrias, da Associação Comercial, do Sindicato dos Usineiros, de empresas. Como Dom Helder costumava dizer, até um "flagrante gostoso" aconteceu: "Tive a mais inesperada das visitas: uma comissão da Maçonaria (o Grão Mestre e três Irmãos). [...] Pediram uma Noitada secreta..."[69] No início de setembro de 1964, o Arcebispo registrou:

> A próxima década, apesar de tudo e de todos, vai permitir viver-se, aqui no Nordeste, a aventura do desenvolvimento. [...] As Noitadas estarão chegando à fase de elaboração dos Cadernos Nordestinos. O Banco da Providência estará coordenando a presença da Igreja no mundo da pobreza, mas sempre e sempre numa linha de promoção humana e cristã. As crianças e os pássaros estarão invadindo, cada vez mais, São José de Manguinhos.[70]

1.4 "O Nordeste vai precisar de Santos. Esta é a missão que Deus nos confia"

Dom Helder quis transformar a casa do Bispo em casa dos pobres. Ele próprio promoveu a feliz invasão do Palácio: "E continua e aumenta sempre mais a invasão do Palácio de São José de Manguinhos".[71] O edifício localiza-se na Rua Rui Barbosa, o poeta que lutou contra a escravidão e a favor da liberdade. Para Dom Helder, isto se tornava um símbolo. Naquele Palácio, situado naquela rua, dever-se-ia trabalhar contra a escravidão e em favor da liberdade – ser um espaço de encaminhamentos de atividades pastorais que visassem completar o 13 de maio de 1888. Nesse sentido, ele vibrou quando as crianças ocuparam os tronos: "[...] as crianças descobriram os tronos. Agora, são elas que se entronizam para grande alegria nossa (minha e de Nosso Senhor) [...]. Que Nossa Senhora continue a velar por nossa pureza de intenção e nossa humildade, nosso espírito infantil e nosso amor".[72]

---

[69] Circular 48 de 7/8-7-64.

[70] Circular 88 de 1/2-9-64.

[71] Circular 9 de 1-5-64. Na Circular 10, de 2/3-5-64, Dom Helder começou também a chamar o Palácio de Manguinhos de Solar São José.

[72] Circular 9 de 1-5-64.

Para não deixar os pobres em desconforto, enquanto aguardavam o momento de falar com o Pastor, Dom Helder resolveu dar um "golpe de Estado" a fim de evitar uma longa negociação, e "decretou" que um dos salões de honra seria sala de espera. Houve reclamações de que o tapete ficaria imprestável... Mas entre um tapete e um filho de Deus, o Dom não vacilou na escolha.[73]

Por outro lado, ele se viu obrigado a aceitar a "humilhação" de não poder abrir todos os portões e romper as grades que impediam o acesso dos pobres ao Palácio: "Não consegui ainda abolir grades e portões... [...] Já dormiram, num casarão enorme a sós com Deus e os anjos?... Que vontade de encher estes quartos com todos os que, a esta hora, dormem ao relento e são, no entanto, mais donos do Palácio do que eu!... Quando romperemos preconceitos que nos escravizam e nos tolhem os movimentos e a liberdade?...".[74]

As dificuldades encontradas para viver a simplicidade e o espírito da pobreza evangélica ajudavam-no a compreender Paulo VI na sua meta de reformar a Cúria Romana. "Ontem, entendi, como nunca, a dificuldade do Santo Padre em reformar a Cúria Romana: porque somente ontem, depois de ensaios frustrados, consegui livrar-me da tirania do Aero Willys. Agora, está mesmo decretado: carro só mesmo em horas muito oficiais ou quando a premência de tempo de fato o exigir".[75] O carro passou a ser usado como ambulância para transportar pobres ou as servidoras dos pobres.[76]

Desde junho de 1964, Dom Helder começou a andar a pé, de ônibus ou de carona pelas ruas de Recife: "A manhã inteira, andei de ônibus e a pé.

---

[73] Circular 57 de 18/19-7-64. "Levei dias para poder mandar invadir a primeira Sala do Trono. Se for preciso, invadiremos a segunda. [...] Claro que tudo isso nos arranca e arrancará sempre mais do comodismo, do egoísmo. Como somos burgueses, sem saber, sem sentir, sem querer!..."

[74] Circular 43 de 29/30-6-64. Na Circular 57, Dom Helder escreve: "[...] como é difícil mudar a mentalidade mesmo de quem é bom e sinceramente cristão... [...] De manhã, de tarde, de noite, quando me sento à mesa, Pobres batem à porta. É ou não Jesus Cristo quem bate na pessoa deles? O que seria lógico? (Não pela deformada lógica dos homens, mas pela evidente e segura lógica de Deus.) Fazer entrar Cristo pela porta mais nobre e fazê-lo sentar-se à mesa... Cedo a argumentos que não me convencem e aceito a humilhação de ver, na própria casa, Cristo encaminhar-se a uma porta traseira, onde recebe restos de comida, dados com carinho, eu sei...".

[75] Circular 34 de 20/21-6-64.

[76] Circular 57 de 18/19-7-64.

Só ontem pude parar no alto de uma ponte sobre o Capibaribe. Só ontem me misturei, de verdade e de vez, com a minha gente".[77] Como ele não tinha mais um carro à sua disposição, muitas pessoas faziam questão de lhe oferecer carona. Para ele, a carona era um momento privilegiado para fazer contatos com os seres humanos: ele fazia perguntas e gostava de apreciar as respostas das pessoas. Queria saber como viviam, como era a vida familiar, quais eram os seus problemas e alegrias. As conversas das caronas se tornavam Meditações nas Vigílias e apoio realístico para as conferências, programas de rádio e televisão, homilias etc.[78] Quando viajava de ônibus, Dom Helder fazia questão de ceder seu lugar às pessoas: "[...] recomecei as Crismas. (Fui de ônibus a Várzea: queria que vissem a emoção do povo ao ver-me na fila e cedendo lugar às Sras. durante a viagem...)".[79]

Orientado pelo espírito do Concílio Vaticano II, o Arcebispo também buscou renovar a Cúria – transformando-a de um lugar de pagamentos de taxas em uma casa paterna –, os institutos educativos e reorganizou os sindicatos rurais. Como São Vicente de Paulo – que além da evangelização dos pobres, preocupava-se com a formação dos padres –, Dom Helder buscava capacitar o clero para desenvolver com eficácia a missão sacerdotal, profética e pastoral. Meditação especial mereceu, em suas Vigílias, o Retiro do Clero: "COMEÇO A PREPARAR o Retiro do Clero. [...] Tendo em vista que a Paróquia deve ser Comunidade de fé, de culto e de caridade, apresentarei o Padre como devendo ser homem de fé, de culto e de caridade".[80] No Retiro, o Arcebispo expressou seu carinho pelo clero de Recife:

O RETIRO VAI ABENÇOADÍSSIMO POR DEUS! Ali está a prova provada de que a maior camaradagem fraterna, longe de quebrar o respeito à autoridade, é, talvez, o preço único da consolidação da famosa "obediência e reverência", jurada na ordenação, "ao Prelado e a seus Sucessores"... Ando o dia todo sem a menor insígnia de Bispo; sento à mesa, absolutamente misturado com eles... Meu Deus, até parece que eu nasci aqui, estudei com eles, sou colega de turma e de ordenação... As perguntas e as confidências

---

[77] Circular 34 de 20/21-6-64.
[78] BROUCKER, J. de. *Helder Camara: la violenza di un pacifico*, 39.
[79] Circular 26 de 10/11-6-64.
[80] Circular 38 de 24/25-6-64.

mais delicadas são feitas sem constrangimento; há um clima de respeito e de carinho... *Deo gratias!*[81]

No Retiro, Dom Helder comentou que os padres estão sempre obrigados a caminhar na caridade e essa obrigação se torna mais imperiosa no Nordeste 1964. Os presbíteros precisam caminhar no amor a Deus: "Santificar-nos para estar à altura da arrancada econômica que vai sacudir o Nordeste. Provei que o desenvolvimento virá. Apesar de todos os erros e todas as falhas, a região – especialmente Recife – entrará em ritmo violento de industrialização". Enfatizou que "o Nordeste vai precisar de Santos. Esta é a missão que Deus nos confia. Este é o nosso chamado, a nossa vocação".[82]

Dom Helder alegrava-se em receber abraços dos padres e esperava o dia em que não seria mais chamado de "Excelência": "Quando conseguirei que os meus Padres não me chamem de Excelência? Já nenhum se mete a beijar-me a mão. Todos já chegam preparados para o abraço".[83] Em suas Circulares, muitas vezes revela o carinho que sentia para com o Bispo Auxiliar, Dom José Lamartine. Os dois eram unidos: "Alegria especial é ver em tudo o que faço, unido de inteligência e de coração, de corpo e alma, o nosso D. José (o Pe. Lamartine)".[84] Os dois partilhavam o mesmo báculo: "Sabem que considero um símbolo que o Arcebispo e o Auxiliar só tenham um báculo? (No caso, é belíssimo o báculo de Dom José: de madeira, dando a impressão viva de Pastor de verdade, no'meio das ovelhas)..."[85]

---

[81] Circular 48 de 7/8-7-64. Na Circular 49, Dom Helder anota: "Já agora, de madrugada, descobri que um só de meus Padres não foi ao Retiro e deve estar sendo trabalhado pelo Diabo que nos quer afastar, um do outro. Vivendo ou procurando viver ao pé da letra a parábola, largarei os 99 padres em Beberibe e irei, hoje mesmo, buscar o querido Irmão e tentar trazê-lo nos ombros. [...] O Diabo há de inquietar-se com a união que se firma em Beberibe. [...] José está alerta" (Circular 49 de 8/9-7-64). Mais adiante, na Circular 86 de 30/31-8-64 encontramos: "Hoje, se Deus quiser, se abre Noitada nova: de Sociologia. Estou feliz. É mais uma Noitada, presa ao domínio delicado e coordenada pelo Pe. [Luiz Gonzaga] Brito, aquele a quem fui procurar durante o Retiro. Estava desconfiadíssimo. Agora é meu, é nosso, é de Cristo, através do Bispinho."

[82] Circular 50 de 9/10-7-64.

[83] Circular 84 de 28/29-8-64.

[84] Circular 20 de 16/17-5-64.

[85] Circular 21 de 17/18-5-64.

1.5 "O garotinho não sabe que somos irmãos"

Dom Helder realizava visitas pastorais, incentivava as Equipes de Pastoral, os encontros do MEB e da ACB. Recebia e fazia reuniões com as diversas classes, inclusive com os usineiros. Era auxiliado pela sua secretária, Maria José Duperron Calvacanti, que fora indicada por Dom José Távora. Ela era conhecida por Zezita, tinha experiência como secretária, além de ser sincera e de muita confiança. À sua Família – agora aumentada com novos integrantes de Recife – o Dom escrevia as Circulares Interconciliares. Em suas Circulares, o *Bispinho* foi descrevendo várias de suas visitas pastorais: "Comoveu-me o depoimento do povo sobre o Pároco (um cearense, Pe. Antonio Bezerra) que passa fome com os paroquianos, mora no meio deles, se veste de macacão para ajudar a construir a Igreja... [...] Uma das faixas da recepção dizia: 'Dom Helder: Zé, Antonio e Severino te saúdam'".[86]

Nas visitas pastorais, o Pastor conhecia o seu povo e alimentava o sonho de uma situação melhor. Depois de visitar Itamaracá, ele anotou:

> É uma Paquetá agreste, abaixo de zero como desenvolvimento e apresentação. Ilha belíssima, habitada por Deus, pelos anjos e por Zé, Antonio e Severino (uns seis mil) morando em mocambos incríveis. Opilados, comidos de vermes, sem ânimo para trabalhar... [...] Padre moço, forte, de olhos azuis: parece um gigante ou gênio bom, no meio deles. Só veste a batina para os Ofícios divinos, em que é impecável. Vive de camisa de meia, braços nus, peito aberto. Se preciso, se atola na lama, parte com a jangada para o alto mar... Conhece toda a Ilha. [...] visitei a Ilha: falei ao povo, entrei em mocambos, visitei um dos dois Presídios. [...] Decidimos partir para a meta de propor aos moradores da "terra da Igreja" ("Terra da Santa", como dizem: no caso, é N. Sra. do Pilar) a plantação.[87]

Dom Helder recebia também visitas de autoridades eclesiásticas, destacando-se, no ano de 1964, as de Dom Colombo e Dom Ancel. Dom Colombo, "tão simples, tão bom! Ficou em nossa própria Casa",[88] disse-lhe

---

[86] Circular 28 de 13/14-6-64.
[87] Circular 30 de 15/16-6-64.
[88] Circular 66 de 4/5-8-64.

O INÍCIO DO PASTOREIO DE DOM HELDER EM RECIFE

165

que São Carlos Borromeu foi o santo do desenvolvimento agrícola do norte da Itália e da educação de base.[89] Agora, era Dom Helder que como "outro São Carlos" se dedicava ao desenvolvimento do Nordeste e à conscientização. O Arcebispo de Recife fez questão de levar o Bispo italiano a um dos mais duros Alagados e ao Seminário Regional do Nordeste "cujo simbolismo aprendeu muito bem".[90] Em uma das Noitadas de Teologia, Colombo fez uma "esplêndida palestra" sobre o Vaticano II.

Dom Helder entendeu que a visita do Monsenhor Ancel era uma "delicadeza do Pai, que me envia um Bispo que é modelo de santidade episcopal em nossos dias. É o Concílio encarnado. São Carlos Borromeu do Vaticano II".[91] O Arcebispo de Recife promoveu um encontro do Bispo francês com os professores do Seminário Maior, pois desejava que Ancel conhecesse, de frente, no nascedouro, o plano de reformulação dos estudos:

Quero ver o Bispo-Operário em contato com a JOC e ACO. Quero ver Cristo (tão visível n'ele) entrando nos Alagados e Mocambarias. Quero levá-lo a Paróquias populares, onde se esteja vivendo a renovação paroquial (ele assistirá, se Deus quiser, à reunião da Catequese Integral e Missionária, na tarde de sábado). Quero que ele participe de u'a Noitada extra de Teologia, falando sobre a Igreja Servidora e Pobre.[92]

Vendo Dom Helder tão dedicado às atividades pastorais ninguém poderia imaginar quão grande era a saudade que ele sentia do Rio de Janeiro. À sua Família ele escreveu:

Vocês não vão pensar que o céu, em Recife, está sempre azul, de dia, e cheio de estrelas, à noite... Há cinza. Há cor de chumbo. Há, por vezes, ausência

---

[89]   Circular 65 de 3/4-8-64.

[90]   Circular 66 de 4/5-8-64.

[91]   Circular 81 de 25/26-8-64.

[92]   Circular 81 de 25/26-8-64; Circular 85 de 29/30-8-64. Na Circular 89, Dom Helder escreveu: "Mons. Ancel comoveu-nos profundamente conversando sobre a Igreja Servidora e Pobre. A Noitada extraordinária de Teologia deixou o salão de São José de Manguinhos transbordante. Impressão vivíssima de ter um santo ao meu lado, convivendo conosco. Que responsabilidade e que excelente preparação para o Concílio!... A grande marca de Ancel, além do Amor, é a compreensão teórica e prática da pobreza... Conferencistas existem muitos. Teóricos é fácil encontrar. Ancel não é todo dia que encontramos em nosso caminho" (Circular 89 de 2/3-9-64).

absoluta de visão, obrigando a voo cego. Há impressão terrível de despro-porção entre o que há de fundamental e de imenso a fazer, e o mínimo que se logra realizar... Há tentações de desânimos e de tristeza. Há saudade.[93]

Dom Helder abalou-se emocionalmente com a morte de seu gran-de amigo, Dom Armando Lombardi, que acontecera no início de maio de 1964. Dom Lombardi morreu de ataque cardíaco – talvez devido às fortes pressões que estava recebendo nas negociações entre representações estran-geiras e o Governo brasileiro, no tocante à crise política e ao desrespeito aos Direitos Humanos. Era bastante provável que Lombardi seria o Secretário de Estado do Vaticano uma vez que a negociação entre Paulo VI e o Car-deal Suenens haviam avançado no mês de março.[94] O abalo que a morte de Dom Armando causou a Dom foi tão grande que ele mesmo pensou que iria partir para o céu:

UMA HORA DA MANHÃ: a Western acaba de transmitir-me, pelo telefo-ne, o cabograma que anuncia a morte do Sr. Núncio. Deus seja louvado! [...] Graças a Deus, do começo ao fim, do primeiro ao último dia, nos momentos fáceis e felizes como nos difíceis e tristes, lado a lado, salvamos, plenamen-te, a profecia do Santo Padre. Não esperei que ele partisse para proclamar aos quatro ventos que ele era o maior Núncio que o Santo Padre tinha no mundo.[95]

Dom Helder, em suas Circulares, gostava de partilhar com a Família os "flagrantes" que lhe aconteciam tais como a do menino que queria ser seu parente ou do velho Miraldo que lhe ofereceu uma perna: "'Mãe, Dom Helder não podia ser parente da gente?'... O garotinho não sabe que somos irmãos".[96] "Miraldo que está velho e, embora tenha uma perna só desde 11 anos de idade, dirige uma oficina mecânica, veio dizer-me: 'Já disse a Deus

---

[93] Circular 44 de 2/3-7-64.

[94] PILETTI–PRAXEDES, 313.

[95] Circular 11 de 4/5-5-64. Dom Helder dedica quase toda a Vigília e a Circular a Dom Lombardi. Nas Circulares seguintes, fará outras referências a esse acontecimento inesperado. Na Circular 17 escreverá: "Quem poderia prever que a comemoração do primeiro mês de posse seria um Pontifical de Exéquias pela morte do querido Irmão, cujo aniversário festejaríamos hoje!?..." (Circular 17 de 12/13-5-64).

[96] Circular 19 de 15/16-5-64.

que ofereço com muito gosto a outra perna pra este homem ter muitos anos de vida, para ajudar a pobreza...".[97] "Souberam do garoto que meteu a tesoura no próprio cabelo para ficar como Dom Helder?... Carequinha como o Dom...".[98] "Veio um ceguinho falar comigo: 'Nunca tive tanta pena de não ter vista: queria ver o Senhor'. Estes e outros momentos, em cada instante, cada vez mais me confirmam na linha do Papa João".[99] Alguns pobres, porém, além de esmolas, começaram a pedir abraços:

> Passei por um cego que só tinha a seu lado o próprio Anjo. Sem dizer palavra, coloquei uma cédula na bandeja e segui. Daí a instantes o cego gritou a plenos pulmões: "Dom Helder, Dom Helder, venha cá". Voltei curioso: seria cego aparente? Explicou-me: pelo tato descobri que a cédula era um Cabral. Dar Cabral a cego, sem ninguém em volta, só mesmo o Arcebispo... "Complete a caridade: me dê um abraço".[100]

Às duas da manhã, o despertador acordava o Dom para Vigília. Porém, na madrugada de 22 de maio de 1964, foi acordado por um passarinho: "Sabem quem me acordou? Um passarinho. Veio das árvores de nosso quintal. Entrou pela janela aberta, fugindo da chuva. Deixou se apanhar facilmente. Só pude aquecê-lo: dar-lhe carinho. A chuva estava passando: deixei-o partir".[101] Como São Francisco, Santo Antônio de Pádua e outros santos, o Dom resolveu conversar com o pássaro: "Pedi que dissesse aos outros que o quarto é nosso. Vou arranjar alpiste e água fresca. Será que eles me ensinam a cantar? Será que ficam, de bom grado, cantando, louvando a Deus, enquanto rezo o Breviário? Se eles quiserem, brinco para que se divirtam um pouco: gostarão de bola de gude, de peteca, de pião?...".[102]

Antes de viajar para o Terceiro Período do Vaticano II, Dom Helder analisou os seus primeiros meses como Pastor de Olinda e Recife e fez a seguinte oração:

---

[97] Circular 27 de 12/13-6-64.

[98] Circular 99 de 9-9-64.

[99] Circular 31 de 16/17-6-64 e 17/18-6-64.

[100] Circular 36 de 22/23-6-64. "Cabral" era chamada a cédula de 5 Cruzeiros que possuía a esfinge de Pedro Álvares Cabral.

[101] Circular 23 de 21/22-5-64.

[102] Circular 23 de 21/22-5-64.

SÊ BENDITO, PAI, pela fidelidade com que tenho podido corresponder à tua Vontade divina: [...] Ao partir para a 3.ª Sessão do Vaticano II ou para o Céu, tenho a alegria de verificar: que me entreguei a Recife com a mesma lealdade, a mesma sinceridade e o mesmo amor com que me dei ao Rio; [...] que reafirmo minha fé absoluta no apostolado oculto: se me deres vida, caber-me-á dar o máximo amparado em teu auxílio; se me levares, partirei tranquilo, querendo o que tu queres, preferindo o que preferires... [...] Pai, toma conta de nossos Filhos! Abençoa-nos!... Dom.[103]

No Terceiro Período do Vaticano II ocorreu a eleição dos dirigentes da CNBB. Os Bispos ligados a Dom Helder esperavam a sua reeleição como Secretário-geral. No entanto, o ultraconservador Dom José D'Ângelo Neto, de Pouso Alegre, Minas Gerais, reuniu Bispos de zonas remotas – geralmente, estrangeiros, conservadores e moderados – preocupados com o radicalismo, e embora Dom Helder, Dom Eugênio Sales e Dom Fernando Gomes tenham feito grandes esforços saíram derrotados. O Secretário eleito foi o mineiro Dom José Gonçalves, que tinha três virtudes, a saber, auxiliar e amigo do Cardeal Jaime, era do tipo burocrático nas atividades eclesiais e sabia o alemão – importante para estabelecer contatos com a *Adveniat* e a *Misereor*, que deveriam financiar a CNBB nos cinco anos seguintes. Dom Agnelo Rossi, conhecido por não ter linha própria definida, foi eleito Presidente, vencendo Dom Fernando Gomes. Apesar da substituição das pessoas e do "conservadorismo" dos novos eleitos, a assembleia se desenrolou com cortesia, e Dom Helder anunciava os resultados com um sorriso amável.[104] Desse modo, ele deixou a direção da entidade que com muito empenho fundara e dirigira por doze anos. A dor aumentava ainda mais, pois a derrota também significava a "segunda despedida do Rio de Janeiro". Ele assim comentou seus sentimentos em Circular enviada à Família:

Para Ação Social, venci apenas por maioria simples. Há duas notas muito positivas. O interesse dos Bispos pela Conferência e a cordialidade reinante. Deste ponto de vista, a Assembleia é uma grande vitória. Mas não adianta negar que houve uma clara vitória ideológica. Venceu a reação. Agora, é

---

[103] Circular 100 de 9/10-9-64.

[104] SOUZA, L. A. G. de. *A JUC: Os estudantes católicos e a política*, 71-72; PILETTI–PRAXEDES, 314-315.

alargar o coração. Dar exemplo de espírito democrático e cristão. [...] O Estadão e o Globo vão comentar a derrota da esquerda episcopal... O caso difícil de explicar – minha eleição – será comentado como sendo resultado de magra vitória, por maioria simples. Anunciei, sorrindo, amável, todos os resultados. Estava tranquilo. [...] Agora, em plena Vigília, não seria sincero se não reconhecesse que, na hora de perder o título de Secretário-geral da CNBB, a oferenda pesa! Sabia. Esperava. Era certa a substituição. Mas é a confirmação de minha partida do Rio. É uma separação a mais. Aflige-me também a vitória do conservadorismo.[105]

2. "[...] o Bom Pastor, aos ombros, traz o mundo subdesenvolvido"

2.1 "Como me custa, especialmente nesta hora de seca e de fome, arrancar da boca dos Pobres para inaugurar o Seminário!..."

Ao retornar a Recife, do Terceiro Período do Vaticano II, Dom Helder pôde notar a saudade que sua ausência causou aos seus amigos e colaboradores. No dia 23 de novembro, mais de 60 jovens lhe fizeram uma "deliciosa serenata" que até a lua ficou encantada. Outra alegria foi ver que os seminaristas estavam se inscrevendo para vários tipos de trabalhos, ligados ao acabamento ou à manutenção do Seminário: pedreiros, carpinteiros, plantadores... "Há horas de trabalho manual, pelas quais receberão como os operários; trabalharão sem privilégio, lado a lado, com os trabalhadores. Intenção: formar Padres-operários? Ensinar a prezar o trabalho e o trabalhador; aproximar de maneira profunda e realística. Padre e operário; preparar o sacerdote para o amanhã...".[106]

---

[105] Circular 17 de 27/28-9-1964. Mais adiante, na Circular 34 de 11/12-10-1964, Dom Helder escreverá: "Aos poucos, a primeira impressão de surpresa e desagrado cedeu lugar à compreensão dos planos divinos. Será ótimo para a CNBB".

[106] Circular 101 de 23/24-11-1964.

No dia 23 de novembro de 1964, após a Missa, os assistentes sociais do Banco da Providência apresentaram um balanço das atividades realizadas durante a sua ausência. De tarde se discutiu sobre o Seminário Regional do Nordeste – construção, apoio do governo do estado, formação dos seminaristas e reestruturação do Palácio de Manguinhos.[107] Os encaminhamentos das novas propostas estarão entre as principais atividades do Arcebispo nos primeiros anos do seu Episcopado em Recife.

A construção do Seminário Regional do Nordeste foi um tema polêmico que Dom Helder teve de enfrentar naquele período. O Arcebispo desejava que esse Seminário fosse o símbolo de uma nova formação seminarística.[108] Ele gostava de dizer: "O Seminário Regional – com a reformulação dos estudos, embebidos da mística e da espiritualidade da Igreja em Concílio – vai formar padres novos para o Novo Nordeste".[109] De modo participativo, Bispos, padres, professores e seminaristas escolheram, como patrono do Seminário, São Carlos Barromeu a fim de que o Santo ajudasse a fazer do Vaticano II o que ele fizera em relação ao Concílio de Trento e porque dele era devoto João XXIII e Paulo VI.[110]

A construção de um Seminário gigante, no entanto, foi exigindo cada vez mais dinheiro e, ao mesmo tempo, o projeto revelou-se de duvidosa eficácia. Na Circular 141, Dom Helder comenta que "os Bispos do Nordeste, inclusive Dom Carlos [Coelho] não o queriam; os Bispos norte-americanos não o toleram. Já custou um bilhão; para terminar custará mais outro bilhão, ainda. Abrir-se-á, criando um déficit anual de funcionamento da ordem mínima de 45 mil dólares". Além disso, tornará "difícil a formação dos seminaristas no espírito da Igreja Servidora e Pobre e, sobretudo, de Igreja dentro de uma área subdesenvolvida como o Nordeste". Trata-se "de um equívoco de proporções desastradas, impingido, com a melhor das intenções, aos Bispos do Nordeste por Mons. Samoré".[111] Diante da quase obrigação de efetivar uma obra em contradição com as suas convicções

---

[107] PILETTI–PRAXEDES, 316-317.

[108] Circular 66 de 4/5-8-64; Circular 81 de 25/26-8-64; Circular 85 de 29/30-8-64.

[109] Circular 88 de 1/2-9-64.

[110] Circular 126 de 8/9-1-65.

[111] Circular 141 de 16/17-2-65.

mais profundas, Dom Helder pensou até em abandonar a Arquidiocese de Olinda e Recife. Mas, por outro lado, questionava-se: não fora a Providência que o levara aí?[112] O que deveria fazer?

As Circulares revelam o drama interior vivido por Dom Helder: enquanto ele se preocupava em conseguir vultosa quantia de dinheiro para construir o gigante Seminário, continuava a seca, aprofundava-se a crise econômica do país e, consequentemente, cresciam a miséria e a fome. No Brejo, um porco esfomeado comeu a terça parte de uma criança,[113] homens famintos se alegravam ao comer uma abóbora e triplicou o número de pedintes no Palácio.[114] Os gastos com o Seminário levavam todo o dinheiro:

> Como me custa, especialmente nesta hora de seca e de fome, arrancar da boca dos Pobres para inaugurar o Seminário!... [...] acabou-se a riqueza de puxar uma caderneta e assinar um cheque... É uma delícia ter nas mãos uma caderneta de cheques tornada inútil, como na hora de partir para o Pai!... É uma delícia voltar a viver o dia a dia da Providência, o instante a instante das respostas do Pai![115]

O *Pe. José*, nesses dias, escreveu poemas de profunda intensidade espiritual: fez uma experiência de *morte*.[116] Dom Helder vê nessa situação

---

[112] Circular 157 de 3/4-3-65.

[113] Circular 164 de 11/12-3-65.

[114] Circular 165 de 12/13-3-65.

[115] Circular 165 de 12/13-3-65. Zildo Rocha comenta que "o impacto da miséria, provavelmente ainda mais degradante que a do Rio [de Janeiro] e que, não raro, o deixava sem disposição para comer, colocava-o numa situação de grande constrangimento, ao ter de gastar milhões de cruzeiros (não raro dinheiro destinado aos pobres) para avançar a construção e acelerar a inauguração daquele Seminário colossal em Camaragibe em completo contraste com tudo o que ele desejava para a formação de seus futuros padres... [...] Essa situação, mais de uma vez, o fez pensar em suspender a obra e, mesmo, em renunciar à Arquidiocese, desvinculando-se da engrenagem" (ROCHA, Z. "Introdução". In: CAMARA, H. *Circulares Interconciliares*, III, 26-27).

[116] "Antevigília de Partida

A caderneta de cheques
de repente
ficou inútil
em minhas mãos,
tal como sucederá
na hora da partida
para o Pai..." (Recife 12/13-3-65).
Circular 164 de 11/12-3-65.

não a pobreza que buscou e quis, mas a que o Pai lhe enviou: "Delicio-me vendo o Pai, com sempre maior confiança de brincar. A gente se mete a querer mergulhar nos mistérios da Pobreza e Ele nos faz viver não o despojamento que imaginávamos e eram só os que conhecíamos... mas os preferidos por Ele, como mais aptos para nós...".[117]

Em março de 1965, o Núncio Apostólico, Sebastião Baggio, visitou Dom Helder e, tenso, lhe disse que considerava "um desastre de consequências imprevisíveis a não inauguração do Seminário Regional no dia 2 de maio". Quando o Dom acenou para a mística de "o Seminário crescerá com o Nordeste", lhe respondeu que "a educação é uma ciência e não u'a mística" e, então, passou a dizer que ouviu numerosas queixas contra Dom Helder tanto de eclesiásticos quanto de autoridades governamentais. Acusavam-no de preocupar-se muito com o social, descuidando da dimensão pastoral, de realizar gestos que comprometiam a dignidade episcopal e de abusar do Concílio Vaticano II. Disse-lhe ainda que não concordava com essas acusações, mas que o Arcebispo deveria "pensar nos outros".[118] Diante da gravidade das acusações, Dom Helder deixou o Núncio à vontade quanto ao seu destino e não guardou mágoa de ninguém. Dias depois, em Roma, no entanto, Paulo VI o tratou com extrema cortesia, carinho e respeito.[119] O Papa lhe disse: "Não esquecerei jamais nossa visita à Favela. Que alegria ter o Bispo no meio do povo, cercado pelo amor dos Pobres". E pediu: "Independentemente de qualquer atuação oficial, comece, em Recife, o trabalho das casas! Mas faça como no Rio: não mande apenas fazer... Vá, cada vez mais, para o meio do povo".[120] De volta a Recife, Dom Helder anotou que o Santo Padre aprovou o *slogan*: "o Seminário Regional crescerá com o Nordeste".[121]

Enfim chegou o dia da inauguração do Seminário. Uma multidão veio de todos os cantos para a inauguração. Dom Helder fez grandes esforços

---

[117] Circular 164 de 11/12-3-65.

[118] Circular 171A de 19/20-3-65. Esta Circular fora tirada da série, talvez por conter um assunto delicado e tenso com autoridade eclesiástica, mas depois o Dom a colocou novamente.

[119] Circular 176 – 12 de 10/11-4-65

[120] Circular 176 – 13 de 10/11-4-65.

[121] Circular 176A de 13/14-4-65.

para agradar o representante do Papa, o Presidente da CAL, Monsenhor Samoré: "A Santa Missa foi linda, linda, linda... [...] As cerimônias, as orações, o canto, a atitude dos seminaristas, tudo do melhor estilo e de modo a cativar o Embaixador especial do Santo Padre...". O Reitor do Seminário, Pe. Marcelo Carvalheira, fez uma grande e bela oração. Enquanto isso, "eu conversava com José, pensando no meu discurso: como pronunciá-lo, se eu me achava entre o Governador e o general Muricy? (revivi o dia da chegada). Como o receberia Mons. Samoré?". [122]

Quando Dom Helder começou a falar, logo iniciaram os aplausos. Falava mais um pouco, e outros aplausos: "Em certos momentos, quase tive de interferir, porque as aclamações estavam passando da conta... Quando acabei, o Governador não se conteve e foi o primeiro a dizer a palavra que mais ouvi, de todos: 'Foi o maior e melhor discurso que você já fez'". O general Muricy lhe deu um cordial aperto de mão, embora não tenha tocado no discurso. O mesmo fez Mons. Samoré.[123] Paulo VI escreveu a Dom Helder aprovando e agradecendo pelo seu trabalho em vista da inauguração do Seminário.

Dom Helder discursou recordando que a Santa Sé desejou e, praticamente, construiu o Seminário Regional. Aquela casa, como todos os seminários do mundo, era destinada a formar sacerdotes, e a missão essencial do padre é o anúncio da Mensagem da Salvação. Mas a Igreja, continuadora de Cristo, tem o senso real: "o Seminário Regional se abre em 1965 e em Recife" – no coração do Nordeste brasileiro quando inicia a década do desenvolvimento: "Esta Casa preparará sacerdotes para evangelizar. Mas não se evangelizam seres abstratos, intemporais e residentes no vácuo. Evangelizam-se criaturas humanas, concretíssimas, inseridas no espaço e no tempo".[124] O Seminário nascia com a missão de dar ao conceito de "desenvolvimento" todo o seu vasto significado humano e sobrenatural e, nesse sentido, servia como exemplo o MEB, que buscava dar às massas em condições subumanas uma realização humana e cristã: mais do que simples alfabetização, buscou colocar "as criaturas em pé, abrir-lhes os olhos,

---

[122] Circular 188 de 2/3-5-1965.

[123] Circular 188 de 2/3-5-1965.

[124] CAMARA, H. "Realismo da Igreja continuadora de Cristo". *Vozes* 5 (1965) 433.

despertar-lhes a consciência". Dom Helder acrescentou que seria triste se, devido ao nosso pecado de omissão, amanhã, as criaturas guardassem a "impressão de terem sido abandonadas pela Igreja" porque esta era cúmplice da burguesia (que cobre as injustiças com ofertas generosas para o culto e as obras sociais[125]). E ressaltou: "Nosso lema de desenvolvimento é a palavra de Cristo: 'Venho para que tenham vida e vida em abundância'". Portanto, naquela Casa "serão estudados os problemas ligados à Filosofia e à Teologia do desenvolvimento":

> Em que medida é possível aplicar aos povos ricos o que a Bíblia e os Padres da Igreja dizem sobre os indivíduos ricos? [...] qual o alcance exato do direito de propriedade em S. Tomás de Aquino, na Patrística, no Magistério? [...] como marcar a presença cristã na elaboração de uma civilização do desenvolvimento solidário? [...] velhos temas teológicos e filosóficos serão reexaminados, ao lado de novos, em clima ecumênico e em clima de Vaticano II, e à luz da experiência do Terceiro Mundo. [...] Deus não nos obriga a êxitos. O sucesso, quase sempre, independe de nós. A nós cabe o testemunho, o esforço, a tentativa de diálogo. [...] guardem este símbolo: Seminário inacabado; em funcionamento; mas ainda em construção. Guardem este *slogan*: o Seminário Regional crescerá com o Nordeste. Material e espiritualmente cresceremos juntos, como irmãos. Assim, esperamos, nesta Casa de imponente aparência, manter a fidelidade íntegra à Igreja servidora e pobre.[126]

O Arcebispo finalizou o discurso afirmando que o "Bom Pastor é figura que transcende a todos os séculos, mas em cada época se realiza conforme as exigências do tempo. Guardem esta imagem final: Sabem que ovelha o Cristo traz nos ombros ao cruzar os caminhos de hoje? É questão de abrir os olhos e ver: o Bom Pastor, aos ombros, traz o mundo subdesenvolvido".[127]

Os dois jornais de Recife publicaram o discurso na íntegra e Dom Helder anotou: "Garanto que foi entendido e aprovado, pela quase

---

[125] CAMARA, H. "Per una visione cristiana dello sviluppo". In: CÂMARA, H. *Terzo Mondo defraudato*, 15-18.

[126] CAMARA, H. "Realismo da Igreja continuadora de Cristo". *Vozes* 5 (1965) 437-439.

[127] CAMARA, H. "Realismo da Igreja continuadora de Cristo". *Vozes* 5 (1965) 439.

unanimidade".[128] Mas alguns dias depois começaram a surgir em muros de Olinda e Recife, quase sempre perto dos quartéis, frases tais como: "Viva Dom Helder", assinado PCB; "Dom Helder é nosso", assinado PCB. O povo e o Dom perceberam o ridículo da farsa: como poderiam os comunistas pichar como se o IV Exército dormisse. Os militares ficaram irritados porque Dom Helder não se deu ao trabalho de desmentir que não era comunista...

O que desagradava mesmo a Dom Helder, porém, eram as dificuldades de articulação com a Nunciatura: "O senhor Núncio discorda frontalmente do Programa de estudos (espiritualidade e ação) do Seminário Regional do Nordeste. Pelo jeito, se bate por programas de todo controlados pela Sagrada Congregação dos Seminários... O nosso foi discutido e aprovado pelos Bispos do Nordeste".[129]

O tempo foi passando e, apesar de existir um gigante Seminário, os seminaristas queriam habitar em pequenas comunidades, nas paróquias. Eles almejavam uma formação mais sintonizada com as exigências eclesiais do Vaticano II e do contexto nordestino. Entendiam que a "casa grande" já não mais respondia às aspirações de quem queria ser "pastor do povo". Dos 147 seminaristas, somente seis queriam permanecer na "casa grande" e, por isso, a direção do Seminário tentou caminhos novos.

Como Dom Helder era o coordenador da Equipe de Supervisão de Bispos para seguir de perto a formação sacerdotal, viu-se no dever de tomar posição diante dos apelos dos seminaristas. O Arcebispo correspondeu-se com o Cardeal Garrone, Prefeito da Congregação para a Educação Católica. A Congregação, então, enviou o Monsenhor Pavanello para conversar com os Bispos do Nordeste (13 horas de conversação). Estes receberam, depois, o aval da Santa Sé para dar início à nova experiência de formação.[130] Desse modo, os seminaristas morariam em pequenas comunidades inseridas nos bairros de Olinda, juntamente com padres-formadores, e estudariam no ITER, criado em 1968 e aberto a congregações religiosas, leigos e leigas. O ITER era centro de estudos teológicos, também a serviço da reflexão ecle-

---

[128] Circular 205 de 19/20-5-1965.

[129] Circular 223 de 15/16-6-1965.

[130] PINHEIRO, E. "Dom Helder Camara como arcebispo de Olinda e Recife (1964-1985)". In: ROCHA, Z. *Helder, o Dom. Uma vida que marcou os rumos da Igreja no Brasil*, 85-86.

sial da região Nordeste.[131] A imprensa conservadora, como por exemplo *O Estado de S. Paulo*, no entanto, criticava constantemente a formação das comunidades seminarísticas que se espalhavam pelo Brasil, afirmando que estas ultrapassavam sua competência religiosa e invadiam a esfera política.[132] Na verdade, preferiam seminaristas e padres alienados em relação aos abusos sofridos pelo povo pobre e sofredor.

Após a aprovação da nova experiência formativa por parte de Roma, Dom Helder recebeu uma carta do Cardeal Garrone o qual se mostrava preocupado e perguntava se essa experiência salvaguardaria o essencial do que deve fazer um Seminário maior, lançando um fraternal grito de alarme. Dom Helder respondeu imediatamente dizendo que, para ele, um desejo de Roma era uma ordem: sua impressão fora a de que Roma aprovara a nova experiência, mas no momento em que o Cardeal enviassse uma carta dizendo para parar, convocaria os Bispos e bloqueariam a experiência. Então o Cardeal respondeu que, se tudo estava regulamentado, não havia problema; ele não queria parar nada.[133]

No livro *Le conversioni di un vescovo*, Dom Helder comentou que em seu tempo de Seminário era considerado normal que a preparação para servir ao povo fosse realizada longe deste, por onze, doze, treze anos. Hoje não se pensa assim. Sente-se que o Espírito Santo sopra. Em certo momento, os jovens que desejavam ser padres sentiram que o modo melhor de preparar-se para servir ao povo era permanecer no meio dele. Hoje, um jovem que

---

[131] PINHEIRO, E. "Dom Helder Camara como arcebispo de Olinda e Recife (1964-1985)". In: ROCHA, Z. *Helder, o Dom. Uma vida que marcou os rumos da Igreja no Brasil*, 86-87. Segundo registrou Ernani Pinheiro, em 1968 havia 15 comunidades formativas que habitavam em diferentes locais de Olinda. Nos primeiros tempos, a experiência foi muito positiva. Depois, por falta de assistência mais próxima aos seminaristas, mas principalmente por escassez de vocações que atingiu a Igreja em todo o mundo nos anos 70, a experiência encontrou dificuldades. No entanto, "depoimentos de muitos ex-seminaristas, hoje padres e bispos, mostram que sua formação contribuiu para o espírito missionário, para uma espiritualidade engajada, para o relacionamento com o povo" (ID. "Dom Helder Camara como arcebispo de Olinda e Recife (1964-1985)". In: ROCHA, Z. *Helder, o Dom. Uma vida que marcou os rumos da Igreja no Brasil*, 86).

[132] CAYUELA, J. *Hélder Câmara – Brasil: ¿un Vietnam católico?*, 194-195.

[133] BROUCKER, J. de. *Helder Camara: la violenza di un pacifico*, 140-141.

O INÍCIO DO PASTOREIO DE DOM HELDER EM RECIFE

visa servir ao povo como pastor nem imagina fechar-se em um internato e permanecer lá por anos.[134]

2.2 "Penso [...] em arrancar-me de Manguinhos"

Além de se preocupar com a formação de sacerdotes para o novo Nordeste, outro assunto que fez parte da pauta de Dom Helder, nos primeiros anos de seu pastoreio em Recife, foi a reorganização do Palácio São José de Manguinhos, o qual não deveria ter caráter de trono, de fortaleza, e sim estar de portas abertas noite e dia. Ele se sentia inspirado pelo Papa: "Paulo VI me declarou que só acredita que o Papa se possa livrar de excessos não evangélicos de sua apresentação externa se os Bispos do mundo inteiro derem o primeiro passo...".[135] O Arcebispo já havia se livrado da Aero Willys e aberto o Palácio aos pobres,[136] mas também queria tirar o "nome" e o "ar" de Palácio do querido São José de Manguinhos, queria desfazer-se dos dois tronos, das cadeiras nobres, dos tapetes e aproveitar melhor as salas vazias:[137] "Dom José lembra que eu preciso das salas para receber Comissões... Dessa maneira, o Santo Padre jamais se livrará do Vaticano!".[138]

---

[134] CAMARA, H. *Le conversioni di un vescovo*, 45. O sucessor de Dom Helder fechará o Seminário Regional do Nordeste e o ITER, provocando polêmicas, tristezas e divisões na Arquidiocese de Recife. Emérito, o Dom acompanhará tudo em silêncio...

[135] Circular 25 de 3-10-1964.

[136] Fesquet escreveu, no dia 19 de novembro de 1964, que Dom Helder Camara, Arcebispo de Recife, é uma das figuras mais comoventes do Concílio. Todos sabem em Roma que ele é o Bispo dos pobres por excelência. Ele colocou seu Palácio Episcopal à disposição dos pobres e estes se sentem em casa. O Papa tem um afeto particular por Dom Helder: mais, Paulo VI lhe disse, pessoalmente, ser influenciado por ele. É também por isso que os discursos desse Bispo devem ser escutados com a máxima atenção (FESQUET, H. *Diario del Concilio*, 727).

[137] Alguns anos mais tarde, Dom Helder relatou a José de Broucker que, quando chegou a Recife, no Palácio de Manguinhos, havia dois tronos para serem usados pelo Arcebispo. De um, logo conseguiu se livrar com facilidade, mas do segundo teve dificuldades, pois, afinal, um príncipe da Igreja precisava de trono... Certa vez, ele chegara para uma reunião e todos o aguardavam, em pé, cada qual próximo a sua cadeira. O trono aguardava o Arcebispo. Ao recordar isso, Dom Helder, sorrindo, comentou que, naquele dia, compreendeu Cristo Rei! O grande Palácio foi se tornando cada vez mais insuportável, pois quando sentava no trono recordava os pobres sentados à escadaria do Palácio; quando ia almoçar, aqueles homens ficavam olhando da janela, com os olhos bem abertos... O Dom, então, perdia a fome (BROUCKER, J. de. *Helder Camara: la violenza di un pacifico*, 34-35; CÂMARA, H. *Chi sono io?*, 107-109).

[138] Circular 25 de 3-10-1964.

Alguns fatos que aconteciam no Palácio eram meditados com profundidade nas Vigílias, provocando Dom Helder à audácia evangélica. Às vésperas de 1965, por exemplo, o Dom recebeu um presente especial. De repente, adentrou no Palácio São José de Manguinhos um rapaz. Ele estava esperando o ônibus "em frente à nossa casa, quando u'a mulher aflita lhe pediu a fineza de segurar um instante um pequeno plástico com roupinhas de crianças. A seguir, pediu que segurasse a própria criança" e disse ao moço: "'Pelo amor de Deus entregue a Dom Helder. Diga que sou u'a mãe infeliz que não posso criar meu filho'. E saiu correndo, sem coragem de olhar a criança (escondendo os olhos com o braço)". Duas Religiosas que estavam no Palácio ficaram em pânico: telefonam para as maternidades pedindo um lugar para a criança. Dom Helder registrou:

> Não havia lugar na hospedaria. Propus que procurássemos uma estrebaria, um boi e um burro... A Maternidade do Derby – como se tratava de servir ao Sr. Arcebispo – consentiu em guardar o Sem-Nome, o Indesejado, por uma noite. [...] Enquanto isto, tentei cantar as Irmãs. Provei que não faltaria ajuda ao Garotinho (ao Zé, Antônio, Severino... ao Cristo que nos chegava) [...]. Choveram presentes. O pânico das irmãs só fez aumentar. Quando já não se aguentavam de pavor, veio um casal sem filhos (de absoluta confiança) e levou o Emanuel...[139]

Durante a Vigília, Dom Helder refletiu: "Que quis dizer-me o Senhor?... Será que entendi a mensagem? Será que adivinhei o nome da Criança? Fosse batizá-la, com a liberdade bíblica de criar nomes, eu a chamaria Nordeste ou Terceiro Mundo".[140]

Os funcionários do Palácio, a contragosto, deixaram, alguns meses, os portões abertos. No dia 27 de julho de 1965, resolveram fechá-los e, sem querer, acabaram por deixar o próprio Arcebispo fora:

> Ontem, houve um episódio pitoresco... O portão de Manguinhos ficou aberto, dia e noite, durante meses. Os Empregados, por iniciativa própria, voltaram a fechá-lo, alegando que o quintal e os parapeitos se estavam enchendo

---

[139] Circular 122 de 2/3-1-65.

[140] Circular 122 de 2/3-1-65; PILETTI–PRAXEDES, 318.

O INÍCIO DO PASTOREIO DE DOM HELDER EM RECIFE

de maloqueiros. Mas nem tiveram ânimo de falar-me... Mudaram a chave e ontem, pela primeira vez, o portão voltou a ser fechado. Conclusão: fiquei do lado de fora. A turma acordou aflita. Veio abrir o portão. Quando houve alusão a maloqueiros, lembrei que os Padroeiros deles é São José e Nossa Senhora que se abrigaram, de noite, onde puderam para que nascesse o Salvador do Mundo... O portão dormiu aberto. Mas já sei que vencerá a prudência. Pesarão as estruturas. E o portão se fechará... Não é fácil ser Papa! Não é fácil nem ser Bispo! Mas tudo vira Oferenda, quando se é um com o Irmão.[141]

Dom Helder, no entanto, em suas Meditações ia mais longe: pensava na possibilidade de, após o Concílio, abandonar a moradia do Palácio de Manguinhos e ir morar junto aos pobres:

Penso, sempre mais, em voltar ao Recife; em continuar fidelíssimo à decisão de ser de todos; em continuar, com a graça divina, sempre mais preso à humildade e à caridade. Mas, em arrancar-me de Manguinhos: não ter casa minha; ir à Casa de todos os que têm Casa, mas, a ter um canto, preferi--lo entre os que não chegam a ter Casa... Os Pobres vêm ao Palácio. Mas sentem, no Bispo, um pouco, o Pai, mas sobretudo o Prestígio, a Força, a Influência, o Homem que resolve, que tem recursos, que manda nos Grandes... Não veem um igual, um irmão. [...] Demagogia ou tentativa de imitar a Quem podendo escolher o lugar do próprio nascimento, escolheu uma estrebaria? Demagogia ou tentativa de imitar Aquele que não tinha uma pedra onde repousar a cabeça?[142]

O Dom habitou no Palácio São José de Manguinhos até 12 de março de 1968. Depois, foi morar numa sacristia da Igreja das Fronteiras,[143] onde permaneceu até o seu falecimento, em agosto de 1999. Ele não foi o primeiro

---

[141] Circular 261 de 28/29-7-1965. Alguns dias depois, Dom Helder registra: "Voltou mesmo a fechar-se o portão do Palácio. Dizem que um ladrão levou alguns objetos do Edilberto. Parece um símbolo: fico contemplando o casarão, cercado de grades, com três portões fechados a cadeado... Pobreza! Senhora Pobreza! Quando imaginei que minha maneira de servir-te seria aceitar estruturas que os homens inventamos para a Igreja de Cristo!..." (Circular 266 de 3/4-8-1965).

[142] Circular 279 de 21/22-8-1965.

[143] A Igreja das Fronteiras está na Rua Henrique Dias, nome do chefe negro que lutou contra os holandeses no século XVII – e isso Dom Helder também entendeu como um símbolo (BROUCKER, J. de. *Helder Camara: la violenza di un pacifico*, 41).

Bispo a abandonar um palácio e, inclusive, do ponto de vista econômico, era vantajoso vender o São José de Manguinhos e adquirir um arranha-céu construído com créditos da SUDENE – a qual fazia boa propaganda da "generosidade" do Governo militar. Enquanto Helder foi o Arcebispo Diocesano, o Palácio de Manguinhos transformou-se em um centro de trabalho em prol da evangelização libertadora.[144] Sociólogos, médicos, economistas, teólogos, estudantes, líderes comunitários lá realizavam reuniões para criar ações em benefício de uma sociedade mais humana:[145] "O Palácio Episcopal – nome do qual me envergonho – é casa do povo. Todos podem entrar".[146]

A sacristia da Igreja das Fronteiras tornou-se a casa do Arcebispo Metropolitano. Lá as pessoas podiam ir diretamente até o Dom. Não havia paredes e muros que impedissem o Pastor de viver no meio do seu povo. Quando alguém batia à porta, ele mesmo atendia. Ali dormia, rezava, fazia a Vigília, cuidava do pequeno jardim, enfim, vivia a pobreza. Ali, ele podia ser visto e ouvido, contando as estórias das formiguinhas da terra, amantes do céu.[147] Ali recebeu ameaças de morte. A igrejinha foi metralhada e, no muro, apareceram frases tais como: "Morte ao bispo vermelho".[148]

A transferência do Palácio de Manguinhos para uma residência mais simples, no entanto, foi vista pelos acusadores do Arcebispo como mais um gesto demagógico. Na verdade, ele havia se transferido do Palácio na tentativa de viver pessoalmente a opção por uma Igreja servidora e pobre. Somente buscava ser fiel ao desejo de Bispos que participaram do Vaticano II e que haviam se comprometido de se despojarem dos sinais de ostentação, pompa e riqueza.[149] No lugar dos sinais de "Bispo-príncipe" preferia

---

[144] No Concílio, Dom Helder defendeu que era preciso eliminar a ideia de Bispo-príncipe, que habita em um palácio, isolado e distante do clero, tratando-o com frieza. Acabar com a impressão de uma autoridade muito mais preocupada em fazer-se temer que ser amada, de fazer-se servido do que servir ("Un post-Concilio all'altezza del Vaticano II, Conferência realizada em Roma no dia 1º de dezembro de 1965". Apud Broucker, J. de. *Helder Camara: la violenza di un pacifico*, 145).

[145] Weigner, G. *Helder Câmara: la voce del mondo senza voce*, 63-64.

[146] Câmara, H. *Chi sono io?*, 117.

[147] Gebara, I. "D. Helder, sinal da glória de Deus". In: Rocha, Z. *Helder, o Dom. Uma vida que marcou os rumos da Igreja no Brasil*, 169.

[148] González, J. *Helder Câmara: il grido dei poveri*, 177-187.

[149] Ferrarini, S. A. *A imprensa e o arcebispo Vermelho: 1964-1984*, 172.

O INÍCIO DO PASTOREIO DE DOM HELDER EM RECIFE

os sinais de "Bispo-pastor". De fato, ele queria seguir radicalmente o Bom Pastor que conhece suas ovelhas e doa a vida por elas.

No livro *Chi sono io?*, o "Bispo-pastor" afirmou que não era preciso chamá-lo de "monsenhor", "excelência"... "Padre Helder e basta".[150] Mas o povo gostava mesmo de chamá-lo de "Dom": "O meu povo descobriu que 'Dom' é uma fineza, delicadeza... Então, eles nem me chamam 'Dom Hélder'. Imagine! É como se eu fosse um Dom de Deus!".[151] Além de títulos, o *Bispinho* não precisava de trono, mitra, anel precioso... apenas uma batina simples e uma cruz de madeira. Dizia que devemos dar exemplo de uma vida em clima de trabalho, pobreza, imitando Paulo VI, sempre servidor da vida nas atividades, no apostolado, na obra da reconciliação.

2.3 "Ficou penoso ouvir o Salmo que me era caro 'O Senhor é o meu Pastor, nada me há de faltar'"

De março a dezembro de 1964, o Dom conquistara o coração das pessoas por seus gestos, homilias, programas de rádio e televisão.[152] Sua popularidade cresceu tanto que, em 1965, a sua secretária precisou organizar melhor o tempo de estudos, atendimentos e reuniões. Zezita procurava protegê-lo de tantos convites para batizados, matrimônios, formaturas, almoços e jantares. A ação pastoral de Dom Helder fundamentava-se em sua unidade com Jesus Cristo: "Ouço falar, sem tremer, em Bom Pastor. Ele existe. Moramos juntos. Vivemos juntos. Meu trabalho é levá-lo para o meio dos homens. Unir-me, sempre mais, a Ele para glorificar o Pai e ajudar os irmãos".[153] Por meio das Vigílias, da Santa Missa, dos gestos e das palavras, o Dom se configurava a Cristo Bom Pastor. Conhecia e era conhecido pelas

---

[150] CÂMARA, H. *Chi sono io?*, 117.

[151] TV SENADO. "Dom Hélder (parte 1)" [acesso em 15-5-2009].

[152] Dom Helder fez questão de ter um programa semanal na televisão, o "Somos todos irmãos". Talentoso no lidar com as câmaras, ele logo alcançou alto índice de audiência. Em suas Circulares, comenta flagrantes que aconteciam depois que as pessoas o viam pela televisão, tais como este: "Uma criança vendo e ouvindo 'Somos todos irmãos' perguntou à mãe: 'Posso ser Dom Helder?' 'Por que você quer ser Dom Helder?' 'Porque todo mundo quer bem a ele. Acho que é porque ele vive rindo'..." (Circular 31 de 16/17-6-64 e 17/18-6-64).

[153] Circular 181 de 20/21-4-1965.

ovelhas. Queria que elas tivessem vida em abundância. Doava a sua vida por elas. Seu modo gentil, respeitoso e serviçal encantava o povo: "O povo admira a paciência com que abraço um a um e abençoo uma a uma... Quadro exato de uma rodada pela Feira da Providência. Quem faz mais festa: as crianças? os jovens? as senhoras? os homens? os enfermos que vêm beijar a mão, esperando milagre? Como é fácil ser Pastor de um povo tão bom, tão simples, tão confiante e cheio de fé!...".[154]

Se por um lado "é fácil ser Pastor de um povo tão bom", por outro, era doloroso ver seu povo vítima de injustiças tremendas, como ovelhas nas garras dos "lobos" e sob o controle de "mercenários" (cf. Jo 10,12-13). Como o Bom Pastor, ele sentia compaixão das multidões porque estavam cansadas e abatidas como ovelhas que não têm pastor (cf. Mt 9,35-37). Em Vitória de Santo Antão, havia um conflito entre patrões e trabalhadores rurais. Dom Helder tentou conversar com os senhores de engenhos, considerados entre os mais reacionários. Eles não vieram para o encontro. Na reunião com os trabalhadores, o Dom soube de horrores "de abalar os corações mais duros e mexer com as cabeças mais frias".[155] Os trabalhadores relataram as represálias que recebiam os que se envolviam com o Sindicato Rural e a Escola Radiofônica, o corte do salário e do 13.º salário, além de diversas outras formas de exploração:

> [...] ninguém vê dinheiro. O pagamento é feito no Barracão, que adianta comida e desconta na folha. Sobra dívida... [...]. O problema muito mais grave e mais difícil é de descobrir a maneira de abalar as estruturas mentais do Patrão. [...] Levanta-se um tremendo problema de consciência: que deve a Igreja fazer? Que cabe ao Bispo, aos Padres e aos Leigos? Até quando, os Pobres, os espoliados, terão confiança de falar como falaram, ontem? Até quando acharão que adianta falar? O Presidente do Sindicato, um grande cristão, foi preso há duas semanas. Revolta ouvir o que ele teve que escutar...[156]

---

[154] Circular 169 de 16/17-3-65.

[155] Circular 170 de 17/18-3-65.

[156] Circular 170 de 17/18-3-65.

O INÍCIO DO PASTOREIO DE DOM HELDER EM RECIFE

Na Ilha de Joaneiro, local de pobreza extrema, Dom Helder sentiu que cumpria o pedido de Paulo VI: estar no meio do povo e cercado pelo amor dos pobres.[157] A Escolinha pública estava transbordante e, o Arcebispo, então, explicou que não era político, mas

> [...] sou mais do que eu podia sonhar que eu fosse: ministro de Deus e amigo dos homens. Não troco lugar nenhum do mundo por estes dois títulos. Não quero voto nem pra mim nem pra ninguém. Não venho prometer maravilhas. Venho animar. São eles que vão dizer o que é preciso fazer na Ilha. São eles que vão fazer a parte deles e exigir a parte do Governo. Quando pedi que falassem, falaram mesmo. A "reivindicação mais sentida", mais desejada é aterro para evitar as inundações terríveis. [...] Os mocambos são invadidos d'água. [...] Querem mais escola: e não só para crianças; também para gente grande. Querem telefone público para chamar ambulância. [...] Querem Posto de Polícia: mas só se for com Policial que respeite, do contrário os pais de família botam pra fora... Querem enfrentar o problema do lixo, "que é uma vergonha" e faz nascer briga todos os dias (porque lixo é jogado no quintal do vizinho...) [...] Nunca me senti tão eu mesmo... Nunca me espalhei tanto. De todo no meu elemento. Além do mais, há a tranquilidade de estar agindo a pedido expresso do Vigário de Cristo.[158]

No final de maio de 1965, a ACO levou até Dom Helder em torno de vinte trabalhadores os quais relataram dramas que o sensibilizaram profundamente: "Nas Usinas e nas Fábricas de Tecidos, avança um trabalho sistemático para jogar fora os operários estabilizados".[159] No primeiro momento, o trabalhador é chamado e é proposto um acordo: se tem mais de 20 ou 30 anos de trabalho, recebe a terça parte do pagamento em parcelas. Se o operário não aceita, então começa a "guerra fria", a "guerra dos nervos". Ao invés de deixá-lo trabalhando, fecham-no em uma sala chamada de "Museu", "Geladeira" ou "Galinheiro": "Ontem conversei com criaturas congeladas, com peças de Museu... E são estes [patrões] os que enchem a boca de que o comunismo desrespeita a liberdade e pia a pessoa humana". Os trabalhadores ainda disseram que o Sindicado estava acovardado e que

---

[157] Circular 176 – 13 de 10/11-4-65.

[158] Circular 195 de 9/10-5-1965.

[159] Circular 216 de 31-5/1-6-1965.

há "um verdadeiro pânico quanto ao perigo de ir para o Museu. [...] Falar pessoalmente aos Patrões, não adianta nada. Negam de pés juntos. Explicam tudo, em termos tais que, no final, dá vontade de correr uma sacola para ajudar os coitadinhos dos Patrões".[160]

Dom Helder sofreu muitíssimo quando soube que o seu povo estava comendo ratos e que um coronel ainda tentou justificar a situação dizendo que não há nenhum problema: "Ficou penoso ouvir o Salmo que me era caro 'O Senhor é o meu Pastor, nada me há de faltar'. Olho a minha Gente: como fazer cantar que 'nada faltará' quando tudo falta, inclusive atendimento religioso!?... [...] Meu povo tem comido rato. Diz um Coronel, pela TV, que não faz mal nenhum: que ele já provou, já comeu".[161]

O contato e a defesa que Dom Helder fazia dos pobres, dos agricultores e dos operários, no entanto, lhe custaram incompreensões. O Núncio Sebastião Baggio foi bombardeado por cartas anônimas de reacionários que atacavam injustamente o Arcebispo. Dom Baggio as enviava demonstrando apoio, embora, "no fundo, Sua Excelência se impressiona bastante...". Dom Helder meditava: "É tão fácil receber incompreensões, ataques, injustiças quando lógico é que ocorra assim, na medida em que somos um".[162] Mas sem guardar rancores e ódios, cultivava a infância espiritual, tal como menino nas mãos do Pai: "Graças ao Pai é incurável em mim o espírito de criança. Apenas, tenho, cada vez mais, necessidade de guardar, quase que só para a Vigília, o espírito infantil... [...] Também Deus se cansa de parecer importante e sério o dia inteiro. São tão poucos os que sabem como Ele é criança e gosta de brincar!".[163]

---

[160] Circular 216 de 31-5/1-6-1965.
[161] Circular 220 de 5/6-6-1965.
[162] Circular 181 de 20/21-4-1965.
[163] Circular 182 de 24/25-4-1965.

2.4 "Espero, com a graça divina, santificar-me na luta pela promoção humana e cristã da Gente que Deus me confiou..."

Dom Helder afirmava que a mensagem do Cardeal Gerlier não esteve presente somente na criação da Cruzada de São Sebastião, do Banco e da Feira da Providência, mas, também, no nascimento da Operação Esperança.[164] Ressaltava que Gerlier o questionou porque não colocava seus talentos a serviço dos pobres,[165] mas foi Deus quem, com a sua mão, o colocou para sempre junto a eles.[166]

Voltando de uma reunião da Comissão Central da CNBB, realizada no Rio de Janeiro de 9 a 14 de junho de 1965, Dom Helder encontrou Recife e outras cidades pernambucanas em plena calamidade. Uma cheia do Rio Capibaribe coincidiu com uma maré alta, resultando em uma tragédia para as populações ribeirinhas. A água entrou em, aproximadamente, 40% das casas da cidade. Dom José Lamartine já havia assumido o trabalho de solidariedade aos atingidos com "perfeito sentido de liderança, enorme capacidade de organização".[167] Do aeroporto, Dom Helder foi direto para o Posto Central, em um espaço cedido pela Rádio Olinda e o Banco da Providência. Pela primeira vez viu Recife "sem divisão, sem ódio... Alegria de ver as fardas a serviço do Amor". Durante a Vigília, meditou:

> Inundações assim põem a nu a miséria cotidiana que a insensibilidade, a pressa da vida, o comodismo, o egoísmo não deixam ver... Dá trabalho para convencer minha pobre Gente a largar os mocambinhos ameaçados, gravemente, pela cheia. Que mais têm na vida? Quem sai quase à força, quer ficar o mais perto possível, de modo a poder, na primeira baixa d'água, na primeiríssima estiagem, correr para o pedaço de chão que considera seu.[168]

Mas agora era preciso organizar a reconstrução: como manter as forças unidas e guiadas pelo amor, depois que passou a emoção primeira,

---

[164] WEIGNER, G. *Helder Câmara: la voce del mondo senza voce*, 48.
[165] WEIGNER, G. *Helder Câmara: la voce del mondo senza voce*, 47-48.
[166] Circular 18 de 27/28-9-1965.
[167] Circular 223 de 15/16-6-1965.
[168] Circular 223 de 15/16-6-1965.

quando chega o cansaço e a cidade vira a página? O Dom sugeriu ao Governador uma grande reunião na qual participassem todas as forças que se envolveram na fase A. Era preciso pensar a fase B.

No final de junho, o Salão Nobre da Câmara Municipal de Recife estava transbordando de representantes de entidades sociais, políticas e religiosas. O Arcebispo apresentou as linhas da "Guerra contra a miséria" e sugeriu, para o projeto, o mesmo nome utilizado por um trabalho dos monges de Taizé: Operação Esperança.[169] Os aplausos foram intensos. Dom Helder foi aclamado por unanimidade – inclusive pelos militares, a maçonaria, os judeus – Presidente da Diretoria Provisória. Deveria colocar em marcha a Operação. No dia seguinte, o grupo começou a cumprir uma intensa agenda de atividades. Era preciso reconstruir as casas... Alguns dias depois, na Vigília, o Dom escreveu: "Espero, com a graça divina, santificar-me na luta pela promoção humana e cristã da Gente que Deus me confiou...".[170]

Nos primeiros tempos, a prefeitura alojou as pessoas em escolas, prédios e locais públicos. A SUDENE e a Cáritas Diocesana garantiram a assistência médica e a nutrição, enquanto a Operação Esperança buscava reconstruir as casas ou construir novas moradias. Os meios econômicos vinham do Governo, da SUDENE, de doações de cidadãos e de iniciativas próprias.[171] O povo colaborava com a construção das casas. Dom Helder ocupava-se em criar uma mística do trabalho e da entreajuda,[172] pois, para construir a nova sociedade na qual a riqueza, a educação, a saúde, o trabalho

---

[169] Circular 234 de 30.6/1-7-1965. Parece que a ideia de criar uma Operação Esperança em Recife existia desde o ano anterior. De fato, em setembro de 1964, Dom Helder escreveu: "[...] a Rádio Luxemburgo e a TV Francesa exigem uma Operação Esperança em favor dos trabalhos do Bispinho em prol da promoção humana da sua Gente" (Circular 29 de 6/7-10-1964). Sobre isso, Luiz Carlos Luz Marques e Roberto de Araújo Faria comentam: "Eis aqui a origem do nome: 'Operação Esperança', que tanta importância passaria a ter, na ação pastoral de Dom Helder, a partir da cheia de 13 de junho de 1965. É preciso, porém, prestar atenção: o termo terá vários sentidos, até referir-se, realmente, à grande organização montada pela arquidiocese, como resposta às calamidades naturais da Grande Recife e, depois de 1971, dos desafios da reforma agrária" (MARQUES, L. C. L.; FARIA, R. A. In: CAMARA, H. *Circulares conciliares*, II, nota 408).

[170] Circular 238 de 4/5-7-1965.

[171] MURATORI, L. "Le sue parole e l'Opera". In: BOURGEON, R. *Il profeta del Terzo Mondo*, 247.

[172] MURATORI, L. "Le sue parole e l'Opera". In: BOURGEON, R. *Il profeta del Terzo Mondo*, 248; BROUCKER, J. de. *Helder Camara: la violenza di un pacifico*, 127-129; FERRARINI, S. A. *A imprensa e o arcebispo Vermelho: 1964-1984*, 264-266.

e o poder deixassem de ser privilégio exclusivo de uma classe que representa uma ínfima minoria da população nacional, era preciso a mudança de mentalidade, dando às massas um novo conceito de ser humano: agente principal do desenvolvimento, capaz de tomar consciência e libertar-se do fatalismo, da resignação. No entender do Arcebispo, o cristianismo possuía todas as estruturas mentais capazes de promover o desenvolvimento.[173]

Com a Operação Esperança, Dom Helder também estava cumprindo um pedido que recebera do Papa Paulo VI, ou seja, estava começando "o trabalho das casas".[174] Um grupo de leigos, no entanto, o questionou: iria repetir o Banco da Providência e a Cruzada? Iria roubar o tempo da evangelização? Seria esta a função do Bispo? Ele meditou: "Acontece que foi o próprio Santo Padre quem me pediu que mergulhasse nos mangues do Recife. Duvido que, nesta Cidade e nesta fase histórica, São Paulo agisse de outra maneira...".[175]

A Operação Esperança levou adiante propostas do Concílio Vaticano II e o ideal da não violência ativa. Durante o último período do Concílio, o Arcebispo estudou o livro *Revolution non-violente* – a tradução francesa de *Why we can't wait* – de Luther King e se encantou com o Movimento da não violência ativa. O próprio Dom já tinha feito uma experiência de manifestação não violenta em Recife com os pescadores,[176] mas, nessa ocasião, estava compreendendo ainda mais o porquê fora levado pela mão a Recife:

> Mas este e vários outros livros que tenho aqui não são apenas para serem apreciados. No Nordeste, vão servir de alimento para a Ação não violenta, que já surgiu, que já tem nome: é a querida Operação Esperança. Não será roubar o Concílio, mas, ao contrário, será trabalhar por ele, para que não fique no papel, não seja uma farsa, mergulhar de cheio na Operação, tal como o sonho, instrumento de libertação do Nordeste e do Terceiro Mundo.

---

[173] MURATORI, L. "Le sue parole e l'Opera". In: BOURGEON, R. *Il profeta del Terzo Mondo*, 251-252. Num primeiro momento, a Operação Esperança atendeu às necessidades básicas de moradia e saúde. Em seguida, ajudou na formação de mão de obra. Depois alcançou áreas rurais, pois, na zona canavieira, muitos trabalhadores viviam uma "semiescravidão" (CONDINI, M. *Dom Helder Camara: um modelo de esperança*, 38).

[174] Circular 176 – 13 de 10/11-4-65.

[175] Circular 276 de 16/17-8-1965.

[176] Circular 273 de 13/14-8-65; Circular 276 de 16/17-8-65.

Será que vocês me entenderam? Sempre agi com alma, com amor. Jamais, no entanto, entrei em qualquer trabalho, em qualquer movimento com tanta alma, tão convicto de que foi para isso que eu nasci e que fui levado, pela mão de Deus, para Recife...[177]

Nos anos seguintes, falando da Operação Esperança, Dom Helder destacava que ela visa acordar as consciências dos pobres e dos ricos, dos católicos e dos indiferentes, dos homens de Governo e de Igreja sobre os problemas da pobreza que, em Recife e em todo o Nordeste, são gravíssimos. Um grande obstáculo para a redenção do *nosso povo* é a falta de consciência dos pobres, a consciência de seus direitos e possibilidades. Isso porque há uma cultura marcada pelo fatalismo: tudo o que acontece, pelo simples fato de acontecer, é aceito como um evento natural contra o qual não se pode fazer nada. Não há reação, não há impulsos para melhoramentos. Por isso também, esperam que o Governo faça tudo, que possa melhorar a vida deles.[178] É preciso passar da cultura da resignação para a mística da libertação. A reflexão do Evangelho de Jesus Cristo, nesse sentido, ajuda a formar a consciência do espírito organizativo, para a conquista dos direitos do povo de Deus.

Durante o seu pastoreio como Arcebispo Diocesano, o Dom mobilizava a Operação Esperança para comemorar datas importantes e simbólicas, na perspectiva da ação corajosa e pacífica, em torno das transformações sociais necessárias e justas, a fim de criar uma nova sociedade. Houve diversas mobilizações, por exemplo, em torno de duas festas decisivas em prol da paz na sociedade contemporânea: a comemoração dos 20 anos da Declaração dos Direitos Humanos (10 de dezembro de 1968) e a celebração do centenário do nascimento de Gandhi (2 de outubro de 1969).[179]

---

[177] Circular 18 de 27/28-9-1965.

[178] MURATORI, L. "Le sue parole e l'Opera". In: BOURGEON, R. *Il profeta del Terzo Mondo*, 247. Segundo o jornalista Marcos de Castro: "A Operação Esperança é um pequeno projeto, um projeto de dimensões humanas, mas perfeitamente estruturado e planejado. Entre seus planos há um de viabilidade econômica, um de educação cívico-política e um de vida religiosa" (CASTRO, M. de. *Dom Helder: misticismo e santidade*, 235).

[179] CAYUELA, J. *Hélder Câmara – Brasil: ¿un Vietnam católico?*, 222.

O INÍCIO DO PASTOREIO DE DOM HELDER EM RECIFE

Com o passar do tempo, a Operação Esperança foi perseguida pelo regime militar. Líderes foram presos e torturados porque ajudavam o povo a abrir os olhos e exigir seus direitos. Em uma carta a Paulo VI, o Arcebispo escreveu: "Ao final do ano passado [1973], só entre os membros da Operação Esperança, movimento de promoção humana, criado e dirigido por mim, tivemos oito colaboradores sequestrados e torturados: todos os oito retornaram aos seus trabalhos. Mas é uma maneira de quebrar o Pai: o deixam livre e esmagam os seus filhos".[180]

Quando, em 1974, Dom Helder recebeu, em nome de inúmeras multidões anônimas que lutam pela justiça, o Prêmio Popular da Paz, ele fez questão de repassar o valor – 250% a mais que o Nobel da Paz – para a Operação Esperança. Esta investiu em reforma agrária, cooperativismo e conscientização.[181] As pessoas assentadas, com o tempo, começaram a devolver o investimento inicial, o qual foi reaplicado em novos projetos de reforma agrária. O que o Governo brasileiro não fazia – ao contrário, dificultava ao máximo – a Operação Esperança fazia emergir em pequenos gestos de solidariedade e comunhão. Dom Helder, como bom Pastor que veio para que todos tenham vida e a tenham em abundância, colaborava para que o povo sofrido e explorado do Nordeste se organizasse e passasse a reivindicar seus direitos, iniciando, assim, a mudança da situação.[182] As atividades da Operação Esperança foram importantes para dar notoriedade mundial à Arquidiocese de Olinda e Recife.

* * *

Portanto, a "terceira fase" da vida de Dom Helder iniciou com acento pastoral. Ele compreendeu que o Senhor o levava, como Pastor, ao "coração do subdesenvolvimento". Por isso, na *Mensagem de Chegada*, revelou seu desejo de viver intensamente uma mística pastoral que se concretizaria

---

[180] CAMARA, H. "Helder Camara – autocritica e utopia". In: CAMARA, H.; SILVA, M.; FRAGOSO, A. B.; F. BETTO; LEBRET, G.; SILVA SOLAR, J.; FREIRE, P. *Complicità o resistenza? La Chiesa in America Latina*, 20.

[181] CAMARA, H. *Le conversioni di un vescovo*, 213-215. Muitos outros prêmios que o Arcebispo recebeu foram repassados à Operação Esperança.

[182] CONDINI, M. *Dom Helder Camara: um modelo de esperança*, 39. Depois de 1985, a primeira e uma nova geração ligada a Dom Helder deram continuidade à Operação Esperança (BROUCKER, J. de. *As noites de um profeta: Dom Helder Câmara no Vaticano II*, 165).

no diálogo com todos, mas tendo um amor especial pelos pobres. O "diálogo com todos" mostra a sua vontade de "colaborar" com o regime militar em vista do bem comum, mas também o anseio de independência e liberdade para agir de acordo com os ensinamentos das Encíclicas Sociais e as orientações do Vaticano II. Ainda revela que o coração do Pastor estava aberto para ouvir e visitar os discordantes da ditadura militar. O "amor aos pobres", por sua vez, direcionava o diálogo ao ponto essencial: a mensagem de Jesus Cristo, o Bom Pastor, que veio para que todos tenham vida e vida em abundância. Em termos concretos, significava apoio às tão desejadas reformas de base, à busca do desenvolvimento, à defesa dos direitos humanos, ao compromisso com a justiça e a paz... A mística pastoral helderiana, anunciada na *Mensagem*, pode ser verificada em muitos aspectos da sua vida, mas por ora destacamos quatro: 1) Amor aos pobres: após a posse, o primeiro grande compromisso do Dom foi visitar e conhecer os mocambos, nos alagados e córregos. Foi dialogar com os pobres e amá-los! Em seguida, começou a organizar a reforma agrária nas "Terras da Santa". Por causa do tratamento carinhoso e respeitoso que dava aos pobres, começou a receber, no Palácio, todas as tardes, centenas de pessoas desprovidas de bens e, por isso, percebeu a necessidade de criar o Banco da Providência, para amenizar a situação de miséria e pobreza. A partir das calamidades provocadas pela enxurrada de 1965 e atendendo ao apelo de Paulo VI, organizou a Operação Esperança, a fim de colaborar para superar a miséria, despertar a consciência de todos, espalhar o ideal da não violência ativa e pôr em prática as orientações do Vaticano II; 2) Diálogo com todos: no intuito de dialogar com todos, Dom Helder organizou, com intelectuais, jovens e outras categorias, as Noitadas do Solar São José. Desejava que a "casa do pai" fosse aberta à inteligência e à promoção da verdade na caridade. Sua bela postura de diálogo cativou lideranças religiosas, sociais, culturais, políticas, econômicas. Com estes, almejava construir projetos de promoção da vida no "coração do subdesenvolvimento"; 3) Compromisso com a renovação eclesial: com o objetivo de ajudar a Igreja a ser pobre e servidora, Dom Helder transformou o Palácio Episcopal em um Centro de Pastoral Libertadora. Pedia aos sacerdotes que fossem homens de fé, de culto e de caridade e que ajudassem as próprias comunidades a testemunharem essas características. Destacava que, para auxiliar o Nordeste a sair do subdesenvolvimento, era preciso padres santos. Dom Helder acompanhava, com presença e orientação, a ação dos religiosos e do laicato e instalou o Governo Colegiado na Arquidiocese. Pessoalmente, ao invés dos símbolos de "Bispo-príncipe", preferia os de "Bispo-pastor"; 4) Configuração a Cristo Bom Pastor: Dom Helder configurava-se a Cristo Bom Pastor que conhece suas ovelhas e busca vida digna para todas. Alimentava-se espiritualmente por meio das Vigílias, da Santa Missa e da missão pastoral. Para ser ainda mais fiel nas "vias do Senhor", recebia "humilhações" e "delicadezas" do Pai. Uma grande "humilhação" foi a de ter que levar adiante a construção do Seminário gigante que resultava em contradição com suas convicções mais profundas de pobreza e serviço. Por outro lado, existiam as "delicadezas do Pai", que lhe enviava irmãos para partilhar experiências, projetos e sonhos, em vista do bem da Igreja e da humanidade. A forte experiência de Deus, vivida pelo Pastor, foi captada pelo povo que o comparava a São Vicente de Paulo e a São Francisco de Assis, e o chamava de "Dom" porque, de fato, ele revelou-se um presente de Deus que transmitia amor, paz, proteção, gentileza, esperança, alegria... Ele comunicava, por gestos e palavras, o próprio Cristo Bom Pastor.

CAPÍTULO IV

Dom Helder no Vaticano II

O Concílio Vaticano II transformou-se em uma experiência espiritual decisiva na vida de Dom Helder Camara: meses de intensa atividade, grandes sonhos, novos encontros e amizades que o projetaram na esfera internacional. No final do Primeiro Período Conciliar, ele já era apontado como uma das dez mais importantes lideranças da Assembleia, mesmo sem ocupar nenhum posto nos vários organismos oficiais de direção do Concílio. Sua ação se dava nas atividades de articulação da CNBB e do CELAM, em grupos informais como os "Ecumênico", "Igreja dos Pobres" e "*Opus Angeli*". Era pródigo em receber a imprensa, sendo requisitado por jornalistas. Descobriu que seu objetivo deveria ser o de ajudar a manter o Concílio na linha inspirada por Deus ao Papa João XXIII. Relatou a sua experiência conciliar nas Circulares enviadas à Família. Com Dom Larraín, conseguiu mudar as estratégias iniciais do Secretariado do Concílio garantindo uma melhor experiência de colegialidade episcopal. Esforçou-se para que o Vaticano II assumisse a renovação litúrgica, o espírito ecumênico, a aproximação entre o mundo desenvolvido e o subdesenvolvido, a sacramentalidade do Episcopado e se movesse em direção do Governo Colegiado da Igreja. Queria superar a era constantiniana, levando a Igreja aos "perdidos caminhos da pobreza". Com prece e ação, ajudava o amigo Paulo VI nesse momento ímpar da sucessão petrina. Nos momentos de angústias e desilusões, animava a esperança de Padres Conciliares e foi um dos signatários do Pacto das Catacumbas. O Concílio, na concepção helderiana, não foi apenas um evento, mas um espírito, um programa de vida, uma concepção eclesial.

1. "Deus nos permite participar do Vaticano II. Vivê-lo por dentro. Ajudar a mantê-lo na linha inspirada por Deus ao Papa João"

1.1 "[...] um homem não somente muito aberto, mas também cheio de ideias, de imaginação e de entusiasmo"

No livro *As noites de um profeta: Dom Hélder Câmara no Vaticano II*, José de Broucker destaca que as "Histórias do Concílio" não deram grande importância ao autor das Circulares. É normal: ele, ali, nos espaços formais, não ocupou funções de relevo.[1] De fato, o Dom não fez nenhuma intervenção na Aula Conciliar. Sua maior atuação aconteceu nos espaços informais. Para a Família, no entanto, através das Circulares, ele revelava a sua atuação como Padre Conciliar. Dizia que fazia o "apostolado oculto": "Não falo no plenário, não pertenço a nenhuma Comissão. Bem na nossa linha, na linha profunda de nossa vocação;"[2] "Os Amigos não se conformam com o meu silêncio na Basílica: não sabem que sou muito mais da família dos Profetas do que da dos Doutores".[3]

Durante o Vaticano II, o Bispinho escreveu 290 Circulares à Família, praticamente uma por noite, de mais ou menos três páginas cada. Ele relatou eventos, encontros, reflexões e projetos; apresentou conversas, confidências, confissões que ocorreram nos espaços formais e informais. As Circulares não são uma narração do Concílio, mas um registro de como este Padre Conciliar o vê, o vive, o deseja, o reza.[4] Elas revelam o objetivo que o

---

[1] BROUCKER, J. de. *As noites de um profeta: Dom Helder Câmara no Vaticano II*, 43-44. A *Storia del Vaticano II*, dirigida por Giuseppe Alberigo, cita o nome de Dom Helder em 28 das 2.500 páginas. Nos dois volumes de *Diario del Concilio*, Ives Congar cita em 9 das 1.100 páginas. Nas *Actes et acteurs à Vatican II*, Jan Grootaers, cita em 8 das 550, geralmente para assinalar que ele foi nomeado, em 1960, consultor da Comissão Preparatória dos Bispos e do Governo das Dioceses e, em 1963, eleito membro da Comissão do Apostolado dos Leigos.

[2] Circular 13 de 26-10-1962.

[3] Circular 36 de 11/12-10-1964.

[4] BROUCKER, J. de. *As noites de um profeta: Dom Helder Câmara no Vaticano II*, 17-18.

Dom traçou para si, a saber, manter o Concílio na linha inspirada por Deus ao Papa João XXIII.[5]

As Circulares Conciliares evidenciam que nos espaços informais Dom Helder ocupou espaço de relevo. Diversas proposições do Vaticano II tiveram origem nos grupos informais coordenados por ele. Nesse sentido, podemos dizer que a publicação das Circulares leva-nos a dar razão ao Pe. Corporale. O jesuíta e sociólogo norte-americano, ao publicar as conclusões de suas pesquisas feitas para uma tese de doutorado em sociologia religiosa em 1963, afirmou que "esse homenzinho afável e sorridente, que surpreendia os observadores não precavidos, por sua simplicidade [era] um dos mais notáveis organizadores de todo o Episcopado católico".[6]

As Circulares mostram que um primeiro e fundamental espaço informal onde Dom Helder atuou foi o da Domus Mariae, onde estavam hospedados os Padres Conciliares do Brasil. Segundo Dom Clemente Isnard, o Dom foi o Secretário providencial na CNBB, sendo eficaz na coordenação da boa participação do Episcopado Brasileiro no Concílio Vaticano II.[7] Na Domus Mariae, ele era o "pai" dos Bispos para tudo o que precisavam. Com eficácia organizava palestras e cursos com Bispos de várias partes do mundo e com peritos que muito contribuíram para as tomadas de posição a favor do *aggiornamento*. Broucker anotou que

> o secretário-geral (Dom Hélder) e a secretária (Aglaia Peixoto) do episcopado brasileiro (que realizam aqui duas reuniões por semana) são naturalmente a alma da casa, cuidando e servindo de tudo. [...] Foi ainda na Domus Mariae que Dom Hélder teve seus encontros íntimos e operacionais

---

5   Circular 15 de 29-10-1962.

6   CORPORALE, R. *Vatican II: Last of the councils.* Apud BROUCKER, J. de. *As noites de um profeta: Dom Helder Câmara no Vaticano II*, 44. As pesquisas de Corporale foram publicadas em 1965 no livro *Os homens do Concílio*. Dom Helder registra ter recebido o livro *Vatican II, last of the councils* de Corporale e que ficou "confuso" com o elogio recebido (Circular 38 de 13/14-10-1964). Corporale ainda elogiou o Episcopado Brasileiro pelo alto grau de hegemonia e consenso coletivo, por seus dirigentes capacitados, por agirem como um corpo coordenado nos momentos das votações e intervenções.

7   ISNARD, C. "Dom Helder e a Conferência dos Bispos". In: ROCHA, Z. *Helder, o Dom. Uma vida que marcou os rumos da Igreja no Brasil*, 98-99.

e suas reuniões fecundas, particularmente do "Ecumênico". [...] "um lugar de conspiração evangélica e de revolução não violenta".[8]

No dia 21 de outubro de 1962, Congar registrou em seu *Diário*:

"98 Bispos moram aí, dos quais 75 brasileiros. Em pouco tempo, eu vejo uma dezena de Bispos e, em seguida, chega Monsenhor Helder [...]. Depois de ter conversado um pouco, fomos para uma sala onde estavam reunidos uma dúzia de jovens Bispos. Eles me fizeram perguntas. Monsenhor Helder conduz: é um homem não somente muito aberto, mas também cheio de ideias, de imaginação e de entusiasmo. Há aquilo que falta aqui em Roma: a visão".[9]

1.2 "As Sagradas Congregações pensavam que seria fácil pensar pelos Bispos e decidir por eles"

Dom Helder preparou-se intensamente para o Concílio, realizando estudos e retiros pessoais e com os membros da "Família". Queria oferecer a sua experiência, reflexão, mística a esse evento ímpar da história da Igreja. Foi preparado para favorecer a plena colegialidade episcopal.[10]

Os Bispos brasileiros chegaram a Roma quatro dias antes da abertura do Concílio. Dom Helder foi logo procurado por Dom Larraín, que lhe transmitiiu graves preocupações relativas aos métodos de trabalho determinados pela Secretaria-geral do Concílio. O Bispo chileno havia descoberto que, logo após a Solenidade de Abertura na Basílica de São Pedro, o Secretário-geral do Concílio, Dom Pericle Felice, diria que, atendendo ao

---

[8]   BROUCKER, J. de. *As noites de um profeta: Dom Helder Câmara no Vaticano II*, 49-50.

[9]   CONGAR, I. *Diario del Concilio 1960-1963*, I, 167-168.

[10] Antes do Concílio, ao retornar de uma das reuniões preparatórias, o Cardeal Camara disse a Dom Helder que tudo iria muito bem, pois o Senhor sabe escolher a pessoa certa para o momento certo. Para o Concílio Ecumênico, Ele havia escolhido o Secretário-geral que era necessário e que iria guiar o Vaticano II como um mestre guia uma orquestra. O Cardeal do Rio de Janeiro estava muito contente, mas o Arcebispo Auxiliar estava preocupado, porque o Concílio que ele sonhava era a manifestação da Colegialidade Episcopal na sua plenitude, em união com Pedro e sob a direção do Espírito Santo, e não a exibição de orquestra com seus violinistas, harpistas, clarinetistas, sob a direção de um mestre de música (CAMARA, H. *Le conversioni di un vescovo*, 172).

desejo do Papa João XXIII, seriam constituídas 10 Comissões de Trabalho. Para integrá-las, os *Padres Conciliares* deveriam eleger, para cada uma, 16 Bispos, sendo cada qual acrescida de 8 Padres Conciliares de livre escolha do Papa. Ou seja, seria necessário eleger 160 Bispos dentre os 3.000 reunidos na Basílica. Mas Dom Larraín havia captado que Dom Felice argumentaria que seria desejável que as Comissões contassem com representantes do maior número possível dos países. Porém, considerando que os Padres só conheciam o Episcopado de seus próprios países, pediria ao plenário um voto de confiança: que votasse imediatamente nos nomes das listas preparadas anteriormente pela Secretaria-geral, as quais seriam distribuídas à assembleia. Dom Larraín comentou ao Dom que esse procedimento poderia ferir a representatividade dos Bispos e impedir a fiel expressão da vontade deles.[11]

Dada a gravidade da situação, Dom Larraín e Dom Helder buscaram um meio de evitar o primeiro ataque à colegialidade episcopal. Estavam de acordo que somente Cardeais teriam possibilidades de mudar o rumo preestabelecido pelo Secretário-geral do Concílio. Fizeram, então, uma lista com o nome de dez Cardeais com os quais poderiam contar. Em seguida, foram até São Luís dos Franceses, a fim de pedirem apoio da Conferência Episcopal Francesa: Dom Veuillot, Arcebispo de Paris e Presidente da entidade, bem como Dom Etchegaray, Secretário, ofereceram uma colaboração de primeira ordem. Depois disso, Larraín e Helder dividiram as visitas aos dez Cardeais.[12] Da América Latina, somente o Cardeal Silva Henríquez, de Santiago do Chile, assumiu a questão.[13]

No sábado, dia 13, quando Dom Felice começou a comunicar que seriam criadas as Comissões de Trabalho e a explicitar o procedimento a ser seguido para as eleições, já havia, no alto das escadas que dividiam as arquibancadas em setores de 100 Bispos cada, seminaristas que tinham em mãos as fichas de votação e as listas de candidatos escolhidos. Quando o Secretário-geral do Concílio terminou de falar, o velho Cardeal Liénart, de Lille, França, levantou-se e, dirigindo-se a Dom Tisserand, que presidia a Assembleia, pediu a palavra, a qual lhe foi negada. "Je la prends quand

---

[11] BANDEIRA, M. "D. Hélder Câmara e o Vaticano II". *Vozes*, LXXII (1978) 794.

[12] CAMARA, H. *Le conversioni di un vescovo*, 173-174.

[13] BANDEIRA, M. "D. Hélder Câmara e o Vaticano II". *Vozes* LXXII (1978) 794.

même!" retorquiu Liénart sob vigorosos aplausos. Liénart esclareceu, então, que compreendera a sugestão do Secretário-geral, mas não podia aceitá-la. O Cardeal Tisserand argumentou que nenhum dos presentes tinha experiência de Concílios, que os regulamentos deveriam ser criados pelos próprios Padres Conciliares, e sugeriu que se proibissem aplausos e vaias: suas palavras foram recebidas por estrondoso aplauso, o que significava a desaprovação do plenário. Após a intervenção do Cardeal Liénart, seguiram-se seis intervenções de Cardeais no mesmo sentido. Na lista dos dez estava Montini, mas este não precisou pronunciar-se.[14]

O Secretário-geral voltou à tribuna: "Nós aqui estamos cumprindo as decisões da Assembleia. Os senhores, com o Santo Padre, conduzidos pelo Espírito Santo, detêm todos os poderes". E as eleições foram adiadas por 4 dias, tempo suficiente para que os Bispos escolhessem os seus próprios representantes nas Comissões.[15] Dom Helder escreveu em sua primeira carta [Circular]:

> O Concílio vai ser dificílimo. As Sagradas Congregações pensavam que seria fácil pensar pelos Bispos e decidir por eles. Acontece por exemplo que o esquema da parte teológica parece, a muitos Bispos do mundo inteiro, em dissonância com que o Papa anuncia como espírito do Concílio. Hoje, quando se tratou de eleger 16 Bispos para cada uma das 10 Comissões do Concílio, o Episcopado deu uma primeira mostra de sua decisão: recusou-se a votar apressadamente ou a aceitar listas impostas.[16]

Depois da sessão inaugural, Dom Helder e Dom Larraín perceberam que deveriam promover, urgentemente, encontros com os delegados do CELAM, uma vez que a América Latina era o único continente com um Episcopado já organizado. Não se tratava de colocar Bispos latino-americanos em cada uma das dezesseis Comissões, mas de perceber em quais poderia ser mais útil a colaboração do continente. Por isso, eles foram procurar o Presidente do CELAM, o Arcebispo do México, Dom Miranda, para que

---

[14] CAMARA, H. *Le conversioni di un vescovo*, 174; Circular [Carta] de 13/14.10.1962; BANDEIRA, M. "D. Hélder Câmara e o Vaticano II". *Vozes* LXXII (1978) 794.

[15] BANDEIRA, M. "D. Hélder Câmara e o Vaticano II". *Vozes* LXXII (1978) 794.

[16] Circular [Carta] 1 de 13/14-10-1962.

convocasse uma reunião, mas ele afirmou que havia recebido uma carta da CAL pedindo para evitar blocos nacionais e, portanto, o CELAM não poderia se reunir durante o Concílio. Dom Helder lhe expôs que, desde o Seminário, sabia que, durante o Concílio, a Cúria Romana não governa, mas sim os Padres Conciliares em união com Pedro e guiados pelo Espírito Santo. Dom Miranda concluiu reconhecendo que não tinha coragem... Então, Dom Helder e Dom Larraín foram falar com o Cardeal Silva Enriquez, que aceitou convocar os delegados do CELAM na Casa dos Salesianos, onde estava hospedado. Assim, os delegados propuseram os nomes dos candidatos para as Comissões.[17]

A partir das sugestões apresentadas pelos países, surgiram nomes de Bispos de valor que até então não eram conhecidos no plano internacional. O Dom registrou: "O Concílio me dá sempre mais esperanças. Não há de ser em vão que rezam e se sacrificam milhares e milhares no mundo inteiro. Um dos mais abençoados frutos – já tangível – é ver Bispos unidos, rezando e estudando em comum. Na Santa Missa sejamos sempre mais um. Saudades, Dom".[18]

As eleições se processaram por maioria de 2/3 e, a partir do terceiro escrutínio, por maioria simples. O resultado foi proclamado na segunda-feira, 20 de outubro. Em todas as Comissões havia latino-americanos, dos quais, cinco brasileiros: Dom Vicente Scherer, Dom D'Elboux, Dom Eugênio Sales, Dom Agnello Rossi, Dom Afonso Ungarelli. Dom Helder recusara figurar na lista de sugestões de candidatos brasileiros, devido à função que desempenhara na modificação de escolha dos candidatos.[19]

Somente esse gesto – de perceber os planos de Felice e buscar convencer os Bispos franceses e vários Cardeais a não aceitarem as Comissões preparatórias organizadas pela Cúria – já seria suficiente para destacar a importância de Dom Helder e Dom Larraín entre os Padres Conciliares. No dizer de Marina Bandeira,

---

[17] CAMARA, H. *Le conversioni di un vescovo*, 174-175; BANDEIRA, M. "D. Hélder Câmara e o Vaticano II". *Vozes* LXXII (1978) 794-795.

[18] Circular [Carta] 2 de 16-10-1962.

[19] BANDEIRA, M. "D. Hélder Câmara e o Vaticano II". *Vozes* LXXII (1978) 795.

a iniciativa de D. Hélder na abertura do Concílio, ao catalisar o mal-estar reinante, e assumir a responsabilidade de assegurar a liberdade de voto para a eleição dos integrantes das Comissões de trabalho, significou, na prática, o exercício da *colegialidade episcopal*, princípio que veio a ser oficialmente reconhecido nos documentos do Vaticano II.[20]

1.3 O Ecumênico "teve a alegria de ser o fermento bom e o agente de numerosas ideias que o Santo Padre aprovou"

Para favorecer o exercício da Colegialidade Episcopal, Dom Helder dinamizou alguns espaços informais. Foi ele, com Dom Larraín, quem organizou o *Opus Angeli* e o "Ecumênico". Além disso, exerceu grande liderança no "Grupo dos Pobres", e com talento e sabedoria ocupou espaço especial nos meios de comunicação social.

Por iniciativa de Dom Helder e Dom Larraín, com o apoio inclusive econômico de Bispos e Cardeais franceses, entrou em funcionamento o "escritório de serviço para a América Latina", conhecido como *Opus Angeli*, localizado na Igreja de Montserrat, via Giulia, 151.[21] Dom Helder se aproximou de teólogos a fim de construir, em parceria, uma profunda visão teológico-espiritual da história: não somente do passado, mas principalmente discernindo o que o Espírito diz à Igreja no presente em vista do futuro. Não houve assunto relevante no Concílio que não tenha sido analisado pelo *Opus Angeli*.

Marina Bandeira enfatiza que o *Opus Angeli*, iniciado por volta de 21 de outubro, além de assegurar textos mimeografados,

> atuava como canal de convergência para a colaboração de teólogos do mais alto nível, de todo o mundo, dispostos a prestar sua colaboração ao Concílio através de pareceres sobre temas relevantes, sugestões de redação mais adequada, ideias a serem levadas em consideração. Os nomes de muitos

---

[20] BANDEIRA, M. "D. Hélder Câmara e o Vaticano II". *Vozes* LXXII (1978) 796.

[21] Circular 9 de 21-10-1962. A criação do "Trabalho dos Anjos" era um sonho de Dom Helder. Escrevendo para o seu querido amigo, Dom Larraín, vice-Presidente do CELAM, no dia 20 de agosto de 1962, referiu-se ao "sonho comum dos dois e do Pe. Houtart" de organizar, durante o Concílio, um grupo de peritos de alto nível, que seria conhecido como *Opus Angeli*.

desses teólogos e demais especialistas nem chegaram a ser conhecidos, pois tratava-se de humilde colaboração assumida, oficialmente, por padres conciliares.[22]

Dom Helder tinha tamanha veneração por esses homens que realizavam "trabalhos de anjos" a ponto de partilhar com a Família as virtudes deles.[23] Dizia, por exemplo, que Chenu "velho e glorioso" é o "mestre dos mestres no tocante à Teologia das realidades terrestres" e "dele ouvia hinos ao trabalho, no sentido de beleza e glória de completar a criação";[24] Hans Kung é "o mais audacioso dos nossos teólogos, quando escreve e, ainda mais, quando fala; ele me chama de profeta";[25] "contento-me em dizer que só faltei matar o Pe. De Lubac de emoção. Há muito que eu esperava uma oportunidade de dizer, de proclamar o que representa para nós – este sim! – um autêntico Profeta...".[26] Tanta afeição, no entanto, não excluía críticas quando esperava mais desses "anjos": "Ele [Karl Rahner] formou uma assembleia eleitoral em latim" e "[...] seu latim é uma nulidade".[27]

Apesar de valorizar intensamente o trabalho prestado ao Concílio, Dom Helder sabia que essa "tropa celestial" tinha as suas falhas. A primeira era a de contar só com sacerdotes (homens). Faltavam os leigos e as leigas. Por isso, Dom Helder entrou em contato com o sociólogo brasileiro Luiz Alberto Gomez de Souza e sua esposa Lucia e com o universitário e escritor Cândido Antonio Marques de Almeida.[28] A segunda falha era a de que quase todos eram europeus. Por isso, ele suscitará encontros internacionais

---

[22] BANDEIRA, M. "D. Hélder Câmara e o Vaticano II". *Vozes* LXXII (1978) 796. Conforme Marina Bandeira, "o reconhecimento do mérito dos assessores especializados – colocando os maiores especialistas de que a Igreja dispunha a serviço do Concílio – enriqueceu e tornou mais claro o enunciado das questões em debate e, assim, contribuiu para aumentar a faixa de alternativas nas horas de tomada de decisões. Serviu, portanto, para facilitar a comunicação entre os pastores da Igreja e o 'mundo' de hoje, ou seja, para 'abrir as portas e as janelas' conforme o sonho de *aggiornamento* do Papa João" (ID. "D. Hélder Câmara e o Vaticano II". *Vozes* LXXII (1978) 796).

[23] BROUCKER, J. de. *As noites de um profeta: Dom Helder Câmara no Vaticano II*, 53-54

[24] Circular 186 de 30-4/1-5-65.

[25] Circular 56 de 28/29-10-1964.

[26] Circular 56 de 28/29-10-1964.

[27] Circular 27 de 28/29-10-1963.

[28] Circular 42 de 16/17-11-1963; SOUZA, L. A. G. de. "Dom Hélder, Irmão dos pobres". *Reb* 41 (1981) 421.

de teólogos e fomentará a nascente Teologia latino-americana.[29] A terceira era: "os teólogos, mesmo os maiores entre os maiores, permanecem nas nuvens"[30] e, por isso, os convidava para conhecer e refletir teologicamente a realidade do Nordeste brasileiro.[31]

Assim como Francisco de Assis contava com a proteção do Cardeal Ugolino, Dom Helder também buscou um Cardeal protetor. A proteção do Cardeal Suenens permitirá o trabalho do Ecumênico. Marina Bandeira destaca que, por volta de 23 de outubro, Dom Helder, em acordo com Dom Larraín e os Bispos franceses, entrou em contato com Suenens, a fim de pedir-lhe que fosse assegurada a liberdade de articulação nos diversos Episcopados, tendo em vista a livre manifestação de pontos de vista e aspirações, e pedir-lhe a colaboração para que os problemas do mundo subdesenvolvido fossem levantados no Concílio.[32]

Primeiramente, Dom Helder entregou-lhe uma carta na qual explicava o que seriam as reuniões do "grupo fraterno do mundo inteiro". Depois pediu a Suenens que fosse o Cardeal protetor do grupo e que ajudasse a fazer entender que não se trabalhava contra o Concílio, mas para ele avançar. Suenens disse-lhe: "Olha, vou lhe pedir uma coisa muito séria. Mas responda-me olhando nos meus olhos: sei que o senhor é amigo pessoal do Cardeal Montini. Por que não pede a Montini para ser o Cardeal protetor do qual vós tendes necessidade?". "É muito simples – respondeu Dom Helder – parece-me evidente que o Papa João recebeu do Senhor a responsabilidade e a glória de abrir o Concílio, mas não chegará à alegria de fechá-lo. Então...". Dom Helder achou estranho, mas imediatamente Suenens disse: "Perfeito! O senhor tem confiança em mim?". Respondeu Dom Helder: "Eminência, devo dizer-lhe que não tinha confiança no senhor. O senhor não entendeu a AC e a tem combatido. Por isso, eu era contra o senhor e combatia as suas ideias". Depois acrescentou: "Mas agora, o Cardeal Suenens que está aqui não é aquele que eu conhecia, é outro Suenens e eu estou aqui para pedir com a máxima confiança a proteção deste Suenens, do moderador do

---

[29] Circular 35 de 11/12-10-1964.

[30] Circular 14 de 13-3-1964.

[31] Circular 55 de 15/16-7-64.

[32] M. Bandeira. "D. Hélder Câmara e o Vaticano II". *Vozes*, LXXII (1978) 795.

Concílio".[33] Essa franqueza permitiu uma amizade que cresceu ao longo do tempo.[34]

A partir da tarde de 27 de outubro, a direção do CELAM passou a se reunir com regularidade. Dom Helder também participou da primeira reunião realizada pelos Bispos da África da qual nasceu o CELAF, presidido pelo Cardeal Rugumbwa e tendo como Secretário Geral Dom Jean Zoa. O Dom "contribuiu para que o modelo de organização do CELAM – estruturação do episcopado em nível continental – fosse adotado pela África e, posteriormente, pela América do Norte (Estados Unidos e Canadá), pela Europa e pelos Secretariados Regionais da Ásia".[35]

O ponto alto de tantos esforços em vista do intercâmbio entre os diversos Episcopados aconteceu no dia 10 de novembro, em uma reunião, na Domus Mariae, com representantes dos Episcopados dos cinco continentes. O anseio poderia estar no ar, mas foi Dom Helder quem assumiu a iniciativa de convidar, em nome da CNBB, além de representantes do CELAM e do recém-nascido CELAF, Bispos representando três grupos da Ásia (Índia, Vietnã, Japão, Birmânia, Filipinas) que conseguiam reunir-se em representação única; dos Estados Unidos e Canadá; e da Europa (França, Alemanha, Bélgica, Holanda). Uma das decisões tomadas foi a de que o grupo se reuniria com regularidade. Desde então, durante os cinco períodos do Concílio, nas sextas-feiras, às 17 horas, representantes das Conferências Episcopais, com delegações por continentes, reuniriam-se na Domus Mariae. Dom Helder foi escolhido como diretor dos debates desse grupo informal, com pleno

---

[33] CAMARA, H. *Le conversioni di un vescovo*, 176-177; Circular 29 de 11-11-Segundo o Cardeal Suenens, o "nome de Dom Helder Camara evoca para mim muitas lembranças. Desde os primeiros dias do Concílio, nossa amizade nasceu. Ele teve um papel considerável *en coulisse*, apesar de jamais ter usado a palavra na Aula Conciliar. Com aquele que era então o Secretário do episcopado francês, o cônego Etchegaray, ele animou um regular encontro entre mais de vinte Bispos europeus e sul-americanos. Isso nos valeu, mais de uma vez, os votos maciços em favor de nossas teses..." (SUENENS, L.-J. *Souvenirs et esperances*, 177. Apud MARQUES, L. C. L. "As circulares conciliares de Dom Helder". In: CAMARA, H. *Circulares conciliares*, I, XLV). Pode formatar em português.

[34] Dom Helder escreveu: "Sabem o que é a alegria de ganhar um Amigo, um Irmão? Hoje, tenho tanta liberdade com ele [Suenens] como tenho com o Eu, com D. Eugênio e D. Fernando. Pensamos em termos de Igreja" (Circular 43 de 23-11-1962); "senti que surgiu uma amizade profunda, porque se firma numa mesma visão de Igreja e de humanidade" (Circular 44 de 26-11-1962).

[35] BANDEIRA, M. "D. Hélder Câmara e o Vaticano II". *Vozes* LXXII (1978) 796.

conhecimento do Papa. No segundo encontro "do grupo fraterno do mundo inteiro" foi o próprio Dom que começou a chamá-lo de "Ecumênico". O nome está associado ao Concílio Ecumênico, à presença de pessoas de todas as partes do mundo, à postura dialogal e fraterna dos participantes, às muitas línguas, ao "espírito do Concílio"...

> Dirigi a reunião em francês e inglês (encarregava-me de traduzir para os de língua inglesa o que diziam os de língua francesa e vice-versa). O Eu (que sempre está comigo em tudo) tomou um susto: era a primeira vez que ele me via solto, falando inglês. O engraçado era o medo dele de que eu não fosse fiel na tradução... Mas Deus nessas horas me dá o dom das línguas. Se Deus quiser vou aprender a falar alemão.[36]

O Ecumênico teve papel insubstituível na agilização dos trabalhos do Concílio, permitindo a participação mais efetiva dos Padres Conciliares na elaboração dos Documentos, além de ser o melhor mecanismo de troca de pontos de vista entre os membros do Episcopado mundial.[37] Nas palavras de Dom Helder, o Ecumênico "teve a alegria de ser o fermento bom e o agente de numerosas ideias que o Santo Padre aprovou"[38] e "é admirável, sobretudo para dois fins: pressentir o que vai ocorrer na Basílica e pôr em circulação, no mundo inteiro, algumas ideias válidas...".[39] Acrescenta-se que a convivência informal dos cinco continentes permitiu um melhor conhecimento das diferentes culturas e das preocupações e anseios, o que levou ao enriquecimento mútuo e ao fortalecimento da Igreja Universal.[40]

---

[36] Circular 31 de 13-11-1962.

[37] BANDEIRA, M. "D. Hélder Câmara e o Vaticano II". *Vozes* LXXII (1978) 796.

[38] Última Circular [53] de 8/9-12-1962.

[39] Circular 8 de 17/18-9-1965.

[40] BANDEIRA, M. "D. Hélder Câmara e o Vaticano II". *Vozes* LXXII (1978) 796. Dom Helder era auxiliado pelo Pe. Guglielmi. Além de reunir Bispos brasileiros e de outros países, as reuniões eram abertas aos estudantes do Pio Brasileiro. Os encontros do Ecumênico chamaram a atenção da imprensa e incomodaram muitos na Cúria Romana, notadamente os responsáveis pelas Congregações dos Religiosos e dos Seminários. A Congregação para os Seminários baixou uma nota proibindo a participação de estudantes – não apenas os do Pio Brasileiro – de participarem das conferências. Dom Pericle Felice, Secretário-geral do Concílio, fez um esclarecimento, quase uma advertência, em plena Aula Conciliar, dizendo que elas não tinham valor de oficialidade – declaração que se tornou motivo de ironias entre os Bispos brasileiros. As conferências colocavam os Bispos em contato com a melhor teologia europeia, as experiências do Oriente cristão ligado a Roma, com as tradições ortodoxa e protestante e com a incipiente reflexão pastoral e

O Ecumênico, além da proteção e colaboração direta e imediata do Cardeal Suenens, contava com o apoio de Cardeais da França, Bélgica, Holanda e Chile[41] e era assessorado, especialmente, pela *Opus Angeli*. Um momento alto aconteceu em novembro de 1964, quando o próprio Papa pediu ao grupo um estudo sobre a possibilidade de um Senado junto ao Santo Padre. Dom Helder, na sua Vigília, meditou:

> A princípio, funcionávamos, não direi clandestinamente, mas sem nenhum conhecimento dos Grandes. Um dia, passamos a ter um Cardeal que, depois, foi nomeado Moderador. A partir da metade da 2.ª Sessão, os Moderadores passaram a dialogar conosco. Desde o começo, dirigíamos petições ao Santo Padre, e tanto João XXIII como Paulo VI sempre atenderam aos nossos apelos. Agora, é o Papa quem nos pede um estudo.[42]

Outro espaço em que Dom Helder teve uma atuação importante – e muito o ajudou nas decisões enquanto Arcebispo de Olinda e Recife – foi no Grupo da Pobreza, ou como ele gostava de chamar, da "Igreja Servidora e Pobre". Trata-se de um grupo não oficial de Bispos, nascido em torno do Cardeal Gerlier, de Lyon, a partir de um texto, *Les Pauvres, Jésus et l'Église,*[43] redigido a pedido do Bispo de Nazaré, G. Hakim, pelo Pe. Paul Gauthier. O Grupo da Pobreza denunciava a divisão entre a Igreja e os pobres, em particular os operários, e pedia ao Concílio uma solução.[44] Representando a perspectiva latino-americana participavam, além de Dom Helder, Dom Larraín e o panamenho Dom MacGrath.[45] Com o apoio do Grupo

---

teológica latino-americana (MARQUES, L. C. L. "As circulares conciliares de Dom Helder". In: CAMARA, H. *Circulares conciliares*, I, XLVI-XLVII).

[41] BANDEIRA, M. "D. Hélder Câmara e o Vaticano II". *Vozes* LXXII (1978) 796; BEOZZO, J. "Dom Helder Camara e o Vaticano II". In: ROCHA, Z. *Helder, o Dom. Uma vida que marcou os rumos da Igreja no Brasil*, 105. Segundo Dom Helder, "jamais surgiu, em qualquer de nossas reuniões [do Ecumênico], a mais leve sugestão que tivesse como origem interesse pessoal, vaidade de grupo, espírito de rivalidade. Sempre e apenas, amor à Igreja e o desejo de corresponder plenamente à confiança do Santo Padre e aos planos da Providência. O Ecumênico não deixa de ser um ensaio do Sínodo dos Bispos" (Circular 8 de 17/18-9-1965).

[42] Circular 65 de 6/7-11-1964.

[43] GAUTHIER, P. *Les pauvres, Jésus et l'Église.*

[44] Circular 12 de 24-10-1962; Circular 24 de 4/5-11-1962.

[45] MARQUES, L. C. L. "As circulares conciliares de Dom Helder". In: CAMARA, H. *Circulares conciliares*, I, XLVI.

da Pobreza, Dom Helder conseguiu que entrasse na pauta do Concílio o debate sobre os problemas dos países subdesenvolvidos.[46] Além disso, propôs ao Grupo: a possibilidade de trazer, como convidados de honra na Sessão final do Concílio, representantes dos pobres de Roma ao invés da nobreza e do corpo diplomático;[47] a realização do Bandung cristão, em Jerusalém ou Bombaim, com representantes dos países pobres e ricos.[48] Desse grupo nasceu o Pacto das Catacumbas[49] que terá profunda repercussão espiritual na Igreja: "Cada um assumia o compromisso de viver pobre, rejeitar as insígnias, símbolos e privilégios do poder e a colocar os prediletos de Deus no centro de seu ministério episcopal, explicitando assim a evangélica opção pelos pobres".[50] Dom Helder participou da elaboração dos compromissos que seriam assumidos pelos Bispos signatários.[51]

Por fim, convém ressaltar que o Dom era pródigo em atender às solicitações dos jornalistas para entrevistas, programas de televisão e conferências de imprensa.[52] Ele atendeu e confiou nos jornalistas: Henri Fesquet, do diário *Le Monde*; Georges Richard-Mollard, do *Reforma*; Francis Mayor e Jean Vogel, do *Information Catholique Internationale*; Roger Bourgen, da *Rádio Luxemburgo*; Isral Shenker, do *Time Life* de Roma; Pe. Bonnet, do *Fêtes et Saisons*; Pe. Henri, do *Paroles e Missions*; Pe.

---

[46] Circular 8 de 10-10-1963.

[47] Circular 8 de 10-10-1963. Ideia que Congar considerou "ambígua e, finalmente, maléfica". Congar escreveu: "Dom Helder Camara fez uma exposição profética e magnífica, um pouco teatral e patética. Ele sugere que na reunião final o Papa convide alguns operários e alguns pobres, como convidados de honra. Ao contrário da maioria dos presentes, penso que esta proposta é muito ambígua e finalmente negativa. Seria um gesto muito artificial de condescendência paternalista, que poderia gerar a sensação de boa consciência muito facilmente" (CONGAR, I. *Diario del Concilio 1960-1963*, I, 438).

[48] Circular 12 de 24-10-1962.

[49] "Pacto das Catacumbas". In: KLOPPENBURG, P. F. B. *Documentos do Vaticano II*, V. Petrópolis, 1966, 526-528.

[50] ROCHA, G. L. da. "Homilia por ocasião do Centenário de Dom Helder Camara" [acesso em 9-2-2009]. Segundo Beozzo, o grupo da Igreja Servidora e Pobre, na verdade, não alcançou o que esperava institucionalmente do Concílio, apesar das 500 assinaturas de Bispos se comprometendo em dar atenção prioritária aos pobres. No entanto, teve uma profunda repercussão espiritual e profética espelhada no Pacto das Catacumbas (BEOZZO, J. "Dom Helder Camara e o Vaticano II". In: ROCHA, Z. *Helder, o Dom. Uma vida que marcou os rumos da Igreja no Brasil*, 106-108).

[51] Circular 24 de 3/4-10-1965; 82 de 30-11/1-12-1965; 83 de 1/2-12-1965.

[52] BROUCKER, J. de. *As noites de um profeta: Dom Helder Câmara no Vaticano II*, 103-104.

Bréchet, da revista *Choisir* de Genebra; Pe. Mario Von Galli, do *Orientierung* de Zurique; Pe. Roberto Tucci, da *Civiltà Cattolica*, entre outros.

Diante da ação helderiana no processo de agilização do Concílio, Marina Bandeira anotou:

> A participação de D. Hélder Câmara no processo de agilização do Concílio Vaticano II pode ser explicada, só em parte, por seus dotes naturais e experiência acumulada, de trabalho em conjunto, nos anos em que conviveu com os leigos da Ação Católica; criou e implantou a CNBB; participou da fundação e organização do CELAM. A audácia – e o êxito – das iniciativas de D. Hélder durante o Concílio, [...] não podem, porém, ter uma explicação puramente humana quando se considera a totalidade do desempenho. Para tantos fenômenos, só a fé pode dar uma explicação: a força da ação do Espírito Santo.[53]

Por meio do *Opus Angeli*, do Ecumênico, do grupo Igreja dos Pobres e dos encontros com jornalistas e afins, Dom Helder ajudou o Concílio Vaticano a trilhar a linha inspirada por Deus ao Papa João.

1.4 "Como seria bom [...] que acabasse de vez a casta de Bispos-príncipes e se firmasse para sempre a figura do pastor, do servidor, do Pai!"

As Circulares Conciliares nos permitem acompanhar os movimentos de Dom Helder durante os cinco Períodos do Concílio, no *Opus Angeli*, no Ecumênico e no Grupo da Pobreza, bem como o seu trabalho na CNBB e no CELAM e nos encontros com Bispos, teólogos, padres, pastores, jornalistas... Em seus registros, ficam patentes sua mística, espiritualidade, pensamentos, Meditações, orações, alegrias, tristezas, angústias, esperanças, capacidades, diálogos sinceros e "rasgados", doação à Igreja, amor pelos pobres, abertura ao Espírito Santo. Através de sucessivos relatos mostraremos a

---

[53] BANDEIRA, M. "D. Hélder Câmara e o Vaticano II". *Vozes* LXXII (1978) 796.

fidelidade de Dom Helder ao objetivo pelo qual se sentia inspirado: manter o Concílio na linha inspirada por Deus ao Papa João XXIII.[54]

Na primeira Carta [Circular], Dom Helder anotou que esperava uma oportunidade para apresentar três ideias a João XXIII: uma prece pela unidade das Igrejas, uma reunião de Bispos do mundo subdesenvolvido durante o Vaticano II e uma concelebração como fechamento do Primeiro Período Conciliar.[55] Esses três aspectos – ecumenismo, mundo subdesenvolvido e liturgia – serão constantes nas Circulares Conciliares.

Em relação à liturgia, alguns dias depois, o Dom constatou que o seu sonho da Missa concelebrada pelo Papa e pelos Bispos do mundo inteiro "pegou de tal maneira que até tenho a impressão: já era ideia de todos. Pelo menos todos (ou quase todos), do Ocidente e do Oriente, estavam maduros para ela. É que o Concílio, além de trabalhar a fundo, internamente, precisa desses gestos simbólicos".[56] Em relação ao ministério da Ordem, o Dom registra que Bispos missionários desejavam atribuir aos catequistas o *ministério de leitor*. Ele pessoalmente estava disposto a lutar pela inclusão das mulheres.[57]

Em relação ao ecumenismo, depois da votação sobre a conveniência ou a inconveniência de introduzir o esquema sobre as fontes da Revelação, o Dom assumiu a tarefa de reacender a esperança. Diversos Padres Conciliares se frustraram com a metodologia utilizada. O conflito de posições se tornou latente no dia 19 de novembro, quando "houve um arrepio no auditório",[58] porque o representante da Comissão Pró-União das Famílias Cristãs provou que o esquema representava um retrocesso, bloquearia os caminhos da união "e estarreceu os Bispos dizendo que a Comissão de

---

[54] Circular 15 de 29-10-1962.

[55] Circular [Carta] 1 de 13/14-10-1962.

[56] Circular 3 de 17-10-1962.

[57] Circular 4 de 17-10-1962. Além disso, conversava-se sobre a possibilidade do diaconato independente da Ordem Sacerdotal: "Diáconos equivalentes aos Pastores protestantes e podendo, inclusive, construir família" (Circular 4 de 17-10-1962).

[58] Circular 40 de 21-11-1962. Dom Helder meditou: "VOCÊS PRECISAM CONHECER O CONCÍLIO como ele é. Divino-humano. Conduzido por Deus, realizado por homens. Claro que nas horas decisivas – de promulgação de pontos de fé e moral – o Espírito Santo nos inspira e nos conduz. Se preciso empurra, segura pelos cabelos...".

Teologia (presidida pelo Cardeal Ottaviani), por motivos que ele desconhecia, rejeitou, de modo sistemático, várias ofertas de colaboração apresentadas pela Comissão de União". Dom Helder comentou que se houvesse votação naquele instante, o esquema cairia: "Não houve. Passou-se a outro orador, como se nada tivesse ocorrido...". À tarde, o *Opus Angeli* o avisou que a sessão da manhã seguinte abriria com a votação.[59] E houve a votação, com uma "obra-prima de malícia"[60] e a derrota.[61] "A saída foi silenciosa como a do Maracanã, no campeonato mundial, quando perdemos do Uruguai." Almoçando com o jornalista Jean Guitton, o Dom, a princípio, "quase não tinha coragem de falar". Mas depois "dei um *show* completo: que história é esta de proclamar que o Espírito Santo dirige o Concílio só quando tudo ocorre do nosso agrado?... Quebrou-se o gelo, fugiu a tristeza, reacendeu-se a fé, voltou a esperança, salvou-se a caridade".[62]

Essa anotação de Dom Helder pode ser aplicada ao seu trabalho no Concílio. Ele trazia calor e alegria, reacendia a fé, a esperança e a caridade. Às 17 horas do mesmo dia, no encontro do Ecumênico, todos estavam abatidos: "Era como se todos precisassem de todos. Ânimos abatidos, como aves molhadas depois de tempestade brava... Para vocês terem medida do desânimo, mesmo um santo como Mons. Ancel propôs que adotássemos a tática do silêncio e do gelo". Então,

---

[59] Circular 40 de 21-11-1962.

[60] "Houve a votação: mas formulada de modo curioso. Quando se esperava votação *placet* ou *non placet* em relação ao esquema, a votação foi: – quem quiser rejeição do esquema, vote placet (significando: agrada a rejeição); – quem quiser a continuação do esquema, vote non placet (significando: não agrada a rejeição). Já imaginaram a confusão criada por essa obra-prima de malícia, em que para rejeitar devo dizer placet e para aceitar devo dizer non placet?" (Circular 40 de 21-11-1962).

[61] Circular 40 de 21-11-1962. Dom Helder anota que estavam presentes 2.209 padres conciliares, 1.369 votaram *placet* (rejeição do esquema), 822 *non placet* (continuação), e 19 votos foram nulos. Dois terços de 2.209 seriam 1.473. O esquema deixou de cair por 105 votos.

[62] Circular 40 de 21-11-1962. Pouco depois, Dom Helder anota: "Te Deum laudamus! Magnificat! O Santo Padre – tomando conhecimento do resultado da votação de ontem e do teor das discussões que a precederam – estabeleceu que o esquema Das Fontes da Revelação fosse submetido a uma Comissão Mista, composta da Comissão de Teologia e da Comissão Pró-União das Igrejas Cristãs. Aquilo que o Cardeal Ottaviani quis evitar e repeliu, o Santo Padre ordenou que fosse feito" (Circular 40 de 21-11-1962).

Foi a hora de eu irromper com meu brado patético: de modo algum! Não seria o espírito do Concílio. "Apelo de Mons. Ancel para Mons. Ancel." Que nos fale o autêntico Mons. Ancel, porque ouvimos "pelos lábios de um santo a voz do Tentador". Mons. Ancel transfigurou a sala, num gesto de humildade profunda. Salvara-se e salvou-nos. Foi contagiante o retorno da esperança. Propus um crédito de confiança absoluta no Divino Espírito Santo! Todos rimos, felizes.[63]

Em relação ao espaço informal junto aos jornalistas credenciados ao Concílio, merece destacar um fato ocorrido com Dom Helder, no final de novembro. Ele iria celebrar no domingo, 25 de novembro, uma Missa "com jornalistas do mundo inteiro". Para tal momento, preparara cópias da homilia. Mas no dia 23 foi procurado por um Monsenhor do Vaticano, em nome do Secretário-geral do Concílio:

> Estava aflitíssimo. Disse que antes de vir, ele e Mons. Felice tinham rezado juntos para o êxito da missão. Meu discurso já estava traduzido e mimeografado (e ele me deu cópias em várias línguas) quando Mons. Felice o viu. E mandou fazer-me um apelo para que eu concordasse em não o divulgar porque iria causar tristeza ao Santo Padre. Fui amável e respondi que agradecia a confiança de Mons. Felice; que concordava inteiramente com a retirada do discurso (ele poderia ficar tranquilo que eu diria aos jornalistas palavras que de nenhum modo criariam problemas). E frisei que agiria pensando não só no Santo Padre, mas nele Felice, que dá a vida pelo Concílio, que se mata de trabalhar e a quem de modo algum queria contristar. Firmado isto eu pedia vênia para dizer com Galileu: "e pur si muove". As críticas existem. A decepção é grande. Meu discurso era uma tentativa de reacender a confiança da imprensa no Concílio.[64]

---

[63] Circular 40 de 21-11-1962.

[64] Circular 43 de 23-11-1962. Henri Fesquet escreve que no mesmo dia em que João XXIII elogiava a "sancta libertas", um dos Padres Conciliares, encarregado de celebrar a Missa dos jornalistas, se viu moralmente obrigado a modificar a homilia que havia preparado. O Ofício de Imprensa havia considerado fora de lugar o conteúdo daquele discurso. Dom Helder Camara, Arcebispo titular de Salda e Auxiliar do Cardeal do Rio de Janeiro, que foi a vítima desse infeliz incidente, é um dos prelados mais populares da América Latina. Apelidaram-no de "Bispo das favelas", por causa de sua atividade caritativa em favor dos que "moram em barracos" da sua Diocese, aos quais busca dar casas. No seu discurso, ele se colocava contra a pompa da Missa de inauguração do Concílio e deixava a entender que, no final da sessão, seria mais conveniente celebrar uma Missa de penitência que uma cerimônia de ação de graças. Dom

Em relação ao Grupo da Pobreza, no final do Primeiro Período, Dom Helder, Abbé Pierre e Dom Mercier combinaram um plano completo para levar, com a graça de Deus, durante o Concílio, a Santa Igreja aos "perdidos caminhos da Pobreza". Não seria através da divisão entre "Bispos pobres" e "Bispos burgueses", mas da conquista do maior número possível de Bispos para um novo estilo episcopal:

> seria fácil – facílimo e tentador – um gesto espetacular de 300 Bispos. Seríamos seguidos, com mais ou menos constrangimento, por mais uns mil. Ficaríamos focalizadíssimos... Mas deixaríamos amargurados irmãos nossos ainda não de todo trabalhados pela graça do amor à Pobreza (haveria para nós o perigo sério de farisaísmo: "nós não somos como estes pobres burgueses..." .[65]

Dom Helder optou pela paciência – "o que não é sinônimo de passividade, de braços cruzados: ah! garanto que não! Deus sabe!" – por causa da "impossibilidade em que se acha o Papa (mesmo o querido João XXIII) de livrar-se da tiara, de romper com o Vaticano. [...] João XXIII me parece um pássaro numa gaiola de ouro". Mas acreditava que chegaria a hora em que o Papa se livraria da tiara, romperia com o Vaticano, seria um pássaro livre, servidor e pobre, anunciando o Reino de Deus, como fizera São Pedro, como fizera Jesus Cristo. Mas até chegar o momento, além da paciência era preciso agilizar o plano "de conquista de toda a Santa Igreja para o ideal de Pobreza. Não nos contentamos com um Grupo (por mais numeroso que ele seja). Queremos a Igreja toda, de modo a ajudarmos o Papa a livrar-se das riquezas do Vaticano que tanto escandalizam e dificultam os caminhos

---

Helder teria escrito que é imperdoável que o Concílio não tenha ainda afrontado nenhum dos maiores problemas do nosso tempo. Todavia, ele se alegrava com o discurso do Papa, inspirado pelo Espírito Santo, que havia salvado toda a cerimônia, e também a atmosfera de liberdade da Congregação Geral que muito edificou os observadores não católicos. Ele ressaltou, no entanto, que, devido ao pedido de numerosos Bispos, João XXIII tinha a intenção de criar uma comissão especial encarregada de estudar os problemas dos países subdesenvolvidos, da superpopulação, da fome, da guerra atômica, da paz. Fesquet conclui dizendo que se algumas de suas frases eram desagradáveis a certos ambientes romanos, eram também acolhidas com satisfação por todos os auditores que se alegram com o *aggiornamento* da Igreja (FESQUET, H. *Diario del Concilio*, 28 de novembro de 1962, 121).

[65] Circular 44 de 26-11-1962.

de união".[66] Dom Helder, então, com sua mística, fortificava a tipologia de Bispo enquanto pastor e servidor:

> Como seria bom [...] que acabasse de vez a casta de Bispos-príncipes e se firmasse para sempre a figura do pastor, do servidor, do Pai! Como seria bom que o grande e supremo cuidado de cada Bispo fosse formar equipe com seu Clero e seu Laicato para melhor servir a Deus e ao próximo! Como seria bom que os sonhos sobre pobreza da Igreja (a começar pelo Papa e pelos Bispos) passasse do *complot* de um pequeno grupo para resolução do Colégio episcopal.[67]

Desde o início do Concílio, Dom Helder sabia que, além de bons textos, o Concílio precisava efetivar fortes gestos simbólicos.[68] Os textos e os gestos simbólicos revelam o que chamava de "espírito do Concílio":[69]

> E aqui entra um episódio narrado apenas para que vocês tenham o espírito do Concílio. Recomendo, no entanto, discrição e caridade. Levantou-se mais uma vez o Cardeal Ottaviani (S. Ofício). Se ele dissesse: "Padres Conciliares: Claro que, no Concílio, além do Espírito Santo que a todos nos conduz, só há o Papa e os Padres Conciliares. Só. Aqui não passo de um de vós. Seja, no entanto, permitido ao vosso irmão..." Garanto que seria escutado e talvez atendido. Levantou-se, como sempre, como se fosse o Inquisidor distribuindo censuras, apontando heresias, criando alarme. Foi ouvido em um silêncio sepulcral. De repente o presidente da sessão (Cardeal J. Bernard Alfrink, Arcebispo de Ultrecht, Holanda) disse: "Revmo. Padre. Queira perdoar-me, mas o seu tempo terminou". Ele pretendeu insistir. O Presidente manteve a cassação da palavra e o plenário aplaudiu vigorosamente. Este é o espírito

---

[66] Circular 50 de 3-12-1962. Dom Helder esperava que surgisse uma oportunidade para o Papa se livrar do Vaticano: "Assim como na hora da Providência, o Papa foi livrado por Deus dos Estados Pontifícios (e Pio IX e os católicos do mundo inteiro na hora não entenderam muito), dia virá em que o Pai livrará o Vigário de Cristo do luxo do Vaticano. Durante o bombardeio de Roma cheguei a pensar que Deus ia agir, deixando que uma bomba liquidasse o que de outro modo parecia impossível largar. Não daria certo: Rockfeller reconstruiria um Vaticano ainda mais amplo e luxuoso. A reforma tem que vir de dentro. Como seria bom para o mundo que ao invés de um dia haver devastação, incêndio e saque (como tantas vezes eu tenho visto), partisse do Papa o gesto de despojamento" (Circular 44 de 26-11-1962).

[67] Circular 17 de 1-11-1962.

[68] Circular 3 de 17-10-1962.

[69] Circular 16 de 31-10-1962.

do Concílio. Os Padres estão cônscios da responsabilidade de quem, em união com Pedro e guiados pelo Espírito Santo, participa da infalibilidade.[70]

Nos últimos dias do Primeiro Período do Concílio, surgiu o boato, depois confirmado, de que João XXIII estava com câncer: "Sabem que o Papa está doente? [...] Se Deus o levasse agora não faltaria quem pensasse que a Providência o arrebatava para evitar que ele caísse em heresia, arrastado pelos Bispos progressistas... Nada como deixar Deus agir".[71]

Na última Circular dessa fase do Vaticano II, Dom Helder faz uma avaliação muito positiva do andamento do Concílio. "ESTAMOS NA VIGÍLIA DE AÇÃO DE GRAÇAS pela 1.ª fase do Concílio. Não me cansarei de dizer que não há explicação meramente humana para o que aconteceu aqui. Que caminhada nestes 2 meses!". Durante a Vigília, ele repassou diante de Deus o caminho percorrido e elencou os principais motivos para um *Magnificat*. Entre eles, citamos: a ideia de o Papa convocar um Concílio depois do dogma da infalibilidade; a presença de mais de dois mil Bispos do mundo inteiro com plena liberdade, e também, dos observadores não católicos, dos especialistas; as Missas que abriram as sessões plenárias (sempre mais comunitárias, e em diversos ritos); a vitória inicial do autêntico espírito do Concílio com a atuação das Comissões Episcopais e a liderança do CELAM; a vitória do autêntico espírito do Concílio: nas votações do Esquema de Liturgia, das Fontes da Revelação, dos instrumentos de comunicação social, de união das Igrejas; as reuniões do Grupo da Pobreza, do *Opus Angeli*, do Ecumênico; o encontro com o Cardeal Suenens; a permanência em Domus Mariae; a amizade fraterna com santos como o Pe. Paul Gauthier, Mons. Ancel, Mons. Mercier; a ideia de reagrupar os esquemas em torno da Igreja *ad intra* e da Igreja *ad extra*; as Vigílias de Roma com as leituras e Circulares; o apoio recebido da Família do São Joaquim; o início do diálogo entre o mundo desenvolvido e o mundo subdesenvolvido. O Dom também se perguntava: "Que acontecerá entre a 1.ª e a 2.ª fases?...

---

[70] Circular 16 de 31-10-1962.

[71] Circular 46 de 28/29-11-1962. Alguns dias depois, veio a confirmação de que João XXIII estava com um tumor benigno (Circular 52 de 6-12-1962).

Não teria nenhuma surpresa se em setembro já não tivéssemos mais João XXIII. Ele está tentando um esforço enorme para falar e revelar saúde...".[72]

1.5 "[...] tudo isto – as pretensões de prestígio e de riqueza, vem de Constantino e não de Pedro"

Durante o intervalo conciliar, os Bispos continuaram realizando "trocas de ideias" via correspondências. Dom Helder, por exemplo, fez contatos interessantíssimos com o mundo de língua francesa e inglesa. No entanto, aconteceu um mal-entendido com consequentes problemas. É que os Bispos norte-americanos mimeografaram um Caderno e um deles deu uma cópia ao *New York Times*, que publicou um capítulo sobre a pobreza. O Cardeal Spelmann, por engano, atribuiu o texto ao Cardeal Camara e este não gostou do fato...[73] Além disso, ao chegar a Roma, o Dom descobriu que na Secretaria de Estado havia um dossiê – preparado por um Bispo dos Estados Unidos "tentando denunciar o meu comunismo. Mas tudo isto é nada comparado com a Igreja e com a perspectiva de poder ajudar a sua autorreforma. Tudo isto é nada quando se tem a Santa Missa. Bênçãos muito saudosas do amigo em J. C. Pe. José".[74]

Ainda durante o primeiro intervalo Conciliar, Montini fora eleito sucessor de Pedro e o Dom estava ansioso para vê-lo banhado de "João XXIII". Devido à intensa amizade entre o Papa e o Arcebispo brasileiro, era comentário geral entre os cronistas e observadores de que Dom Helder exerceria influência sobre o Papa. De fato, em seu discurso à Cúria, Paulo VI falou abertamente na representação dos Bispos do mundo inteiro, destinada a ajudá-lo no Governo da Igreja.[75] Ora, esta era uma das ideias mais defendidas pelo Dom,[76] tanto que, após o discurso papal, ele começou a preparar, para a reunião do Ecumênico, um pequeno trabalho levantando

---

[72] Última Circular [53] de 8/9-12-1962.

[73] Circular 1 de 30-9-1963.

[74] Circular 1 de 30-9-1963. Pela primeira vez nas Circulares, Dom Helder assina como "Pe. José", indicando que o momento era de alta tensão espiritual.

[75] Circular 2 de 2-10-1963.

[76] CAYUELA, J. *Hélder Câmara – Brasil: ¿un Vietnam católico?*, 177-178.

ideias a respeito do assunto.[77] Esquematicamente, suas ideias eram as seguintes: 1) tendo em vista que os Patriarcas recusam os Cardeais de Roma, porque se consideram acima deles e é para eles uma humilhação ficarem na Basílica após Suas Eminências, há quem proponha a abolição do cardinalato, instituição humana que teve o seu papel, mas hoje já não seria necessário. Ora, "não creio que o Santo Padre – especialmente Paulo VI – se decida a gesto tão violento, inamistoso e radical"; 2) tendo em vista que os Bispos estão cônscios de seus direitos, e de que Nosso Senhor deu poderes diretos e pessoais a Pedro e estabeleceu estes mesmos poderes aos Apóstolos unidos a Pedro, abre-se "centúria do Governo Colegiado da Igreja"; 3) tendo em vista que a Cúria Romana é um órgão de execução nas mãos do Papa, embora "há um século se afez a ser órgão deliberativo, em nome do Papa", propõe-se um esquema de similitude no Governo da Igreja: Santo Padre com o Ocidente e o Oriente em igualdade. No Ocidente, com o Senado dos Cardeais e a Câmara dos Representantes dos Bispos; no Oriente, com o Senado dos Patriarcas mais a Câmara dos Representantes dos Bispos. A Cúria – "refundida, atualizada, aparelhada, internacionalizada – seria órgão técnico de Assessoria e Execução do Governo Colegiado". Quanto à Congregação do Santo Ofício:

> Por mim a suprimiria. O nome se tornou odioso. Ficou ligado demais à ideia da Inquisição. Há casos em que condena, fulmina sem ouvir (o que é antinatural). O Index é antipsicológico em nossos dias. Precisamos descobrir como salvar em outra Congregação, com outro nome, com outros métodos de ação o que houver de positivo na defesa da fé e dos costumes.[78]

Dom Helder, muito emocionado, esperava a audiência da delegação brasileira com Paulo VI: "Estou ansioso para rever de perto o querido Montini, para ver a quantas anda o banho de João XXIII...".[79] A audiência com o Santo Padre, em 22 de outubro, "foi 'carinhosíssima'. Os 176 Bispos brasileiros compunham um quadro impressionante. Fiquei ao lado do Senhor Cardeal (menos na hora da fotografia, porque os Bispos viram seminaristas

---

[77] Circular 2 de 2-10-1963.

[78] Circular 2 de 2-10-1963.

[79] Circular 20 de 21/22-10-1963.

quando se trata de tirar retratos com o Papa)". O Papa disse palavras que fizeram o coração de Helder bater mais forte:

> lembrou a necessidade de o Padre ficar no meio do povo, participando de seus problemas, sofrendo e lutando com ele. "Como ser indiferente a um espetáculo como o das Favelas?... Como fechar os olhos à injustiça social?..." Discurso muito simples. Mais conversa do que discurso, mas no qual Montini surgiu banhado de João XXIII. Em certo momento, encontrou meio de lembrar o convite que lhe fora feito por Mons. Camara, para que ele pregasse o Retiro aos Bispos do Brasil. Comentou: "Era troppo per me". [...] O Santo Padre tinha em mãos três placas (trabalho de um artista de Milão, representando o Cristo e o Colégio dos Apóstolos entre os quais se acha o Papa João). Deu uma ao senhor Cardeal; outra ao Secretário da Conferência ("e ele me procurou para fazer a entrega"); a terceira deu a Dom Newton, que deixou com ele um álbum belíssimo sobre Brasília.[80]

Um segundo encontro de Dom Helder com Paulo VI aconteceu em novembro, na Igreja de Santo Antônio dos Portugueses: "De repente, formou-se a fila para o beija-mão. Como sempre, os Mestres de Cerimônia, apressadíssimos, cortaram a fila, depois do último Bispo português, dizendo que era impossível bênção pessoal para os Bispos brasileiros". Porém, o "Santo Padre deu ordem em contrário. Foi a conta. Ao chegar ao Santo Padre, ele segurou minhas duas mãos e disse amavelmente, em italiano: 'Recebi sua carta. Precisamos conversar, antes de seu regresso'". Dom Helder saiu "radiante, cantando o *Magnificat*. Mesmo que não lhe reste tempo para chamar-me (é claro que adquiri o direito de provocar, amavelmente, o encontro), o fundamental era saber que ele lera a carta e a recebera com agrado. Afinal, em rigor, a carta, embora filial, era bastante dura".[81]

Entre os diversos aspectos que chamam a atenção nas Circulares Conciliares do Segundo Período, destacamos: 1) o conflito angustiante entre o sonho de uma Igreja pobre e servidora e o peso histórico da era constantiniana; 2) a popularidade de Dom Helder nos meios de comunicação social,

---

[80] Circular 21 de 22/23-10-1963.

[81] Circular 43 de 17/18-11-1963. A carta de Dom Helder com suas sugestões a Paulo VI está escrita em "francês mecejanense" na Circular 26 de 27-10-1963.

Em relação ao primeiro aspecto, comentando à Família o livro *Pour une Église servante et pauvre* do "querido Padre Congar", Dom Helder anotou:

> É angustiante ver como, aos poucos, do espírito de diakonia se foi passando para o espírito de dominação. São Bernardo já teve que lembrar a Eugênio III: "tudo isto – as pretensões de prestígio e de riqueza – vem de Constantino e não de Pedro". Fica-se de coração apertado vendo como homens de Deus – e santos – como Gregório VII, defendendo a Igreja do Império, nos lançaram de cheio no jurisdicismo e no espírito de antidiakonia. [...] E vão surgindo as insígnias. Congar nos diz de onde veio a púrpura, de onde a mitra e a tiara, de onde os sapatos de fivelas, de onde os títulos de Eminência e Excelência... [...] se eu pudesse, colocaria um livro destes, anotado, na mão de cada Bispo e faria Vigílias sobre Vigílias para que o Espírito Santo se aproveitasse de Congar para o grande milagre. [...] Se me aflijo pensando no livro de Congar, alegro-me vendo o Papa ceder diante dos Patriarcas, o que tem imediata ressonância ecumênica.[82]

As aflições helderianas, no entanto, aumentaram ainda mais depois que ele participou de uma palestra do professor Timkö, perito dos Bispos Húngaros. A palestra evidenciou que ainda era muito grande o peso da era constantiniana e isso gerava amplas dificuldades na concretização do ideal de uma Igreja servidora e pobre. Após assistir à exposição, o Dom pensou e anotou:

> A Santa Sé sem a medida cirúrgica que o santo Pio IX não entendeu no momento (a ponto de excomungar usurpadores e de tornar-se prisioneiro do Vaticano, atitude em que foi seguido por homens de visão de Leão XIII e da santidade de Pio X) não se desembaraçaria da soberania maldita que levava o Papa a ter exércitos, a declarar guerras e a ter prisões... Que não se livraria sem medida violenta que Deus aceitou e permitiu, se vê, ainda hoje, com a impossibilidade prática de santos como o Papa João e homens de visão de

---

[82] Circular 13 de 16/17-10-1963.

Paulo VI se arrancarem do peso morto terrível e da pedra de escândalo das tradições do Vaticano.[83]

E acrescentou:

Não acreditem que Paulo VI não se sinta profundamente mal ao sentar--se no trono e ver um Monsenhor, ajoelhado, colocando-lhe um travesseiro debaixo dos pés enquanto dois outros acomodam-lhe a capa, como se ajeitassem uma Velha Rainha. Sei ao contrário de ciência certa que ele anseia por libertar-se de tanto ridículo. Que força moral pode ter o Papa ao exigir o *aggiornamento* dos Religiosos se o próprio Sumo Pontífice não se decide a atualizar-se!?... Vale aqui uma ponderação do Edgar quanto à necessidade de abrir crédito à graça de estado. Mesmo porque – acrescentarei – se a iniciativa não vier do Papa (como faltou, repito, mesmo a um santo como Pio IX), na hora oportuna, o próprio Deus agirá.[84]

Dom Helder havia se tornado um dos Padres Conciliares mais requisitados pelos jornalistas. Desse modo, o relativamente pouco conhecido Arcebispo Auxiliar do Rio de Janeiro se transformara em uma das personagens mais influentes na cena internacional da Igreja contemporânea.[85] Ele escreveu à sua Família: "Os jornalistas chegam de todos os cantos para entrevistas: França, Suíça, Alemanha, USA... Falo-lhes de coração aberto, sem medo. Chegou a hora em que a Igreja tem de correr o risco da publicidade, se quiser chegar às grandes massas".[86] Em novembro de 1963, Dom Helder é elogiado por um redator do *Informations Catholiques Internationales* e um do *L'Osservatore Romano*. O redator do *Informations*

---

[83] Circular 37 de 10/11-11-1963.

[84] Circular 37 de 10/11-11-1963. Na sessão solene de encerramento do Segundo Período Conciliar, Dom Helder anotou que os Padres Conciliares atravessaram os Museus do Vaticano e a Capela Sistina até chegarem onde está a colossal estátua equestre de Constantino. "Quem disse que terminou a era constantiniana? Durante a cerimônia toda – parecia pesadelo – quase via e ouvia – o Cavalo de Pedra passar a galope pela Basílica, carregando o Rei que, coitado, se tornou o triste símbolo de uma fase que desejamos superar, mas que está ainda vivíssima..." (Circular 59 de 4/15 [sic]-12-1963).

[85] BEOZZO, J. "Dom Helder Camara e o Vaticano II". In: ROCHA, Z. *Helder, o Dom. Uma vida que marcou os rumos da Igreja no Brasil*, 103-104.

[86] Circular 2 de 2-10-1963. Também anotou: "Nos minutos de folga, jornalistas..." (Circular 14 de 17/18-10-1963); "hoje, tive a audácia de falar, em italiano, à TV italiana" (Circular 15 de 18/19-10-1963).

lhe disse: "Sou um homem frio, acostumado a julgamentos objetivos. Você não se pertence: é uma arma secreta da Igreja de que nós precisamos para acordar a Europa e os USA. É indispensável sua ida à França, para falar, sem preocupação de tempo, na TV". Ele ficou "de vir à Domus Mariae jantar e tentar convencer-me...".[87] Um redator do *L'Osservatore Romano* lhe disse: "Para que o senhor imagine a que ponto gostei de sua palestra, prestar--lhe-ei a homenagem de nada dizer em meu jornal, dada a impossibilidade de um relato fiel e para evitar o crime de deturpá-la".[88] O jornalista Fesquet o convidou para ir à França, a fim de ajudar os padres e militantes franceses: "Fesquet, redator de 'Le Monde', cujo livro sobre o Concílio tanto nos agradou (livro de jornalista), tratou-me com um carinho imenso".[89] O Dom encontrou-se várias vezes com Guitton: "Ele se comove profundamente quando me vê. Considera-me profeta".[90] Na Circular 42, anotou que teve um "dia cheio de audiências". Uma foi com um redator do *L'Osservatore Romano*, Pe. Roberto Tucci, sj:

> Não se conteve e redigiu um comentário largo sobre minha palestra para Bispos e peritos holandeses (aberta aos jornalistas). Por mim, dei o *imprimatur*, embora duvide que *L'Osservatore* publique. Teve um desabafo impressionante. Como é difícil ser Papa!... Como pesam as tradições e preconceitos numa cidade como Roma! No L'Osservatorio há um grupo ansiando por liberdade, ar e luz. Certeza de que o Papa os apoia, mas por enquanto não os pode libertar.[91]

Fechando o Segundo Período do Vaticano II, o Arcebispo Auxiliar do Rio de Janeiro fez uma palestra em "sotaque nordestino e gestos complementares" na Libreria Internazionale Paesi Nuovi, promovida por Témoignage Chrétien com o tema "Sucessos e insucessos da 2.ª Sessão do Vaticano II". Disse que há todo um balanço positivo que não temos o direito de esquecer. Entre os sucessos destacou a ampliação do apelo ecumênico, os discursos do Papa e a vontade de internacionalizar e renovar a Cúria Romana,

---

[87] Circular 34 de 7/8-11-1963.
[88] Circular 34 de 7/8-11-1963.
[89] Circular 38 de 11/12-11-1963.
[90] Circular 55 de 30-11-1963.
[91] Circular 42 de 16/17-11-1963.

a chegada dos Auditores e a participação de leigos nas Comissões, a experiência da colegialidade episcopal. Recordou que, nos espaços informais, o Ecumênico realizou 25 conferências e o CELAM começou a organizar encontros entre teólogos do mundo desenvolvido e do mundo em desenvolvimento. Os insucessos foram: esquema sobre instrumentos de comunicação social e "Constantino continua vivo dentro de nós...".[92] A palestra de Dom Helder foi disputadíssima. A sala não era muito grande e padres, seminaristas e leigos fizeram-na transbordar. Havia gente esparramada pelas escadas e apinhando o corredor...[93]

Antes de retornar ao Brasil, o Dom foi para o esperado encontro pessoal com Paulo VI, de quem recebera, havia muito tempo, "a primeira bênção papal":

> Atravessei o Vaticano de ponta a ponta... Chovia. Vento friíssimo (por fora e por dentro). [...] De Herodes a Pilatos, acabei voltando sem ver ninguém... Foi, então, que irrompeu a alegria perfeita de ver-me entre a Pobreza de passar dois meses em Roma e voltar sem ter visto, de perto, o Papa amigo; e a Pobreza de voltar à Casa do Pai que me recebe à força... Ofereci a dupla humilhação pelos dois Pais: o daqui e o daí. Amo-os em Cristo, profundamente.[94]

2. "[...] me confirmo em minha vocação complementar de pregador do Vaticano II"

2.1 "A riqueza da Igreja está em homens como o Sr..."

Em março de 1964, Dom Helder viajou para Roma a fim de trabalhar na Comissão que elaborava a futura *Gaudium et Spes*. Vibrou com a parte introdutória do texto oficial, a ser aprovado ou não, do XVII Esquema.

---

[92] Circular 58 de 3/4-12-1963.

[93] Circular 59 de 4/15 [sic]-12-1963.

[94] Circular 59 de 4/15 [sic]-12-1963. A expressão "Casa do Pai" parece significar Arquidiocese do Rio de Janeiro e o Cardeal Jaime Câmara, com o qual estava havendo problemas de relacionamento, apesar do respeito recíproco.

Entre os diversos comentários, diz: "É o anticonstantinismo. É a Igreja servidora e pobre. É o manifesto do pluralismo".[95] Porém, quando analisou o primeiro capítulo, observou: "depois da introdução o Esquema se dirige a seminaristas..." e "virou fervorinho... [...] A esta altura só os crentes continuarão lendo o Esquema".[96] Mas como "depois da focalização infeliz do 1.º capítulo, o Esquema sempre melhora",[97] resolveu dar o *placet* esperando agir nos anexos, o que de fato fez. A participação de Dom Helder na Comissão foi de fundamental importância para termos hoje o belo e profundo Documento Conciliar.

Assim como intuíra no início do Concílio a orquestração de Monsenhor Felice, agora o Dom percebeu que o Esquema tinha adversários fortes: "Havia adversários fortes como Mons. Florit, Arcebispo de Florença (a que me coube combater, amável mas firmemente em Plenário). Muito florentinamente, tentou cobrir de ridículo o Esquema, que ficaria muito bem como artigo de jornal, mas não como texto conciliar".[98] Não se tratava de defender o texto em si, mas a ideia: "O texto ainda o podemos refundir e aprimorar depois". O Dom relatou à Família:

> Houve um arrepio na sala, quando me dirigi, em francês, à Presidência perguntando se eu poderia falar em francês. Aprovação geral. Curiosidade e espanto. Comecei dizendo: "Nós que estamos no meio do mundo sa[bemos] que as duas únicas Encíclicas que o povo conseguiu entender e teve interesse de ler foram a *Mater et Magistra* e a *Pacem in Terris*. Aqui está um aviso importante e grave a ter diante dos olhos para o Concílio inteiro. No caso especial deste Esquema, então, nem se discute. Por que tentar cobrir de ridículo o estilo jornalístico? Se por estilo jornalístico se entende partir dos acontecimentos mais apaixonantes (dos sinais dos tempos), apresentando-os em linguagem de hoje, do homem de hoje para tentar conseguir interesse da enorme maioria que cerca o catolicismo e até o cristianismo por todos os

---

[95] Circular 8 de 6-3-1964.

[96] Circular 9 de 7-3-1964.

[97] Circular 10 de 7-3-1964.

[98] Circular 12 de 10-3-1964.

lados [...], então, abençoado seja o estilo jornalístico. Este é o tom que nos convém..." Daí por diante, estava aberto o caminho para a vitória.[99]

Desse modo, no dia seguinte, Dom Helder acabou por assumir a liderança na reunião da Comissão Mista (Teologia e Apostolado Leigo) a fim de melhorar o 1.º capítulo do Esquema XVII. Ele disse aos colegas que quanto à maneira de apresentar a matéria e quanto à própria matéria do 1.º capítulo, "vem-me à lembrança São Paulo falando aos Areopagitas... Começou bem o grande Paulo. Mas chegou depressa demais à ressurreição e a turma desligou o rádio... Se não começarmos pelos sinais dos tempos, não seremos escutados". E acrescentou: "Se no 1.º capítulo jogarmos nossos grandes mistérios (Trindade, Encarnação, Redenção...), os modernos Areopagitas nos deixarão falando às moscas...". Mas ele foi rebatido, "perigosamente, por um Bispo oriental que lembrou a força paradoxal dos mistérios da cruz. São Paulo avisou que a cruz é escândalo para os judeus e loucura para os gregos. Mas foi pregando assim que os apóstolos converteram o mundo". Um Bispo holandês entrou no debate posicionando-se a favor do Auxiliar do Rio de Janeiro. Então, "a sala inteira se moveu. Dois grupos se delinearam, claros e irredutíveis: o dos homens que moram na terra e o dos teólogos que moram nas nuvens... Em certo momento, Karl Rahner reconheceu que os teólogos, no caso, estavam ressentindo da ausência de sociólogos, e que era indispensável enriquecer, de muito, o grupo de peritos..."[100] Foi então que o Dom conquistou a sala com "uma tirada que veio do mais íntimo da alma". Disse que estava bem lembrado de que cada um dos membros da Comissão deveria ter diante dos olhos o mundo inteiro, mas "a melhor maneira de chegarmos à visão universal [...] é cada um de nós trazer o depoimento de sua região. Permitam que, sem cair no solene, traga a esta sala a voz do Terceiro Mundo". Ele falou, então, das dificuldades das famílias viverem a doutrina eclesial no tocante à fecundidade.

Desde que chegara a Roma, Dom Helder esperava ansioso o momento do encontro pessoal com Paulo VI: "Curioso o Santo Padre. Até ontem,

---

[99] Circular 12 de 10-3-1964. Na passagem da página, no manuscrito, Dom Helder não completou a palavra "sabemos".

[100] Circular 14 de 13-3-1964.

quinta-feira, não marcara a audiência pedida no dia mesmo de minha chegada". Mas,

> no domingo, mandou aqui [Domus Mariae] a Geral de um Instituto Secular de Milão (de quem se fez segundo Pai). Ela veio sem dizer que o Papa a enviara. Ao sair disse: agora entendo por que o Santo Padre me mandou ouvi-lo e exige que trabalhemos na mesma Diocese para a qual o Sr. for... Hoje, Colombo, na hora da saída, disse coisa parecida: Agora entendo por que o Santo Padre ontem perguntou-me se já havia conversado com Mons. Camara e recomendou que não perdesse a oportunidade de aproximação. Acrescentou Colombo que Paulo VI me tem como irmão-gêmeo do Cardeal Schuster, o beneditino que o antecedeu em Milão, onde tem fama de santo. Mas para o Papa (isto ele mesmo já me explicou) Schuster era o profeta, o homem que antevia sobretudo na linha dos grandes problemas da Igreja. Às 3 da tarde chegou o aviso: Sua Santità si degnerà ammeterla all'Udienza privata nel giorno di domani, venerdì alle ore 11,40".[101]

> E Dom Helder acrescenta:

> Aqui estou me inspirando nos "I fioretti di Papa Giovanni". Pedindo a José que me acompanhe. Pedindo a nosso irmão Jesus Cristo (um pouco como recompensa da fidelidade absoluta destes dias tensos) que mais do que nunca sejamos um. Que ele não me deixe dizer ao Papa nenhuma palavra meramente minha, nenhuma palavra que não seja nossa, ou, mais precisamente, d'Ele através dos meus lábios humanos... E me sentirei acompanhado daí por vocês...[102]

O Papa recebeu Dom Helder de braços abertos, o abraçou e disse-lhe três vezes: "Mon très cher, très cher, très cher Helder Camara". Depois, agradeceu:

> – antes de tudo, pelo amor à Santa Igreja. Sabia, por conhecimento pessoal, como me esqueço de mim, para adotar como meus os grandes problemas da Igreja; – pelos trabalhos realizados no seu Rio de Janeiro. Ninguém me contou: vi com meus olhos o que faz pelos pobres. Fiquei feliz vendo como

---

[101] Circular 14 de 13-3-1964.
[102] Circular 14 de 13-3-1964.

os pobres o conhecem e o amam; – pela nossa Conferência dos Bispos. Chamo-a assim, porque a vimos nascer, a ajudamos a nascer. Deus e eu sabemos quanto ela lhe deve... – pelo Concílio: sei como tem ajudado, sempre de coração largo e visão sobrenatural; mas acima de tudo, agradeço em nome de Jesus Cristo sua atitude perfeita em face da transferência.[103]

Depois de Dom Helder apresentar sua "angústia" em relação à Igreja, Paulo VI lhe disse que "solução ele só veria na medida em que se multiplicassem Bispos como Mons. Camara" e "quando Mons. Camara estiver aqui (e riu, amavelmente) verá, com alegria, que graças a Deus a Igreja é muito menos rica do que o povo pensa". "E tenho a simplicidade de acrescentar o que ele acrescentou: 'A riqueza da Igreja está em homens como o Sr...'". Dom Helder anotou que ficou "meio encabulado" e, então, aproveitou para sugerir Dom Lombardi para a Secretaria de Estado. Paulo VI sorriu e disse: "Reze, rezê". Ao despedirem-se, "o Papa foi carinhosíssimo" e Dom Helder saiu cantando o *Magnificat*![104]

2.2 "[...] Ajuda a Igreja de Cristo a reencontrar os perdidos caminhos da Pobreza"

Em setembro de 1964, o novo Arcebispo de Olinda e Recife foi para o Terceiro Período do Vaticano II preparadíssimo para o debate, com contribuições de Alceu Amoroso Lima, Luiz Alberto Gomez de Souza e Francisco Whitaker. Ao chegar a Roma, o Cardeal Suenens lhe pediu para montar "o Q. G. que contrabalance manobras de elementos da Cúria que sabotam o Concílio e envolvem o Santo Padre. De modo positivo, se trata de ajudar a timidez dos bons, inclusive do próprio Santo Padre". Este desejo de Suenens aumentou porque os jornais da França haviam criticado a postura de Paulo VI em publicar a Encíclica *Ecclesiam suam* sem esperar que os Padres Conciliares terminassem a discussão e votassem a Constituição Dogmática *Lumem Gentium*, procurando assim, de certa forma, colocar limites à discussão em curso. Segundo Dom Helder, a consideram a "Encíclica do

---

[103] Circular 15 de 14-3-1964.
[104] Circular 15 de 14-3-1964.

'porém', a vitória do diplomata sobre o pai... É difícil ser Papa e é impossível julgá-lo. Entendo que o mesmo Papa que nomeia uma Comissão para o estudo sobre a Igreja Servidora e Pobre seja obrigado a pronunciar o discurso sobre o Manto de Pedro...".[105]

Nesse Terceiro Período, Dom Helder se dedicou profundamente à declaração da sacramentalidade e da colegialidade episcopal. Primeiramente, precisava conseguir apoios para que o debate acontecesse nessa fase do Concílio, pois havia uma estratégia de adiá-lo como meio de sabotagem:[106] "Sentimos urgência de defender a Colegialidade, em face de manobras desleais. O representante da Conferência Italiana denunciou medidas tristes, que estão sendo adotadas por elementos da Cúria e por grupos de extrema-direita".[107] Atendendo ao pedido do Cardeal Suenens, o Dom conseguiu vários apoios em favor da declaração da sacramentalidade e da colegialidade episcopal, pois entendia "que há por detrás destas eleições todo um rumo novo para a Santa Igreja. A Cúria Romana, quando reage dessa maneira, não está defendendo o primado de Pedro, porque nosso Esquema nem de longe o arranha: está defendendo, isto sim, seu próprio reinado".[108]

Durante as eleições "ninguém arredou o pé da Basílica" e inclusive os bares fecharam até a última votação do dia. Aprovada a sacramentalidade e a colegialidade do Episcopado, Dom Helder vibrou: "[...] Como o Concílio sabe estar à altura dos grandes dias! [...] Há um arrepio na Basílica".

---

[105] Circular 2 de 12/13-9-1964.

[106] Circular 4 de 14/15-9-1964.

[107] Circular 8 de 18/19-9-1964. Na Circular seguinte, assim escreverá: "Deus permitiu que uma Vigília, tão cara a meu coração de pai e de irmão, esteja sendo vivida em uma angústia terrível: abriram-se os dias mais graves e críticos que o Vaticano II já enfrentou até hoje. Já eram conhecidas manobras terríveis da minoria (15?) que não aceita a Colegialidade Episcopal como de direito divino. De repente recebemos o aviso seguríssimo de que o Santo Padre está dilacerado interiormente: tem dúvidas sobre o fato de a Colegialidade ser de direito divino, teme estar sendo infiel no primado de Pedro, adere aos que pensam que não é oportuno falar sobre Colegialidade" (Circular 9 de 19/20-9-1964).

[108] Circular 12 de 22/23-9-1964. Dom Helder ainda acrescenta: "Quando o Santo Padre promulgar a Colegialidade [...] estará terminada a centralização excessiva de após-Vaticano I [...] e abrir-se-á a fase de responsabilidade muito maior para as Hierarquias e especialmente para as Conferências. [...] foi depois da experiência vitoriosa da CNBB que o Santo Padre estimulou conferências em toda a América Latina e soprou a criação do CELAM. Daí por diante, o Espírito Santo que desejava preparar os caminhos para o regime de Colegialidade fez surgir Conferências no mundo inteiro".

O Cardeal Silva, chegando de um encontro com Paulo VI, fez questão de procurar o Dom para dizer que "o Papa estava vibrante, comentando: 'Agora, ninguém para mais o Concílio'. Helder, então, telefonou logo para o Pe. Miguel contando-lhe o fato: "Quase perdeu a fala, de feliz".[109]

Enfim, depois de intensos trabalhos, em novembro, realizou-se a votação do esquema *De Ecclesia* com *placet* 2.099, *non placet* 46 e um voto nulo. Minutos depois da votação, Dom Helder foi chamado ao corredor. Era o Pe. Bevilacqua que assistira, com Paulo VI, à proclamação dos resultados da mais importante votação do Concílio e sentira a necessidade de vir abraçar "quem tanto rezou e sofreu pelo Papa e pela Colegialidade". Disse que Paulo VI sabia "que vim abraçá-lo".[110]

Foi ainda durante o Terceiro Período que Dom Helder recebeu o pálio das mãos de Paulo VI e contemplou o Papa, num gesto simbólico de suma importância, "jogar" a tiara no altar. Também nessa fase o Dom descobriu sua vocação profética complementar de ir como "Bispo do Mundo" levar às cidades-chave o que o Vaticano II trouxe de melhor: "atitude de diálogo, espírito ecumênico e vontade de servir".

Antes de receber o pálio, Dom Helder teve de descobrir o que lhe parecia um "engano". Havia sido anunciado que a insígnia seria entregue no sábado, 10 de outubro, no Santo Ofício, pelo Cardeal Ottaviani. Inesperadamente, o Dom recebeu um cartão do Monsenhor Enrico Dante, Prefeito das Cerimônias Apostólicas, dizendo: "o Santo Padre lhe imporá o Pálio na sexta-feira, 2 de outubro, às 13h, no Apartamento Nobre de sua Santidade". O Dom percebeu que ninguém mais havia recebido aquele aviso e, por isso, pensou que fora um engano: o recado seria para o Cardeal Câmara buscar o distintivo para Dom Motta, que não poderia estar presente à cerimônia. Monsenhor Scarpino, Auxiliar de Monsenhor Dante – com quem Dom Helder buscou informações –, tentou descobrir o que ocorrera: *"Evangelizo tibi gaudium magnum: Sumus pontifex personaliter voluit tibi personaliter imponere Palium crastina, hora prima post meridium.* (Anuncio-te uma grande alegria: o Sumo Pontífice pessoalmente

---

[109] Circular 12 de 22/23-9-1964.
[110] Circular 75 de 17/11-11-1964.

Dom Helder no Vaticano II

quis impor-te pessoalmente, o Pálio amanhã às 13h)".[111] E assim, no dia 2, terminada a Sessão Conciliar, Dom Helder dirigiu-se aos aposentos do Papa. Os Mestres de Cerimônia o esperavam. A cerimônia se deu na Capela privada, vizinha ao quarto do Papa. Muito amável, Paulo VI lhe disse: "Deus sabe a alegria que tenho de dar-lhe este Pálio".[112]

As Circulares revelam, muitas vezes, Dom Helder fazendo Vigílias por Paulo VI, quase sempre para que o Papa tivesse forças de salvar a linha do Concílio revelada por Deus a João XXIII. Na Circular 72, no entanto, ele faz uma intensa Vigília de Ação de Graças pelo Santo Padre: "Terminada a Santa Missa, a grande surpresa, que os jornais, certamente, já noticiaram". É que o Secretário-geral do Concílio, depois de lembrar que a Igreja sempre amou os pobres, anunciou que o Santo Padre ia depositar, no Altar da Oferenda, sua própria tiara, a ser vendida em benefício dos pobres. Foi então que "a Basílica contemplou, emocionada, num silêncio impressionante, Paulo VI avançar com a tiara nas mãos, jogá-la no Altar e regressar feliz!... Foi um delírio!".[113]

No final de outubro, Dom Helder viajou a Genebra para várias atividades tais como palestra no teatro oficial da cidade, palestra em Berna, batizado, pregação em uma paróquia, encontro com banqueiros, encontro com Pastores. Ele sentiu que a Providência o havia levado àquele lugar, não somente para realizar aquelas atividades, mas para lhe transmitir um apelo: "Quem sabe, Deus me quer levando a outras Cidades-chave do Mundo a Mensagem que, a partir de minha chegada, ontem, a Genebra, me vem sendo dado a transmitir, sem parar?...".[114] Para ajudá-lo no discernimento, recorreu à Família: "Volto a perguntar a mim mesmo e a vocês, nesta Vigília: para ser fiel à missão de Profeta [...] deverei, sem prejuízo do trabalho essencial de minha Diocese, partir como Bispo do Mundo e ajudar os irmãos a encontrar o perdido caminho do amor a Deus e aos homens?...".

---

[111] Circular 21 de 1/2-10-1964.

[112] Circular 22 de 2/3-10-1964. Alguns dias antes Dom Helder havia escrito: "Sábado, deverei receber o Pálio, símbolo do poder de Metropolita. Poderes não me interessam: a gente os muda em serviços. [...] Há grandes esperanças de o Santo Padre apoiar a derrubada dos títulos e o começo da simplificação das vestes" (Circular 13 de 23/24-9-1964).

[113] Circular 72 de 13/14-11-1964.

[114] Circular 59 de 31-10/1-11-1964, escrita em Genebra, Suíça.

Dom Helder estava feliz porque a Providência lhe confiara o Nordeste,[115] mas discernia se Deus não estava pedindo mais: "Quero muito apurar se, de fato, se pode pensar em Vocação (em carisma!) de ser apóstolo – conforme as circunstâncias – da aproximação dos povos e particularmente da aproximação entre Mundo Desenvolvido e Mundo Subdesenvolvido".[116]

Na noite de 3 de novembro, durante a Vigília, depois de pedir ao Pai numerosos Borromeus para que fizessem com o Vaticano II o que o santo fizera no de Trento,[117] Dom Helder confirmou-se na vocação complementar:

> em plena Vigília de São Carlos, me confirmo em minha vocação complementar de pregador do Vaticano II. Vocação complementar no tocante à pregação fora de minha Diocese. Lá, é claro, um com o meu Clero e os meus Leigos, devemos fazer de tudo para levar à prática as conclusões do Concílio (como já estávamos fazendo, de cheio, com a Liturgia). Mas Berna me confirmou no tocante ao carisma especial de ir, como Bispo da Santa Igreja, como Bispo católico, levar a cidades-chave do Mundo o que o Vaticano II nos traz de melhor: a atitude de diálogo; o espírito ecumênico; a decisão de servir...[118]

2.3 "O Concílio Ecumênico Vaticano II disse muitíssimo, por suas palavras e seu silêncio"

Na primeira Circular do Quarto Período, Dom Helder relatou que das catorze vezes que fora a Roma, aquela era "a vinda de maior gravidade,

---

[115] "Claro que se Deus me fizesse viver aqui, acabaria arregaçando as mangas e trabalhando feliz. Mas, entre a Suíça superarrumada, tranquila, sem problemas e o querido Nordeste em pleno desenvolvimento, agradeço a Deus que me deu o Nordeste" (Circular 61 de 2/3-11-1964, escrita em Genebra).

[116] Circular 61 de 2/3-11-1964, escrita em Genebra.

[117] Circular 62 de 3/4-11-1964, escrita em Berna, Suíça.

[118] Circular 62 de 3/4-11-1964, escrita em Berna, Suíça. Na mesma Circular, Dom Helder observa que sua missão complementar exige, antes de tudo, a santidade: "Que sede tem os cristãos de ver a Igreja como Cristo sonhou: larga, sem medo, corajosa e bela! [...] O povo quer é testemunho de cristianismo autêntico. Não basta saber língua. Não basta presença de espírito. Não basta facilidade de falar. Nem mesmo cultura. O povo quer é santidade. E a santidade não se finge: o povo tem faro. Santidade não se improvisa: tem que ter por detrás toda uma existência de real e profundo amor a Deus e aos homens".

tanto para a marcha da Igreja, como para a minha vida pessoal". Para a marcha da Igreja, "basta lembrar as consequências da Declaração sobre liberdade religiosa ou liberdade de consciência [...], o Esquema sobre a presença da Igreja no Mundo de hoje; o Esquema sobre Ministério sacerdotal". Para sua vida pessoal, "já comecei, hoje mesmo, o Livro Branco sobre o impasse humano em que se acha a Igreja imortal de Cristo, livro que eu imagino entregar, em francês e em inglês, aos Bispos do Mundo inteiro, desde que o consiga redigir, com a graça divina, em termos de humildade e amor, e desde que lhe aprove a difusão o próprio Santo Padre...".[119]

Foi durante esse tempo "de gravidade" que o Dom estabeleceu alguns contatos importantes, entre eles, com o Pastor pacifista Martin Luther King e o rei da Bélgica, Balduíno I.[120] Lendo o livro *Revolution non-violente* – tradução francesa do *Why we can't wait* – de Luther King, o Dom se encantou com o Movimento de não violência ativa, compreendendo mais profundamente por que fora levado pela Mão a Recife[121] e, nos anos seguintes, ele se dedicará intensamente à causa da *violência dos pacíficos*. O rei Balduíno, homem de profunda sensibilidade humana e um dos chefes de Estado mais interessados no desenvolvimento integral do mundo, encantou--se com o "autêntico profeta" e "homem do Senhor" e comprometeu-se em ajudar "todo este seu programa, que é e, se Deus quiser, será sempre mais o meu programa, a razão de ser de minha vida".[122] Dom Helder também pediu

---

[119] Circular 1 de 10/11-9-1965. Dom Helder tinha a intenção de escrever um livro ao Episcopado dizendo que a nossa fraqueza colocara a Igreja de Cristo num impasse quando a meteu na engrenagem do dinheiro, e que ele não estava conseguindo ver "saída humana" para tal situação. Por isso, sem julgar e condenar o Episcopado e o Papa, com a permissão de Paulo VI, deixaria a Arquidiocese de Olinda e Recife e qualquer outra Diocese do Mundo, "dada a impossibilidade de ser um Bispo Diocesano, livre da engrenagem". Iria viver onde o Santo Padre preferisse e ficaria em alerta para atender qualquer convite que permitisse viver a sua vocação profunda de apóstolo do desenvolvimento, da paz e do amor (Circular 254 de 20/21-7-1965). No entanto, passado o período mais agudo da "crise espiritual", o Arcebispo discerniu que não deveria tomar essa atitude e, por isso, alguns dias depois, quando um padre francês – que lera e encantara-se com o Discurso da Inauguração do Seminário Regional do Nordeste – lhe perguntou por que não deixava a Diocese para ser "Peregrino do Terceiro Mundo, do Desenvolvimento, da Pobreza", o Dom registrou que ele "não sabe como estou ligado a Recife pelo próprio Pai..." (Circular 7 de 16/17-9-1965).

[120] Circular 17 de 26/27-9-1965.

[121] Circular 18 de 27/28-9-1965.

[122] Circular 80 de 28/29-11-1965.

a Paulo VI uma Encíclica sobre o desenvolvimento dos povos e um encontro de Bispos da América Latina para viabilizar o Concílio no continente.[123] Essa carta é uma das raízes da *Populorum Progressio* e da convocação da Segunda Conferência Episcopal Latino-Americana, em Medellín.

Dentre os muitos aspectos importantes nesse Período Conciliar destacaremos: 1) a avaliação helderiana da criação dos Sínodos; 2) sua preocupação em criar meios eficientes para executar as decisões conciliares; 3) sua célebre Conferência realizada no Centro Holandês de Documentação sobre o Concílio; 4) sua vibração com a aprovação da *Gaudium et Spes* e com os gestos simbólicos ao final do Concílio.

Para auxiliar o Papa no Governo da Igreja, Dom Helder defendia a ideia do Senado que seria composto por Cardeais, Patriarcas e de um Bispo eleito em cada Conferência Episcopal. Caberia ao Senado a eleição do Papa.[124] Embora Paulo VI não tenha criado o Senado, inovou com o "Sínodo". Segundo o Dom, em algumas coisas, o Papa fora mais longe: "os Cardeais, ficaram fora. Não ousei tanto". Quanto ao Bispo eleito, acrescenta que "a fórmula do Santo Padre é muito mais sábia: nas Assembleias Extraordinárias, funcionam os Presidentes das Conferências; nas Gerais, os representantes dependem do número de membros de cada Conferência". Sobre a eleição do Papa, "isso o Santo Padre não anunciou ainda".[125] No entanto, como diante do Pe. Miguel, ele tinha o "pacto de falar como se estivesse diante do Juiz Eterno, nosso irmão Jesus Cristo", queixou-se de que o Sínodo

---

[123] Circular 17 de 26/27-9-1965.

[124] A explicação do Cardeal Suenens ajuda a entender por que era buscada a mudança no método da eleição para Papa: "Creio, com efeito, que algum dia, à luz da colegialidade episcopal, se reverá o modo de eleger o papa. Num importante livro, *Theology of Vatican II*, o bispo Butler, eminente teólogo inglês, membro da Comissão Teológica do Concílio, coloca a seguinte pergunta: Com quem fica, por direito, a autoridade sobre a Igreja, quando um papa morre? – E responde: Ao corpo episcopal como tal. Ao meu ver, o monopólio reservado ao colégio cardinalício só se justifica pelo recurso a uma espécie de delegação implícita do colégio episcopal do mundo inteiro. [...] Todo o mundo sabe que os cargos de composição do colégio cardinalício flutuaram muito ao longo da história. Só recentemente, após o Concílio, é que existem apenas cardeais-bispos, medida tomada na tentativa de superar o dualismo entre o colégio episcopal e o colégio cardinalício" (SUENENS. C. "A Unidade da Igreja na Lógica do Vaticano II". *Sedoc* 2 (1969) 108).

[125] Circular 11 de 20/21-9-1965.

não me parece instrumento autêntico de plena Colegialidade. É verdade que, em grande parte, é eleito pelos Bispos e os Delegados das Hierarquias podem receber indicações precisas sobre os assuntos que vão ser estudados. Mas a convocação é feita pelo Papa quando e como bem entender; terminada cada Assembleia, cessa o mandato do Sinodista; o Sínodo, em essência, é apenas um órgão consultivo: terá poder deliberativo em casos concretos, quando o Papa o decidir... [...]. Por haver criado o Sínodo, ele [o Santo Padre] já não precisará de novas Comissões Pós-Conciliares [...]. Por haver criado o Sínodo, já parecerá menos urgente a reforma da Cúria Romana [...]. Por haver criado o Sínodo, o Santo Padre já sentirá menos urgência de um novo Secretário de Estado.[126]

Em uma das reuniões do Ecumênico foi intensa a conversa sobre o Pós-Concílio: "De um lado, a pergunta: como deixar o após-Concílio com a Cúria Romana, se até o fim, de modo geral, ela não participa do espírito do Concílio?". De outro lado, "há desgostos graves contra a Comissão de Liturgia, que começa a participar do espírito da Cúria, passando a ser, para os Bispos, um peso, ao invés de um Serviço. Por exemplo, exige que os livros litúrgicos, editados em vernáculo, tragam texto latino. Até quando a Igreja ficará amarrada ao latim?".[127]

Além disso, o Cardeal Suenens, depois de conversar com Paulo VI, confidenciou-lhe algumas preocupações em relação ao Pós-Concílio. Depois de assinalar "Trecho RESERVADO", o Dom escreveu à Família:

O Pe. Miguel chamou-me, pessoalmente, ao telefone e pediu-me um encontro urgente. Estivera mais de 1 hora com o Santo Padre. Em síntese: quanto à Reforma da Cúria. O Pe. Miguel insistiu em frisar que, terminado o Concílio, a Cúria continuando a mesma, põe em risco o espírito do Vaticano II; haverá até o perigo de perseguição aos 'progressistas' e aos que se bateram por uma Cúria renovada. O Santo Padre acha que estamos muito bem: longe dos tempos ignominiosos da luxúria e simonia dominando a Cúria... Alguns ultraconservadores e superados? Não são eternos... E voltou a falar nos retoques que pretende introduzir. 2ª investida do Pe. Miguel: voltou a

---

[126] Circular 15 de 24/25-9-1965, RESERVADA.
[127] Circular 36 de 15/16-10-1965.

falar em Comissões Pós-Conciliares. De novo, quase ausência total de eco, junto a Paulo VI.[128]

Apesar disso, Dom Helder não perdia a esperança na "primavera" eclesial. Partilhando com a Família Macejanense o esquema geral da célebre Conferência "Aquilo que o Concílio não pode dizer", anotou:

> O Concílio Ecumênico Vaticano II disse muitíssimo, por suas palavras e seu silêncio. Disse uma palavra perfeita sobre a Igreja, pondo em relevo a ideia fecunda de Povo de Deus, salientando a Colegialidade Episcopal, abrindo espaço para o Leigo. Disse palavra de força altamente renovadora sobre a Liturgia e sobre Missão. Falou e falou bem, de modo oportuno e justo, sobre a missão do Bispo, missão do Padre e apostolado dos Leigos. [...] Note-se, ainda, que importante como o que o Concílio disse é o silêncio que, em certas circunstâncias, ele timbrou em manter. Recusou-se a toda e qualquer condenação, convicto de que estamos, cada vez mais, na era do diálogo. Evitou qualquer palavra que importasse em fechamento de porta, em estreiteza de vista, em atitude menos larga e menos nobre. Podemos e devemos agradecer a Deus a primavera que se anuncia: de renovação teológica, litúrgica, missionária, ecumênica... Primavera, talvez, ainda mais bela do que o mais audacioso sonho do Papa João, o profeta do Vaticano II.[129]

Tendo em vista que, no encerramento do Concílio, era importante realizar gestos simbólicos na linha inspirada por Deus a João XXIII, no início de novembro, Dom Helder escreveu uma carta ao Papa oferecendo sugestões, tais como: que Paulo VI organizasse encontros com ateus, hinduístas, budistas, judeus, cristãos não católicos de 2 a 7 de dezembro de 1965; com os Padres Conciliares canonizasse João XXIII; anunciasse um Sínodo Especial para estudar a responsabilidade da Igreja em face do desenvolvimento integral do mundo; um Sínodo Extraordinário para estudar assuntos que o Concílio não teve tempo de aprofundar, como a regulamentação de filhos; anunciasse a decisão de entregar à Assembleia Geral do Sínodo a missão de eleger o Papa; que despedisse o Corpo Diplomático: "Sei que o Santo Padre

---

[128] Circular 44 de 23/24-10-1965.

[129] Circular 63 de 11/12-11-1965; CAMARA, H. "Quello che il Concilio non poteva dire". In: CÂMARA, H. *Terzo Mondo defraudato*, 47-48.

não vai poder fazer nada disso. Mas sinto necessidade de apresentar-lhe estas sugestões que, no íntimo, Ele gostará de receber. Quando a Circular chegar ao Rio e ao Recife, a Carta já terá sido entregue. Mas claro que persistirá de minha parte o natural sigilo. Será indelicado, de minha parte, divulgá-la, por exemplo, pela imprensa".[130]

Paulo VI, no entanto, acolheu uma das sugestões, a saber, da prece ecumênica na Basílica de São Paulo fora dos Muros:

> Vocês verão (mandarei um livreto ao Recife e outro ao Rio) que obra-prima de espírito ecumênico as duas orações que Paulo VI proferiu, evidentemente, emocionado. Sucederam-se Leituras, extraídas da Bíblia [...] ditas ora em inglês, ora em francês, ora em grego (os ortodoxos), por líderes espirituais das várias Famílias cristãs. [...] As leituras foram interrompidas pelos cânticos: nada de Coro. Nós todos misturando as vozes, ecumenicamente, fraternalmente. [...] A oração dominical foi a mais linda que já rezei em minha vida: o Santo Padre convidou a todos para que cada um dissesse na própria língua natal... Vocês verão que o Santo Padre foi simplesmente inspirado em sua Alocução [...]. Desde a saudação em que fez questão de frisar que, do Vaticano II em diante, nos chamaremos apenas Irmãos (acabou-se a história de separados).[131]

Para Dom Helder, o "desaparecimento" do Santo Ofício foi um belíssimo gesto simbólico efetivado por Paulo VI. Por isso, ele vibrou quando *L'Osservatore Romano* publicou o *Motu proprio* que mudou o nome e os métodos do Santo Ofício: "Em carta ao Santo Padre, duas vezes, eu dissera e, uma vez, em petição assinada por vários Padres Conciliares: 'É preciso mudar o nome, que se tornou odioso; os métodos que são desumanos; as pessoas que se identificam com a instituição e se impregnaram de seus métodos')". Em seu lugar, surgiu uma congregação com nome positivo: "Congregatio *pro* doctrina fidei. Quanto aos métodos, ninguém é condenado mais no escuro, sem saber, sem defesa... O Bispo da Região é avisado. A vítima é

---

[130] Circular 58 de 6/7-11-1965.
[131] Circular 86 de 4/5-12-1965.

avisada. Tem direito de escrever a própria defesa e de constituir advogado. A nova Congregação deve ter peritos de várias regiões do Mundo".[132]

Ao final do Concílio, havia o comentário de que Paulo VI ofereceria um anel de ouro e um diploma para cada Padre Conciliar. Por causa disso, "alguns dos meus vizinhos de Concílio (Núncios Apostólicos) gozaram a valer 'a Igreja dos Pobres'".[133] Mas foi o Dom que teve a alegria de escrever ao Papa agradecendo a sua "maneira delicada" e a sua lição de "bom gosto e simplicidade":

> Ontem, em carta ao Santo Padre – além de transmitir o testemunho de minha alegria pela Prece Ecumênica na Basílica de São Paulo, e de enviar o texto do Pacto das Catacumbas – comentei, em post-scriptum, meu contentamento pela maneira delicada, em puro estilo Paulo VI, de dar, aos Bispos do Mundo inteiro, uma lição de bom gosto e simplicidade. Imaginem, em vermeil [...] um anel másculo (parece de ferro ou de bronze) sem pedras de espécie alguma, em forma de mitra na frente, com a efígie de Cristo, circundado por São Pedro e São Paulo. Soprou-se, na Basílica, a ideia de enviar ao Santo Padre o anel antigo, com uma palavra de agradecimento (o meu Dom José é um dos líderes e vai mandar o dele). Não tenho ilusões: o peso morto é terrível. A maior parte continuará usando as pedrarias preciosas. Mas continuam as lições do Papa... Pois não houve quem protestasse, em carta a ele, contra a cerimônia belíssima, inspirada, da Basílica de São Paulo!?[134]

Antes de finalizar o Concílio, Dom Helder também vibrou com o fim do Esquema XIII: "Terminou, na Basílica, a votação do Esquema XIII: ele já não existe... Cedeu, gloriosamente, lugar à 'Constituição Pastoral sobre a presença da Igreja no Mundo'".[135] A Constituição afirma que "as alegrias e as esperanças, as tristezas e as angústias dos homens de hoje, sobretudo dos pobres e de todos aqueles que sofrem, são as alegrias e as esperanças, as tristezas e as angústias dos discípulos de Cristo".[136] Não há como não perceber aqui o eco da voz de Dom Helder na elaboração do documento.

---

[132] Circular 88 de 6/7-12-1965.

[133] Circular 88 de 6/7-12-1965.

[134] Circular 88 de 6/7-12-1965.

[135] Circular 88 de 6/7-12-1965.

[136] CONCÍLIO VATICANO II, *Documentos do Vaticano II: Gaudium et Spes*, 1.

Mas apesar disso, ele comentou que a "alegria de ontem só não foi completa porque, além do cuidado fraterno com os amargurados (vi o sofrimento no rosto de Dom Sigaud) [...]".[137]

Na Celebração final do Concílio, o Dom alegrou-se porque aquilo que era um sonho agora tornava-se realidade. Visível era a "diferença entre a Missa de abertura e a Liturgia de encerramento":

> Imaginem minha alegria ao ver o Santo Padre sem Tiara, sem Sede Gestatória, com o Báculo de sempre (a Cruz tanto mais bela quanto mais simples) e com o nosso anel... Trocou, espero em Deus que para sempre, o anel riquíssimo que usava, pelo anel-símbolo de união entre nós Bispos do Mundo inteiro (em torno ao Bispo de Roma) e anel-símbolo da Igreja Servidora e Pobre... O Discurso do Santo Padre, vocês verão, foi belíssimo [...]. Concelebração como sonhei em 1963... Mas, então, parecia puro sonho! Queria que vocês vissem a hora de os Bispos todos se abraçarem!... [...]. O ponto mais emocionante, como estava previsto, foi o levantamento das excomunhões mútuas, feito ao mesmo tempo em Roma e Constantinopla, de excomunhões que já tinham 10 séculos de triste tradição... No momento em que se abraçaram o Santo Padre e o representante de Atenágoras (de novo o puro sonho virado realidade!) o Povo vibrava de felicidade e chorava de emoção...[138]

Durante o Vaticano II, Dom Helder passou a ser considerado uma das mais importantes personalidades da Igreja no século XXI. O professor Marques, analisando os depoimentos de Corporale, Congar e Fesquet, elencou algumas "facetas" do Dom que se sobressaíram: articulador eficiente;[139] ser humano transbordante de ideias, de imaginação e entusiasta;[140] amigo dos pobres;[141] crítico incômodo da burocracia eclesiástica e da suntuosidade

---

[137] Circular 88 de 6/7-12-1965.

[138] Circular 89 de 7/8-12-1965.

[139] CORPORALE, R. *Vatican II: Last of the councils.* Apud MARQUES, L. C. L. "As muitas facetas da 'figura conciliar' de Dom Helder Camara". In: ROCHA, Z. *Helder, o Dom. Uma vida que marcou os rumos da Igreja no Brasil,* 113.

[140] CONGAR, I. *Diario del Concilio 1960-1963,* I, 167-168.

[141] FESQUET, H. *Diário del Concilio: tutto il Concilio giorno per giorno,* 121.361.615 -616.703-704.727-730.1082.1094-1095.

barroca que circundava o Papa;[142] e brilhante conferencista.[143] Além destas, no entanto, havia três "facetas" não luminosas que foram criadas e feitas circular com habilidade por seus adversários. A primeira é a de perigoso agente do comunismo internacional. O apelido de "Bispo vermelho" surgiu desde o momento em que ele procurou, com outros Bispos, respostas pastorais, orgânicas e coerentes aos desafios do subdesenvolvimento brasileiro.[144] A segunda é a de que procurava guiar o voto do Episcopado Brasileiro alinhando-o às posições "antirromanas". E a terceira, a de que era um perigoso manipulador que, como Secretário da CNBB, subtraía aos Bispos o próprio direito de Governo. Disso entende-se o redimensionamento do papel do Secretário-geral da CNBB[145] e a resposta rude que Dom Agnelo Rossi deu ao Cardeal Suenens, dizendo que o Episcopado brasileiro "não é boiada".[146]

---

[142] FESQUET, H. *Diário del Concilio: tutto il Concilio giorno per giorno*, 121; Circular 43 de 23-11-1962; Circular 22 de 3-11-1962; Circular 22 de 2/3-10-1964.

[143] FESQUET, H. *Diário del Concilio: tutto il Concilio giorno per giorno*, 631.

[144] Nos arquivos conciliares de Dom Sigaud, Arcebispo de Diamantina, encontram-se os primeiros indícios da campanha sistemática contra Dom Helder, motivada pela TFP (MARQUES, L. C. L. "As muitas facetas da 'figura conciliar' de Dom Helder Camara". In: ROCHA, Z. *Helder, o Dom. Uma vida que marcou os rumos da Igreja no Brasil*, 118-119). Dom Helder chegou até a "brincar" com o apelido de "Bispo comunista": durante um estudo do Esquema XIII, em outubro de 1965, havia uma tendência de deixar a Igreja hierárquica quase que "exclusivamente com o espiritual". Dom Helder falou que, sem pretender defender cristandades, em regiões onde a Idade Média continua, muitas vezes se impõe que o Bispo, em pessoa, faça frente aos Barões: "Queremos, sem dúvida, que caiba aos nossos Leigos esse papel. Mas como largar os Leigos sozinhos se os próprios Bispos, ao enfrentar os Senhores Feudais, são por eles acoimados de comunistas!?... Os 100 Padres conciliares e os 200 Peritos aclamaram o Bispo 'comunista'. [...] Os Cardeais Canadenses (Leger e Roy), por conta da intervenção, me convidaram para um almoço..." (Circular 44 de 23/24-10-1965).

[145] "Pelos novos estatutos, o presidente e o secretário-geral (eleitos por 4 anos) não são mais presidente e secretário da CNBB, mas da Comissão Central da Conferência..." (Circular 17 de 27/28-9-1964).

[146] Assim comentou o próprio Cardeal Rossi: "Apenas eleito Presidente da CNBB, através de Dom Helder Camara, fui convidado para um almoço do cardeal Suenens. Sua Eminência, agradecendo o apoio do episcopado brasileiro, por intermédio de Dom Helder Camara, quis saber se poderia contar com nossa disponibilidade e eu respondi rudemente: 'Eminência, o episcopado brasileiro não é boiada de que podemos dispor à vontade. Mande-nos, anteriormente, suas sugestões, nós a discutiremos livremente e se estivermos de acordo nós as apoiaremos...'" (De uma carta do Cardeal Rossi ao Pe. José Oscar Beozzo, citada em Baraúna, *Fundo Vaticano II no Brasil*. Apud Marques, L. C. L. "As muitas facetas da 'figura conciliar' de Dom Helder Camara". In: ROCHA, Z. *Helder, o Dom. Uma vida que marcou os rumos da Igreja no Brasil*, 120, nota 32).

A leitura de algumas intervenções de Bispos brasileiros contrários à ação do Secretário-geral da CNBB, conservadas na *Acta Synodalia*, reforçam a faceta do Dom como manipulador. Em 1962, o Bispo de Palmas, Sabóia Bandeira de Mello, falando na 8.ª Congregação Geral, terminou dizendo que não tinha medo do Romano Pontífice e dos Organismos Romanos, mas "temos medo daqueles intermediários que pretendem ter poder sobre os bispos porque parecem ser de algum modo superiores a esses".[147] Significativa é também a intervenção de Dom Sigaud na 44.ª Congregação Geral de 1963: "Evita-se também uma outra instituição, isto é: uma espécie de Concílio Nacional ou Regional Permanente, na qual alguns bispos de uma nação ou região poderiam... comprometer todos os outros bispos... tais instituições fariam enormes dificuldades ao exercício do poder ordinário seja do papa, seja dos bispos".[148] A declaração atacava a ideia da criação do Senado e o "excessivo" poder das Conferências Episcopais, "mas é difícil não intuir que as dificuldades pessoais de Sigaud e de seu grupo em relação a Dom Helder e às suas ideias contribuíssem para dar mais força às suas palavras".[149]

As três "facetas" não luminosas serão usadas seguidamente pelos adversários de Dom Helder nos anos duros da ditadura militar. Apesar da "grande perseguição", atualmente as "facetas" que marcam, hegemonicamente, o imaginário religioso, espiritual e popular são as de que Helder é o "Dom", "o Dom da Paz", "o Irmão dos Pobres", "o Pastor da Liberdade", "o Profeta da Libertação"...

---

[147] As I/I, 544 apud MARQUES, L. C. L. "As muitas facetas da 'figura conciliar' de Dom Helder Camara". In: ROCHA, Z. *Helder, o Dom. Uma vida que marcou os rumos da Igreja no Brasil*, 121.

[148] As II/II, 266-369, apud MARQUES, L. C. L. "As muitas facetas da 'figura conciliar' de Dom Helder Camara". In: ROCHA, Z. *Helder, o Dom. Uma vida que marcou os rumos da Igreja no Brasil*, 121. A intervenção de Sigaud foi assinada por Morelim, Castro Mayer, Pereira Venâncio, Bandeira de Mello, Rupp, Lefebvre e Solesmes.

[149] MARQUES, L. C. L. "As muitas facetas da 'figura conciliar' de Dom Helder Camara". In: ROCHA, Z. *Helder, o Dom. Uma vida que marcou os rumos da Igreja no Brasil*, 121.

2.4 "Quanto a mim, se me fosse pedido um programa de vida, [...] não vacilaria em dizer: procuremos ser testemunhas do Vaticano II"

Para Dom Helder, o Concílio Vaticano II tornou-se uma missão: "Quanto a mim, se me fosse pedido um programa de vida, uma incumbência, uma missão, não vacilaria em dizer: procuremos ser testemunhas do Vaticano II; exemplos vivos de cristianismo aberto, arejado, construtivo, confiante, corajoso; cristãos de nome e de fato; cristãos adultos".[150]

O Concílio dava-lhe fundamentos consistentes para propagar um "cristianismo libertador, promotor da paz e da justiça". Comentava que, para algumas pessoas, a religião era tida como ópio do povo, porque ela "esquecia a vida terrena", defendia a ordem social que, não raro, era injusta, usava e abusava do freio da prudência para evitar mudanças sociais e mantinha seu culto e obras com o dinheiro dos ricos que não queriam transformações sociais.[151] Ora, a Igreja Católica estava com o propósito de tornar-se servidora e pobre e de engajar-se, decididamente, na luta por uma sociedade fraterna. Por isso, a Igreja apoiava o avanço da ciência e a prática da justiça e da caridade;[152] evitava deixar-se prender às estruturas do capitalismo; denunciava as desigualdades sociais, propondo e buscando a superação da distância entre o mundo desenvolvido e o subdesenvolvido, crendo sinceramente que "a justiça é condição para a paz".[153] Diante dessa postura, já não se pode repetir que a religião é o ópio do povo, mas é necessário distinguir o que, no cristianismo, é ópio e relevo, compromisso e alienação.[154]

O Vaticano II não se reduziu apenas a um evento pontual, mas é um "espírito", uma "nova forma de ser Igreja". Por isso, Dom Helder considerava importante o processo de recepção conciliar, o qual deveria estar à

---

[150] CÂMARA, H. *Revolução dentro da paz*, 25.

[151] CÂMARA, H. *Revolução dentro da paz*, 65-69.

[152] CÂMARA, H. *Revolução dentro da paz*, 69; ID. "Il nuovo umanesimo che sta sorgendo". In: CÂMARA, H. *Terzo Mondo defraudato*, 67.

[153] CÂMARA, H. *Revolução dentro da paz*, 97.

[154] CÂMARA, H. *Revolução dentro da paz*, 98; ID. "La presenza della Chiesa nello sviluppo dell'America Latina". In: CÂMARA, H. *Terzo Mondo defraudato*, 101-103.

altura do próprio Vaticano II. Dizia que celebrar um Concílio é mais fácil do que colocá-lo em prática, e que o Lateranense IV faliu porque não conseguiu colocar em prática suas decisões. Para que o mesmo não acontecesse com o Vaticano II, era preciso: 1) lealdade pessoal e com a Igreja: o clero deveria impregnar-se do Concílio e os leigos tornarem-se missionários do Vaticano II; 2) conversão: não apenas pessoal, mas também estrutural. Nesse sentido, evitar, ao máximo, o isolamento da diocese e criar e alimentar bases efetivas de pastoral de conjunto;[155] 3) santidade: pessoal, do clero e do laicato, pois "somente na medida em que vivemos a vida divina em nós e a nossa unidade com Cristo conseguiremos transformar as conclusões do Concílio em uma sagrada missão a cumprir, em uma reforma a realizar";[156] 4) reencontrar os perdidos caminhos da pobreza: esta tese é provada historicamente, pois, antes de fazer reformas profundas, a Igreja sempre foi confrontada com a pobreza. Nesse sentido, foi providencial que, em Roma, durante o Primeiro Período do Vaticano II, tenha surgido o grupo sobre a "Igreja pobre e servidora": Bispos de todo o mundo se reuniram para estudar o mistério do pobre e descobrir por quais meios práticos a Igreja poderia "reencontrar os perdidos caminhos da pobreza". Com a graça de Deus, "decidimos evitar, no comportamento e nas relações sociais, tudo aquilo que pode dar a impressão de privilégio, de prioridade ou qualquer preferência aos ricos e aos potentes". Porém, não basta deixar de usar ricas cruzes peitorais e anéis preciosos. É preciso atingir o essencial que é a mentalidade: "precisamos da coragem de uma revisão de consciência e de vida";[157] 5) os Bispos devem ter diante dos olhos o exemplo de São Carlos Borromeu, ou seja, fazer do Vaticano II o que ele fez em relação ao Concílio de Trento.

Nesse sentido, o teólogo José Comblin, entre outros, defende que Dom Helder é uma das melhores concretizações de um Bispo configurado ao modelo proposto pelo Vaticano II, assim como São Carlos foi em relação a Trento.[158] O Dom é um típico Bispo do Vaticano II, porque descobriu que

---

[155] CÂMARA, H. *Chi sono io?*, 101-103.

[156] CÂMARA, H. *Chi sono io?*, 103.

[157] CÂMARA, H. *Chi sono io?*, 112-115.

[158] COMBLIN, J. "Dom Helder e novo modelo episcopal no Vaticano II". In: POTRICK, M. B. *Dom Helder, pastor e profeta*, 24-40.

seu lugar é o mundo.[159] Ele percebeu que deveria ser um homem de relações públicas, engajado na busca de soluções dos problemas sociais que afetam o povo de Deus. As dores e as alegrias, as angústias e as esperanças da humanidade, especialmente dos pobres, tornaram-se as suas. Ele não quis ser um "Bispo-seminarista" nem um "Bispo-príncipe", mas um autêntico "Bispo-pastor". Não se tratava de uma postura arrogante ou orgulhosa, mas de assumir "a responsabilidade que Deus confia comunicando a plenitude do sacerdócio – sem mérito da nossa parte, é verdade – e nos fazendo entrar na Colegialidade Episcopal".[160]

Quando Dom Helder completou 65 anos de sacerdócio, em agosto de 1996, Dom José Maria Pires, durante a homilia, fez questão de ressaltar que o homenageado era um Bispo configurado ao modelo proposto pelo Vaticano II. Disse que a Igreja no Vaticano II optou por ser "povo de Deus mais do que hierarquia; comunidade mais do que sociedade; inserida no mundo mais do que no lado do mundo; servidora e não senhora; defensora da verdade e não proprietária". No Nordeste brasileiro, o Concílio foi sendo colocado em prática pois a

> Igreja Tridentina foi dando lugar à Igreja do Vaticano II. O clero foi se sentindo presbítero, corresponsável com seu bispo pela caminhada local. Os leigos foram se organizando em comunidades, em movimentos, em associações e setores paroquiais e, sem se afastarem da comunhão com a hierarquia, reconheceram sua autonomia e passaram a assumir suas responsabilidades na evangelização e a dar conscientemente sua indispensável contribuição na construção do reino de paz e de justiça.[161]

---

[159] Segundo Comblin, o Bispo tridentino administrava a Igreja. A administração continua sendo necessária, mas o Bispo que se contenta em administrar a Diocese será um obstáculo à evangelização, porque seu papel consiste em estar na frente do diálogo com o mundo e da evangelização no mundo. Deve estar sempre fazendo e recebendo visitas. A administração pode ser assumida por um colaborador e, nesse sentido, o binômio Helder/Lamartine foi exemplar. Sem Dom Lamartine, Dom Helder não poderia ter sido o "Bispo do Terceiro Mundo" (COMBLIN, J. "Dom Helder, o bispo do Terceiro Milênio". In: ROCHA, Z. *Helder, o Dom. Uma vida que marcou os rumos da Igreja no Brasil*, 91-92).

[160] "Un post-Concilio all'altezza del Vaticano II". Conferência realizada em Roma no dia 1.º de dezembro de 1965. Apud BROUCKER, J. de. *Helder Camara: la violenza di un pacifico*, 145.

[161] PIRES, J. M. "O todo-poderoso fez por mim grandes coisas". In: ROCHA, Z. *Helder, o Dom. Uma vida que marcou os rumos da Igreja no Brasil*, 15-19.

2.5 "A Igreja de Cristo que se acha na América Latina [...] adotou claros e indiscutíveis compromissos em assumir a defesa dos Pobres"

Dom Helder fez uma expressiva análise da "crise pós-conciliar". Segundo ele, a ausência de crise seria a confirmação da falência do Concílio, pois significaria que as suas decisões não haviam sido colocadas em prática. A crise pós-conciliar é normal e, de certo modo, benéfica. Quando se olha a história da Igreja, descobre-se que, depois de cada grande Concílio, sempre houve uma crise, porque há aqueles que se agarram ao passado e sentem o dever de defender a "verdadeira Igreja", e exageram; e há sempre os outros, que exageram no sentido contrário.[162] O certo é que o Vaticano II mexeu de tal modo com a mentalidade e as estruturas que seria ingênuo imaginar que tudo seguiria silenciosamente, serenamente, harmoniosamente. Seria inquietante se não houvesse movimentos, traumas e conflitos: significaria que o Concílio não havia dito e feito nada. Para o Dom, o verdadeiro problema não era a agitação do pós-Concílio, mas a falta de coragem de pôr em prática as suas conclusões, isto é, de "colocar em prática o Evangelho, assim como nós Bispos, em união com o Papa sob a direção do Espírito Santo, o traduzimos para os seres humanos e para o mundo de hoje".[163]

Portanto, para que o Concílio desse abundantes frutos, era necessário criar, renovar e orientar as estruturas eclesiais pelo "espírito do Concílio". Ora, um dos "sinais alarmantes que está sacudindo a barca de Cristo, governada por Pedro, é que os grandes e maravilhosos documentos não estão dando efeitos"[164] e "é humilhante observar dentro da cúria romana como pessoas, que não temos o direito de julgar e cuja sinceridade não colocamos em dúvida, dão a dolorosa impressão de que não entendem o espírito do Vaticano II, de que têm medo do Concílio e tratam de sabotá-lo na prática".[165]

---

[162] CAMARA, H. In: CALDERÓN, C. "La Vangardia". Barcelona, 23-7-1968. Apud CAYUELA, J. *Hélder Câmara – Brasil: ¿un Vietnam católico?*, 177.

[163] CAMARA, H. *Le conversioni di un vescovo*, 179.

[164] CAMARA, H. "Las minorías abrahámicas y las estructuras de la iglesia". In: CÂMARA, H. *Cristianismo, socialismo, capitalismo*, 24.

[165] CAMARA, H. "Las minorías abrahámicas y las estructuras de la iglesia". In: CÂMARA, H. *Cristianismo, socialismo, capitalismo*, 30.

Dom Helder gostava de ressaltar que o "espírito do Concílio" foi captado, vivido e estimulado de modo exemplar na Conferência de Medellín. Lá, os Bispos foram sábios e proféticos nas decisões de como aplicar o Concílio no continente: "A Igreja de Cristo que se acha na América Latina, ao tentar aplicar ao nosso Continente as conclusões do abençoado Concílio Ecumênico Vaticano II, adotou claros e indiscutíveis compromissos de assumir a defesa dos Pobres".[166] A Igreja, na América Latina, decidiu assumir as alegrias e as tristezas, as angústias e as esperanças dos povos historicamente oprimidos e, por isso, "a Igreja não fala apenas em termos de ajudas, mas em termos de mudança pacífica, mas decidida e corajosa das estruturas injustas que esmagam mais de 2/3 do Continente, como esmagam mais de 2/3 da Humanidade".[167]

* * *

Portanto, grande foi a importância histórica e espiritual de Dom Helder no Vaticano II, principalmente nos espaços informais como no *Opus Angeli*, no Ecumênico, no Grupo da Pobreza e nos encontros com os jornalistas. Fiel à meta de manter o Concílio na linha inspirada por Deus a João XXIII, ele defendeu: 1) a sacramentalidade e a colegialidade episcopal; 2) a liturgia renovada e vivificada; 3) o diálogo ecumênico; 4) o diálogo entre o mundo subdesenvolvido e o desenvolvido; 5) um novo modelo de Igreja alicerçado na pobreza e no serviço; 6) a figura do Bispo-pastor; 7) a importância de dar atenção aos "sinais dos tempos" como fez a *Gaudium et Spes*. Nos momentos mais duros do Concílio, com seu bom humor, sua mística, seu sorriso e a sua total confiança no Espírito Santo, "quebrava o gelo", a fim de que fugissem o desânimo e a tristeza e se reacendessem a fé, a esperança e a caridade. Por outro lado, o Vaticano II foi decisivo na vida de Dom Helder e isto se pode confirmar, principalmente, através das Circulares Conciliares enviadas à Família. O Concílio lhe deu fundamentos para propagar um cristianismo aberto, libertador, promotor da justiça e da paz. Disse-lhe muitíssimo por suas palavras e silêncios, por seus textos e

---

[166] CAMARA, H. "A Igreja na América Latina: Hoje". In: CÂMARA, H. *Utopias peregrinas*, 85.

[167] CAMARA, H. "A Igreja na América Latina: Hoje". In: CÂMARA, H. *Utopias peregrinas*, 85.

gestos simbólicos. Ofereceu-lhe um "programa de vida", pois, no dizer de Broucker,

> A Igreja do pós-Vaticano II não é mais a Igreja do Vaticano I: liturgia vivificada, colegialidade episcopal constituída, sinodalidade ao menos aproximada, história revisitada, memória purificada, diálogos comprometidos com as Igrejas não católicas, com o judaísmo, com as religiões não cristãs, liberdade religiosa reconhecida... Se Dom Hélder estivesse ainda nesta terra, ele cantaria *alleluia!* Ele, porém, continuaria a nos pressionar, vendo que o último dia, o último minuto, o último segundo não soaram ainda nem para a miséria e a violência no mundo, nem para Constantino na Igreja.[168]

---

[168] BROUCKER, J. de. *As noites de um profeta: Dom Helder Câmara no Vaticano II*, 165.

Capítulo V

Dom Helder, difamado e execrado

O pastoreio de Dom Helder Camara como Arcebispo Diocesano de Olinda e Recife (1964-1985) coincidiu com o período da repressão militar e da lenta abertura democrática. Dom Helder buscará diálogo com o regime militar, mas este vai fechando todas as portas e janelas pois não suportava a verdade evangélica defendida pelo Arcebispo. O regime autoritário não o torturará fisicamente mas o *golpeará* nas lideranças e amigos que vão sendo presos, torturados e assassinados. Será vítima também de uma campanha de execração nos meios de comunicação social e, posteriormente, a imprensa nacional será proibida de pronunciar o seu nome. Enquanto ele *não existia* no Brasil, era convidado, no exterior, para encontros, conferências, celebrações e outros eventos, a fim de que anunciasse a mensagem evangélica da paz. Mergulhado em Deus e configurado a Cristo, Dom Helder viveu intensamente o *Mistério Pascal*, celebrado, todos os dias, na Santa Missa.

1. "Rezei o tempo todo pela paz no Mundo e pela rápida e total redemocratização do País..."

1.1 "Vocês estão superados. [...] o tempo está correndo contra a Revolução"

Quando Dom Helder chegou a Recife, o clima já estava tenso entre os representantes do Governo e as autoridades da Igreja. Dom José Lamartine Soares, Vigário Capitular, recusou-se a falar em nome do clero na *Marcha da Família com Deus pela Liberdade* e proibiu entidades religiosas de usarem bandeiras e insígnias, durante as manifestações a favor ou contra o golpe. Também pediu ao clero que evitasse manifestações favoráveis ou contrárias.[1] Por sua vez, o *Discurso de Chegada* pronunciado pelo novo Arcebispo Metropolitano gerou certo temor às autoridades militares, pois ele disse: "A ninguém devo excluir do diálogo fraterno";[2] ou seja, ele não aceitava a dicotomia "revolucionário" ou "antirrevolucionário", reservando-se o direito de discordar do que entendesse errado.[3]

Um dia depois da posse, enquanto Dom Helder almoçava com Dom José Távora, deu-se a invasão do Palácio São José de Manguinhos por quatro soldados e um oficial armados de metralhadoras. Eles estavam perseguindo Viola, Pierre (ligado aos trabalhos do Pe. Lebret) e Maria Antônia. Dom Helder mostrou aos soldados a gravidade de invadir a casa do Arcebispo com metralhadoras. As ruas encheram-se e logo chegou a imprensa, inclusive a estrangeira. O Arcebispo ligou para o Coronel Justino, que se mostrou indignado com a ação. Os soldados ficaram apavorados e o próprio Dom lhes assegurou que nada aconteceria. É possível que os generais do IV Exército visavam, com esse gesto, intimidar o novo Arcebispo. Porém, ao saberem da amizade deste com o Presidente Castelo Branco[4] e sua esposa, resolveram mudar de tática, oferecendo-lhe mordomias[5] e, este, como retribuição aos bons tratamentos participou de eventos militares,[6] e chegou

---

[1] CIRANO, M. *Os caminhos de Dom Helder: perseguição e censuras (1964-1980)*, 9-10.

[2] CAMARA, H. "Tomada de posse como Arcebispo de Olinda e Recife". In: CÂMARA, H. *Utopias peregrinas*, 16-17.

[3] CIRANO, M. *Os caminhos de Dom Helder: perseguição e censuras (1964-1980)*, 9-10.

[4] Castelo Branco assumiu a Presidência da República afirmando a necessidade de resolver as chagas seculares do Brasil. Mas, logo nos primeiros meses de seu Governo, começou a perder credibilidade (FERRARINI, S. A. *A imprensa e o arcebispo Vermelho: 1964-1984*, 143-144). Ele mobilizou as forças repressivas para que realizassem prisões. Houve cassações políticas e exílios, principalmente de quem promovia a conscientização popular (ALVES, M. H. M. *Estado e oposição no Brasil (1964-1984)*, 52). Com isso, ele garantiu a continuidade do latifúndio e do analfabetismo que seu antecessor, de certa maneira, estava combatendo... Manter o analfabetismo era importante para que a política continuasse na mão dos latifundiários e ricos. Ele também garantiu os interesses das multinacionais norte-americanas no Brasil. O próprio Presidente dos Estados Unidos, Lyndon Johnson, disse que a ajuda prestada pelos brasileiros dentro das suas fronteiras, ao derrubar João Goulart, foi mais importante do que as ajudas na Segunda Guerra Mundial, quando o jovem oficial, Castelo Branco, teve uma destacada atuação (CAYUELA, J. *Hélder Câmara – Brasil: ¿un Vietnam católico?*, 23-25).

[5] GONZÁLEZ, J. *Helder Câmara: il grido dei poveri*, 141; CAYUELA, J. *Hélder Câmara – Brasil: ¿un Vietnam católico?*, 12.

[6] Circular 14 de 8/9-5-64.

DOM HELDER, DIFAMADO E EXECRADO

a pensar que a "Revolução" poderia se tornar uma iniciativa democrática.[7]
O Arcebispo até sonhou que o ex-prisioneiro Paulo Freire pudesse ser seu
colaborador na missão catequética.[8]

Mas todo esse otimismo não se sustentará perante os fatos. Ao contrário, crescerão as indagações e perplexidades diante do modo de agir dos
revolucionários. Em maio de 1964, o Dom precisou recomendar aos padres "prudência nesta hora difícil".[9] Em agosto de 1964, antes de viajar
para o Quarto Período do Vaticano II, teve uma difícil conversa de duas
horas com o general Muricy, depois da prisão de Romeu Padilha, seminarista que fazia um estágio externo antes do diaconato. O Arcebispo disse-lhe:

> Vocês estão superados. Enquanto se arrastam na busca de possíveis conspiradores de ontem, não estão acompanhando, dentro da própria casa, as
> marchas e contramarchas dos conspiradores de hoje. [...] General: quem
> fala é o seu Bispo. Um homem que cada vez mais deseja não ter nem sombra
> de travo no coração. Aceita este aviso fraterno: o tempo está correndo contra a Revolução. Ela venceu depressa demais. A sinceridade do anticomunismo de muitos militares foi envolvida, alargada, tornada irresistível pelo
> anticomunismo de homens de empresa que só queriam defender os próprios
> interesses.[10]

Retornando de Roma, Dom Helder fez uma conferência sobre o Concílio com transmissão televisiva em Recife, no dia 24 de novembro de 1964.
Afirmou que o Vaticano II era um evento importante para todos – não
somente para os católicos – porque visa ao ecumenismo. Defendeu a proximidade do Papa e dos Bispos com o povo. Falou também de problemas
dos países subdesenvolvidos sufocados pelos países ricos e suas multinacionais.[11] No dia seguinte, o general Muricy, comandante da 7.ª Região

---

[7]   Na Páscoa dos militares, fez uma oração pela "revolução" e pelo Brasil que correspondia às
aspirações dos chefes do golpe: "[...] Que todos se convençam: que a Revolução não vem para
cobrir reacionarismos... ou ódios partidários... que a Revolução vem para demonstrar a validade da democracia, lugar para a inteligência, lugar para a justiça, lugar para o desenvolvimento"
(Circular 14 de 8/9-5-64).

[8]   Circular 53 de 12/13-7-64. O maior pedagogo do Brasil, no entanto, foi exilado.

[9]   Circular 16 de 11/12-5-64.

[10]   Circular 66 de 4/5-8-64.

[11]   Circular 106 de 29/30-11-1964.

Militar, o procurou para lhe comunicar a estranheza do IV Exército diante da alocução antirrevolucionária, principalmente ante a frase: "É bom que o Bispo entre nas filas e escute o povo. Veja, ouça, sinta a reação do povo na hora dura em que a carne está a 1.400 cruzeiros e o feijão marchando para 500 cruzeiros... Conheça o que o povo está pensando da modificação da lei do inquilinato".[12] Dom Helder defendeu-se dizendo que sua intenção não era criticar a "Revolução". O general então rebateu queixando-se que o Arcebispo não fez nenhum elogio à "Revolução".[13] A amizade entre os dois não acabou naquele momento, porque, talvez, ambos não desejavam. Dom Helder evitava qualquer imprudência, mas também não queria se deixar intimidar mantendo silêncio.[14]

Atendendo ao convite de um organismo francês, a Associação dos Amigos de Teilhard de Chardin, Dom Helder viajou para a Europa em março de 1965, a fim de fazer uma conferência sobre o jesuíta que ele muito estimava e que dava fundamentos teóricos à sua mística e espiritualidade. Ainda visitaria seu amigo, Paulo VI. A aceitação do convite, também, foi uma maneira para não estar presente nas comemorações do primeiro aniversário da "Revolução de 1964", como desejavam as autoridades militares da região. Dom Helder fez conferências em Genebra,[15] encontrou-se com o Pe. Häring, o qual comentou sobre a cruz que o Dom estava portando no peito,[16] visitou Carlo e outros amigos pobres de Roma, celebrou Missa pela primeira vez no túmulo de João XXIII, visitou Paulo VI, que lhe pediu para fazer em Recife o "trabalho das casas" e ir "para o meio do povo"[17] e, por fim, fez uma palestra, em Paris, no *Mutualité*.[18] Retornando ao Brasil,

---

[12] Circular 107 de 30-11-1964.

[13] PILETTI–PRAXEDES, 326-327.

[14] Dom Helder escreveu posteriormente: "Os Generais vão bem comigo. Especialmente, o General Muricy que voltou à atitude normal de simpatia e amizade" (Circular 115 de 23/24-12-1964); "O General Muricy procurou-me, após a Missa, engasgado de emoção" (Circular 119 de 27/28-12-64).

[15] Circular 176 – 1 de 27/28-3-65.

[16] "Flagrante delicioso. Ontem, o grande Padre Häring, quando me viu entrar, não se conteve, veio ao meu encontro e disse: 'Agora sim, o Sr. encontrou a Cruz adequada. Não a troque mais, nem mesmo quando for Cardeal'..." (Circular 176 - 3 de 29/30-3-65).

[17] Circular 176 - 4 de 30/31-3-65.

[18] Em Roma, o Embaixador do Brasil junto à Santa Sé, Henrique de Souza Gomes, estava tentando impedir sua conferência na França. Na verdade, o Governo brasileiro tinha medo de que

DOM HELDER, DIFAMADO E EXECRADO   249

evidencia que terá novos problemas. O Núncio Apostólico Sebastião Baggio foi bombardeado de cartas anônimas contra o Arcebispo. O Núncio lhe enviava as cartas. Dom Helder anotou, no entanto, que "os covardes missivistas não perdem de todo o tempo, pois, no fundo, Sua Excelência se impressiona bastante...".[19]

1.2 "Não sei como a gente ainda pode cantar o Magnificat..."

Em maio de 1965, houve a inauguração do Seminário Regional do Nordeste, ocasião em que o Dom fez um belo e profético discurso, sendo interrompido, várias vezes, pelos aplausos. Nos dias seguintes, foram escritas frases nos muros de Olinda: "D. Helder é nosso. PCB", "Viva D. Helder. PCB.", "D. Helder é comunista. PCB." e "Dom Hélder é o nosso líder. PCB". O Arcebispo, no entanto, percebeu que as frases provocativas apareciam nas vizinhanças dos quartéis e, por isso, evitou dar ressonância a essa campanha ridícula promovida pelo IV Exército. À Família Mecejanense escreveu: "O povo não é idiota. Descobriu o ridículo da farsa. Como poderiam os comunistas ter calma para pichar a Cidade-sede do IV Exército, como se o IV Exército dormisse!?... Soube que houve irritação porque não passei recibo. A fraude era tão grosseira, de tal modo caía por si mesma que nem me dei ao trabalho de desmentir...".[20]

Além disso, Dom Helder ficou sabendo que a "linha dura" não queria apenas o seu afastamento de Recife, mas exigia a sua prisão.[21] Para tanto, era importante identificá-lo como "comunista". Além da falta de ressonância por parte de Dom Helder, o IV Exército teve a infeliz notícia de saber que, no final de maio de 1965, o próprio Presidente da República, Castelo Branco, havia telefonado a Recife com o objetivo de descobrir a origem da

---

Dom Helder falasse dos crimes cometidos com o aval do Governo (Circular 176 – 7 de 2/3-4-65; Circular 176 – 9 de 4/5-4-65; Circular 176 – 9 de 4/5-4-65; PILETTI–PRAXEDES, 327-328).

[19] Circular 181 de 20/21-4-1965.

[20] Circular 205 de 19/20-5-1965. Para difamar Dom Helder, o jornal *Última Hora* publicou uma falsa entrevista do Arcebispo, colocando, inclusive, frases entre aspas: "Apesar das citações entre aspas, não havia uma só palavra minha..." (Circular 205 de 19/20-5-1965).

[21] Circular 198 de 12/13-5-1965.

fala segundo a qual o IV Exército projetava prender o Arcebispo.[22] Nesses e em outros períodos tensos, Dom Helder encontrava serenidade em sua fidelidade à Vigília e à Santa Missa.[23]

· Mas, se Dom Helder não foi preso, o mesmo não aconteceu com outras pessoas, inclusive diversos militantes da JUC e do MEB. Também padres estavam sendo perseguidos, presos e interrogados sobre suas atividades subversivas. Diante disso, o Dom pensou em melhorar suas relações com os militares, a fim de evitar essas situações. Mas, mesmo assim, o MEB não saía da mira do IV Exército: "[...] o Cel. Ibiapina avisou que, em Ofício, amanhã, vai requisitar os textos e as gravações das aulas do MEB 'que estão voltando a ser subversivas'. Não sei como a gente ainda pode cantar o *Magnificat...*".[24]

Acreditando que a força do amor é mais forte que o ódio, em 25 de agosto, o Arcebispo resolveu participar das comemorações que o IV Exército estava fazendo por ocasião do Dia do Soldado. Chegando um pouco atrasado, Dom Helder ficou discretamente de lado. Mas quando o coronel Lira o descobriu fez o ajudante de ordens levar o Dom para o lugar de honra, próximo ao governador do estado.[25] Porém, em seu íntimo "rezei o tempo todo pela paz no Mundo e pela rápida e total redemocratização do País...".[26] A partir de então, as relações de camaradagem continuaram por vários meses, facilitadas com a vinda do general Setúbal Portugal ao IV Exército, primo de Franci Portugal, amiga de Dom.[27]

---

[22] Circular 209 de 24/25-5-1965; PILETTI–PRAXEDES, 328. Enquanto foi Presidente, seis vezes Castelo Branco se encontrou com o Arcebispo de Olinda e Recife para amenizar, "de cearense para cearense", problemas provocados pelo IV Exército (CÂMARA, H. *Chi sono io?*, 92), ocasiões em que fazia questão de dizer que acompanhava os programas de televisão que Dom Helder fazia no Rio de Janeiro e que nunca esqueceu a frase: "A Igreja deve estar lá onde está o homem" (MURATORI, L. "Le sue parole e l'Opera". In: BOURGEON, R. *Il profeta del Terzo Mondo*, 243).

[23] Circular 205 de 19/20-5-1965.

[24] Circular 220 de 5/6-6-1965.

[25] Circular 282 de 25/26-8-1965.

[26] Circular 282 de 25/26-8-1965; PILETTI–PRAXEDES, 329.

[27] PILETTI–PRAXEDES, 329-330. Francisca Portugal era bibliotecária, amiga e colaboradora desde a chegada do jovem padre ao Rio de Janeiro. Esmerou-se recolhendo verbas para o Banco da Providência e, em 1959, juntamente com o Arcebispo, coordenou a campanha em prol das vítimas da barragem que rompera em Oros, no Ceará. Franci nutria grande admiração pelo Dom.

1.3 "Que fez esta pobre Revolução em dois anos?..."

A situação, novamente, começou a ferver durante a Semana Santa de 1966. No final da procissão do Bom Jesus dos Passos, com a presença das mais altas autoridades do estado, o general Muricy quis fazer uma reclamação "ao amigo": é que não passava "despercebido às autoridades revolucionárias" que o Arcebispo sempre descobria "uma viagem nas grandes datas da Revolução", chegando até a haver apostas dentro do IV Exército sobre a sua presença ou ausência no segundo aniversário do regime. Por via das dúvidas, sem o consentimento de Dom Helder, a TV estava anunciando a sua presença nas celebrações.[28]

No dia 28 de março de 1966, o general Muricy decidiu fazer um giro por Manguinhos e "percebeu que o Palácio parecia a ONU": muitos visitantes estrangeiros estavam ao redor de Dom Helder, entre eles um sacerdote anglicano da Inglaterra e uma comissão de senadores e deputados franceses. O general insistiu para que Dom Helder celebrasse a Missa do segundo aniversário do golpe militar. O Arcebispo se dilacerava interiormente perante o *ultimatum*: seria horrível ir; se não fosse daria uma prova declarada de que era adversário da "Revolução". Além disso, o IV Exército tinha dado instruções para que a Agência Nacional de Notícias obtivesse uma declaração do Arcebispo sobre a "Revolução", o que ele não pretendia fazer, porque "se eu der a que a minha consciência me inspira, é impublicável! Que fez esta pobre Revolução em dois anos?... E como vai sair da situação que armou? Se ao menos me deixassem em paz!".[29]

Os "revolucionários" divulgavam na imprensa que o Arcebispo presidiria a Missa na qual estaria presente o Ministro da Guerra, Costa e Silva – que visava à Presidência – e o próprio Muricy – que visava ao governo de Pernambuco. A presença de Dom Helder, além de aprovação ao golpe, significaria propaganda política para os dois. Na noite de terça-feira, amigos, colaboradores, sacerdotes, militantes da ACB foram ao Palácio pedir-lhe que não fosse às comemorações.[30] Dom Helder afirmou: "Não é fácil ser

---

[28] PILETTI–PRAXEDES, 330.
[29] PILETTI–PRAXEDES, 331.
[30] PILETTI–PRAXEDES, 331-332.

Bispo!". No dia 30 de março, o capelão militar chefe levou uma carta de Dom Helder ao general do IV Exército:

> Em consciência, acabei sentindo a impossibilidade de celebrar a Missa campal de abertura dos festejos do segundo aniversário da Revolução. A cerimônia é tipicamente cívico-militar e não religiosa. E há sérias razões para nela descobrir uma indiscutível nota política. O capelão chefe celebrará a Santa Missa. Privadamente, pedirei a Deus que ilumine os chefes revolucionários, de modo a poderem corresponder, sempre mais, às graves responsabilidades que assumiram ante o País. Disponha sempre, Ex*., do amigo em J.C.[31]

A reação foi muito mais dura do que Dom Helder pensava. Ele soube, por pessoas de extrema confiança, que o general estava decidido a eliminá-lo: "Precisamos tirar esta pedra do caminho...". O general Muricy, em pronunciamento dado à televisão, condenou a malévola e inconcebível interpretação dada pela mais alta autoridade eclesiástica de Pernambuco que havia descoberto interesses políticos nas comemorações da "Revolução". O IV Exército divulgou, no dia 1.º de abril, uma nota oficial, anunciando o sucesso das comemorações e lamentando a explosão de nove bombas em diferentes pontos da cidade, insinuando alguma relação com a não presença do Arcebispo nas comemorações. No mesmo dia, foram presos vários militantes estudantis, do MEB e da JUC, entre eles a irmã do Pe. Marcelo Carvalheira, reitor do Seminário. O objetivo era afrontar Dom Helder. Mais tarde, o Arcebispo soube, por fontes confidenciais, que também fora denunciado a "superiores eclesiásticos" como comunista e pessoa não grata à "Revolução", com o pedido de seu afastamento de Recife.[32]

1.4 "Exército acusa Padre Hélder de agitador"

Em junho, numa rápida passagem por Recife, o Presidente Castelo Branco fez uma visita ao Arcebispo, sendo-lhe muito simpático. Nessa ocasião, Dom Helder retornou a ver o general Muricy que, diante do Presidente

---

[31] PILETTI–PRAXEDES, 332.

[32] PILETTI–PRAXEDES, 333. Na verdade, o prestígio de Dom Helder junto ao Papa e setores do Vaticano, bem como o desejo do Presidente Castelo Branco de não ter hostilidades com a Igreja, pesaram mais que as aspirações do IV Exército.

da República, fez esforços para se mostrar caloroso e gentil. Mas logo viria outro conflito com os militares. É que, em março, a ACO fez um encontro em Recife e declarou, em uma nota, as péssimas condições de vida e as perseguições impostas à classe operária no Nordeste.[33] A publicação não era tão polêmica diante da conjuntura política do país e até fora aprovada pelo general Portugal. Mas quatro meses depois, 14 Bispos do Nordeste realizaram um encontro, em Recife, e apoiaram a nota da ACO. No dia 16 de julho, Dom Helder se surpreendeu ao ler o *Jornal do Comércio* criticando os Bispos, sem conter a assinatura do autor do artigo.[34] Depois, soube que o *Jornal do Comércio* e o *Diário de Pernambuco* foram obrigados, pelo IV Exército, a não publicar o texto dos Bispos apoiando a ACO e a criticar a Igreja. Paulo Pessoa de Queiroz, dono do *Jornal do Comércio*, explicou-lhe que foi obrigado a seguir as normas do IV Exército e declarou-se pronto a retificar o editorial que criticava os Bispos, mas não manteve a promessa. Além disso, criou outras dificuldades para impedir tanto a transmissão de um pronunciamento público dos Bispos na *TV Jornal do Comércio* como um debate entre os Bispos e os jornalistas. Dom Helder concluiu que o autor dos problemas era o general Muricy, que almejava criar radicalizações.[35] De fato, o clima político, em Recife, tornou-se alarmante em julho de 1966. Somente no dia 24, explodiram três bombas, resultando em duas mortes e treze pessoas feridas.[36] No dia 25, o general Costa e Silva teria um encontro com Dom Helder, mas não foi devido à situação tensa em que se encontrava

---

[33] "Manifesto dos Bispos do Nordeste". *Boletim Arquidiocesano* (1965-1966), 47-48; "Bispos do Nordeste lançam manifesto de solidariedade a trabalhadores da região". *Jornal do Brasil*, 14-7-1966; MURATORI, L. "Le sue parole e l'Opera". In: BOURGEON, R. *Il profeta del Terzo Mondo*, 248-249; CIRANO, M. *Os caminhos de Dom Helder: perseguição e censuras (1964-1980)*, 21-22.

[34] "Cristo, César e o templo", *Jornal do Commercio*, 16-7-1966; PILETTI–PRAXEDES, 335-336.

[35] MURATORI, L. "Le sue parole e l'Opera". In: BOURGEON, R. *Il profeta del Terzo Mondo*, 248-249. Como justificativa para a sua atuação, os Bispos citaram Lucas 21,28 – "levantem-se e ergam a cabeça, porque a libertação de vocês está próxima" – e o IV Exército concluiu que o Episcopado nordestino estava preparando uma contrarrevolução, em sintonia com uma ordem de Cuba, transmitida por Fidel Castro. Desse modo, para o IV Exército, todas as pessoas que defendiam reformas de base, proclamavam a necessidade de justiça, denunciavam a injustiça social, apelavam aos direitos humanos, eram definidas como agitadoras, comunistas, subversivas.

[36] PILETTI–PRAXEDES, 336-337.

a cidade. No Rio de Janeiro, o jornal *Última Hora* publicou que o IV Exército atribuía a Dom Helder a responsabilidade pelas bombas.[37]

No dia 6 de agosto, Dom Helder fora informado de que o Manifesto dos Bispos do Nordeste teve repercussões também na 10.ª Região Militar (Fortaleza), sob o comando de Itiberê Gurgel do Amaral. Este distribuiu duas circulares secretas para alguns sacerdotes cearenses, acusando o Arcebispo de ser o agitador, de esquerda, aliado à AP e de criticar injustamente o Governo revolucionário. Um grupo de sacerdotes escreveu um protesto contra as acusações, pedindo esclarecimentos do general. Seis dias depois, as circulares secretas foram publicadas, no primeiro caderno do *Jornal do Brasil*, com o título "Exército acusa Padre Hélder de agitador", ganhando repercussão nacional.[38] Gurgel insinuou que o Arcebispo estava desorganizando a Igreja Católica a fim de que as forças comunistas que se opunham ao Governo militar entrassem em ação. Estas já consideravam o momento maduro, pois a Igreja estava suficientemente desorganizada.[39] Segundo Gurgel "existe em Hélder Câmara mais um ideólogo político – a serviço indireto de uma causa que se está valendo, nacional e internacionalmente, dele – que um sacerdote unicamente a serviço de sua Igreja...".[40] As circulares, na verdade, foram preparadas pelo IV Exército, mas deveriam ser entregues ao clero dos campos militares da região, visando mostrar que a Igreja era pura e fiel, mas que Dom Helder e os seus estavam buscando corrompê-la.

Leigos, sacerdotes e Bispos de várias partes do Brasil, progressistas e conservadores, manifestaram-se em solidariedade a Dom Helder. Em pouco tempo, foram recolhidas 20 mil assinaturas manifestando solidariedade.[41]

---

[37] PILETTI–PRAXEDES, 337; FERNANDES, H. "Rumores buscam implicar católicos na bomba". *Tribuna da Imprensa*, 4-8-1966.

[38] "Exército acusa Padre Hélder de agitador". *Jornal do Brasil*, 12-8-1966, 1-2 e 1.º Caderno; PILETTI–PRAXEDES, 337-338; CIRANO, M. *Os caminhos de Dom Helder: perseguição e censuras (1964-1980)*, 17-18.

[39] AMARAL, I. G. do. "Circular de Itiberê Gurgel do Amaral". In: CIRANO, M. *Os caminhos de Dom Helder: perseguição e censuras (1964-1980)*, 27. Para Gurgel, portanto, a missão da Igreja seria a de legitimar o regime militar e contrariar todas as outras posturas. Dom Helder, no entanto, preferia o diálogo com todos e o respeito à dignidade humana.

[40] AMARAL, I. G. do. "Circular de Itiberê Gurgel do Amaral". In: CIRANO, M. *Os caminhos de Dom Helder: perseguição e censuras (1964-1980)*, 28.

[41] "Dom Fernando [Gomes dos Santos] defende Pe. Hélder". *Jornal do Brasil*, 13-8-1966; "Dom Valdir [Calheiros] prefere Igreja Perseguida". *Jornal do Brasil*, 13-8-1966; "Mais solidariedade

Como a imprensa cogitara que o chanceler brasileiro, Juracy Magalhães, em uma audiência com o Paulo VI, havia solicitado a transferência e a neutralização de Dom Helder,[42] os apoios ao Arcebispo cresceram ainda mais. A adesão não veio só da Igreja, mas também de partidos políticos como o MDB e até da ARENA. O deputado Nelson Marchesan (ARENA-RS) divulgou nota dizendo que Dom Helder representava o que a Igreja tinha de melhor.[43]

Diante da grande adesão em favor do Dom, o general Amaury Kruel declarou que, no incidente entre o Exército e Dom Helder, aconteceu uma deplorável intromissão dos militares em uma Igreja que buscava resolver os problemas sociais daquela região.[44] O jornal *O Globo* noticiou que os militares e os Bispos nordestinos queriam a mesma coisa: remover o quadro de pobreza que assola a região. Insinua que o conflito não passa de um "desencontro de linguagens".[45] Entre os contrários às manifestações a favor do Arcebispo de Olinda e Recife, estavam o conservador Dom Antônio de Castro Mayer,[46] o laico integralista Gustavo Corção e, para a surpresa de Dom Helder, o sociólogo Gilberto Freyre, com quem mantinha boas relações.[47] Freyre o acusou de ser mais político que um sacerdote, de fazer o jogo do comunismo, de servir-se da miséria do Nordeste para fazer demagogia e de ser contrário à Revolução militar de 1964; comparava-o ao nazista Goebbels – por causa do passado integralista e pela habilidade de fazer

---

a D. Hélder". *Última Hora*, 13-8-1966; "Solidariedade dos religiosos e dos leigos". *Boletim Arquidiocesano* (1965-1966), 39; "Solidariedade a Dom Hélder". *Diário da Manhã*, 15-8-1966; "Dom Agnelo apoia com decisão a obra do Padre Hélder". *Jornal do Brasil*, 30-8-1966...

[42] "Cogitado o afastamento de D. Hélder Câmara do Brasil". *Diário de S. Paulo*, 17-8-1966; "Arcebispo: ficarei em Pernambuco". *Última Hora*, 17-8-1966; "Organizações Católicas do Recife dão apoio a Padre Hélder". *Jornal do Brasil*, 17-8-1966; "Afastamento de Padre Hélder preocupa católicos do Recife". *Jornal do Brasil*, 25-8-1966; "Dom Hélder não será afastado do Recife. E cessarão equívocos". *Diário da Manhã*, 29-8-1966; "Cúria desmente notícia da transferência de Dom Hélder da Arquidiocese". *Jornal do Commercio*, 30-8-1966; "Dom Hélder será mantido no Nordeste". *Jornal do Commercio*, 18-9-1966...

[43] "Arena-RS também apoia a Igreja". *Última Hora*, 17-8-1966; "MDB: Audácia teve testemunhas". *Última Hora*, 17-8-1966.

[44] Piletti–Praxedes, 339.

[45] "Bispos e militares". *O Globo*, 13-8-1966.

[46] "Prelado faz críticas ao Manifesto". *Jornal do Commercio*, 12-10-1966.

[47] Em agosto de 1964, Dom Helder havia escrito em uma Circular: "Gilberto foi carinhosíssimo. Preparou surpresas tão delicadas" (Circular 81 de 25/26-8-64).

propaganda de suas ideias políticas[48] – e a Kerenski – chefe do Governo provisório russo em 1917, pois no estrangeiro havia quem pensava em fazer de Dom Helder Presidente para abrir as portas à Rússia, ao comunismo.[49] Dom Helder até deixou de ler os jornais para não se sentir ofendido no caso das críticas, ou para não se deixar levar pelo orgulho no caso dos elogios,[50] mas dado o prestígio de que gozava o sociólogo, os colaboradores do Arcebispo insistiram muito para que ele escrevesse uma resposta. O texto se tornou quase um manifesto no qual o Dom declarava seu pensamento, rebatendo as críticas que, embora explicitadas pelo sociólogo, era o pensamento da extrema direita no cenário nacional.[51] A reação a favor de Dom Helder cresceu tanto que dois Presidentes, Castelo Branco (em exercício) e Costa e Silva ("eleito") proclamaram, publicamente, adesão à Doutrina Social da Igreja,[52] uma vez que o regime ditatorial não queria romper relações com a Igreja Católica.

O Presidente Castelo Branco interferiu pessoalmente no conflito, enviando Nilo Coelho diretamente de Brasília até o Arcebispo.[53] O Presidente pediu que, inteligentemente, Dom Helder não respondesse às críticas, pois tudo era uma armadilha do IV Exército. Além disso, mandava dizer que querer proibir o Manifesto dos Bispos foi um ato de burrice que não contava com o seu apoio; que o Chefe do Estado Maior, general Aragão, e também o general Muricy seriam removidos e que o coronel Ibiapina seria interpelado, podendo ir até para a prisão. Nilo levou para Brasília a carta dos sacerdotes e o Arcebispo lhe agradeceu a vontade de desmontar o dispositivo militar armado contra a sua pessoa e o testemunho de como vê sua atuação, enquanto Bispo da Santa Igreja. A boa vontade de Dom Helder em resolver o conflito resultou numa visita do próprio Presidente Castelo Branco, em 15 de agosto, prometendo-lhe que não haveria mais perseguição

---

[48] FREYRE, G. *Jornal do Commercio*, 28 de agosto de 1966; "Gilberto Freyre compara Padre Hélder a Goebbels". *Jornal do Brasil*, 30-8-1966.

[49] FREYRE, G. *Jornal de Pernambuco*, 21-8-1966; "Gilberto Freyre compara Padre Hélder a Kerenski". *Jornal do Brasil*, 26-8-1966; PILETTI–PRAXEDES, 339-340.

[50] CAYUELA, J. *Hélder Câmara – Brasil: ¿un Vietnam católico?*, 199-200.

[51] "Nota. Resposta de Dom Helder a Gilberto Freyre". *Boletim Arquidiocesano* (1965-66), 1966.

[52] CAYUELA, J. *Hélder Câmara – Brasil: ¿un Vietnam católico?*, 199.

[53] MURATORI, L. "Le sue parole e l'Opera". In: BOURGEON, R. *Il profeta del Terzo Mondo*, 249.

aos membros da Igreja e que nem um sacerdote seria preso sem a autorização da Presidência da República.[54] Alguns dias depois, Gurgel do Amaral e Antônio Carlos Muricy foram transferidos e Setúbal Portugal foi para a reserva, sendo que, no dia 23 de agosto, o general Rafael de Souza Aguiar tomou posse do comando do IV Exército.[55] No dia 25, o Núncio Sebastião Baggio visitou o Presidente e depois declarou que não existia "nenhum conflito entre as autoridades do Governo e a Igreja".[56] O "respaldo" dado pelo Presidente Castelo Branco a Dom Helder, no entanto, causou desgosto aos setores reacionários e a "linha dura" do Exército, que já contavam como certa a transferência do Dom.[57]

Após assumir o IV Exército, Rafael de Souza Aguiar tomou a iniciativa de visitar Dom Helder no Palácio São José de Manguinhos.[58] No dia 29 de agosto, o Arcebispo retribuiu a visita, e o general chamou todos os oficiais para o encontro, quis fazer fotos para "fixar aquele momento histórico para o IV Exército" e fez um pronunciamento dizendo que não havia subversão no Manifesto dos Bispos do Nordeste:[59]

> "Estes, meu Arcebispo, são meus colegas e meus comandados. Colegas de farda. Mas comandados porque o Exército tem uma só cabeça. Quem tem mais de uma cabeça é monstro... Diante de meus comandados desejo reafirmar-lhe o que lhe disse na visita que tive a honra de fazer-lhe: não consigo entender como se possa descobrir subversão no Manifesto dos Bispos. Porque diz que há miséria no Nordeste? Deveríamos agradecer à Igreja que arrebata do comunismo – para citar uma frase feliz de V. Exª. – bandeira certa em mãos erradas... Consola-se, meu Arcebispo: ontem, como hoje e como amanhã, a mediocridade não perdoa a quem vê e, sobretudo, a quem antevê... Continue, Excelência, sua ação admirável no Nordeste. Está certa

---

[54] PILETTI–PRAXEDES, 340-341; "Pe. Hélder e Presidente reúnem-se por uma hora no Recife". *Jornal do Brasil*, 16-8-1966.

[55] "General que insultou Dom Hélder será transferido". *Última Hora*, 17-8-1966.

[56] "Núncio dá por encerrado os mal-entendidos". *Jornal do Brasil*, 26-8-1966; "Apoio a Pe. Hélder é um dever, diz Núncio". *Jornal do Brasil*, 26-8-1966.

[57] CAYUELA, J. *Hélder Câmara – Brasil: ¿un Vietnam católico?*, 199-201.

[58] "Souza Aguiar vai a Padre Hélder". *Jornal do Brasil*, 25-8-1966.

[59] "General disse que nada há de comprometedor na mensagem dos Bispos". *Jornal do Commercio*, 30-8-1966.

a sua maneira de combater o comunismo. Está perfeita a sua maneira de ajudar o Brasil".[60]

Aguiar também disse a Dom Helder que o Manifesto dos Bispos do Nordeste era de grande valor espiritual e humano e, por isso, queria que o IV Exército ajudasse nas obras sociais da Igreja. O Arcebispo fez, então, um breve discurso e, na despedida, o general lhe pediu para conversarem sempre, se surgisse qualquer mal-entendido.

Aguiar e Dom Helder se esforçaram para evitar conflitos entre o Exército e a Igreja. Porém, não cessaram as prisões injustificadas e as proibições de manifestações estudantis. O Arcebispo tentava dialogar com os militares, para que fossem menos intolerantes, e com os opositores ao regime, para que não praticassem ações que os militares pudessem considerar provocatórias. Mas cada prisão aumentava a tensão e a gravidade da situação. Por isso, em março de 1967, Dom Helder recusou o convite para participar das comemorações em homenagem à "Revolução", formulado pelo general Souza Aguiar. Na Vigília Noturna de 30/31 de março de 1967, o Dom anotou:

> [...] O general do IV Exército esteve em nossa casa, para visitar-me e fazer-me um apelo de amigo: que eu celebrasse a Missa de aniversário da Revolução... Que ao menos dela participasse! Fui amavelmente firme. Intransigente. Sou pastor. Se tenho filhos que veem no movimento de 31-3/1-4 a salvação nacional, tenho outros, não menos numerosos, feridos, esmagados, de maneira injusta, por ele. Nem sequer neguei o meu próprio pensamento: o movimento não merece ainda o nome de revolução; impediu, em grande parte, a arrancada do desenvolvimento, pelo bom pretexto de sanear nossa moeda; sacrificou demais o povo; humilhou demais o Brasil diante dos Estados Unidos.[61]

---

[60] PILETTI–PRAXEDES, 341-342.

[61] PILETTI–PRAXEDES, 333. Embora Dom Helder tenha chamado a todos de seus filhos – também os militares –, a história mostra que seus filhos prediletos eram aqueles que desde os anos 40 gerou, acompanhou, incentivou, defendeu... Eram os membros da ACB, JUC, JEC, JOC, MEB – também a AP –, que estavam sendo perseguidos, repreendidos, presos, torturados e até mortos pelo regime militar. Dom Helder sentia-se pai e pastor de gente perseguida, presa, torturada, desaparecida, exilada, assassinada. A amizade com vários militares, às vezes, favorecia a proteção dos perseguidos políticos.

1.5 "[...] Nós, os prisioneiros políticos, jamais esqueceremos a sua voz..."

O modo de agir humano e cristão de Dom Helder, de certa forma, era escandaloso para as autoridades constituídas. Na Páscoa dos detentos, em abril de 1967, por exemplo, o diretor penitenciário ficou irritado quando o Pastor falou que aquela penitenciária, construída para cento e oitenta pessoas, estava com oitocentas e, por isso, se transformava em uma "masmorra desumana", uma "vergonha para o governo".[62] Quase todos os presos ouviam suas palavras no pátio, e o governador Nilo Coelho, que estava presente concordando com o Arcebispo, comprometeu-se a construir até o ano seguinte quatro novos presídios industriais no interior do estado. Além disso, após a pregação, o Dom foi cumprimentar os presos apertando-lhes as mãos, até que chegou ao histórico comunista Gregório Bezerra, que, do palanque, o percebera no meio da multidão. Os dois não se conheciam pessoalmente, mas o Arcebispo ficara chocado quando soube das humilhações que aquele sofrera ao ser preso, logo depois do golpe militar.[63] Gregório, em suas memórias, registrou o encontro com Dom Helder:

> Quando D. Hélder terminou a solenidade religiosa, desceu do palanque e começou a atravessar a multidão, andando em direção em que eu me achava. Supus

---

[62] PILETTI–PRAXEDES, 342-343.

[63] Bezerra fora preso por um grupo de jagunços comandados pelo fazendeiro Pelópides Silveira, que queria matá-lo. Mas o capitão do exército protestou dizendo que o prisioneiro estava sob o comando do novo chefe da polícia Ivan Rui. Então, amarraram suas pernas e punhos, jogaram-no em um caminhão e o levaram à presença do comandante do IV Exército, o general Justino Alves Bastos. Seus punhos sangraram. O coronel Ibiapina, que o admirava no passado, muito o maltratou. O coronel Darci Villocq Viena bateu-lhe, violentamente, na cabeça com uma barra de ferro. Recebeu patadas ficando coberto de sangue. Tiraram-lhe as roupas e o coronel Villocq queria forçá-lo a dizer que era bandido e "filho da puta". Quando Bezerra lhe disse que o lugar de louco não era no comando da tropa, mas num asilo ou hospício, recomeçaram as torturas, deixando-o sem a pele dos pés. Amarraram uma corda no pescoço e o arrastaram nas ruas de Recife, incitando o povo a linchá-lo, mas este não os atendeu. Na frente do quartel da escola militar, ordenaram aos alunos que o linchassem, mas estes também se negaram. O coronel Villocq tentou organizar um comício incitando o povo a atirar vidros, pedras, madeira, terra – a matar o bandido. O povo não conseguia entender o porquê de tamanha brutalidade. Ao passar pela casa do coronel, a esposa de Villocq começou a chorar. Ao retornar, o coronel Ibiapina afrouxou as cordas para que Gregório tornasse a respirar. O presidiário ficou inutilizado fisicamente e teve de ser operado da próstata devido às cotoveladas recebidas. Julgado, recebeu 19 anos de prisão, sem motivo algum que possa ser considerado sério (CAYUELA, J. *Hélder Câmara – Brasil: ¿un Vietnam católico?*, 94-96).

que viesse cumprimentar algumas personalidades que se encontrassem perto de mim e, assim, procurei dar-lhe passagem. Ele parou bem na minha frente e disse: "Gregório, meu amigo, eu o estava vendo, de longe, com a sua cabeça branca, e vim cumprimentá-lo. Como vai a sua saúde?". "Eu também estava vendo e ouvindo a sua pregação religiosa e aproveito para agradecer, em nome de meus companheiros, os seus pronunciamentos humanitários em defesa dos presos políticos torturados e assassinados nas prisões da ditadura militar terrorista que assaltou o poder em 1964. Nós, os prisioneiros políticos, jamais esqueceremos a sua voz de protesto contra os crimes praticados pelos militares em diferentes quartéis das Forças Armadas. Muita saúde e longa vida, é o que lhe desejamos de todo o coração". Foi o que pude dizer, surpreendido e emocionado pelo honroso cumprimento. O momento era impróprio para um diálogo mais longo e despedimo-nos, emocionados.[64]

O Arcebispo também registrou o encontro: "Em certo momento, descobri, no meio dos presos, cabeça branca, Gregório Bezerra. Fui direto abraçá-lo. Era pagamento atrasado pelos açoites públicos que recebeu, dias antes da minha chegada. Chorou de emoção o velho forte e me disse: 'Se eu tivesse sido solto, minha alegria não seria muito maior do que a de receber seu abraço, Bom Pastor'".[65] Esses episódios descontentavam os militares do IV Exército, porém Dom Helder tinha prestígio em instâncias superiores. No dia 15 de agosto de 1967, por exemplo, o novo Presidente Costa e Silva quis jantar com Dom Helder e participar da Missa.[66]

Nesse mesmo período, o vereador recifense Wandendolk Wanderley, da ARENA, pediu que o Presidente Costa e Silva aplicasse a pena de morte aos comunistas e acusou Dom Helder de ser simpatizante do marxismo.[67]

---

[64] PILETTI–PRAXEDES, 343.

[65] PILETTI–PRAXEDES, 344. Após esse encontro, Gregório Bezerra falava de Dom Helder com o mesmo entusiasmo de quando se referia a Carlos Prestes. Entrevistado por Cayuela, disse que Dom Helder é uma figura profundamente humana, democrática, progressista, nacionalista: "Sou um profundo admirador do Pe. Camara. Apesar de não ser católico, vejo que o Pe. Helder expressa realmente um sentimento de todos os bons e sinceros católicos que existem nesta terra. Além disso, tem um coração profundamente humano; daí a minha grande admiração, meu respeito por ele, Pe. Helder Camara, pelo bem que está fazendo a esta nação, ao povo, principalmente aos humildes" (CAYUELA, J. *Hélder Câmara – Brasil: ¿un Vietnam católico?*, 209).

[66] "Costa vê em Dom Hélder testemunho de sua ação". *Jornal do Commercio*, 16-9-1967.

[67] "Wandenkolk exige ação da linha dura e acusa Hélder", *Diário da Noite*, 3-8-1967. Dom Helder estava em Assunção e lá teria dito: "Costuma chamar-se subversivo e comunista quem sente a necessidade de reformas profundas" ("Dom Hélder: reformistas são considerados comunistas". *Diário de Pernambuco*, 4-8-1967). É muito popular outra frase de Dom Helder

O deputado Fernando Lira, do MDB, defendeu o Arcebispo.[68] A maioria da Câmara dos Vereadores discordou de Wanderley.[69] Além disso, a Assembleia Legislativa do estado ainda condecorou o Arcebispo com o título de cidadão pernambucano, no dia 27 de setembro de 1967. Em seu discurso, ele denunciou a miséria nordestina em oposição ao crescimento econômico da região.[70] Novamente surgiram novos artigos contra o Arcebispo.[71] Os usineiros se sentiram ofendidos e o general Rafael de Souza Aguiar preparou uma comunicação "pessoal e confidencial" pedindo explicações; foi encaminhada para o Arcebispo somente no dia 2 de outubro, sinal da dúvida militar.[72] Dom Helder respondeu mantendo a confidência e a cordialidade.

Em novembro de 1967, o jornal O *Estado de S. Paulo* acusou Dom Helder de infidelidade a Paulo VI, pois, segundo o Papa, a Igreja não é especialista em economia e sociologia...[73] Como o povo brasileiro tem profunda veneração pelo Sucessor de Pedro, essa notícia buscava promover divisões no seio da própria Igreja. No início de dezembro de 1967, o mesmo jornal afirmou que havia uma "esquerda clerical" e que esta era representada "pelo arcebispo de Olinda e Recife e seus acompanhantes: os bispos de Crateús, Santo André e Volta Redonda".[74] A divulgação, no entanto, gerou tumulto e dividiu o próprio governo; o Presidente Costa e Silva se viu obrigado a reafirmar publicamente, durante uma *Campanha do rosário em família*, que não havia crise entre Estado e Igreja.[75]

---

semelhante a essa: "Quando dou comida aos pobres me chamam de santo, quando pergunto por que os pobres são pobres, de comunista e subversivo". Wanderley foi um dos mais ferrenhos caluniadores de Dom Helder, em Recife.

[68] "Deputado pede aplausos a D. Hélder Câmara no sentido de desagravá-lo". *Jornal do Commercio*, 8-8-1967; "Deputado ganha aplausos por defender Dom Hélder". *Jornal do Commercio*, 28-8-1967.

[69] "Vereador: Dom Hélder não é comunista". *Diário da Noite*, 23-8-1967.

[70] CAMARA, H. "Exame de Admissão". In: ARQUIDIOCESE DE OLINDA E RECIFE. *Dom Hélder – Pronunciamentos (1967-1969)*.

[71] "Canavieiros rebatem críticas de Dom Hélder". *Diário de Pernambuco*, 5-10-1967.

[72] PILETTI–PRAXEDES, 344-345.

[73] "Estadão volta a criticar Dom Hélder". *Diário da Noite*, 13-11-1967.

[74] *O Estado de S. Paulo*, 7-12-1967. In: PRANDINI, F.; PEDRUCCI, V. A.; DALE, R. *As relações da Igreja-Estado no Brasil*, II, 41.

[75] *Folha de S. Paulo*, 8-12-67. In PRANDINI, F.; PEDRUCCI, V. A.; DALE, R. F. *As relações da Igreja-Estado no Brasil*, II, 41.

2. "[...] exacerbou a violência daqueles que querem tirar o sal do Evangelho"

2.1 "Quem quer matar este homem?"

Em abril de 1968, Dom Helder viajou para a Europa e fez diversas conferências denunciando o colonialismo (externo e interno) e pregando a não violência ativa, seguindo, assim, a trilha de Gandhi e Martin Luther King. Entre outras atividades, fez um discurso no Congresso Mundial da Federação das Juventudes Femininas Católicas e da Federação Internacional das Juventudes Católicas, em Berlin Ocidental,[76] participou de uma Semana Social em homenagem ao Monsenhor Cardjin na Bélgica,[77] encontrou-se com Paulo VI, fez uma conferência aos estudantes no Pontifício Colégio Pio Brasileiro em Roma e uma conferência no *La Mutualité* em Paris.

No Pio Brasileiro, afirmou que desejava fundar um movimento de não violência, ao estilo de Martin Luther – assassinado no dia 4 de abril –, ventilando a hipótese de que ele próprio seria eliminado, porque um movimento que exige transformação social desperta reações violentas como aquelas que levaram à morte Luther King. Um representante da agência de notícias *France-Press*, presente no local, noticiou que Dom Helder teria dito: "Minha eliminação é mais fácil do que se imagina e pode ser que esta minha visita a Roma seja a última". O jornal francês *Le Monde* e, depois, o inglês *Times* revelaram o temor de Dom Helder ao mundo, cogitando uma suposta ameaça de morte por parte dos usineiros de Pernambuco.[78] Em Paris, diante da pergunta mais formulada no *La Mutualité*, Dom Helder

---

[76] CAMARA, H. "Los jóvenes exigen y construyen y paz". In: CAYUELA, J. *Hélder Câmara – Brasil: ¿un Vietnam católico?*, 255.

[77] CAMARA, H. "A pobreza na abundância". In: CÂMARA, H. *Utopias peregrinas*, 29-48.

[78] CAYUELA, J. *Hélder Câmara – Brasil: ¿un Vietnam católico?* 219-220. Logo depois, Monsenhor Emerson Negreiros, Notário do Tribunal Eclesiástico da Arquidiocese de Niterói, confirmou que havia três meses tinha recebido informações de um plano, elaborado em Recife, para matar o Arcebispo. A eliminação estava a cargo de uma organização ligada a grupos econômicos e não seria por meio de um atentado direto, mas de um acidente simulado. Segundo Negreiros, a notícia foi proporcionada por um sacerdote vindo de Recife ao Rio de Janeiro, que, embora contrário a linha pastoral de Dom Helder, temia pela vida do Bispo. O Monsenhor disse que, ao saber do plano, imediatamente escreveu ao Arcebispo recomendando que se cuidasse.

disse que não tinha medo de morrer em um atentado. Ademais, seria um privilégio morrer como Gandhi e Martin Luther King.[79] Mas pediu aos que o assistiam para não *sermos* trágicos e nem muito românticos... Antes de chegar a Recife, em uma entrevista à revista *Fatos e Fotos*, afirmou que sua frase precisava ser contextualizada: estava falando que a opção pela não violência ativa exige coragem para lutar contra a violência estabelecida, ou seja, não se trata de romantismo pois há o perigo de "eliminação". Como alguém perguntara se ele corria perigo, respondeu que não duvidava disso e que, quem sabe, esta seria a última vez que viria a Roma.[80]

Enquanto essas notícias circulavam na imprensa, a chegada de Dom Helder era esperada com ansiedade. Uma multidão composta sobretudo de jovens e religiosos o aguardava no aeroporto para manifestar-lhe adesão. A imprensa estrangeira, em geral, solidarizou-se com o pregador da paz. Mas no Brasil, a notícia da sua possível eliminação fez um péssimo efeito.[81] Gilberto Freyre afirmou que Dom Helder "errou de vocação, deveria ser ator". Ironizou dizendo que a única possibilidade de morrer era a de ser atropelado, uma vez que andava muito a pé.[82] O influente Roberto Marinho, em um editorial de *O Globo*, de 3 de maio de 1968, afirmou que tem faltado a Dom Helder "nesses últimos dias, o senso de medida que só engrandeceria sua nobre missão".[83] A revista *Fatos e Fotos*, de 9 de maio, com uma grande foto do rosto do Arcebispo, que cobria toda a capa da edição, perguntava: "Quem quer matar este homem?".[84] Enfim, tudo parece ter sido um exagero da imprensa. Porém, no dia 8 de junho de 1968, o jornal *Última Hora* publicou um artigo afirmando que em Pernambuco havia um

---

[79] CAMARA, H. "A Única Opção. Conferência pronunciada na Sala da Mutualidade, em Paris, no dia 25 de abril de 1968". *Sedoc* 1, (1968) 71-76.

[80] ["Entrevista de Dom Helder"]. *Fatos e Fotos* 3-5-1968, apud CAYUELA, J. *Hélder Câmara – Brasil: ¿un Vietnam católico?* 220.

[81] PILETTI–PRAXEDES, 349-350; "D. H. diz no Vaticano que poderá ser assassinado". *Diário de Pernambuco*, 23-4-1968; "Pe. H. admite morrer como King". *Jornal do Brasil*, 24-4-1968; "Hélder confirma que fim de King pode ser o seu". *Jornal do Commercio*, 24-4-1968; "D. H.: falei em ameaça como um exemplo e não como uma realidade". *Folha de S. Paulo*, 28-4-1968; "D. Vicente Scherer defende H. veementemente". *Diário de Pernambuco*, 16-5-1968.

[82] "Gilberto Freyre teme que Pe. Hélder morra atropelado porque anda muito a pé". *Jornal do Brasil*, 26-4-1968.

[83] MARINHO, R. "O Padre Hélder". *O Globo*, 3-5-1968.

[84] "Quem quer matar este homem?". *Fotos e Fatos*, 9-5-1968. Apud PILETTI–PRAXEDES, 349.

poderoso complô para assassinar o Arcebispo. Inclusive, um homem já se apresentara, havia alguns meses, para assassiná-lo, mas no último momento se arrependeu e resolveu contar tudo ao Dom. O atentado deveria acontecer em uma Igreja. Segundo o jornal, Dom Helder gravou a confissão e a teria enviado ao Vaticano. O escritor Cayuela acrescenta que sacerdotes próximos a Dom Helder lhe confirmaram a veracidade do fato.[85]

2.2 "[...] o homem mais perigoso do Brasil, no momento, é Dom Hélder Câmara"

Ainda em maio de 1968, o Arcebispo voltaria a ser o centro das atenções da imprensa, pois o *Jornal do Comércio* revelou que o DOPS de Recife o fichara como "agitador".[86] O juiz Agamenon Duarte Lima, da 2.ª Vara Criminal do Recife, diante do fato, afirmou que isso comprovava que o DOPS "não vem prestando nenhum serviço à Pátria [...] mas contra ela e em favor de organizações estrangeiras de espionagem".[87] O delegado do DOPS de Recife, Moacir Sales, no entanto, negou que Dom Helder estava fichado naquela delegacia.[88] Quem estava com a verdade? Por dias, os jornalistas se empenharam em descobrir...[89]

A partir de junho, nova polêmica se deu com o teólogo, de origem belga, José Comblin, professor do ITER – instituto então recentemente fundado por Dom Helder. No início de junho de 1968, Comblin preparou um estudo para auxiliar os Bispos na 2.ª Conferência do Episcopado

---

[85]   CAYUELA, J. *Hélder Câmara – Brasil: ¿un Vietnam católico?*, 221.

[86]   "Hélder tem prontuário na polícia". *Jornal do Commercio*, 23-5-1968. A notícia diz que, segundo informações do comissário Júlio de Vasconcelos Barros, chefe do arquivo da Delegacia de Ordem Política e Social (DOPS) no Recife, Dom Helder estava entre as 18.190 pessoas catalogadas nos prontuários daquele órgão repressivo.

[87]   "Juiz acha desserviço a ação do DOPS no país". *Jornal do Commercio*, 24-5-1968.

[88]   "Moacir refuta: não há prontuários de Dom Hélder no DOPS". *Diário de Pernambuco*, 25-5-1968.

[89]   "Pe. H. recebe sem surpresa notícia de que é fichado como agitador". *Jornal do Brasil*, 24-5-1968; "Wandenkolk confirma que H. tinha prontuário". *Jornal do Commercio*, 25-5-1968; "Sec. de Segurança afirma: não há prontuário de Hélder e Papa-Figo é estória", *Diário de Pernambuco*, 28-5-1968; "Oposição critica DOPS porque fichou D. H.". *Jornal do Commercio*, 29-5-1968.

Latino-Americano a ser realizada em Medellín, Colômbia.[90] O vereador arenista Wandenkolk Wanderley conseguiu cópia do texto, ameaçando divulgá-lo na imprensa, alegando seu caráter subversivo.[91] Comblin foi apresentado em vários jornais do país, mas especialmente em *O Globo*, como a eminência parda da Arquidiocese de Olinda e Recife e uma ameaça à segurança nacional. Por sugestão do Pe. Marcelo Carvalheira, Dom Helder antecipou-se ao vereador e divulgou à imprensa o texto de Comblin,[92] que gerou intensa polêmica entre os que o apoiavam e aqueles que viam nele alta periculosidade subversiva. O advogado Adigo Maranhão tentou a imputação criminal do teólogo visando à extradição.[93] Em julho, o vereador Wandenkolk, ao participar de um programa de televisão em São Paulo, frisou: "o homem mais perigoso do Brasil, no momento, é Dom Hélder Câmara".[94] Mas, em seguida, a Assembleia Legislativa aprovou moção de apoio a Dom Helder devido às acusações do vereador.[95] Em poucos dias, o Arcebispo recebeu muitas manifestações de apoio, o que irritava ainda mais seus adversários.[96]

---

[90]   COMBLIN, J. "Notas sobre o Documento Básico para a II Conferência Geral do Episcopado Latino-Americano". *Sedoc* 1 (1968) 456-466; COMBLIN, J. "A propósito de um Documento que se torna Fantasma". *Sedoc* 1 (1968) 451-452.

[91]   "Wandenkolk diz que documento em seu poder levará até D.H. à cadeia". *Diário de Pernambuco*, 11-6-1968.

[92]   PILETTI–PRAXEDES, 350; CASTRO, M. de *Dom Helder: misticismo e santidade*, 225-226.

[93]   PRANDINI, F.; PEDRUCCI, V. A. ; R. DALE. *As relações da Igreja-Estado no Brasil*, III, 70-74. Embora o desfecho final não fosse como queriam os detratores, em março de 1972, quando voltava de uma viagem da Europa, por ordem governamental José Comblin foi proibido de desembarcar em terras brasileiras. A TFP, após intensa campanha, conseguiu barrar sua entrada no Brasil, mas não atingiu o objetivo da expulsão de Dom Helder (FERRARINI, S. A. *A imprensa e o arcebispo Vermelho: 1964-1984*, 63).

[94]   "Vereador faz carga cerrada contra D.H.". *Folha de S. Paulo*, 4-7-1968.

[95]   "Assembleia Legislativa aprova moção de solidariedade ao Arcebispo de Olinda e Recife". *Diário de Pernambuco*, 14-7-1968.

[96]   "Pe. Hélder tem apoio de deputados". *Jornal do Brasil*, 14-7-1968; "Hélder Câmara recebe solidariedade dos vereadores de Maceió". *Jornal do Commercio*, 20-6-1968; "Câmara de Caruaru tem voto de desagravo para Pastor de Manguinhos". *Jornal do Commercio*, 22-6-1968; "Congresso de Parlamentares de Santa Catarina aprovou apoio a D.H". *Diário de Pernambuco*, 26-6-1968; "Parlamentares dos dois partidos apoiam ação do Pe. Hélder". *Folha de S. Paulo*, 2-7-1968.

2.3 "É graça viver um cristianismo que não é ópio do povo, mas uma religião encarnada"

Em 1968, Dom Helder tornou-se o primeiro Bispo da história do Brasil a ser denunciado publicamente por outro Bispo. É que no dia 24 de julho, Dom Geraldo de Proença Sigaud, Arcebispo de Diamantina e um dos mais ilustres membros da extrema direita, concedeu uma entrevista à imprensa denunciando a "corrente esquerdista" da Igreja, na qual incluía Dom Helder e outros sacerdotes.[97] Naquela mesma data, juntamente com outros sacerdotes conservadores, Sigaud enviou uma carta ao Presidente do Brasil, marechal Artur da Costa e Silva, denunciando a "ala esquerdista e subversiva da Igreja".[98] No dia 11 de agosto, o grupo enviou uma carta semelhante ao Presidente da CNBB, Cardeal Agnelo Rossi.[99] Desse modo, também Dom Sigaud tornou-se o primeiro Bispo da história brasileira a fazer uma denúncia pública contra um grupo progressista. A partir de então, ele se tornou o mais frequente acusador de Dom Helder dentre o clero.[100] A acusação de Dom Sigaud, de alguma maneira, deu resultado contrário. É que, durante a Conferência de Medellín, Dom Helder recebeu significativos apoios da hierarquia latino-americana e de Paulo VI, por meio do Monsenhor Giovanni Benelli, o principal colaborador do Papa. Esses apoios foram importantíssimos, porque a TFP havia aproveitado a visita do Papa à Colômbia para lhe entregar um documento com um milhão e seiscentas mil

---

[97] "Dom Geraldo justifica a ação do Conselho de Segurança". *Jornal do Brasil*, 24-7-1968. In: CIRANO, M. *Os caminhos de Dom Helder: perseguição e censuras (1964-1980)*, 49-52; "Bispos são contra esquerdismo e conclamam à harmonia". *Diário de Pernambuco*, 24-7-1968; "Esquerdas sofrem grande derrota, afirma Dom Sigaud". *O Globo*, 24-7-1968.

[98] SIGAUD, G. "Carta ao Presidente do Brasil". In: CIRANO, M. *Os caminhos de Dom Helder: perseguição e censuras (1964-1980)*, 53-54.

[99] SIGAUD, G. "Carta ao Presidente da CNBB". In: CIRANO, M. *Os caminhos de Dom Helder: perseguição e censuras (1964-1980)*, 55-56; "Arcebispos e Bispos condenam excessos cometidos em nome da reforma da Igreja". *Diário de Pernambuco*, 11-8-1968.

[100] "Esquerdas sofrem grande derrota, afirma Dom Sigaud". *O Globo*, 24-7-1968; "Arcebispos condenam excessos cometidos em nome da reforma da Igreja". *Diário de Pernambuco*, 11-8-1968; "D. Geraldo Sigaud diz saber de um seminário onde a rádio de Moscou é a mais ouvida". *Jornal do Brasil*, 16-8-1968; "D. Geraldo achou desleal a eleição para ir à CELAM". *Jornal do Brasil*, 21-8-1968; "Bispo reafirma que há comunista na Igreja". *Jornal do Commercio*, 1-9-1968; "D. Sigaud diz que só não entra para a TFP porque é movimento civil". *Jornal do Brasil*, 14-9-1968.

DOM HELDER, DIFAMADO E EXECRADO

assinaturas de pessoas contrárias ao Arcebispo de Olinda e Recife.[101] Dom Sigaud, no entanto, continuou denunciando, nos meios políticos e militares, o "comunismo infiltrado na Igreja e nas Universidades".[102]

No dia 2 de outubro de 1968, ocorreu o lançamento do AJP. Dom Helder discursou dizendo que o movimento realizaria reuniões conscientizadoras, apoiaria greves justas, promoveria grandes concentrações, faria reclamações pacíficas para defender os Direitos Humanos. Recordou que Deus existe e está sempre disposto a destronar os orgulhosos e exaltar os humildes; que Davi venceu Golias com cinco pedras e que a AJP tinha cinco pedras para vencer as estruturas injustas: a fé em Deus, a confiança na verdade, a confiança na justiça, a confiança no bem e a confiança no amor.[103] O lançamento foi um sucesso. Mais de 30 mil pessoas participaram com cartazes contendo frases como: "Revolução sem violência", "Contra a violência da ordem", "Contra o imperialismo americano", "Último recurso à legalidade", "Para exigir a reforma agrária" e "Contra a repressão militar". O lançamento deixava evidente que, no Brasil, havia aparências de ordem e de paz que escondiam injustiças terríveis e trabalhavam contra a paz.

A reação ao Movimento não tardou. Nas primeiras horas do dia 24 de outubro, um grupo terrorista metralhou a fachada principal da residência do Arcebispo de Olinda e Recife.[104] No muro da casa também foi escrito: "Aqui mora um bispo comunista e subversivo".[105] Na ocasião, Dom Helder estava no Rio de Janeiro. Quatro dias depois, a Igreja das Fronteiras, local onde Dom Helder morava desde 12 de março, outra vez foi atacada com

---

[101] PILETTI–PRAXEDES, 352-353. A TFP realizou campanhas de assinaturas contra a "infiltração comunista no seio da Igreja" em 158 cidades do país com apoio de governantes e militares.

[102] PRANDINI, F.; PEDRUCCI, V. A.; R. DALE. *As relações da Igreja-Estado no Brasil*, II, 104-109.

[103] BROUCKER, J. de. *Helder Camara: la violenza di un pacifico*, 97-99; CAYUELA, J. *Hélder Câmara – Brasil: ¿un Vietnam católico?*, 225-226. É importante recordar que no dia 13 de dezembro acontecerá o "golpe dentro do golpe", e este buscava inviabilizar todas as vias pacíficas de lutas em favor da justiça e da paz. Ao finalizar seu livro, Cayuela, justamente nesta encruzilhada, perguntava se Dom Helder ainda iria continuar com as vias pacíficas, então quase impraticáveis, ou o Brasil iria se transformar em um Vietnã católico "com ele ou contra ele"? (ID. *Hélder Câmara – Brasil: ¿un Vietnam católico?*, 226). A história demonstrou que, até o último respiro, o Dom promoveu a violência dos pacíficos.

[104] "Terroristas atiram contra a residência de Dom Helder". *Diário de Pernambuco*, 25-10-1968.

[105] CAYUELA, J. *Hélder Câmara – Brasil: ¿un Vietnam católico?*, 221. Os guerrilheiros da ultradireita conservadora usavam as siglas MAC, CCC e FUR.

armas de fogo ao final da manhã. Como o Bispo novamente não estava em casa, suspeitou-se que o objetivo era intimidá-lo. Por um tempo, então, a Igreja passou a ser vigiada por policiais. O que os intimadores não sabiam é que a ação daria efeito contrário: a divulgação dos atentados fez crescer a *aura de santidade* que o seu nome conquistara no Brasil e no mundo. Além do mais, Dom Helder estava preparado para partir mantendo-se fiel ao seu lema episcopal *In manus tuas*. Essa fidelidade lhe dava muita força e coragem.[106]

No exterior, Dom Helder também tornava-se cada vez mais honrado e prestigiado. Em dezembro de 1968, por exemplo, ele foi o convidado mais esperado no VI Congresso Mundial dos Juristas Católicos – evento organizado pela *Pax Romana* – em Dakar, Senegal, com o tema: "Missão dos juristas cristãos nos países subdesenvolvidos". O texto de sua conferência "Um direito de justiça" se tornou conhecido internacionalmente, causando grande impacto, principalmente à juventude. O Dom comentou, entre outras coisas, que é pecado ficar omisso, aceitando a opressão e fazendo o jogo dos opressores e que "é graça viver um cristianismo que não é ópio do povo, mas uma religião encarnada" como fora o Cristo. E, nesse sentido, é preciso também mudar as estruturas do mundo desenvolvido, pois, sem estas, os esforços do Terceiro Mundo poderão ser em vão.[107]

No dia 8 de abril de 1969, Dom Helder fez uma conferência intitulada "Em 'resposta à crise', que deveis fazer", a convite do *Student Christian Movement*, em Manchester, Inglaterra. Destacou a importância de os jovens do Primeiro Mundo se unirem com os do Terceiro para mudar fundamentalmente as normas do comércio internacional, a fim de eliminar o neocolonialismo e fomentar o desenvolvimento de toda a humanidade.[108] Ele expôs os sete pecados capitais do mundo de hoje – racismo, colonialismo, guerras, paternalismo, farisaísmo, alienação, medo – e pediu aos jovens que os combatessem. Esta, certamente, é uma das mais belas conferências

---

[106] PILETTI–PRAXEDES, 353.

[107] CAMARA, H. "Misión de los juristas en los paises subdesarrollados". In: RENEDO, B. T. de *Hélder Câmara: proclamas a la Juventud*, 161-165; MURATORI, L. "Le sue parole e l'Opera". In: BOURGEON, R. *Il profeta del Terzo Mondo*, 267-269.

[108] CAMARA, H. "Ante la crisis ¿qué débeis hacer?". In: RENEDO, B. T. de. *Hélder Câmara: proclamas a la Juventud*, 88-92.

do Dom; mas a imprensa brasileira a censurou e ela só foi publicada no estrangeiro. Além disso, quando noticiada pela imprensa brasileira, houve uma deturpação total. *O Globo* insinuou que o Arcebispo havia apresentado aos jovens modelos drogados, viciados, depravados, erotizados, enlouquecidos. Os comentários pejorativos se basearam em palavras soltas, fora do contexto, deslocadas da ideia fundamental – os sete pecados capitais do mundo de hoje – que os sustentadores do regime militar não queriam ouvir.[109] No dia 15 de abril, a *Folha de S. Paulo* noticiou que, segundo o Arcebispo, a imprensa brasileira modificou o sentido de suas ideias ao sugerir que os jovens seguissem o exemplo dos *Beatles*; apenas havia dito que protestassem sem violência, mas nunca sugeriu o uso de drogas como insinuou *O Globo*.[110]

2.4 "Que o holocausto do Pe. Henrique obtenha de Deus a graça da continuação do trabalho pelo qual doou a vida"

Como Dom Helder apoiava as manifestações estudantis e manifestava-se contra a prisão e cassação de estudantes, novas represálias lhe foram feitas: na madrugada de 28 de abril de 1969, a sede do Secretariado Arquidiocesano e da Cúria foi metralhada e a polícia "não descobriu" os autores do atentado. Ao anoitecer, o estudante Cândido Pinto de Melo, Presidente da UNE de Pernambuco, foi atingido na espinha dorsal por alguns projéteis disparados por membros do CCC. Esses fatos levaram Dom Helder, novamente, a vislumbrar o seu futuro assassinato. No início de maio, no entanto, o Arcebispo intuiu que o esquema poderia ser outro: deveriam acontecer vários disparos contra a Igreja das Fronteiras e outros prédios da Igreja e, depois, um atentado pessoal, mas com ordem expressa de não atingi-lo. Seguiriam, então, pressões junto ao Núncio informando que não haveria condições para garantir-lhe a vida se ele permanecesse em Recife. No entanto, o Dom errou em sua previsão.[111] A represália seguinte o atingiu *no peito*. Foi

---

[109] "D. Hélder quer que jovens sigam exemplos dos Beatles". *O Globo*, 11-4-.1969; "D. Hélder: Estudantes devem imitar Beatles – Um sermão em Manchester". *O Globo*, 11-4-1969.

[110] "D. H. diz porque citou os Beatles". *Folha de S. Paulo*, 15-4-1969.

[111] PILETTI–PRAXEDES, 354-355.

o assassinato/martírio do Pe. Henrique Pereira Neto, de 28 anos. Quando este fora ordenado sacerdote, no Natal de 1965, Dom Helder o acolheu como o filho do próprio sangue que nunca havia tido. O crime logo foi visto como uma perseguição desencadeada contra a Igreja Católica de Pernambuco, especialmente à linha assumida pelo Arcebispo Metropolitano.[112]

A notícia da morte do "filho" chegou às 13h30min do dia 27 de maio de 1969. No necrotério de Santo Amaro, Dom Helder o encontrou com três projéteis na cabeça, uma punhalada na garganta, além de sinais evidentes de que foi amarrado pelos braços e pelo pescoço e arrastado.[113] A corajosa nota divulgada, no mesmo dia, pela Arquidiocese, foi ignorada pela imprensa. A nota – assinada por Dom Helder, Dom José Lamartine (Bispo Auxiliar e Vigário Geral) e os vigários episcopais Arnaldo Cabral, Isnaldo Fonseca e Ernani Pinheiro – comunicava o "bárbaro trucidamento do Pe. Antônio Henrique Pereira Neto", com três anos e meio de sacerdócio e que dedicava a vida ao apostolado da juventude, trabalhando, sobretudo, com os universitários:[114]

> O que há de particularmente grave no presente crime, além dos requintes de perversidade de que se revestiu (a vítima, entre outras sevícias, foi amarrada, enforcada, arrastada e recebeu três tiros na cabeça), é a certeza prática de que o atentado brutal se prende a uma série preestabelecida de ameaças e avisos. [...] Houve [...] ameaças escritas em edifícios, acompanhadas, por vezes, de disparos de armas de fogo; [...] ameaças telefônicas, com o anúncio de que já estavam escolhidas as próximas vítimas. A primeira foi

---

[112] CAMARA, H. "Depoimento de Dom Helder à Justiça". In: CIRANO, M. *Os caminhos de Dom Helder: perseguição e censuras (1964-1980)*, 111; CIRANO, M. *Os caminhos de Dom Helder: perseguição e censuras (1964-1980)*, 109-110.

[113] Circular 525 de 27/28-5-1969 (In: "Carta de Dom Helder sobre o Padre Henrique" [acesso em 4-6-2009]; TV SENADO. "Dom Hélder (parte 1)" [acesso em 15-5-2009]. O Pe. Henrique foi sequestrado na noite de 26 de maio, no Bairro Pramirim, depois de uma reunião com um grupo de jovens católicos. Ao sair da reunião, foi abordado por três homens armados que o levaram numa Rural de cor verde e branca. Às 10h do dia seguinte, o corpo foi encontrado num matagal da Cidade Universitária.

[114] Pe. Henrique trabalhava na assistência à juventude, campo delicado, pois mantinha contatos com estudantes perseguidos pela ditadura militar. Ele também era professor de Sociologia na Faculdade de Ciências Sociais de Pernambuco, e sua morte suscitou indignação em todo o país. Anteriormente ao crime, o sacerdote havia recebido ameaça do CCC (MURATORI, L. "Le sue parole e l'Opera". In: BOURGEON, R. *Il profeta del Terzo Mondo*, 249; CIRANO, M. *Os caminhos de Dom Helder: perseguição e censuras (1964-1980)*, 109-110).

o estudante Cândido Pinto de Melo [...]. A seguinte foi o jovem sacerdote, cujo crime exclusivo consistiu em exercer apostolado entre os estudantes. Como cristãos e a exemplo de Cristo e do protomártir S. Estevam, pedimos a Deus perdão para os assassinos, repetindo a palavra do mestre: "Eles não sabem o que fazem". Mas julgamo-nos no direito e no dever de erguer um clamor para que, ao menos, não prossiga o trabalho sinistro deste novo esquadrão da morte. Que o holocausto do Pe. Henrique obtenha de Deus a graça da continuação do trabalho pelo qual doou a vida e a conversão de seus algozes.[115]

O sepultamento aconteceu no dia seguinte. Os jornais foram proibidos de noticiar o assassinato do padre. Mesmo assim, dez mil pessoas participaram do enterro. O aviso aconteceu de pessoa a pessoa, de comunidade a comunidade.[116] Apesar das medidas de segurança adotadas pelo Exército, a multidão foi ao funeral, guiada pelo Arcebispo, num cortejo de dez quilômetros até o cemitério, atravessando a cidade, sob a escolta da polícia. As despedidas ao Pe. Henrique foram silenciosas e, atendendo ao convite de Dom Helder, as pessoas voltaram para casa agitando lenços brancos no ar. Não ocorreram pronunciamentos, pois todos sabiam que, se houvesse discurso, o "cassetete desceria pra valer...".[117] Na verdade, Dom Helder havia recebido um recado de que se houvesse qualquer palavra contra os militares haveria forte repressão. Por isso, ele convidou a oferecer a homenagem do silêncio: "'Meus irmãos, tudo o que poderíamos fazer pelo Pe. Henrique aqui na terra, nós fizemos. Vamos oferecer mais um Pai-nosso e, depois, vamos oferecer a homenagem do silêncio. Vamos sair do cemitério sem uma palavra, silêncio profundo; vamos oferecer este silêncio'. Nunca eu ouvi um silêncio tão impressionante, era um silêncio que gritava!".[118]

---

[115] ARQUIDIOCESE DE OLINDA E RECIFE. "Nota da Arquidiocese de Olinda e Recife sobre a morte do Pe. Henrique". *Sedoc* 2 (1970) 143-144; PILETTI–PRAXEDES, 355-356. A noite do martírio do Pe. Henrique está entre as pouquíssimas em que Dom Helder não fez a Vigília. A "oração foi a de São Pedro..." – referência ao sono, ao cansaço e à incapacidade de ficar vigiando (CASTRO, M. de. *Dom Helder: misticismo e santidade*, 142-143).

[116] CAMARA, H. "Morte, onde está tua vitória". *Sedoc* 11 (1979) 1356-1359; CASTRO, M. de. *Dom Helder: misticismo e santidade*, 149-153.

[117] PILETTI–PRAXEDES, 356.

[118] TV SENADO. "Dom Hélder (parte 1)" [acesso em 15-5-2009]. Um dia depois do enterro, o pai do Pe. Henrique foi preso sem nenhum motivo, permanecendo oito horas na Secretaria de Segurança Pública de Pernambuco (CIRANO, M. *Os caminhos de Dom Helder: perseguição e censuras*

A Arquidiocese de Recife e Olinda recebeu muitas cartas de solidariedade e apoio naquela difícil hora. O Papa Paulo VI, em seu telegrama, escreveu que sentia "profunda emoção dolorosa" compartilhando a dor e o luto com Dom Helder e a Arquidiocese. Suplicava "penhor dons divinos para superar momento provação concedemos mesmos familiares, Vossa Excelência diletos Filhos dessa Arquidiocese e todo o querido Povo brasileiro pesaroso conosco por tão triste acontecimento Nossa propiciadora Bênção Apostólica. Paulo VI".[119]

Na Missa de sétimo dia, dois mil e quinhentos soldados armados com cassetete cercavam as igrejas, principalmente aquelas que teriam a presença do Arcebispo.[120] O Secretariado Diocesano de Pastoral publicou uma homilia a ser lida em todas as Igrejas em que se celebrasse Missa de sétimo dia em sufrágio da alma do Pe. Henrique. Segundo o texto:

> Nosso irmão, Pe. Antônio Henrique, foi condenado à morte e assassinado, porque era incômodo e irritante, para muitos egoísmos, o Evangelho que ele pregava. [...] Esta maneira encarnada, concreta, realista de pregar o Evangelho incomodava, por vezes, aqueles que não querem que a Igreja se preocupe com a vida concreta dos homens, que querem a pregação de um evangelho sem ligação com a realidade concreta [...] exacerbou a violência daqueles que querem tirar o sal do Evangelho para fazer dele uma palavra sem sabor nem força. [...] Pudessem a imprensa, o rádio e a televisão falar a serviço de toda a verdade, e nós ouviríamos melhor os gritos de todos os que sofrem.[121]

Por ocasião do primeiro aniversário da morte do Pe. Henrique, a Arquidiocese de Olinda e Recife distribuiu nota na qual afirmava:

> Passado um ano do triste acontecimento só temos razão para firmar-nos, ainda mais, na atitude assumida desde o primeiro instante: de solicitar a atenção das Autoridades competentes para as coincidências [...]; como

---

[1964-1980], 109-110).

[119] PAULO VI. "Mensagem do Papa Paulo VI por ocasião da morte do Pe. Henrique". *Sedoc* 2 (1969) 144.

[120] PRANDINI, F.; PEDRUCCI, V. A.; R. DALE. *As relações da Igreja-Estado no Brasil*, II, 164.

[121] "Homilia para a Missa de Sétimo Dia [do Pe. Henrique]". *Sedoc* 2, (1969) 145-148.

esquecer a sequência: pregação, da TFP, durante meses, em todo o País, inclusive em nossa Cidade, com assinaturas de listas, a pretexto de combate geral ao comunismo, mas de fato, solicitando intervenção do Santo Padre contra a infiltração comunista na Igreja e praticamente exigindo a substituição do Arcebispo de Olinda e Recife; logo a seguir o surgimento do CCC (Comando de Caça aos Comunistas), com atuação desdobrada em três fases: investidas contra edifícios que eram pichados e metralhados, em nome do CCC (2 vezes a residência do Arcebispo, 1 vez o Palácio de Manguinhos, 1 vez a Cúria Arquidiocesana, 1 vez a Universidade Católica, 1 vez a Universidade Rural); ameaças pessoais através de cartas e telefonemas; efetivação das ameaças. E fora de dúvida, é comprovado que Cândido Pinto de Almeida e o Pe. Henrique receberam ameaças do CCC, antes dos atentados de que foram vítimas. Quem fundou o CCC? Quem o dirigia em 1969? Ainda existe hoje? Quais os seus sócios? Quais os seus objetivos? Por que seus assaltos podiam desenvolver-se, tranquilamente? Por que não houve jamais interesse em apurá-los?[122]

O processo sobre o assassinato do Pe. Henrique foi fechado e aberto várias vezes. Passou pela Justiça federal (crime político) e retornou para a Justiça comum. No inquérito aberto no Tribunal de Justiça de Pernambuco foram acusados Rogério Matos do Nascimento, o delegado Bartomeu Gibson, o investigador de polícia Cícero Albuquerque, o tenente da Polícia Militar José Ferreira dos Anjos, Pedro José Bezerra Leite, José Caldas Tavares e Michel Maurice Och. Esteve preso, certo tempo, Rogério Matos do Nascimento, mas o crime continua coberto de "mistérios"... O inquérito foi arquivado sem que nenhum dos acusados fosse condenado, apesar de testemunhos e provas irrefutáveis.[123] Segundo o jornalista Marcos Cirano, o bom senso não duvida de que foi um crime político para atacar a corrente progressista da Igreja, liderada, também, por Dom Helder.[124] Em 1981, a mãe do Pe. Henrique, em uma reportagem ao *Jornal da Cidade*, fez um desabafo comentando que outros irmãos do sacerdote foram presos,

---

[122] "Arquidiocese de Olinda e Recife. Aniversário da Morte do Pe. Henrique – Por ocasião do 1.º Aniversário". *Sedoc* 2 (1970) 1580.

[123] GRUPO TORTURA NUNCA MAIS. "Antônio Henrique Pereira Neto (Padre)" [acesso em 7-4-10].

[124] CIRANO, M. *Os caminhos de Dom Helder: perseguição e censuras (1964-1980)*, 109-110.

perseguidos ou viajaram para o exterior. O pai morreu com úlcera gástrica "e eu, eu sou o palhaço da história. Sei quem matou meu filho e nada posso fazer".[125]

Em uma carta de 22 de setembro de 1974 a Paulo VI, por ocasião da visita *ad limina*, Dom Helder faz uma avaliação da sua biografia e, em certo momento, afirmou que enquanto a Igreja atuava para manter a assim chamada "ordem social", ganhava prestígio e apoio, seja da parte do Governo, seja da parte dos grupos privilegiados. Do momento em que leigos, religiosos, sacerdotes e Bispos começaram a denunciar as injustiças mais clamorosas e a encorajar o esforço de promoção humana dos oprimidos, "passamos a ser julgados subversivos e comunistas. A título de exemplo: Cinco anos faz que o Pe. Henrique foi trucidado de maneira pavorosa. Era nosso colaborador junto aos jovens e o seu único delito era aquele de ser amado pela juventude."[126]

Dom Helder era *devoto* do Pe. Henrique, o qual recebeu de Deus, a *graça do martírio*:

> morrer pela justiça, pela paz, era um privilégio especial; nem todos o merecem. E o privilégio não depende de nossa vontade. Isto é coisa do Pai. Morre assim um homem grande, Martin Luther King. Morrem assim somente os que estão maduros como o Padre Antonio Henrique, tão sensível e tão jovem. Ele foi eleito, *eu não*. Eu creio que esta graça é demasiado grande. No entanto, se nos planos de Deus estiver o martírio, prescindindo os méritos próprios, estou disposto a entregar minha vida pela justiça e pela paz. Deus daria força e seria uma grande alegria.[127]

---

[125] "O desabafo de Isaiaras". *Jornal da Cidade*, 18 a 24-7-1981. In: CIRANO, M. *Os caminhos de Dom Helder: perseguição e censuras (1964-1980)*, 121.

[126] CAMARA, H. "Helder Camara – autocritica e utopia". In: CAMARA, H.; SILVA, M.; FRAGOSO, A. B.; F. BETTO, LEBRET, G; SILVA SOLAR, J.; FREIRE, P. *Complicità o resistenza? La Chiesa in America Latina*, 18-21.

[127] CAMARA, H. "La rebelión de los no-violentos". Apud BLAZQUEZ, F. *Ideario de Hélder Câmara*, 212. O Pe. Henrique exerceu, com seu martírio, também uma função vicária, ou seja, como eliminar Dom Helder não era recomendável porque repercutiria internacionalmente deixando o Governo brasileiro em situação complicada, o caminho foi assassinar um colaborador direto e simbólico. Pensavam que assim o Arcebispo recuaria e o crime não teria grande repercussão porque a vítima era menos importante...

3. "Tomamos a liberdade de propor como candidato ao Prêmio Nobel da Paz Dom Helder Câmara"

3.1 *"Dom Helder Câmara representa o mais profundo e autêntico espírito humanista e cristão da América Latina"*

Em 1970, Dom Helder era conhecido mundialmente como uma das mais importantes lideranças na luta pela defesa dos Direitos Humanos e do pacifismo mundial e considerado um forte candidato ao Prêmio Nobel da Paz. Desde 1964 ele realizara dezenas de conferências pelo mundo afora, sendo apreciado por lideranças eclesiais, religiosas e civis, como, por exemplo, o rei Balduíno, da Bélgica, e o Presidente Eduardo Frei, do Chile. No Brasil havia publicado o livro *Revolução dentro da Paz* (1968) – uma coletânea de alguns de seus principais pronunciamentos organizados por assessores do Rio de Janeiro – que rapidamente começou a ser publicado em várias línguas. O segundo livro, *Terzo Mondo defraudato* (1968), foi publicado simultaneamente em francês e italiano. Devido ao seu prestígio, a Universidade de Saint Louis lhe concedeu o título de *Doutor Honoris Causa* em Letras, em 1969. Em 24 de outubro de 1969, a CLASC apresentou moção em favor da candidatura de Dom Helder ao Nobel de Paz, tendo em vista que "representa o mais profundo e autêntico espírito humanista e cristão da América Latina em favor dos pobres e dos explorados" e "se constitui no promotor do movimento nacional da justiça e da paz no Brasil, para redimir as grandes massas populares desse país". A CLASC acrescentou que as iniciativas de Dom Helder tinham profundo interesse, significado e importância para todos os povos da América Latina e para os grupos que buscavam a "necessária revolução popular, fato prévio para a paz no Continente".[128]

---

[128] Confederação Latino-Americana de Sindicatos Cristãos. "Candidatura de D. Helder Câmara ao Prêmio Nobel da Paz". *Sedoc* 3 (1970) 59.

A proposta da CLASC recebeu muitos apoios. No dia 27 de janeiro de 1970, por exemplo, em nome da *Pax Christi* Internacional, o Cardeal Alfrink, Presidente do Movimento, dirigiu à Fundação Nobel uma carta afirmando que Dom Helder "assumiu a missão de melhorar as relações entre os homens do mundo inteiro". Como Arcebispo de Olinda e Recife "ele se consagra ao problema da justiça social. Seu exemplo e seu comportamento são de importância para toda a América Latina e para outras partes do mundo". Acrescentou que com "seu combate incessante contra a injustiça, a favor dos oprimidos, por seu programa de renovação e formação de jovens líderes, ele traz uma contribuição real e exemplar ao desenvolvimento da cooperação, tão necessária para assegurar a paz mundial no futuro".[129] No dia 16 de fevereiro, também a Confederação Mundial do Trabalho, em seu boletim, *Labor*, publicou um comunicado de apoio à candidatura de Dom Helder ao Nobel da Paz.[130] O próprio consultor do Nobel, Jakob Sverdrup, no início de 1970, argumentou "que a sua mensagem de não violência, na América Latina de hoje, pode ser considerada como tendo importância para a conservação da paz, porque representa uma alternativa realística ao aumento do terrorismo e dos movimentos guerrilheiros" e que Dom Helder "possui prestígio e importância, o que faz com que a sua mensagem seja ouvida, tanto no Brasil como fora do território nacional".[131] Também o Embaixador dos Estados Unidos no Brasil, Charles Burke Elbrik, apoiava o nome de Dom Helder ao Nobel, além de considerá-lo a melhor "alternativa civil" à ditadura militar, ou seja, o melhor nome para ocupar a Presidência da República.

No primeiro semestre de 1970, o prestígio internacional de Dom Helder cresceu ainda mais depois que ele recebeu a visita do sucessor do líder pacifista Martin Luther King, o pastor batista Ralph David Abernathy. Os dois lançaram uma nota em defesa das lutas pela justiça por métodos pacíficos: "Nós cremos que a parte consciente da humanidade tem o direito e o dever de organizar o protesto não violento contra as estruturas políticas,

---

[129] PAX CHRISTI INTERNACIONAL. "Carta de apoio à candidatura de Dom Helder Camara ao Nobel da Paz". *Sedoc* 3 (1970) 61.

[130] CONFEDERAÇÃO MUNDIAL DO TRABALHO. "Apoio a Candidatura de Dom Helder Camara ao Nobel da Paz". *Sedoc* 3 (1970) 62.

[131] PILETTI–PRAXEDES, 378.

DOM HELDER, DIFAMADO E EXECRADO

277

econômicas e sociais que mantêm uma grande maioria dos homens na miséria e sob ameaça de guerra".[132] Na França foi lançado o livro *Spirale de Violence* – traduzido para o espanhol, alemão, norueguês, polonês, chinês, português e italiano – no qual o Arcebispo defende as ideias do movimento pacifista. Em maio, o jornal norte-americano *Sunday Times* apontou o Arcebispo de Olinda e Recife como o "homem de maior influência na América Latina, depois de Fidel Castro". No mesmo mês, na Áustria, Dom Helder assumiu o cargo de diretor do Instituto de Viena para o Desenvolvimento, tendo como colegas Bruno Dreisger, Primeiro Ministro Austríaco, e Willy Brandt, Primeiro Ministro da Alemanha. Na Bélgica recebeu o título de *Doutor Honoris Causa* em Teologia, dando uma conferência em um belo salão lotado de pessoas, estando presente o amigo Cardeal Suenens. A conferência foi muito divulgada pela imprensa da Bélgica.[133] Depois, o Dom seguiu para a França e palestrou em Orleans,[134] Lião e Paris.

3.2 "Quaisquer que sejam as consequências"

O dia 26 de maio de 1970 assinalou um dos momentos altos da biografia espiritual de Dom Helder Camara. Na ocasião, ele pronunciou a chamada *Conferência de Paris* em um evento promovido em conjunto pelo Movimento *Pax Christi*, a Confederação de Protestantismo Francês e o Comitê Católico contra a Fome. O prestígio do peregrino da paz estava tão grande que o evento precisou ser transferido do Centro Católico de

---

[132] "Sucessor de Martinho Lutero King". *Boletim Arquidiocesano* (1970-1971). Em agosto de 1970, o Arcebispo recebeu, nos Estados Unidos, o Prêmio Martin Luther King por ser um homem que, com palavra e ação, com os seus escritos e a sua vida, contribui para alimentar na alma de milhões de pessoas, não somente em seu país, mas também no coração dos pobres e dos deserdados de todas as nações, a esperança de encontrar justiça e paz. Segundo o pastor Albernathy, Dom Helder é o símbolo da doação pastoral e da coragem profética, que chama a atenção do mundo sobre a realidade dos pobres, que convoca a juventude do mundo a lutar, sem violência, contra o racismo, a miséria, a guerra. Ele é o símbolo da esperança e do amor, da aspiração de toda a humanidade por paz e justiça (WEIGNER, G. *Helder Câmara: la voce del mondo senza voce*, 45-46). Na ocasião, em seu aguardado discurso, Dom Helder denunciou que quem estava acendendo a violência no mundo são, "antes de tudo, os privilegiados que não têm coragem de abrir mão de seus privilégios injustos, criadores de injustiças e escravidões" (CAMARA, H. "Eu tive um sonho...". *Sedoc* 3 (1970) 482).

[133] PILETTI–PRAXEDES, 380-381.

[134] CAMARA, H. "Joana, será que compreendes e amas a não violência?" In: ARQUIDIOCESE DE OLINDA E RECIFE. *Dom Hélder* – Pronunciamentos (1969-1970).

Intelectuais Franceses (auditório para 2.500 pessoas) para o Palácio dos Esportes (espaço para 10 mil pessoas). O Arcebispo havia preparado uma palestra intitulada "A responsabilidade da França diante da Revolução", destacando a validade das bandeiras que animaram a Revolução Francesa – liberdade, igualdade e fraternidade.[135] Porém, enquanto estava na casa do Cardeal François Marty, um grupo de 25 pessoas, várias autoridades eclesiais e civis, pediram-lhe uma conferência com outro conteúdo, a saber, "a verdade sobre o Brasil daquele momento". Estes o convenceram dizendo--lhe: "[...] se hoje à noite você não tiver a coragem de dizer que há torturas no Brasil, você perderá a força moral de denunciar nossos erros".[136]

Além das 10 mil pessoas que estavam dentro do Palácio, outras 10 mil ficaram no lado de fora, segundo divulgaram todos os jornais franceses que comentaram o evento. A revista *Informations Catholiques Internationales*, de 15 de junho de 1970, dedicou a capa, o editorial e oito páginas para relatar a conferência. Afirmou que "esse homem miúdo, com forte sotaque estrangeiro e que só diz coisas simples consegue hoje movimentar multidões na maioria dos países do mundo".[137] Assim que entrou no Palácio, o Dom foi beijado no rosto por uma jovem que o presenteou com uma rosa. Em seguida, por alguns instantes, ele conseguiu se desvencilhar do público e dos organizadores e, em um canto, ajoelhou-se e rezou: "Por Cristo, com Cristo e em Cristo, entrego ao Pai toda honra e toda glória!... E ofereço minha vida pela paz no mundo, paz verdadeira, baseada na justiça e no amor. Entrego-me à Mãe querida, Rainha dos Anjos e Rainha da Paz...".[138] Colocou, então, no bolso o discurso preparado e contou o que viu quando visitou estudantes e outros torturados nas prisões. Com a rosa na mão, explicou o título da conferência "Quaisquer que sejam as consequências", citando de início dois casos concretos de pessoas que foram torturadas, a saber, o estudante Luis Medeiros de Oliveira e o padre dominicano Tito de

---

[135] CâMARA, H. "Responsabilidade da França em face da Revolução". In: ARQUIDIOCESE DE OLINDA E RECIFE. *Dom Hélder* – Pronunciamentos (1969-1970).

[136] CIRANO, M. *Os caminhos de Dom Helder: perseguição e censuras* (1964-1980), 71.

[137] PILETTI–PRAXEDES, 381; "Dom Helder Camara interpelle l'Ocident". *Informations Catholiques Internatinales* 362 (1970) 22-29.

[138] PILETTI–PRAXEDES, 382.

Alencar.[139] Em seguida falou da conjuntura política do Brasil, defendeu os métodos pacíficos na luta em prol do desenvolvimento econômico-social e a democracia.[140] Todos sabiam que havia tortura no Brasil, mas ninguém havia tido a coragem de denunciá-las abertamente fora do país porque sabiam que sofreriam com os ditadores. Dom Helder, com coragem profética, fez a denúncia. Isso lhe custará fortes rejeições de classes, grupos e clero conservadores.[141] Será a pessoa mais perseguida, difamada e caluniada pelo regime militar brasileiro. Seu nome será proibido de ser pronunciado na imprensa. No exterior, o Governo brasileiro fará uma intensa campanha para impedir que receba o Nobel da Paz.

Terminada a conferência, o Cardeal Marty, que estava na primeira fila, correu para cumprimentá-lo e, prevendo consequências, disse-lhe: "Pastor da cabeça aos pés. Pastor na explicação e nas respostas. Aconteça o que acontecer, estará sofrendo como Pastor. Direi isto ao Santo Padre".[142] De fato, ele havia falado como Pastor do povo, sem ódio no coração.[143] Ao sair do Palácio, a multidão começou a cantar a versão francesa do Hino à Liberdade de Martin Luther King. Dom Helder, então, não pode mais segurar as lágrimas...

Mesmo que a *Conferência de Paris* tenha sido de improviso, isso não significa que Dom Helder não estivesse preparado para efetivar tais denúncias. Nas Vigílias tinha se entregado nas mãos do Senhor. Estava disposto a carregar a cruz em união com a cruz redentora de Jesus Cristo. Antecipadamente, *O Estado de S. Paulo* já havia noticiado que o Arcebispo faria esse tipo de denúncias,[144] e e ele próprio havia declarado no dia anterior: "[...] estou consciente de que em 26 de maio – amanhã! – viverei

---

[139] CAMARA, H. "Quaisquer que sejam as consequências". In: CIRANO, M. *Os caminhos de Dom Helder: perseguição e censuras (1964-1980)*, 71-72.

[140] CASTRO, M. de. *Dom Helder: misticismo e santidade*, 179-182; PILETTI–PRAXEDES, 382-383.

[141] COMBLIN. J. "Entrevista realizada por Martinho Condini no dia 26 de julho de 2000". In: CONDINI, M. *Dom Helder Camara: um modelo de esperança*, 164-167.

[142] PILETTI–PRAXEDES, 383.

[143] GONZÁLEZ, J. *Helder Câmara: il grido dei poveri*, 229.

[144] "Hélder volta às acusações". *O Estado de S. Paulo*, 24-5-1970. O jornal comenta declarações de Dom Helder à Televisão da França e informa que ele pretendia falar de injustiças e tortura no Brasil.

um dia marcante da minha vida".[145] E acertou! Jamais uma autoridade eclesiástica sofrera, no Brasil, uma campanha tão persistente visando a sua desmoralização perante a opinião pública como ele viria a sofrer nos meses seguintes nos periódicos *O Globo*, *O Estado de S. Paulo*, *O Cruzeiro*, entre outros, bem como na *TV Globo*.

No dia 28 de maio, *O Estado de S. Paulo* afirmou que Dom Helder enxovalhava no estrangeiro "a imagem da pátria, a sua história, as suas tradições, o seu presente tão limpo como o seu passado e como o há de ser com certeza o seu futuro". Acrescentava: "A atitude antipática de Dom Hélder tem explicações no fato de o arcebispo se achar em plena campanha eleitoral para conseguir o Prêmio Nobel da Paz, esse crachat mundano".[146] No mesmo dia, na seção "A pedido", o jornal publicou um texto, atribuído ao Pe. Álvaro Negromonte, falecido em setembro de 1964, e que teria sido encontrado depois da sua morte entre seus escritos, no qual aparece uma série de denúncias contra Dom Helder. Em síntese, é acusado de egocêntrico, oportunista, carreirista, corrupto, mau caráter e demagogo. Prova disso é que esteve em todos os movimentos que poderiam projetá-lo; que se fez homem de confiança de Dom Lombardi e do Cardeal Leme no intento de subir ao Episcopado e para nomear Bispos de sua confiança, principalmente no Nordeste; que trabalha com quem se submete e, por isso, está cercado de mulheres; que dilapida a quantia de dinheiro que recebe sem prestar contas a ninguém e se faz de pobre para ganhar mais dinheiro; falsificou documentos e "nunca prestou conta de enormes verbas públicas".[147]

Mas isso era só o começo da difamação. Gustavo Corção, Gilberto Freyre, Nelson Rodrigues, David Nasser, Salomão Jorge, Lenildo Tabosa Pessoa e outros farão uma campanha de execração pública contra o Arcebispo utilizando todos os tratamentos pejorativos que conheciam para condená-lo.[148] Eles não discordavam em nível de ideias, mas seus artigos

---

[145] PILETTI–PRAXEDES, 384.

[146] "Em plena campanha". *O Estado de S. Paulo*, 28-5-1970.

[147] "Documento revela quem é o Arcebispo de Olinda". *O Estado de S. Paulo*, 28-5-1970; PILETTI–PRAXEDES, 384.

[148] PILETTI–PRAXEDES, 385. No Site *Dom Hélder – Pastor da Liberdade* há uma lista dos opositores do Arcebispo (CIRANO, M. "Os opositores" [acesso em 13-4-2010]).

vinham carregados de acusações duvidosas e até de insultos. Por exemplo, se o número de assaltos aumentava em determinado bairro de Recife, a culpa era do Arcebispo.[149] Até a alegria dos brasileiros com a vitória na Copa do Mundo de 1970 foi usada, por Salomão Jorge, para mostrar que Dom Helder, diferente dos seus compatriotas, era um politiqueiro demagogo e um fuxiqueiro ardiloso.[150] O texto cruel e horripilante acusa Dom Helder de estar a serviço do diabo:

> Só uma grande nação com as virtudes tradicionais da fraternidade, da justiça, da liberdade poderia mostrar ao mundo a juventude de que a Pátria se orgulha, com o espírito do porvir, que nasceu e cresceu à sombra da árvore da Cruz [...]. Aquela nação que um bispo vermelho a serviço do diabo vem mostrando às plateias da Europa e da América, como se fosse um vasto campo de concentração, onde os presos são torturados, as crianças fossam nas latas de lixo como porcos e os padres são mortos nas ruas como os índios nas selvas [...] enfim, uma nação como a que d. Hélder, reiterada e amiudamente, pinta nas capitais estrangeiras não poderia jamais apresentar a 800 milhões de pessoas a mocidade, sem complexos, sadia, heroica, lépida, inteligente, generosa, assombrosa, viril, que fascinou o mundo de admiração e entusiasmo. Se o Brasil fosse o que o aloucado padre esquerdista descreve nunca estaria em condições de apresentar os atletas invencíveis, cuja energia combativa se identifica com a energia nacional...[151]

A campanha difamatória foi mais longe ainda e, na noite de 24 de agosto de 1970, segunda-feira, a *Rede Globo* interrompeu a novela de maior audiência, *Irmãos Coragem*, para que o correspondente Amaral Neto apresentasse, em cadeia nacional, uma edição extra do seu programa

---

[149] Segundo Freyre, "[...] Apipucos era por excelência um subúrbio tranquilo. [...] Sucedeu, entretanto, que S. Excia. Revma., o venerado Arcebispo Dom Hélder Câmara, não tardou a tomar a infeliz iniciativa de confiar Apipucos, não a um padre mas a um estrangeiro fantasiado de padre. Estrangeiro que se requintou em provocar ódios entre a população do velho e brasileiríssimo subúrbio [...]. Apipucos é hoje um subúrbio entregue a ladrões talvez internacionais..." (FREYRE, G. "Que é que há contra Apipucos?". *Diário de Pernambuco*, 14-6-1970; ID. In: CIRANO, M. *Os caminhos de Dom Helder: perseguição e censuras (1964-1980)*, 133).

[150] S. JORGE. "Dom Hélder e a Copa do mundo". *O Estado de S. Paulo*, 30-6-1970; ID. In: CIRANO, M. *Os caminhos de Dom Helder: perseguição e censuras (1964-1980)*, 125-126.

[151] S. JORGE. "Dom Hélder e a Copa do mundo". *O Estado de S. Paulo*, 30-6-1970.

de reportagens.[152] Amaral Neto conversou com um jovem, que se identificou como oficial do Exército. O entrevistado disse ter sido torturado, inclusive suspenso numa cruz, e que as torturas foram realizadas pelo Exército Brasileiro como exercício antiguerrilha. O apresentador, então, comentou que várias revistas estrangeiras e Dom Helder Camara divulgaram a fotografia do oficial torturado como prova de que há torturas no Brasil. O correspondente exibiu também uma montagem fotográfica do Arcebispo paramentado para a Missa apontando o jovem oficial amarrado na cruz. Dom Helder não encontrou espaço nos meios de comunicação para se defender e, por isso, o Governo Colegiado da Arquidiocese mandou distribuir 100 mil panfletos com a nota escrita pelo Arcebispo, exigindo da *TV Jornal do Comércio*, retransmissora da *Rede Globo* em Recife, o direito de resposta.[153]

Ferrarini, no estudo *A imprensa e o arcebispo Vermelho*, compilou uma enorme "ladainha de qualificativos", seguramente não completa, atribuída, especialmente pela direita, ao Dom, no intuito de difamá-lo e execrá-lo:

líder da insubordinação, irrequieto prelado, *condottiere*, apóstolo da libertação do homem novo, caráter totalitário, aprendiz de ditador, incorrigível agitador, antístite bolchevista, perigoso esquerdista, perigoso purpurado, contumaz agitador, líder comuno-nacionalista, subversivo dignitário, arcebispo da subversão, bispo vermelho, opiáceo revolucionário, perigosíssimo energúmeno, Fidel Castro de batina, guerrilheiro eclesiástico, bispo totalitário, exaltado reformador, o pacifista, advogado do Terceiro Mundo, antropófago, pai da mentira, melífluo arcebispo, herdeiro espiritual de Antônio Conselheiro, vocação perdida de filósofo especulativo, fogoso fascista, antístite dialogante, padre de passeata, grande demagogo, famoso antístite, o democrata, incorrigível prelado, ícaro da batina, *globeflyer*, gnomo de batina, fuxiqueiro ardiloso, fogoso prelado, arcebispo extravagante, *arcebealte* Camara, arcebispo itinerante, cinematográfico prelado, gralha tagarela, catavento, boneco falante, líder anarco-esquerdista

---

[152] PILETTI–PRAXEDES, 386.

[153] CAMARA, H. "Declaração de D. Helder". *Sedoc* 3 (1970) 635-636.

do clero, embaixador itinerante da Igreja Católica, corifeu tonsurado dos padres de batina, moderno saduceu, novo Jônatas, doutor angelical, místico arcebispo, corruptor das consciências, carbonário incendiário, improvisado revolucionário, sereia verde, futuro Torquemada, labioso prelado, contumaz difamador, cabo de esquerda, Rasputim do Recife e Olinda, comunista sino-cubano, carcará vermelho, Dener do figurino do ódio, relações públicas da miséria, Rabi encarnado de Olinda, D. Sardinha às avessas, pombo-correio das esquerdas, arcanjo do ódio, político de meia-tigela, figura controvertida, prelado voador, Jânio Quadros eclesiástico, grande comediante, o *poverello* do Recife, novo Tomás de Aquino da Filosofia católica, notabilíssimo hierarca, megalômano, pastor de cabras, caixeiro-viajante da difamação, Kerenski, arcebispo de Moscou, garanhão da desordem social, príncipe da Igreja cubana, romeiro do ódio ao Brasil, pastor de almas penadas, padre turbulento, falso profeta, tartufo de sotaina.[154]

O objetivo de seus acusadores, portanto, era mostrar aos europeus que Dom Helder era um "bispo totalitário" e um "político interesseiro", que até falsificou documentos, deu presentes à Nunciatura, fez amizades calculistas para chegar ao cargo de Secretário da CNBB, além de ter conseguido o Episcopado para padres que lhe eram fiéis,[155] porque visava, entre outras coisas, ao "Nobel da Paz", ser "Papa da Igreja ou Imperador do sistema planetário".[156] Afirmavam que o Arcebispo fazia a sua própria campanha usando da demagogia e do vedetismo, mas, na verdade, não passava de um derrotista, impatriótico e instigador do terrorismo.[157] Acrescentavam

---

[154] FERRARINI, S. A. *A imprensa e o arcebispo Vermelho: 1964-1984*, 157-158. Após ampla leitura do material de imprensa, Sebastião Antonio Ferrarini agrupou as agressões contra Dom Helder em seis itens: subversivo-comunista-socialista-esquerdista; demagogo-exibicionista-vedete; incoerente historicamente; antipatriota e denegridor da pátria; demolidor da civilização ocidental; e falso cientista social (ID. *A imprensa e o arcebispo Vermelho: 1964-1984*, 20-21). O jornalista Marcos Cirano apresenta uma vastidão de resumos de artigos, notícias e reportagens, além de documentos não publicados sobre críticas, censuras, acusações ou perseguições a Dom Helder durante o período de 1964 a 1980 (CIRANO, M. *Os caminhos de Dom Helder: perseguição e censuras (1964-1980)*, 165-304). O Site *Dom Hélder – Pastor da Liberdade* apresenta uma lista de artigos, vinculados à imprensa, em que o nome de Dom Helder foi citado (CIRANO, M. "A resistência democrática" [acesso em 13-4-2010]).

[155] "Documento revela quem é o arcebispo de Olinda". *O Estado de S. Paulo*, 29-5-1970.

[156] "Prêmio Nobel da Paz". *O Estado de S. Paulo*, 6-6-1970.

[157] "Os 'guerrilheiros de salão' e o terrorismo no Chile". *Jornal da Tarde*, 1-6-1970.

que, nesse pleito eleitoral, não estava sozinho: tratava-se de uma campanha orquestrada pelas esquerdas.[158] O editorial do *Jornal da Tarde* afirmou até que Dom Helder estava fazendo de tudo para ser preso e assim adquirir notoriedade. A melhor forma de neutralizá-lo era deixar que se neutralizasse por si só como estava ocorrendo. A Europa já estava descobrindo quem ela endeusou e, talvez, um dia, a CNBB também chegasse a isso.[159] Para Corção, ainda havia treze ou catorze pessoas no Brasil que não sabiam quem era Dom Helder. Estas "[...] ainda veem em sua exuberante humildade sinais de santidade".[160]

Diante da campanha difamatória, Dom Helder recebeu muitos apoios como, por exemplo, de Dom Avelar Brandão Vilela, Arcebispo de Teresina, Secretário Nacional de Opinião Pública da CNBB e Presidente do CELAM.[161] O Cardeal Araújo Sales afirmou a sua idoneidade moral, a fidelidade ao Papa e a vocação de serviço aos pobres. Justificou que "não a amizade pessoal por Dom Helder, e sim a profunda e tenaz campanha difamatória dirigida pelos meios de comunicação social contra o piedoso e sincero Prelado que motivaram este meu pronunciamento radiofônico".[162] Alceu Amoroso Lima, em artigos do *Jornal do Brasil* de 8 e 9 de outubro de 1970, incluiu Dom Helder entre os grandes vultos do Episcopado brasileiro, a saber, Dom Vital e Dom Leme. Dom Helder "está lutando contra a miséria, contra as injustiças e em favor das transformações sociais profundas pela não violência". E assim é que se explica "a campanha que lhe é hoje movida por inimigos semelhantes, em termos de 1970". O Arcebispo não é apenas uma voz solitária, mas é "a voz da miséria, da injustiça, do povo mais humilde";

---

[158] "D. Helder, 'o arcebispo vermelho', em Paris". *O Cruzeiro*, 23-6-1970.

[159] "Os Europeus começam a perceber quem é D. Helder". *Jornal da Tarde*, 1-7-1970.

[160] Corção, G. "Gigantesco esforço". *O Estado de S. Paulo*, 16-7-1970; Id. "Dom Hélder". *O Estado de S. Paulo*, 14-5-1977; Id. In: Cirano, M. *Os caminhos de Dom Helder: perseguição e censuras (1964-1980)*, 141". No dizer de Ferrarini "[...] seus adversários sempre procuraram minimizar a amplitude dos que comungavam com o seu ideário. Sem dúvida, o número de pessoas que apoiava D. Helder não era nada pequeno. Mas a imprensa que o denunciava não tinha interesse em destacar demasiadamente esse contingente de admiradores e seguidores do Arcebispo. O interesse era minimizá-lo e apresentá-lo como voz isolada ou representativa de uns poucos que desobedeciam às orientações da Igreja e subversivo no campo político" (Ferrarini, S. A. *A imprensa e o arcebispo Vermelho: 1964-1984*, 181).

[161] Vilela. A. B. "D. Avelar defende D. Helder". *Sedoc* 3 (1970) 641-643.

[162] Sales, E. A. "Defesa de Dom Helder em programa radiofônico". *Reb* 30 (1970) 971.

"é hoje, como anteontem D. Vital e ontem Dom Leme, um marco decisivo numa etapa essencial da história da Igreja no Brasil, no mundo que se prepara para ingressar no século XXI".[163] A CNBB, através de sua Comissão Central, tomou oficialmente posição em 16 de outubro de 1970 repudiando a campanha difamatória e caluniosa contra Dom Helder e enviando-lhe uma "carta de conforto fraternal", depois de ele já ter recebido moção de mais de trinta Bispos.[164] Os Bispos do Regional Centro-Oeste reunidos em Goiana, nos dias 27 e 29 de outubro, enviaram duas cartas: uma ao diretor da revista *O Cruzeiro* e outra *À Igreja de Olinda e Recife*. Na primeira manifestaram "repulsa à atitude do Sr. David Nasser pela maneira com que se tem referido à pessoa de Dom Hélder Câmara".[165] Na segunda afirmaram que aqueles que combatem Dom Helder estão combatendo a própria Igreja porque são os mesmos que atacam as diretrizes estabelecidas pelo Vaticano II, Medellín e os Documentos da CNBB. Acrescentaram: "Não escondemos o orgulho que nos invade de tê-los, vocês e seu pastor, como irmãos e queremos agradecer-lhes todo o testemunho de uma esperança contra a esperança".[166]

Abalava profundamente a Dom Helder o fato de, na prática, já não ter acesso a jornais, revistas, rádio, televisão, quando era apontado como o grande inimigo do Brasil e exposto à execração pública. Além disso, seus inimigos pintaram uma bandeira do Brasil na Igreja das Fronteiras com o aviso "Brasil, ame-o ou deixe-o". Desse modo, o acusavam de difamador do Brasil no exterior, de inimigo principal do país... No seu interior, Dom Helder se perguntava: sua ação não estaria trazendo mais mal do que bem

---

[163] LIMA, A. A. ["Artigos sobre Dom Helder"]. *Jornal do Brasil* 8 e 9-10-1970; comentados in *Reb* 30 (1970) 969-971.

[164] "CNBB toma defesa de Dom Helder". *Reb* 30 (1970) 972.

[165] "Bispos do Regional Centro-Oeste, Carta ao diretor de O Cruzeiro". *Sedoc* 3 (1970) 769. Os artigos de David Nasser, de fato, chocam pela linguagem desrespeitosa e ofensiva (NASSER. D. "Cara de Santo". *O Jornal*, 12-7-1970; ID. "Central da Difamação. *O Jornal*, 24-10-1970. In: CIRANO, M. *Os caminhos de Dom Helder: perseguição e censuras (1964-1980)*, Recife, 1983, 139; ID. "Esta é a nossa igreja". *O Jornal*, 24-9-1970; ID. "Igreja cúmplice – fala como padre ou fala como cidadão". *O Cruzeiro*, 6-10-1970; ID."Igreja do diabo". *O Jornal*, 17-9-1970; ID."Missa negada". *O Jornal*, 19-9-1970; ID."Pergunta sem resposta". *O Jornal*, 20-8-1970; ID. "Quem financia Dom Hélder?". *O Jornal*, 21-7-1970; ID."Repulso". *O Jornal*, 18-9-1970; ID."Traidores de batina". *O Jornal*, 18-9-1970...).

[166] "Bispos do Regional Centro-Oeste, Carta à Igreja de Olinda e Recife". *Sedoc* 3 (1970) 769-770.

para a Igreja no Brasil? Deveria aceitar os convites que vinham do estrangeiro ou se concentrar totalmente nas atividades em Recife? Não seria melhor silenciar e esperar a morte?[167]

3.3 "[...] ficam proibidas quaisquer manifestações, na imprensa falada, escrita e televisada, contra ou a favor de dom Helder Camara"

A campanha difamatória contra Dom Helder, no entanto, deu efeito contrário, pois muitos perguntavam-se por que ele só era acusado e não podia defender-se.[168] E assim, aumentava, em todo o país, a onda de admiração pela sua pessoa. O Governo militar, então, impôs o silêncio – a lei do *gelo* –, uma espécie de *morte* civil. Por isso, em setembro de 1970 chegou às redações de imprensa de todo o país uma ordem oficial, enviada pela Polícia Federal, com o seguinte teor: "De ordem do sr. ministro da Justiça (Alfredo Buzaid), ficam proibidas quaisquer manifestações, na imprensa falada, escrita e televisada, contra ou a favor de dom Helder Camara. Tal proibição é extensiva aos horários de televisão reservados à propaganda política".[169] O policial deveria ler a ordem oficial para o diretor dos órgãos de imprensa e manter consigo o telegrama. A *lei do gelo* durou, no mínimo, sete anos.[170]

---

[167] PILETTI–PRAXEDES, 390-391.

[168] Dom Helder chegou a escrever: "Só ataquem verificando, antes, se eu terei possibilidade efetiva de defesa: não é leal bater em quem tem os braços amarrados. Quem se der ao trabalho de ler meus textos, terá surpresas grandes. Verificará que não nasci para conspirar. Nasci para pensar alto e falar aberta e claramente" (CAMARA, H. "Quem financia minhas viagens?". *Sedoc* 3 (1970) 636-640.

[169] PILETTI–PRAXEDES, 386-387. A *Folha de S. Paulo* de 5 de março de 1978 publicou um elenco (parcial e até então inédito) de algumas determinações que a censura federal transmitiu ao jornal nos anos de 1972, 1973 e 1974. No dossiê foram publicadas 103 das 286 determinações. Entre elas estão: "Está proibida publicação da entrevista de dom Hélder à revista *Politika*" (6-7-1972) e "Está proibida toda a divulgação de assuntos em que esteja envolvido o arcebispo dom Helder Câmara e mesmo qualquer menção ao seu nome" ("Dossiê Censura – fica proibida a divulgação de...". *Folha de S. Paulo*, 5-3-1978; PRANDINI, F.; PEDRUCCI, V.A.; DALE, R. *As relações da Igreja-Estado no Brasil*, VI, 32-33).

[170] Para Dom Helder, a *lei do gelo* também foi uma grande humilhação que serviu para seu crescimento espiritual. Ele recordava que "durante e depois do Vaticano II falava-se muito, e eu também, em Igreja pobre e servidora. Não sabia ainda que a verdadeira pobreza não é aquela que escolhemos. É o Senhor que escolhe a pobreza que nós precisamos em todas as fases da vida. Chegando ao Brasil, depois do Vaticano II, pensava que a pobreza seria reduzida a uma

A revista *Manchete* chegou a publicar uma foto de Dom Helder com os braços abertos indo abraçar uma criança. Marcos Castro, que trabalhava na revista, relata que o diretor Murilo Melo Filho foi chamado pelo Ministério do Exército e teve de participar de uma reunião com coronéis, recebendo a ordem de não publicar nada – nem contra – o Arcebispo comunista.[171] Um redator de revista, seu amigo, certa vez lhe disse: "Agora só noticiaremos alguma coisa sobre Dom Helder quando se tratar de narrar-lhe o enterro".[172]

As perseguições, difamações, execrações contribuíram para que aumentasse, além da fama da sua santidade, a possibilidade de sua candidatura ao Nobel da Paz. Por isso, o Governo brasileiro também acionou mecanismos poderosos para neutralizar a candidatura. E assim aconteceu: cercaram sua palavra, impuseram o silêncio com a censura e, finalmente, impediram o Prêmio. Dentro do próprio Brasil, Dom Helder viveu uma espécie de exílio.[173] Porém, na imprensa estrangeira ele continuava recebendo espaço, podendo realizar a sua defesa. Um dia, perguntou a um jornalista

---

privação de dinheiro. Não sabia, não entendia que a riqueza da qual o Senhor queria libertar-me era do prestígio. No seu país gozava de grande fama. Era íntimo dos grandes, do Presidente, dos Ministros, do Prefeito do Rio de Janeiro. Falava-se muito de Dom Helder e sua fotografia estava nos jornais, nas revistas. Fazia transmissões muito populares no rádio e na televisão. O Senhor, que havia descoberto que no mais profundo de mim mesmo havia o desejo da pobreza, encarregou-se de rasgar esta riqueza e prestígio. Improvisadamente caí a zero, a menos de zero. Mas havia ainda aterrorizantes campanhas de imprensa contra mim, campanhas caluniosas, e ainda era muito. O Governo entendeu que a campanha na imprensa e os ataques, em um país como o Brasil, mantinha a fama da vítima. Então, impôs o silêncio. E hoje [1976], Dom Helder não tem nem o prestígio de uma vítima ou de um culpável. Caiu no silêncio como em uma tumba. Todavia, resta ainda a fama internacional... Não sei, não sei quando e não sei como o Senhor rasgará também este último sinal exterior de riqueza..." (CAMARA, H. *Le conversioni di un vescovo*, 116-117).

[171] CASTRO, M. de. *Dom Helder: misticismo e santidade*, 48-50.

[172] CASTRO, M. de. *Dom Helder: misticismo e santidade*, 183. Apesar da *lei do gelo*, Dom Helder ainda recebeu alguns ataques de ilustres defensores do regime militar. No Natal de 1971, por exemplo, os acusadores anunciaram que as celebrações natalinas em Recife foram utilizadas para mais um exibicionismo do Bispo. Viu-se uma manifestação nitidamente pagã de caráter político e demagógico e não uma celebração religiosa: não houve oração, nem reflexão, nem fraternidade, mas espírito de luta de classes e conflitos de gerações. Dom Helder lançou "espetáculos espalhafatosos que chamam a atenção pelo menos por sua bizarrice" ("O Natal de D. Helder Camara". *O Estado de S. Paulo*, 2-1-1972).

[173] FERRARINI, S. A. *A imprensa e o arcebispo Vermelho: 1964-1984*, 183. O regime militar do Brasil não chegou, no entanto, a executar o plano militar que o capitão Sérgio Miranda de Carvalho atribuiu ao brigadeiro João Paulo Burnier, segundo o qual, se "[...] pretendia, entre outras coisas... lançar, de um avião, para a morte no mar, dom Hélder Câmara...", conforme escreveu o jornalista Jânio de Freitas (PILETTI–PRAXEDES, 389).

do *The New York Times* o porquê de tanto assédio e recebeu uma surpreendente resposta: a instrução que recebera de seu editor era que estivesse preparado para divulgar a eventualidade de Dom Helder ser agraciado com o Prêmio Nobel da Paz ou a sua "eliminação".

Em setembro de 1970, Dom Helder soube que um Bispo estava disposto a colaborar com o regime militar a fim de que lhe fosse negado o Nobel da Paz. Dom Sigaud havia escrito ao Bispo de Munster, Dom Heinrich Tenhumberg, denunciando a "verdade sobre Dom Hélder Câmara":[174]

> Sendo eu bispo brasileiro, este fato devia ser para mim uma causa de profunda alegria, quando leio que um bispo católico é candidato a esta condecoração honrosa e ainda que este bispo é um compatriota meu. [...] O que senti foi uma grande tristeza e preocupação. Estes sentimentos que me agitam no momento vêm da certeza do desprestígio que surgirá para o episcopado alemão, quando o mundo souber a verdade sobre D. Hélder Câmara. [...] As consequências que a condecoração do Arcebispo de Recife acarretará, podem tornar-se catastróficas para a Igreja no Brasil... [...] Ele abre ao comunismo as portas da América Latina. Pregando aparentemente a paz, consente e promove guerrilhas, a guerra revolucionária, a revolução do povo e o caos, para que o comunismo possa conquistar a América Latina. Mais cedo ou mais tarde, o mundo saberá quem é Dom Hélder Câmara.[175]

Os Bispos da Alemanha solicitaram que Dom Helder se pronunciasse em relação às acusações do colega no Episcopado:

> Responder, diretamente, às acusações – perdoem-me – mas não o farei pelos seguintes motivos principais: - parece-me inglório, quando há problemas gravíssimos, da maior urgência e importância para a humanidade, que eu fique girando em torno de mim mesmo; – é sumamente triste prolongar o espetáculo oferecido pela ida de meu Irmão à Europa, com intuito especial e exclusivo de tentar desmentir-me e denegrir-me.[176]

---

[174] SIGAUD, G. "Carta de Dom Sigaud ao Bispo de Munster". In: CIRANO, M. *Os caminhos de Dom Helder: perseguição e censuras (1964-1980)*, 61-65.

[175] SIGAUD, G. "Carta de Dom Sigaud ao Bispo de Munster". In: CIRANO, M. *Os caminhos de Dom Helder: perseguição e censuras (1964-1980)*, 64-65.

[176] CAMARA, H. "Resposta de Dom Helder solicitada pelos Bispos da Alemanha". In: CIRANO, M. *Os caminhos de Dom Helder: perseguição e censuras (1964-1980)*, 66.

DOM HELDER, DIFAMADO E EXECRADO

E no final da Carta, ressaltou:

Seja-me permitido apresentar um pedido e um agradecimento: o pedido se prende ainda às acusações: por favor, não julguem o Episcopado Brasileiro, nem mesmo o próprio D. Geraldo, pela atitude menos feliz que ele assumiu em Trier. Ninguém acerta 100% na vida e todos somos capazes de fraquezas; o agradecimento se prende ao apoio a propósito do Prêmio Nobel: digo-lhes, diante de Deus, que o Prêmio, por mais honroso que seja, não me preocupa. O fato de receber apoios como o da Alemanha já representa para mim o meu Nobel da Paz.[177]

O resultado concreto para Dom Sigaud foi que os Bispos germânicos se demonstraram tão unidos que, estando o Arcebispo de Diamantina na lista dos oradores de um congresso católico em Trier, o Cardeal de Munique, Julius Döpfner, cancelou a sua inscrição para palestrar.[178] Na verdade, Dom Sigaud gastava suas forças inutilmente porque muito mais competente do que ele foi o Embaixador brasileiro em Oslo, Jaime de Souza Gomes, que com alguns empreendedores noruegueses tornara improvável a candidatura de Dom Helder ao Nobel da Paz.[179]

O Embaixador brasileiro fez a campanha contra o Arcebispo argumentando que ele representava a "alternativa civil" ao próprio Governo.[180] Jaime de Souza usou essa hipótese, em Oslo, a fim de convencer os membros do Comitê do Parlamento da Noruega a não atribuir-lhe o Prêmio, pois o Nobel da Paz contribuiria para que o prestígio do Arcebispo crescesse ainda mais. Dom Helder não poderia atrapalhar os investimentos estrangeiros no

---

[177] CAMARA, H. "Resposta de Dom Helder solicitada pelos Bispos da Alemanha". In: CIRANO, M. *Os caminhos de Dom Helder: perseguição e censuras (1964-1980)*, 67.

[178] PILETTI–PRAXEDES, 388. Em fevereiro e março de 1977, Dom Sigaud acusará publicamente outros dois prelados de "comunistas": Dom Tomás Balduíno, Bispo de Goiás Velho, e Dom Pedro Casaldáliga, Bispo de São Félix do Araguaia. Além disso, ele detectará a "infiltração comunista" nas CEBs (CASTRO, M. de. *Dom Helder: misticismo e santidade*, 164). A situação de conflito eclesial criado pelo Bispo de Diamantina será conhecida como "caso Sigaud" (documentado in *Sedoc* 9 (1977) 1263-1334 e *Sedoc* 10 (1977) 205-217). A repercussão dessas afirmações do prelado foi intensa: minorias reacionárias e representantes da ditadura militar apoiaram Dom Sigaud. Por outro lado, houve uma enorme reação nacional em favor dos acusados.

[179] PILETTI–PRAXEDES, 388-389.

[180] Os militares não gostaram de saber que o Embaixador dos Estados Unidos sustentara esta tese – a própria fita com a gravação da fala de Charles Elbrik desapareceu nas mãos do Exército.

Brasil, entre eles, do empresariado norueguês. Isto já estava acontecendo no Chile, governado pelo socialista Salvador Allende. A argumentação, de fato, convenceu o Comitê.

Como era o candidato favorito, contando com apoios de muitas entidades, personalidades e milhares de trabalhadores latino-americanos, através de assinaturas recolhidas pela CLASC, o Dom preparou-se para o momento com um jogo de faz de conta:[181]

> Vamos, então, brincar de faz de conta... Faz de conta que a altas horas do dia 20 do corrente ou da madrugada de quinta, 21, as agências telegráficas me despertem com a notícia do prêmio. A primeira reação seria de prudência: poderia, ou poderá, perfeitamente tratar-se de um trote... Faz de conta que se comprovasse a concretização do impossível... Primeiríssimo cuidado: rir de mim mesmo e dizer ao Pai, ao Irmão Jesus Cristo: "A vós, ó Pai Todo--poderoso, toda a honra e toda a glória, agora e para sempre, pelos séculos dos séculos!". Cuidado absoluto para não receber o prêmio como se já fosse a recompensa que me chegasse na terra: prefiro, mil vezes, deixar tudo para o encontro pessoal, face a face com o Pai. E para que recompensa, se a Santa Missa, estendida ao dia todo, já me torna multimultimilionário?!... Na hipótese do faz de conta, o Nobel só valeria na medida em que ajudasse a marcha das ideias, que não são apenas minhas, mas nossas! Tenho acalmado amigos, a quem temo ver na frustração. Há quem imagine que seria convidado a fazer uma palestra sobre justiça no mundo na fase final do Sínodo em Roma... Há quem jure que o Nobel arrastaria, infalivelmente, ao cardinalato. Há quem leve o delírio a ponto de achar que o Nobel seria sinal verde para o sumo pontificado...[182]

O Nobel da Paz de 1970 foi uma surpresa, pois a premiação foi dirigida a alguém praticamente desconhecido. Trata-se do professor Norman Borlaug, especialista em fisiologia das plantas, que realizava estudos sobre cereais para o Instituto Rockefeller no México. Mas por que Dom Helder não foi premiado? Diante dessa interrogação, O *Jornal da Tarde* explicou:

---

[181] Seguiremos de perto a Introdução do livro *Dom Hélder Câmara: entre o poder e a profecia*. Os autores – Piletti e Praxedes – relatam, em detalhes, corrupções do Governo brasileiro para impedir o Prêmio Nobel da Paz a Dom Helder Camara (PILETTI–PRAXEDES, 10-15).

[182] PILETTI–PRAXEDES, 10.

DOM HELDER, DIFAMADO E EXECRADO

291

"O prêmio foi atribuído ontem a um especialista norte-americano em questões agrícolas, que se dedicava a aumentar a produtividade da terra para alimentar o povo enquanto o arcebispo itinerante de Olinda e Recife abandonava os famintos do Nordeste para cuidar da própria promoção pessoal".[183] A rede televisiva Norwegian Broadcasting Corp (NRK-TV Oslo, Noruega), no entanto, divulgou como o Governo brasileiro incentivava uma campanha contra o Arcebispo de Recife em alguns jornais noruegueses na tentativa de criar uma corrente de opinião favorável à exclusão do seu nome por parte do Comitê para o Nobel. O Embaixador do Brasil contou com o apoio do empresário Tore Munch, que entre outras coisas tinha em suas mãos dois jornais, um em Bergen e outro em Oslo. Com a ajuda de Júlio Mesquita Neto, proprietário do jornal O *Estado de S. Paulo*, Tore Munch conseguiu material para fazer artigos sensacionalistas contra o Arcebispo.[184] Além de seu poder ideológico através de dois jornais, Munch era amigo de pelos menos dois dos cinco membros do Comitê, a saber, Sjur Lindebraekke, o maior banqueiro do país, Presidente do Private Bank de Bergen, e Bernt Ingvaldsen, Presidente do Parlamento Norueguês e vice-Presidente do Comitê Nobel. Munch ainda contou com o apoio de Henning Boilesen, empresário norueguês com empreendimentos no Brasil, o qual fez uma visita ao Instituto Nobel, em Oslo, para pressionar o Comitê a votar contra Dom Helder.[185] Em dezembro de 1970, a revista inglesa *Private Eye* denunciou

---

[183] "Por que D. Helder não recebeu o Prêmio Nobel". *Jornal da Tarde*, 22-10-1970.

[184] Um dos artigos, assinado pelo jornalista Arild Lillebo, publicado no *Estado de S. Paulo* em 18 de outubro de 1970 com o título *Prêmio Nobel à violência* afirmava: "[...] Na década de 1930, dom Hélder era fascista, 'camisa verde' e defensor dos adeptos de Adolf Hitler no Brasil. Hoje em dia ele tem se virado no sentido oposto, politicamente, e muita gente o considera comunista. Ele é um grande admirador de Fidel Castro e vê líderes como Ernesto Che Guevara e Camilo Torres como modelos". O texto continua afirmando que se trata de uma "personalidade sumamente controvertida". Alguns o consideram "oportunista, enquanto outros o acusam de mentir quando lhe é conveniente". O jornalista conclui dizendo: "A verdade aqui, como acontece tão frequentemente, é difícil de esclarecer. Mas será que uma personalidade tão controvertida merece o Prêmio Nobel da Paz?..." (LILLEBO, A. "Prêmio Nobel à violência?". *O Estado de S. Paulo*, 18-10-1970; ID. In: CIRANO, M. *Os caminhos de Dom Helder: perseguição e censuras (1964-1980)*, 89-91).

[185] Segundo o jornalista Gerardo de Mello Mourão, o Governo brasileiro fez de tudo para impedir a candidatura de Dom Helder para o Nobel da Paz porque isso significava a condenação do regime político. O grande articulador da derrota foi Heinning Boilesen, pertencente ao grupo que financiava a Operação Bandeirantes – aparelho repressivo da Polícia e Forças Armadas. Boilesen, dinamarquês naturalizado brasileiro, presidia a Ultragás e estava se enriquecendo enormemente. O jornalista o viu tomando champanhe em um restaurante de Oslo quando Dom

a influência política sobre o Comitê citando Munch, Lindebraekke e Ingvaldsen como responsáveis pela retirada do nome de Dom Helder, mas não se referia à influência da Embaixada Brasileira. Após a publicação do artigo em Londres, o Embaixador Brasileiro buscou fazer de tudo para que a denúncia não tivesse repercussão na Noruega, evitando assim o afastamento de Lindebraekke e Ingvaldsen do Comitê, o que beneficiaria a campanha em favor de Dom Helder. Munch conseguiu o silêncio do único jornal norueguês que estava disposto a publicar as denúncias do *Private Eye*, o *Dagbladet*, ligado ao Partido Trabalhista.

Mas o nome de Dom Helder continuou favorito em 1971. Por isso, a Embaixada Brasileira buscou alargar apoios a fim de impedir a premiação. Souza Gomes, em nome do Ministério das Relações Exteriores, convidou o jornalista Audum Tjomsland, redator de política internacional do maior jornal da Noruega, o *Aftenposten*, ligado ao Partido Conservador, para visitar o Brasil, com apoios financeiros de Rui Mesquita de *O Estado de S. Paulo*. O objetivo seria noticiar os empreendimentos noruegueses que aconteciam no Brasil, como a Munch do Brasil S.A., mostrando que o Governo brasileiro estava fazendo o Brasil avançar e, assim, incentivando novos investimentos de noruegueses. Em outubro de 1971, o jornalista Tjomsland, estando no Brasil, mudou o itinerário proposto pelo Governo militar, fazendo uma visita a Dom Helder, em 17 de outubro. Quase esquecendo os seus projetos, Audum declarou-se "absolutamente a seu favor". O Arcebispo não sabia de quem o jornalista estava a serviço, mas disse-lhe que era quase impossível ser escolhido dentre os 39 concorrentes, entre os quais Monnet, criador da Comunidade Europeia, e Willy Brandt, que colocou em prática o *Ostpolitik*.

O vencedor do Prêmio 1971 foi Willy Brandt, o qual recebeu três dos cinco votos: de Aase Lionaes, a presidenta do Comitê Nobel, de Bernat Ingvaldsen, vice-Presidente e dirigente do Partido Conservador, e do banqueiro Sjur Lindebraekke. Dom Helder recebera os votos de Helge Refsum, Juiz do Tribunal de Justiça em Bergen, e de John Sannes, Presidente do Instituto

---

Helder não recebeu o Nobel de 1970 (MOURÃO, G. de M. "As bodas de ouro do padrezinho", *Folha de S. Paulo*, 15-8-1981). Boilesen foi assassinado pela ALN, em de abril de 1971, devido a sua colaboração com a repressão.

de Política Exterior da Noruega. A negação da premiação ao Dom fez mais rumores que no ano anterior. Diversos jornalistas denunciaram como tendenciosa a decisão do Comitê devido às supostas pressões do Embaixador da Alemanha na Noruega em favor de Willy Brandt.

Apesar de toda a desonestidade e corrupção, Dom Helder continuava favorito em 1972 e, para não lhe atribuir o Prêmio, o Comitê decidiu cancelar a premiação naquele ano! Em 1973, novamente seu nome despontou como favorito, mas agora, diferentemente dos outros anos, o Arcebispo mostrou-se totalmente indiferente a essa premiação. Ele escreveu: "Misteriosos e sábios os caminhos de Deus. As agências telegráficas internacionais interpelam-me dizendo que, às vésperas do Nobel da Paz 1973, sou apontado como favorito. [...] se o prêmio não vier, não perderei um segundo de sono... Estou preparado, inclusive, para gozações que certamente surgirão em decorrência disso".[186] Na manhã de 17 de outubro de 1973, enquanto se preparava para a primeira Missa, Dom Helder recebe uma ligação: o Prêmio foi para o norte-americano Henry Kissinger e para o vietnamita Le Duc Tho, em virtude das negociações para o fim da guerra do Vietnã, ou seja, a vitória foi de Richard Nixon, Presidente dos Estados Unidos, mediante a premiação de seu Secretário de Estado.

Apesar de tantas oposições, Dom Helder não desanimou. Otimismo e esperança eram marcas de sua personalidade. Empolgava-se em fazer marchar suas ideias... Percorreu o mundo para dialogar com pessoas de boa vontade – não corria atrás de títulos, prêmios e honrarias. Seu projeto de não violência incomodou todo o sistema montado na ótica da violência. Sua utopia era perigosa porque movimentava as esperanças da humanidade acenando para a justiça e a paz. Sua "imaginação criadora" carregava um projeto, um horizonte de justiça social, de respeito pelos Direitos Humanos, de diálogo, de participação, de uma nova ordem internacional.[187] Hoje, passados mais de quarenta anos, pode-se dizer que o Comitê Norueguês Nobel não tem a honra de contar com o nome de Dom Helder Pessoa Camara na lista de seus laureados...

---

[186] PILETTI–PRAXEDES, 15.

[187] FERRARINI, S. A. *A imprensa e o arcebispo Vermelho: 1964-1984*, 247-250.

No entanto, no dia 10 de fevereiro de 1974, no Salão Nobre da Prefeitura de Oslo, o Prefeito e o Bispo católico da cidade, diante de 15 mil convidados, lhe entregaram o Prêmio Popular da Paz – uma iniciativa das Igrejas Católica e Protestante da Suécia e organizações dinamarquesas, alemãs, holandesas e belgas. A cerimônia, transmitida em trinta países, foi comovente, solene, mas também aristocrática.[188] Já na França e na Alemanha as cerimônias foram mais populares. O povo brasileiro, no entanto, mal soube do evento porque a censura não permitiu a divulgação – nem a favor, nem contra – desse fato consagrador.

Dom Helder não aceitaria o prêmio se tivesse vencido a primeira ideia, a saber, ser um "Antinobel da Paz". Aceitou o Prêmio Popular, não como destinado a ele, mas como representante de inúmeras multidões anônimas, pessoas cujos nomes nunca apareceram nos jornais e na televisão, mas que lutam com coragem pela justiça.[189] O resultado econômico foi 250% maior que o do Nobel.[190] O Arcebispo doou tudo para a Operação Esperança. Esta comprou 800 hectares de terras e distribuiu a camponeses sem-terra dentro de um processo de reforma agrária com conscientização e evangelização. Depois, os assentados foram repondo o dinheiro para a continuidade de outros projetos sociais.[191] No livro *Le conversioni di un vescovo*, o Dom relata que o Prêmio Popular ajudou oprimidos a saírem da opressão, sem se tornarem, por sua vez, opressores. Acrescenta que libertação não virá de cima, mas das comunidades de base que buscam, pacificamente, mas com coragem, construir a paz que brota da justiça.[192]

---

[188] PILETTI–PRAXEDES, 406-407.

[189] CAMARA, H. *Le conversioni di un vescovo*, 213-215.

[190] CASTRO, M. de. *Dom Helder: misticismo e santidade*, 234; PILETTI–PRAXEDES, 392-393. Foi recolhido dinheiro na Noruega, Suíça, Finlândia, Dinamarca, Alemanha, Holanda, Bélgica, França, pois o prêmio deveria ser ao menos igual ao valor econômico do Nobel e de igual significado (CAMARA, H. *Le conversioni di un vescovo*, 213-215).

[191] CASTRO, M. de. *Dom Helder: misticismo e santidade*, 234. Foram diversos os assentamentos realizados pela Arquidiocese de Recife através da Operação Esperança. No Engenho Ipiranga, por exemplo, foram assentadas 39 famílias. Atualmente são mais de cem, que produzem toneladas de cana-de-açúcar, coco, banana, batata, macaxeira e inhame. Os assentamentos formaram verdadeiras comunidades de base realizando encontros de conscientização e evangelização. Em depoimentos, quase todos os assentados dizem que a grande lição de Dom Helder foi a importância da união ("Sonho da terra vira realidade" [acesso em 4-6-2009]).

[192] CAMARA, H. *Le conversioni di un vescovo*, 215.

3.4 "[...] Não podemos reconhecer ao Estado o direito de encantonar a Igreja na sacristia"

A vida de Dom Helder não era só censura e elogios. Ele cultivava a sua interioridade, era cercado de ótimos amigos e assessores, amava seu trabalho de "Arcebispo de Olinda e Recife e Bispo da Santa Igreja Católica Apostólica Romana". Continuava fiel à Vigília e à Santa Missa diária. Enviava circulares à Família Mecejanense e escrevia as *Meditações do Pe. José*. Peregrinava pelo mundo como Apóstolo da Justiça e da Paz. Gostava de pregar retiros, visitar paróquias e celebrar Missas nas comunidades. Participava com o povo das festas de Santos Padroeiros e caminhava nos mocambos e outras periferias, parando para visitar, saudar e abençoar lideranças eclesiais e "conhecidos". Participava regularmente dos compromissos da CNBB. No entanto, o principal problema pastoral era o clima opressivo sentido pelos católicos mais engajados.[193] É enorme a lista de desaparecimentos, sequestros e prisões de operários, integrantes da ACO, estudantes, sacerdotes, religiosos, missionários, agentes de pastoral, integrantes da Operação Esperança. Além disso, houve apreensões de material de evangelização e, apesar da lei do *gelo*, alguns órgãos de imprensa ainda puderam noticiar alguns lances contra o Arcebispo.[194]

Dom Helder, como Pastor, defendia o direito da Igreja de evangelizar e denunciava o autoritarismo do Estado. Em outubro de 1976, por exemplo, quando se comemorava o tricentenário da criação da diocese de Olinda, disse:

> Trairia minha missão de pastor e a memória de Irmãos como Dom Frei Vital
> se não reafirmasse o nosso direito e dever de evangelizar, no sentido amplo

---

[193] PILETTI–PRAXEDES, 396.

[194] No editorial "O mea culpa de Dom Hélder". *O Globo* de 24 de junho de 1972 afirma, por exemplo, que somente então o Arcebispo resolveu alterar "os termos de sua pregação político-ideológica no exterior" incluindo também a China e a Rússia entre os países que merecem censura (MARINHO, R. "O mea culpa de Dom Hélder". *O Globo*, 24.6.1972 = *Sedoc* 12 (1980) 705-706). No dia 30 de junho, o *Boletim Arquidiocesano* afirmou que "lamentavelmente o editorialista, como tantos outros, desconhece o teor das constantes afirmações de Dom Hélder que, há muito tempo, vem denunciando o caráter nefasto dos imperialismos dominantes no mundo". ("[Resposta ao Editorial de O *Globo* 24-6-1972]". *Boletim Arquidiocesano*, 30-6-1972 = *Reb* 32 (1972), 707-78).

e total da missão que Cristo confiou à sua Igreja. Não podemos reconhecer ao Estado o direito de encantonar a Igreja na sacristia, admitindo apenas uma evangelização desencarnada, separada da humanização. Não podemos reconhecer ao Estado o direito de julgar nossa missão evangelizadora, incriminando-a de subversão e comunismo. É muito cômodo procurar encobrir assim a denúncia de injustiças que oprimem a maior parte de nossa gente.[195]

Sofrendo muito na própria pátria, no estrangeiro Dom Helder continuava sendo muito prestigiado recebendo cerca de 80 convites internacionais por ano. Multiplicaram-se os prêmios, as distinções, os doutorados *Honoris Causa*. No dia 26 de julho de 1972, por exemplo, ele foi agraciado com o título de Doutor *Honoris Causa* em Teologia pela Universidade alemã de Munster, tendo em vista que anunciava e vivia a não violência, força libertadora da mensagem de Jesus Cristo; porque era um exemplo vivo de Teologia Espiritual.[196] Os livros de Dom Helder foram traduzidos em diversas línguas. Multiplicaram-se os estudos, monografias e dissertações sobre sua pessoa, projeto, obras. Contava com amigos colaboradores em muitos países. Na França, o jornalista José de Broucker garantia a excelente acolhida do Arcebispo na imprensa francesa e encaminhava a publicação da maioria de seus livros nesse país. Na Holanda, contava com a ajuda do engenheiro e compadre Francisco Mooren.[197] Dom Helder estava convicto de que nada poderia afastá-lo do amor de Cristo: nem a perseguição, nem a difamação, nem a *lei do gelo*... Os elogios e os prêmios só tinham sentido quando colaboravam para fazer avançar as ideias e as práticas evangélicas de justiça e paz.

3.5 "Quanto mais negra é a noite, mais carrega em si a madrugada

"Quanto mais negra é a noite, mais carrega em si a madrugada" foi a frase usada por Divane Carvalho, na sucursal do *Jornal do Brasil*, em

---

[195] Camara, H. "Tricentenário da Diocese de Olinda". *Sedoc* 9 (1977) 782.
[196] "[Dom Helder: Exemplo vivo de Teologia Espiritual] ". *Reb* 32 (1972) 707.
[197] Piletti–Praxedes, 401-402. Francisco morou no Brasil nos anos 1950. Dom Helder foi o padrinho da sua filha Gabriela Helder Camara Mooren.

Recife, como título de uma longa entrevista com Dom Helder, publicada em 24 de abril de 1977, que marcou o início do fim da censura ao Arcebispo.[198] Com essa entrevista, o *Jornal do Brasil* queria testar se de fato estava ocorrendo o abrandamento da censura. Como a entrevista foi publicada na íntegra como solicitara o Arcebispo, era sinal de que começava a lenta transição democrática. Nessa época, o Dom estava comemorando 25 anos de sagração episcopal. Na entrevista, ele avaliou a sua trajetória política e os problemas enfrentados com o Governo pós 1964 e a situação da Igreja na América Latina. Afirmou que houve um rumor de que talvez lhe fosse devolvido o direito de falar na televisão desde que se limitasse rigorosamente à evangelização, sem partir para politização e humanização: "Essas separações eu não sei fazer. Nunca me senti um pastor simplesmente de almas. Sou um pastor de homens, de criaturas humanas com alma, corpo e todas as suas consequências. E a mim me interessam cada vez mais os grandes problemas humanos. Isso me parece inclusive uma obrigação evangélica, de forma que o silêncio no Brasil não depende de mim".[199] Ao final da entrevista, Dom Helder associa sua vida, principalmente as perseguições e o silêncio imposto, ao Mistério Pascal:

> Graças a Deus nós não somos obrigados ao êxito, Deus não exige vitórias. Ele exige trabalho. Ele exige esforço. O êxito, a vitória não depende de nós, graças a Deus. Reparem que muitas vezes quando a gente pensa que o fracasso é total, estamos às vésperas de uma vitória. Na Sexta-Feira Santa, depois de ter pregado como nunca homem nenhum pregou, depois de ter realizado prodígios admiráveis, quando esbofetearam, escarraram-lhe no rosto, carregou aquela cruz pesada, caiu três vezes no caminho e ficou três horas na cruz recebendo insultos, nu diante da multidão, quando expira é colocado morto nos braços de Nossa Senhora e é enterrado, parecia o fim

---

[198] TV SENADO. "Dom Helder (parte 2)" [acesso em 15-5-2009]; CASTRO, M. de. *Dom Helder: misticismo e santidade*, 183. CASTRO, M. de. *Dom Helder: misticismo e santidade*, 182-183. O silêncio durou sete anos. Aos poucos, Dom Helder retornou às páginas de outros jornais. Em nenhum momento, porém, houve qualquer determinação governamental para o fim da censura ao Arcebispo.

[199] "Entrevista com D. Hélder". *Sedoc* 10 (1977) 225; "Quanto mais negra é a noite, mais carrega em si a madrugada". *Jornal do Brasil*, 24-4-1977.

de tudo. No entanto, quanto mais negra é a noite, mais podemos ter certeza de que já carrega em si a madrugada.[200]

Aos poucos, outros jornais começaram a noticiar as atividades que Dom Helder realizava no Brasil e no exterior.[201] A revista O *Cruzeiro*, que em suas páginas fizera a campanha difamatória de David Nasser em 1970, publicou quatro páginas com o título "Dom Hélder: ataque e defesa no fim do silêncio". A revista *Veja* publicou uma entrevista, em setembro de 1977, com o título "A eternidade começa aqui". No ano seguinte, em abril, divulgou um documento do Ministério da Justiça com informações sobre a suposta atuação subversiva e, em setembro de 1980, um artigo intitulado "A maldição revogada".[202] Mas o retorno de Dom Helder à televisão ocorreu somente em setembro de 1981 no programa *Etcétera* do cartunista Ziraldo, na Rede Bandeirantes. O entrevistador era antigo amigo de Dom Helder e o ajudara na elaboração de cartilhas do MEB e nas Feiras da Providência. O Dom falou com fluência, ritmo, gesticulação, simplicidade ao abordar assuntos complexos. Mostrou que, apesar de tantos anos afastado das câmaras, ainda estava preparado para chegar ao povo brasileiro. Lenildo Tabosa Pessoa, no entanto, não gostou do que viu. Porém poderia ter deixado de lado seu comentário maldoso: "Não se pode dizer que a entrevista tenha sido útil e instrutiva. Quando, no fim, o arcebispo posou para um humilde *close* de despedida, o canal 13 anunciou a próxima atração: o filme O *máximo da vigarice*. Muitos telespectadores, entretanto, desligaram seus aparelhos, certos de terem acabado de assisti-lo".[203] Depois desta entrevista, Dom Helder aparecerá na Rede Manchete e outros canais, contando com grande audiência e repercussão positiva.

Enquanto no eixo São Paulo-Rio de Janeiro se promovia a lenta abertura e, assim, nasciam movimentos políticos pela redemocratização, em Recife era ainda muito forte o aparelho repressivo. Continuaram expulsões de

---

[200] "Entrevista com D. Hélder". *Sedoc* 10 (1977) 225; "Quanto mais negra é a noite, mas carrega em si a madrugada". *Jornal do Brasil*, 24-4-1977.

[201] PILETTI–PRAXEDES, 416-417.

[202] "Dom Hélder: ataque e defesa no fim do silêncio". O *Cruzeiro*, 7-1-1978; "A eternidade começa aqui". *Veja*, 13-9-1978; "A maldição revogada". *Veja*, 17-9-1980.

[203] PILETTI–PRAXEDES, 418.

missionários, prisões, torturas.[204] Os muros da Igreja das Fronteiras foram pichados novamente em abril de 1980[205] e o Palácio São José de Manguinhos, em junho,[206] com frases contra Dom Helder. Por telefone, o Arcebispo e membros da Comissão Justiça e Paz, criada em maio de 1978, receberam ameaças de morte.[207]

A abertura democrática fez com que Dom Helder recebesse artigos elogiosos até mesmo nos jornais *O Globo* e *O Estado de S. Paulo*. Na revista *Veja*, em setembro de 1980, três de seus mais ácidos adversários demonstravam certa mudança de opinião. Wandenkolk Wanderley declarou: "Não tenho mais nada contra ele.". Gilberto Freyre disse que "tudo leva a crer que o ministro de Deus está superando o frustrado ministro de Estado". Nelson Rodrigues declarou que "com a vinda do Papa ao Brasil, eu diria que Cristo baixou em Dom Hélder, e ele mostra que é um homem que não apodreceu, que não aceitou o próprio suicídio moral". No entender de Wanderley, Freyre e Rodrigues, Dom Helder tinha se convertido.[208] De todas as perseguições, difamações, maldades... o Dom disse que não guardou o menor travo contra ninguém, como lhe ensinara o Pe. Cícero: "Eu não sabia que iria viver uma situação muito parecida. [...] E eu não sabia que Deus ia me conceder a graça de jamais – pelo menos até hoje – guardar uma gota de travo contra quem quer que seja".[209]

No dia 4 de março de 1982, com o auditório lotado e com a presença do Cardeal Arns, a PUC-SP lhe entregou o primeiro doutorado *Honoris*

---

[204] "Prisão de Missionários. O caso Michael Capuano e Lawrence Rosegaugh". *Sedoc* 10 (1977) 521-534; CAMARA, H. "Comunicado pastoral ao povo de Deus". *Sedoc* 10 (1977) 517; "Prisão do Padre Antônio Torre Medina". *Sedoc* 11 (1978) 459.

[205] "Casa de Dom Hélder é pichada". *Jornal do Brasil*, 27-4-1980. O jornal informa que foram escritas as siglas: "CNBB – cambada nacional dos bandidos de batina" e "ACO – Antro de comunistas otários".

[206] "Muros de Recife amanhecem pichados". *Jornal do Brasil*, 20-6-1980. Desta vez as frases foram: "Abaixo aos Bispos Vermelhos" e "Fora CNBB". Segundo o *Jornal do Comércio*, Dom Helder teria dito que se houvesse uma terceira pichação no Palácio dos Bispos, ele não mandaria apagar. (No Palácio de Manguinhos ficaria hospedado João Paulo II durante a sua primeira visita ao Brasil.) ("Hélder: Se houver novas pichações nos Manguinhos, ficará". *Jornal do Commercio*, 20-6-1980.)

[207] "Hélder Câmara corre perigo de ser morto". *Diário de Pernambuco*, 24-6-1980.

[208] PILETTI–PRAXEDES, 442-443.

[209] CASTRO, M. de. *Dom Helder: misticismo e santidade*, 184.

Causa no Brasil, embora já contasse com 13 estrangeiros. Dois meses depois, a Universidade Santa Úrsula – onde ele lecionou nos anos 1940 – lhe conferiu o título, e depois o fizeram também outras doze importantes universidades públicas.[210] A TV Globo agraciou Dom Helder com o Prêmio Mahatma Gandhi em 31 de dezembro de 1982 e, com isso, alguns representantes do conservadorismo político do país o apresentavam como exemplo de pessoa íntegra que lutou pela paz.

Quando teve início a Nova República (1985), olhos de antigos detratores não o viram mais como o "Arcebispo vermelho", mas como o "mensageiro da paz". A *Sinfonia dos dois mundos* foi executada no Rio de Janeiro, em 22 de setembro de 1985, numa promoção do jornal *O Globo*, que no dia seguinte exaltou o Arcebispo ao comentar a apresentação. No final do "apoteótico" espetáculo, com fogos de artifícios cobrindo o céu por trás do imenso palco de 800 metros quadrados, Dom Helder recebeu flores do "diretor-redator-chefe" de *O Globo*, Roberto Marinho, e do Cardeal Eugênio Sales.[211] Ora, a *Sinfonia* contém as ideias antes chamadas de subversivas, vermelhas, esquerdistas... O próprio Dom Helder declarou que a peça "contém um pouco de tudo aquilo que venho pregando nas minhas caminhadas pelo mundo".[212] Nos dias seguintes, ele tornou-se o cidadão benemérito de dezenas de cidades brasileiras e paraninfo de muitas turmas nas universidades. No exterior, o Arcebispo continuou recebendo prêmios nas

---

[210] CASTRO, M. de. *Dom Helder: misticismo e santidade*, 249. Diga-se que esses doutorados foram os "oficiais". É que Dom Helder gostava de contar como recebeu o seu primeiro doutorado *não oficial*, ainda quando era padre no Rio de Janeiro. Ele fez uma palestra para pessoas simples em uma Paróquia do subúrbio, em Engenho Velho e, ao final, o velho pároco disse: "Não sei como agradecer-lhe, caríssimo irmão, doutor Helder Camara...". O Pe. Helder disse-lhe: "Meu amigo, irmão, eu não sou doutor...". O pároco voltando-se para os presentes comentou: "Ele disse que não é doutor". Então, alguém se levantou e aclamou: "É doutor, é doutor..." e, todos os presentes entraram na aclamação. O pároco concluiu dizendo que desde então era doutor por aclamação do bom povo de Engenho Velho. Para Dom Helder, este foi o doutorado mais querido, mais amado e mais precioso (CAMARA, H. *Le conversioni di un vescovo*, 216).

[211] PILETTI–PRAXEDES, 447-448.

[212] "Sinfonia: ensaio geral emocionou orquestra, solistas e coral". *O Globo*, 21-9-85. Até *O Estado de S. Paulo* escreveu vários artigos elogiosos a Dom Helder destacando a sua incansável batalha pela não violência apesar do silêncio imposto no Brasil ("A angústia do mundo". *O Estado de S. Paulo*, 24-9-86). Um jornalista afirmou ter visto pais e mães levando seus filhos para "beijar as mãos do Bispo mais famoso do mundo" ("Meninos, eu vi". *O Estado de S. Paulo*, 26-6-87). Dom Helder, para *O Estado de S. Paulo*, havia se transformado em um "mito" ("O mito D. Helder Camara". *O Estado de S. Paulo*, 11-4-85).

DOM HELDER, DIFAMADO E EXECRADO

301

décadas de 1980 e 90. Das Universidades dos EUA e do Canadá recebeu sete títulos *Doutor Honoris Causa*.[213] Em 1996 foi premiado pela ONU, que considerou exemplar a sua atuação com a população de Recife. No dizer de Piletti e Praxedes, "[...] detestado ou venerado em toda a sua carreira eclesiástica, dom Helder chega perto de alcançar a unanimidade na velhice".[214]

Difamado ou elogiado, o Dom sentia-se acariciado e protegido pelas mãos do Senhor e pelas mãos de tantas pessoas que queriam tocá-lo, tirar fotos, trocar uma palavra, pedir um conselho ou uma bênção... O Pastor era visto andando pelas ruas de Recife, saudando as pessoas, sorrindo com carinho quando ouvia seu nome sendo pronunciado em centenas de idiomas e sotaques; entrava nos restaurantes populares sendo assediado pelos pobres, abraçado pelas crianças, apreciado pelas mulheres empobrecidas... Oferecia afeto e compreensão com larguezá. A porta da Igreja das Fronteiras estava aberta e as pessoas se achegavam dela para ouvir historinhas de formiguinhas, flores, justiça e paz. Sua voz era ouvida pelas rádios falando do perfume de diferentes flores, dos verbos prediletos, da infância, juventude, idade adulta e velhice, das frases dos para-choques de caminhões, das histórias contadas por aqueles que lhe davam carona, da violência número um, dois, três e da violência dos pacíficos, das estruturas opressoras, das suas viagens internacionais para defender a aproximação entre o mundo desenvolvido e o subdesenvolvido e, assim, promover a paz que brota da justiça. Durante as madrugadas, vigiava e orava, pois "Dom Helder sempre demonstrou estar convencido de que nem só de pão vive o ser humano embora a fome de pão e de terra sejam as formas de fome que mais matam os pobres".[215] O Dom era visto nas prisões, nos tribunais, nas Igrejas, defendendo as vítimas do poder ditatorial e opressor, e nas casas das famílias abaladas com as prisões e torturas, usando sua batina e carregando no peito sua velha cruz de madeira, presente do Pe. Marcelo Carvalheira ainda nos tempos do Concílio Vaticano II, para simbolizar o seu engajamento em favor dos oprimidos,

---

[213] Dom Helder recebeu 32 doutorados *Honoris Causa*, foi Cidadão Honorário de 30 cidades, recebeu 24 Prêmios e Distinções, foi membro de 33 Organizações Internacionais e publicou 19 obras. Todos os títulos recebidos estão relacionados com a sua luta pela justiça e pela paz.

[214] PILETTI–PRAXEDES, 449.

[215] GEBARA, I. "D. Helder, sinal da glória de Deus". In: ROCHA, Z. *Helder, o Dom. Uma vida que marcou os rumos da Igreja no Brasil*, 169.

em substituição à cruz de bronze que ganhara de dona Margarida Campos Heitor e banhada a ouro, por exigências do Arcebispo Auxiliar do Rio de Janeiro, Dom Rosalvo Costa Rego, quando foi ordenado Bispo em 1952. Enfim, Helder se fez "nosso dom", "dom da vida", "dom total": "que privilégio teve a vida de criar tão maravilhoso Dom para nós todos".[216]

* * *

Portanto, em nome do Evangelho de Jesus Cristo, Dom Helder fez uma profunda opção pelos pobres e se dispôs a dialogar com todos. Essa posição irritava os responsáveis pela ditadura militar que o desejavam como *legitimador religioso* do sistema de opressão. A irritação transformou-se em ódio quando, em maio de 1970, o Arcebispo rasgou a cortina do cinismo e da mentira na frente de 20 mil pessoas, em Paris. A partir de então, passou a ser visto como o maior *adversário político* pelo Governo autoritário. Porém, quanto mais odiado pelo sistema repressivo, mais era amado como uma das grandes, senão a maior figura, que se contrapunha à ditadura. É nesse contexto que sobressaiu a faceta de Dom Helder como *homo politiko*. Em que pese a verdade dessa imagem, ela é parcial, redutiva e, por fim, injusta, pois Dom Helder só agiu politicamente porque seu encontro com Deus exigiu sempre uma vivência integral do cristianismo.[217] A dimensão política era apenas "uma parte" da sua personalidade e não a "mais importante". O Dom era, antes de tudo, um *homo mystikó*: vivia mergulhado em Deus e configurado a Cristo, atento às necessidades do povo a ele confiado... não buscava o seu sucesso, mas, sim, a fidelidade ao Senhor. Sua mística lhe deu forças para viver, no Espírito de Jesus, a "hora do Getsêmani", o "Sacrifício" celebrado diariamente na Santa Missa. Nesse sentido convém destacar que: 1) Dom Helder não se omitiu diante da dura realidade, mas traduziu seu encontro diário com Deus na vivência de um cristianismo integral: seu amor a Deus estava fortemente unido ao amor a

---

[216] GEBARA, I. "D. Helder, sinal da glória de Deus". In: ROCHA, Z. *Helder, o Dom. Uma vida que marcou os rumos da Igreja no Brasil*, 170.

[217] CASTRO, M. de. *Dom Helder: misticismo e santidade*, 11-12. No dizer de Alceu Amoroso Lima: "[...] é uma injustiça dizer que ele é só político, porque Dom Helder é tipicamente um *homem de Cristo*. É um homem do Corpo Místico de Cristo, é um homem petrino. É um grande coração, pois está plantado no coração de Jesus e o coração é, para ele, *sapientia cordis*" (LIMA, A. A. "Depoimento". In: CASTRO, M. de. *Dom Helder: misticismo e santidade*, 260-262).

pobres, miseráveis, oprimidos, injustiçados, perseguidos, torturados; 2) Nos momentos mais duros, sem perder a esperança, acreditou no diálogo e na força do amor. Seu coração sabia amar e, por graça de Deus, era incapaz de odiar, de guardar uma gota de travo. Ofereceu seu perdão até para aqueles que o atingiram *no peito*, martirizando o Pe. Henrique; 3) Seu trabalho era radicado na prece. Na Vigília, povoada de santos e anjos, revisava e projetava sua vida e meditava as grandes questões da humanidade, mergulhado na Santíssima Trindade. Considerava a Santa Missa diária mais importante do que o Nobel da Paz; 4) "Em tuas mãos, Senhor" não era apenas um lema abstrato porque, de fato, ele entregou-se, sem reservas, à Providência Divina. Ora, esse abandono total tornava-se uma imensa força para não se deixar intimidar perante os sustentadores da opressão e para defender os oprimidos e presos políticos, denunciar a violência estrutural e sair pelo mundo afora como peregrino da paz. Sua força, no entanto, revelava-se – como disse Paulo VI – através da humildade. Vivia em estilo próprio a infância espiritual. Ternura e vigor encontravam justa medida em seu ser. Seu sorriso e seu olhar de menino comunicavam mensagens de paz. 5) Nas humilhações – silêncio imposto pelo Governo, perda de prestígio no seu próprio país, falta de poder para salvar das garras dos leões seus próprios colaboradores, desconfianças a seu respeito até por parte de membros da hierarquia da Igreja... – Dom Helder padeceu o Mistério Pascal celebrado diariamente nas Santas Missas. Como São João da Cruz, o poeta e místico, Pe. José acreditava que "quanto mais escura é a noite, mais carrega em si a madrugada".

CAPÍTULO VI

O cultivo espiritual de Dom Helder

Dom Helder era um homem de profunda espiritualidade. Na Vigília e na Santa Missa alimentava sua alma de poeta, místico, pastor, profeta... Compartilhava sua experiência espiritual, sobretudo com o grupo especial chamado de Família. A partir do Vaticano II, escreveu Circulares para esse grupo. A seguir, analisaremos como Dom Helder cultivava a sua espiritualidade, discorrendo sobre sua Meditação na Vigília, sua relação com a Família, seu relato nas Circulares e seu mergulho na Santa Missa.

1. "Que seria de mim sem a Vigília?..."

Pouco antes da ordenação, convencido de que não se deixaria afogar pelos acontecimentos e atividades da vida, Helder resolveu que transformaria tudo em oração.[1] Decidiu que faria encontros pessoais com Deus para salvar a unidade: dedicaria uma parte da madrugada para oração, reflexão e avaliação de sua missão. Dessa forma nasceram as Vigílias que, agora mais conhecidas através da publicação das Circulares, revelam melhor a *face* e a mística de Dom Helder.

O hábito ou a fidelidade às Vigílias foi constante em sua vida. Ele considerava a constância nesses momentos intensos de oração como um dos maiores dons que Deus lhe havia dado.[2] Não as considerava penitência, mas uma "conversa de camaradas". Ele disse: "Não me dou à penitência... não sou homem de autoflagelações. Em vez disso, acordo-me todas as madrugadas, às duas horas, e me entrego à Vigília. Minha Vigília é uma conversa

---

[1] CÂMARA, H. *Chi sono io?*, 22; CAYUELA, J. *Hélder Câmara – Brasil: ¿un Vietnam católico?*, 160; KATHEN, N. R. T. *Uma vida para os pobres: espiritualidade de D. Hélder Câmara*, 43.83-91.

[2] Circular 175 de 23/24-3-65.

com Deus, uma conversa de camaradas que não devem ter formalismos nem cerimônias um com o outro".[3]

No Natal de 1964, Dom Helder deu uma definição das suas Vigílias à Família Mecejanense: "Conversa com o Pai em companhia de Cristo; ajuda fraterna à humanidade inteira; preparação excepcional para a Santa Missa! Vida em plenitude, em que o amor a Deus e o amor aos homens afogam o amor próprio e arrastam-nos para o infinito...".[4] Nesse sentido, Dom Helder não foi somente um escritor, mas síntese rara e feliz do místico e do homem de ação; ele contemplava e escrevia durante as madrugadas e agia pela manhã, à tarde e no começo da noite.[5] Zildo Rocha comenta:

> A impressão que se tem ao ouvi-lo falar de suas Vigílias é de que ali ele entra numa espécie de cela interior, onde "o céu toca na terra" e onde se está imune das injunções e limites do tempo e do espaço. Ali, "não há pressa mesmo quando se tomba de sono ou cansaço". Ali, se sente companheiro e irmão do Irmão, dos Anjos, particularmente de José, seu anjo da guarda, e dos Santos, particularmente do santo de cada dia, em cuja homenagem a Vigília é celebrada.[6]

Nas madrugadas, durante as Vigílias, Dom Helder vivia a intimidade com Deus de forma livre, chegando a chamar Deus-Pai de "tu" e se tornava quase "eu" com Deus-Filho.[7] Porém, elas não eram os únicos momentos de intimidade com Deus. Sentia-se sempre envolvido pela Trindade. Durante o dia, conversava e brincava com Jesus[8] e sabia, por experiência, o quanto Deus gosta de brincar: "Deus se cansa de parecer importante e sério o dia inteiro. São tão poucos os que sabem como Ele é criança e gosta de brincar".[9]

---

[3] POTRICK, M. B. *Dom Helder, pastor e profeta*, 21.

[4] Circular 115 de 23/24-12-1964.

[5] MARQUES, L. C. L. "As circulares conciliares de Dom Helder". In: CAMARA, H. *Circulares Conciliares*, I, XLIII; BARROS, R. C. "Pós-escrito a Dom Helder". In: ROCHA, Z. *Helder, o Dom. Uma vida que marcou os rumos da Igreja no Brasil*, 202.

[6] ROCHA, Z. "Introdução". In: CAMARA, H. *Circulares Interconciliares*, III, 22.

[7] Circular 73 de 15/16-8-64.

[8] CAMARA, H. In: CASTRO, M. de. *Dom Helder: misticismo e santidade*, 142.

[9] Circular 182 de 24/25-4-1965.

O CULTIVO ESPIRITUAL DE DOM HELDER

Durante as Vigílias, Dom Helder pensava nas ocorrências do dia anterior: o que leu e ouviu e as pessoas e as criaturas que encontrou. Cada criatura era-lhe personalíssima e ao mesmo tempo tinha um valor de símbolo. Um jornalista lhe recordava outros jornalistas, mas também a liberdade de imprensa e a luta heroica de tantos para conquistá-la. Uma mulher grávida lhe recordava todas as mães do mundo, o mistério da gravidez... O "bate-papo" com quem lhe dava carona virava conteúdo da Vigília e apoio realístico para as suas conferências.[10] Nas madrugadas, ele fazia um balanço da cidade, da região, do país, do mundo.

Durante as Vigílias, escrevia as Meditações do Pe. José.[11] Em uma bela Meditação sobre as Vigílias anotou:

> A vida, na terra, é uma Vigília por mais que nos encarnemos com sinceridade, por mais que nos entreguemos à missão sagrada de dominar a natureza e completar a Criação, não temos aqui morada permanente... Vigília é espera paciente e confiante. É certeza de chegada próxima. É preparação para o Face a Face. Viver em Vigília é, sem prejuízo do mergulho no tempo, viver à luz da eternidade. A Vigília ajuda ao reencontro com o essencial, com o absoluto, fáceis de desaparecer, durante o dia, como a estrela dos magos, à aproximação de Jerusalém... A Vigília reacende o sentido de peregrinação pelo mundo: para quem tem olhos de ver, toda Casa não passa de frágil tenda; toda e qualquer criatura, saiba ou não saiba, queira ou não queira, anda de sandálias, manto e bastão. A Vigília corrige-nos o olhar, dando-nos a visão do invisível. Não se trata de aparições: mas o invisível é contemplado como se fosse visto. (Deformação? Exagero? Subjetivismo? Descoberta das verdadeiras dimensões do mundo tal como os anjos e Deus o contemplam.) A Vigília alimenta-nos a fé, a esperança e a caridade; abastece-nos de alegria e paz. Vigília é encontro pessoal com Jesus Cristo. É Belém. É Natal. Um Natal que dura o ano inteiro, sem perigo de cansaço e de rotina. Natal que é perene canto novo![12]

Durante as Vigílias, Dom Helder preparava, em clima de oração, suas conferências, escrevia suas Meditações, suas Circulares à Família e outras

---

[10] BROUCKER, J. de. *Helder Camara: la violenza di un pacifico*, 39.

[11] Dedicaremos o oitavo capítulo às *Meditações do Pe. José*.

[12] Circular 115 de 23/24-12-1964.

correspondências. Mas mesmo quando não escrevia Circulares, realizava Vigílias.[13] Às vezes, a Vigília era tão densa, tão cheia, que nem conseguia escrever.[14] A Vigília também era uma forma de solidariedade: rezava pelos pastores da Igreja,[15] pelos sofredores... e por aqueles que não sabem, não querem ou não podem rezar. Era algo que podia fazer pelos outros e "é tão bom fazê-lo".[16] Rezava e sonhava com a fraternidade universal:

> Agora que, em pleno luar, contemplo, do quarto, todo o quintal onde todos dormem, louvando o Senhor por tanta calma e tanta beleza, peço, angustiado, por milhões de famílias sem casa e por milhões de outras sem um palmo de quintal... Que ao menos vejam crianças de todas as classes sociais, todas as raças e todos os credos – crianças e basta! – povoar este espaço e ser crianças...[17]

As Vigílias eram uma forma de concretizar o seguimento a Jesus Cristo, pois o Filho de Deus – que evangelizou os pobres, abriu os olhos aos cegos e os ouvidos aos mudos, libertou os oprimidos, anunciou o ano da graça do Senhor, partilhou o pão, acolheu os pecadores, dedicou-se incansavelmente ao Reino de Deus e sua justiça – também passava horas da madrugada na intimidade com o Pai:

> Talvez ainda seja em louvor das Vigílias do Filho de Deus (e que maravilhosas Vigílias foram as de Cristo, mais unido do que nunca ao Pai Celeste, louvando, agradecendo, pedindo perdão, suplicando!) que as Vigílias ajudam

---

13 "MESMO QUANDO NÃO HÁ CIRCULAR [...] há Vigília" (Circular 109 de 3/4-12-64).

14 "AS VIGÍLIAS, DE TÃO DENSAS, nem têm permitido Circulares" (Circular 131 – 8 de 1/2-2-65); "A Vigília de ontem foi de tal modo cheia que nem deu tempo de escrever" (Circular 131 – 3 de 26/27-1-65).

15 Dom Helder, durante as Vigílias, rezava para que os pastores da Igreja tivessem forças para enfrentar as dificuldades e que dessem o máximo para a glória de Deus e o bem da humanidade. Dedicou Vigílias e Missas para Paulo VI, porque sabia que ele estava recebendo pressões terríveis as quais dilaceravam o coração do Papa (Circular 26 de 4-10-1964; Circular 72 de 13/14-11-1964); para Dom Eugênio para que ficasse "em plena forma", pois ele "recebeu muito de Deus. Tem que santificar. Tem que render o máximo para a glória divina e o bem dos homens" (Circular 13 de 11-3-1964); para a Comissão Central da "querida CNBB" para que "corresponda, de cheio, aos planos Divinos" (Circular 221 de 7/8-6-1965) etc.

16 CASTRO, M. de. *Dom Helder: misticismo e santidade*, 134; TV CULTURA. "Dom Hélder Câmara: O Mestre da Paz – parte 1" [acesso em 5-12-09].

17 Circular 35 de 21/22-6-64.

tanto a ver claro, a ver largo, a esquecer os miúdos problemas pessoais pelas grandes necessidades dos homens e pelo louvor à Santíssima Trindade. E afinal quem reza em nós e conosco é Ele mesmo... Na madrugada que escapou ao espaço e ao tempo, não nos cansamos de repetir os 7 pedidos maravilhosos do Pater...[18]

Durante as Vigílias, Dom Helder buscava atualizar-se não só teologicamente, mas em outros campos do pensamento humano.[19] Por isso, podemos dizer que elas contribuíram intensamente, não apenas para o progresso espiritual e místico de Dom Helder, mas também para o intelectual e para o seu alto grau de *aggiornamento* durante o Concílio Vaticano II. Nesse sentido, José de Broucker afirma que "suas Vigílias eram o cadinho ao fogo do qual, para o Concílio e para ele mesmo, a complexidade se convertia em simplicidade; os fracassos, em energias novas e as angústias, em paz profunda. A paz dos justos, a paz dos humildes".[20]

Mediante as Vigílias, Dom Helder mantinha sintonia com a Família. Pensava quais as melhores maneiras para ajudá-la a viver a missão que o Senhor esperava de grupo tão especial.[21] Em novembro de 1963, sugeriu/ ensinou "Vigílias" à Família: "Perdoem: a Circular corre o risco de virar pedante e pretensiosa. A intenção é bem outra. É mostrar um pouco aos irmãos o que é uma Vigília. Depois de falar diretamente ao Pai (em união plena com Cristo: no Breviário) a gente pensa [...] e pensar é rezar [...] e a gente se alimenta...".[22]

Nas Vigílias, Dom Helder conversava com Maria e os Santos, geralmente meditando a vida do Santo ou da Santa do dia. Era uma conversa atualizada para o contexto nordestino, brasileiro e mundial.[23] São Francisco de Assis, São Vicente de Paulo, João XXIII, Pe. Henrique, entre outros, eram companheiros fiéis nas Vigílias. Refletindo a vida de São Carlos

---

[18] Circular 35 de 8/9-11-1963.

[19] Circular 33 de 15-11-1962

[20] BROUCKER, J. de. *As noites de um profeta: Dom Helder Câmara no Vaticano II*, 138.

[21] Circular 4 de 5-10-1963. Durante o Vaticano II, Dom Helder enviava à Família os livros que ele lia durante as Vigílias, com as respectivas anotações. Era um modo de cuidar da Família...

[22] Circular 37 de 10/11-11-1963.

[23] Circular 49 de 23/24-11-1963; Circular 97 de 7/8-9-64; Circular 185 de 29/30-4-1965...

Borromeu, o Dom se confirmou na vocação de pregador do Concílio Vaticano II.[24] Quem nunca faltava àquele momento era José, seu amigo e Anjo da Guarda.[25] Durante as Vigílias, o Dom meditava "verdades eternas" de livros como *Imitação de Cristo* e *Exercícios Espirituais*.[26]

A fidelidade às Vigílias e à Santa Missa lhe trazia, nos momentos mais duros da vida – especialmente quando foi perseguido, difamado, caluniado, execrado e silenciado – tranquilidade, paz interior, amor, alegria. Em seu coração não coube "a mais leve gota de travo". Permaneceu firme e fiel em seu ministério episcopal, sem afobar-se: "radicado na prece", "unido com Cristo", de "coração leve" e "alma feliz".[27] Por isso, Paulo VI lhe disse, em 1971: "Tenho certeza de que você prega justiça e amor, dentro dos ensinamentos da Igreja e tendo meditado cada palavra nas Vigílias... Estas abençoadas Vigílias!".[28]

Apesar dos sucessivos anos, Dom Helder não acordava para as Vigílias sem a ajuda do despertador. Aconteceu que, quando viajou a Roma, em março de 1964, a fim de trabalhar na Comissão que preparava a futura *Gaudium et Spes* "por esquecimento, o despertador não veio. Mas a Lília me arranjou um, sabendo como sabe que se trata de um companheiro inseparável. Que seria de mim sem a Vigília?...".[29] Geralmente, o Dom ia dormir por volta das 23 horas e o despertador tocava às 2 horas. Este primeiro sono o liberava do cansaço. Entre as 5 e 6 horas fazia o segundo sono.[30]

---

[24] Circular 62 de 3/4-11-1964, escrita em Berna, Suíça.

[25] Circular 171 de 18/19-3-65.

[26] Circular 1 de 1-3-1964.

[27] Circular 205 de 19/20-5-1965. No dizer do próprio Dom, "que eu passe, pela Terra querida, fazendo o bem, levando paz, semeando alegria!" (Circular 78 de 26/27-11-1965 – RESERVADA).

[28] PILETTI–PRAXEDES, 423.

[29] Circular 1 de 1-3-1964. No ano anterior um amigo o havia presenteado com um "companheiro inseparável": "Agora, acordo para a Vigília, ao som da Ave, Ave, Ave Maria que o Tapa me trouxe de Lourdes, um despertador, com a imagem de N. Senhora e a música do Ave!" (Circular 29 de 31-10-1963). Monsenhor José Maria Tapajós, canonista, foi perito do Vaticano II.

[30] PILETTI–PRAXEDES, 145. Dom Helder via no gesto de abandonar o Palácio de Manguinhos para habitar num Mocambinho uma possibilidade de fazer Vigílias do jeito que o Pai deseja: "Pensaram no que vai ser a Vigília feita em um mocambo? Se os Pobres invadirem, se os Bêbados não deixarem, se faltar luz, então, será ainda melhor... Uma coisa é a Vigília que a gente inventa, outra é a que o Pai permite, escolhe, deseja..." (Circular 279 de 21/22-8-1965).

O CULTIVO ESPIRITUAL DE DOM HELDER

311

Mesmo quando dividiu o quarto com o seu pai, no Rio de Janeiro, não deixou de fazer as Vigílias.[31]

As Vigílias nos levam a conhecer melhor a *face* do *Dom da Paz*. Certamente, não era/não é fácil enquadrar a personalidade de Dom Helder. Para alguns, ele era um ingênuo e para outros um perigoso oportunista. Mas como entender que um homem que levanta às duas horas da madrugada para fazer Vigília, que conversa com Deus, Maria, Santos e Anjos pode fazer análises implacáveis e lúcidas sobre as causas do subdesenvolvimento que assustavam os poderosos e, ao mesmo tempo, fazer poesias de inefável ternura?[32] No dizer do próprio Dom, a Vigília o ajudava a descobrir as "verdadeiras dimensões do mundo tal como os anjos e Deus o contemplam"[33] e "o que não cabe numa Vigília? Quando o céu toca a terra, podemos conversar sobre todos os problemas dos homens e sobre todos os problemas de Deus".[34] Como explica Marques,

> A pessoa "modesta na aparência", acolhedora, sempre atenta, em que conviviam o contemplativo, o místico, o pastor, o escritor, o organizador eficiente e orador vibrante, forja-se a partir de algumas decisões aparentemente simples, tomadas ao longo dos anos de formação e primeiros de sacerdócio, seguidas com rara fidelidade enquanto a saúde o permitiu: a Vigília, a cada madrugada, a Santa Missa, "celebrada sempre como se fosse a primeira", "o uso de esquemas, ao invés de discursos completamente escritos; o preparo meticuloso, através de uma meditação sincera diante do Senhor e o compromisso de nada pregar sem convicção absoluta".[35]

Portanto, não há como compreender Dom Helder – sua vida, sua missão, sua proposta – sem afirmar que ele é um místico que às duas da

---

[31] Algumas raríssimas vezes, Dom Helder, utilizou o "truque de São Pedro": "Ah, meu Deus, hoje a oração de São Pedro" – referência ao sono, à incapacidade de ficar vigiando. O truque também servia para que as Vigílias não caíssem em rotina ou autoflagelação. Perguntado sobre quantas vezes isso aconteceu, ele não soube responder. Foram pouquíssimas, como por exemplo, na noite do martírio do Pe. Henrique (CASTRO, M. de. *Dom Helder: misticismo e santidade*, 142-143).

[32] LUNING, H. "Hélder Camara". In: H. J. SHULTZ. *Testigos de la no violencia activa*, 146.

[33] Circular 115 de 23/24-12-1964.

[34] Circular 37 de 10/11-11-1963.

[35] MARQUES, L. C. L. "As circulares conciliares de Dom Helder". In: CAMARA, H. *Vaticano II: Circulares Conciliares*, I, XLIX.

manhã tinha encontro marcado com a Santíssima Trindade, os Santos e os Anjos do Senhor. Nas abençoadas Vigílias, transformava tudo em oração, salvava sua unidade com Deus, ajudava a humanidade inteira, cultivava o amor, preparava-se para a Missa, escrevia Meditações e Circulares, atualizava-se teologicamente e fazia comunhão com a Família... Em sua "cela interior", como Catarina de Sena, encontrava: paz e tranquilidade, inclusive nos momentos mais duros da vida – serenidade para não se entontecer com os elogios, nem para se abater com as incompreensões. Enfim, na Vigília contemplava as verdadeiras dimensões do mundo assim como os Anjos e Deus as contemplam.

2. "À querida Família Mecejanense..."

O pensamento de Dom Helder chegava ao público através de artigos, livros, homilias, programas de rádio e conferências, com o apoio de pessoas de total confiança. Este grupo, ele chamava carinhosamente de "Família". Segundo a pesquisadora Jordana Leão, a origem da Família está ligada à Faculdade de Letras do Instituto Santa Úrsula, quando o Pe. Helder conheceu uma mulher de excepcional cultura e notável profundidade espiritual, a literata e professora Virginia Côrtes de Lacerda: "Além dos encontros diários realizados após a missa das seis da manhã, celebrada por Padre Helder na Escola de Enfermagem Ana Nery, passaram a trabalhar e estudar juntos, desenvolvendo o hábito de ler, reler e anotar à margem todas as obras que lhes parecessem capazes de uma mútua ascensão espiritual e cultural".[36] Além dos encontros e dos estudos, Pe. Albertus escrevia cartas para

---

[36] LEÃO, J. G. "De Virginia Côrtes de Lacerda à Família Macejanense: As origens da equipe leiga com a qual Dom Helder Camara mudou os rumos da Igreja Católica no Brasil (1941 a 1959)". Apud MARQUES, L. C. L. "As circulares conciliares de Dom Helder". In: CAMARA, H. *Vaticano II: Circulares Conciliares*, I, XXXVII. Impressiona o volume de anotações das quais ainda não foram realizados estudos. Somente a transcrição de uma única obra, *Péguy et lês Cahiers de la Quinzaine*, rendeu 55 páginas em, provavelmente, três sucessivas etapas de leitura: em março e maio de 1944, em conjunto pelos dois e, em março de 1946, somente por ele.

Caecilia,[37] nas quais partilhava a sua espiritualidade, falava de questões do dia a dia, discutia expectativas e projetos.[38]

As Meditações do Pe. José se misturavam aos livros que Helder trocava com Virgínia. Eram pequenos textos escritos durante as Vigílias, aquelas que o reitor do Seminário, Pe. Dequidt, chamava "poesias". Certo dia, o diretor espiritual de Dom Helder, Pe. Franca, perguntou-lhe: "Quem é Pe. José?". Helder, sorrindo, intuiu que Virgínia havia comentado com ele sobre isso. "Faça-me a cortesia de trazer-me aquelas meditações", disse Pe. Franca, e Helder então lhe disse que, muitas vezes, rasgava os textos... O Pe. Leonel pediu que não os rasgasse mais e, se uma ou outra Meditação fosse muito confidencial, que o avisasse. O diretor espiritual do Pe. Helder encarregou Virgínia de guardar esse material.[39]

Com o passar do tempo, Virgínia e Pe. Helder pensaram em partilhar sua experiência espiritual com outras pessoas. Por isso, organizaram um encontro semanal, nas noites de sextas-feiras, na casa de Virgínia. No início, não reunia mais do que oito pessoas e eram promovidas sessões de música, poesia, leitura e reflexões espirituais. O grupo chamou-se "Confiança". Para o "Confiança", o Pe. Helder elaborou uma "regra" no melhor estilo

---

[37] A pesquisadora descobriu através das cartas que os dois usavam os pseudônimos "Pe. Albertus" e "Caecilia". Helder usará vários pseudônimos como "Pe. Albertus", "Pe. Alceu", "Pe. José" e "Frei Francisco", sendo os dois últimos mais importantes. "Pe. José" assina as Meditações espirituais de maior intensidade e "Frei Francisco" assina os textos em que entra em jogo o compromisso com os pobres (J. O. BEOZZO. "Apresentação". In: CAMARA, H. *Vaticano II: Circulares Conciliares*, I, XX-XXI).

[38] Quase que diariamente, Helder e Virgínia se corresponderam por quase duas décadas. Infelizmente, até o momento, somente uma parte desse material foi recuperado. Trata-se de uma coleção com aproximadamente 16 mil fragmentos, escritos de 2 de janeiro de 1944 a 31 de dezembro de 1952 (LEÃO, J. G. "Ideias, opiniões e sentimentos: A escrita epistolar do Padre Helder Camara", 3-4; ID. "De Virginia Côrtes de Lacerda à Família Macejanense: As origens da equipe leiga com a qual Dom Helder Camara mudou os rumos da Igreja Católica no Brasil (1941 a 1959)". Apud MARQUES, L. C. L. "As circulares conciliares de Dom Helder". In: CAMARA, H. *Vaticano II: Circulares Conciliares*, I, XXXVIII). Tomadas em conjunto, as cartas, as Meditações e leituras revelam características que recordam imediatamente as características das Circulares que Dom Helder começou a escrever em Roma.

[39] CAMARA, H. *Le conversioni di un vescovo*, 113. Virgínia morreu improvisamente de uma crise cardíaca, depois de permanecer dezoito dias sem conhecer ninguém e sem poder falar. A sua morte foi um golpe muito duro para os padres Helder e Leonel. Com surpresa, os dois descobriram que ela havia reunido e organizado todas as cartas e *Meditações do Pe. José* e encarregado Cecília Monteiro de guardá-las. Pe. Helder pediu para que Cecília as rasgasse, mas ela decidiu que iria conservá-las (PILETTI–PRAXEDES, 154-156).

dos diretores espirituais da época e a chamou de "Regra do Apostolado Oculto". Ainda não se descobriu por que o nome foi abandonado. O certo é que o grupo foi reforçado com o ingresso de novos membros e que mudou o objetivo da "ascensão espiritual" para a "ação social". O professor e pesquisador Luiz Carlos Luz Marques esclarece que o atual estágio da pesquisa não permite saber se a nova finalidade eliminou a original ou, mais provavelmente, complementou-a:

> É fora de dúvida, porém, que a nova fase do grupo, chamado de Família São Joaquim, nos documentos dos anos 50, refletia o empenho social sempre maior do jovem sacerdote, convencido da necessidade de organizar, para a Igreja Católica no Brasil, estruturas de serviço, de troca de experiências e de comunicação que permitissem aos bispos enfrentar com eficácia os graves problemas sociais que a evolução político-econômica dos anos 40 e 50 exacerbava.[40]

Desse modo, jovens da zona sul do Rio de Janeiro formaram em torno do padre/Dom Helder Camara uma equipe formidável, fiel, com a qual organizou o Ano Santo, as Semanas da Ação Católica, a Secretaria permanente da nascente CNBB, os encontros dos Bispos (Amazonas, Nordeste), o Congresso Eucarístico Internacional, a Cruzada de São Sebastião, a Feira e o Banco da Providência, a preparação do Plano de Emergência... Esses jovens – a maioria mulheres – faziam voluntariado ou eram funcionários da Cúria Arquidiocesana, dirigentes da ACB e da JOC.

Veio o Concílio Vaticano II, o qual se transformou numa experiência decisiva na vida de Dom Helder Camara. Diariamente, ele escreveu sobre os eventos, os encontros, as reflexões e os projetos: "Numa fidelidade monacal, que se repetia, quase que ritualmente, como uma Liturgia das Horas, noite após noite, Dom Helder dedicava algumas horas a este trabalho".[41] Seu registro era dedicado a esse círculo íntimo de colaboradores, a Família São Joaquim, "um quartel general fervilhante de iniciativas e de irradiação apostólica e espiritual sob a dedicada coordenação de Cecília Goulart

---

[40] MARQUES, L. C. L. "As circulares conciliares de Dom Helder". In: CAMARA, H. *Vaticano II: Circulares Conciliares*, I, XXXIX-XL.

[41] BEOZZO, J. O. "Apresentação". In: CAMARA, H. *Vaticano II: Circulares Conciliares*, I, XX.

Monteiro".[42] Em muitas Circulares, Dom Helder, insistentemente, pedia à Família São Joaquim para que intercedesse a Deus pelo Concílio a fim de que o Vaticano II correspondesse aos planos divinos. Na Circular 13, de outubro de 1963, ele concluiu com pergunta de pastor e amigo: "Mantenham o fogo sagrado! Comoveu-me o esforço, à altura do Concílio, que está sendo feito pelo secretariado de opinião pública. E a virada interior de cada um, como vai?... Bênçãos do Dom".[43]

Quando Dom Helder partiu do Rio de Janeiro para Recife, deixou o apartamento para a irmã Nair com 1.200 obras em sua biblioteca pessoal. Nestas, deixou registrado seus "diálogos", comentários e Meditações com que cobria as margens e as páginas brancas: "Ele não conseguia ler sem escrever, nem escrever sem convidar seus coleitores a entrarem em diálogo. É assim que, desde o final dos anos 30, ele tinha, com sua Família, ampliado, aprofundado, convertido sua inteligência da fé, da Igreja e do mundo".[44]

Dom Helder usou a expressão "Família São Joaquim" até o dia em que foi anunciada publicamente sua transferência do Rio de Janeiro para Recife.[45] Na noite de 13/14-3-1964, ele escreveu: "Esta é a minha última Circular à Família do São Joaquim. [...] Na tarde de hoje, espero escrever minha 1.ª Circular à querida Família de Mecejana...".[46] Dom Helder tam-

---

[42] BEOZZO, J. O. "Apresentação". In: CAMARA, H. *Vaticano II: Circulares Conciliares*, I, XX. No início da Segunda Sessão do Concílio, Dom Helder destaca a responsabilidade e a importância da Família na obra do *aggiornamento* da Igreja: "RESPONSABILIDADE EXCEPCIONAL DE NOSSA FAMÍLIA. Quantos grupos haverá no mundo com tantas oportunidades como o nosso de preparar-se para o Concílio!?... Desde que o Concílio foi anunciado, todas as Manhãs de Recolhimento Mensal foram destinadas a criar clima de Concílio. Neste sentido foi pregado o Retiro Anual. Nesta intenção foram escritas as Circulares do 1.° Período e serão escritas agora, se Deus o permitir, as do 2.°. A quem muito dá, Deus muito pede..." (Circular 1 de 30-9-1963).

[43] Circular 13 de 16/17-10-1963.

[44] BROUCKER, J. de. *As noites de um profeta: Dom Helder Câmara no Vaticano II*, 51-52.

[45] Circular 15 de 14-3-1964.

[46] Circular 16 de 14-3-1964. Nas Circulares, o termo *mecejanense* apareceu pela primeira vez na Circular 43 de 23-11-1962, após Dom Helder ter mudado o texto que deveria proferir em uma palestra para jornalistas: "[...] envio a nova versão, escrita diretamente por mim em meu francês mecejanense".

bém chamou a Família com outros nomes como "Família Mecejanense e Olindo-Recifense",[47] "Família Joânica"[48] e "Família Giovanina".[49]

O nome de "Família Mecejanense e Olindo-Recifense", além de revelar o surgimento do segundo ramo da Família, indica que "Macejanense" referia-se, no início, somente ao ramo carioca. Já o surgimento do nome "Família Joânica" aconteceu depois de um encontro de Dom Helder nos corredores do Vaticano com Monsenhor Lóris Capovilla, o célebre Secretário particular de João XXIII. Na ocasião, o Dom contou-lhe da sua devoção especialíssima por João XXIII. Capovilla chorou de alegria e emoção. Comentou que havia poucos dias tinha lido a *Mensagem de Chegada* a Recife, "Mensagem que o Papa João assinaria, feliz". À noite, Helder recebeu uma carta de Capovilla na qual lhe contava quais foram as últimas palavras de João XXIII: "Nenhum medo. O Senhor está presente. Uma época nova começou". Ainda lhe enviou textos, medalha, terço, paramentos sagrados do Papa. Depois de relatar tudo isso à sua Família, emocionado Dom Helder escreveu: "Dificilmente a Providência Divina poderia mandar-nos (é evidente que as duas Famílias são uma só Família Joânica) um sinal mais carinhoso de bênçãos e proteção: 'Nenhum medo. O Senhor está presente. Um tempo novo começou'".[50] Foi assim que, a partir da Circular seguinte até a 44, a Família passou a ser chamada de "Joânica".

Na Circular 44, Dom Helder dá a entender que a mudança de nome não despertou muita alegria na Família, ou pelo menos, não houve expressão maior: "Por falar em Família: sabem que ninguém comentou a mudança de nome?... Salvo engano, houve pena de abandono do belo nome antigo e, sem prejuízo de amor ao Papa João, 'Joânica' não é um nome que caía bem..."[51]. A partir da Circular 45 ele chamará a Família de "Giovanina"[52].

---

[47] Circulares 1 a 16 correspondendo a 12 a 27/28-9-64. Na Circular 15, Dom Helder escreve que a rigor não há duas Famílias, mas uma somente: "Nem peço desculpas à Família Mecejanense pelos recados especiais à Família Olindo-Recifense. Em rigor, não há duas Famílias; há uma só e maravilhosa Gente" (Circular 15 de 25/26-9-1964).

[48] Circulares 17 a 44 correspondendo a 27/28-9-64 a 17/18-10-1964.

[49] Circulares 45 a 62 correspondendo a 18/19-10-1964 a 3/4-11-1964.

[50] Circular 16 de 26/27-9-1964.

[51] Circular 44 de 17/18-10-1964.

[52] Uma hipótese que levantamos – mas que ainda carece de aprofundamento – é a de que o Dom

Porém, por sugestão da Família e confirmação do Papa João XXIII, o nome definitivo, no entanto, será Família Mecejanense. Dom Helder inicia a Circular 63 deste modo: "À querida Família Mecejanense. SABEM QUE A FAMÍLIA, sem prejuízo do encanto pelo Papa João, preferiu manter o nome antigo?... Já, então, não mudaremos mais: *in aeternum*, Mecejanense!".[53] Acrescenta que foi João XXIII – que também era integrante da Família – que, em sonhos, sorrindo e piscando o olho, o confirmou Bispo *"da Família Mecejanense"*. Desse modo, a partir de então, tanto o ramo Carioca quanto o Olindo-Recifense serão a Família Mecejanense.[54] Em torno do trabalho em prol do Vaticano II, os dois ramos começaram a se conhecer e a se apoiar mutuamente na mesma causa: "Resolvemos ir dar as boas vindas a Maria de Jesus que chegara daí, ainda quente do convívio de vocês. Como estão tratando a Zezita? O lado Olindo-recifense da Família, aos poucos, se faz conhecer. Há ou não margem para agradecer a Deus, contar com tanto apoio, aquém e além Oceano, na terra e no céu?...".[55]

Porém é importante ressaltar que ainda antes de existir o ramo Olindo-Recifense, Dom Helder entendia a Família de modo mais amplo, ou seja, ela continha dimensões eternas:

---

já havia pensado em chamá-la de Mecejanense, pois, na transição do nome de "Joânica" para "Giovanina", ele escreveu: "O gradual de hoje lembra tanto o céu... [...]. Enquanto não estivermos todos lá, enquanto a Família (a FAMÍLIA) não se reagrupar toda do outro lado, não será ainda Mecejana..." (Circular 44 de 17/18-10-1964).

[53] Circular 63 de 4/5-11-1964.

[54] PILETTI–PRAXEDES, 372-373. Messejana – grafia correta – era uma pequena e bela cidade no litoral cearense, cercada de sítios onde as pessoas viviam em paz consigo e com o Criador – hoje englobada na área urbana de Fortaleza. Os estudos atuais ainda não nos permitem dizer se Dom Helder tinha associado a escolha do nome com a história secular de Messejana: terra dos Potyguaras, que receberam o anúncio de Jesus Cristo por missionários jesuítas e diocesanos; solo de José de Alencar que escreveu a bela história romântica de Iracema ("Messejana e sua história" [acesso em 9-5-2010]). Também não descobrimos se há um motivo sério que levou Dom Heder a escrever o termo com "c" ao invés de "ss".

[55] Circular 144 de 18/19-2-65. Citamos alguns membros da Família Mecejanense. Do Rio de Janeiro: Nair Cruz, Marina Araújo, Aglaia Peixoto, Wilma Peixoto, Rosy Peixoto, Marina Bandeira, Vera Jacoud, Maria Luiza Amarante e seu esposo Edgar, Franci Portugal, Terezita de La Peña, Cecília Arraes, Odete Azevedo, Lenita Duarte, Leida Félix de Souza, Jeanne Mary Clair Poucheu, Ruth Chagas, Maria Helena Loureiro, Carlina Gomes e Nilza Homem (PILETTI–PRAXEDES, 371-372). De Recife: Anita Paes Barreto, Zezita, Dom Lamartine, padres Marcelo, Humberto e Ernani, João Francisco, Egídio Ferreira Lima e Marcos Freire (ID., 394-395).

Dia 1.º de novembro. Hoje e amanhã são datas da Família, espalhadas por 2 outros mundos. Dia virá sem mais separações, sem distâncias e, sobretudo, sem incompreensões, que criam as piores e mais tristes distâncias. Dias de ainda mais preces, mobilizando a Igreja triunfante e a padecente em favor da militante. Que os santos do céu e do purgatório nos assistam e nos ajudem.[56]

Dom Helder desejava que sua Família, militante na terra, contasse sempre mais com a presença, o exemplo e a proteção dos Anjos, pois, para ele, a devoção aos Anjos ajudava a alargar o olhar, a analisar a realidade com mais profundidade.[57] Também almejava que a Família estivesse sempre abastecida espiritualmente: ao comentar que o ramo do Rio de Janeiro encontrava-se nas sextas-feiras para um reabastecimento espiritual, pergunta – sugerindo – se não estaria na hora de realizar uma Noitada Espiritual em Recife.[58]

A comunicação que o Bispinho estabelece com esse "grupo escolhido que tem responsabilidades especiais diante de Deus"[59] é profunda e abarca muitas dimensões: prece, amizade, assessoria, confiança, dores, alegrias, segurança, sonhos... Na passagem de 7 para 8 de setembro de 1964, por exemplo, Dom Helder, à meia-noite, cantou os *Parabéns pra você* a Nossa Senhora e apresentou à Mãezinha, em forma de prece, o ramo carioca da Família, que estava passando por algumas incompreensões, por parte de autoridades eclesiásticas, no tocante ao trabalho do Banco e da Feira da Providência:

> Nossa Senhora da Saudade: não seria sincero se tentasse negar-Te que as provações da Família aumentaram, pesadamente, as saudades. Quando tudo corre bem do lado de lá, é bem mais fácil viver aqui. Viste, Mãe, o

---

[56] Circular 16 de 31-10-1962. Em 1964, antes de uma viagem para o Rio de Janeiro, Dom Helder escreveu que a saudade dos amigos e amigas cariocas estava muito grande. Sentia alegria pelo encontro que se aproximava e comparou o céu com uma Mecejana pura: "Curioso o coração humano: no meio de tanto sonho, tanta trabalheira, tanta alegria, a saudade daí é vivíssima. Como entendo o grande Paulo, em sua amizade profunda e terna por sua Família espalhada em Corinto, em Colossos, em Filipo!... Daí, a alegria da visita que se aproxima. Imaginem o céu que é união sem adeuses, é Mecejana pura, sem mistura!" (Circular 60 de 22/23-7-64).

[57] Circular 42 de 28/29-6-64.

[58] Circular 54 de 2/3-11-1965.

[59] Circular 44 de 2/3-7-64.

ritmo do trabalho não foi quebrado. Creio que ninguém da terra percebeu minha aflição e minha angústia. Estende, agora, tuas duas mãos abertas – como a Mãezinha gostava de fazer. Deixa que eu descanse estes pobres olhos, cansados de tanta Vigília e do esforço perene de sempre serem novos. Deixa que eu chore, silenciosamente. Mãe, pela primeira vez, desde que o Pai me trouxe aqui... Perdoa, Mãe, enxugaste-me as lágrimas. A luta continuará, em breve, no Concílio, em dimensões mundiais. Mas, deixa que eu te peça: toma conta de nossa Gente; de cada um e de cada uma em particular, e dos problemas da Família. Amém.[60]

Para Dom Helder, a Família era a "a alma da CNBB".[61] Entende-se, portanto, que seu sofrimento foi grande quando, em setembro de 1964, houve "rudes investidas" contra a Conferência:

Gostaria de ver eleito quem entendesse que a instituição nascida pequenina e frágil, hoje, regada por Deus, cresceu. Com os Regionais e o Plano de Emergência, tornou-se adulta. Com o Concílio vai assumir responsabilidades importantíssimas dentro da Igreja de Deus. [...] Mas ninguém é profeta na própria terra. Chega o momento em que todo fundador é repudiado. [...] Mas o Pai Celeste não vai abandonar a Conferência que Ele sabe que nasceu do amor à Igreja e amor à nossa gente. O Pai não vai deixar perdido tanto sofrimento da querida Família Mecejanense: sofrimento recebido de maneira profundamente edificante.[62]

Em linguagem francisclariana, a Família corresponde, para o Dom, aos primeiros companheiros de Francisco de Assis. O *Poverello*, para descobrir sua missão, contou com a ajuda daqueles, da Irmã Clara e do Frei Silvestre.[63] Dom Helder, por sua vez, consultou sua Família antes de confirmar a sua missão de profeta do Terceiro Mundo: "Volto a perguntar a mim mesmo e a vocês, nesta Vigília: para ser fiel à missão de Profeta [...] deverei, sem prejuízo do trabalho essencial de minha Diocese, partir, como Bispo do

---

[60] Circular 97 de 7/8-9-64.

[61] Circular 199 de 13/14-5-1965.

[62] Circular 8 de 18/19-9-1964.

[63] I Fioretti de São Francisco de Assis 16; BOAVENTURA. *Legenda Maior* 12,2; CELANO, T. de. *Legenda de Santa Clara* 12,2; RAMPON, I. A. *A opção pelos pobres em São Francisco de Assis*, 107-109.135-136.

mundo e ajudar os irmãos a encontrar o perdido caminho do amor a Deus e aos homens?..."[64]

Em fevereiro de 1965, o Arcebispo viveu um grande "problema de espírito", ou seja, escolher entre romper com a construção do Seminário Regional, enquanto não era definitivamente tarde, ou aceitar o "gigante branco", exigindo de si e dos seminaristas sacrifícios, humilhação.[65] Ele havia decidido pela primeira alternativa, mas a Família o aconselhou a mudar de opinião, e ele aceitou mais uma humilhação em sua vida: buscou nela, inclusive, santificar-se: "Fiquei tranquilo. Não posso pretender que só eu veja claro e só eu tenha sentido de pobreza. Adotei, de coração, o parecer do Conselho. E agora é fechar os olhos e pular no escuro".[66]

Porém, em alguns casos, Dom Helder questionava se as respostas dadas pela Família correspondiam ao Evangelho. Talvez o mais eloquente tenha sido sobre a continuidade de ter um trono de príncipe:

> Perdoem a insistência: será que, em nome da beleza que nos fala de Deus, eu sei; em nome da harmonia do conjunto e da dificuldade de solução prática, vou continuar com o contrassinal de um Trono que é imagem viva da era constantiniana que queremos esquecer e apagar!?... [...] Vocês dirão que eu aceito e não aceito as decisões da Família; que eu crio problemas: onde meter o Trono e as Cadeiras? Onde e como comprar Cadeiras simples que substituam aquelas?... Como me atrevo a adotar um capricho pessoal que, amanhã, não tenha o endosso de meu Substituto?... [...] isto de pensar que meu Substituto vai querer reinstalar-se em "Palácio", com sala de Trono, é não sentir os sinais dos tempos: os Bispos de amanhã se chamarão Marcelo, Zeferino, Caramuru, Marins, sem falar nos Seminaristas do Vaticano II e Vaticano III que já estão por aí...[67]

Quando estava organizando uma palestra para a 2.ª Conferência Europeia dos Jovens Dirigentes Cristãos de Empresas, a realizar-se em Amsterdam em novembro de 1965, Dom Helder recorre à ajuda da Família e

---

[64] Circular 59 de 31-10/1-11-1964, escrita em Genebra.

[65] Circular 141 de 16/17-2-65.

[66] Circular 142 de 17/18-2-65.

[67] Circular 51 de 30/31-10-1965.

revela, em boa dose, a sua grande alma de pastor: busca comentários fraternos, trabalha em grupo, sente a tranquilidade de não estar sozinho nas respostas que procura dar às situações: "Não se trata de eu ter que apresentar um documento técnico: mas nada devo afirmar que, amanhã, não possa ter cobertura pela equipe de técnicos". E depois acrescenta: "[...] a crítica daqui não me basta: considero indispensáveis os comentários fraternos da Família. A experiência me diz que é este, para mim, o melhor método de trabalhar: segue o arcabouço; vêm os cortes, os acréscimos, as substituições. Fico muito mais tranquilo".[68]

Na Vigília do Domingo da Alegria (quarto da Quaresma), Dom Helder, comentando diversas alegrias de sua vida, afirmou: "Alegria pela Família que Deus me deu (refiro-me à pequena Família dentro da grande FAMÍLIA humana)".[69] Quando esta lhe enviou um álbum comemorativo das 200 Circulares, o Bispinho, de todo o coração, escreveu: "Que franciscano e belo 'Obrigado, Senhor'! Com uma Família assim é fácil ser fiel! Com uma ajuda assim enfrenta-se, sorrindo, qualquer voo cego, qualquer túnel, qualquer tempestade...".[70]

No final do Concílio, Dom Helder agradeceu ao Pai pela Família que, de um modo único, participou do Vaticano II:

BENDITO SEJA DEUS que me permitiu fidelidade plena à Vigília e às Circulares: nenhuma madrugada sem falar ao Pai e sem conversar com a Família que representa a FAMÍLIA... Pensei em todos vocês, longamente, saudosamente: quando, na Basílica, em face das votações finalíssimas, assisti à promulgação solene da Declaração sobre a Liberdade Religiosa; os Decretos sobre Atividade Missionária da Igreja e sobre Ministério e Vida dos Sacerdotes; e, especialmente, da Constituição Pastoral sobre Presença da Igreja no mundo...[71]

Portanto, Dom Helder partilha e faz seu caminho espiritual acompanhado por amigos de extrema confiança e de profunda comunhão de ideais.

---

[68] Circular 42 de 21/22-10-1965.
[69] Circular 176 de 27/28-3-65, escrita de Genebra.
[70] Circular 209 de 24/25-5-1965.
[71] Circular 89 de 7/8-12-1965.

Trata-se de uma Família que é *Mecejana*, ou seja, pessoas íntimas que favorecem o encontro fraterno, com Deus e com a natureza. Irmãos e irmãs que se compreendem, uma vez que a incompreensão cria as mais tristes distâncias. O Dom sente-se Bispo da Família sem prejuízo às outras funções, uma vez que "cuidar da Família é cuidar da FAMÍLIA". Compreendia que o grupo tinha responsabilidade especial diante de Deus. Devia ajudar o mundo e a Igreja a ser mais Mecejana. No céu, que é Mecejana pura, a Família espalhada pelos *diversos* mundos se encontrará com o Dom.

3. "Obrigado, Senhor, porque elas [as Circulares] são a TUA e a sua presença entre nós"

O ato de escrever foi uma constante na vida de Helder Pessoa Camara. Ele gostava de se corresponder com os amigos desde os tempos de seminarista. Pôs este hábito "a serviço da tarefa de 'cuidar da família', de manter unidos e irmanados, amigos e colaboradores em torno a ideais comuns e envolvidos pelo clima e pelo espírito de Mecejana":[72]

> [...] alguém já teve a confiança de perguntar: não gasta o senhor tempo excessivo com as Circulares? Não é tempo roubado do Concílio? Confesso que não tenho sombra de remorso. Creio na comunhão dos santos. Se a Família caminhar na caridade, unir-se sempre mais a Cristo, louvando o Pai e ajudando os homens, então, cuidar da Família é cuidar da FAMÍLIA, isto é, de todos os homens de todos os lugares e de todos os tempos".[73]

As Circulares surgiram para que a Família participasse do momento da graça que foi o Vaticano II. As primeiras 118 foram escritas em Roma.[74] Transferido para Recife, Dom Helder continuou enviando Circulares para a Família carioca, dando origem às Circulares Interconciliares e ampliando o objetivo: continuar o contato com os amigos do Rio de Janeiro. Com o surgimento do ramo olindo-recifense, o objetivo ampliou-se ainda mais: dialogar com dezenas de pessoas que recebiam detalhes de suas atividades

---

[72] Z. ROCHA, "Introdução". In: CAMARA, H. *Circulares Interconciliares*, III, 17.

[73] Circular 44 de 17/18-10-1964.

[74] 53 Circulares de 13/14-9 a 8/9121962; 59 de 30-9 a 4/5-12-1963; 16 das Reuniões das Comissões em março de 1964.

pastorais, apostólicas e sociais; da sua vida espiritual e, naturalmente, dos problemas políticos e eclesiásticos que enfrentou. Dom Helder escreveu 2.122 Circulares (Conciliares, Interconciliares, Pós-Conciliares, entre os anos de 1962 a 1982) à "Família". A primeira Circular foi escrita em Roma na madrugada de 13/14 de outubro de 1962[75] e a última, em Recife, na madrugada de 19/20 de dezembro de 1982, ano em que escreveu apenas 12 Circulares.[76] As cartas foram escritas a mão.[77]

As Circulares foram escritas preferencialmente nas Vigílias.[78] Dom Helder recolhia tudo no coração e depois escrevia seu pensamento, contando com a presença de Deus, dos Santos e Anjos... Descobria em tudo, ou em quase tudo, uma lição de sabedoria. Por isso, "ler suas Cartas é uma catequese viva da mensagem cristã, ou do que possa significar ser cristão na prática, nos dias de hoje".[79] A partir da Circular 100, ele passou a acrescentar à data civil a data litúrgica, embora já tivesse ensaiado essa forma nas

---

[75] Dom Helder chegara a Roma no dia 9 de outubro a fim de participar do Primeiro Período do Vaticano II. A primeira "carta" foi escrita na madrugada de 13/14.

[76] Em outubro de 1977, Dom Helder estava em uma conferência na Grécia, palestrando para autoridades mundiais, quando a secretária Zezita lhe telefonou comunicando o falecimento da sua colaboradora e primeira secretária Cecília Goulart Monteiro, líder da Família Mecejanense e que trabalhava na CNBB desde a fundação. Ela faria 69 anos e fora atropelada por um táxi. Era chamada de Frei Leão, pois velava pela santidade de Frei Francisco. Antes de embarcar para a Grécia, Dom Helder teve uma longa conversa com Frei Leão e, depois do acidente, por três meses não escreveu Circulares para a Família Mecejanense. No dia 3 de dezembro retornou a escrever reconhecendo que lhe faltou ânimo (PILETTI–PRAXEDES, 420-421).

[77] J. O. BEOZZO. "Apresentação". In: CAMARA, H. *Vaticano II: Circulares Conciliares*, I, XX-XXI; ROCHA, Z. "Apresentação". In: CAMARA, H. *Circulares Interconciliares*, I, XIII. Por outras fontes, sabemos que Dom Helder escreveu, posteriormente, outras Circulares que não estão contabilizadas nestes números (PILETTI–PRAXEDES, 446-447).

[78] Poucas Circulares não foram escritas durante as Vigílias. Entre elas, por exemplo, citamos a Circular [Carta] 2 de 16-10-1962, que foi escrita em pleno dia. As duas primeiras "Circulares" foram chamadas de "Carta".

[79] ROCHA, Z. "Introdução". In: CAMARA, H. *Circulares Interconciliares*, III, 18. Para maior compreensão e boa interpretação de uma obra literária é de suma importância considerar os "elementos da comunicação" (canal, emissor, receptor, mensagem, referente, código). Nesse sentido, o historiador Eduardo Hoornaert observa que as Circulares somente abrem seu segredo se as acessarmos por meio de uma senha correta, de um questionamento apropriado. Sem essa chave, poderão ser lidas por curiosidade, saudade, admiração ou prazer (pois as cartas são bem escritas). Mas não se penetrará no âmago do texto: "No momento em que o leitor perceber que as palavras de Dom Helder dizem respeito à sua vida, que ele – de certa forma – pertence à *querida família Mecejanense*, as circulares mudam de significado" (HOORNAERT, E. "Introdução". In: CAMARA, H. *Circulares Interconciliares*, I, XXIII).

Circulares 60, 61 e 62.[80] Desse modo, integrou ainda mais as Circulares ao hábito das Vigílias, ao encontro diário marcado com Deus nas madrugadas – compromisso assumido por volta da ordenação sacerdotal.

As Circulares Conciliares[81] são uma valiosa amostra do pensamento do Arcebispo: provam o seu incansável trabalho nos bastidores do Vaticano II em prol da Igreja pobre e servidora; relatam simples fatos cotidianos, mas também expõem suas Meditações sobre os graves problemas da humanidade; apresentam a exata dimensão de sua vida: cartas cheias de esperança e outras reveladoras de seu sofrimento; explicitam como Dom Helder, comentando o Concílio, viveu o apostolado oculto e articulou iniciativas exitosas, guiadas pelo espírito evangélico: os encontros do Ecumênico, do *Opus Angeli*, do Grupo dos Pobres, bem como a sua frutuosa colaboração à imprensa. Enfim, relatam conversas, confidências, confissões: tantas maneiras, para Dom Helder, não simplesmente de narrar o Concílio, mas de dizer como ele o vê, o vive, o deseja e, tudo junto, o reza.[82] Durante o Concílio, o Bispinho escreveu praticamente uma Circular por noite, de mais ou menos três páginas cada.[83] No Brasil, foram datilografadas e, graças ao papel carbono, dirigidas a cada integrante da "Família".[84]

---

[80] Até agora, as pesquisas não nos permitem concluir se, desde o início, Dom Helder escreveu as Circulares com o intuito de serem guardadas. O certo é que, em setembro de 1964, ele perguntou à Família se as Circulares de Roma deveriam ter numeração especial. Ora, isso indica que, naquele momento, ele já as considerava documentos para serem guardados e catalogados (Circular 90 de 3/4-9-64). Além disso, em 1965, o Dom lançou a pergunta: "Que impressão causará esta Circular, depois de passados uns 10, uns 20 ou 30 anos?... Que terá acontecido com o Nordeste do Brasil e o Mundo? Terá vencido o egoísmo ou o Amor? Estaremos ainda nos arrastando pelo subdesenvolvimento ou teremos acertado a maneira de romper o círculo vicioso e começar?... E a Igreja estará marcando, com humildade e fé, a presença de Cristo?" (Circular 149 de 25-2-65).

[81] Durante o Vaticano II ele escreveu 297 cartas: 53 durante o período de 1962 (7 perdidas); 59 no segundo período (1963) e 17 durante a Reunião das Comissões (março de 1964); 79 no terceiro período (1964) e 89 no último (1965), num total de 290 conservadas.

[82] BROUCKER, J. de. *As noites de um profeta: Dom Helder Câmara no Vaticano II*, 17-18.

[83] Com as Circulares, Dom Helder "cuidava da Família", mas também recebia apoio e ajuda à distância. "Perdoem esta inflação de Circulares. Será que já é hora de receber um basta? Falo diante de Deus. Temo estar provando demais a paciência de vocês. Mas continuo sentindo a necessidade de quem apoie e ajude a distância" (Circular 17 de 1-11-1962). A hipótese que levantamos é esta: desde os anos 1940, Dom Helder sempre trabalhou cercado de excelentes colaboradores que o apoiavam e ajudavam. Agora, em Roma, distante destes, descobriu uma nova maneira de receber apoio e ajuda.

[84] Graças a isso, a maioria absoluta das Circulares estão conservadas, pois Dom Helder não guardava "a coleção das Circulares" e nem sequer volta a lê-las: "O passado, a gente entrega à

Já nas Circulares Interconciliares,[85] Dom Helder vai escrevendo as suas realizações, alegrias, descobertas na missão de pastor e profeta, bem como as dificuldades e contradições. Descreve as Noitadas do Solar São José e as transformações no Palácio de Manguinhos; as visitas aos bairros, aos mocambos, aos padres, aos líderes comunitários, às autoridades e entidades civis e militares; a criação da Operação Esperança e seus programas de televisão e rádio; os eventos, surpresas, dificuldades[86] e "fragrantes do cotidiano"; narra suas visitas pastorais: as Missas celebradas com o povo, os encontros com os grupos eclesiais e sociais e o cumprimento das "exigências estabelecidas pelo direito canônico", como ler e escrever no livro do tombo.[87] Surpreendentemente, as Circulares Interconciliares revelam a supremacia do aspecto social.[88] Claro que Dom Helder tinha consciência de que, politicamente, vivia-se "um dos anos mais medíocres de nossa história de povo"[89] e de que vários de seus amigos estavam na prisão; é evidente a defesa que fazia das lideranças populares e a sua "revolta" diante das arbitrariedades do IV Exército e afins.[90] No entanto, a situação dos pobres ou a luta pelo desenvolvimento tinham prioridade. Queria unir as forças nesses objetivos (e contava até com os militares). Sonhava com a Operação Esperança não apenas assistencialista, mas na luta da não violência ativa. Em outras palavras, ele transformou em prática sua *Mensagem de Chegada*.

---

misericórdia de Deus... É praticamente certo que há contradições entre as Circulares. As Criaturas somos tão frágeis! Mesmo quando a unidade em Cristo salva um bocado a unidade interior, somos de tal modo múltiplos, que a logicidade facilmente não nos consegue seguir" (Circular 175 de 23/24-3-65).

[85] Dom Helder escreveu 285 Circulares Interconciliares: 100 de 11/12-4 a 9/10-9-1964 e 185 de 23/24-11-1964 a 31-8/1-9-65.

[86] Entre as dificuldades e contradições que vai encontrando na sua vida de Pastor, sobressai a construção do Seminário gigante. Além do grandíssimo custo econômico, "tornará difícil a formação dos seminaristas no espírito da Igreja Servidora e Pobre" (Circular 141 de 16/17-2-65). Cf. Cap. III, 2.1.

[87] Circular 168 de 15/16-3-65.

[88] Circular 44 de 3 de julho de 1964; ROCHA, Z. "Introdução". In: CAMARA, H. *Circulares Interconciliares*, III, 26-30. As Circulares nos mostram uma face de Dom Helder bem diferente daquela histriônica que a ditadura militar, por meio de intelectuais como Gilberto Freyre, Nelson Rodrigues, Gustavo Corção, David Nasser e Salomão Jorge empenhou-se em divulgar como interpretação caricatural do Bispo (HOORNAERT, E. "Introdução". In: CAMARA, H. *Circulares Interconciliares*, I, XXIII).

[89] Circular 120 de 28/29-12-64.

[90] Circular 170 de 17/18-3-65.

Uma característica que salta aos olhos nas Circulares é que Dom Helder trata os interlocutores com liberdade, chamando-os pelo nome, e até os mais temidos generais do IV Exército chama de "amigos" e "irmãos". Abundam superlativos. Revelam uma personalidade criativa e ousada. Chama, por exemplo, Maria de Nossa Senhora do Nordeste[91] e torce para que o povo faça a invasão do Palácio Episcopal.[92]

Em julho de 1964, Dom Helder escreveu que suas Circulares estavam sendo "lidas" pelos órgãos da censura. Naquele momento, jornalistas estrangeiros, preocupados com os destinos do Brasil, pois as reformas prometidas pelo novo Governo não estavam acontecendo, falavam em "crise da Revolução". Depois de escrever que vários jornalistas lhe disseram que, provavelmente, o Presidente seria afastado, o Dom anotou: "Creio que é a primeira vez, nas Circulares, que aludo à situação política. Sei que, na ida e na vinda, minhas cartas são censuradas. Mas o censor há de participar de minhas apreensões como homem, como cristão e como brasileiro".[93] Acrescentou que não estava agitando ou alarmando, mas "estou pedindo orações a um grupo escolhido que tem responsabilidades especiais diante de Deus. Estou dividindo com minha Família as apreensões e angústias dos últimos dias...".[94] Devido à censura, o Arcebispo evitava enviar as Circulares via Correios.[95]

---

[91] Circular 55 de 15/16-7-64.

[92] Circular 57 de 18/19-7-64.

[93] Circular 44 de 2/3-7-64.

[94] Circular 44 de 2/3-7-64.

[95] Dom Helder procurava alguém de confiança que as levasse. Algumas vezes, dirigia-se ao aeroporto e logo encontrava uma pessoa conhecida que lhe fazia esse favor. No Rio de Janeiro, esta pessoa ligava, dos mais remotos lugares, para que alguém da Família fosse buscar as correspondências. Quase sempre esta era uma função da Wylma Peixoto. Quando se tratava de um pedido particular, ele enviava um bilhete com o nome da pessoa dentro do envelope (PILETTI–PRAXEDES, 371-372). Sabemos que uma de suas Circulares foi usada pelo DOPS para investigar o Pe. Marcelo Carvalheira (F. BETTO. *Batismo de sangue*, 211; PILETTI–PRAXEDES, 374-375). Os membros do ramo carioca da Família Mecejanense não sofreram ameaças por parte da ditadura militar, diversamente do que aconteceu em Recife com diversos colaboradores de Dom Helder. É importante ainda registrar que todas as vezes que o Arcebispo de Olinda e Recife chegava ao aeroporto, no Rio de Janeiro, a Família Mecejanense – ramo carioca – lá estava para recebê-lo. Ele aproveitava para ficar alguns momentos com a sua Família e depois seguia a viagem (PILETTI–PRAXEDES, 377).

Portanto, as Circulares Conciliares tornam mais presente o ambiente eclesiástico do Concílio Vaticano II ao passo que as Interconciliares[96] narram os contatos do Arcebispo com a realidade eclesiástica e sociopolítica da sua Arquidiocese: é a vida da cidade que aflora à leitura das páginas. As cartas permitem vislumbrar o caudaloso rio da espiritualidade helderiana. São importantes documentos da espiritualidade católica:

> Documento ímpar, em que um cristão autêntico, um grande bispo, um dos Pais da Igreja latino-americana aceitou o desafio de despir-se espiritualmente, diante de Deus e de sua Igreja familiar e doméstica, diariamente ou quase, no longo período de vinte anos, confessando e narrando, com simplicidade e transparência, a "história de sua alma" e as vicissitudes de seu dia a dia.[97]

E assim, através das Circulares, Dom Helder cultivava a sua espiritualidade, bem como, a da Família. Por ocasião das 200 primeiras Circulares, a Família Mecejanense preparou um álbum comemorativo,[98] agradecendo a Deus o "cuidado" do Dom:

> Obrigado, Senhor, obrigado. Obrigado pela fidelidade às Circulares. Obrigado pela alegria que elas despertam. Obrigado pelo interesse com que são lidas. Obrigado pelo ânimo que elas nos trazem. Obrigado pela Esperança de que são portadoras. Obrigado pela Caridade que elas destilam e fazem circular. Obrigado, Senhor, porque elas são a TUA e a sua presença entre nós. Obrigado, Senhor. Obrigado.[99]

Pode-se dizer, portanto, que escrever Circulares foi um modo que Dom Helder encontrou para "cuidar da Família": partilhar o Vaticano II, manter amizades a distância, dialogar com os irmãos e irmãs. Quase todos os textos foram escritos em clima de oração. As Circulares tornaram-se um

---

[96] As Circulares Pós-Conciliares começaram a ser publicadas em 2012. Portanto, depois da elaboração desta tese, que foi apresentada em junho de 2011 e, por isso, não foram aprofundadas nesta obra. As Circulares Pós-Conciliares, de certo modo, expressam esperança na "primavera da Igreja"; primavera da qual Dom Helder é símbolo, seja pelos valores assumidos em torno de um projeto de sociedade, seja pela eclesiologia propagada.

[97] ROCHA, Z. "Apresentação". In: CAMARA, H. *Circulares Interconciliares*, I, XV.

[98] Circular 209 de 24/25-5-1965. O Álbum está publicado in CAMARA, H. *Circulares Interconciliares*, III, 354-361.

[99] CAMARA, H. *Circulares Interconciliares*, III, 361

328

hábito e, por meio delas, o próprio Bispinho sentia ajuda a distância da querida Família que o Senhor lhe confiara. Enfim, elas ajudam a entender a verdadeira face de Dom Helder – homem místico, todo entregue às mãos do Senhor.

4. "[...] a Missa é o momento alto do meu dia"

Segundo o jornalista Marcos de Castro, é "possível que muitos sacerdotes vivam o mistério infinito da missa tão intensamente quanto Dom Hélder. Será difícil, muito difícil, que um só o viva mais intensamente. Todo o dia de Dom Hélder converge para a missa, assim como a missa se espalha por todo o seu dia".[100] Nas palavras do próprio Arcebispo:

> a missa é o momento alto do meu dia. Posso ter os encontros mais espetaculares, posso ter conferências a fazer, nada se compara com o momento da missa. Porque – é claro, eu sei – nós estamos mergulhados em Deus o dia inteiro. E somos um com Cristo. Mas, na hora da missa, Cristo vem celebrar. Ele é o verdadeiro celebrante, o verdadeiro sacerdote, o sumo e eterno sacerdote. Eu estou ali apenas como celebrante visível.[101]

Por isso, muitas vezes, antes da Missa, dizia: "'Pai, aqui está um digno embaixador da fraqueza humana', pois temos dentro de nós o Pai, o Filho e o Espírito Santo, mas continuamos carregando o egoísmo com as suas sete manifestações fundamentais: ira, inveja, avareza, gula, preguiça, lascívia e soberba. Tudo isto está dentro de nós, mesmo que em forma de sementes...".[102] Mas, durante a Missa, a fragilidade humana é vencida pela fecundidade espiritual, resultante da intensa relação com Deus Trino e da profunda unidade com Cristo-Celebrante. Ora, como temos muito mais

---

[100] Castro, M. de. *Dom Helder: misticismo e santidade*, 135.

[101] Castro, M. de. *Dom Helder: misticismo e santidade*, 135. Segundo o Pe. José, "nossa unidade em Cristo aumenta sempre mais na medida em que o descobrimos na Eucaristia, no Santíssimo Sacramento, e nos alimentamos com Ele. Como seria bom que ficasse sempre mais claro para todos nós que participamos da Santa Missa que há em volta do altar os celebrantes visíveis, mas que o verdadeiro celebrante, vou repetir, o verdadeiro celebrante de toda a Missa, celebrante de todas as Missas, do mundo inteiro, é sempre Jesus Cristo. Ele é o Sumo e Eterno Sacerdote" (Camara, H. "Cristo em nossa vida", *Deus nos tempos de hoje e na vida de cada dia*).

[102] Castro, M. de. *Dom Helder: misticismo e santidade*, 135.

fragilidades do que maldades, durante a Missa "o Pai, ao invés de olhar minha face de homem frágil e de escutar minha voz de pecador, contempla o filho amadíssimo em quem ele colocou o seu agrado".[103]

Dom Helder acreditava que, por graça de Deus, "espalhava" a Santa Missa pelo dia inteiro: "A Vigília prepara a missa e a missa cobre o dia inteiro – isso é o melhor. Porque tudo vira Ofertório, tudo vira Consagração e tudo vira Comunhão".[104] No Ofertório, durante a Missa, ele tornava presente tudo o que ouvia, escutava, raciocinava. Desse modo, junto ao pão e ao vinho, ofertava a Deus "as tristezas, as alegrias, as esperanças, os desesperos meus e dos outros, sobretudo dos outros".[105] E assim tudo era consagrado – aquilo que veio diretamente de Deus e o que veio por meio do cocriador – tornando-se, ainda mais, sinais da presença de Deus: "Eu acho que é igualmente fácil a gente sentir a presença de Deus, a presença do Criador, o Pai, num pôr do sol ou à passagem de um supersônico, pois ali está tangível a inteligência do homem, que é um reflexo da inteligência divina. [...] Então, repare que, além de a gente viver mergulhado em Deus, tudo, tudo nos fala do Criador e Pai".[106] E assim, Dom Helder "alongava" a Santa Missa no *agir eucarístico*:

> receber Cristo, para mim, vale na medida em que, ao receber a Cristo que se fez nosso irmão, nós entramos em comunhão com todas as criaturas. Se eu deixar uma criatura de fora [...] já a comunhão está ferida. Já não é plena comunhão. E é assim que o dia vira uma coisa maravilhosa. Não é que não haja dificuldades. Há dificuldades, há problemas. Mas precisamos ir aprendendo a enfrentá-los ao lado de Deus.[107]

Ao longo de seus anos de sacerdócio, Dom Helder não celebrou a Missa diária como uma rotina, pois acreditava que o Senhor lhe tinha dado

---

[103] CÂMARA, H. *Chi sono io?*, 126. Uma das lições espirituais que Helder recebeu de sua mãe é que no mundo existem mais fragilidades do que maldades.

[104] CASTRO, M. de. *Dom Helder: misticismo e santidade*, 138.

[105] CASTRO, M. de. *Dom Helder: misticismo e santidade*, 138-139.

[106] CASTRO M. de, *Dom Helder: misticismo e santidade*, 139-140. Nas concepções helderianas sobre a Missa, nota-se a influência do texto *"La Messe sur le monde"* (TEILHARD DE CHARDIN, P. *Hymne de l'univers*, 17-19).

[107] CASTRO, M. de. *Dom Helder: misticismo e santidade*, 138-140.

"outra graça", ou seja, de celebrar cada Missa como se fosse a primeira: "Veja bem, não digo que eu consigo projetar a missa por todo o meu dia. Há certas graças que são tão grandes que nos livram de saída de qualquer vaidade. Por exemplo, isso de celebrar sempre como se fosse a primeira missa".[108]

Desde os tempos de seminário, Helder acreditava que na Missa reencontra-se a Trindade e se salva a unidade com Cristo. Ele comentava que, ao final do dia, depois de intensas atividades, é normal que o corpo esteja cansado, "esquartejado", quebrado. Deve-se dormir tranquilamente: largar as preocupações, as amarguras, os travos. Quanto mais graves forem os problemas a enfrentar no outro dia, tanto mais é necessário que "o dia nos encontre refeitos, prontos para enfrentar o pesado". Os problemas "vão exigir 100% de cabeça, 100% de nervos, alma e corpo, descansados".[109] Depois de dormir tranquilamente, dando "tréguas aos problemas", durante a Santa Missa reencontra-se com a Trindade e se salva a unidade com Cristo.[110]

Dom Helder celebrava a Missa de forma tão intensa – tão entregue nas mãos do Pai, unido a Cristo Jesus e mergulhado no Espírito Santo – que muitas pessoas gostavam de vê-lo rezar. Monsenhor Montini apreciava tanto vê-lo celebrando que, na década de 1950, quando o Dom chegava a Roma, dirigia-se ao Pio Brasileiro para ajudá-lo durante as Missas.[111] Também os padres e o povo de Recife não demoraram em captar o grande amor do Arcebispo pela Santa Missa: a reverência demonstrada durante os atos

---

[108] CASTRO, M. de. *Dom Helder: misticismo e santidade*, 139. Durante o Vaticano II, Dom Helder votou a favor da canonização do beato Pedro Julião, mas em troca ele deveria obter do Pai uma graça especial para "toda a querida família": que todos "tenham a felicidade, que Ele me dá, de viver em função da Santa Missa. Graça de entendê-la e amá-la sempre mais. Graça de nela ter, cada dia, um cântico novo, ao invés de ato rotineiro e cansativo. Graça de transformar o dia inteiro em Missa: Ofertório, Consagração, Comunhão (como ensinei no último Retiro)" (Circular 33 de 15-11-1962).

[109] CAMARA, H. "Sono reparador". In: *Um olhar sobre a cidade*.

[110] Circular 18 [Anexo] de 19/20-10-1963.

[111] ISNARD, C. "Dom Helder e a Conferência dos Bispos". In: ROCHA, Z. *Helder, o Dom. Uma vida que marcou os rumos da Igreja no Brasil*, 98-99. Quando Dom Helder foi difamado, execrado e silenciado pela ditadura militar e visto com restrições por setores da Igreja, Paulo VI mostrou-lhe afeição e aprovação através de palavras e gestos como dar-lhe um Missal e um cálice para celebrar, inclusive nas viagens (PIRES, J. M. "Homilia para a Missa do Jubileu Sacerdotal de Dom Hélder Câmara". *Sedoc*, 14 (1981) 434).

litúrgicos, a concentração no essencial, as belas homilias, a pregação mistagógica demonstravam que a Santa Missa era sumamente importante na sua vida. Em uma Circular, que poderia ter desaparecido, ele registrou:

> Meus Padres gostam de ouvir-me falar sobre a Santa Missa e gostam de ver-me celebrando. "Quero que V. Excia. celebre em minha Paróquia. Mas lhe digo: não é pela vaidade de ter o Bispo na minha festa. É que eu sei que não posso dar presente maior ao meu povo. E é porque desejo, para mim e para minha gente, uma lição de Missa". Isto que um Pároco disse de modo explícito, sinto que outros sentem sem explicitar.[112]

O Pe. Humberto Jones, por exemplo, encantado com a postura orante de Dom Helder, passou a imitá-lo e, por isso, foi apelidado de "Dom Heldinho":

> O Pároco – Pe. Humberto Jones – é chamado pelo povo de "D. Heldinho", porque – dizem – por fora e por dentro é ver Dom Helder... [...] Ele me disse: "O Senhor não mandou retrato para as Paróquias porque sabia muito bem que não precisava ser retratado: seu retrato está, direto, no coração do Povo". D. Heldinho fez uma Vigília de Páscoa que foi u'a miniatura do que eu estava fazendo no Morro da Conceição. Minha responsabilidade sobre ele é imensa: o que eu faço ele procura, imediatamente, fazer também...[113]

Uma das celebrações que mais comovia Dom Helder era a de ordenação sacerdotal: "É cerimônia que me comove sempre, profundamente. É o auge do poder episcopal: a comunicação do sacerdócio; a transmissão de poderes divinos... Volta-me sempre a impressão: como resiste a criatura humana ao impacto de receber o poder de perdoar pecados ou de celebrar a Santa Missa!?..."[114] Por isso, afligia-se quando um sacerdote abandonava o exercício do ministério: "[...] há quem abra mão, para sempre, do poder de celebrar... Não estou julgando: fico aflito e, em plena Vigília, peço pelos meus pobres e queridos Irmãos...".[115]

---

[112] Circular 84 de 28/29-8-64. Dom Helder pensou em rasgar esta Circular porque a considerou uma "apologia", um autoelogio.

[113] Circular 180 de 18/19-4-1965.

[114] Circular 44 de 2/3-7-64.

[115] Circular 44 de 2/3-7-64. Dom Helder dizia: "[...] mil vezes eu nascesse, mil quereria ser padre..." (Circular 230 de 25/26-6-1965).

Para Dom Helder, a Missa era fonte de inspiração para a tomada de decisões. Durante os debates, que resultaram na Constituição Dogmática *Sacrosanctum Concilium*, o Bispinho, por exemplo, pediu à Família que rezasse a fim de que a própria Missa servisse de inspiração para os Padres Conciliares, na hora da tomada de decisões:

> Peçam a Deus que vença não a posição de um ou outro, de técnicos, de especialistas, e ainda menos capricho ou vaidade de quem quer que seja. Vença o Espírito Santo. Como deseja a Missa, hoje, para os homens de hoje? O que há a salvar de comum e invariável em todas as Missas e até onde poderão ir as adaptações locais? Que a própria Missa nos fale e nos inspire.[116]

A Missa lhe proporcionava conforto diante das dificuldades, dando a tudo o valor real e o tamanho verdadeiro. No início do Segundo Período do Concílio, quando descobriu que havia, na Secretaria de Estado, um dossiê contra ele, preparado por um Bispo dos Estados Unidos, comentou: "Tudo isto é nada quando se tem a Santa Missa".[117] Por essa época, o Dom já era considerado um dos mais importantes Padres Conciliares tanto por autoridades eclesiásticas quanto por jornalistas. No entanto, não se deixou levar pela ideia de grandeza, de poder, e era na Missa que encontrava a verdadeira dimensão de sua vida: "Graças a Deus, a Vigília e a Santa Missa enquadram tudo em perspectivas de eternidade. É tão bom mergulhar no santo sacrifício. Tudo adquire o valor real e o tamanho verdadeiro".[118]

Durante o período em que foi execrado, difamado e censurado, a Santa Missa sempre foi sua força e sustento. Tendo a Missa, não guardou ódios no coração. Tendo a Missa, teve a coragem de denunciar profeticamente as injustiças e as arbitrariedades. Quando seus colaboradores eram presos e torturados, ele organizava com as comunidades Missas e Vigílias, pedindo a Deus pelos presos e seus familiares. Uma das Missas mais emocionantes que celebrou foi a do sepultamento do Pe. Henrique no final de maio de 1969.

---

[116] Circular 3 de 17-10-1962.

[117] Circular 1 de 30-9-1963.

[118] Circular 14 de 17/18-10-1963. Nesse período, sua agenda, de fato, estava lotada de encontros, audiência, reuniões, jantares. Por isso, durante a Santa Missa, brincou com Jesus dizendo que com Ele não precisava marcar audiência porque estavam sempre juntos (Circular 39 de 13/14-11-1963).

O clima era de terror. Como no início do cristianismo, cristãos estavam sendo mortos por defenderem uma proposta de vida e amor alicerçada no Evangelho de Jesus Cristo.

Um aspecto que Dom Helder ressaltava em relação à Missa – e que ele disse ter descoberto durante uma Vigília – era justamente a realidade da união entre "Ceia" e "Calvário". Na Quinta-Feira Santa, Jesus celebrou verdadeiramente a comunhão, mas depois a continuou, misteriosamente, no calvário. Por isso, a Missa "nos leva ao Calvário e nos permite viver a mesmíssima Santa Missa que Cristo celebrou na Cruz. Ele se oferece ao Pai como no Calvário. Só não faz tornar a morrer. Ele morreu e ressuscitou para sempre". No Calvário, em nome de todas as criaturas, de todos os tempos e de todos os lugares, Cristo adorou o Pai, agradeceu-lhe o dom da vida, as maravilhas da criação, todas as graças e favores recebidos pelas criaturas. Jesus carregou todos os pecados chegando a ter a impressão sincera de ter sido abandonado pelo Pai. Na Santa Missa, Cristo, o verdadeiro celebrante, continua fazendo tudo isto: adora, agradece, carrega os nossos pecados. Ainda hoje, Cristo gosta de repetir: "Pai, perdoai, eles não sabem o que fazem". E Cristo, em toda Missa, como no calvário, "apresenta as nossas súplicas ao Pai. Completa o que não sabemos pedir. E nossos pedidos chegando ao Pai, não só pelo Cristo ou com Cristo, mas em Cristo, em unidade com Ele, nossos pedidos têm um valor infinito diante do Pai".[119] Desse modo, misteriosamente, a Missa nos leva ao calvário e à cruz, e Dom Helder experimentou isso: "Teve de aprender a viver esta continuidade real que existe entre a eucaristia celebrada e levada às últimas consequências na luta profética pela justiça e paz. É a descoberta de quem por vivência própria viu a necessidade de abandonar-se, como Jesus, na mão do Pai, em tantos momentos de perseguição, ameaças de martírio de irmãos".[120]

Para Dom Helder, a Missa enquanto "encontro pessoal com Cristo vivo" era maior que todas as outras formas de oração. Por isso, ele não

---

[119] CAMARA, H. "Deus em nossa vida", *Deus nos tempos de hoje e na vida de cada dia*.

[120] KATHEN, N. R. T. *Uma vida para os pobres: espiritualidade de D. Hélder Câmara*, 93-94. Assim meditava o Pe. José: "Toda Missa é a continuação do mesmíssimo Sacrifício do Calvário. Nós não somos menos felizes do que João Evangelista e Nossa Senhora que tiveram o doloroso e indizível privilégio de no calvário participarem das três horas de Celebração da Primeira Missa" (CAMARA, H. "Cristo em nossa vida", *Deus nos tempos de hoje e na vida de cada dia*).

nutria interesse de peregrinar, por exemplo, à Terra Santa: "De que me adianta saber: ali nasceu Jesus; por ali andou; ali morreu, se cada manhã o tenho em minhas mãos e, ao invés de uma Belém vazia e do passado, tenho Belém atualíssima e vou a um Calvário onde o Filho de Deus, de verdade, continua a oferecer-se pela humanidade; a dizer comigo: 'Pai, perdoa: eles não sabem o que fazem; e a rezar conosco o pai-nosso!?...'". Da mesma forma, sem querer desestimular e causar escândalo, disse à sua Família que, em Assis, tudo o que viu lembrava o passado e falava de um morto, enquanto "Francisco está vivo e é companheiro de todos os dias e de todas as horas...". Também não teve curiosidade de ir ao túmulo de João XXIII, porque o "Papa João é meu companheiro de Vigília. O Papa João é meu companheiro de Santa Missa. Eu o levo comigo o dia todo".[121] No entanto, curiosamente, pelas Circulares percebe-se que Dom Helder alegrava-se de celebrar a Missa com paramentos e objetos litúrgicos de amigos – usou roupas de João XXIII,[122] Paulo VI,[123] João Paulo II,[124] do Cardeal Suenens[125] entre outros. Simbolicamente, era como se vestisse as características que apreciava nesses expoentes da fé.

4.1 Santa Missa: concelebração, vernáculo e "inculturação"

No Vaticano II, Dom Helder gastou muitas energias em prol da renovação litúrgica. Ele partiu para Roma levando a ideia da concelebração. Chegando lá, escreveu para João XXIII sugerindo-lhe uma concelebração no final do Primeiro Período do Concílio: "A mesma Missa celebrada pelo Papa e por todos os Padres Conciliares, consagrando a mesma hóstia e o

---

[121] Circular 49 de 23/24-11-1963. Dom Helder celebrará no túmulo de João XXIII somente em 1965 (Circular 176 - 4 de 30/31-3-65).

[122] Circular 46 de 19/20-10-1964. Paulo VI exigiu que Monsenhor Samoré se reconciliasse com Dom Helder e foi justamente Samoré quem o presenteou com paramentos roxos de João XXIII. Dom Helder alegrou-se em "vestir-se de João XXIII". Também Monsenhor Capovilla enviou--lhe objetos litúrgicos pertencentes ao Papa Bom (Circular 16 de 26/27-9-1964).

[123] PIRES, J. M. "Homilia para a Missa do Jubileu Sacerdotal de Dom Hélder Câmara". *Sedoc* 14 (1981) 434.

[124] PILETTI–PRAXEDES, 382. Dom Helder foi sepultado com as roupas usadas por João Paulo II em sua visita a Recife.

[125] Circular 19 de 29/30-9-1964. Importante a coincidência: no dia de São Miguel, Dom Helder celebrou a Missa com os paramentos do "Pe. Miguel".

O cultivo espiritual de Dom Helder

mesmo vinho, dando uma ideia tangível da unidade da Igreja".[126] O Dom acreditava que, além do trabalho interno e dos textos, o Concílio precisava de gestos simbólicos tais como o da "concelebração".[127]

O Arcebispo também entendia que a Igreja não poderia ficar amarrada ao latim[128] se quisesse ser Igreja viva, capaz de entender e se fazer entender, estar presente e atuar no mundo moderno.[129] Por isso, aguardava, com alegre expectativa, a possibilidade de rezar a Missa em vernáculo.[130] A primeira Missa que ele celebrou em português foi marcada para o final do retiro dos padres da Arquidiocese de Olinda e Recife,[131] e após celebrá-la comunitariamente registrou:

> senti uma das alegrias mais intensas e mais puras de minha vida ao celebrar em português, na noite de ontem. [...] Dizer repetidas vezes, "o Senhor esteja convosco"; mostrar a Santa Hóstia apontando o Cordeiro de Deus; dar a bênção em português eram sonhos que, antes do Concílio, me pareciam simplesmente irrealizáveis. A pregação brotou, espontânea e comovida, de um coração feliz e agradecido.[132]

Foi em Roma, durante o Terceiro Período do Concílio, que Dom Helder organizou a primeira concelebração da CNBB. O fundador da entidade, além de registrar esse momento histórico, fez uma bela declaração sobre a "fonte de seu senso estético" e "de sua alma de poeta":

> [...] foi das maiores e mais profundas impressões de minha vida. Noção exata de estar em plena Primavera da Igreja, sonhada pelo Papa João. Claro que a Missa como Missa não pode crescer, tornar-se mais Missa, adquirir mais valor. Mas assim como a Santa Missa em Vernáculo ganhou, no

---

[126] Circular [Carta] 1 de 13/14-10-1962.

[127] Circular 3 de 17-10-1962. Alguns dias depois, Dom Helder vibrou porque a ideia "pegou".

[128] Circular 36 de 15/16-10-1965.

[129] Circular [Carta] 1 de 13/14-10-1962.

[130] Circular 26 de 10/11-6-64.

[131] Circular 48 de 7/8-7-64.

[132] Circular 61 de 23/24-7-64. Por isso, antes de viajar para o Terceiro Período do Concílio, escreveu: "VOU TER SAUDADES DA MISSA EM PORTUGUÊS, embora a Missa, em qualquer língua e em qualquer parte do mundo, nos jogue no Absoluto, no Eterno, no Infinito" (Circular 99 de 9-9-64).

sentido de tornar-se mais viva, mais ao alcance do povo, mais participada, a Concelebração (especialmente, no rito de ontem) é insuperável como sinal de união (e até de unidade!) entre o Celebrante Divino, os Concelebrantes e o Povo de Deus, que também participa da Celebração... Sempre achei o Santo Sacrifício, além do mais, de grande beleza. Meu senso estético, minha alma de poeta se alimentam plenamente do Altar. A beleza também ganha na Concelebração: não houve quem não saísse tonto de emoção e de encanto na cerimônia em *Domus Mariae*...[133]

No final de 1964, na Arquidiocese de Olinda e Recife, as Missas já eram comunitárias e em vernáculo. Vibrando por isso, o Dom registrou: "Que distância das Missas de meus tempos de menino, nas quais só a graça e de modo quase milagroso me fazia entrever as belezas do Santo Sacrifício".[134] Mas ele percebeu que precisava ir além – dar o terceiro passo – e, por isso, estimulou a Missa cantada e popular. Acreditava que o canto popular poderia estar a serviço do culto divino. Nada de excessos, de ritmos inadequados, mas sim a música que está na alma da *nossa gente*, irrompendo como hinos a Deus.[135] Ele foi um dos pioneiros naquilo que depois será chamado de "inculturação" da liturgia:

> Para a maioria de meu povo, há muito o que reformar na Liturgia. Quanto mais rezo a Santa Missa em português, mais sinto que continuo a rezar em latim: não só pela elevação das palavras, mas pela inadequação das passagens da Sagrada Escritura. Chegou a grande hora de especialistas da Bíblia terem a palavra. Infelizmente, só por exceção têm o sentido do povo... Para a maioria da minha gente, o canto da Assembleia (quer se cante a liturgia, na liturgia ou com ela; ao redor ou fora da Liturgia) está vazado em ritmos que não são os do povo humilde. É impressionante como aburguesamos a nossa Liturgia. Claro que não esqueço a parte culta do povo de Deus. Mas quem está esquecida é a parte humilde.[136]

---

[133] Circular 37 de 12/13-10-1964.

[134] Circular 112 de 8/9-12-1964.

[135] CAYUELA, J. *Hélder Câmara – Brasil: ¿un Vietnam católico?*, 180; FONSECA, J. *O Canto novo da nação do Divino*: música inculturada na experiência do Pe. Geraldo Leite Bastos e suas comunidades.

[136] Circular 134 de 8/9-2-65.

O CULTIVO ESPIRITUAL DE DOM HELDER

No dia 8 de dezembro de 1965, Dom Helder subiu o Morro da Conceição "misturando-se com o povo" e dispensando guardas-civis. Na concelebração em vernáculo, durante a homilia entregou a cidade a Nossa Senhora "repetindo a *Mensagem de Chegada* com outros termos": o "povo chorava de emoção, ouvindo a própria voz; vendo os seus problemas reais, de todo o dia, transformados em prece viva à Imaculada Conceição. [...] A última palavra era sempre de esperança, sempre de amor. Mas saiu tudo: desemprego, despejo, vida pela hora da morte...". Quando desceu do Morro, o Dom quis visitar as barracas da festa: "[...] vi, então, que o povo, o verdadeiro povo está ali. Com as melhores intenções, o Padre conseguira guardar no alto os devotos que querem rezar, cantar, comungar; e afastar de Nossa Senhora o povo que mistura festa da Santa com um bocado de Carnaval e Xangô...". Diante disso, o Dom lançou seu apelo: "Pelo amor de Deus, Comissão de Liturgia: não deixe que, em nome da purificação do culto, os padres vão afastando o povo-povo e guardando só os devotos de sempre... Nós é que temos que entrar na festa popular adentro e, então, sim, tentar purificá-la sem corrompê-la, nem matá-la...".[137]

4.2 Santa Missa: expressão da comunhão e da fraternidade

A Missa era, para Dom Helder, um grande mistério. A Eucaristia, o sacramento da fraternidade, a concelebração com Cristo, a comunhão com todos os homens e mulheres, a grande comunhão entre a terra e o céu.[138] Em todos os tempos e línguas, ela possui um valor em si "porque nos joga no Absoluto"; no entanto, as adaptações podem possibilitar a melhor vivência e compreensão do Santo Mistério, bem como a melhor expressão do sentido de fraternidade entre os povos, a unidade com Cristo e a beleza do Santo Sacrifício.[139] Por isso, durante o Vaticano II, o Dom vibrava com cada pas-

---

[137] Circular 112 de 8/9-12-1964.

[138] Durante a Missa, o Dom até chorava ou ria suavemente de emoção ao fazer a experiência do mistério da comunhão entre o céu e a terra (Depoimento da Irmã Agostinha Vieira de Melo. In: CASTRO, M. de. *Dom Helder: misticismo e santidade*, 284). Comovia-se profundamente quando, no Prefácio, unia a sua voz às vozes angélicas (CAMARA, H. *Quem não precisa de conversão?*, 58).

[139] Circular 3 de 17-10-1962; Circular 37 de 12/13-10-1964; Circular 99 de 9-9-64; Circular 112 de 8/9-12-1964.

so dado no sentido da renovação desejada por João XXIII[140] e lamentava profundamente quando "vencia Constantino".[141] Sofria diante do excesso de pompa, da pobreza litúrgica, da falta de sentido comunitário. Em um encontro com o amigo Montini, logo a após a Missa de abertura do Concílio, comentou a sua "impressão dolorosa" e o Cardeal disse: "Admiro a altura e a beleza de seus planos. O senhor só sabe pensar nas dimensões do mundo, ou melhor, da Igreja".[142]

Dom Helder sofria quando a Liturgia tornava-se uma forma e uma amostragem do compromisso da Igreja com os ricos e poderosos. No Segundo Período Conciliar, após a Missa pelos Cardeais e Bispos falecidos desde o início do Vaticano II – a qual contou com a presença de Paulo VI –, ele registrou a impressão que teve e se propôs a alertar o Santo Padre:

> [...] é duro ver o Patriciado Romano e Corpo Diplomático. Lembram um compromisso com a riqueza e o poder. Enquanto isto o povo fica fora da Basílica e da própria praça de S. Pedro, como gado, atrás de umas cercas que deixam espaço livre para que circulem os pullman de luxo que transportam o comum dos Bispos e os carros escandalosos que trazem Cardeais e Bispos mais graduados. [...] Mais grave, no entanto, quase cegante, é a visão do próprio Papa. Hei de chegar a ele. Se não for desta vez, será de

---

[140] Última Circular [53] de 8/9-12-1962.

[141] Circular 59 de 4/15 [sic].12-1963.

[142] Circular 20 de 2-11-1962. Alguns dias depois, Dom Helder foi para a Missa em ação de graças pelos quatro anos da coroação de João XXIII com o coração aberto "porque João XXIII é um homem providencial". Mas voltou angustiado, como na abertura do Concílio, pois havia "excesso de pompa e ausência de liturgia comunitária". Apertava-lhe o coração vendo o povo fora da Praça São Pedro e lá dentro os Bispos, os Cardeais, o corpo diplomático e o patriciado romano; o desfile de Cardeais de "cauda arrastando pela laje da Basílica": o Papa na sede gestatória, tiara e todo o aparato renascentista: "ninguém dialogou, ninguém cantou, a não ser os Monsenhores ao pé do Altar e a Schola Cantorum. De novo – além da Santa Missa que de qualquer maneira é o que há de máximo – salvou a cerimônia o discurso do Santo Padre que enviarei a vocês. Perdoem se falo assim. Não quero, nem por sombra, afastar da caridade e do espírito do Concílio. Mas é caridade (amor a Deus e ao próximo e amor ao Concílio) que me leva a falar assim. [...] Tudo aquilo contrastava com as palavras do Papa, falando em servo dos servos, em Pastor, em humildade. Sinto que é imposição da qual ele não se pode livrar ainda. Ao Evangelho, o diácono, no pedir-lhe a bênção, beija-lhe o pé... De novo, peço que não interpretem mal estas palavras. Não me imaginem amargo e cheio de travo. Sinto o que, no íntimo, o Papa há de ter experimentado. E sonho com o dia em que o Vigário de Cristo possa ser livre de um fausto que faz o gáudio dos grã-finos e nobres, e escandaliza os pequenos e os sem-fé" (Circular 22 de 3-11-1962).

outra. Hei de cumprir o dever filial de pedir: "Meu pai, abra os olhos, pelo amor de Deus! Que força moral o senhor pode ter para falar em atualização (*aggiornamento*) e exigir das Freirinhas que larguem hábitos ridículos e ultrapassados, se as superamos de longe!"... Diremos ao Papa (e Cristo de Quem Ele é Vigário estará comigo e dirá também) que ninguém pode levar a sério o título belíssimo de servo dos servos de Deus, enquanto ele surgir como um Suserano oriental.[143]

No Terceiro Período do Vaticano II, quando parecia que se apagavam as esperanças despertadas ao ser anunciado o Concílio, Dom Helder realizou intensas Vigílias pelo Papa Paulo VI, a fim de que fizesse esforços para salvar o espírito do Concílio desejado por João XXIII. Assuntos de primeira grandeza como a colegialidade dos Bispos e a reforma da Cúria Romana estavam correndo grandes riscos. No dia 13 de novembro, não haveria sessão, mas uma Missa presidida pelo patriarca Maximos IV, com a presença de Paulo VI. Helder se fez presente, também, como um estímulo ao Vigário de Cristo. O povo estava fora, na praça e "o esplendor habitual do cortejo pontifício encontrou concorrência séria no esplendor da corte do Patriarca Maximos [...]. Mesmo assim, notei que o Santo Padre não quis a sede gestatória".[144] Dom Helder fazia o possível para purificar-se da angústia livrando-a do desespero e de qualquer nota de julgamento: "Rezai, rezai, rezai...". E enquanto rezava, eis que aconteceu o tão sonhado – e sugerido por ele – gesto simbólico de Paulo VI: "A Basílica contemplou, emocionada, num silêncio impressionante, Paulo VI avançar com a tiara nas mãos e regressar feliz!". Naquele momento, a angústia transformou-se em "delírio".[145]

Se, por um lado, Dom Helder sofria devido ao excesso de pompa, à pobreza litúrgica e ao compromisso com os ricos, por outro lado, ele meditava, sonhava e ajudava a Igreja a expressar-se em uma liturgia simples, bela, profunda e com o espírito de Cristo pobre e servidor. Se dependesse dele, até haveria outra solenidade/festa no calendário litúrgico:

---

[143] Circular 49 de 23/24-11-1963.

[144] Circular 72 de 13/14-11-1964.

[145] Circular 72 de 13/14-11-1964.

CELEBREI A MISSA DE CRISTO REI. Claro que Ele é Rei. Mas de uma realeza tão diferente que eu me angustio ao ver que, de certo modo, exploramos a realeza d'Ele para justificar, inconscientemente, a nossa. Durante a Missa, pensei o tempo todo no pobre Rei, com estopa nas costas e coroado de espinhos. Peçam à Adayr, em meu nome, que lhes conte o episódio impressionante da hemoptise no ônibus. Durante a Missa, fiquei repetindo, baixinho: "Meu pobre Rei: para mim, você é Luciano". Luciano é um pobre que lembra ao vivo Jesus Cristo. Dependesse de mim criaríamos uma festa nova: de "Cristo servidor e pobre".[146]

No Pós-Concílio, Dom Helder favoreceu na Arquidiocese uma Teologia positiva, "encarnada", esperançosa e em relação estreita com a Liturgia: "Queremos a Teologia mergulhando sempre as raízes na Bíblia e na Patrística; em relação estreita com a Liturgia; em contato inteligente com as Ciências; em clima ecumênico; fincando os pés no chão dos homens e tendo olhos abertos para as viagens espaciais".[147] Nas Missas, celebradas durante as visitas pastorais, o Pastor fazia homilias que alimentavam a fé, engajavam no amor, despertavam a esperança. Ele tinha consciência de que, como Pastor, não deveria alimentar a submissão dos pobres aos opressores, mas promover a libertação dos oprimidos,[148] superar os ódios e promover a paz. Muitas vezes, o povo ria e chorava de emoção e, ao final da Missa, nem queria ir embora porque era muito bom conversar com o Pastor que transmitia mensagens de paz, justiça e amor.[149]

4.3 A devoção Eucarística: "Jesus nas espécies do Pão, do Vinho e do Pobre"

Dom Helder apreciava as Horas Santas considerando-as entre as "mais cheias" de sua vida[150] e era um assíduo participante dos Congres-

---

[146] Circular 25 de 27-10-1963.

[147] Circular 69 de 17/18-11-1965.

[148] Circular 145 de 20/21-2-65.

[149] Circular 172 de 20/21-3-65.

[150] Em 1964, Dom Helder escreveu à Família: "[...] o que me fez feliz foi preparar e pregar a Hora Santa, de união ao Congresso Eucarístico Internacional. Estava com saudades de pregar Horas Santas. Pago para falar uma hora inteira (dividida em quatro momentos: adoração, ação de

sos Eucarísticos. Porém, sua devoção eucarística evoluiu de acordo com o seu desenvolvimento místico-espiritual e com a caminhada eclesial, especialmente na América Latina. O organizador do espetacular Congresso Eucarístico do Rio de Janeiro dirá, posteriormente, referindo-se ao evento, que naquela ocasião ainda tinha o pensamento de São João Maria Vianney, ou seja, severo e austero consigo, mas sempre pronto para angariar fundos econômicos para os eventos destinados a glorificar ao Senhor. Destinar quantias vultosas de dinheiro para render culto a Cristo Sacramentado era normal e, até indiscutível, mesmo em um país com 2/3 da população na pobreza ou miséria.[151] Mas depois das palavras de Gerlier, o modo de adorar o Santíssimo Sacramento ganhou um significado mais profundo: a presença real de Cristo na Eucaristia estará sempre associada à presença real de Cristo nos pobres:

> Pensando bem, não é preciso que a Missa termine para que o Bom Samaritano entre em ação: em pleno Sacrifício, unindo-nos a quem sofre no mundo inteiro, podemos e devemos levar aos homens uma ajuda invisível, mas real. De outra parte é verdade que terá de Cristo visão falha e deformada quem o descobrir apenas sob as espécies do pão e do vinho, sem descobri-lo sob as espécies do Pobre.[152]

Por isso, Dom Helder vibrou quando Paulo VI foi ao Congresso Eucarístico de Bombaim (1964) desejando que o evento não tivesse caráter triunfalista. Referindo-se ao Congresso de Bogotá (1968), o Arcebispo disse: "Tínhamos a mesma fé na presença do Senhor na Eucaristia, mas parecia-nos evidente que Cristo não podia aceitar um excesso de glorificação até que a outra Eucaristia – o Cristo vivo nos pobres – é humilhado".[153] Essa

---

graças, contrição e súplica) em diálogo direto com Cristo... Tenho esperança de que as horas gastas assim, contem entre as mais cheias de minha vida" (Circular 110 de 5/6-12-1964). Nas Circulares encontramos belas frases sobre a Eucaristia, tais como: "Cada vez que seguro nas mãos o Cálice sagrado, cada vez que contemplo o Precioso Sangue, tenho bem presente que uma gota daquele Cálice é capaz de salvar a humanidade inteira..." (Circular 73 de 15/16-8-64); "de repente, tua lua me lembrou de tal modo a Santa Hóstia, que caí de joelhos!... Eis o Cordeiro de Deus, eis Aquele que apaga os pecados do mundo!..." (Circular 77 de 20/21-8-64).

[151] CAMARA, H. *Le conversioni di un vescovo*, 159.

[152] Circular 69 de 8/9-8-64.

[153] H. CAMARA. *Le conversioni di un vescovo*, 166.

nova postura foi intensamente refletida e rezada por ocasião do Congresso Eucarístico Internacional, em Filadélfia (1976). Na ocasião realizou-se um simpósio sobre a fome mundial, e Dom Helder era um dos conferencistas mais importantes do evento: "Eu tive a alegria de durante uma manhã inteira participar, com o cardeal Benelli e com madre Teresa de Calcutá, do exame da situação de fome de justiça e liberdade. Passamos a manhã inteira debatendo este assunto diante de uma multidão enorme, e aquilo televisionado para os Estados Unidos inteiro".[154] Sua conferência tinha por título: "O Pão da Vida e a subvida no mundo". Entre outras coisas, comentou: "Ai de nós se o Santíssimo Sacramento não abrir nossos olhos para a eucaristia do pobre: aparência de pobre, presença de Cristo. [...] Continuando a acudir o pobre com alimento, com roupa, com remédio, com casa, temos que entender que a caridade, nos nossos dias, consiste em ajudar a promover a justiça" e "nas horas de maior glorificação do Santíssimo Sacramento, peçamos a Cristo [...] a graça de unir-nos com todas as pessoas de boa vontade para lutar, de modo pacífico, mas corajoso, pela libertação dos oprimidos do mundo inteiro, ou melhor, pela libertação de Cristo, esmagado no íntimo dos sem-vez e sem-voz".[155]

Para Dom Helder, portanto, era importante que a adoração a Cristo presente no Santíssimo Sacramento estivesse sintonizada com a realidade do povo e despertasse para a solidariedade com os Pobres/presença de Cristo. Para a sua Família, depois das calamidades provocadas pelas chuvas, em meados de 1965, escreveu:

A FESTA DE HOJE É SUBSTANCIALMENTE uma festa eucarística: é a festa da presença real de Cristo no Santíssimo Sacramento. Consequências práticas da maior importância: o cristão é um homem que se alimenta com seu próprio Deus; Cristo, na Eucaristia, vira pão, vira "coisa" (na Cruz, se escondia a divindade; aqui, a própria humanidade se apaga...). [...] É, também, o Corpo de Cristo e Corpo de Deus a massa desabrigada, cujos mocambinhos a cheia levou... A procissão de Corpus Christi neste ano podia ser diferente: quando o Povo esperasse o Arcebispo com o Ostensório e nele o Santíssimo Sacramento, surgiria o Arcebispo, num caminhão apinhado de

---

[154] CAMARA, H. "Entrevista de D. Hélder". *Sedoc* 11 (1978) 496.

[155] CAMARA, H. "O Pão da Vida e a subvida no mundo". *Sedoc* 9 (1977) 769-770.

O CULTIVO ESPIRITUAL DE DOM HELDER

343

vítimas, não direi das enchentes, que são passageiras, mas vítimas permanentes dos Alagados... E o Arcebispo mostrando sua pobre Gente, repetiria apenas: "O Corpo de Cristo", "O Corpo de Deus" e cairia, de joelhos, em adoração a Cristo, presente nos que sofrem...[156]

4.4 Santa Missa: força de esperança e libertação

Na compreensão helderiana, o melhor fruto da comunhão com o Corpo de Cristo na Eucaristia é que o próprio Cristo nos abra os olhos para reconhecê-lo na "Eucaristia dos pobres, dos oprimidos, dos sofredores".[157] Não bastam atitudes emotivas de compaixão e pesar, mas é preciso "quebrar estruturas interiores" – e estas são as mais duras e penosas de quebrar –, "deixar-nos revolver pela graça; decidir-nos a mudar de vida; a converter-nos" para, assim, não sermos "tão alienados, tão distantes e tão frios, de maneira a dar-nos ao luxo de procurar Deus em horas cômodas de lazer, em templos luxuosos, através de liturgias pomposas e, não raro, vazias, sem vê-Lo, sem ouvi-Lo, sem tocá-Lo, lá onde Ele está, e nos espera e exige nossa presença".[158] Nesse sentido, tendo em vista a perspectiva da Igreja servidora e pobre, ele dizia que

> não nos contentamos com uma renovação catequética que aborde apenas uma catequese mais ativa e agradável: queremos uma catequese que descubra na mensagem cristã verdade capaz de ajudar a massa se tornar povo e capaz de converter ricos presos insensivelmente ao dinheiro. Não nos

---

[156] Circular 224 de 16/17-6-1965. Na Circular seguinte, Dom Helder descreveu como foi a Celebração da Solenidade Eucarística: "À tarde, dei assistência pontifical à Missa que deveria ser seguida de procissão (a chuva não deixou). Preguei. Dizem que nunca me viram falar tão sentidamente, tão de dentro... Descrevi a Procissão que sonhei fazer: com as vítimas da enchente (Corpo de Cristo, Corpo de Deus!). A multidão se emocionou profundamente. Como os humildes entendem a mensagem evangélica!" (Circular 225 de 17/18-6-1965).

[157] CAMARA, H. Le conversioni di un vescovo, 167.

[158] CÂMARA, H. O deserto é fértil, 23-25. Em abril de 1981, durante a Aula Magna na Universidade Católica do Sagrado Coração de Jesus, em Milão, Dom Helder convidou professores, estudantes e convidados a mergulharem na oração, "sobretudo, na Santa Missa, cujo verdadeiro Celebrante é sempre o Cristo. Unamo-nos sempre mais a Cristo no Santíssimo Sacramento, na Sagrada Comunhão. Mas quanto mais mergulharmos na Sagrada Eucaristia, mais nossos olhos se abram para discutir Cristo vivo na Eucaristia do Oprimido e do Pobre" (CAMARA, H. "A Igreja na América Latina: Hoje". In: CÂMARA, H. Utopias peregrinas, 89).

contentamos com uma renovação litúrgica que faça apenas mudanças do altar e uma maior participação dos fiéis nos cantos e orações: queremos que a liturgia apoie e aprofunde a catequese, elevando os humildes e arrasando o egoísmo dos poderosos.[159]

De fato, o Dom transbordava de alegria quando os pobres tornavam--se sujeitos da própria história, organizando-se nos Grupos de Irmãos e nas CEBs, a fim de celebrar os sacramentos, especialmente a Santa Missa, e defender os seus direitos. Os pobres,

> unidos aos Vizinhos, unidos à Comunidade, não serão esmagados. Mesmo porque o Povo unido – não para pisar nos direitos dos outros, mas para permitir que Ninguém pise nos direitos deles, que não são presentes nem dos Governos, nem dos Ricos, mas do Criador e Pai, povo unido assim é invencível, porque é Deus com o Povo. E aqui se abre o trabalho maravilhoso das Comunidades de Base, em que buscamos viver e fazer viver, de modo pessoal e comunitário, a nossa fé. Os diversos sacramentos – sobretudo o Batismo e a Confirmação – a Santa Missa, vividos de modo comunitário, são um exemplo vivo de como a religião, longe de ser força alienada e alienante, é força de esperança e de libertação.[160]

Em 1978, em um momento de profunda emoção, enquanto celebrava a *Missa da Terra Sem Males*, Dom Helder sugeriu a Dom Pedro Casaldáliga, Pedro Tierra e equipe que organizassem a *Missa dos Quilombos*. E, assim, em 22 de novembro de 1981, na Praça do Carmo, em Recife, no mesmo local onde a cabeça de Zumbi foi exposta em 1695, aconteceu a *Missa dos Quilombos* que reuniu aproximadamente oito mil pessoas. Dom Helder Camara, Dom Pedro Casaldáliga, Dom José Maria Pires, Dom Manuel Pereira, Dom Marcelo Carvalheira, padres, religiosos, lideranças comunitárias e integrantes das comunidades denunciaram e pediram perdão pelos crimes cometidos contra os negros no Brasil, conclamando a todos a

---

[159] CÂMARA, H. "La presença della Chiesa nello sviluppo dei popoli". In: IDOC. *Due Miliardi di affamati*. Helder Câmara, Arcevescovo di Olinda e Recife, Lebret, Gonzalez-Ruiz e altri denunciano la colpevole inerzia del mondo "civile" nei confronti dei paesi sottosviluppati, 57; ID. "Il nuovo umanesimo che sta sorgendo". In: CÂMARA, H. *Terzo Mondo defraudato*, 67-68.

[160] CAMARA, H. "A Igreja na América Latina: Hoje". In: CÂMARA, H. *Utopias peregrinas*, 87.

O CULTIVO ESPIRITUAL DE DOM HELDER

345

criar uma nova história.[161] Durante a Missa, houve um momento precioso em que brotou do "fundo da alma" de Dom Helder "a explosão de oração do filho diante da mãe".[162] A partir das angústias dos negros, o Dom apresentou a Mariama as angústias de toda a humanidade; através da oração evidenciou os grandes ideais e as grandes lutas da sua vida e da Igreja na América Latina. Enquanto pronunciava a oração, o Dom era constantemente interrompido por fortes salvas de palmas do povo celebrante:

> Mariama! Nossa Senhora! Mãe de Cristo e Mãe dos homens, Mariama. Mãe de todos os homens, de todas as raças, de todas as cores, de todos os cantos da Terra. Pede ao teu Filho que esta festa não termine aqui. A marcha final vai ser linda de viver. Mas, é importante, Mariama, que a Igreja de teu Filho não fique em palavra, não fique em aplausos. É importante que a CNBB embarque de cheio na causa dos negros, como entrou de cheio na Pastoral da Terra e na Pastoral dos Índios. Não basta pedir perdão pelos erros de ontem! É preciso acertar o passo de hoje, sem ligar ao que disserem. Claro que dirão, Mariama, que é política, que é subversão, que é comunismo. É Evangelho de Cristo, Mariama! Mariama, mãe querida! Problema de negro acaba se ligando com todos os problemas humanos, com todos os absurdos contra a humanidade, com todas as injustiças e opressões. Mariama, que se acabe, mas que se acabe mesmo, a maldita fabricação de armas. O mundo precisa fabricar paz! Basta de injustiças! De um sem saber o que fazer com tanta terra, e milhões sem um palmo de terra para morar. Basta de um tendo de vomitar para comer mais e 50 milhões morrendo de fome num só ano. Basta de um com empresas se derramando pelo mundo todo, e milhões sem um canto onde ganhar o pão de cada dia. Mariama! Senhora Nossa! Mãe querida! Nem precisa ir tão longe, como no teu hino, nem precisa que os ricos saiam de mãos vazias e os pobres de mãos cheias... Nem

---

[161] Na ocasião, Dom José, carinhosamente chamado de "Dom Zumbi" pelo povo de Deus, disse: "Estamos presenciando, hoje e aqui, os sinais de uma nova aurora que vem despertar a Igreja de Jesus Cristo. No passado, ela não se mostrou suficientemente solidária com a causa dos escravos, não condenou a escravidão do negro, não condenou as torturas de escravos, não amaldiçoou o pelourinho, não abençoou os quilombos, não excomungou os exércitos que se organizaram para combatê-los e destruí-los. [...] Leis houve, e não poucas, destinadas a coibir os excessos dos maus tratos aos cativos. Ficaram, porém, letra morta pois era o próprio sistema que legitimava a escravidão" (PIRES, J. M. "Homilia", *Missa dos Quilombos*). A *Missa dos Quilombos* foi gravada em disco com músicas de Milton Nascimento e textos dos poetas Pedro Tierra e Dom Pedro Casaldáliga.

[162] KATHEN, N. R. T. *Uma vida para os pobres: espiritualidade de D. Hélder Câmara*, 86.

pobre nem rico! Nada de escravo de hoje ser senhor de escravos de amanhã. Basta de escravos! Um mundo sem senhores e sem escravos, um mundo de irmãos, de irmãos, de irmãos não só de nome e de mentira. De irmãos de verdade, Mariama.[163]

Assim sendo, podemos dizer que a Missa era uma estação especialíssima na vida de Dom Helder porque, através dela, ele refazia a unidade com Deus, participava do sacrifício redentor de Jesus Cristo, celebrava a comunhão com a Igreja terrestre e celeste; rezava por aqueles que não podem, não querem ou não sabem; cultivava o sonho de um mundo sem senhores e sem escravos, um mundo de irmãos. A Missa era o momento alto do seu dia; inspirava sua alma de místico, pastor, profeta e pai espiritual.

***

Portanto, Dom Helder cultivava a sua espiritualidade através: 1) do encontro cotidiano com Deus nas Vigílias; 2) de profundas relações *mecejanenses* estabelecidas com a Família, 3) do hábito de escrever, em clima de oração, sobre sua vida, seus sonhos e ações; 4) do mergulho no Mistério da Santa Missa.

---

[163] CAMARA, H. "Mariama" [acesso em 7-12-2009].

CAPÍTULO VII

As devoções de Dom Helder

Dom Helder mantinha uma relação pessoal com os Santos e na conversa-oração atualizava na própria vida e missão a espiritualidade deles. Desse modo, Maria era a sua mãezinha, a Mãe que compreendia os pobres, a aurora da qual nasceu o Sol da Justiça e a cantora da libertação. Os Anjos eram presença constante, exemplo de serviço e proteção contra as investidas dos demônios. São Vicente de Paulo era guia e mestre para o seu apostolado em favor da justiça. São Carlos Borromeu era inspiração para fazer do Vaticano II o que ele fizera em relação a Trento.[1] Helder também mantinha um profundo respeito e veneração pelo Papa, considerando-o representante de Cristo na terra, servidor dos seres humanos e pai espiritual.

1. "Nem te conto o que pretendo fazer com as rosas, Rosa Mística"

Dom Helder era devoto de Maria, a Mãe de Jesus. Ele escreveu centenas de poemas dedicados a Nossa Senhora, sobressaindo-se a *Invocação a Mariama*, mãe de Cristo e mãe de todos os seres humanos "de todas as raças, de todas as cores, de todos os cantos da terra".[2] Um de seus livros se chama *Nossa Senhora no meu caminho*. Na sua casa, na Igreja das Fronteiras, havia um quadro de Nossa Senhora de Guadalupe,[3] Padroeira dos povos da América Latina. Afirmava que, depois de Cristo, ninguém entende mais os pobres do que Nossa Senhora.[4] Todos os anos, no dia da Assunção,

---

[1]   Dom Helder ainda era devoto do Pe. Henrique e de São Francisco de Assis. Sobre o Pe. Henrique cf. Cap. V, 2.4 e sobre Francisco cf. Cap. II, 1.4 e Cap. VIII, 3.1.

[2]   CAMARA, H. "Mariama" [acesso em 15-5-2009].

[3]   BROUCKER, J. de. *Helder Camara: la violenza di un pacifico*, 43. Dom Helder gostava de contemplar o quadro durante as Vigílias, ao anoitecer e ao amanhecer.

[4]   Circular 6 de 16/17-9-1964. No Seminário, pouco antes de receber a tonsura, Helder foi aceito na Congregação Mariana (PILETTI–PRAXEDES, 76-77).

ele renovava o Pacto de Alegria, porque Maria é "a aurora do qual nasceu o Sol da Justiça, nosso Senhor Jesus Cristo".[5] Em Recife, participava das festas populares em honra a Nossa Senhora "misturando-se" com o povo.[6]

Dom Helder encantava-se com a humildade de Maria e a tomava como exemplo nas alegrias e nas dores:

> O Espírito Santo tem o cuidado de suscitar, dentro da humanidade, pessoas que sejam exemplos para nós. [...] O Pai viu que, entre todas as mulheres, nenhuma seria tão humilde, atingindo o máximo de glória: ser Mãe de Cristo, ser Mãe de Deus! [...] Ela viveu as maiores alegrias que uma criatura humana pode viver. Mas também, quem quiser, procure um tipo de sofrimento que ela não tenha experimentado...[7]

A Mãe Maria era companheira de Vigília e, durante o Vaticano II, ajudava os Padres Conciliares a mantê-lo na linha inspirada por Deus ao Papa João XXIII: "Capítulo importante quando se trata de Concílio é a presença de santos. Sem dúvida, temos conosco o próprio Cristo, temos o Espírito Santo, temos o Pai. Temos Nossa Senhora como no Cenáculo".[8] Quando o Concílio corria tremendos riscos de abandonar a linha da inspiração joanina, o Dom pedia intervenção direta da Rainha dos Anjos;[9] e foi justamente quando se tratou do esquema sobre Maria que houve muita amargura na Basílica: "[...] a votação sobre a inserção ou não, no esquema da Igreja, do esquema De Beata, virou polêmica. Fomos crivados de folhetos, violentos, pleiteando esquema à parte. [...] Precisamos do socorro direto e pessoal da Rainha dos Anjos. Ela tem que interferir com legiões de anjos. Sem milagre, vença quem vencer, teremos metade da Basílica na amargura e no travo". E para a sua tristeza, "O diabo estava feliz: conseguira semear travo, amargura, a propósito d'Aquela que é a sua grande Inimiga".[10]

---

[5] CÂMARA, H. *Um olhar sobre a cidade*, 136.

[6] Circular 112 de 8/9-12-1964.

[7] CAMARA, H. *Quem não precisa de conversão?*, 56-57.

[8] Circular 15 de 29-10-1962.

[9] Circular 78 de 26/27-11-1965 – RESERVADA.

[10] Circular 27 de 28/29-10-1963. Em outra oportunidade, Dom Helder rezou: "Nossa Senhora do Cenáculo: mais do que nunca, o Concílio precisará de Ti. Ajoelha-te, hoje, agora, diante da Sua Santíssima Trindade: dos Três, quem resiste a um pedido Teu!?... Pede que teu nome, de modo

As devoções de Dom Helder

349

Quando o Dom foi transferido para Recife pediu a Deus pela Família, contando com a solicitude de Nossa Senhora: "Não me canso de dizer a Deus que não basta que Ele me dê força e alegria a mim. É a Família toda que precisa de assistência especial. Nossa Senhora, cada vez mais amiga e mais solícita, velará especialmente por nós, nesta hora".[11]

Em 1964, Dom Helder levou para a capela do Palácio São José de Manguinhos uma "imagem querida da Mãe queridíssima" e passou a chamá-la de Nossa Senhora do Nordeste, Nossa Senhora do Terceiro Mundo, Nossa Senhora do Desenvolvimento... Trata-se de uma "imagem antiga, em que o Menino está mutilado (sem cabeça) e a própria Senhora tem um braço e um pedaço do lado arrancados...".[12] Diante daquela imagem, o Pastor rezava pelo seu povo e meditava sobre sua missão em favor da vida para todos. Quando os pobres invadiram o Palácio São José de Manguinhos e as crianças descobriram os tronos e lá brincavam, Dom Helder (e Nosso Senhor) ficaram alegres. Na ocasião, o Dom pediu: "Que Nossa Senhora continue a velar por nossa pureza de intenção e nossa humildade, nosso espírito infantil e nosso amor".[13] Na Vigília da Natividade de Nossa Senhora, à meia-noite, o *filhinho* cantou os *Parabéns pra você*. E depois escreveu aquilo que conversou/rezou na Vigília:

Estava esperando, Mãe, que o teu dia surgisse. Queria saudar-te com a espontaneidade de uma criança. Diante de ti, viro menino. Os filhos são sempre crianças para o coração materno. Nossa Senhora do Terceiro Mundo, Nossa Senhora do Nordeste, que eu venero em nossa Capela de São José de Manguinhos: ajuda-nos a não parar no assistencialismo; a enfrentar, de qualquer maneira, compreendido ou não, a luta pela promoção humana e cristã de nossa Gente; a não sair do Amor para não sair de Deus; a não

---

algum, dê margem a divisões entre filhos teus. Que o teu culto una, ao invés de dividir. Que o capítulo sobre Ti – devidamente aprimorado – seja votado, praticamente por unanimidade" (Circular 97 de 7/8-9-64).

[11] Circular 16 de 14-3-1964.

[12] Circular 54 de 14-7-64. Em diversos escritos, Dom Helder chama Maria de "Rainha", mas na verdade ele preferia chamá-la de "Mãe": "Nossa Senhora, na Vigília, está sendo invocada como Rainha do Clero. (Só que eu não gosto desta história de Rainha. Prefiro dizer: Mãe dos Sacerdotes)" (Circular 195 de 9/10-5-1965).

[13] Circular 9 de 1-5-64.

confundir bondade com conivência, prudência com covardia, medo ao ódio com traição...[14]

Em dezembro de 1964, Dom Helder recebeu no Palácio São José de Manguinhos uma comissão de prostitutas. Elas vieram pedir proteção. Na Vigília, ele transformou o pedido em uma bela oração dirigida a Nossa Senhora:

> Mãe, viste a Comissão de Prostitutas, que, ontem, me procurou pedindo proteção porque a Polícia quer alterar, para pior, um zoneamento antiquíssimo e quer interferir nas tabelas pelas quais se vendem as pobres escravas?... Que bela maneira de comemorar-te! Tão novas, tão ingênuas, tão bonitas, minhas pobres e queridas Irmãs!... Comoveram-se quando mostrei a passagem do Evangelho em que Cristo diz aos fariseus que as prostitutas nos precederão no reino do céu... Ouviste quando disseram: "Na zona, todo mundo quer bem ao Senhor. Na hora de seus programas, a zona para para escutar...". E uma acrescentou: "Uma noite o Sr. estava falando [...] e um cara se meteu a falar mal, só faltou apanhar da turma..." Mãe: isto me alegra por elas, pelo que traduz de amor ao Evangelho e a Cristo... Disseram-me – repara que encanto! – que a festa mais querida da zona é a da Imaculada!... Poder-se-ia pensar: atração dos contrastes – a "lama" festejando os lírios, as "rãs" sorrindo às estrelas... Elas não são nada disto... São irmãs pisadas, feridas, machucadas... [...] Quando chegam ao céu, quem as recebe, quem as acarinha, quem só falta matá-las de susto e de alegria!?...[15]

No livro *Nossa Senhora do meu caminho* encontramos lindas Meditações do Pe. José. Ele revela seu coração, seu amor, sua relação amorosa com Maria. Transforma, por exemplo, os títulos da Mãe, em missão a cumprir:

> Nem te conto
> o que pretendo fazer com as rosas, Rosa Mística,
> nem com os enfermos, Saúde dos Enfermos,
> nem com os pecadores, Refúgio dos Pecadores...[16]

---

[14] Circular 97 de 7/8-9-64.

[15] Circular 111 de 7/8-12-1964.

[16] CÂMARA, H. "Canto à Magna Domina" [de 25-11-1948]. In: *Nossa Senhora no meu caminho*, 13.

O místico Pe. José sente que, em seu grande amor de Mãe, Maria tem um carinho especial pelos filhos oprimidos pelas injustiças e guerras:

Chamei por Nossa Senhora Aparecida.
Ela não respondeu.
Chamei por Nossa Senhora de Fátima.
Ela nem escutou.
Chamei por Nossa Senhora de Lourdes.
Nem o eco me chegou de volta.
Chamei por Nossa Senhora do Vietnam
e escutei seu soluço...
Mãe! como é verdade
que o teu filho mais amado,
o filho preferido
é o que mais
está precisando de Ti.[17]

Durante o Governo militar e repressivo, o Pe. José alertava a "queridíssima Mãe" a fim de que tomasse cuidado com o seu belo cântico de libertação, pois vários de seus filhos diletos estavam sendo presos, torturados e exilados. Ela também poderia ser acusada de "subversiva, agitadora e comunista":

Cuidado, Mãe querida
com o Magnificat
o teu hino incomparável
de louvor e ação de graças.
Vão gravar-te
palavras isoladas
e provar
que és subversiva,
agitadora,
comunista![18]

Portanto, na face da terra, com devoção e inspiração em Maria, Dom Helder buscou ajudar a Igreja de seu Filho a acertar no caminho do

---

[17] CÂMARA, H. *Nossa Senhora no meu caminho* [poema de 4/5-1-1973], 17.

[18] CÂMARA, H. *Nossa Senhora no meu caminho* [poema de 1/2-7-1971], 24.

Evangelho: a viver a pobreza, o compromisso com a partilha da terra, com a superação da fome e da miséria, com o sonho da paz universal; enfim, a não silenciar diante dos absurdos – injustiças, opressões, fabricação de armas – cometidos contra a humanidade. O Dom também prometeu que, quando estivesse no céu, faria complôs com a Mãe de Jesus: "Tenho planos para a eternidade. [...] *Complots* gravíssimos a combinar com Nossa Senhora. Com Ela no meio, quem poderá temer?... Medo do Santo Ofício? Com o devido respeito, direi, que já então ele não existirá na Terra...".[19]

2. "Tenho uma grande confiança no meu Anjo da Guarda. Chamo-o de José..."

Dom Helder era devoto dos Santos Anjos, especialmente do seu Anjo da Guarda a quem chamava de "José". No livro *Chi sono io?* afirmou: "Tenho uma grande confiança no meu Anjo da Guarda. Chamo-o de José, porque não sei o seu nome e porque minha mãe, quando estava muito contente comigo, chamava-me de José".[20] Em uma Circular à Família Mecejanense comentou: "São belos os nomes dos Anjos. Ao meu, enquanto não lhe souber o nome verdadeiro, chamo e chamarei de José, nome que minha Mãe me dava quando tinha razões para estar particularmente feliz com o filho padre".[21] Entre as "**constantes** em minha vida", está "a devoção, sempre maior, aos Santos Anjos. Quase nada peço a eles. Mesmo a José é raro pedir (também, não é preciso: quem mais fino do que ele?...). São mestres de oração. [...] Iniciam-nos no invisível. [...] Protegem-nos contra as investidas dos demônios".[22]

A devoção aos Santos Anjos, portanto, veio de berço e está associada com a história da sua família, especialmente, com sua mãe, Adelaide. Quando nasceu o décimo primeiro filho, ela queria dar-lhe o nome de "José" em homenagem a outro filho falecido por ocasião da epidemia de difteria de

---

[19] Circular 284 de 28/29-8-1965.

[20] CÂMARA, H. *Chi sono io?*, 30.

[21] Circular 122 de 2/3-1-65.

[22] Circular 175 de 23/24-3-65.

1905.[23] Mas seu pai, João Eduardo, quis dar-lhe nome diferente – Helder –, também como uma maneira de *fugir das desgraças*. Dona Adelaide, no entanto, o chamava de José quando expressava intensamente afeto materno, apoio nas horas difíceis ou alegria pelas virtudes do filho.[24] Daqui surge uma primeira compreensão helderiana de Anjo da Guarda: é aquele que expressa afeto (materno); apoia e ajuda nas horas difíceis da vida; vibra conosco, quando andamos nos trilhos da virtude, da bondade, do amor, da justiça e da paz.

Quando Helder era seminarista aconteceu o episódio do recolhimento de suas Meditações pelo reitor. A situação o deixara abatido, desanimado, em crise vocacional. Visitando-o, Dona Adelaide usou as palavras mágicas: "Coragem, José". Essas palavras lhe levantaram o ânimo.[25] Daqui vem a segunda compreensão helderiana de Anjo da Guarda: é aquele que levanta o ânimo, anima a esperança, transmite energia, ilumina as trevas, enfim, aquele que traz a coragem.

Desejando que a "querida Família Mecejanense" contasse ainda mais com a "presença", o "exemplo" e a "proteção" dos Anjos, Dom Helder meditou:

> Exercitar-se na lembrança da presença dos Anjos é a mais fácil e eficaz iniciação na presença do invisível. O olhar se alarga, iluminado pela fé e a terra vira um mundo encantado: Deus a cada passo e sempre. Contar com o exemplo dos Anjos é ajuda preciosa na hora de rezar [...]. Não é menos valioso o exemplo do Anjo na hora de servir, sobretudo quando o amor próprio sopra que não é digno quem vai ser servido... Lembrar-se da proteção dos Anjos é maneira esplêndida de entregar-se à Providência Divina. Claro que a proteção angélica vale sobretudo quando há ação dos Demônios. [...] O Anjo da Guarda, sobretudo, fica feliz quando é conclamado em momentos particularmente difíceis. (É verdade que me lembro dele nos instantes

---

[23] PILETTI–PRAXEDES, 25-29.

[24] CASTRO, M. de. *Dom Helder: misticismo e santidade*, 57; CÂMARA, H. *O Evangelho com Dom Hélder*, 21.

[25] PILETTI–PRAXEDES, 61.

felizes: é com Quem primeiro divido qualquer esperança, qualquer sonho, qualquer alegria).[26]

A forte devoção de Dom Helder aos Anjos é outro elemento que nos mostra o quanto é difícil enquadrar sua personalidade a estereótipos ou estigmas: ele seria um ingênuo, um alienado, um infantil que ainda fala com Anjos? Mas como, então, fazia poesias cheias de ternura e análises implacáveis e lúcidas do sistema socioeconômico que assustavam poderosos da terra?[27] Na verdade, nas Vigílias, ele avaliava a realidade a partir do visível e do invisível, descobrindo as "verdadeiras dimensões do mundo tal como os anjos e Deus o contemplam":[28]

> Os Anjos, graças a Deus, são uma realidade em minha vida. São uma lembrança constante, especialmente através de José. Eles me iniciam e me introduzem no invisível. É belo, sem dúvida, o lado visível da Criação. Mais belo, ainda, é o lado invisível. Mas belo e mais rico. Quando o visível e invisível se completam e um transfigura o outro, então se passa a viver em plena 4.ª ou 5.ª dimensão... O grande Invisível é o próprio Deus, dentro de Quem "vivemos, nos movemos e existimos", como diz São Paulo.[29]

Dom Helder tinha consciência de que não poderia exigir dos amigos as suas próprias devoções, porém pensava que era legítimo lembrar "as razões pelas quais certas devoções ganham relevo na vida da gente".[30] Apresentava os Santos Anjos como "modelos de oração, modelos de humildade, modelos de discrição!". Sugeria que cada qual desse um nome ao seu Anjo da Guarda:

> Qual o nome de seu anjo da guarda? Nenhum de nós sabe. Enquanto não chegamos à casa do Pai, que tal a sugestão de dar a seu anjo um nome

---

[26] Circular 42 de 28/29-6-64.

[27] LUNING. H. "Hélder Camara". In: SHULTZ, H. J. *Testigos de la no violencia activa*, 146.

[28] Circular 115 de 23/24-12-1964.

[29] Circular 22 de 1/2-10-1965. Na compreensão helderiana, portanto, uma correta devoção aos Anjos não é assunto de alienados, mas de pessoas que querem alargar a visão a partir da fé em Deus-sempre-presente na vida e na história como força bondosa. É suscitada pelo Espírito Santo (CAMARA, H. *Quem não precisa de conversão?*, 58).

[30] Circular 22 de 1/2-10-1965.

As devoções de Dom Helder

355

bem bonito? Ao dar-lhe um nome provisório seu relacionamento com ele se torna mais concreto, mais vivo. Que alegria quando, em seu primeiro encontro com ele, no céu, ele lhe disser seu nome de verdade, recebido do Pai Celeste![31]

Segundo Dom Helder, José o ajudou, de modo especial, quando iniciou as negociações para fundar a CNBB. Ao acordar para a Vigília daquela noite fria de Roma, em dezembro de 1950, percebeu que seus ouvidos estavam sangrando. Ao amanhecer descobriu que estava surdo. Recorreu, então, ao seu Anjo da Guarda: "José, hoje eu tenho um encontro com Montini. Se esta ideia de uma Assembleia de Bispos é uma invenção pessoal, se tenho segundas intenções, então que não ouça nada e que ele não entenda o meu francês!".[32] José o ajudou e Monsenhor Helder teve uma ótima conversa com Montini, ocasião em que nasceu uma bela amizade.[33]

Durante o Vaticano II, Dom Helder acompanhava o trabalho dos Anjos. Aqui na terra, ele chamava de *Opus Angeli* o grupo de teólogos que fazia avançar a reflexão da fé. Mas havia também os Anjos do céu que fizeram "movimentações" para que o Concílio seguisse a linha inspirada por Deus ao Papa João XXIII. No dia do Arcanjo Miguel, o Dom agradeceu por tamanha disposição celeste: "Deixe que aproveite a tua Festa para agradecer a ajuda preciosa prestada pelos anjos ao grande Concílio. Os

---

[31] CAMARA, H. *Quem não precisa de conversão?*, 58. O Arcebispo imaginava como seria o seu "face a face" com José: "Quantas vezes, imagino o face a face com José, logo após o Face a Face com o Pai!?... Ele me dirá, então, seu verdadeiro nome, aquele que, de toda a eternidade, o Pai lhe deu... Claro que passarei a usar o nome escolhido pelo Pai. Mas, muitas vezes, em plena eternidade, relembrarei a terra, chamando-o de José..." (Circular 171 de 18/19-3-65).

[32] CÂMARA, H. *Chi sono io?*, 30; PILETTI–PRAXEDES, 181-182; RENEDO, B. T. de. *Hélder Câmara: proclamas a la Juventud*, 15.

[33] CÂMARA, H. *O Evangelho com Dom Hélder*, 21-22; ID. *Le conversioni di un vescovo*, 141-142; CASTRO, M. de. *Dom Helder: misticismo e santidade*, 89. Em outra passagem, Dom Helder relata que houve "um fenômeno da luz repentina e intensa que encheu uma Sacristia em Roma, durante o Ano Santo, quando o Irmãozinho, cansadíssimo, ao perguntar-me quem me ajudaria na Santa Missa, recebeu, com enfado, a resposta que seria o Anjo" (Circular 18 de 28/29-91964). O Irmão ficou tão impressionado com o ocorrido que se tornou *devoto* de Dom Helder. No entanto, ao relatar esses fenômenos, o Dom afirmava que não gostaria de ser interpretado como se ele fosse um merecedor de coisas sobrenaturais, visões... nada símile. Ao contrário, Deus conhecendo "nossa fraqueza ou orgulho se encarrega de colocar quatro ou cinco humilhações na nossa vida. Quando as aceitamos, conhecemos a generosidade de Deus" (BROUCKER, J. de. *Helder Camara: la violenza di un pacifico*, 165).

historiadores falarão nos homens: nos grandes debates, nas intervenções decisivas. Provavelmente, deixarão em silêncio a ação do Espírito, através de seus emissários".[34] Depois deste agradecimento, suplicou:

> Sabes, ainda, Miguel – sempre melhor do que eu – que o Concílio é episódio na vida da Igreja. Vale na medida em que nela deixa marcas positivas, largas e permanentes. Ajuda a Igreja de Cristo a reencontrar os perdidos caminhos da Pobreza. Ajuda-a na abertura de portas: que nenhuma seja fechada por Ela, mas que se abram todos os diálogos e irrompa hora nova e única para os teólogos, encarregados não só de aprofundar o Vaticano II, mas de preparar o Vaticano III... Ajuda-a no esforço de levar à prática as decisões conciliares: sopro renovador na face da terra. Ajuda-a, sobretudo, a ajudar a humanidade no acerto do desencontro que a muitos pode parecer mania: o celebérrimo diálogo entre Mundo Desenvolvido e Mundo Subdesenvolvido.[35]

Para Dom Helder a diferença entre os Anjos e os Demônios não reside na fé, mas no ato de amar: "Conheço um servo de Deus que, sendo muito tentado, disse ao Diabo: 'Tu és covarde: sendo um Anjo investes contra a mim que sou um homem. Luta de Anjo a Anjo!'. E o Diabo respondeu: 'Tu és um homem, mas te alimentas com Deus' (Fé, o diabo tem. Não tem amor. Os Demônios são Demônios por terem sido confirmados no ódio tornando-se incapazes de amar)".[36]

Nesse sentido, é interessante observar a articulação que Dom Helder fez entre a explicação de São Tomás de Aquino sobre a rebelião dos Anjos e a luta pela promoção humana de dois terços da humanidade. Ele começou dizendo que, segundo Tomás, quando Deus revelou aos Anjos a Encarnação, todos foram até as últimas consequências. É que Deus estava promovendo o ser humano! A promoção era tão grande que o elevava acima dos próprios Anjos. O grupo liderado por Lúcifer sentiu-se constrangido de adorar o Homem-Deus e de vê-lo por toda a eternidade, lado a lado, com a glória do Pai. A maioria liderada por Miguel, no entanto, apoiou o projeto de Deus.

---

[34] Circular 18 de 28/29-9-1964.
[35] Circular 18 de 28/29-9-1964.
[36] Circular 230 de 25/26-6-1965.

Então, Dom Helder diz: "Que pensarão os Anjos vendo que, aqui na terra, um punhado de homens tem que se expor a ser mal interpretado e combatido por trabalhar para que homens imponham a irmãos-homens uma situação infra-humana!?... E não se trata de um pequeno grupo que precisa de promoção humana...".[37] Importante é pedir ao Homem-Deus que "nos ajude a ser promovidos" do subdesenvolvimento e arrancados da fome, e que os Anjos ajudem a livrar a "terça parte feliz e próspera da humanidade da tentação em que sucumbiram muitos dos anjos mais inteligentes e mais lúcidos, Lúcifer à frente...".[38]

Os anjos (demônios) que se rebelaram contra Deus, por ódio a ele querem ver os seres humanos – "a menina dos olhos do Pai"[39] – afastados dele por toda a eternidade...[40] Por isso, os anjos maus, que "são tão reais e atuantes como os bons", não agem, ridiculamente, por bagatelas, mas sim "em acontecimentos como o Vaticano II", pois eles sentem "que a repercussão será profunda e real"; nesses momentos, na Basílica, eles se tornam "quase visíveis e tangíveis".[41] Os demônios também estão "interessados na não promoção humana e cristã do Nordeste... Há demônios agindo em torno do Regional do Nordeste. Acontece que a última palavra – talvez não nos nossos dias, não através de nós – pertencerá à luz...".[42]

Dom Helder percebia a presença e a ação dos Anjos nas pessoas. No Cardeal Suenens, por exemplo, percebia São Miguel porque, durante o Concílio, o "Pe. Miguel" desempenhou a função que o Arcanjo desempenha na

---

[37] Circular 12 de 6/7-5-64.

[38] Circular 12 de 6/7-5-64.

[39] Circular 175 de 23/24-3-65.

[40] Circular 23 de 2/3-10-1965.

[41] Circular 23 de 2/3-10-1965. Segundo Dom Helder, durante o Vaticano II, na Basílica não havia apenas anjos trabalhando, mas também legiões de demônios que atuavam, criando entraves, a fim de inviabilizar a linha inspirada por Deus ao Papa João XXIII: "Que os Anjos, São Miguel à frente, espantem da Basílica as legiões de demônios. Que o Espírito Santo, mais do que nunca, nos leve a ver claro e assumir as difíceis decisões" (Circular 19 de 20/21-10-1963). Em outra ocasião, meditou: "Claro que não sou ingênuo e não fico atribuindo aos demônios miudezas da vida quotidiana. Eles sabem onde, quando, como e contra quem interferir... Eles são mestres em lançar trevas não só no seio dos indivíduos [...], mas dos grupos e dos povos... [...] Como vejo o embate, na Basílica de São Pedro, durante o Concílio!... Lúcifer sabe que vale a pena combater o Vaticano II..." (Circular 176A de 13/14-4-65).

[42] Circular 176A de 13/14-4-65.

milícia celeste.[43] Em Itamaracá, lugar "abaixo de zero como desenvolvimento e apresentação", com a visão do invisível o Dom viu uma "Ilha belíssima, habitada por Deus, pelos Anjos e por Zé, Antonio e Zeferino (uns seis mil) morando em mocambos incríveis. Opilados, comidos de vermes, sem ânimo para trabalhar...".[44] Para essas pessoas, ele ofereceu as terras da Igreja e com elas iniciou um projeto de promoção humana. Provavelmente, seus Anjos no céu fizeram festa diante de Deus...

Também para organizar a festa da fraternidade na terra, Dom Helder confiava nos Anjos. Isso aconteceu, por exemplo, quando ele encheu o Palácio São José de Manguinhos de crianças pobres e ricas, nas festas juninas de 1964: "Os Anjos foram convocados e São Miguel combinou que fiquem sobre a liderança fraterna de José".[45] E quando o Dom se dispôs a sofrer por amor à justiça, introduzindo-se em uma Eucaristia que estava lhe faltando – Cristo na pessoa dos presos –, encarregou "oficialmente (como Bispo da Santa Igreja e Arcebispo de Olinda e Recife) os queridos Anjos de visitar, de modo especial, os presos políticos, a quem as Autoridades continuam pedindo que eu não visite...".[46]

Às duas da madrugada, José, mestre em oração, participava, na sacristia da Igreja das Fronteiras, da Vigília helderiana: "Somos sempre mais amigos. Não há praticamente instante vivido sem ele. Claro que o encontro ainda é maior na Vigília e na Santa Missa".[47] E assim, enquanto a cidade dormia, os Anjos organizavam, com o Dom, a "movimentação", os "complôs" para levar a Igreja aos caminhos da pobreza e do serviço à justiça, à paz, ao amor; à fidelidade ao Senhor Deus do Universo. E na eternidade – prometeu o Dom – continuaria a fazer "movimentações": "Tenho planos para a eternidade. Movimentações muito sérias a acertar com os Anjos. [...] Ninguém é mais Louco do que Deus. Ninguém anseia, como Ele, por

---

[43] Circular 55 de 30-11-1963.

[44] Circular 30 de 15/16-6-64.

[45] Circular 35 de 21/22-6-64.

[46] Circular 42 de 28/29-6-64.

[47] Circular 171 de 18/19-3-65. Dom Helder se emocionava quando no Prefácio da Santa Missa unia sua voz com as vozes do povo de Deus e as vozes angélicas para dizer "Santo, Santo, Santo é o Senhor Deus do Universo..." (CAMARA, H. Quem não precisa de conversão?, 58).

propostas que correspondem ao que há de mais profundo em Sua essência de amor, misericórdia, bondade".[48]

3. "[...] estou convicto, se vivesse hoje, o apóstolo da caridade buscaria fazer a justiça"

Por volta dos seis anos, Helder tornou-se aspirante da Conferência Vicentina. Desse modo, entrou em contato com a história e a espiritualidade de São Vicente de Paulo e de Santa Luísa Marillac, bem como com as histórias dos pobres, inclusive de pessoas que haviam perdido quase tudo na grande seca de 1915. Sua primeira missão foi visitar três famílias necessitadas de um lugar chamado Escadinha.[49] No Seminário da Prainha, recebeu a educação erudita, de marca europeia, oferecida pelos Padres Lazaristas, e eles constantemente recordavam os exemplos e frases de São Vicente e Santa Luísa.[50]

Na época em que se dedicou à Cruzada de São Sebastião, no Rio de Janeiro, o Dom foi chamado de "São Vicente de Paulo das Favelas", porque havia organizado uma grande campanha caritativa pelos pobres, oferecendo-lhes a possibilidade de casa digna, trabalho, escola, espaço de lazer e de oração. Ricos colaboravam com generosidade para as obras assistenciais da Cruzada São Sebastião. Mas, cada vez mais, Dom Helder percebia que a pobreza, na América Latina, não se originava da escassez natural ou da incapacidade dos pobres, mas sim, da injustiça estabelecida e aceita como natural.[51] Começou, então, a dizer que, se São Vicente vivesse hoje, ele seria "Apóstolo da Justiça" e que a melhor maneira de honrá-lo era fazer o que ele faria: ao seu tempo, Vicente fez o que lhe ditava a sua consciência e seu amor aos pobres, "mas estou convicto, se vivesse hoje, o apóstolo da caridade buscaria fazer a justiça".[52]

---

[48] Circular 284 de 28/29-8-1965.

[49] PILETTI–PRAXEDES, 34-36.

[50] CÂMARA, H. *Chi sono io?*, 16.

[51] PILETTI–PRAXEDES, 247. No período em que esteve no Rio de Janeiro, Dom Helder fez a experiência da riqueza e da pobreza assim como Vicente fizera no Castelo do senhor Gondi e na periferia de Paris. Da mesma forma, a maioria das pessoas que colaboravam com Dom Helder no trabalho de promoção dos pobres, também eram mulheres.

[52] GONZÁLEZ, J. *Helder Câmara: il grido dei poveri*, 94; CÂMARA, H. *Chi sono io?*, 34-35; ID. "Dom Helder Câmara racconta la sua vita". In: BOURGEON, R. *Il profeta del Terzo Mondo*,

O Dom costumava conversar com o "querido Modelo e Mestre"[53] às duas da manhã, durante as Vigílias. Contava-lhe, por exemplo, o quanto era difícil ajudar pessoas boas e cristãs a superar preconceitos em relação aos pobres:

> Os pobres já não cabem nos lugares previstos para eles. Dei um golpe de Estado: transformei em sala de espera um dos dois salões de honra, com trono e tudo. Houve um arrepio: "o tapete vai ficar imprestável!". Mas entre um tapete e um filho de Deus, nem vacilo. [...] Está vendo, São Vicente!?... Não é que não sejam e desejam ser sinceramente cristãos. É a formação recebida.[54]

Dom Helder teve de fazer um grande esforço para convencer seus colaboradores de que ter um AeroWillys somente a serviço do Arcebispo era uma tirania. Alegrou-se ao ver o carro transformado em ambulância para servir os pobres ou para transportar as servidoras dos pobres. Sobre isso, comentou com a Família Mecejanense:

> Claro que tudo isso nos arranca e arrancará sempre mais do comodismo, do egoísmo. Como somos burgueses, sem saber, sem sentir, sem querer!... É bom que nos sintamos medíocres, pequeninos, longe dos santos. Mas quando se está no Nordeste, parece uma imposição da Graça, uma exigência do Espírito chegar a loucuras, facílimas de denunciar como demagogia, mas, na verdade, testemunho cristão que nossos irmãos sem fé têm o direito de exigir de nós... [...]. Não temam: Deus me protege e protegerá contra a amargura e qualquer sombra de desamor. Mas não posso impedir que Cristo chore sobre o Recife e toda a zona açucareira, e todo o meio rural da América Latina, e todo o Terceiro Mundo!... São Vicente, em nossos dias, lutaria pelo desenvolvimento. Esta é a maneira mais larga e corajosa de amar o próximo em nosso século. Amar até a morte... da compreensão, da fama, do agrado.

239; Piletti–Praxedes, 288; Broucker, J. de. *Helder Camara: la violenza di un pacifico*, 26-27; Cayuela, J. *Hélder Câmara – Brasil: ¿un Vietnam católico?*, 165-166.

[53] Circular 56 de 17/18-7-64. Dom Helder também chamava São Vicente de "Patrono e Mestre" (Circular 253 de 19/20-7-1965) e, durante as Vigílias, olhava e gostava de brincar com imagens de Cristo, Nossa Senhora, São Miguel, São Francisco, São Vicente de Paulo... e fotos do Cardeal Suenens, do Papa João XXIII... (Circular 175 de 23/24-3-65).

[54] Circular 57 de 18/19-7-64.

As devoções de Dom Helder

361

Porque ai de quem optar pela promoção humana e cristã dos párias!... Deus nos abençoe![55]

Por toda a vida, o Dom se inspirou em São Vicente, buscando atualizar sua espiritualidade no contexto da América Latina, vítima do subdesenvolvimento e da opressão, resultante da colonização interna e externa. Dizia: "Amo os pobres e Deus me deu a graça de ver neles o Cristo. Nesse sentido procuro ser um fiel servidor de São Vicente de Paulo. [...] Trabalho com todas as minhas forças para extirpar a pobreza do mundo".[56] Por isso, sem nunca abandonar a assistência imediata aos pobres, o Arcebispo também lutou para superar as causas estruturais que geram e mantêm dois terços da humanidade na pobreza e miséria. Em Recife, por exemplo, criou o Banco da Providência que funcionava no próprio Palácio de Manguinhos, mas também a Operação Esperança, a Comissão Justiça e Paz e outras obras de promoção social.

Quando o Arcebispo lançou a AJP, recordou que na América Latina havia uma violência instalada: a violência dos pequenos grupos privilegiados que mantêm milhões de filhos de Deus em situação infra-humana. Porém, para evitar que milhões de latino-americanos vegetem, não bastam reformas superficiais, mas são necessárias mudanças nas estruturas econômicas, culturais, políticas e sociais do continente.[57] E baseando-se nas virtudes Vicentinas, ressaltou que a AJP objetivava colaborar, de forma corajosa, a fim de que essas mudanças fossem efetivadas: "Na luta entre Davi e Golias, quem não teria apostado que o pastorzinho, jogando-se contra o filisteu, seria esquartejado pelo gigante? Mas com uma funda e cinco pedras Davi abateu o gigante. As nossas cinco pedras são: a fé em Deus, a confiança na verdade, a confiança na justiça, a confiança no bem, a confiança no amor".[58]

---

[55] Circular 57 de 18/19-7-64.

[56] Apud Blazquez, F. *Ideario de Hélder Câmara*, 125.

[57] Camara, H. "A pressão moral libertadora". In: Fragoso, A.; Barbé, D.; Câmara, H. *A força da não violência: a firmeza permanente*, 113-114.

[58] Camara, H. *"Violencia de los pacíficos"*. In: Cayuela, J. *Hélder Câmara – Brasil: ¿un Vietnam católico?*, 273; Broucker, J. de. *Helder Camara: la violenza di un pacifico*, 104. As virtudes vicentinas são as "cinco pedras de Davi": simplicidade, humildade, mansidão, mortificação e zelo pela salvação das almas.

4. "[São Carlos] nos ajude a ser e fazer do Vaticano II o que ele fez em relação ao Concílio de Trento..."

Dom Helder cultivava uma devoção particular a São Carlos Borromeu, embora não saibamos exatamente quando esta iniciou. Podemos dizer, no entanto, que durante e após o Vaticano II ele inspira-se na *militância conciliar* do Padroeiro dos Bispos. Destacava que era preciso impregnar de Vaticano II o clero, as lideranças eclesiais, as comunidades; os Bispos deveriam ter presente diante dos olhos o modelo de São Carlos Borromeu.[59]

Uma análise mais profunda revela que, apesar do tempo, há diversas semelhanças entre os dois Arcebispos. No Concílio de Trento, por exemplo, Carlos também trabalhou nos espaços informais e usou, com frequência, a sua pena (caneta) para espalhar ideias entre os Padres Conciliares. No pós--Concílio, consagrou-se "Pregador de Trento". Foi na Vigília de São Carlos, em 1964, que Dom Helder, por sua vez, se confirmou na vocação complementar de pregador do Vaticano II: "UNO-ME A MEU IRMÃO JESUS CRISTO para pedir ao Pai que dê, no Vaticano II, numerosos Barromeus, que o levem à prática, como São Carlos o fez com o Concílio de Trento. [...] E, em plena Vigília de São Carlos, me confirmo em minha vocação complementar de pregador do Vaticano II".[60] Como "Arcebispo de Olinda e Recife" empenhou-se para colocar em prática, juntamente com o clero e os leigos, as conclusões do Concílio. Mas como "Bispo da Santa Igreja, Bispo Católico" dedicou-se a "levar a cidades-chave do Mundo o que o Vaticano II nos traz de melhor: a atitude de diálogo; o espírito ecumênico; a decisão de servir...".[61]

---

[59] CÂMARA, H. *Chi sono io?*, 103. Em 1955, em nome da CNBB, Dom Helder foi a Milão convidar o Arcebispo Montini para uma reunião/retiro dos Bispos brasileiros. Montini o acolheu com muito carinho e o levou até os túmulos de Santo Ambrósio e São Carlos, além de lhe mostrar uma galeria com quadros de seus antecessores (PILETTI–PRAXEDES, 227-230; CASTRO, M. de. *Dom Helder: misticismo e santidade*, 97). Quando as Meditações do Pe. José, anteriores ao Vaticano II, forem publicadas, talvez será possível descobrir mais detalhes sobre a origem dessa devoção.

[60] Circular 62 de 3/4-11-1964, escrita em Berna, Suíça.

[61] Circular 62 de 3/4-11-1964, escrita em Berna, Suíça.

São Carlos colocou riquezas da própria família a serviço dos pobres, fundando hospitais e casas para eles.[62] Durante a peste de 1566, organizou confrarias religiosas e outras obras pias para oferecer socorro aos atingidos. Da mesma forma, Dom Helder colocou o Palácio Episcopal, as "Terras da Santa"[63] e o dinheiro advindo de "prêmios" a serviço dos pobres, através da Operação Esperança, do Banco da Providência e da Comissão Justiça e Paz.

São Carlos defendeu os interesses da Igreja contra os senhores potentes. Dom Helder, por sua vez, defendeu o direito de a Igreja se pronunciar ante a situação sociopolítica, não reconhecendo ao Estado o direito "de encantonar a Igreja na sacristia" admitindo somente uma evangelização desencarnada e acusando de subversão e comunismo aqueles que denunciam as injustiças cometidas contra os oprimidos:[64] "Dói ver o nosso País no caminho do combate à Igreja, tal como se dá nas ditaduras de direita ou de esquerda: primeiro, expulsão dos padres estrangeiros, depois a tentativa de reduzir a Igreja à sacristia".[65]

Mesmo já bastante enfermo, São Carlos não abdicou das visitas pastorais, acreditando que eram importantes para renovar, ensinar e fazer frutificar a fé. Dom Helder, por sua vez, queria pôr fim à imagem do Bispo-príncipe que habita em palácio, isolado do clero, distante do povo, tratando-os com frieza. Não entendia a visita pastoral como uma "promoção do Bispo",

---

[62] Na Circular 55 de 3/4-11-1965, Dom Helder comenta, de modo crítico, a história da vida de São Carlos Borromeu. Entre outros aspectos, destaca que, para crescer na santificação pessoal e ter autoridade moral para empreender as gravíssimas reformas, ele "abriu mão de benefícios, desfez-se do que havia de mais caro e chocante em sua indumentária...".

[63] O povo dizia "Terra da Santa", ou seja, de Nossa Senhora do Pilar. Trata-se de terras pertencentes à Igreja, em que Dom Helder iniciou um projeto social de reforma agrária, liberando-se dos "nossos Estados Pontifícios" (Circular 30 de 15/16-6-64; Circular 101 de 23/24-11-1964).

[64] CAMARA, H. "Tricentenário da Diocese de Olinda". *Sedoc* 9 (1977) 782.

[65] CAMARA, H. "Comunicado pastoral ao povo de Deus". *Sedoc* 10 (1977) 517. Quando o Presidente João Batista Figueiredo se manifestou dizendo que a "ênfase exagerada na função social acabou levando parte do clero a uma atuação política que acaba sendo prejudicial" e que a Igreja não deveria se preocupar com a segurança nacional, pois, a partir disso, "eu poderia achar natural que o Alto Comando se reunisse e produzisse um documento sobre teologia" (FERRARINI, S. A. *A imprensa e o arcebispo Vermelho: 1964-1984*, 150), Dom Helder não temeu em dizer que, na concepção do Presidente, a Igreja deveria ser reduzida à sacristia, ao passo que esta entende a segurança nacional como direito e dever do povo, necessitando de revisão em profundidade porque provocadora de sequestros e torturas (PRANDINI, F.; PEDRUCCI, V. A.; DALE, R. *As relações da Igreja-Estado no Brasil*, VI, 47). Portanto, Dom Helder defendeu o direito da Igreja de defender os Direitos Humanos.

mas aproximação do Bispo-pastor que chega para animar e ser instrumento de santificação do clero e dos leigos.[66] O Dom buscava fazer visitas que não se perdessem em generalidades, mas que tivessem audácia e autêntica prudência, realismo e esperança. Reconhecia que isso lhe exigia "muita vida interior, muita intimidade com Deus, além de visão atualizadíssima...".[67] Em certas visitas, o povo ouvindo-o, emocionava-se, chorava, ria... pedia que o Pastor não se fosse, mas permanecesse apontando para as "fontes de águas puras".[68]

Monsenhor Colombo, ao visitar Dom Helder, em Recife, enfatizou que o Arcebispo brasileiro e o Santo italiano tinham em comum uma característica especial: a luta pelo desenvolvimento e pela educação de base. Monsenhor Colombo "disse-me que há um aspecto da vida de São Carlos Borromeu, desconhecido de muitos: foi o Santo do desenvolvimento do norte da Itália. Trabalhou muitíssimo pelo desenvolvimento agrícola (foi quem introduziu o milho no país: milho donde vem a polenta) e pela... educação de base!".[69]

O *motu* episcopal de São Carlos era apenas a palavra *Humilitas*. Dom Helder dizia que a humildade é uma virtude essencial. Sem a verdadeira humildade não se pode dar um passo na vida espiritual.[70] Mas o Pai conhece bem nossa fragilidade, sabe que temos nosso orgulho e ele próprio se encarrega de encontrar todos os dias quatro ou cinco pequenas humilhações e outras quatro ou cinco grandes humilhações em nossa história espiritual:[71] "O Senhor me fez descobrir que não se alcança a verdadeira humildade sem grandes humilhações, humilhações de primeira grandeza".[72] Na concepção helderiana, o maior exemplo de humildade nos é dado por Deus. Ele é humilde na criação, na encarnação redentora e na ação do Espírito Santo.[73] Na

---

[66] CÂMARA, H. *Chi sono io?*, 107-108.

[67] Circular 168 de 15/16-3-65.

[68] Circular 172 de 20/21-3-65. São Carlos e Dom Helder tinham a imagem de "Cristo, Bom Pastor" como destaque espiritual e de apostolado.

[69] Circular 65 de 3/4-8-64.

[70] CÂMARA, H. *Chi sono io?*, 122; ID. *O Evangelho com Dom Hélder*, 86.

[71] CÂMARA, H. *Chi sono io?*, 122-123; ID. *Le conversioni di un vescovo*, 114-117.

[72] CAMARA, H. *Le conversioni di un vescovo*, 114.

[73] No livro *Quem não precisa de conversão?* Dom Helder faz uma belíssima análise da humildade do Pai, do Filho e do Espírito Santo. Afirma que Deus sabia ser impossível criar outro Deus. Criando, necessariamente, criaria o imperfeito, o finito, o limitado. Com humildade comovente e audácia digna de Deus, ele criou. Mas sua humildade e audácia chegaram ao máximo

"Escola de Deus" aprende-se a humildade: apesar disso, os seres humanos têm construído uma sociedade estruturada sobre o egoísmo e a ganância. Por isso promove a guerra e a destruição. Desconhece seus irmãos e irmãs e esquece-se do Pai. O desafio é que cada pessoa descubra a sua missão específica e insubstituível na obra da criação, redenção e santificação e a viva com humildade e amor.[74] A humildade é irmã da pobreza, da caridade e da alegria. O importante é que as quatro irmãs se instalem, "com a graça divina, no corpo e na alma da gente".[75]

Mas, diferentemente de São Carlos, Dom Helder (a Igreja e o mundo) teve "duas felicidades a mais": ver, na sucessão de Pedro, o Papa João XXIII e participar de um Concílio "antinada":

> Somos duas vezes mais felizes (e responsáveis) do que a Igreja do Concílio e após-Concílio de Trento: nos tempos de Lutero, faltou um Papa João, que convocasse o Concílio... o Concílio de Trento não só é todo antiprotestante, mas deu nascimento a quatro séculos de Igreja do anti, o que secou, de modo tristíssimo, a Teologia... O Vaticano II, na expressão do Papa João, não é antinada. Não nasceu para condenar. Nasceu para reformar a própria Igreja.[76]

---

quando criou a criatura cocriadora à sua imagem e semelhança. Diante de tamanha predileção, responsabilidade e dignidade, nos sentimos onipotentes. O Criador poderia nos esmagar por causa da arrogância e do orgulho, mas preferiu dar uma resposta estonteante: enviou seu Filho feito corpo humano habitar entre nós. Jesus passou pelo mundo, humildemente, fazendo o bem, ensinando seu sublime Evangelho em humildes parábolas, e a cruz revela o aparente fracasso da Encarnação. Os apóstolos e evangelistas eram humildes pregadores da Boa Nova. O Espírito Santo, humildemente, soprou sobre a água e, agora, a criação continua através da ação do Espírito Santo com a participação do cocriador. Em nós, ele sustenta a fé, a esperança e o amor; sustenta a coragem dos mártires; suscita vocações; suscita modelos na hora precisa; suscita a coragem dos oprimidos (CAMARA, H. *Quem não precisa de conversão?*, 13-60).

[74] CAMARA, H. *Quem não precisa de conversão?*, 61-70. Para Dom Helder, também São José e os Anjos eram exemplos de humildade (ID. *Quem não precisa de conversão?*, 58).

[75] Circular 25 de 3-10-1964.

[76] Circular 55 de 3/4-11-1965. "Não se espantem e escandalizem com os métodos que ele [Carlos Borromeu] usava: eram os da época. Só vou recordar para que meçamos melhor a felicidade imensa de viver em tempos de Vaticano II e não na do Trento... [...]. Se é verdade que os instrumentos essenciais eram pacíficos e construtivos [...] como manejava a excomunhão e usava o 'braço secular'!?... De saída, excomungou um Capitão que torturava presos... Lutou com 18 Mosteiros, inclusive Monjas, que não queriam muito saber da reforma. Acabou tendo que suprimir a Ordem dos Humildes... Excomungou o Cabido de Scala, [...] o Governador de Milão [...] Saiu ileso de um atentado (em compensação, o infeliz que atirou contra ele – um Padre – foi degradado, teve a mão cortada diante do Povo e acabou na forca...). Perseguiu heresias [...] ligadas ao diabo, prendendo os participantes [...]. Não raro, a forca funcionava. No meio de tudo

Ao comentar por que ele, os professores e estudantes escolherem São Carlos como Padroeiro do Seminário Regional, o Dom elencou: 1) "antes de tudo para que ele nos ajude a ser e a fazer do Vaticano II o que ele fez em relação ao Concílio de Trento..."; 2) porque o Papa João tinha grande devoção ao Santo e escreveu uma biografia dele; 3) devoção de Paulo VI, "que me levou a visitar-lhe o corpo na Catedral de Milão"; 4) para deixar radiante a Sagrada Congregação dos Seminários, "com a garantia de que não esqueço a boa, a melhor tradição de ontem, ao viver o hoje e projetar--nos no amanhã...".[77]

5. "Na Vigília e na Missa cotidiana, Pedro tem sempre um lugar único nas orações do amigo e irmão em Cristo"

Dom Helder tinha uma grande devoção ao sucessor de Pedro. Entendia que a maior humilhação que poderia ter era a de perder a confiança do Papa[78] e, cumprindo seu dever filial, oferecia sugestões evangélicas ao "Vigário de Cristo". Em 1954, por exemplo, encontrou-se com Pio XII e lhe sugeriu um encontro entre os Bispos da América Latina e dos Estados Unidos com o intuito de unir forças para resolver problemas do continente.[79]

---

isto, pessoalmente, se despoja sempre mais das riquezas e de honrarias, cresce em mansidão, e humildade, afervora-se. [...] A hora suprema da graça, que ele segurou com as duas mãos, foi a peste de Milão (13 mil mortos na Cidade, mais 8 mil no Ducado)..." (Circular 55 de 3/4-11-1965). O professor García Mateo comenta que figuras como São Carlos Borromeu fizeram com que a reforma protestante não tivesse muito efeito na Itália (e Espanha). Trento, de fato, dava à vida cristã um robusto apoio teológico, sacramental e espiritual. Ao centro colocou a Eucaristia. Grande importância recebeu a catequese. Os Santos foram apresentados como reflexo humano da santidade divina, intercessores na obra salvífica de Cristo, ajuda moral e exemplos no seguimento a Jesus Cristo. Porém, a esperança tridentina perdeu eficácia por causa da polarização entre Reforma e Contrarreforma que durou até o Vaticano II (GARCÍA MATEO, R. *Storia della Spiritualità (Secoli XV-XVI)*, 50). No dizer de Dom Helder, faltou um João XXIII e um Concílio "antinada"...

[77] Circular 126 de 8/9-1-65.

[78] BROUCKER, J. de. *Helder Camara: la violenza di un pacifico*, 154.

[79] Cf. Cap. II, 3.3; PILETTI–PRAXEDES, 225.

As devoções de Dom Helder

367

Além de Pio XII, Dom Helder manteve encontros com João XXIII, Paulo VI e João Paulo II.[80]

5.1 "[...] o jovem mais jovem que encontrei no meu caminho tinha mais de oitenta anos e se chamava João XXIII"

Dom Helder não vibrou quando, em outubro de 1958, foi anunciado o 262.º Sucessor de Pedro, pois desejava um Papa jovem, capaz de compreender os grandes desafios do mundo moderno. Por outro lado, surpreendeu-se com o nome escolhido: João XXIII. Surpresa maior, porém, veio em novembro, quando o Papa visitou os membros da direção do CELAM, que estavam reunidos em Roma, encorajando-os, a fim de que realizassem um plano de ação para o continente. Era apenas o início de outras belas surpresas: o anúncio do Vaticano II, a *Mater et Magistra*, a *Pacem in Terris*... E aquele que não vibrara, empolgado, dirá: "O maior santo que encontrei – e posso dizer, dado que o seu nome é conhecido e amado por todos – é o Papa João. Este homem foi o instrumento da Providência para a renovação, um renascimento da Igreja".

Além disso, João XXIII tornou-se uma de suas principais fontes de inspiração: "Eu busquei observá-lo e estudá-lo. Tive a alegria de ter três encontros longos com ele. Aquilo que mais me atraía dele era a capacidade de compreender, a abertura, a sua vocação ao diálogo".[81] João XXIII era-lhe também um sinal concretíssimo da bondade de Deus: "A bondade não consegue tudo, mas aquilo que a bondade não consegue obter, a severidade nunca obterá. A severidade cria hipócritas e velhacos e não, verdadeiramente, filhos, irmãos, humanos".[82]

Dom Helder encontrou-se com o Papa João XXIII quando viajou a Roma como "Embaixador Extraordinário do Itamaraty", a fim de

---

[80] Dom Helder, por meio do Ecumênico, convidou o teólogo Josef Ratzinger a palestrar na Domus Mariae durante o Vaticano II. Em 1990, o Arcebispo Emérito de Recife encontrou-se com o Prefeito da Congregação para a Doutrina da Fé, durante um Seminário de Estudos, no Rio de Janeiro.

[81] CÂMARA, H. *Chi sono io?*, 80; BROUCKER, J. de. *Helder Camara: la violenza di un pacifico*, 167. Além dos "três encontros longos", Dom Helder teve outros encontros com João XXIII.

[82] CÂMARA, H. *Chi sono io?*, 80.

convidá-lo para a inauguração de Brasília,[83] ocasião em que o Papa brincou dizendo-lhe que tinham dito que iria receber um grande Arcebispo, mas estava vendo um *"Piccolo Arcivescovo"*.[84] Terminada a missão oficial de "Embaixador", Dom Helder perguntou se podia falar como filho que abre o seu coração. Então disse que a coisa mais importante não era a viagem para o Brasil, mas outra, incomparavelmente mais importante: fazer uma viagem para Jerusalém, entre o Oriente e o Ocidente, com o objetivo de reunir Bispos e técnicos dos países desenvolvidos e subdesenvolvidos. O Papa, generosamente, escutou a sugestão do filho audaz e comentou: "É preciso fazer. É preciso. Mas eu não posso". Dom Helder, com mais audácia, disse-lhe que, quando era pequeno, estava habituado a pensar que acima do Papa só há Deus. O Papa, então, comentou: "Se o senhor estivesse aqui no meu lugar saberia que, aqui dentro, há oito pessoas que me controlam". Um tempo depois, no entanto, João XXIII teve a audácia de convocar o Concílio, mas a Providência reservou ao seu grande sucessor a responsabilidade e a glória de partir por todas as direções, seguindo o Espírito de Deus, como peregrino da paz.[85] De João XXIII, Helder também recebeu uma "bondosa repreensão" por ter usado a palavra "cruzada" para seu trabalho de libertação dos pobres.[86]

No início do Concílio, um grupo de quinze Bispos de vários países, entre eles Dom Helder, foi recebido por João XXIII. Todos estavam seguros da importância do *aggiornamento*. Um deles, em nome de todos, disse: "Santo Padre, o senhor deve se sentir feliz! Deus lhe inspirou um Concílio diverso dos outros. Desde o início, o senhor disse que este não era para condenar, porque tudo o que era para condenar já estava condenado! E agora que Vossa Santidade reuniu Bispos do mundo tem a alegria de ver

---

[83]   Cf. Cap. II, 4.1.

[84]   CAMARA, H. In: RENEDO, B. T. de. *Hélder Câmara: proclamas a la Juventud*, 26.

[85]   CÂMARA, H. *Chi sono io?*, 82-83; CAMARA, H. In: RENEDO, B. T. de. *Hélder Câmara: proclamas a la Juventud*, 27; CÂMARA, H. *O Evangelho com Dom Hélder*, 179. Assim como Santa Catarina de Sena, Dom Helder dava sugestões exigentes aos Papas. Ele deu sugestões a Pio XII, João XXIII e Paulo VI.

[86]   CAMARA, H. "A entrevista [proibida]". *Sedoc* 12 (1980) 716; PILETTI–PRAXEDES, 249-250; CAMARA, H. *Le conversioni di un vescovo*, 163. O Papa João XXIII estava bem informado do trabalho de Dom Helder e amava profundamente o "Bispo das favelas" (CAYUELA, J. *Hélder Câmara – Brasil: ¿un Vietnam católico?*, 163).

que a maioria absoluta deseja o que Vossa Santidade deseja!". E na euforia e entusiasmo daquelas primeiras semanas, continuou: "Mas como é possível, Santo Padre, que aqui, em Roma, um pequeno grupo de Bispos sabota o Concílio?". O Papa sorriu e comentou: "É sempre muito humana a tentação de julgar que aqueles que estão de acordo conosco são pessoas admiráveis, e que aqueles que não estão, não passam de pobres diabos... No entanto, a objeção é uma bênção de Deus. Se vamos em frente sem encontrar obstáculos pode também ser que nós estejamos nos afastando da meta". E depois acrescentou: "Vão à Basílica! Que cada um dos senhores diga aquilo que, em consciência e diante de Deus, pensa que deve dizer. Eu estou aqui para defender a vossa liberdade. Mas, escutem bem: permaneçam no amor para permanecerem em Deus!". Dom Helder guardou em seu coração as palavras e a mística que elas contêm: é preciso saber dialogar, sem humilhar quem pensa diferente, mas dizer tudo em liberdade e caridade: "Como é importante compreender que Deus é amor, que o ódio é verdadeiramente o antiDeus, o contrário de Deus! O ódio, com todos os seus parentes, também a frieza...".[87]

Em novembro de 1962, João XXIII recebeu em audiência privada os Bispos do Brasil. O Papa chegou "sem guardas, a pé e amabilíssimo". Disse que tinha seis anos quando ouviu falar do Brasil pela primeira vez e nunca mais o tirou da lembrança. Ao contrário, tinha-o cada vez mais no coração. Leu e comentou uma síntese sobre a conjuntura nacional e apoiou com simpatia as escolas radiofônicas ligadas ao MEB. Diante das palmas, explicou-se: "Elas são da maior importância para o desenvolvimento do país, promovendo a educação de base e a organização da comunidade...".[88]

Dom Helder meditava e estudava o que Deus transmitia através de João XXIII: "Curioso: o que Leão XIII, Pio X e Pio XII não conseguiram, Deus escolheu o Papa João para realizar... Mistérios! Unamo-nos sempre mais em torno do Concílio".[89] E meditando e estudando o Papa, o Dom discerniu que Deus também o escolhera para uma missão especial: "E Deus

---

[87] CÂMARA, H. *Chi sono io?*, 83-84; CAMARA, H. In: RENEDO. B. T. de. *Hélder Câmara: proclamas a la Juventud*, 27-28.

[88] Circular 41 de 21/22-11-1962.

[89] Circular 13 de 26-10-1962.

nos permite participar do Vaticano II. Vivê-lo por dentro. Ajudar a mantê-lo na linha inspirada por Deus ao Papa João".[90] O Dom efetivou sua missão através de seu "apostolado oculto" no Ecumênico, no *Opus Angeli*, no Grupo dos Pobres.[91]

Essa linha eclesial, no entanto, não era aprovada por todos os Padres Conciliares. Quando foi anunciado que o Papa estava com câncer, Helder registrou que houve numerosos comentários, destacando dois antagônicos: "Há quem veja no fato um aviso de Deus que quer salvar sua Igreja de rumos perigosos" e "há quem acredite que João XXIII, como Moisés, tenha a missão de trazer o povo de Deus até o limiar da Terra Santa".[92]

Depois da morte de Roncalli, Dom Helder continuou estudando e meditando João XXIII. Quando, no Segundo Período do Vaticano II, dois irmãos e seis sobrinhos do Papa Bom vieram para uma Missa na Basílica de São Pedro em honra do falecido e se hospedaram na Domus Marie, Helder os procurou e quis obter diversas informações sobre o Papa:

> Quanto mais olhei os Roncalli e procurei conversar com eles, mais pude medir o milagre João XXIII. Como explicar que de origem tão simples tenha saído um Padre, um Bispo, um Cardeal, um Papa?... Como explicar que daquele meio tão rude, tão primitivo, tão inculto, Deus tenha tirado o homem que a Providência escolheu para dar rumos novos à Igreja?... Não

---

[90] Circular 15 de 29-10-1962. Manter o Concílio na linha inspirada por Deus ao Papa João não era nada fácil. A celebração dos quatro anos de coroação de João XXIII causou a Dom Helder uma "dolorosa impressão", pois toda aquela pompa contrastava com as palavras do Papa, "falando em servo dos servos, em Pastor, em humildade". Mesmo assim, o Dom nunca deixou de sonhar com o dia em que o "Vigário de Cristo" pudesse se livrar do fausto que "faz o gáudio dos grã-finos e nobres, e escandaliza os pequenos e os sem-fé" (Circular 22 de 3-11-1962). João XXIII, este "homem providencial", estava impossibilitado de "livrar-se da tiara, de romper com o Vaticano": parecia "um pássaro numa gaiola de ouro" (Circular 44 de 26-11-1962).

[91] Dom Helder buscou que o sonho de João XXIII – a "Igreja dos Pobres" – se realizasse na América Latina. Em Medellín, exultou quando a Igreja do continente proclamou a "Opção pelos Pobres" (cf. Cap. IX, 1.1).

[92] Circular 52 de 6.12.1962. Nas Circulares, Dom Helder escreve constantemente que Lúcifer e sua legião de demônios agem para atrapalhar a missão da Igreja. Queriam de qualquer modo e com todas as estratégias possíveis inviabilizar o ideal de João XXIII. Era preciso vigiar. Por isso, nas Vigílias, apelava à proteção do falecido Papa Bom, dos Anjos e da Rainha dos Anjos (Circular 19 de 20/21-10-1963; Circular 78 de 26/27-11-1965 – RESERVADA). Rezava para que Paulo VI, banhado de João XXIII (Circular 20 de 21/22-10-1963), pudesse segurar o Concílio na linha inspirada por Deus ao seu antecessor (Circular 72 de 13/14-11-1964).

cessa a peregrinação à casa em que ele nasceu. O povo não o esquece e o ama profundamente.[93]

Com o Cardeal Suenens e outros líderes importantes do Vaticano II, Dom Helder começou a articular a possível canonização de João XXIII, ainda durante o Concílio: "Estamos preparando terreno para a canonização do Papa João – por aclamação, sem processo e sem milagres – no encerramento do Vaticano II. Como era na Igreja primitiva...".[94] No entanto, terão uma surpresa: "Os protestantes pedem que não canonizemos o Papa João. Ele é de todos. Se vocês canonizam, então ficará só de vocês...".[95] Mesmo assim, em uma carta a Paulo VI, "mentalmente tantas vezes escrita e meditada de joelhos" e "objeto de tantas Vigílias", sugeriu que, no dia 8 de dezembro de 1965, na Praça São Pedro "sob Vossa Autoridade e conosco, o Concílio canonizasse, publicamente, o Papa João. Para que milagres maiores do que o próprio Concílio e o clamor universal quando da morte do Santo!?...".[96]

Dom Helder, na "comunhão dos santos", era "companheiro do Papa João": "Sabem por exemplo que não tive curiosidade nenhuma de descer ao túmulo de João XXIII?... O Papa João é meu companheiro de Vigília. O Papa João é meu companheiro de Santa Missa".[97] O Papa era também companheiro de sonhos. Foi ele quem, em sonho, pediu para conquistar Dom Eugênio – "Conquiste D. Eugênio: ele sofre da mesma solidão espiritual de que você quer, com a graça divina, salvar Paulo VI". A amizade, o respeito e o apoio entre Dom Helder e Dom Eugênio, de fato, foi importante para a caminhada eclesial no Brasil. Também em sonhos, certa vez, o Papa João lhe apareceu, disfarçado de agricultor, lembrando os irmãos, pobres, que trabalhavam na pequena aldeia onde ele nasceu. Ditou uma carta dirigida ao futuro Geral da Companhia de Jesus (que viria a ser o Pe. Arrupe) fazendo três pedidos: que buscasse a reconciliação da Companhia com os Protestantes, pedindo perdão pelos excessos da Contrarreforma; que reformulasse os votos em termos de cristianismo adulto; que buscasse aprofundar

---

[93]   Circular 25 de 27-10-1963.
[94]   Circular 32 de 4/5-11-1963.
[95]   Circular 36 de 15/16-10-1965.
[96]   Circular 58 de 6/7-11-1965.
[97]   Circular 49 de 23/24-11-1963.

o conhecimento na linha de Teilhard de Chardin.[98] A carta chegou ao Pe. Arrupe pelas mãos do Pe. Roberto Tucci.[99] No mesmo sonho, o Papa João XXIII, que era integrante da Família, confirmou o nome definitivo dela: "Família Mecejanense".[100]

No Terceiro Período do Vaticano II, Dom Helder encontrou-se nos corredores do Vaticano com Monsenhor Lóris Capovilla, o célebre Secretário particular do Papa João XXIII. O Arcebispo contou-lhe de sua devoção pelo "Santo". Capovilla, emocionado, chorou de alegria. Então disse que havia poucos dias tinha lido a *Mensagem de Chegada* a Recife: "Mensagem que o Papa João assinaria, feliz". À noite, o Monsenhor lhe enviou uma carta contando-lhe quais foram as últimas palavras de João XXIII: "Nenhum medo. O Senhor está presente. Uma época nova começou". Também presenteou Dom Helder com textos, medalha, terço, paramentos sagrados ("amicto, corporal, sanguinho e pala") do Papa.[101] Monsenhor Samoré também presenteou Dom Helder com um paramento de João XXIII, para que o usasse na inauguração do Seminário Regional de Recife. O gesto foi um modo de reatar uma amizade, "uma das reconciliações que eu mais tinha no peito. Não gosto de ter sombra de inimizade".[102] Talvez, sem saber, Samoré tocou profundamente na sensibilidade helderiana, uma vez que Helder apreciava vestir roupas litúrgicas de "companheiros de sonhos": "A oferta, ainda, prepara-me para a morte [...]. Há o belo costume de vestir os Padres como se fossem celebrar... Vestem-nos de paramento roxo. Se possível, me vistam de Papa Giovanni...".[103]

No Quarto Período do Concílio, Monsenhor Capovilla recebeu Dom Helder em seu apartamento, no Vaticano, "transformado pela delicadeza de Paulo VI em Museu João XXIII. Tudo o que foi do Papa João – inclusive e

---

[98] Circular 63 de 4/5-11-1964.

[99] Roberto Tucci era o diretor de *La Civiltà Cattolica*. No Pontificado de João Paulo II será o principal organizador das viagens internacionais do Papa. Nomeado Cardeal em 2001, faz parte do Comitê de Honra das *Obras Completas* de Dom Helder.

[100] Circular 63 de 4/5-11-1964. O Papa João, em sonhos, lhe disse que o Santo Ofício seria extinto (Circular 88 de 6/7-12-1965).

[101] Circular 16 de 26/27-9-1964.

[102] Circular 46 de 19/20-10-1964.

[103] Circular 46 de 19/20-10-1964.

especialmente os escritos – está ali, sob a guarda do Amigo fidelíssimo. [...] Imaginem a minha emoção quando Capovilla diz que nenhum Bispo a ele lembra tanto João XXIII como o Arcebispo de Olinda e Recife... Que responsabilidade!".[104] Capovilla ouviu, feliz, a sugestão de canonizar o Papa João, mas disse ao Dom: "O Santo Padre considera-o santo. Mas teme muitíssimo a ideia da aclamação: receia que seja abandonado o processo atual tão seguro (acho-o insustentável: só é canonizado quem tem uma fortuna para pagar o processo complicadíssimo)".[105]

Não somente Monsenhor Capovilla comparou Dom Helder a João XXIII, mas muitas outras pessoas. Quando visitou o Arcebispo de Nova Iorque, Fulton Sheen, por exemplo, este o recebeu com grande alegria e o abraçou muito. Sheen reuniu 55 pessoas que trabalhavam com ele para apresentar o Dom como "o maior amigo que os pobres têm no mundo inteiro; que ninguém a ele lembra mais vivamente São Francisco e o Papa João; que o Papa Paulo VI acaba de cometer um engano grave não me nomeando Cardeal".[106] Na Itália, jovens do Movimento *Mani Tesi* conheciam Dom Helder como o "Papa João XXIII do Terceiro Mundo".

Algumas frases de Dom Helder revelam a profunda devoção que ele possuía por João XXIII: "É responsabilidade ter visto e ouvido o Papa João. O Espírito Santo falava por seus lábios, olhava pelos seus olhos, derramava bondade por sua presença, seus gestos, seu sorriso...";[107] "[...] sinto que Deus me fez mais próximo de João XXIII do que de Pio XI";[108] "Prelado, Bispo deve ser como o Papa João. Peçam ao Pai Celeste de Quem vos vem toda a graça e toda a luz que esta seja a marca do Novo Arcebispo: que

---

[104] Circular 60 de 8/9-11-1965. Na ocasião, Dom Helder viu "a máscara funerária de João XXIII. Escritos deliciosos. Numerosos objetos de uso pessoal. Sentia-me peixe dentro d'água. Como quero bem ao Papa-louco, ao Papa instrumento de Deus, ao Papa bom!...".

[105] Circular 60 de 8/9-11-1965. Quando visitei Monsenhor Capovilla, em Sotto il Monte, no dia 25 de outubro de 2009, ele estava lendo, justamente, o livro *Due del Mattino*, de José de Broucker. Disse-me, entre outras coisas, que: 1) João XXIII havia lhe falado, com entusiasmo, diversas vezes do "Bispo das Favelas"; 2) que encontrar-se com Dom Helder era deparar-se com "a primavera da Igreja"; 3) que tanto Paulo VI quanto João Paulo II queriam nomear Dom Helder Cardeal, mas ambos encontraram resistências de membros da Cúria Romana.

[106] Circular 131- 8 de 1/2-2-65, escrita em Nova York.

[107] Circular 20 de 16/17-5-64.

[108] Circular 84 de 28/29-8-64.

ele lembre o Papa João XXIII. Será uma excelente maneira de lembrar o próprio Cristo, o Bom Pastor";[109] "É, de fato, uma revolução espiritual a Igreja de João XXIII e Paulo VI";[110] "Há apologistas que, com as melhores intenções, preparam, sem saber e sem querer, surpresas terríveis e abalos de fé. Os cristãos sem medo, por outro lado, sorriem, felizes, como João XXIII, que ao invés de pensar que nos aproximamos do fim do mundo se convencem de que assistimos ao primeiro dia da Criação";[111] "Honra ao Vaticano II que abriu amplo espaço ao tema do desenvolvimento, a *Pacem in Terris* de João XXIII que apresentou o subdesenvolvimento como o maior problema a enfrentar em nosso tempo";[112] "Eis o que nos abriu os olhos: de um lado a realidade, sempre mais brutal; de outro, o ensinamento dos Papas e da Igreja através das Encíclicas e do Vaticano II. O milagre que foi o Papa João XXIII! Como se reforçou para nós a fé na presença ativa do Espírito Santo!";[113] "Não tenho receio quanto à marcha da Igreja porque, apesar de estar entregue às nossas fraquezas humanas, ela é de Cristo. E é conduzida pelo Espírito Santo. Participo plenamente da visão de João XXIII: para mim, a Igreja está vivendo uma hora de primavera".[114]

Para Dom Helder, portanto, o Beato João XXIII representava abertura, diálogo, *aggiornamento*, primavera, santidade, bondade, amor aos pobres, juventude...

---

[109] CAMARA, H. "Tomada de posse como Arcebispo de Olinda e Recife". In: CÂMARA, H. *Utopias peregrinas*, 28.

[110] Circular 115 de 23/24-12-1964.

[111] CÂMARA, H. *Revolução dentro da paz*, 14-15.

[112] CAMARA, H. "Discurso del Arzobispo de Olinda y Recife, pronunciado en agosto de 1966 durante la solemne entrega de diplomas a egresados del Curso de Desarrollo organizado por la CEPAL". In: *Iglesia y desarrollo*, 53-54.

[113] CAMARA, H. *Le conversioni di un vescovo*, 92.

[114] CAMARA, H. "Entrevista com D. Hélder". *Sedoc* 104 (1977) 222. Ao final do Concílio, Dom Helder registrou: "O Vaticano II, na expressão do Papa João, não é antinada. [...] Deus inspirou a João que nada atrairá tanto os de fora e os de dentro (mas que estão desencantados e indiferentes) como uma Igreja aberta, arejada, corajosa... Igreja que se banhe no Evangelho (já viram pessoas que saem do banho, limpinhas e cheirando a sabonete gostoso?); que se torne servidora ao invés de Senhora, pobre em lugar de rica; que dialogue, compreenda, estimule, oriente, ao invés de suspeitar, perseguir, condenar... e queimar (em fogueira, mesmo)" (Circular 55 de 3/4-11-1965).

O que os adultos e jovens precisam compreender é que é possível ter dezoito anos e ser um pessimista, um vencido, sem razão alguma para viver, um velho! É também possível ter várias vezes dezoito anos, ser velho por fora e conservar intacta a juventude do espírito, do pensamento e do coração: o jovem mais jovem que encontrei no meu caminho tinha mais de oitenta anos e se chamava João XXIII.[115]

5.2 "É [...] uma revolução espiritual a Igreja de João XXIII e Paulo VI"

Desde o primeiro encontro, em 1950, a amizade entre Helder e Montini nunca parou de crescer.[116] Em 1952, o recém-ordenado Bispo Helder abençoou o Monsenhor e recebeu deste a "primeira bênção do Papa". A admiração de Montini por Helder era tão grande que algumas vezes, na década de 1950, ao saber que o amigo estava em Roma dirigia-se até o Pontifício Colégio Pio Brasileiro para acolitá-lo nas Missas.[117] Durante o Concílio, Fesquet anotou que Paulo VI era influenciado pelo "Bispo dos Pobres". Por isso, os discursos de Dom Helder deveriam ser escutados com a máxima atenção.[118] Em uma carta autobiográfica de 1972, Helder comentou: "Na Vigília e na Missa cotidiana, Pedro tem sempre um lugar único nas orações do amigo e irmão em Cristo".[119] Em sua missão de peregrino da paz, o Dom gostava de apresentar Paulo VI como guia, inspirador e exemplo; como "técnico em humanidade".[120]

Paulo VI, por sua vez, dizia-lhe frases que o deixavam emocionadíssimo, tais como: "Solução só virá na medida em que se multiplicassem Bispos

---

[115] CAMARA, H. "Un pacto digno de coronar nuestra marcha". In: H. CÂMARA, *Cristianismo, socialismo, capitalismo*, 85.

[116] CASTRO, M. de. *Dom Helder: misticismo e santidade*, 237-238.

[117] ISNARD, C. "Dom Helder e a Conferência dos Bispos". In: ROCHA, Z. *Helder, o Dom. Uma vida que marcou os rumos da Igreja no Brasil*, 98-99.

[118] FESQUET, H. *Diario del Concilio*, 727.

[119] CAMARA, H. "Helder Camara – autocritica e utopia". In: CAMARA, H.; SILVA, M.; FRAGOSO, A. B.; – F. BETTO; LEBRET, G.; SILVA SOLAR, J.; FREIRE, P. *Complicità o resistenza? La Chiesa in America Latina*, 21.

[120] CAMARA, H. "Recife e Milão, irmãs em responsabilidades em face do desenvolvimento". In: CÂMARA, H. *Utopias peregrinas*, 34-37.

como Mons. Camara"; "A riqueza da Igreja está em homens como o Sr...";[121] "Tenho certeza de que você prega justiça e amor, dentro dos ensinamentos da Igreja e tendo meditado cada palavra nas Vigílias... Estas abençoadas Vigílias!" e "Não quero que haja a menor dúvida sobre a minha aprovação às suas viagens".[122] Em quase todas as viagens de Helder à Europa, os dois amigos se encontraram.

Dom Helder era um dos Bispos brasileiros mais convictos do pacifismo de Paulo VI e poucos eclesiásticos do país tinham, na época, contatos com Roma quanto ele.[123] Na década de 1960, os funcionários do Vaticano sabiam que, quando o Arcebispo Brasileiro chegava à antecâmara pontifícia, era o próprio Papa que não desejava que o amigo esperasse para o abraço. Havia até uma piada – não se sabe se é verídica – que, certa vez, Paulo VI, sorrindo, cordialmente, disse-lhe: "Eccolo qui, il nostro 'Arcivescovo rosso'". E Dom Helder completou: "In umile presenza del 'Papa comunista'". Interrogado se era verdade que o Papa o havia chamado de "Arcebispo Vermelho", Dom Helder respondeu que "sim", mas que o fizera como brincadeira, pois Paulo VI sabia que, no Brasil, quem não era reacionário era considerado comunista ou alguém a serviço do comunismo.

Dom Helder acreditava que Deus lhe enviava certas "humilhações" a fim de fazê-lo crescer na santificação. José de Broucker, certa vez, lhe perguntou qual poderia ser a maior de todas as humilhações, e eis que o Dom respondeu que seria a "de perder a confiança do Santo Padre. Não somente de Paulo VI, mas do Papa... Eu sou um homem de Igreja...".[124] A sintonia com o Papa era-lhe essencial e fundamental. Em diversas Circulares à Família, Dom Helder partilhou este seu modo de pensar e sentir:

> Se Paulo VI me der sinal verde, então o resto é comigo. Se me der sinal vermelho, não me custará, absolutamente, obedecer. Apenas, estou tão convicto que pedirei vênia para apresentar novas razões... O mais difícil será se me der sinal amarelo. Aí terei de saber até onde posso caminhar...

---

[121] Circular 15 de 14-3-1964.

[122] PILETTI–PRAXEDES, 359. 423. 429.

[123] GONZÁLEZ, J. *Helder Câmara: il grido dei poveri*, 24-33.

[124] BROUCKER, J. de. *Helder Camara: la violenza di un pacifico*, 154.

Sinto-me numa encruzilhada. Mas é para mim descanso total que a decisão última caiba ao Vigário de Cristo. E é uma felicidade imensa ter acesso pessoal a Ele...[125]

No dizer de Piletti e Praxedes, no entanto, "entre o Papa Paulo VI e Dom Hélder Câmara havia muito mais que uma grande amizade: havia a poderosa Cúria Romana".[126] Havia também o Governo autoritário brasileiro, que difamava o Arcebispo, e setores conservadores da própria Igreja no Brasil, que se opunham à linha conciliar adotada por ele e o denunciavam a dicastérios romanos. Apesar disso, Paulo VI jamais perdeu a confiança em Dom Helder, sempre reconhecendo que o Arcebispo de Olinda e Recife era exemplo e modelo na pregação do Evangelho da justiça e da paz.

Assim que chegou a Recife, Dom Helder intercedeu por alguns pastores protestantes presos pelo regime militar, juntamente com jovens da ACO. Essa ação abriu espaços para excelentes relações com várias denominações protestantes. No entanto, na Vigília de Natal, ele recebeu uma nota do Santo Ofício que lhe comunicava uma denúncia e lhe oferecia uma oportunidade para corrigir "algumas coisas e palavras [...] caso não tenham sido feitos com objetividade". O teor da denúncia era: Dom Helder, em uma Igreja presbiteriana, elogiou os protestantes e condenou os exageros dos católicos na devoção aos Santos e a Maria; na Televisão, escandalizava fiéis com atitudes e gestos dizendo, por exemplo, que se compraz vendo jovens namorando nas praças, sabendo que depois eles se casarão na Igreja; apresentando como modelo um pai que entrega a chave da casa ao filho, quando este completa 18 anos; afirmando a honestidade dos bailes entre os jovens e

---

[125] Circular 66 de 14/15-11-1965.

[126] PILETTI–PRAXEDES, 422. Ainda em 1946, a Cúria teria recebido um alerta de que o Rio de Janeiro não perdoaria Dom Jaime por indicar como Bispo Auxiliar um padre integralista. Em 1950, Montini alertou o Monsenhor Helder que deveria tomar cuidado, pois havia chegado ao Vaticano uma pequena publicação da revista *Juventude*, enviada por autoridades brasileiras, sugerindo a necessidade de uma censura por causa do excesso de modernismo. Durante o Segundo Período do Vaticano II, Dom Helder foi surpreendido pela notícia de que a Secretaria do Estado do Vaticano havia recebido um dossiê que o acusava de comunista. Em 1964, para apressar a sua transferência do Rio de Janeiro, o Cardeal Câmara teria enviado ao Vaticano um informe denunciando o envolvimento político de seu Auxiliar (PILETTI–PRAXEDES, 184-185; 289.291).

até permitindo aos jovens dançar no próprio Palácio.[127] O Dom optou por dar uma "resposta objetiva e sobrenatural" a essa oportunidade que a Providência lhe oferecia de apresentar a visão do Vaticano II ao Santo Ofício: "Agradeço a Deus nem ter a tentação de irritar-me contra os meus acusadores. Estão no direito deles. É, de fato, uma revolução espiritual a Igreja de João XXIII e Paulo VI".[128] Graças à capacidade argumentativa de Dom Helder, bem como ao seu bom relacionamento com alguns eclesiásticos no Vaticano, inclusive Paulo VI, o processo não teve prosseguimento.[129]

Dom Helder recebeu apoio de Paulo VI quando assumiu a missão de "levar a cidades-chave do Mundo o que o Vaticano II nos traz de melhor: a atitude de diálogo; o espírito ecumênico; a decisão de servir...".[130] O Papa também o apoiou quando os militares o estavam perseguindo e difamando. No dia 22 de abril de 1966, depois de um conflito com os militares do IV Exército, Paulo VI disse-lhe para continuar pregando a justiça e a paz:

> Qualquer ato seu, qualquer palavra sua tem ressonância mundial. É mais importante para a imprensa europeia e norte-americana saber o que você pensa do que conhecer o pensamento de qualquer Cardeal, mesmo norte-americano. Digo isto não porque tenha o mais leve receio de seu pensamento ou de sua atuação. Graças a Deus, nos conhecemos há tanto tempo... Lembra-se de nosso primeiro encontro? Você cresceu por dentro, mas continua humilde como o quase seminarista que encontrei em 1950... Seu sorriso e seu olhar não envelhecem. A criança continua viva dentro de você... Aproveite esta fama. Sem deixar de ser o pastor de Olinda e Recife – e graças a

---

[127] A nota fora escrita em latim. Tanto o texto original quanto a tradução estão na Circular 115 de 23/24-12-1964. Na verdade, Dom Helder havia participado de um Culto Ecumênico em uma Igreja Anglicana.

[128] Circular 115 de 23/24-12-1964. A interessantíssima resposta de Dom Helder – um "pequeno curso sobre o espírito do Vaticano II" – encontra-se na Circular 116 de 25/26-12-64. Dom Helder conclui a correspondência dizendo: "Permitiu a Providência Divina fosse a Carta de Vossa Eminência a Oferenda de Natal que levei ao Presépio. Com os meus 55 anos de idade, meus 33 de sacerdote, meus 12 anos de Bispo e meus nove anos de Arcebispo, estou causando apreensões ao Santo Ofício. Pedi ao Menino Deus: que eu morra antes de causar uma apreensão justificada à Santa Sé; que eu e meus irmãos Bispos e sacerdotes encontremos, sempre mais, no Santo Ofício, estímulo ao invés de desconfiança, apoio ao invés de castigo".

[129] PILETTI–PRAXEDES, 358-359. Piletti e Praxedes afirmam que provavelmente o Cardeal Alfredo Ottaviani estava tentando intimidar Dom Helder, uma vez que o Arcebispo, juntamente com outras autoridades eclesiásticas, visava à supressão do Santo Ofício.

[130] Circular 62 de 3/4-11-1964. Escrita em Berna, Suíça.

Deus você tem alma de Pastor – lembre-se de que não há, na Igreja, muitos cuja voz seja ouvida como a sua.[131]

Paulo VI quis saber como o amigo estava sendo tratado pelo Governo brasileiro, e Dom Helder lhe contou o episódio da Missa e das ameaças de que seria removido da Arquidiocese. O Papa concordou com ele de não ter rezado a Missa e afirmou textualmente: "Esta pobre Revolução não resolveu e não resolverá os problemas fundamentais do país. Falta-lhe energia e envergadura para tanto". No final desse mesmo encontro, Paulo VI quis saber o que Dom Helder pensava de uma possível nomeação a Cardeal – e isto foi secretíssimo.[132]

Apesar de tanta gentileza e afeto recebidos do Sucessor de Pedro, em setembro de 1966, a Sagrada Congregação dos Negócios Eclesiásticos Extraordinários, vinculada à Secretaria de Estado, enviou a Dom Helder uma carta condenando várias passagens de um texto que ele pretendia apresentar na X Assembleia Extraordinária do CELAM em Mar del Plata, Argentina.[133] Também alertava o Arcebispo para que não entrasse em confronto com as autoridades civis, em particular, posicionando-se contra a limitação dos direitos civis, uma vez que o Vaticano queria manter boas relações com o Governo brasileiro.[134] Quanto a uma proposta que iria apresentar – de que o CELAM solicitasse ao Santo Padre uma Assembleia do Sínodo dos Bispos... – o comentário da Congregação foi que isto se tratava de um ato de exclusiva competência do Sumo Pontífice e era conveniente não interferir dando sugestões, sobretudo, públicas. Portanto, a Congregação, mais do que sugestões, esperava de Dom Helder moderação, não só em questões

---

[131] PILETTI–PRAXEDES, 359.

[132] PILETTI–PRAXEDES, 359-360.

[133] A Assembleia foi sugerida por Paulo VI, na Exortação Apostólica dirigida aos Bispos da América Latina em 24 de novembro de 1965, conclamando a Igreja a ser presença no desenvolvimento e na integração do continente. Realizou-se de 9 a 16 de outubro de 1966 e reiterou a urgência das reformas estruturais. No texto, Dom Helder defendia uma educação de base conscientizadora, superando a mera alfabetização e que seguisse as trilhas do MEB. A Congregação explicava que "mal acabara de compor-se um grave desentendimento entre o governo e o Movimento de Educação de Base" e Dom Helder tornava a sustentar uma educação popular "conscientizadora" que superasse a "mera alfabetização, mesmo que completada com um simulacro de voto".

[134] PILETTI–PRAXEDES, 360. É importante registrar que Dom Helder recebeu essa carta pouco depois de dois encontros do chanceler brasileiro Juracy Magalhães com Paulo VI, no Vaticano.

de natureza política, mas também eclesiásticas.[135] Dom Helder, por sua vez, não conseguia compreender as posições paradoxais do Vaticano: o Papa lhe pedia para continuar pregando, com coragem, o Evangelho da justiça e da paz pelo mundo afora, e os seus assessores diretos, para moderar os pronunciamentos.[136]

No dia 26 de março de 1967, Paulo VI publicou a *Populorum Progressio* dedicada à cooperação entre os povos, tratando de problemas dos países em desenvolvimento. Dom Helder vibrou com o texto da Encíclica e entendeu que esta lhe dava a autorização para pregar as mudanças estruturais no Brasil e das relações entre países pobres e ricos. A sintonia da pregação de Helder e da *Populorum Progressio* era tão intensa que se atribuiu a ele a inspiração da redação.[137] Baseado na Encíclica, o Dom iniciou uma série de conferências. Enganou-se pensando que contaria com o aval do Vaticano; qual foi a sua surpresa quando recebeu uma carta do principal assessor do Papa, Giovanni Benelli, logo após a morte do Pe. Henrique, pedindo esclarecimentos sobre suas conferências e recomendando que se ativesse mais à atuação dentro de sua própria Arquidiocese, evitando viagens para conferências no exterior e, quando elas acontecessem, que buscasse consentimento da autoridade eclesial local.[138]

Ao ler a carta de um amigo tão íntimo de Paulo VI, Dom Helder teve a sensação de receber uma facada no coração. Sem o apoio de Roma sentiu "a terra faltar debaixo de seus pés".[139] Acrescente-se que, na época do Núncio Armando Lombardi, Benelli havia sido ouvinte da Nunciatura

---

[135] PILETTI–PRAXEDES, 360.

[136] PILETTI–PRAXEDES, 360-361. Não se pode alegar que o Vaticano estava mal-informado, pois entre 1964-1970 vários colaboradores de Paulo VI visitaram Recife: Monsenhor Carlo Colombo, amigo pessoal e teólogo do Papa; o Monsenhor Toniolo Ferrari, da Comissão Pontifícia para os meios de comunicação social, além do Cardeal Suenens, que se hospedou por muitos dias no Palácio Arquidiocesano.

[137] Em setores eclesiásticos e da imprensa foi comentado que o espírito, o tema e até certas expressões pareciam ser de Dom Helder e que, provavelmente, ele teria sido um dos autores oficiais do texto. O Arcebispo sempre negou sua participação na autoria, mas reconhecia a identificação de seu pensamento no conteúdo da Encíclica (CAMARA, H. "La más valiente de las encíclicas". *Fatos e Fotos*, apud RENEDO, B. T. de. *Hélder Câmara: proclamas a la Juventud*, 129.132).

[138] PILETTI–PRAXEDES, 361-362.

[139] CAMARA, H. *O deserto é fértil*, 34; CONDINI, M. *Dom Helder Camara: um modelo de esperança*, 70-74.

AS DEVOÇÕES DE DOM HELDER

Brasileira. Os três – Armando, Helder e Giovanni – haviam realizado reuniões juntos; além disso, Benelli era amigo do Bispo Auxiliar Dom Lamartine. Por conta disso tudo, o Dom não conseguia minimizar a censura recebida, e um sentimento de tristeza e de humilhação inundaram o seu ser.[140] Sentiu-se como no tempo de seminarista, quando teve de silenciar diante do conflito jornalístico com a professora Edith Braga.[141] Ele registrou:

> Tal como no dia de Santa Marta, fugi para rezar. E de novo pedi à Mãe querida que me serenasse. Pedi total visão sobrenatural ao Espírito Santo. Pensei concretamente em José. Venceu a Graça. Devo, inclusive, reconhecer que a pastoral tem avançado, mas, pessoalmente, posso dar-me muito mais a ela. Vou tomar ao pé da letra as indicações da Santa Sé... Voltou a paz. Voltou a alegria. Ri de mim: no íntimo, eu pensava, talvez, que a Santa Sé voltasse atrás.[142]

Dom Helder, então, deixou de aceitar os convites que vinham de todas as partes do mundo: "Um desejo de Roma, é uma ordem para mim".[143] O

---

[140] Dom Helder já estava sofrendo muito com o que acontecera no Brasil: além das constantes denúncias de Dom Sigaud, o Presidente do Conselho Nacional da TFP, Plínio Correia de Oliveira, em um artigo publicado, no início de fevereiro em diversos jornais, acusou o "Arcebispo Vermelho" de abrir as portas da América e do mundo ao comunismo. Devido a essas e outras acusações, a CNBB interrogou seu fundador, durante a reunião Central da entidade, em fevereiro de 1969. Dom Helder respondeu todas as questões do interrogatório sem perder a calma e até fez brincadeiras. A reunião terminou com cordialidade. No entanto, o Dom sofreu muito porque, além de ser censurado pelo governo brasileiro, sentiu que estava perdendo prestígio diante da hierarquia – até da CNBB... Por isso, ele iniciou 1970 com muitas incertezas e perguntava-se o que viria pela frente: incompreensão de Roma? Incompreensão no Brasil? Prisão? Holocausto? Morte natural? O que mais o angustiava, no entanto, era o "silêncio de Paulo VI", a "falta de apoio do Papa": "Quando tenho a impressão de que Roma não me entende ou não me aprova, sinto a terra faltar debaixo dos pés. Como Te entendo, Cristo, exclamando na Cruz: 'Meu Pai, meu Pai, por que me abandonaste? '" (PILETTI–PRAXEDES, 363-380; CIRANO, M. *Os caminhos de Dom Helder: perseguição e censuras (1964-1980)*, 49-52; OLIVEIRA, P. C. de. "O Arcebispo vermelho abre as portas da América Latina e do mundo para o comunismo". *O Estado de S. Paulo*, 1-2-1969; ID. *Folha de S. Paulo*, 1-2-1969; ID. *O Globo*, 6-2-1969; CAMARA, H. *O deserto é fértil*, 34).

[141] José Comblin relatou que Dom Helder "sofreu muito quando ainda durante o pontificado de Paulo VI, que sempre se tinha manifestado muito amigo, veio de Roma a ordem de limitar as suas viagens para o exterior subordinando-as a várias condições. Não podia compreender e sofreu muito. Não podia compreender que pudesse ter tantos inimigos em Roma" (COMBLIN, J. "Apresentação". In: CONDINI, M. *Dom Helder Camara: um modelo de esperança*, 12).

[142] PILETTI–PRAXEDES, 362.

[143] CÂMARA, H. *Chi sono io?*, 122.

chefe de redação da revista *Informations Catholiques Internationales*, José de Broucker, ao saber do verdadeiro motivo da não aceitação de conferências internacionais, publicou uma nota dizendo que além da censura do Governo autoritário do Brasil, o Arcebispo de Recife sofria também censura do Vaticano. A repercussão foi tão grande que o Secretariado de Estado contra-atacou desmentindo publicamente a censura e chegou a insistir para que o Arcebispo aceitasse os convites.[144] Depois de uma viagem para os Estados Unidos, no dia 26 de janeiro de 1970, Dom Helder viajou para Roma, pois queria saber a opinião pessoal de Paulo VI. O encontro foi marcado pela cortesia de dois amigos que se admiravam e se apoiavam. O Papa quis saber dados sobre as torturas impetradas pelo Governo brasileiro e determinou que o Arcebispo poderia realizar quatro viagens internacionais por ano, bastando pedir o consentimento da autoridade local e informando o conteúdo de suas palestras e conferências à CNBB – caso a Conferência desejasse, cancelaria qualquer evento fora do país. O Papa ainda aprovou o lançamento da AJP em nível internacional, uma vez que no Brasil estava sendo difícil sua prosperidade devido às perseguições do regime militar.[145] Após o encontro com Paulo VI, Dom Helder viajou a Genebra, sendo a personalidade mais importante da conferência mundial sobre ajudas econômicas aos projetos de desenvolvimento. Weigner, que o transportou, registrou que "o profeta do Terceiro Mundo", "a voz que sacode as massas silenciosas e indigentes" lhe contou que o Papa o encorajou a continuar a sua luta contra as injustiças, a mobilizar a consciência social dos cristãos e a aceitar os numerosos convites internacionais para conferências.[146]

No entanto, depois da audiência privada na qual o Papa lhe demonstrou confiança e respeito e o autorizou a continuar as viagens, no mesmo

---

[144] PILETTI–PRAXEDES, 380; SECRETARIA DE ESTADO. "A Santa Sé e D. Helder". *L'Osservatore Romano*, 25-7-1969; ID. *Sedoc* 2, (1969) 321-322).

[145] CONDINI, M. *Dom Helder Camara: um modelo de esperança*, 76.

[146] WEIGNER, G. *Helder Câmara: la voce del mondo senza voce*, 33. Na entrevista coletiva dada em Genebra, interrogado se não faltava uma encíclica sobre os países em via de desenvolvimento, Dom Helder respondeu que, no momento, havia teoria suficiente. O problema consiste em traduzir as teorias em práticas. É aqui que iniciam as dificuldades internas e externas. Externamente, os Governos dizem que aceitam os textos de Medellín, Beirute, Uppsal e a *Populorum Progressio*. Eles declaram estar em perfeita concordância com os conteúdos, mas quando alguém se apresenta para praticá-los é imediatamente acusado de subversão e comunismo (ID. *Helder Câmara: la voce del mondo senza voce*, 34-35).

ano Dom Helder recebeu nada menos do que cinco advertências – quatro da Secretaria de Estado e uma da Congregação para os Bispos –, para que moderasse os pronunciamentos, priorizasse a atuação em sua Arquidiocese e evitasse viagens internacionais.[147] Dom Helder, para esclarecer o que estava acontecendo, pediu uma audiência privada com Paulo VI, no dia 27 de maio de 1971. Na ocasião, o Papa reafirmou que o Arcebispo gozava de confiança total e que fora o Senhor que lhe dera a missão de sair pelo mundo pregando a paz. E acrescentou:

> Tenho certeza de que você prega justiça e amor, dentro dos ensinamentos da Igreja e tendo meditado cada palavra nas Vigílias... Estas abençoadas Vigílias! Sinto-me também na obrigação de lembrá-lo de que, cada vez mais, no Ocidente e no Oriente, entre católicos, não católicos e até ateus, sobretudo entre a juventude, cada viagem sua, cada conferência, cada entrevista tem ressonância mundial. Mas eu tenho confiança! Encontro sempre o mesmo Dom Hélder de minha visita ao Rio, de sua visita a Milão, das cartas que não esqueço! Sua humildade e seu espírito de fé são o solo da missão que Deus lhe confia. Quantas viagens? Que viagens? Só Dom Hélder, na Terra, será o juiz dos convites a aceitar.[148]

Dom Helder acompanhou com emoção cada palavra do Papa, que também lhe disse: "Como todo o mundo olha para Recife e tudo o que se faz em Recife repercute no mundo inteiro, gostaria que Recife fosse modelo para todas as Igrejas do mundo". Então o Arcebispo lhe falou do Movimento de Evangelização, do Movimento de Jovens e da Operação Esperança. O Papa ainda lhe pediu que escrevesse por carta o seu pensamento para o segundo Sínodo dos Bispos. Dom Helder perguntou se a carta chegaria até o Santo Padre via Secretaria de Estado, e este lhe pediu para escrever no envelope "Carta Pessoal de Dom Helder"; assim ninguém abriria. Mas a carta foi interceptada pelo Secretário de Estado, o Cardeal Jean-Marie Villot, que se encarregou de respondê-la pessoalmente expressando sua discordância com relação ao conteúdo e dando uma repreensão "discreta e amável" ao Arcebispo de Olinda e Recife. O episódio deixou claro que quem criava

---

[147] PILETTI–PRAXEDES, 422.

[148] PILETTI–PRAXEDES, 423.

problemas não era Monsenhor Benelli, mas o próprio Secretário de Estado. Mais tarde, o Cardeal Suenens comentou com Dom Helder que presenciara quatro ou cinco vezes Benelli defendendo o Arcebispo.[149]

Em setembro de 1971, Dom Helder concluiu que seu prestígio estava mesmo em queda no Vaticano. Abriu-se em Roma o 2.º Sínodo dos Bispos tendo como um dos temas fundamentais a justiça no mundo. Ele não foi eleito pelos colegas de Episcopado para participar do Sínodo, nem convidado pelo Santo Padre. Naquele momento, começou a pensar que, talvez, o Papa não concordasse com suas pregações sobre a justiça e o amor como caminho para a paz. Depois do "atestado público e notório, em ocasião soleníssima e excepcional", perguntava-se: "Tenho ainda o direito de andar peregrinando?". Mas depois de esfriar a cabeça, preferiu continuar pensando que Paulo VI mantinha o posicionamento das audiências privadas e que a rejeição deveria ser atribuída à Cúria Romana.[150] Em setembro de 1972 Dom Helder escreveu: "Aflige-me ver o desgaste do Papa, depois de o termos quase divinizado. Aflige-me ver como a Cúria Romana o manipula...".[151]

Depois de muito insistir, Dom Helder conseguiu uma nova audiência privada com o Papa, em 10 de novembro de 1972, o 20.º encontro pessoal entre os dois. Paulo VI o acolheu com carinho, o abraçou prolongadamente

---

[149] PILETTI–PRAXEDES, 423-424.

[150] PILETTI–PRAXEDES, 424-425. Sorge comenta que por causa de seus sonhos, Dom Helder, a partir dos anos 1970, viveu um crescente ostracismo e uma marginalização da parte dos políticos brasileiros e da própria Igreja. Sofreu muito quando não foi chamado pelo Papa para o Sínodo de 1971 sobre a justiça no mundo, ele que era o Bispo mais empenhado, em nível mundial, nesse assunto (SORGE, B. "Hélder Câmara: il sogno di una Chiesa 'povera e serva'". *Aggiornamenti Sociali* 2 [2009] 89). O Cardeal Roy, logo após o Sínodo, escreveu ao "peregrino da paz" uma carta de conforto, admiração, apoio e respeito. Em um dos trechos lê-se: "No curso desses encontros [da Pontifícia Comissão de Justiça e Paz], falamos, muitas vezes, dos grandes problemas que o preocupam e de sua ação pastoral, tão caridosa e tão corajosa. Tive ocasião de ouvir, da parte de bispos, de padres e leigos, numerosos testemunhos de admiração a seu respeito. Faço questão de dizer-lhe que participo desse sentimento e faço questão de exprimir-lhe, de modo particular, minha confiança e minha amizade. As agitações políticas, chegando até a violência, que conhecemos, no ano passado, no Canadá, fizeram-me compreender melhor quanto sua responsabilidade é pesada e quanto o senhor é digno de simpatia. [...] Sua Santidade, quando Lhe falei sobre o senhor, só teve, a seu respeito, palavras de confiança e afeição. O Papa tem sempre para com o senhor os sentimentos que Ele já lhe exprimiu e que devem ser um conforto para o senhor, quando o senhor dá o melhor de si para realizar a obra de justiça e de paz, que será a glória do pontificado de Sua Santidade" ("Carta do Cardeal Roy, 1971". In: POTRICK, M. B. *Dom Helder, pastor e profeta*, 167-168).

[151] PILETTI–PRAXEDES, 425.

As devoções de Dom Helder

385

e disse-lhe: "Dom Hélder, Dom Hélder, quelle joie de vous reencontrer". Nessa ocasião, o Dom teve a confirmação da sua hipótese – de que a Cúria se interpunha no relacionamento –, uma vez que o Papa felicíssimo recebeu os livros *Espiral de violência* e *O deserto é fértil*. Na verdade, Paulo VI não os recebera antes, apesar de os dois exemplares terem sido enviados na mesma remessa oficial da carta interceptada pelo Secretário de Estado, Cardeal Villot. O Papa presenteou Dom Helder com uma cruz em que Pedro e Paulo aparecem juntos, dizendo-lhe para guardá-la na mesa de trabalho como "presença viva do amigo ao seu lado". Sorrindo, ainda frisou: "Pedro e Paulo".

Em 1974, Dom Helder participou do 3.º Sínodo dos Bispos como delegado do Episcopado brasileiro, e qual não foi a sua surpresa ao receber uma carta do Cardeal Sebastião Baggio, ex-núncio do Brasil e Prefeito da Sagrada Congregação para os Bispos, expressando o receio de que as viagens de Dom Helder pudessem ser instrumentalizadas para "finalidades alheias" – leia-se: movimentos e Governos de esquerda –, havendo o risco de sua palavra "ditada por sincera convicção e ardente zelo apostólico" poder criar, no auditório, esperanças que, não se podendo realizar com presteza, se converteriam em novas frustrações.[152] Mas, já convicto do apoio de Paulo VI, Dom Helder continuou realizando suas viagens não se importando com a observação do Cardeal.

Quando viajou para a Grécia, em outubro de 1977, Dom Helder tentou uma audiência com o Papa, mas, pela segunda vez, lhe foi negada.[153] No final de 1977, um "amigo de inteira confiança" comentou que "o Papa queixou-se, de novo, amavelmente" que o amigo passara por Roma e não o procurara e que teria pedido para o Arcebispo não mais fazer viagens internacionais. Dom Helder, então, escreveu para Paulo VI dizendo acatar qualquer decisão, mas expôs os motivos pelos quais pretendia continuar viajando. Para ter certeza de que a carta chegaria ao destino, escreveu cópias para o Cardeal Benelli e para o Núncio do Brasil. Como, até janeiro de 1978, não havia tido retorno, aceitou o insistente convite do Governador da

---

[152] Piletti–Praxedes, 425.

[153] Sorge, B. "Hélder Câmara: il sogno di una Chiesa 'povera e serva'". *Aggiornamenti Sociali* 2 (2009) 89.

Califórnia para participar de uma celebração, com o aval do Bispo de Sacramento.[154] Depois, o Dom percebeu que "entrara" em contradição com o seu desejo de ser sempre obediente ao Santo Padre. Isso lhe causou sofrimentos: "Degringolei. Durante uma semana, andei baratinado. Não acertava com os trabalhos... a saúde ficou abalada, a ponto de chegar a vômitos prolongados e desagradáveis... Falta de ânimo absoluto para preparar a mensagem para os Estados Unidos...".[155] Depois de ter confidenciado o problema ao médico, este concluiu que era algo exclusivamente psíquico. Um amigo do Vaticano sugeriu ao Arcebispo não esperar a resposta do Papa, pois tanto o "sim" quanto o "não" seriam respostas comprometedoras. A ausência de resposta também seria um "não".

Como, então, justificar 80 negativas de convites só em 1978? Angustiado, pensou em se demitir da Arquidiocese por não merecer confiança do Vaticano, mas acabou achando que, na verdade, faltava-lhe humildade em obedecer. No entanto, repercutiram mal as negativas de Dom Helder a todos aqueles convites e houve um bombardeio de telegramas de protestos enviados do mundo inteiro à Cúria Romana. Esta divulgou uma nota dizendo que não havia nenhuma proibição quanto às viagens internacionais, "mas sim preocupação do Vaticano quanto à Pastoral de Olinda e Recife, vítima de constantes viagens do Arcebispo ao estrangeiro". O Núncio do Brasil – instruído pela Cúria – insistiu que ele voltasse a viajar em março, mas que antes passasse por Roma e falasse com o Santo Padre.[156]

Antes de visitar o Papa, o Arcebispo passou nas Congregações para a Doutrina da Fé, para o Clero e para os Bispos. Nesta última, encontrou-se com o Cardeal Sebastião Baggio, que não escondeu as divergências com Dom Helder e criticou as Conferências Episcopais, das quais o brasileiro era um dos pioneiros no mundo, dizendo que "a rigor, elas não existem. Na Igreja de Cristo, autoridade só existe nos Bispos e em Pedro, nos Bispos com Pedro". Paulo VI recebeu Dom Helder no dia 15 de junho de 1978 e pediu para dizer em português aquela palavra belíssima, intraduzível, "J'avais nostalgie de vous rencontrer, de vous voir", e Dom Helder disse: "Eu estava

---

[154] Piletti–Praxedes, 426-427.

[155] Piletti–Praxedes, 427.

[156] Piletti–Praxedes, 427-428.

com saudade de você". O Papa repetiu várias vezes "saudade, saudade..." dizendo que era isso que sentia.[157] Depois, Paulo VI comentou que lhe devia uma explicação:

> Não quero que haja a menor dúvida sobre a minha aprovação às suas viagens. Abençoo-as. Eu as sigo, como posso. E o que me dá tranquilidade sobre elas é que Dom Helder se tornou um personagem internacional, um dos grandes vultos da Igreja e da Humanidade, mas, graças a Deus, continua o mesmo Dom Helder! Guarde esta palavra que lhe digo da parte de Deus: sua força é sua humildade e seu coração, que só sabe amar, é incapaz de odiar. Continue! Continue! Você tem uma missão a cumprir: pregar a justiça e o amor, como caminho para a paz.[158]

Quando Dom Helder terminou de relatar suas atividades na Arquidiocese de Olinda e Recife, Paulo VI lhe falou da sua dor por causa de seu amigo Aldo Moro, ex-ministro italiano e Presidente do PDC, poucos meses antes sequestrado e morto pelas Brigadas Vermelhas. Em seguida, o Papa presenteou o Dom com um cálice e um cibório de seu uso pessoal. Um fotógrafo registrou o encontro para o arquivo de Paulo VI, que, emocionado, não largava a mão do amigo mesmo quando a porta já havia sido aberta pelos auxiliares, cuja presença enfatizava ao visitante o momento de ir embora. Então o Papa disse na frente de todos: "Quando vier a Roma, com bilhete ou sem bilhete, venha me ver. Empurre esta porta. Estarei aqui para abraçá-lo". A recomendação seria desnecessária, pois seu estado de saúde era frágil: estava abalado por causa do assassinato de Aldo Moro e por um câncer na próstata.[159]

No dia 6 de agosto, às 14h, no intervalo de filmagens para uma série televisiva francesa sobre Cristo, Dom Helder almoçava com José de Broucker e Roger Bourgeon, a 50 quilômetros de Paris, quando interrompeu por uns instantes a refeição e disse: "Sinto que o Santo Padre vai partir durante esta minha viagem. Certamente, o Encontro de Puebla terá de ser adiado e terei de submeter ao novo Papa o esquema de minhas viagens

---

[157] PILETTI–PRAXEDES, 428-429.

[158] PILETTI–PRAXEDES, 429.

[159] PILETTI–PRAXEDES, 429-430

388   O CAMINHO ESPIRITUAL DE DOM HELDER CAMARA

internacionais...". Às 15h, a televisão informou que o Papa sofrera uma crise de coração. Às 16h recebera a Unção dos Enfermos. Às 19h30min, o filho de Bourgeon, que fazia um dos noticiários da televisão, telefonou, dando a informação da morte de Paulo VI. Dom Helder fez uma oração de ação de graças por Paulo VI que fora para a casa do Pai, com o Filho e o Espírito Santo, com Nossa Senhora, São Paulo, São Pedro, todos os Anjos e Santos; com o Papa João...[160]

5.3 "A bênção, João de Deus, nosso povo te abraça. Tu vens em missão de paz. Sê bem-vindo e abençoa este povo que te ama"

Quando, no dia 26 de agosto de 1978, Albino Luciani, Patriarca de Veneza, foi eleito Papa, Dom Helder experimentou um "sentimento de surpresa" semelhante àquele de 1958, quando fora eleito Ângelo Roncalli, porém sem "apreensão" e, sim, com "muito entusiasmo". Exultando, disse que a Igreja elegeu para Papa o filho de uma doméstica e de um pedreiro, de um socialista; um menino que gostava de andar de bicicleta; um Papa que conquista o mundo com o seu sorriso e que, no conclave, havia votado no "nosso querido Aloísio Lorscheider";[161] um Papa que havia sido ordenado Bispo por Ângelo Roncalli e, como este, fora Patriarca de Veneza. O Dom acreditava que João Paulo I tinha tudo para ser um novo João XXIII. Porém, 33 dias depois de eleito, o "Papa-Sorriso" morreu, vítima de um ataque cardíaco...[162] Dom Helder considerou a escolha de Karol Wojtyla "surpresa ainda maior que a eleição de Albino Luciani".

O Arcebispo de Recife e Olinda dizia que João Paulo II era um homem forte, com físico de atleta e, com 58 anos, contava entre os Papas mais novos da história. O fato de Karol ser polonês despertou-lhe um sentimento agradável, pois, depois de quatro séculos de Papas italianos, a Igreja elegeu, em sua universalidade, um homem que vinha de uma Igreja perseguida e rica em vocações sacerdotais e religiosas. Porém, causava-lhe apreensão saber que vinha de um país onde o catolicismo conservador predominava,

---

[160] PILETTI–PRAXEDES, 430.

[161] PILETTI–PRAXEDES, 431.

[162] CASTRO, M. de. *Dom Helder: misticismo e santidade*, 244-245; PILETTI–PRAXEDES, 431.

inclusive como uma forma de resistência contra a dominação soviética. E, justamente por conta desse conservadorismo, Dom Helder nunca aceitara convites para falar na Polônia, com receio de criar problemas para a Igreja naquele país.[163]

Em dezembro de 1978, Dom Helder visitou o novo Papa em Roma: pediu e recebeu a autorização para continuar a sua missão de peregrino da paz.[164] A reunião foi rápida, porém João Paulo II foi muito atencioso e confirmou o mesmo esquema combinado com Paulo VI.[165] Após o encontro, o Arcebispo viajou para a Bélgica, encontrou-se com o Cardeal Suenens e deu uma série de entrevistas sobre os 30 anos da Declaração dos Direitos Humanos. Dom Helder encontrou-se novamente com João Paulo II durante a Conferência de Puebla. O Dom considerou o Discurso do Papa "Magnífico"[166] e, com Dom Aloísio Lorscheider, Dom Luciano Mendes de Almeida e outros irmãos no Episcopado, trataram de colocar em prática a recomendação de João Paulo II: "partir de Medellín".[167]

---

[163] PILETTI–PRAXEDES, 431-432; CASTRO, M. de. *Dom Helder: misticismo e santidade*, 245-246. Dom Helder conhecia Karol do Vaticano II. Trabalharam juntos na Comissão que preparou a *Gaudium et Spes*: "Um Bispo polonês, filho de operário, que merece crônica especial" e que teve impressão fortíssima do relatório brasileiro apresentado para "banhar de Terceiro Mundo o XIII Esquema" (Circular 13 de 23/24-9-1964).

[164] PILETTI–PRAXEDES, 432. O Papa João Paulo II disse para Dom Helder continuar com o esquema de viagens estabelecido por Paulo VI. Porém, não cessaram as desconfianças de integrantes da Cúria Romana. Sorge, por exemplo, registra que, em 1980, teve de resistir quando alguns revisores da Secretaria de Estado do Vaticano insistiam que não se publicasse na *La Civiltà Cattolica* uma apresentação "troppo favorevole" do livro *Le conversioni di un vescovo*. Não queriam que aparecesse na revista dos jesuítas, notoriamente vizinha da Santa Sé, um juízo positivo sobre o Arcebispo (SORGE, B. "Hélder Câmara: il sogno di una Chiesa 'povera e serva'". *Aggiornamenti Sociali* 2 (2009) 89); CASTELLI. F. "Le 'conversioni' di Dom Helder Camara". *La Civiltà Cattolica* I (1980) 153-160).

[165] Disse Dom Helder: "Imagina que hoje em dia recebo uma média de oito convites internacionais para ir ao estrangeiro. E acertei com Paulo VI e já com João Paulo II cinco viagens por ano e sempre com a mesma ideia: ajudar as pessoas de boa vontade – que são mais numerosas do que a gente imagina no mundo inteiro – a criar um mundo mais justo, mais humano" (CAMARA, H. "Entrevista [ao jornalista J. Moraes] de Dom Hélder Câmara". *Sedoc* 16 (1983) 458).

[166] CHRISTO, C. A. L. *Diario di Puebla*, 70.

[167] JOÃO PAULO II. "Audácia de profetas e prudência de pastores: discurso do Santo Padre no início dos trabalhos da III Conferência Geral do Episcopado Latino-Americano, em 28 de janeiro de 1979". In: JOÃO PAULO II. *João Paulo II em Puebla: pronunciamentos do Papa na América Latina*, 44.

Em julho de 1980, João Paulo II visitou o Brasil. Era a primeira vez que um Papa pisava (e ao desembarcar em Brasília, beijou) o solo brasileiro. Fora Dom Helder quem convidara João XXIII a vir ao Brasil. Agora, em João Paulo II, o sonho estava se realizando. O Dom alegrou-se ainda mais porque no Rio de Janeiro, além do aterro do Flamengo e do Corcovado, João de Deus quis visitar a favela do Vidigal. Na ocasião, chamou os pobres de bem-aventurados e disse que a "a Igreja inteira brasileira quer ser a Igreja dos pobres". No dia 7 de julho de 1980, o sucessor de Pedro chegou a Recife: Dom Helder estava felicíssimo quando o recebeu no Aeroporto de Guararapes e foi o primeiro a cumprimentá-lo. Nas ruas, João Paulo II viu milhares de pessoas que o saudavam e cantavam com fé vibrante: "A bênção, João de Deus, nosso povo te abraça. Tu vens em missão de paz. Sê bem-vindo e abençoa este povo que te ama". Do altar, o Papa via de um lado os trabalhadores rurais e de outro as autoridades e os políticos. A emoção de Dom Helder e do povo foi ao máximo quando ouviram João Paulo II proclamar: "Meu caríssimo irmão, D. Hélder Câmara, irmão dos pobres e meu irmão".[168] João Paulo II se deparou com um Pastor conhecido, estimado e amado pelo povo... Ao dizer "a terra é dom de Deus a todos os homens" e ao colocar um chapéu de camponês, o Santo Padre *confirmou* o trabalho apostólico do Dom. Mas João de Deus foi mais longe ainda: tocou no núcleo da espiritualidade helderiana, quando chamou de bem-aventurados os pobres e aqueles que "têm especial sensibilidade" pelos necessitados e injustiçados e os que buscam uma ordem social justa sem apelar para a violência e o ódio:

> Bem-aventurados os pobres, os pobres de bens materiais que conservam, no entanto, sua dignidade de homem. Bem-aventurados os pobres, aqueles que, por causa de Cristo, têm uma especial sensibilidade por seu irmão ou sua irmã que padece necessidade; por seu próximo que é vítima de injustiças; por seu vizinho que sofre tantas privações, inclusive a fome, a falta de emprego ou a impossibilidade de educar dignamente seus filhos. Bem-aventurados os pobres, os que sabem se desapegar de suas posses e de seu poder, para colocá-los a serviço dos necessitados, para se comprometer na busca de uma ordem social justa, para promover as mudanças de atitudes necessárias

---

[168] JOÃO PAULO II. "A terra é dom de Deus a todos os homens". *Sedoc* 13 (1980) 105.

AS DEVOÇÕES DE DOM HELDER

391

a fim de que os marginalizados possam encontrar lugar à mesa da família humana. [...] Não deixem que se rebaixe nunca a dignidade moral e religiosa de vocês com a aceitação de sentimentos como o ódio e o desejo de violência.[169]

Entre Dom Helder e João Paulo II houve muito carinho, afeto. Na hora da refeição, pela primeira vez, o Papa provou sapoti. A revista *Veja* comentou: "A visita do Papa, que premiou dom Helder com o mais caloroso dos abraços que distribuiu no Brasil, foi uma espécie de passaporte para a reabilitação pública do Arcebispo de Olinda e Recife". O Papa o saudou publicamente, dizendo mais de uma vez: "irmão dos pobres, meu irmão".[170] João Paulo II visitou catorze cidades e, até então, nunca tinha visto tamanhas multidões nos treze países que havia visitado: doze milhões de pessoas foram vê-lo e mais de 50 milhões o acompanhavam pela televisão. No dizer de Dom Helder, a "visita ao Brasil foi bênção maravilhosa de Deus para todo o Continente";[171] "O País inteiro foi sacudido de emoção e de alegria, aplaudindo a travessia inesquecível no nosso País pelo maior Missionário do nosso tempo".[172] Na sacristia da Igreja das Fronteiras, a partir de então, pode-se ver na parede uma foto ampliada que mostra o Dom e o João Deus abraçados diante de uma multidão.[173]

Quando Dom Helder completou 50 anos de sacerdócio, em agosto de 1981, o Papa encarregou Dom Luciano Mendes de Almeida, Secretário da CNBB, para representá-lo (o qual também representava o Episcopado nacional). Na ocasião, João Paulo II escreveu-lhe uma carta de próprio punho dizendo que "todos sabem e reconhecem como a benignidade de Deus te cumulou de dotes de talento e piedade. Ornado com esses dotes, desde a tua promissora juventude até hoje, tens conseguido cumprir numerosas missões

---

[169] JOÃO PAULO II. "A terra é dom de Deus a todos os homens". *Sedoc* 13 (1980) 110. No Rio Grande do Sul, o Papa usou chapéu de gaúcho. Em Teresina, no entanto, o chapéu de vaqueiro era-lhe muito pequeno...

[170] "A maldição revogada". *Veja*, 17-9-1980.

[171] CAMARA, H. "A Igreja na América Latina: Hoje". In: CÂMARA, H. *Utopias peregrinas*, 88.

[172] CAMARA, H. "Prêmio Roma-Brasília, Cidade da Paz, 1986". In: CÂMARA, H. *Utopias peregrinas*, 122.

[173] CAMARA, H. "Entrevista [ao jornalista J. Moraes] de Dom Hélder Câmara". *Sedoc* 16 (1983) 458.

de inestimável valor". Depois de recordar a "bondade sacerdotal" do Dom, acrescentou:

> Deus e os irmãos têm sido para tua pessoa dois polos de um só arco, que emite a luminosa centelha de amor. A Deus criador de todas as coisas, a seu Filho, que te escolheu como mediador entre Deus e a terra e te constituiu como ministro, sempre te empenhaste em oferecer tudo o que é teu: zelo, os esforços e as meditações, a vida inteira desde o início da ordenação presbiteral até as mais recentes realizações.[174]

Em 1982, Dom Helder visitou João Paulo II, que o convidou para o almoço, no dia 20 de abril. O Arcebispo encantou-se com tanto carinho e gentileza. Por três vezes, o Papa pediu-lhe para cantar *João de Deus* e tentava acompanhar fazendo a segunda voz. Afirmou que Deus deu a Dom Helder o carisma de ser o irmão dos pobres e o encorajou a prosseguir, mesmo quando houvesse oposições. Na oração, após o almoço, agradeceu a Deus por haver na Igreja filhos seus como Madre Teresa e Dom Helder e pediu para que estes sempre fossem testemunhas do Evangelho.[175] Na chegada e na despedida, João Paulo II beijou a mão do Dom.

Em 1983, Dom Helder foi a Roma receber o Prêmio Artesão da Paz, concedido a ele e Lech Walessa, e, como este estava preso, o Arcebispo recebeu pelos dois. João Paulo II, novamente o acolheu com muito carinho e gentileza e o Dom lhe entregou o valor da premiação, a fim de que o Papa o aplicasse na Polônia. João Paulo II fez questão de esticar o almoço durante uma hora e meia. Alguns dias depois, Dom Helder comentou: "A gente vê que esse homem – que foi instrumento de Deus para fazer um bem enorme ao Brasil com aquela peregrinação – ficou também muito marcado pelo Brasil. E ele repetiu o que tinha me dito aqui: a linha pastoral da Igreja no Brasil está certa. E eu disse: 'Santo Padre, que alegria imensa, porque está falando quem pode falar!'".[176] Então João Paulo pediu para que falasse dos pobres: "Santo Padre, para mim, uma das maiores descobertas que o Espírito

---

[174] João Paulo II. "Carta de João Paulo II por ocasião dos 50 anos de Sacerdócio de Dom Helder (15/08/1981)". In: Potrick, M. B. *Dom Helder, pastor e profeta*, 169-170.

[175] Piletti–Praxedes, 439-440.

[176] Camara, H. "Entrevista [ao jornalista J. Moraes] de Dom Hélder Câmara". *Sedoc* 16 (1983) 461.

Santo me soprou [...] é a diferença que parece pequena, mas é enorme, entre trabalhar *para* o povo e trabalhar *com o povo*". Explicando a afirmação, comentou:

> Enquanto apenas eu trabalho para o povo, eu sou o forte, eu sou o que tem dinheiro, eu sou o que tem ideias. Então, eu vou ajudar esta pobre gente. Mas quando a gente trabalha com o povo, a gente faz aquilo que o Papa já definiu de maneira admirável: confiar em Deus e também confiar na criatura humana. Você repare: a gente entra aqui nas áreas mais terríveis, áreas que são subumanas – e jamais encontrei um sub-homem. São filhos de Deus. Eles podem não saber ler nem escrever – coisa muito comum –, mas pensam. E como eu gosto de chegar e dizer: "Isto aqui de fato está muito ruim, esta área é uma área horrível, é subumana, mas você é uma criatura humana, você é filho de Deus! E ser filho de Deus é mais importante do que ser filho do Rei".[177]

Apesar de todo o carinho e amor que João Paulo II demonstrava ao Dom, enviou-lhe um sucessor, em 1985, que conseguiu destruir grande parte da obra helderiana, construída com amor e sofrimento durante 21 anos de dedicação.[178] Dom Helder acompanhou o desmantelamento sem nada falar, cumprindo, como um místico no deserto, o seu "voto de silêncio".[179]

---

[177] CAMARA, H. "Entrevista [ao jornalista J. Moraes] de Dom Hélder Câmara". *Sedoc* 16 (1983) 461.

[178] "Dossiê: Arquidiocese de Olinda e Recife: três medidas que causam mal-estar". *Sedoc* 22 (1990) 693-694.

[179] Na interpretação de José Comblin, João Paulo II fez um esforço grande para entender Dom Helder, mas nunca conseguiu: "Ficou impressionado pela imensa devoção que se tinha por dom Helder na América Latina e no mundo. Mas não entendeu e acolheu as críticas que vinham não somente das classes dominantes no Brasil, mas também de certos colegas do episcopado que tinham conquistado posições de poder na Cúria" (COMBLIN, J. *Espiritualidade de Dom Helder*, 9). O jornalista Marcos Castro anotou, no pós-escrito de 2002, que o Papa veio de uma Igreja monolítica no combate ao regime comunista e venceu a luta contra o regime totalitário. Mas aquela Igreja tinha horror a tudo o que lembrasse comunismo e, por isso, fez uma leitura confusa do que se passava na América Latina, onde os totalitarismos combatiam a Igreja, no pretexto de combater o comunismo. O conservadorismo e as alianças para derrotar o comunismo foram grandes marcas do seu pontificado e, por isso, ele sempre teve certo medo em relação à Teologia da Libertação e afins que existem na América, apesar de admirar pessoas como Dom Helder chamando-o "irmão dos pobres, meu irmão" e permitindo-lhe as viagens internacionais (CASTRO, M. de. *Dom Helder: misticismo e santidade*, 246).

Quando Dom Helder completou 80 anos, em 1989, durante a Missa de Ação de Graças, ouviu, emocionado, a leitura da carta que João Paulo II lhe havia enviado. Na segunda visita ao Brasil, em 1991, em Natal, o Papa cumprimentou protocolarmente os Cardeais e Bispos, mas, quando chegou a vez de Dom Helder, lhe deu um abraço mais caloroso.[180] Na visita de 1997, o encontro deu-se antes e depois da Missa na Catedral Metropolitana do Rio de Janeiro.[181] Ao ver Dom Helder, o Papa interrompeu a procissão de entrada, foi abraçá-lo e repetiu a frase de 17 anos atrás "meu irmão, irmão dos pobres", de cuja repercussão devia saber. Dom Helder beijou a mão do Papa e este beijou a sua testa com carinho.[182] O encontro dos dois foi um dos momentos mais emocionantes daquela visita. Dom Helder tinha 88 anos, estava com saúde precária, mas quis ir até o Rio de Janeiro saudar o sucessor de Pedro – precisou ser acompanhado por um médico. Após a Santa Missa, o povo de Deus de todo o Brasil (e do mundo), com muitos padres e religiosos, cercaram o Dom: queriam receber a bênção do *santo* profeta da paz, da justiça, da libertação; do *santo* homem de Deus, da Igreja e do mundo; do irmão dos pobres e do Papa.

***

Portanto, Dom Helder mantinha uma devoção viva e fecunda aos Santos e Anjos: 1) diante de Maria sentia-se um menino e, como filhinho, pedia auxílio à Mãezinha para ser um bom Pastor no seio do subdesenvolvimento; 2) conversando com o Anjo da Guarda, sua visão se alargava percebendo, além do lado visível, o invisível da criação; 3) rezando com os Santos, meditava as lidas em prol do Evangelho da justiça e da paz.

---

[180] CASTRO, M. de. *Dom Helder: misticismo e santidade*, 248.

[181] CASTRO, M. de. *Dom Helder: misticismo e santidade*, 148-149. Para comemorar a terceira visita de João Paulo II ao Brasil, por ocasião do Segundo Encontro do Papa com as Famílias, Dom Helder escreveu o livro *Família: missão de amor*. O Dom "lançou um olhar" a esta sagrada instituição que prolonga a criação do mundo e da humanidade, buscando cultivar e perpetuar o amor. O livro contêm dezenas de *Meditações do Pe. José*, além de pequenos textos sobre o rito matrimonial e a vida de família: "Sintonizados com o Projeto de Evangelização da Igreja no Brasil, estamos empenhados em promover a família, num esforço coletivo de conversão das falhas humanas que a desafiam na conquista da felicidade. A esperança cristã nos dará a certeza do auxilio divino na reconstrução de uma família viva, realmente, a serviço da Amorização" (CAMARA, H. *Família: missão de amor*, 7).

[182] REDE GLOBO NORDESTE. "Centenário Dom Hélder – Católicos se emocionam" [acesso 15-5-2009].

Acrescenta-se que o sucessor de Pedro tinha sempre um lugar único na sua oração e que a maior humilhação que poderia sofrer seria a de perder a confiança do Papa.

CAPÍTULO VIII

A mística helderiana: as Meditações do Pe. José

Dom Helder era um místico original. Místico, porque se dedicava intensamente à oração e agia mergulhado na Santíssima Trindade e em união com Jesus Cristo. Original, no sentido de que não seguia nenhum místico particular: expressava sua união com Deus através das Meditações do Pe. José. Ao analisar a sua mística, usaremos critérios de análise oriundos dos escritos de São João da Cruz e mostraremos as suas afinidades espirituais com São Francisco de Assis, Santa Teresinha do Menino Jesus, Teilhard de Chardin, Roger de Taizé e Thomas Merton. Indicaremos semelhanças da mística helderiana com a de Santa Catarina de Sena, de Santo Inácio e dos místicos cearenses.

1. As Meditações do Pe. José

Quando seminarista, Helder começou a escrever suas *Meditações*. Certa vez, seus textos foram "sequestrados" pelo reitor Pe. Tobias e, alguns dias depois, na conversa entre os dois, o seminarista disse ao Padre que poeta não é só quem escreve versos, mas quem vibra diante da beleza, e que a imaginação é um dom de Deus: é um modo de participar do poder criador. Porém, diante do medo do reitor – de que a poesia afastasse o jovem da vocação sacerdotal e do estudo de Filosofia –, Helder prometeu que até a ordenação não escreveria mais suas *Meditações*.[1]

Ordenado, retomou a prática de escrever *pequenos textos, poesias e poemas místicos* que ele chamava de *Meditações do Pe. José*. José era o modo como sua mãe o chamava para expressar apoio materno nos

---

[1] PILETTI–PRAXEDES, 60.

momentos difíceis ou para mostrar a alegria que sentia pelas virtudes do filho.[2] Após a ordenação, Helder usará o cognome de Pe. José principalmente nos momentos em que vivia tensões ou estava muito contente com a missão realizada. Entende que Pe. José é o "que há em mim de vitória da Graça... É o filho da luz, enquanto o pobre Dom, não raro, é o filho das trevas...".[3] "Pe. José" é Dom Helder, naquilo que os místicos chamam de via iluminativa e via unitiva. José também era uma referência ao nome atribuído ao seu Anjo da Guarda que "sempre está comigo".[4] As Meditações do Pe. José foram guardadas por amigas e integrantes da Família. A maioria dos textos ainda não foi publicada.[5] Dom Helder assim comentou a importância do Pe. José em sua vida:

> [...] quis encontrar-me com o Pe. José, não para fugir da realidade, mas para contemplar a vida real com os olhos do meu amigo transfigurados pela poesia e pela fé. Ele nos fala sobre os verdadeiros fortes. Só tem braço forte quem sustenta a flor. Não creias na força de quem bajula os fortes e de quem humilha os fracos. De quem não sorri diante de crianças brincando. De quem não tem olhos para a beleza e é incapaz de parar, mesmo na maior pressa, para contemplar uma flor. [...] O Pe. José nos ensina uma maneira belíssima de amanhecer: colhe o dia que nasce como se colhe uma rosa. Toma-o nas mãos. Aspira-lhe o perfume. Oferta-o ao Senhor. O Pe. José nos ensina a atingir a área do grande silêncio. No silêncio das árvores, ainda há o agitar dos ramos movidos pelo vento. No silêncio das águas, ainda há o cantar da correnteza, atravessando as pedras. No silêncio dos céus, ainda

---

2   CASTRO, M. de. *Dom Helder: misticismo e santidade*, 57; CÂMARA, H. *O Evangelho com Dom Hélder*, 21. As Meditações do Pe. José são poemas, frases soltas, espécie de *diário espiritual*, sem rigidez formal, mas com conteúdos essenciais. Recolhem pequenas e grandes lições do dia a dia (KATHEN, N. R. T. *Uma vida para os pobres: espiritualidade de D. Hélder Câmara*, 19-35).

3   Circular 175 de 23/24-3-65.

4   CÂMARA, H. *Chi sono io?*, 30; RENEDO, B. T. de. *Hélder Câmara: proclamas a la Juventud*, 15.

5   Em 1978, Dom Helder publicou *Mil razões para viver* (Meditações do Pe. José). É a primeira grande aparição pública do "Pe. José" (KATHEN, N. R. T. *Uma vida para os pobres: espiritualidade de D. Hélder Câmara*, 36). Segundo Zildo Rocha, "o Instituto Dom Helder Camara – IDHeC tem, sob sua guarda e responsabilidade, um enorme tesouro: uma grande quantidade de escritos inéditos que Dom Helder lhe legou e que abarrotam os seus arquivos. Não tenho a menor dúvida de que, agora que nos falta a presença física do profeta, preservar cuidadosamente e divulgar esses seus escritos é tarefa maior e principal razão de ser daquela Instituição, que tem como objetivo manter viva em nosso meio a sua presença espiritual e sua mensagem" (ROCHA, Z. "Apresentação". In: CAMARA, H. *Circulares Interconciliares*, I, XIII).

há o cintilar das estrelas carregado de mensagens. Aprende que não basta não falar para atingires o silêncio. Enquanto os cuidados te agitam ainda não penetraste na área do grande silêncio. E aí, somente aí, se escuta a voz de Deus. O Pe. José nos ensina a agradecer as vidas cheias. Quando ouvires o baque de uma fruta madura, que tomba no chão, louva a Deus em nome das vidas cheias dos frutos sazonados, dos destinos plenamente cumpridos.[6]

Livros como *Mil razões para viver*; *Em tuas mãos, Senhor*; *Nossa Senhora no meu caminho*; ou poemas como *Verbos prediletos*; *Deus nos tempos de hoje e na vida de cada dia*; *Tudo tem vida e santidade...* fazem parte das Meditações do Pe. José e revelam que o Dom vivia mergulhado no Pai, no Filho e no Espírito Santo; que, de fato, era um místico, um asceta, um contemplativo entregue à meditação silenciosa, à vivência integrada com Deus em cada Missa e na ação pastoral. Na Vigília, rezava como um monge do deserto. Não estava sozinho, porque, para ele, a solidão é apenas aparente, quando se está mergulhado em Deus. A Santa Missa era-lhe fundamental. Celebrava pela manhã e a vivia durante o seu dia. Nunca a rezava por rotina, mas como renovação espiritual diária. Nunca separava o amor a Deus do amor aos seres humanos, à natureza, à Igreja. Por todos os países por onde passava como peregrino da paz não se sentia estrangeiro, mas irmão de todos os homens e de todas as mulheres. Como São Francisco, tinha "a maior devoção por Nossa Senhora", tinha "a maior devoção pelo Papa". Como tantos místicos, agrupava ao redor de si a Família com quem partilhava a interioridade, os sonhos, a utopia, os projetos, as dificuldades, a fé e o amor que abrasa o coração. Os textos revelam a vivência das bem-aventuranças, a pureza de coração, a promoção da paz, a fidelidade quando perseguido por causa de Jesus e da justiça do Reino de Deus.

O teólogo José Comblin, que tanto estimava a "figura pública" de Dom Helder, confirma que

> antes de ser personalidade pública, antes de ser bispo, Dom Helder era um místico. Tudo era vivido dentro de uma experiência mística. O seu agir era vivido em comunhão com o Absoluto e o Infinito. Sabia da importância

---

6 CAMARA, H. "Ensinamentos", *Um olhar sobre a cidade.*

primordial dos seus atos porque estavam integrados no projeto de Deus sobre o mundo. Vivia tudo levado pela força do Espírito de Jesus. Nisso, ele nos ensinou a maneira de unir ação e contemplação, mística e ação temporal, que é o desafio dos nossos tempos.[7]

Por isso, podemos dizer que antes de ser o fundador da CNBB e do CELAM, antes de ser o peregrino da paz... Dom Helder era um místico.[8] De forma ainda mais correta, a CNBB, o CELAM, a peregrinação pelo mundo nascem da mística do Pe. José. No primeiro encontro de Dom Evaristo Arns com Paulo VI, o Papa repentinamente lhe perguntou: "O que você pensa de Dom Helder?". Surpreso com a pergunta, Dom Evaristo lhe disse: "Para mim, Santo Padre, ele é um místico e um poeta. Um grande homem para o Brasil e para a Igreja". O Papa olhou para Dom Evaristo, e disse: "Senhor Arcebispo, a sua opinião é também a minha".[9]

Há diferentes significações para a palavra "mística".[10] Neste capítulo, seguiremos uma definição clássica, ou seja, é a relação de amor – marcada

---

[7] COMBLIN, J. "Prefácio". In: CAMARA, H. *Vaticano II: Circulares Conciliares*, I, XXXII. Maria Clara Bingemer anota que a integração dialética entre mística e política efetivada por Dom Helder fez com que ele vivesse com lucidez o seu sacerdócio (BINGEMER, M. C. L. "Dom Helder Camara: um Pastor para o Século XXI" [acesso em 1-7-2009].

[8] Segundo José Comblin, "[...] Dom Helder foi antes de tudo um místico. Antes de ser padre ou bispo, antes de ser o guia da Igreja no Brasil, antes de ser o defensor dos pobres, antes de ser o promotor da justiça e dos direitos humanos contra toda a opressão, ele foi um místico e tudo isso foram apenas circunstâncias em que teve que viver a sua mística" (COMBLIN, J. *Espiritualidade de Dom Helder*, 1).

[9] TV SENADO. "Dom Hélder (parte 1)" [acesso em 15-5-2009]. Segundo Tapia de Renedo, os gestos, palavras e o humor de Dom Helder transmitiam juventude, mesmo quando a idade avançava. Seus olhos recônditos e profundos possuíam a luminosidade de um místico e de um profeta. Seus gestos eram portadores da atração irresistível de simpatia, da firmeza de um líder, da profecia que clama justiça. Conservava o dinamismo otimista dos anos floridos. Como homem de Igreja, não tinha idade: vivia a novidade do Espírito, o Novo Pentecostes da Igreja sempre nova (RENEDO, B. T. de. *Hélder Câmara: proclamas a la Juventud*, 32-33). Luiz Carlos Luz Marques comenta que "[...] Dom Helder não foi somente um escritor. Síntese rara e feliz do místico e do homem de ação, pode-se afirmar que Dom Helder contemplava e escrevia durante as madrugadas e agia pela manhã, à tarde e no começo da noite" (MARQUES, L. C. L. "As circulares conciliares de Dom Helder". In: CAMARA, H. *Vaticano II: Circulares Conciliares*, I, XLIII).

[10] EGAN, H. *I Mistici e la Mistica: Antologia della mistica cristiana*, 11-13; VELASCO, J. M. *El fenómeno místico: estudio comparado*, 19-20; DEL GENIO, M. R. "Mistica (cenni storici)". *DIM*, 826l; FARRUGIA, E. G. "Filone d'Alessandria. *DIM*, 513-515; BORRIELLO, L. "Esperienza mistica". *DIM*, 467-476; LUBAC, H. de. *Mistica e mistero cristiano*, 98; GARCÍA MATEO, R. *Teologia Spirituale: il laicato*, 36-49; SZENTMÁRTONI, M. In: *Cammino verso Dio*, 155-181;

A MÍSTICA HELDERIANA: AS MEDITAÇÕES DO PE. JOSÉ

pela experiência intensa e durável dos sete dons do Espírito Santo[11] – com Deus que se processa através da dinâmica das três vias – purgativa, iluminativa e unitiva –, repercutindo profundamente no modo de a pessoa se relacionar com os irmãos e com todo o criado. Em outras palavras, a pessoa sente-se atraída por Deus, quer relacionar-se com ele, quer dar-se totalmente. Para isso, esforça-se em orientar todas as dimensões da vida – religiosa, espiritual, eclesial, econômica, social, cultural – em direção à vontade divina.[12] Busca e recebe luzes do Amado, alegrando-se em estar sempre unido com ele, mesmo que isso lhe custe sofrer; sofrimento maior é não sentir-se unida a ele.[13] Importante é sentir com Paulo: "Já não sou eu que vivo, pois é Cristo que vive em mim" (Gl 2,20).

Os místicos, portanto, não são, necessariamente, cristãos excepcionais, mas crentes que vivem a fé no Deus de Jesus Cristo, nos sulcos ordinários da vida cotidiana, *de maneira intensa e empenhada*. Experimentam que a comunhão vital entre Deus e o ser humano não é só uma expressão

---

D'ALEXANDRIE, P. *De vita contemplanta*; ID. *De vita Mosis*; LARKIN, E. "Spiritualità". *DIM*, 1170-1172; SUDBRACK, J. "Mistica". *DMi*, 732-737; BERNAR, C. A. *Teologia Spirituale*, 447-474; ID. "Conoscenza e amore nella vita mistica". In: ANCILLI, E.; PAPAROZZI, M., ed. *La Mistica: fenomenologia e riflessione teologica*, II, 253-293; ANCILLI, E. "La mistica: alla ricerca di una definizione". In: ANCILLI, E.; PAPAROZZI, M., ed. *La Mistica: fenomenologia e riflessione teologica*, I, 14-40; BALDINI, M. *Il linguaggio dei mistici*, 7-25; JOHNSTON, W. *Teología mística: la ciencia del amor*, 189-271.295-314.359-379; UNDERHILL, E. *La mística: estudio de la naturaleza y desarrollo de la conciencia espiritual*, 87-146; BINGEMER, M. C. L. "Contemplação do Mistério e Prática da Justiça (a harmoniosa síntese de Dom Helder Camara entre mística e ação)" [acesso em 6-9-2010], 1-4.

[11] GARCÍA MATEO, R. *Lo Spirito Santo nella vita spirituale*, 21-27.

[12] BINGEMER. M. C. L. "Contemplação do Mistério e Prática da Justiça (a harmoniosa síntese de Dom Helder Camara entre mística e ação)" [acesso em 6-9-2010], 1-4. Maria Clara comenta que quando se fala em "mística" logo se pensa em claustros, monges, silêncio, olhos fechados e baixos, ambiente sagrado onde se anda com as pontas dos pés, longe do mundanal ruído. De fato, uma leitura apressada do significado da palavra "mística" nos induz a isso. No entanto, a experiência bíblica do Deus-que-se-revela não nos leva a ter simplesmente uma "mística de olhos fechados", mas sim uma "mística de olhos abertos". A experiência mística, então, não consiste em ter visões extraordinárias, mas *"em ter uma visão nova de toda a realidade*, descobrindo a Deus como sua última verdade, como seu fundamento vivo, atuante e sempre novo".

[13] Para o Pseudo-Dionísio, "Mística" é o conhecimento imediato de Deus, e Teologia Mística é um conhecimento religioso, não apenas teórico (*discere*), mas experienciado e padecido (*pati*); aquele que, além do conhecimento natural, vai até a união com o divino (D. AREOPAGITA. *Teologia Mística*. In: P.-D. AREOPAGITA. *Obras completas*, 129-136; LAURIER, P. J.-M. "Mística e profecia: Dom Helder Pessoa Câmara". *Contempl@ção* 1 (2010), revista eletrônica; VELASCO, J. M. *El fenómeno místico: estudio comparado*, 19-20; LUBAC. H. de. *Les quatré sens de L'Escriture*, II, 396-408).

da criaturalidade do ser humano, aberto ao transcendente, mas também a destinação a Cristo e a atração em direção ao Verbo Eterno.[14] Ora, essa foi a experiência helderiana. O Dom vivia imerso na Santíssima Trindade,[15] contemplava com os olhos de Deus e dos Anjos, era tão íntimo de Cristo a ponto de ter a confiança de *brincar* com ele. Quando estava cansado de tanto atender as pessoas e corria o risco de não ser atencioso, dizia a Cristo: "Cristo, não te apagues dentro de mim. Vê pelos meus olhos, escuta pelos meus ouvidos e toda a atenção, Cristo. Olha pelos meus olhos, escuta o que esta pessoa vai dizer e, se possível, fale pelos meus lábios. Então, o que acontece? Eu brinco com Cristo, no fim do dia quem está cansado é ele".[16]

2. Análise da dinâmica mística do Pe. José com base em São João da Cruz

São João da Cruz é considerado – senão o maior – um dos maiores místicos da tradição cristã. A sua análise da "noite escura da alma" é incomparável. Seus escritos se tornaram *quase critérios* para interpretar a ascese mística a Deus.[17] Por isso, usando de seus *critérios*, faremos uma *análise fenomenológica* da dinâmica mística do Pe. José.

A vida de Juan de Yepes y Alvárez pode ser dividida em duas partes: antes e depois do encontro com Teresa de Ávila. Da mesma forma, podemos dividir a vida do Dom em duas partes: antes e depois do encontro com o

---

[14] BORRIELLO, L. "Prefazione". In: EGAN, H. *I Mistici e la Mistica: Antologia della mistica cristiana*, 5-6; GARCÍA MATEO, R. *Teologia Spirituale: il laicato*, 43-44; MIOLI, G. "Mistica Cristiana". *NDS*, 985; VELASCO, J. M. *La experiencia cristiana de Dios*, 149.

[15] Dom Helder dizia que Deus habita dentro de nós, mas que também somos templos vivos da Santíssima Trindade. A mistagogia chama esse modelo místico de "mística da inabitação" (DAGNINO, A. "Inabitazione". *DIM*, 651-655): "Quando me perguntam onde eu moro, a tentação que eu tenho é responder: moro dentro de Deus" (CAMARA, H. "Solidão não existe", *Deus nos tempos de hoje e na vida de cada dia*).

[16] CASTRO, M. de. *Dom Helder: misticismo e santidade*, 142.

[17] EGAN, H. *I Mistici e la Mistica: Antologia della mistica cristiana*, 487. "Há bêbados de amor divino. E o grande bêbado do amor de Deus é São João da Cruz" (CAMARA, H. "Embriaguês", *Um olhar sobre a cidade*).

Cardeal Gerlier, em 1955. A partir de então, ele colocará a sua mística a serviço dos pobres.[18]

Os textos de São João da Cruz nos mostram que a pessoa que realiza a experiência mística torna-se mais autêntica e responde com a própria vida ao que Deus propõe.[19] O "eu" atraído, purificado, iluminado e unido a Deus contempla a realidade de uma maneira mais profunda.[20] Através da Vigília, Dom Helder descobria "as verdadeiras dimensões do mundo tal como os anjos e Deus as contemplam"[21] e, por isso, ele é um místico original. Original porque fez caminhada própria na relação/união com Deus, não sendo discípulo de nenhum místico específico.[22] Sua fonte foi a religiosidade tradicional católica, principalmente do povo cearense e nordestino. Apreciava as devoções populares à Eucaristia, a Maria, aos Santos, aos Anjos e ao Papa. O núcleo da sua espiritualidade era o amor a Deus e às criaturas. O amor ao Amor estava relacionado com a beleza, a pureza, a gratidão, a justiça, o bem, a paz, o perdão... Acreditava na força do amor, sendo profundamente não violento e doando-se totalmente pela paz. Procurava evitar qualquer conflito e entregava-se pela justiça na face na terra.[23] Não guardava travo de ódio em seu coração. Aceitava as "humilhações" como uma "ajuda" de Deus para aperfeiçoar seu caminho de vida e santidade. Sentia que fora

---

[18] Podemos ainda citar outras *coincidências* entre São João da Cruz e Dom Helder: os dois sentiam atração à contemplação; foram jovens brilhantes nos estudos e talentosos na poesia; tiveram uma vida social e eclesial empenhada; em momento de crise, pensaram em mudar de *grupo religioso* (ser Cartuxo e ser Jesuíta); foram iniciadores de reformas profundas (Carmelo e Ação Católica e Governo Colegial da Igreja: CNBB-CELAM-Colegialidade Episcopal...); viveram momentos de intensa oração e fizeram apostolado entre os pobres; escreveram para pessoas dispostas a *colocar ação na contemplação* ("algumas pessoas" e a "Família"); foram difamados (rebelde e comunista...), execrados e silenciados (prisão-*exílio* e censura-*lei do gelo*); finalizam a vida retirados e em silêncio... Enfim, os dois foram místicos, ou seja, era o Amado que dava o sentido e o valor último de todas as coisas.

[19] García Mateo, R. *Teologia Spirituale: il laicato*, 39-42.

[20] Cruz J. da. *Subida ao Monte Carmelo*, I, XIII, 11.

[21] Circular 115 de 23/24-12-1964.

[22] Dom Helder não seguiu nenhuma tradição específica de mística e espiritualidade, tal como Beneditina, Franciscana, Inaciana, Carmelita. Ele não pertence a nenhuma dessas "escolas", mas poderia ser começo de uma nova escola. Sua fonte principal era a religiosidade popular nordestina, com suas devoções tradicionais a Eucaristia, a Maria, aos Anjos, aos Santos (incluindo não canonizados) e ao Papa. O "núcleo", porém, de sua espiritualidade, era Deus, revelado em Jesus Cristo.

[23] Comblin, J. *Espiritualidade de Dom Helder*, 1-10.

Deus quem o fizera mais "testemunho do presente e do futuro, do que do passado".[24]

João da Cruz mostra que, guiados pelo próprio Deus, os místicos se enamoram dele e tomam consciência de que Deus é enamorado deles. Isso gera nos místicos um desejo imenso que não lhes dá paz até que não estejam irrevogavelmente unidos a Deus e não sejam transformados na sua própria vida. Atraídos por Deus à santidade, sentem vivamente a sua pecaminosidade – os pecados do passado emergem e provocam um sofrimento purificante. Os "olhos do espírito" tornam-se extremamente sensíveis.[25] Dom Helder, por exemplo, recordava o "pecado de juventude" como uma "humilhação" que Deus colocou no seu caminho espiritual, a fim de que pudesse amadurecer e contemplar o mundo com o olhar dos Anjos. Ele era jovem, sonhador e sincero, ingênuo e imaturo. Pensava que o mundo se dividia entre direita e esquerda, fascismo e comunismo. Mas Deus o iluminou para perceber que esta era uma visão simplista:[26] "Eu não me esqueço da minha juventude, o meu pecado de juventude. Penso que tudo o que acontece na nossa vida é providencial. Nos dois anos em que participei do partido integralista foi como se o meu Pai celeste quisesse vacinar-me...".[27] No entanto, convém observar que as "conversões de Dom Helder" não foram de "caráter ou de personalidade", mas na aplicação da sua força mística. Dom Helder sempre manteve constante a orientação profunda da sua vida, embora, em cada nova situação, desse um passo no seu caminho espiritual. Em outras palavras, as suas "conversões" não foram dramáticas, como no caso de pessoas que mudaram radicalmente o ritmo de vida, tais como São Paulo e Santo Agostinho. Ele saiu do integralismo quando percebeu que este não respondia às suas expectativas de fundo: criar um futuro humano e católico, contra o totalitarismo. Na conversão de 1955, Dom Helder colocou

---

[24] Circular 49 de 23/24-11-1963.

[25] CRUZ, J. da. *Subida ao Monte Carmelo*, I, I; EGAN, H. I *Mistici e la Mistica: Antologia della mistica cristiana*, 7.

[26] CÂMARA, H. *Chi sono io?*, 24-25; CAMARA, H. In: RENEDO, B. T. de. *Hélder Câmara: proclamas a la Juventud*, 20.

[27] CAMARA, H. "Dom Helder Câmara racconta la sua vita". In: BOURGEON, R. *Il profeta del Terzo Mondo*, 238.

A MÍSTICA HELDERIANA: AS MEDITAÇÕES DO PE. JOSÉ   405

a mesma mística que dedicava ao "poder da Igreja" a serviço dos pobres.[28] Desde então, as suas "conversões" se sucederam como novas respostas a esse objetivo de consagração aos pobres.

Os escritos do Santo Carmelita mostram que os místicos sentem o desejo de longas horas de oração, fazem penitências para reparar seus pecados passados e os pecados do mundo. Purificados do egoísmo, crescem nas virtudes e no amor.[29] Em 1941, familiares e amigos de Dom Helder ficaram preocupados porque ele estava fazendo excessivos jejuns; em 1942, ele até desmaiou enquanto assistia a um filme sobre a vida de Santa Bernadete. Algumas vezes, quando as reuniões no Palácio São Joaquim se estendiam até mais tarde, ele escolhia dormir em uma pedra para fazer penitência.[30] Dava esmolas,[31] e muitos o tinham como santo, acreditando que realizava milagres. O lugar onde trabalhava recebeu o apelido de "Átrio dos Milagres" porque as pessoas não saíam sem serem auxiliadas. Além disso, com disciplina monástica, era fiel às Vigílias. Os poemas místicos desse período mostram o processo purificativo-iluminativo-unitivo pelo qual o Pe. José passou.[32] Posteriormente, além da ascensão espiritual própria, Dom Helder queria que a Igreja também crescesse no compromisso com o Evangelho de Jesus Cristo. Dizia que seria triste se, devido aos nossos pecados por omissão, um dia as criaturas humanas tivessem a impressão de que foram abandonadas pela Igreja, porque

---

[28] COMBLIN, J. *Espiritualidade de Dom Helder*, 1.7. Dom Helder confessa ter passado por diversos erros/conversões – não de fé – mas em torno de "certezas" pastorais, sociológicas, pedagógicas e políticas, tais como: 1) a participação no integralismo; 2) a colaboração direta com o Governo sem perceber que, no contexto, devido às cargas da burocracia estatal, colaborava-se para manter a "ordem" estruturalmente injusta (CAMARA, H. *Le conversioni di un vescovo*, 23-24); 3) não se sentir questionado diante da contradição existente entre a pomposidade das celebrações litúrgicas e a realidade de pobreza das favelas... No dizer de Castelli, as conversões de Dom Helder, além de serem expressões de sua humildade, eram ditadas pela exigência de permanecer fiel ao Espírito Santo diante dos "sinais dos tempos" (CASTELLI, F. "Le 'conversioni' di Dom Helder Camara". *La Civita cattolica* I (1980) 153).

[29] CRUZ, J. da. *Subida ao Monte Carmelo*, I, VI-X; EGAN, H. *I Mistici e la Mistica: Antologia della mistica cristiana*, 8.

[30] PILETTI–PRAXEDES, 143-145.

[31] PILETTI–PRAXEDES, 147-148.

[32] LAURIER, P. J.-M. "Mística e profecia: Dom Helder Pessoa Câmara". *Contempl@ção* 1 (2010), revista eletrônica.

esta seria cúmplice dos ricos que cobrem injustiças tremendas com ofertas generosas para o culto e as obras sociais cristãs.[33]

São João da Cruz ensina que, nos momentos de distúrbios, os místicos são capazes de olhar para dentro de si, encontrar paz interior, esquecer o "eu" e tender a Deus que comunica amor. O senso profundo, pleno de alegria, de estar unido a Deus permeia a sua consciência. Gradualmente, a chama do amor de Deus é vista mais como iluminação do que purificação.[34] Isso lhes permite encontrar Deus em todas as coisas. A experiência mística deu a Dom Helder a capacidade de ter paz interior nos momentos mais difíceis da vida. Ele viveu com serenidade quando foi difamado, execrado, silenciado; quando sentia a terra faltar debaixo dos pés... Não guardou uma gota de travo de ninguém. Paulo VI percebeu que o *Bispinho* tinha um coração que só sabia amar; era incapaz de odiar.[35] Além disso, não perdia a alegria e, diariamente, era possível ver o seu belo e contagiante sorriso. Quatro vezes por ano, renovava o pacto da alegria.[36]

São João da Cruz descreve que durante a "noite do espírito" pode acontecer a aridez espiritual.[37] Os místicos sentem a ausência do Amado e acabam tendo a impressão de que foram por ele abandonados.

> Por que, tendo chagado
> Meu pobre coração, o não saraste?
> Depois de o ter roubado,
> Por que assim o deixaste
> E não tomas o roubo que roubaste?[38]

Essas provas interiores geralmente vêm acompanhadas de provas exteriores no âmbito social e político. O místico tem a impressão de que a ascensão espiritual até então realizada foi banal, porque se sente incapaz de

---

[33] CAMARA, H. "Per uma visione cristiana dello sviluppo". In: CÂMARA, H. *Terzo Mondo defraudato*, 15-18.

[34] CRUZ, J. da. *Subida ao Monte Carmelo*, [gravura do Monte Carmelo]; ID. *Noite Escura, Canções da Alma* V-VIII; EGAN, H. I *Mistici e la Mistica: Antologia della mistica cristiana*, 8.

[35] PILETTI–PRAXEDES, 429.

[36] CÂMARA, H. *Um olhar sobre a cidade*, 136.

[37] CRUZ, J. da. *Noite Escura*, II, III; II, VII, 7; II, IX; ID. *Chama viva de amor*, II, 28.

[38] CRUZ, J. da. *Cântico Espiritual*, 9.

provocar a experiência mística: a distância de Deus faz com que descubra que é incapaz de amar o Amado como é amado por ele. É a morte mística. É a fase passiva da noite escura porque essa "morte" é dom de Deus. É o momento em que o místico tem de ter a audácia de se entregar, de sofrer, de padecer com paciência e fidelidade tal situação.[39] Enquanto isso, o Amado está criando para os místicos estruturas psíquicas e espirituais para atuações futuras. Por isso, eles conseguem ser pioneiros, heróis e gênios da vida espiritual.[40] Em 1937, Dom Helder sentia uma "tristeza que teimava" em permanecer. Pensando em ser jesuíta, foi buscar orientação espiritual junto ao Pe. Franca. Este, como bom mestre espiritual, afirmou que o desejo do padre cearense estava errado. Na verdade, Deus o estava preparando para ser um grande *dom* à Igreja e ao mundo. Entre outras provas, Helder teve de permanecer, contra a sua vontade, no Ministério da Educação, a aceitar ser professor da Universidade Católica e a defender os "interesses católicos"... Ao mesmo tempo, no entanto, foi criando um amplo grupo de amigos com os quais exercerá a sua ação de pioneiro na AC, na fundação da CNBB e do CELAM, na Cruzada de São Sebastião, no Banco da Providência, no MEB, no Vaticano II. Deus também o preparou para viver, heroicamente, alguns dos momentos mais tristes da história do Brasil e para ser um "gênio espiritual" que alimenta, ainda na atualidade, projetos evangelicamente mais ousados do Brasil. Hoje, falar em Dom Helder é falar de uma Igreja aberta, arejada, corajosa... que se banha no Evangelho... servidora, ao invés de senhora; pobre, em lugar de rica; que dialoga, compreende, estimula, orienta, ao invés de suspeitar, perseguir, condenar e queimar.[41] Pronunciar o nome de Dom Helder é falar dos fracos se unindo, não para serem opressores, mas para reivindicarem seus direitos – que não são presentes dos ricos e poderosos, mas dons de Deus – e construírem uma sociedade justa e solidária. É dizer que o Espírito sopra na noite dos *dois mundos* uma sinfonia de esperança.[42]

A via unitiva é a "última fase" da ascese mística: o místico torna-se unido a Deus mediante o amor divino. Deus e o místico, embora unidos, no entanto

---

[39] CRUZ, J. da. *Chama viva de amor*, II, 28.

[40] EGAN, H. I *Mistici e la Mistica: Antologia della mistica cristiana*, 9-10.

[41] CAMARA, H. Circular 55 de 3/4-11-65.

[42] CAMARA, H. "Sinfonia dos dois mundos". *Sedoc* 32 (1999) 337-351.

permanecem distintos. O místico não se dissolve em Deus, mas, ao contrário, quanto mais íntimo, mais a sua individualidade é confirmada e potencializada.[43] De forma criativa e ousada, ele quer apenas servir e honrar a Deus.

> De alma me consagrei
> Ao seu serviço e todo o meu haver;
> E já não guardo a grei,
> Nem tenho outro mister:
> Pois somente amar é meu viver.[44]

Embora as provas exteriores continuem, interiormente o místico sente paz e liberdade. Quanto mais unido a Deus, mais experimenta a união com toda a criação. Transformado pelo Amor, é criativo, totalmente doado... em uma palavra, espiritualmente fecundo.[45] Sublinha-se, porém, que a vida mística é mais que uma vida heroica ou um serviço ao mundo. Estes são expressões da mística: de fato, os místicos são socialmente e, com frequência, politicamente ativos porque cercados de Deus; no entanto, é Deus – não a experiência, a vida transformada, o serviço ao mundo – quem dá à vida mística o seu valor último.[46] Dom Helder viveu profundamente essa experiência unitiva, como se pode ler nas Circulares, nos poemas e livros. Em 1965, por exemplo, depois do profético discurso na inauguração do Seminário Regional do Nordeste, começaram a aparecer frases maldosas perto dos muros dos quartéis; a revista *Última Hora* publicou uma entrevista falsa, gerando uma série de boatos. Dom Helder manteve paz e tranquilidade, sentindo-se interiormente alegre, porque unido a Deus: "O que me alegra é a união (unidade) com Cristo. Graças à Graça divina, nem os louvores me entontecem, nem a incompreensão me abate. Saúde firme. Coração leve, Alma feliz".[47]

---

[43] CRUZ, J. da. *Noite Escura*, Canções da Alma V.

[44] CRUZ, J. da. *Cântico Espiritual*, 28; ID. *Noite Escura*, Canções da Alma VIII.

[45] CRUZ, J. da. *Chama viva de amor*, II, 28.

[46] CRUZ, J. da. *Noite Escura*, Canções da Alma VIII; EGAN, H. *I Mistici e la Mistica: Antologia della mistica cristiana*, 10-11. No dizer de Dom Helder, "Quando a mística religiosa leva o homem a sentir-se realmente *filho* de Deus, criado à imagem e semelhança do Senhor e Pai, encarregado de dominar a natureza e completar a criação; quando a mística religiosa impulsiona o homem a agir como cocriador, transforma-se em força poderosa do desenvolvimento integral" (CAMARA, H. "Os Direitos do Homem e a Libertação do Homem nas Américas". *Sedoc* 1 (1969) 1359).

[47] Circular 205 de 19/20-5-1965.

Durante a "noite passiva", Deus cria, nos místicos, estruturas psíquicas e espirituais que os fazem aglutinadores de pessoas em torno de causas utópicas. Por isso, é comum que se tornem guias espirituais. Alguns sentem a necessidade de registrar textos orientadores que lançam raízes na própria experiência mística. São João da Cruz escreveu suas obras para "algumas pessoas de nossa sagrada Religião" a fim de ajudá-las "a subir ao Monte Carmelo";[48] Dom Helder escreveu seus textos, entre outros motivos, para ajudar a "Família" a "avançar nos caminhos de Deus".[49] Analisaremos, a seguir, um texto helderiano, ou seja, a *Regra*, escrita para a "Família", durante o Vaticano II. A Regra – expressão ímpar da original experiência mística helderiana – afirma que "quem vive sob o signo da unidade, da verdade, do belo e do bem, vive sob o signo de Deus".[50]

O tema da unidade é uma constante na mística helderiana. Antes de ser ordenado sacerdote, ele resolveu fazer Vigílias para "salvar a unidade com Deus". Na Regra à Família, o Dom destaca que é preciso, com a ajuda divina, "lutar, cada dia", para salvar, aprofundar e recompor a unidade na própria vida. O cristão tem de escolher dois principais polos que são decisivos para a sua unidade interior: a união da vida à Vida divina da Santíssima Trindade e em ser um com Cristo, em cujo Corpo Místico se insere desde o Batismo. A concentração nesses polos ajuda a nos salvar da dispersão que, ao longo do dia, se costuma operar em nós. É importante acostumar-se a emprestar olhos, ouvidos, olfato, gosto, tato, imaginação, inteligência e vontade a Cristo,[51] de quem somos membros:

> a experiência ensina que, apesar das melhores resoluções e dos mais decisivos apelos de unidade, podemos acabar o dia esquartejados, de vez que nossos pedaços foram ficando, aqui e ali, enquanto as horas passavam. Sem perder a serenidade e a paz, achando muito natural que criatura seja criatura e barro seja barro, tentemos salvar a unidade antes de dormir. Se ela não

---

[48] Cruz, J. da. *Subida ao Monte Carmelo*, prólogo, 9.

[49] Circular 18 de 19/20-10-1963.

[50] Circular 18 de 19/20-10-1963.

[51] São João da Cruz dizia que precisamos renunciar a qualquer visão, audição, gosto... que não seja puramente para a glória de Deus. E como Cristo, o nosso único gosto e *manjar* deve ser o de fazer a vontade do Pai (Cruz, J. da. *Subida ao Monte Carmelo*, I, XIII, 3-4.11).

se recompõe, tenhamos a confiança de dormir tranquilos e aproveitemos a Santa Missa da manhã seguinte para o reencontro com a Trindade e, especialmente, com Jesus Cristo.

A sintonia com a Santíssima Trindade e a unidade com Cristo possuem repercussões na convivência humana. Nesse sentido, Dom Helder entende que é preciso viver a serviço da unidade, sendo seu apaixonado, servo, apóstolo, profeta e mártir. Por isso, na vida e no trabalho, "a necessidade de nada dizer ou fazer que sirva à desunião, promova intriga, levante desconfianças e friezas". É importante ter "o cuidado de não se deixar trabalhar pelo Pai da intriga e seus mensageiros, por vezes pessoas de virtude e bons amigos, usados pelo Maldito", e se alegrar pelo fato de "desfazer intrigas, promover união, levar a descobrir o lado bom das criaturas, servir ao diálogo". Acrescenta que "a sede de unidade, para consumar-se, deve incluir todas as criaturas, de todos os tempos e de todos os lugares, de todas as raças, todos os partidos, todos os credos".

O segundo aspecto abordado na Regra é a verdade como signo de Deus. Para Dom Helder, é feliz quem busca a verdade, procura conhecê-la, nela mergulha, vive e difunde. O cristão tem a felicidade de possuí-la – a verdade sobre os Mistérios de Deus e do homem –, trazida por Cristo e guardada pela Santa Igreja. Disso lhe deve advir uma atitude de humildade, de quem não se considera melhor do que ninguém, mas que se julga mais responsável; uma presença de intérprete e embaixador de todos os que não têm a ventura de ver o que nossos olhos veem; uma posição missionária e uma atitude ecumênica, aberta, evitando apresentar as verdades cristãs de modo que choquem inutilmente os não católicos: "o cuidado de apresentar sempre a verdade na caridade, na certeza de que é esta a maneira única de tornar a verdade aceitável" e ter "a convicção de que Deus, ainda e sempre, revela suas verdades aos humildes e pequeninos, e as encobre aos orgulhosos".

No terceiro aspecto da Regra, Dom Helder afirma que é "uma graça divina ser sensível à beleza". Por isso, quem se julga ateu, mas ama a beleza, está a um palmo de Deus. O Dom pede a quem recebeu de Deus a beleza física que se alegre e agradeça, seja simples e natural, defenda-se da vaidade e pense que beleza maior carregamos todos carregando em nós o próprio

Deus. Importante é receber com humildade as marcas do tempo e da doença, tendo fé na ressurreição da carne, que restituirá, em dobro, a perdida beleza. Recomenda que, na "simplicidade da pobreza, salve-se o bom gosto na apresentação pessoal e preveja-se sempre um toque de beleza nos ambientes de vida ou de trabalho. Pôr um pouco de beleza por toda a parte é semear chamadas para Deus". Acrescenta que "se a beleza tem lugar em toda a parte, claro que ainda mais ela cabe nos lugares sagrados, reservados ao culto. Apenas é preciso salvar – também e mais do que em qualquer lugar – a discrição e a medida".

O quarto signo de Deus, abordado na Regra, é o bem: "Quem ama e por amor faz o bem, difunde Deus em volta de si". Mesmo alguém sem religião, que faça o bem nesta vida, terá a surpresa de saber, na outra, "que na terra lidou com o próprio Cristo que, em nome do Pai, lhe abrirá as portas do céu". Para manifestar o bem não precisa de grandes feitos: um olhar, um sorriso, em certos momentos, representam um bem imenso. O mundo será transformado "quando houver, entre os homens, doze corações absolutamente impregnados de amor, incapazes não só de ódio, mas de qualquer restrição, frieza ou ressentimento". O bem não deve ser praticado como exibição ou na espera de pagamentos, mas como louvor e alegre distribuição da bondade que o Senhor deposita no coração. De outra parte, é importante agradecer, feliz e com simplicidade, o bem que nos é feito, tendo a confiança e o bom gosto de procurar corresponder. Diante do mal físico, é ingênuo tentar explicações que não partam da aceitação do mistério. Se Deus permite enfermidades, desastres e catástrofes não convém arriscar consolos que mais irritam que consolam: "Uma presença silenciosa e fraterna, uma ajuda oportuna e discreta são, muitas vezes, a interferência única no instante mais grave" e, "passada a crise mais aguda, é, por vezes, possível lembrar que, apesar de qualquer aparência em contrário, Deus existe e é Pai, e sabe tirar o bem do próprio mal".[52] Já, diante da maldade, "deixemos a Deus o cuidado difícil de julgá-la. Realmente o julgamento dos atos humanos é impossível

---

[52] São João da Cruz diz que aquilo que à alma parece abandono e castigo de Deus não é senão manifestação do amor divino que espera a colaboração humana. (CRUZ, J. da. *Chama viva de amor*, II, 28).

para nós. De nossa parte, façamos tudo para não julgar, não guardar ressentimentos e até pagar com o bem o mal que nos for feito".

O Pe. José finaliza a Regra afirmando que quem notar que está avançado nos caminhos da unidade, da verdade, da beleza e do bem pode exultar e agradecer, pois, seguramente, está avançando nos caminhos de Deus.[53] O importante é avançar, persistir, manter o ritmo, mesmo quando a "noite é escura":

> Para que gesto mais expressivo do que caminhar?
> É um ideal de vida: progredir na compreensão,
> caminhar na fé, na esperança, no amor!
> Não, não pares. É graça divina começar bem.
> É graça maior persistir na caminhada certa, manter o ritmo.
> Mas graça das graças é não desistir.[54]

3. Autores espirituais conhecidos e especiais para Dom Helder

3.1 São Francisco de Assis

Dom Helder não seguia nenhum místico em particular, mas mantinha uma forte comunhão com vários por meio da prece, do diálogo, da inspiração. Uma afinidade especial tinha com São Francisco de Assis, o Santo que mais admirava, o "Companheiro de Vigília".[55] Tal afinidade passou por um salto qualitativo quando, no final de 1940, o Pe. Helder impressionou-se com o livro *São Francisco de Assis e a revolução social*, de Ernesto Pinto. A obra destaca a bela e pura relação entre Francisco e Clara, o modo como o *Poverello* contribuiu para renovar a liturgia atualizando-a e aproximando-a do povo e, finalmente, a total identificação do Santo com

---

[53] Circular 18 [Anexo] de 19/20-10-1963. A Regra de Vida é assinada pelo "Pe. José".

[54] CAMARA, H. Obras de Frei Francisco – *Ano 2000: 500 anos de Brasil: uma visão de fé, esperança e amor nas mensagens fraternas de Dom Helder Camara*, 76-77.

[55] Circular 49 de 23/24-11-1963.

A MÍSTICA HELDERIANA: AS MEDITAÇÕES DO PE. JOSÉ

413

os pobres, a fim de oferecer uma vida mais digna aos oprimidos.[56] Helder sentiu-se tocado pelo heroísmo do homem que largou a casa paterna, as armas, o ouro, a classe social e as honrarias para viver nos caminhos da paz, da pobreza e da perfeita alegria.[57]

A afinidade entre o Santo de Assis e o místico brasileiro era tão grande que "Frei Francisco" passou a ser um dos cognomes preferidos por Helder. O Dom gostava de ser chamado assim, sobretudo quando tal referência servia para identificar seu modo de viver a pobreza e a irmandade. Usava esse cognome nas cartas e Circulares, de modo especial quando via questionada ou desprezada a opção pelos pobres ou, então, quando era árdua e/ou fecunda a missão de levar a Igreja "aos perdidos caminhos da pobreza". A primeira Circular assinada por "Frei Francisco" diz: "O Eu foi a Assis, em **nosso** nome, pedir a bênção de Monsior. Perdoem os sonhos. Há tanta pureza de intenção, tanto amor à Igreja, tanto sonho de vê-la à frente da luta pelos humildes e pelos pobres! Ajudem ao máximo daí! Sem sacrifício e sem oração, não vai. Bênçãos de Frei Francisco".[58]

Depois que foi transferido para Recife, Dom Helder percebeu que havia chegado o momento de colocar em prática alguns de seus sonhos – dele e de Francisco. Como o jovem de Assis, que abandonou a burguesa e luxuosa casa paterna para inserir-se entre os leprosos,[59] o Dom deixou o Palácio de Manguinhos e foi habitar na Igreja das Fronteiras. Lá, além do quadro de Nossa Senhora de Guadalupe, da fotografia do Cardeal Suenens, do álbum de fotos do Pe. Lebret, da estátua de cerâmica do Pe. Cícero e de uma coleção de cervos, havia a pequena imagem de Francisco de Assis.[60] Lá havia um jardim, de 3 por 4 metros, cheio de rosas. O Dom cultivava o jardim e conversava com a criação. Certo dia, por exemplo, tomou uma formiga

---

[56] PILETTI–PRAXEDES, 146-147.

[57] PILETTI–PRAXEDES, 147.

[58] Circular 12 de 24-10-1962. Humildemente, Helder também dizia: "A que distância ficamos dos cristãos heroicos que beijavam os leprosos!" (Circular 34 de 20/21-6-64).

[59] ASSIS, F. de. *Testamento*, 1-3; *Legenda dos Três Companheiros* 11; CELANO, T. de. *Vida I*, 17; ID. *Vida II*, 9; BOAVENTURA. *Legenda Maior* 1,6-5.

[60] BROUCKER, J. de. *Helder Camara: la violenza di un pacifico*, 43. A partir de 1980, também havia uma quadro de João Paulo II abraçado com Dom Helder, diante de uma multidão, em Recife.

na mão, olhou nos seus olhos e severamente perguntou: "Por que comes a minha roseira?". Mas a formiga, tremendo, fixou seus olhos nos olhos do Dom e deu-lhe uma lição: "Por que deveria ser só você a ter o direito de amar a rosa?". "Ah! foi uma bela lição", exclamou Dom Helder. Mas como ele ainda não estava satisfeito, indagou: "Por que, no lugar da rosa, você não comeu aquela erva que está ali". A formiga não lhe respondeu nada. No dia seguinte, enquanto passeava no jardim, "vi que a erva não me olhava. Então pensei: 'que coisa eu disse!...'".[61] Em outra ocasião, o Dom repreendeu outra formiguinha, a Soninha: "Bela maneira de gostar, comendo...". Ela, no entanto, o deixou encabulado quando respondeu: "Não é o que o senhor faz com a comunhão?".[62] Também havia um canarinho que vinha todos os dias cantar e contar-lhe notícias que não aparecem na televisão. Enquanto os jornais noticiavam a guerra das Malvinas, jovens que se matavam em combates, o canarinho preferia falar da Dona Mary, uma senhora inglesa que tem um jardim menor do que "o nosso". Ela gosta de rezar no meio das plantas e flores. O canarinho contou ao Dom que viu Mary rezando pelos jovens ingleses e argentinos, sobretudo rezando pela paz. Ao falar da sua amizade com o canarinho, Dom Helder exclamava: "Como gostaria que cada um de nós tivesse um amiguinho assim".[63]

Nos seus livros, conferências, homilias e programas de rádio, o Arcebispo de Olinda e Recife recordava constantemente de São Francisco de Assis.[64] No livro *O Evangelho com Dom Hélder*, por exemplo, ele afirma: "São Francisco de Assis louvava a Senhora Pobreza, jamais a Senhora Miséria, assim como hoje, por certo, louvaria a Senhora Justiça. Acredito que sejamos mais capazes atualmente de compreender esta bem-aventurança

---

[61] BROUCKER, J. de. *Helder Camara: la violenza di un pacifico*, 42-43.

[62] CÂMARA, H. *Um olhar sobre a cidade*, 60.

[63] CÂMARA, H. *Um olhar sobre a cidade*, 56-57.

[64] No dia 7 de fevereiro de 1984, quando Dom Helder completou 75 anos, foi criada a Fundação Obras de Frei Francisco. Seu objetivo principal era ajudar as comunidades, em áreas de extrema pobreza, sobretudo no Nordeste. Atualmente, a Fundação chama-se Instituto Dom Helder Camara, tendo sede em Recife e representantes em outros países como Alemanha, França e Itália. O sustento da entidade vem dos direitos autorais de Dom Helder e de doações (*Sedoc* 16 (1983) 1025; CAVALCANTI, Z. D. In: CÂMARA, H. *Utopias peregrinas*, 10-11).

A MÍSTICA HELDERIANA: AS MEDITAÇÕES DO PE. JOSÉ

415

da pobreza quando vemos a que terríveis consequências pode conduzir a insaciável fome de lucro e riqueza".[65]

A partir das *Meditações do Pe. José*, destacaremos a visão helderiana de Francisco de Assis, para, depois, elencar as principais afinidades espirituais entre os dois místicos. Antes de tudo, Dom Helder via em Francisco o homem pobre e solidário com os pobres: "Como o pobre de Assis viveria, hoje, a Pobreza? Em todas as Vigílias temos conversado a respeito. Também ele prefere Igreja **servidora e pobre** (ao invés de Igreja dos pobres). Também ele entende e adota o lema: Pobreza, mal a combater e espírito a salvar...".[66]

Dom Helder via em São Francisco o pregador da paz, que praticava a *violência dos pacíficos*. Quando o Arcebispo recebeu o Prêmio São Francisco de Assis, nos Estados Unidos, em 1975, destacou que o *fratello* continua ainda lançando grandes desafios à humanidade, ou seja, construir um mundo sem guerras, sem racismos, um mundo mais justo e mais habitável.[67] No livro *O deserto é fértil*, antes de dizer que a Oração de São Francisco é a prece da Família Abraâmica, lançou o desafio: "Que sejamos capazes do máximo de firmeza, sem cair no ódio, e do máximo de compreensão, sem cair na conivência com o mal!".[68]

O Dom via no *Poverello* o homem da perfeita alegria.[69] "Francisco, ajude-me a agradecer o dom que ambos recebemos de livrar-nos da tristeza (doença do diabo) e do desânimo, mergulhando na Criação irrompendo em louvores ao Senhor".[70] Durante o Concílio, convidado a pregar para o Grupo da Pobreza na Basílica de Santa Priscila, disse: "Pregarei sobre as Irmãs da Pobreza: a Humildade, a Caridade e a Alegria. Sem as Irmãs, a Pobreza não é autêntica. Só há Frei Francisco na medida em que as quatro Irmãs se instalam para sempre, com a graça divina, no corpo e na alma da gente".[71]

---

[65] CÂMARA, H. *O Evangelho com Dom Hélder*, 69.

[66] Circular 49 de 23/24-11-1963.

[67] CAMARA, H. *Le conversioni di un vescovo*, 220-222.

[68] CÂMARA, H. *O deserto é fértil*, 104.

[69] I Fioretti de São Francisco de Assis, Fior 8.

[70] Circular 49 de 23/24-11-1963.

[71] Circular 55 de 3-10-1964.

Dom Helder via em Francisco o *jogral de Deus*, que nos legou o belíssimo *Cântico ao Irmão Sol*[72] e que viveu intensamente a irmandade cósmica: "São Francisco, nós sabemos, chamava de 'irmãs' todas as criaturas. Não só as criaturas humanas, tudo o que foi criado era para ele irmão e irmã".[73]

O Bispinho via Francisco como o *homo catholicus* cujo ecumenismo não excluía ninguém: "Um dos verbos mais humanos, mais profundos e mais necessários à paz no mundo é COMPREENDER. Na Oração de São Francisco chegamos a pedir: 'Oh, Mestre! Fazei que eu procure mais compreender do que ser compreendido'".[74]

Enfim, Francisco era seu companheiro de Vigília, de oração, de projeto. Nesse sentido, o episódio da visita de Dom Helder a Assis serve de ilustração para compreendermos a profundidade da amizade entre os dois. Durante o Concílio, o Dom foi convidado por franciscanos para visitar a cidade. Viu nisso uma oportunidade para entregar ao Santo tudo o que estava sendo tentado pela Igreja, em especial "pela pobreza". Também queria dar alegria à Família que tanto desejava viver essa oportunidade e que tinha o Santo como Modelo, Guia e Pai.[75] Mas, particularmente, não sentia atração por peregrinações físicas, embora de "alma e de coração" residia em Assis. Pensava que a ida material ficaria aquém dos sonhos, além de, por princípio, viajar somente a serviço.[76] De volta da viagem, relatou à Família que Deus brincou com ele: permitiu que Dom Ferrari – "um Bispo italiano muito simpático e aberto", "hóspede em Domus Mariae" – o levasse com seu próprio carro "Alfa Romeo de parar o trânsito". Foi desse modo que o Dom chegou à cidade do *Poverello*... "Foi bom como humilhação. As ruinhas de Assis, estreitas e tortuosas, quase não davam para o nosso carro passar. Ouvi dizer: 'Deve ser um Cardeal'... Quando o carro parou, vieram jovens postar-se ao lado, como fundo para fotografia".[77] Diante do que viu

---

[72] Assis, F. de. *Cântico ao Irmão Sol*, 1-14; Circular 49 de 23/23-11-1963.

[73] Camara, H. "Tudo tem vida e santidade", *Tudo tem vida e santidade*.

[74] Camara, H. "Verbos prediletos", *Tudo tem vida e santidade*.

[75] Circular 26 de 7-11-1962.

[76] Circular 49 de 23/24-11-1963.

[77] Circular 50 de 24/25-11-1963.

A MÍSTICA HELDERIANA: AS MEDITAÇÕES DO PE. JOSÉ

em Assis, aconteceu tudo dentro do previsto. Não teve grandes emoções, pois as sentia ao celebrar a Missa – "encontro pessoal com Cristo vivo". Sem querer desestimular amigos ou causar escândalo afirmou: "Tudo o que me mostraram lembrava o passado e falava de um morto, quando Francisco está vivo e é companheiro de todos os dias e de todas as horas...". E acrescentou: "Perdoem. Talvez não devesse revelar-lhes este traço fundamental da minha alma. Sinto que Deus me faz muito mais um testemunho do presente e do futuro, do que do passado. O passado só me interessa na medida exata em que ajuda a viver de modo mais intenso o hoje e o amanhã".[78]

Quando se comemoravam os 800 anos do nascimento de Francisco de Bernardone, Dom Helder foi o conferencista de um evento na Catedral de Ivreia, Itália; ressaltou a importância de meditar a plena atualidade do *Poverello*, uma das maiores glórias daquele país, terra de Santos: "Que a graça divina nos ajude a descobrir como imitar São Francisco é uma das melhores maneiras de imitar Jesus Cristo nos nossos dias e de seguir os caminhos da Santidade neste angustiado e apaixonante fim de século e fim de milênio".[79] Ora, Helder é, sem dúvida, uma das pessoas que, no século XX, mais viveu uma mística semelhante à de Francisco. Por isso, a seguir mostraremos as afinidades espirituais entre ambos.

A primeira afinidade é a descoberta do mundo dos pobres. A juventude de Francisco foi abalada pela guerra, mas também por um chamado vocacional muito exigente: abandonar as roupas burguesas e vestir as de mendigo. Sua experiência mística fundamental se deu quando beijou um leproso: "Naquele beijo, o jovem rico de Assis recebeu mais do que deu. Sentiu a doçura que mudou toda a sua vida. Brotou nova visão, busca, prática, desejo, opção... Depois daquele doce beijo, enfrentará a amargura de não ser compreendido na sua forma de seguir a Jesus Cristo. Ao renunciar à segurança burguesa, partilhará a insegurança dos pobres".[80] Sua nova morada foi entre os leprosos. Helder, por sua vez, desde menino aprendeu que deveria ajudar os pobres e fez isso de modo excelente. O cardeal Gerlier, no entanto, o desafiou a trocar de lugar social: ir até os pobres. Foi então que,

---

[78] Circular 49 de 23/24-11-1963.

[79] CAMARA, H. "São Francisco, santo do nosso tempo". In: CÂMARA, H. *Utopias peregrinas*, 91.

[80] RAMPON, I. A. *A opção pelos pobres em São Francisco de Assis*, 65-66.

418

aos poucos, descobriu que o Senhor não queria apenas que os ajudasse, mas que com eles buscasse a justiça. A mudança de comportamento em relação aos empobrecidos lhe custará incompreensões, críticas e difamações. Por outro lado, revela a grandeza de alma do Pe. José:

> Quem é despertado para as injustiças
> geradas pela má distribuição da riqueza,
> se tiver grandeza d'alma,
> captará os protestos silenciosos ou violentos dos pobres.[81]

A atuação de Dom Helder em prol dos pobres, portanto, se qualificou ao longo de sua caminhada espiritual. Da ajuda individual criou amplos programas assistenciais como a Cruzada de São Sebastião. Da "assistência" evoluiu para a "busca do desenvolvimento". Percebendo os limites e incongruências deste, apostou na "conscientização" e na "libertação" dos pobres.[82] Entendia que a "bandeira da libertação" era "ampla, precisa e integral":

> Libertação do egoísmo e das consequências do egoísmo! Libertação das estruturas de escravidão! Libertação dos racismos! Libertação das guerras! Libertação da miséria, que é a pior, a mais hipócrita, a mais cruel de todas as guerras! Libertação das soluções médias, dos reformismos, do mero paternalismo! Libertação do medo e da falsa prudência! Libertação como aquela que realizou Moisés, conduzida pessoalmente por Deus! Libertação que ilumina com seu fulgor toda a história sagrada! Libertação do povo de Deus das escravidões dos Faraós! Libertação como a que realizou Jesus na cruz, para que não haja super-homens nem infra-homens, mas simplesmente homens, filhos do mesmo Pai, irmãos no sangue do redentor, conduzidos

---

[81] CAMARA, H. Obras de Frei Francisco – *Ano 2000: 500 anos de Brasil: uma visão de fé, esperança e amor nas mensagens fraternas de Dom Helder Camara*, 78.

[82] Dom Helder dizia: "Abandonemos cada vez mais a expressão *desenvolvimento*, expressão que nos foi tão querida, que incendiou tantas esperanças no mundo, porém que se decompôs rapidamente até a prestar-se a inaceitáveis equívocos. A expressão *desenvolvimento* se decompôs rapidamente porque na primeira década de desenvolvimento os países ricos se viram mais ricos e os pobres se sentirem mais pobres. A expressão *desenvolvimento* se presta a equívocos inaceitáveis porque o ideal não é partir da situação de pobreza e miséria até uma sociedade de consumo, que cria no seio dos países ricos áreas de miséria, discriminação racial, situações infra-humanas. Adotamos, cada vez mais, uma nova expressão, que seja nossa bandeira de luta pacífica, porém mais segura e válida. Pegamos com ambas as mãos a bandeira da *libertação*!" (CAMARA, H. "Un pacto digno de coronar nuestra marcha". In: CÂMARA, H. *Cristianismo, socialismo, capitalismo*, 91-92).

pelo Espírito de Deus! Firmemos, pois, nosso pacto de lutar pacificamente pela justiça e pelo amor, proclamando por três vezes: libertação, libertação, libertação![83]

A segunda afinidade é o desejo de renovar a Igreja no Evangelho. O Crucificado pediu a Francisco para reconstruir a Igreja que estava em ruínas porque distante do Evangelho, apegada ao poder e à riqueza. "São Francisco teve um amor profundo à Igreja; São Francisco foi um dos maiores renovadores que Deus suscitou. Depois de Cristo e de Nossa Senhora, ninguém entendeu tanto o Pobre. Não é fácil, Francisco, passar das belas teorias à realidade corajosa e dura. Aflige-me estar amarrado a um império".[84] Como São Francisco de Assis, Dom Helder também buscou reconstruir a Igreja. Assumiu como objetivo o sonho de João XXIII: levar a Igreja aos perdidos caminhos da pobreza. Por isso, recordava que as pretensões de prestígio e de riqueza não vinham de Pedro, mas de Constantino[85] e a Igreja não precisava temer tornar-se pobre e servidora, mas ao contrário:[86]

> A grande caridade nestes nossos dias tão repletos de injustiças é, necessariamente, fazer Justiça! E a grande pobreza significa, para a Igreja, ter a coragem de enfrentar julgamentos tendenciosos, de arriscar-se à perda de prestígio e reputação, de ser tratada como subversiva, revolucionária e até comunista! Eis a nossa verdadeira pobreza, a pobreza que Jesus espera de sua Igreja nestes duros tempos em que vivemos...[87]

A atuação de Dom Helder em prol da Igreja evoluiu e se qualificou desde quando começou sua atuação nos Círculos Operários Cristãos no Ceará, passando pela ACB no Rio de Janeiro até as CEBs em Recife. Ele foi fundamental na criação da CNBB e no CELAM. Sua participação no Vaticano II é de inestimável valor. Em Medellín e Puebla colaborou para que o Magistério da Igreja Latino-Americana fizesse uma opção firme pelos

---

[83] CAMARA, H. "Un pacto digno de coronar nuestra marcha". In: CÂMARA, H. *Cristianismo, socialismo, capitalismo*, 91-92.

[84] Circular 6 de 16/17-9-1964.

[85] Circular 13 de 16/17-10-1963.

[86] MURATORI, L. "Le sue parole e l'Opera". In: BOURGEON, R. *Il profeta del Terzo Mondo*, 265.

[87] CÂMARA, H. *O Evangelho com Dom Hélder*, 151.

empobrecidos. Sonhava e queria ver a Igreja, não mantendo e legitimando as estruturas injustas, mas sendo colaboradora de transformações radicais e profundas. A Igreja, fundada por Cristo, deveria continuar a obra de Cristo.[88] Ele sonhava com o fim da casta dos Bispos-príncipes e que se firmasse a figura do pastor, do servidor, do pai: "Como seria bom que os sonhos sobre pobreza da Igreja (a começar pelo Papa e pelos Bispos) passasse do *complot* de um pequeno grupo para resolução do Colégio episcopal".[89] Em certa ocasião, o Pe. José sonhou:

> Sonhei que o Papa enlouquecia
> e ele mesmo ateava fogo
> ao Vaticano
> e à Basílica de S. Pedro...
> Loucura sagrada,
> porque Deus atiçava o fogo
> que os Bombeiros
> em vão
> tentavam extinguir.
> O Papa, louco,
> saía pelas ruas de Roma,
> dizendo adeus aos Embaixadores,
> credenciados junto a ele;
> jogando a tiara no Tibre;
> espalhando pelos Pobres
> o dinheiro todo
> do Banco do Vaticano...
> Que vergonha para os Cristãos!
> Para que um Papa
> viva o Evangelho,
> temos que imaginá-lo
> em plena loucura!...[90]

---

[88] CAMARA, H. *Quem não precisa de conversão?*, 26-27.

[89] Circular 17 de 1-11-1962.

[90] CAMARA, H. "Sonhei que o Papa enlouquecia". Apud BAURER, E. *Dom Helder Camara – o Santo rebelde*.

A terceira afinidade é o "peregrinar em prol da paz". Francisco e seus primeiros companheiros entenderam que a sua missão era a de serem "pobres pregadores da paz".[91] O Pe. José poetizou sobre a "mística do caminhar em prol da paz":

Gosto de todos os caminhos
Eles convidam
a não parar,
a sair de si,
a buscar os outros,
a partir
anunciando a palavra de Deus...
Descobri, de repente,
meu encanto especial
por este caminho
– é um caminho que sobe!
E é tão importante
crescer interiormente,
enriquecer-se de alma,
subir!...[92]

Helder sempre foi um pacifista. Porém, houve progressos no seu modo de viver e compreender a paz. Quando menino, não concordava com brincadeiras como a palmatória. Na juventude viveu uma fase apologética da qual se arrependeu. A partir da intensa experiência mística e da busca de um novo estilo de santidade, nos primeiros anos de Rio de Janeiro, consolidou-se no espírito pacifista. A presença junto aos pobres ajudou-o a compreender que a justiça é condição para a paz. Depois do Vaticano II, e tendo presente os exemplos de São Francisco, Gandhi, Martin Luther King, Roger de Taizé, Paulo VI, tornou-se peregrino da paz. Dizia que, para construí-la, era preciso objetivos claros e corajosos e métodos capazes de promover mudanças estruturais, mas "de nada valerão os objetivos e métodos se não forem alimentados por uma mística profunda. Iluda-se quem quiser: só teremos força para converter os outros se nós mesmos formos os

---

[91] García Mateo, R. *Teologia Spirituale: il laicato*, 15-17; Rampon, I. A. "Francisco de Assis: um profeta da paz!", *Caminhando com o Itepa* 78 (2005) 50-67.

[92] Câmara, H. *Utopias peregrinas* [contracapa].

primeiros a nos converter, vencendo dentro de nós o egoísmo, o amor-próprio e, sobretudo, qualquer raiz de ódio. Então, nossa palavra e nossa ação estarão cheias de Deus".[93]

A quarta afinidade é o modo de viver a alegria e os sofrimentos. Francisco, o homem da perfeita alegria, carregou em seu próprio corpo as dores do Cristo Crucificado. Dom Helder, por sua vez, pedia a Cristo que se tornasse transparente através dele; queria que seus pensamentos e seus gestos fossem sempre impregnados de Evangelho.[94] Quatro vezes por ano, renovava o pacto da alegria: uma delas no dia de São Francisco, porque este chamava a tristeza doença do diabo: "Tenho gosto de confessar que tenho um pacto de alegria, que renovo quatro vezes no ano. Por que pacto de alegria? Porque, para passar a vida servindo aos irmãos, cara amarrada é um desastre. Criatura resmungona, pessimista, grosseirona é péssima propaganda para a fé... E não é fácil salvar a alegria, quando há muito sofrimento e muita injustiça em volta".[95] No entanto, o Dom também dizia que o Senhor, em sua generosidade, coloca em nossa vida algumas grandes e outras tantas pequenas humilhações que servem para a nossa santificação: "Não se alcança a verdadeira humildade sem grandes humilhações".[96] A maior humilhação seria perder a confiança do Papa.[97] Considerava as "humilhações" como ocasião para recomeçar com coragem, humildade e alegria.[98] Assim poetizou o Pe. José:

> Rosa Mística
> pedem-me que eu Te peça
> obtenhas do Pai
> que desapareçam os espinhos das rosas.
> Perdoa, Senhora,

---

[93] CAMARA, H. "Eu tive um sonho...". *Sedoc* 3 (1970) 486. Assim como Francisco que descobriu que havia um modo *minorítico* de fazer a paz (retratado, por exemplo, na história do lobo de Gúbio), Dom Helder descobriu que havia os objetivos, o método e a mística da *violência dos pacíficos* (*I Fioretti de São Francisco de Assis*, Fior 12; Circular 24 de 3/4-10-1965).

[94] CAMARA, H. "Cristo em nossa vida", *Um olhar sobre a cidade*.

[95] CÂMARA, H. *Um olhar sobre a cidade*, 136.

[96] CAMARA, H. *Le conversioni di un vescovo*, 114.

[97] BROUCKER, J. de. *Helder Camara: la violenza di un pacifico*, 154.

[98] Circular 176 de 27/28-3-65.

uma intuição me afirma
que o espinho
é da essência da rosa
como o sofrimento
é da essência da vida.[99]

Dom Helder sofreu muito com todas as censuras, calúnias e perseguições de que foi vítima. O pastor viu vários de seus principais colaboradores presos, torturados. Viveu intensamente a "hora do Getsêmani", as dores do "Servo Sofredor", o "Sacrifício" que celebrava em cada Santa Missa. Aprendeu que para viver a opção pelos pobres não poderia contar com os aplausos dos poderes que eram interpelados com a sua pregação.[100] Também sofreu com o sofrimento do povo. Logo depois da sua primeira visita aos mocambos de Recife, escreveu:

Já agora
me será difícil
o que tanto amava:
andar descalço.
Uma coisa
é ter os pés livres
como crianças que brincam
inocentes e sem freios,
e outra
absolutamente outra
é andar descalço
enfrentando caminhos ásperos
ou lama fétida
por ausência de calçado...[101]

---

[99] Câmara, H. *Nossa Senhora no meu caminho*. Meditações do Padre José, 79. Dom Helder, no entanto, recordava a necessidade de ajudar a superar os sofrimentos. Recordava, por exemplo, que depois de a Igreja ter convivido com a escravidão indígena e africana, "não falamos suficientemente claro e forte aos que mantêm o colonialismo interno. [...] O Cristianismo que difundimos no Continente superestimou a salvaguarda da ordem estabelecida; insistiu em virtudes como a paciência, a obediência, a aceitação dos sofrimentos (grandes virtudes, sem dúvida, mas que, isoladas do autêntico contexto cristão, alimentavam uma catequese feita sob medida para atender aos interesses dos Patrões)" (Câmara, H. "A Pobreza na Abundância". In: Câmara, H. *Utopias peregrinas*, 46).

[100] Pires, J. M. "Homilia para a Missa do Jubileu Sacerdotal de Dom Hélder Câmara". *Sedoc* 14 (1981) 434-435.

[101] Circular 7 de 20-4-64.

A quinta afinidade era o modo de conviver com a criação. Francisco enchia-se de alegria ao contemplar a sabedoria e a bondade do Criador nas criaturas. Admirava-se com o sol, a lua, a terra, a água, o fogo, o vento, o ar, as frutas, os animais, as flores. Ele convivia familiarmente com as criaturas e, por isso, as chamava de "irmão" e "irmã"; sua comunhão cósmica se expressava em atitudes de reverência, proteção e cuidado com as demais criaturas. Para Dom Helder, Deus é Criador e os seres humanos são criaturas cocriadoras, ou seja, receberam a missão fundamental de completar a obra da criação. Entendia-se como filho e irmão da Terra...

> Terra, irmã Terra!
> Nós te pisamos sem dó
> a vida inteira e tu,
> sem mágoa, sem recalques,
> quando a vida nos foge,
> abres teu seio materno
> para guardar
> nossa carne,
> nossas cinzas,
> para a alegria da ressurreição![102]

Para o Pe. José, cada elemento da natureza apresenta inúmeros convites para viver de modo integrado com o Criador e todas as criaturas. O irmão Fogo nos ensina a ter corações quentes, evitando o horror dos corações gelados. A irmã Água oferece a oportunidade do céu como recompensa a quem a oferecer para matar a sede do irmão. O irmão Ar é uma linda imagem de Deus: se nos falta durante segundos, a situação se torna insuportável.[103] Os jumentos são símbolos da solidariedade, da humildade, da inclusão social, da convivência pacífica com todas as criaturas...[104] Dom

---

[102] CAMARA, H. *Quem não precisa de conversão?*, 75.

[103] CAMARA, H. *Quem não precisa de conversão?*, 75.77.79-80.83-84.

[104] Um das Meditações mais conhecidos do Pe. José é intitulada "Os jumentinhos": "Os jumentinhos, os jegues eram, são e serão imagem viva do nordestino... Eles passavam – e nas cidades pequenas ainda passam – carregando lenha para as casas sem fogão elétrico e sem fogão a gás. Eles passavam – e nas cidades pequenas continuam passando – carregando água onde não há água encanada e onde falta, por vezes, até um poço, com motor e com torneira comunitária. Eles passavam – e nas cidades pequenas sempre passarão – carregando carvão, carregando estrume, carregando tudo o que for preciso carregar. Quando a seca aperta e falta capim, e falta milho, e falta tudo, até com papel ele se alimenta. Quando a família tem de partir, ele carrega a

Helder, portanto, não possui uma visão instrumental que, em nome do progresso, destrói o planeta Terra, mas entende que a criação é uma obra de arte, uma dança, amada por Deus:

A dança
Amas a dança, Senhor Deus!
Tu mesmo conduzes
o *ballet* das estrelas
e a dança
dos ventos e das nuvens.
Dançam
Sob teu olhar complacente
as ondas do mar,
as aves, no azul do céu,
as árvores,
que parecem imóveis
e são exímias bailarinas.
Dançam
na mais bela das preces
os teus anjos.
És todo harmonia e ritmo!
Tu mesmo danças, Senhor![105].

A visão ecológica de Dom Helder também progrediu devido ao seu crescimento espiritual. No início, havia o encantamento diante das obras do Criador e das capacidades de o ser humano transformar a natureza. Depois, como peregrino da paz, denunciou as injustiças da política internacional do

---

mãe de família e a criança de peito como fez com Nossa Senhora e o Menino Deus na fuga para o Egito. (São José caminhava a pé.) Pensam que ele reclama quando inventaram agora que carne de jumento dá dinheiro no estrangeiro? De modo algum – ele não se julga melhor do que boi, nem vaca, nem bode, nem carneiro, nem ovelha, nem porco... Ele só não quer ficar vivo longe do Ceará. Fica doido quando chega notícia de chuva e ele está longe. Perguntei a um jumentinho se ele trocava o Ceará pelo Céu, caso Nossa Senhora, em agradecimento pela fuga para o Egito, obtivesse de seu filho e filho de Deus que jumento tivesse entrada no céu. Ele me matou de vergonha, perguntando: 'Mas só gente e jumento no céu? E os outros animais, que todos, todos foram criados por Deus?' Foi longe e disse: 'Depois, mesmo com seca, o Ceará parece um pedaço do céu'. O destaque para a meditação é a resposta do jumentinho, que não aceita a injustiça de ele ter o privilégio de ser o único animal no céu... Cuidado em não pensar só em si, esquecendo os outros" (CÂMARA, H. *Um olhar sobre a cidade*, 63-65).

[105] CÂMARA, H. *Um olhar sobre a cidade*, 36.

comércio entre os países desenvolvidos e subdesenvolvidos, entre as quais a depredação das "matérias-primas". Na década de 1980, o Pe. José meditava que a destruição da natureza "não é digna do Criador e é um absurdo no cocriador". No entanto, "em lugar de lidar com as Criaturas com respeito, gratidão e amor, nossa tendência é usar as Criaturas, como se elas fossem nossas escravas".[106] Por isso, alertava para a necessidade de mudar, em profundidade, a nossa atitude de senhores de escravos, de feitores, para uma postura de ternura, respeito, comunhão – diríamos, hoje, uma postura ecologicamente sustentável. Ressaltava, enfim, que precisamos aprender a criar com o Criador:

> Homem, meu irmão,
> é urgente
> aprendermos com o Senhor Deus
> a criar, a não destruir...
> A destruição
> não é digna do Criador
> e é absurda
> no cocriador![107]

Portanto, as principais afinidades entre Dom Helder e São Francisco são: o mergulho no "mundo da pobreza" solidarizando-se com os pobres; o esforço em ajudar a Igreja a trilhar o caminho da pobreza evangélica; a pregação em prol da paz, a vivência da perfeita alegria e de sofrimentos em nome da fidelidade a uma causa maior; a comunhão cósmica explicitada através do cuidado, da poesia e da oração.

3.2 Santa Teresinha do Menino Jesus

Dom Helder compartilhava algumas afinidades com Santa Teresinha do Menino Jesus e da Sagrada Face. Quando foi divulgada a *História de*

---

[106] CAMARA, H. "São Francisco, santo do nosso tempo". In: CÂMARA, H. *Utopias peregrinas*, 93.

[107] CÂMARA, H. *Um olhar sobre a cidade*, 110. Também escreveu: "É mais do que tempo de defender a Natureza das depredações criminosas que ela está recebendo. Quando Deus encarregou o homem de dominar a Natureza, de modo algum encarregou o homem de arrazar (sic!), destruir... Vamos espalhar a ideia de Mãe Terra? É uma expressão feliz que o Santo Padre João Paulo II, o nosso querido João de Deus, gosta muito de usar..." (ID. *Um olhar sobre a cidade*, 116).

uma alma, o então seminarista Helder sensibilizou-se com a humildade e a simplicidade da santa carmelita e com a linguagem mística do livro.[108] Teresinha, além de nos mostrar que é possível com pouca idade chegar a altos graus da mística, revelou sua experiência com uma linguagem "infantil" chamada "pequena via".[109] Gestos simples, pequenos e humildes, mas feitos com amor puro, aos olhos de Deus, possuem grande valor.

De alguma maneira, Dom Helder tem um pouco de Santa Teresinha do Menino Jesus,[110] pois, a seu modo, viveu a "pequena via" nos tempos em que sua voz ressoava pelo mundo afora, mas também naqueles de silêncio e recolhimento. Teresinha e Helder expressaram seus sentimentos, desejos, aspirações, espiritualidade, vocação, através do simbolismo das flores. Analisaremos, a seguir, esses dois aspectos místicos, para depois ressaltar o gosto particular de Dom Helder pela ascética de Teresinha.

A primeira afinidade entre Dom Helder e Santa Teresinha é a confiança no chamado "apostolado oculto".[111] Na *História de uma alma*, Teresinha revela-se amada por Deus. E como o "amor com amor se paga", diante de tamanho amor divino era-lhe pouco ser esposa, carmelita, mãe espiritual. Desejava anunciar o Evangelho nos cinco continentes, querendo ser todos os membros da Igreja para servir. Mas ela era tão frágil – uma criança – e, por isso, não poderia sair pelo mundo fazendo grandes obras

---

[108] WEIGNER, G. *Helder Câmara: la voce del mondo senza voce*, 39-40.

[109] JESUS, S. T. do M. *Manuscritos autobiográficos*, A 84v e B 5v; MOLINER, J. M. *Historia de la espiritualidad*, 493-494.

[110] LAURIER, P. J.-M. "Mística e profecia: Dom Helder Pessoa Câmara". *Contempl@ção* 1 (2010), revista eletrônica. Diversas vezes, nas Circulares, Dom Helder faz referência à "infância espiritual". Citamos alguns exemplos: quando crianças entraram no Palácio São José e ocuparam os tronos, ele pediu para Nossa Senhora velar pelo "nosso espírito infantil e nosso amor" (Circular 9 de 1-5-64); a sua Família, escreve que "Graças ao Pai é incurável em mim o espírito de criança. Apenas, tenho, cada vez mais, necessidade de guardar, quase que só para a Vigília, o espírito infantil... Só então podem surgir meus brinquedos, que chocam a gente grande e sem espírito de humor... [...] Estou em plena brincadeira na Vigília... Também Deus se cansa de parecer importante e sério o dia inteiro. São tão poucos os que sabem como Ele é criança e gosta de brincar!" (Circular 182 de 24/25-4-1965); "Quando converso com o meu balãozinho vermelho lindo, lindo, ele me escuta com atenção tão grande: somos amigos de verdade! E ele participa do meu sonho de um balão colorido na mão de cada criança. Balão ensina a sonhar, ensina a amar os espaços largos e o grande azul" (CAMARA, H. "Balãozinho vermelho". In: *Um olhar sobre a cidade*). O lema "Em Tuas mãos, Senhor", vivido em profundidade pelo Dom, revela o espírito da "criança" que confia na Providência de Deus.

[111] CAMARA, H. *Le conversioni di un vescovo*, 177-178.

e pregando o Evangelho. Descobriu, então, a sua vocação: no coração da Igreja, ela seria o amor. Ofereceria seu amor e seus sacrifícios por seus irmãos apóstolos, mártires, missionários. Escolheu ser pequenina, como pede o preceito evangélico.[112] Por sua vez, desde os tempos do Grupo Confiança, Pe. Helder optou por um "apostolado oculto", que rendeu muitos frutos em sua vida e na vida da Igreja especialmente durante o Vaticano II.[113] Para ele, não poderiam ser inúteis as orações e os sacrifícios realizados por milhares de pessoas anônimas pela renovação da Igreja e pela paz mundial.[114]

O que Dom Helder não imaginava, no entanto, é que, no final de sua vida, teria de fazer o "apostolado oculto" de outra maneira, ou seja, optando por um "silêncio eloquente", que não deixava de ser profético.[115] E, assim, aquele que havia sido voz dos sem-voz optou pelo silêncio dos sem-voz e participou desse silêncio. E, do seu silêncio, oferecia amor, sacrifícios, Meditações, Vigílias, orações por seus irmãos profetas e missionários, a fim de que não deixassem "cair a profecia".[116] No jardim da Igreja das Fronteiras – seu "deserto" e sua "cela" –, gastou o derradeiro alento de sua vida, feliz e silencioso, diante de Deus:

> As derradeiras moedas que me sobraram
> gastei-as, sem vacilar,
> levando-te uma braçada de rosas.
> Entendeste
> o pedido silencioso
> de meu gesto humilde?
> Podes consentir
> que o derradeiro alento de minha vida
> eu o gaste, feliz,

---

[112] JESUS, S. T. do M. *Manuscritos autobiográficos*, B, 2v-3r.

[113] BROUCKER, J. de. *As noites de um profeta: Dom Helder Câmara no Vaticano II*, 49-50; MARQUES, L. C. L. "As circulares conciliares de Dom Helder". In: CAMARA, H. *Vaticano II: Circulares Conciliares*, I, XXXIX-XL.

[114] Circular 30 de 7/8-10-1964; CÂMARA, H. *Chi sono io?*, 104-105.

[115] FRAGOSO, H. "Dom Helder, profeta do perdão evangélico". In: ROCHA, Z. *Helder, o Dom. Uma vida que marcou os rumos da Igreja no Brasil*, 200.

[116] N. PILETTI – W. PRAXEDES. *Dom Helder Camara: o profeta da paz*, 384.

curvando-me silencioso
diante de ti?[117]

A segunda afinidade espiritual entre Santa Teresinha e Dom Helder é a de que ambos expressaram a "mensagem de amor" através do simbolismo das flores.[118] Somente no livro *Rosas para meu Deus*, lançado por ocasião dos 65 anos de sacerdócio de Dom Helder, há 65 Meditações belíssimas sobre rosas. Ele poetiza que as rosas são criaturas de Deus, porque é Deus quem as abre, as veste e as perfuma, mas também "chamo as roseiras de minhas porque as plantei e delas trato com enorme carinho".[119] Na concepção helderiana, as rosas transmitem mensagens de beleza, gentileza, pureza, liberdade, amor, alegria, paz, oração, louvor, bondade, perdão, serviço, transformação positiva que pode acontecer no coração humano, além de revelarem o poder e a bondade do Criador e as inúmeras facetas da Mãe do Belo Amor.[120]

---

[117] CAMARA, H. "Rosas para meu Deus". In: *Rosas para meu Deus*, 69. Destaque, neste sentido, também merece o poema "Quintessência":
Quintessência
Cem quilos de pétalas de rosas
concentraram-se
no minúsculo frasco de perfume
que tive nas mãos.
Desejei, Senhor,
poder dispor
de todas as pétalas,
de todas as rosas,
de todos o lugares
e de todos os tempos.
Desejei
poder reduzi-las a perfume.
Não te preciso dizer
nem para que,
nem para quem" (CAMARA, H. "Quintessência". In: *Rosas para meu Deus*, 43).

[118] Escreveu, por exemplo, Santa Teresinha: "Jesus, para que te servirão minhas flores e meus cânticos? Ah, eu bem sei... Esta perfumada chuva, estas frágeis pétalas sem nenhum valor, estes cânticos haverão de te encantar... Sim, estes nadas te alegrarão, e farão a Igreja Triunfante sorrir. Ela recolherá minhas flores, desfolhadas por *amor* e, fazendo-as passar por tuas divinas mãos, Jesus, esta Igreja do Céu, querendo *brincar* com a sua filhinha, lançará, também ela, *essas flores* que, por teu toque divino, adquiriram um favor infinito. Ela as lançará sobre a Igreja Padecente para lhe extinguir as chamas, ela as jogará sobre a Igreja Militante a fim de lhe alcançar a vitória" (JESUS, S. T. do M. *Manuscritos autobiográficos*, B, 4r-4v).

[119] CAMARA, H. "Sócio de Deus". In: *Rosas para meu Deus*, 5.

[120] CAMARA, H. *Rosas para meu Deus*, 7.9-11.18-19.

E, assim, o Pe. José, contemplando a beleza e respirando o perfume das rosas, descobriu a mais discreta de todas as linguagens, pela qual se transmitem mensagens profundas.[121] Quando a roseira elevou-se além do muro, por exemplo, ele meditou que precisamos superar os muros para oferecer, gentilmente, o perfume do amor:

> Minha roseira acordou felicíssima
> um de seus galhos
> – como eu tanto desejava –
> está mais alto que o muro
> e amanheceu
> com uma linda rosa
> na extremidade...
> É de ver-se
> a gentileza
> com que ela saúda os que passam,
> e com que ela desprende
> seu melhor perfume
> como mensagem de amor...[122]

O Pe. José não conseguia imaginar o céu sem flores, sem pássaros, sem perfumes, sem canto, sem árvores, sem água. O céu, para os místicos, é vida intensa, dinâmica, plena, eterna! É comunhão sem limites com o Criador e as criaturas: "O fato é que a Bíblia diz com todas as letras que haverá novo céu e nova terra. Por mim – os teólogos que me perdoem se é teologicamente sem base o que eu vou dizer – não posso imaginar um céu sem flores, sem pássaros, sem perfumes, sem canto, sem árvores, sem água".[123]

Por fim, convém recordar que Dom Helder apreciava o "modo ascético" de Santa Teresinha.[124] Ele dizia que a mortificação não preci-

---

[121] CAMARA, H. "Intérprete tímido de Irmãs timidíssimas". In: *Rosas para meu Deus*, 8.

[122] CAMARA, H. "Minha roseira acordou felicíssima". In: *Rosas para meu Deus*, 7.

[123] CAMARA, H. "Flores murchas". In: *Um olhar sobre a cidade*. Em uma carta para Alceu Amoroso Lima, escrita na Vigília de 13/14-7-1970, Dom Helder escreveu: "Como é bom saber que teremos a eternidade para estar juntos e bater papos memoráveis! O nosso D. Tavora – o meu Eu e o seu Poeta – já nos espera do lado de lá. E tantos outros! Sempre mais seu irmão em Cristo, Pe. Helder" ("Cartas trocadas entre Dom Helder Camara e Alceu Amoroso Lima", 9 [acesso em 6-9-2010]).

[124] JESUS, S. T. do M. *Manuscritos autobiográficos*, C, 5v e 7r.

sa ser buscada, pois ela aparece cotidianamente na nossa vida através de incompreensões, desconfianças, más interpretações... ou via idade, velhice, enfermidade... ou nas próprias relações familiares, quando um cunhado, uma sogra, um irmão possui o dom de irritar com a sua mentalidade, tom de voz... "Esta era a ascética de Santa Teresinha do Menino Jesus que pode servir para a nossa santificação".[125] Portanto, na sua originalidade, Dom Helder viveu a "infância espiritual", principalmente através do apostolado oculto, das mensagens de amor (flores) e da ascética cotidiana respondida com a caridade cristã. Com suas mãos, lábios e olhar, ele distribuiu perfumes e doçuras:

> Rosas, que impressão vos causa
> encontrar
> crianças, jovens, senhoras,
> usando o vosso nome?
> Qual o mínimo de exigência
> para usar nome tão belo?
> É preciso ser bela?
> Basta beleza interior?
> Ou o mais importante
> é ter mãos, lábios e olhar
> que distribuam
> perfume e doçura?[126]

3.3 Teilhard de Chardin

Teilhard de Chardin foi um místico que com a sua teoria fundamentou o pensamento de Dom Helder Camara.[127] Egan classifica Teilhard de Chardin como paleontólogo, poeta e místico que amava o seu tempo e o mundo científico. Queria unir e reconciliar o cristianismo com a ciência.[128]

---

[125] CÂMARA, H. *Chi sono io?*, 123-124.

[126] CAMARA, H. "Rosas, que impressão vos causa...". In: *Rosas para meu Deus*, 22.

[127] KATHEN, N. R. T. *Uma vida para os pobres: espiritualidade de D. Hélder Câmara*, 52-53. Dom Helder confessa ser "completamente, vitalmente teilhardiano" e diz que o foi antes de ler Teilhard de Chardin: "Quando o Senhor sopra um pensamento, este germina aqui e lá, sem aparente comunicação" (CAMARA, H. *Le conversioni di un vescovo*, 107). Essa afirmação é mais uma confirmação da originalidade da mística helderiana.

[128] EGAN, H. *I Mistici e la Mistica: Antologia della mistica cristiana*, 619-624.

Entendia e sentia que o Deus da revelação não é contra a evolução, mas o próprio Cristo é o coração do processo evolutivo. Na Encarnação, Deus desceu na profundidade da matéria cósmica e, por isso, Cristo é tudo em todos. Ele é o Alfa e o Ômega do processo evolutivo da criação. Desse modo, Deus ainda é Criador, e todos os esforços humanos – científicos e religiosos – devem conduzir à devoção, à adoração, ao êxtase. A oração e a contemplação são atividades que geram energias criativas, evolutivas e cósmicas. Na Eucaristia vê-se o inteiro processo evolutivo como uma comunhão cósmica. Essas suas ideias, científicas e místicas, são apresentadas, especialmente, nos livros O *fenômeno humano* e *Ambiente divino*.[129]

Teilhard, nos seus escritos, não apresenta apenas o dogma cristão de uma maneira brilhante, atraente e sem formalismo abstrato, embora não fosse teólogo e filósofo de profissão, mas expõe sua "experiência místico-espiritual", na qual acentua o significado cristocêntrico do universo: cosmologia, antropologia e cristologia dinâmicas acontecem pela liberdade de Deus e coligadas com a Encarnação do Verbo, que se atualiza na visibilidade histórica da Igreja, corpo místico.[130] Por isso, para ele, toda a mística é orientada à mística cristã. Teilhard é chamado de Místico da Matéria, da Evolução, do Universo, de Cristo Cósmico e do Ambiente Divino.

Em 1936, o Pe. Helder leu Teilhard de Chardin. Mas, antes disso, havia aderido às ideias apresentadas por Maritain, especialmente a de um novo estilo de santidade, caracterizada pela abdicação do uso da força, da agressividade e da coação e pela adoção das forças da paciência e do sofrimento voluntário, que são os meios do amor e da verdade. Em seguida, para embasar sua nova forma de pensar, o místico Pe. José começou, então, a ler Teilhard de Chardin e encantou-se com a visão desse jesuíta.[131] Teilhard abriu-lhe novos horizontes.[132] Em seguida, Pe. Helder entrou em contato com as obras de Lebret, Chenu, Congar, De Lubac, Houtart, Kung, Rahner.

---

[129] TEILHARD DE CHARDIN, P. *Le phénomène humain*, 32-63.134-187; ID. *Le Milieu divin*, 33-64.79-344.

[130] MARRANZINI, A. "Teilhard de Chardin Pierre". *DIM*, 1192-1194.

[131] PILETTI–PRAXEDES, 140; MARQUES, L. C. L. "As circulares conciliares de Dom Helder". In: CAMARA, H. *Vaticano II: Circulares Conciliares*, I, XLIX.

[132] BLAZQUEZ, F. *Ideario de Hélder Câmara*, 13.

A MÍSTICA HELDERIANA: AS MEDITAÇÕES DO PE. JOSÉ

Teve interesse pelo movimento litúrgico, estudou a Sagrada Escritura e a História da Igreja.[133] As ideias desses autores colaboraram para que ele fosse, cada vez mais, um poeta e místico sensível e aberto à beleza.[134]

Em 1965, num esquema a ser usado em uma entrevista à televisão francesa, Dom Helder pontualizou suas afinidades espirituais com Teilhard de Chardin, ao apresentá-lo como profeta do desenvolvimento:

1. Ele nos ajudou a olhar o Mundo e amá-lo. 2. Ele nos ajudou a descobrir que Deus fez do homem o cocriador. 3. Ele nos ajudou a optar – entre o otimismo e o pessimismo absoluto – pelo otimismo. 4. Ele nos ajudou a aceitar, como sinônimos, pesquisa e adoração. 5. Ele nos ajudou a encarar a humanidade como planetária. 6. Ele nos ajudou a abrir os olhos para o amor-energia. 7. Ele nos ajudou a ver, no começo e no fim do desenvolvimento, como ponto Alfa e Omega, o Cristo.[135]

Seguindo o pensamento de Teilhard de Chardin, Helder considerava o ser humano como cocriador. Por isso, respeitava as ciências e os cientistas. Isso o impediu de chegar aos jovens, trabalhadores, estudantes, professores, intelectuais com uma visão negativa dos progressos no conhecimento e nas técnicas; eram vistos como aliados no caminho da humanidade em direção a Cristo, Princípio e Fim:[136] "Há quem pense assim: Deus não pode permitir que esse petulante senhor desagregue imponentemente o átomo, lance satélites como um deus... É a velha imagem do Deus invejoso, preocupado com o que o ser humano pode fazer com a sua competência. Como se a

---

[133] CAMARA, P. H. "Oração do Paraninfo dos Bacharéis e Licenciados na Faculdade de Filosofia" [acesso em 2-9-2010]. Dom Helder também leu Marx, conhecia Freud, considerava-se continuador do pacifismo de Martin Luther King, admirava Gandhi, dialogava com Garaudy, compartilhava ideias com Alceu Amoroso Lima. Mais tarde, receberá influência do pedagogo brasileiro Paulo Freire – apreciando muitíssimo o livro *Pedagogia do oprimido* – e dos Teólogos da Libertação Gustavo Gutierrez, Leonardo Boff, Clodovis Boff, João Batista Libanio, José Comblin, entre outros. Do ponto de vista econômico, fundamentava seu pensamento nos autores do CEPAL.

[134] Dom Helder escreveu, em 1964, ao futuro Superior da Companhia de Jesus que seria eleito para que escolhesse bons estudiosos jesuítas, a fim de dar seguimento à obra teilhardeana (Circular 56 de 28/29-10-1964). O Papa João XXIII, em sonhos, revelou ao Dom que este também era seu desejo (Circular 63 de 4/5-11-1964). O Pe. Arrupe aceitou o pedido e fez uma declaração em favor da reabilitação do pensamento de Teilhard de Chardin (Circular 36 de 15/16-10-1965).

[135] Circular 176 - 5 de 31-3/1-4-65. Na Circular 176 – 8 de 3/4-4-65 está o texto completo com esses itens desenvolvidos.

[136] PILETTI–PRAXEDES, 370-371.

maior alegria de um pai não fosse a glória do filho".[137] Acrescentava que quanto mais longe vai o filho mais contente estará o pai, e que o dia em que o ser humano chegar à estrela mais remota e descobrir outros milhões de mundos, poderá ter uma ideia menos pobre de Deus, menos miserável... A partir de seu desenvolvimento espiritual, Dom Helder atualizava Teilhard de Chardin para o contexto latino-americano: "Agradecemos a Teilhard de Chardin que nos ensinou a chegar, sem medo, com o coração alegre ao 'coração da matéria'. Temos a tendência à Super-Humanidade porque tendemos a Cristo. A direção da humanidade, portanto, é à socialização e não à infra-humanidade. O calor de Cristo leva-nos ao superamor".[138]

O otimismo teilhardeano levava o Pe. José a dizer que tudo tem vida e santidade, porque ou vem das mãos do Criador ou do cocriador:

> Há uma Prece Eucarística que não vacila em proclamar que tudo tem vida e santidade. A luz que desce do alto; a água das fontes, dos rios, os mares; as montanhas, o sol, a lua, as estrelas, saem tão diretamente das mãos do Criador que é fácil reconhecer que tenham vida e santidade. [...] A cadeira em que nos sentamos, a mesa em que nos apoiamos e escrevemos foram árvores criadas por Deus que receberam também o trabalho do homem, o trabalho do cocriador, pois o homem continuando criatura foi elevado por Deus a ser cocriador, encarregado de dominar a natureza e completar a criação. [...] Os sapatos foram couro do boi, boi criado por Deus, e couro trabalhado pelo homem. Nossa roupa, nossos livros, nossa caneta, o ônibus que tomamos, as casas que encontramos no caminho, a ponte que atravessamos, tudo, tudo, tudo tem vida e santidade. [...] Vida, no sentido de que existe, está ali, os olhos veem, as mãos tocam. Santidade, porque não é demais repetir, ou veio através do cocriador que é o homem ou veio diretamente do Criador e Pai.[139]

Por influência do otimismo teilhardeano, Dom Helder em suas conferências, homilias, Meditações deixava sempre a última palavra para a esperança.[140]

---

[137] CAMARA, H. Para llegar a tiempo. Apud BLAZQUEZ, F. *Ideario de Hélder Câmara*, 29.

[138] CAMARA, H. Para llegar a tiempo. Apud BLAZQUEZ, F. *Ideario de Hélder Câmara*, 30.

[139] CAMARA, H. "Tudo tem vida e santidade". In: *Deus nos tempos de hoje e na vida de cada dia.*

[140] WEIGNER, G. *Helder Câmara: la voce del mondo senza voce*, 49.

Há pessoas que se afligem muitíssimo com os tempos de hoje. Afligem-se com a violência e o ódio que rebentam no mundo inteiro. [...] Afligem-se ouvindo flagrantes de gastos loucos com a fabricação de armas e com o desperdício da sociedade de consumo, tudo levando um pequeno grupo a tornar-se rico, e sempre mais rico, a custa de mais de dois terços da humanidade que mergulham em condição que nem é humana, de miséria e de fome. Não falta quem pense que são sinais claros da proximidade do fim do mundo, sobretudo levando em conta a audácia com que o homem anda invadindo áreas privativas de Deus com as viagens espaciais e o céu se enchendo de satélites, pesquisadores e espiões. Anda invadindo áreas privativas de Deus, também, com descobertas, como a desagregação dos átomos e os avanços perigosos no campo da biologia, especialmente da genética. Não faltam então pessoas sinceras que se afligem em viver em dias tão agitados, tão violentos, tão desumanos e ficam, não raro, suspirando por não terem vivido, ou no tempo do romantismo, ou no tempo da renascença ou, de modo especial, nos primeiros tempos do cristianismo. Os que temos a felicidade de crer em Deus, Criador e Pai; os que sabemos que não existe acaso, mas a amorável Providência Divina, nem podemos vacilar: temos que preferir de verdade, de todo o coração, viver no tempo e no lugar que Deus escolheu para nós. Temos que abraçar o tempo e o lugar em que Deus nos permite viver e trabalhar.[141]

Enfim, para Dom Helder, Teilhard era franciscano de coração: seus escritos eram novos hinos à criação[142] e *A Missa sobre o Mundo* até poderia ser transformada, por Jolivet, em outra cantata...[143]

3.4 Roger de Taizé

Dom Helder mantinha contato pessoal, afinidade espiritual e profunda amizade com Roger de Taizé (1915-2005). Os dois viviam intensamente

---

[141] CAMARA, H. "Deus nos tempos de hoje e na vida de cada dia", *Deus nos tempos de hoje e na vida de cada dia*. Para Dom Helder, a visão otimista de Teilhard de Chardin também servia para fundamentar uma crítica positiva ao pensamento marxista, ou seja, o jesuíta não transformava o ser humano em criador de si mesmo – o que é desnecessário, contraditório e falso –, mas o via como cocriador: "Marx se encantaria com Teilhard..." (Circular 155 de 1/2-3-65).

[142] Circular 49 de 23/24-11-1963.

[143] CAMARA, H. *Para llegar a tiempo*. Apud BLAZQUEZ, F. *Ideario de Hélder Câmara*, 29; TEILHARD DE CHARDIN, P. *Hymne de l'univers*, 17-19.

o espírito ecumênico, a presença junto aos jovens e aos sofredores, a intensa escuta da Palavra de Deus, o amor profundo que visava superar as estruturas injustas através da "violência dos pacíficos". Entre as diversas afinidades espirituais, destacaremos o espírito ecumênico e o espírito pacifista, fundamentados no amor profundo.

Desde menino, Roger aprendeu a importância da abertura às outras pessoas (diferentes): sua avó teve coragem de acolher na sua casa (França), durante os bombardeios, alguns refugiados da Primeira Guerra Mundial. Depois da guerra, essa mulher, de antigas raízes evangélicas, pensando que a reconciliação dos cristãos poderia impedir novos conflitos na Europa, começou a frequentar a Igreja Católica. Em 1940, seguindo o exemplo da avó, seu neto refutou permanecer passivo diante da destruição causada pela Segunda Guerra Mundial. Preparou-se para criar uma comunidade que fosse "parábola de comunhão", um sinal de reconciliação. Queria efetivar o projeto justamente onde houvesse a guerra e angústias. Deixou a Suíça e foi para Taizé, na França.[144] Ocupou um antigo e abandonado templo católico e começou a receber os refugiados de todas as raças e de todos os credos,[145] sobretudo judeus. Aos poucos, alguns irmãos se juntaram a eles e, em 1949, empenharam-se no celibato e na vida de fraternidade. Os primeiros irmãos eram evangélicos, mas, aos poucos, chegaram católicos.[146] A partir de 1950, alguns monges começaram a viver em lugares miseráveis para estarem próximos dos que mais sofrem e serem solidários com eles. Desde os anos 1960, a comunidade passou a acolher numerosos jovens de todo o mundo (até milhares por semana), que buscam um sentido para a vida e aprofundar a

---

[144] TAIZÉ, H. R. de. *Las fuentes de Taizé*, 7-8.

[145] Circular 16 de 31-10-1962. Dom Helder registrou nessa Circular que, em 1962, na Comunidade havia 52 jovens monges protestantes, sendo que oito eram Pastores. Eles "creem na presença real de Jesus Cristo e celebram a Santa Missa. Confessam-se e os Pastores dão absolvição individual (como nós). Rezam o breviário. Querem permanecer na família protestante, preparando a união. Estão encantados com o Concílio".

[146] TAIZÉ, H. R. de. *Las fuentes de Taizé*, 8.

A MÍSTICA HELDERIANA: AS MEDITAÇÕES DO PE. JOSÉ 437

fé.[147] Entre as palavras-chave da pregação de Roger estão: confiança, perdão, amor, fé e oração simples.[148]

Foi, sobretudo, durante o Vaticano II que Dom Helder e Roger estabeleceram uma admiração recíproca. O Dom considerava o monge de Taizé uma "simpatia"[149] e deixava-se tocar pelo seu espírito ecumênico. Quando João XXIII completou quatro anos de coroação, por exemplo, o Arcebispo voltou da cerimônia angustiado: "excesso de pompa e ausência de liturgia comunitária";[150] o povo ficou do lado de fora; o corpo diplomático e o patriciado romano disputavam bilhetes; o Papa chegou com sede gestatória carregado por quatro homens; "houve um desfile de cardeais – de cauda arrastando pela laje da Basílica – que deve ter feito um mal profundo à causa da união. Tudo aquilo contrastava com as palavras do Papa, falando em servo dos servos, em Pastor, em humildade".[151] Roger, no entanto, ajudou-o a superar a angústia: "Quem me corrigiu e me abriu os olhos [...] foi Roger, monge protestante da Comunidade de Taizé. Depois de ele, também, discretamente lamentar a cerimônia, comentou: 'Deixemo-nos disto. Nosso

---

[147] CLARET, L. "Roger (Fratel)". *DIM*, 1078-1080. Taizé não forma movimentos de jovens, mas os prepara para serem criadores de paz, portadores de reconciliação nos seus países. Os Irmãos, através da palavra, do testemunho, da oração e da vida comum abrem a "via mística" aos jovens e adultos às vezes sem raízes e sem referências maiores. Os Monges de Taizé vivem do próprio trabalho (TAIZÉ, H. R. de. *Las fuentes de Taizé*, 9).

[148] Roger difundia que confiança é vertente da paz do coração e que sem perdão não há futuro para a pessoa, os cristãos e o povo. Como Francisco, recomendava a alegria na Regra da comunidade: "Sê entre os homens um signo do amor fraterno e da alegria" (TAIZÉ, H. R. de. "La regla de Taizé". In: TAIZÉ, H. R. de. *Las fuentes de Taizé*, 15). Ressaltava que o amor ao próximo se efetiva intensamente quando se destina àquelas pessoas abandonadas e pobres. "Ama os deserdados, a todos aqueles que, vivendo debaixo das injustiças dos homens, têm sede de justiça. Jesus tinha para eles atenções particulares. Não temas jamais ser incomodado por eles" (ID. "La regla de Taizé". In: TAIZÉ, H. R. de. *Las fuentes de Taizé*, 15-16). Roger ensinava, com infinito respeito, que a fé é uma realidade simples, uma humilde confiança em Deus, que pode ser ofertada a todos. Como a fé, também a oração é simples e a oração comunitária é um sustento para a oração pessoal. A oração de Taizé é alegre, simples, radicada na Tradição da Igreja: "A oração comum se situa dentro da comunhão dos santos. Mas, para realizar esta comunhão com os crentes de todos os tempos, devemos entregar-nos a uma intercessão ardente pelos homens e pela Igreja" (ID. "La regla de Taizé". In: TAIZÉ, H. R. de. *Las fuentes de Taizé*, 17). A escuta da Palavra de Deus é acompanhada de um longo silêncio. Os cantos são frases breves, repetidas muitas vezes e, hoje, conhecidas em todo o mundo.

[149] Circular 16 de 31-10-1962.

[150] Circular 22 de 3-11-1962.

[151] Circular 22 de 3-11-1962.

escândalo em nada ajuda a causa sagrada da união'".[152] Em outra ocasião, no entanto, era Roger quem estava angustiado devido à possibilidade da saída de Dom Helder do Rio de Janeiro. Foi o Arcebispo, então, quem o ajudou a superar a angústia: "Comoveu-se ao ouvir minha interpretação: entrei para o Grupo da Pobreza. Deus me dá oportunidade de colaborar, na linha da pobreza, para o reencontro da simplicidade evangélica...".[153]

Dom Helder e Irmão Roger aproximaram o Ecumênico e a comunidade de Taizé. Monges e Bispos faziam refeições juntos. Depois de um almoço com Roger e Máxime de Taizé e com Dom Cândido, Dom Lamartine e Dom José Maria Pires, Dom Helder anotou: "É um encanto conversar com Roger. Ele se alegra enormemente com votações como as de hoje, sobre Liturgia; mas se aflige pensando na pequena minoria (entre 12 a 25) que ele desejava salvar da amargura".[154] Certa vez, após um almoço na Domus Mariae, Dom Helder registrou: "Os Bispos estavam abalados até o mais íntimo da alma pela presença do homem sobrenatural e pela caridade não fingida, vinda de dentro, como irradiação da Trindade. [...] Foi profunda a impressão de santidade que Roger deixou em todos nós.".[155]

Em diversas Circulares, Dom Helder faz questão de anotar o crescimento da "amizade fraterna" com Roger. Os dois se encontravam para dialogar e rezar.[156] A sintonia era profunda, a confiança intensa, a vontade de permanecerem juntos era enorme.[157] No dia 29 de novembro de 1963, o

---

[152] Circular 22 de 3-11-1962.

[153] Circular 7 de 8-10-1963. Nesse dia, o Arcebispo Auxiliar do Rio de Janeiro contou ao Monge de Taizé que gostava de "brincar com Deus".

[154] Circular 7 de 8-10-1963.

[155] Circular 12 de 15/16-10-1963. Nessa Circular, Dom Helder diz que os Monges de Taizé já são conhecidos da Família e "Roger (o prior) e eu nos tratamos como irmãos. Ele sempre diz: 'Dependesse de nós moraríamos juntos'".

[156] "O tempo todo fico, como o querido Roger, de Taizé, pedindo a Deus que ninguém se amargure, que ninguém – a não ser a própria Verdade – tome ares de triunfador. Mas continua a necessidade de velar!" (Circular 54 de 29/30-11-1963).

[157] Circular 35 de 8/9-11-1963. "Esqueci-me de dizer que ao falar aos holandeses, quando vinha dizendo uma frase, meus olhos bateram no Roger (prior de Taizé) e a sala inteira estremeceu de emoção porque, espontaneamente, interrompi ao meio o que eu dizia, para chamar 'Roger'! Enquanto à meia voz ele dizia 'monseigneur'!... Que sintonização profunda, que amizade fraterna, que confiança crescem, dia a dia, entre nós!... Pudéssemos – e isto é sentido de lado a lado – não nos separaríamos..." (Circular 35 de 8/9-11-1963).

Dom entregou ao Roger o anel de Dom Larraín, enviado como símbolo da vocação ecumênica do CELAM, e Roger lhe deu o Ofício de Taizé: "A partir de hoje, passei a utilizá-lo na hora do Opus Dei: tenho certeza de que Deus me entende".[158]

A segunda grande afinidade entre Roger e Helder é o espírito pacifista e, por isso, a espiritualidade de Taizé alimentou a Operação Esperança e o movimento AJP, fundados por Dom Helder. O movimento organizava grupos de reflexão para estudar os modelos de desenvolvimento adequados para o Brasil e a América Latina e a adequação das leis para efetivar as reformas de base. Também refletia em que consiste, na prática, a "violência dos pacíficos", termo criado por Roger:

> Não existe uma data a partir da qual eu tenha acreditado na não violência. Este sempre foi o meu modo de interpretar o Evangelho, o meu temperamento. Porém, não gosto muito da palavra "não violência"; prefiro mil vezes a expressão de Roger Schutz: "a violência dos pacíficos" ou qualquer outra definição que estabeleça bem a diferença com o "pacifismo". [...] Sempre busquei meios para obter transformações das estruturas injustas por meio de uma pressão moral libertadora.[159]

O espírito ecumênico e pacifista difundido por Roger é fundamentado no amor. Nesse sentido, Dom Helder deixou registrado um episódio ímpar da força do testemunho do prior de Taizé. O fato aconteceu em 1965, quando o Arcebispo de Olinda e Recife fez a famosa Palestra com acento profético no *Centrum Coordinationis Communicationum De Concilio*. A presença de Roger no auditório lhe foi dando uma sensação de pecar por falta de amor. Entendeu, então, que estava recebendo uma "humilhação" do Senhor para que crescesse na humildade e na santidade:

> Curioso! Meu irmão Roger, na 1.ª fila, com seus olhos azuis de criança e de Anjo, bebia cada palavra minha... O auditório todo me dava razão, inclusive Roger. Mas fui sentindo uma angústia tão grande! Roger, provavelmente

---

[158] Circular 54 de 29/30-11-1963.

[159] CAMARA, H. *Le conversioni di un vescovo*, 188-190. Alceu Amoroso Lima, em seu estúdio, guardava – quase como ícones – somente três retratos: Dom Sebastião Leme, Pe. Franca e Dom Helder junto com Irmão Roger Schutz (MENDES, C. *Dr. Alceu: da 'persona' à pessoa*, 89).

a mais bela e cristã de todas as almas que já encontrei no meu caminho, encarna, aos meus olhos, o Amor... Diante dele, senti que o texto inteiro, [...] está muito duro, peca por falta de amor. A tal missão profética é perigosa. Pela necessidade de ajudar a abrir os olhos, a gente vai perdendo a medida e se tornando severo, metendo-se a aplicar a justiça, quando todos precisamos de misericórdia. Pensei que tinha entendido e adotado para sempre o princípio tão verdadeiro e tão belo: "É preciso conquistar pelo amor o direito de dizer a verdade". Valeu a humilhação aceita, com simplicidade. E a decisão de recomeçar, imediatamente.[160]

3.5 Thomas Merton

Dom Helder conhecia a história e a obra do místico Thomas Merton (1915-1968). A grande afinidade espiritual entre eles resulta do fato de que ambos uniram fortemente a contemplação com a profecia do século XX. Depois de vida agitada, Merton tornou-se católico, monge e sacerdote.[161] Revelou-se gênio de espiritualidade, embora no início de sua conversão ainda buscasse "fugir do mundo". Porém, através da contemplação e de numerosos contatos, aflorou sua sensibilidade forte, inteligência rápida, interesses variados (Padres da Igreja, literatura moderna, sabedoria chinesa, compromisso pacifista, percepção artística, compromisso social, crítica política, qualidade literária, enfim, profunda espiritualidade cristã).[162] No livro *Poesia e contemplação*, enfoca que a autêntica oração afasta as dicotomias entre apostolado e liturgia, cultura e simplicidade, humanismo e asceticismo.

Os escritos de Merton são carregados de espiritualidade monástica para pessoas que vivem no mundo. Seus textos tratam de direitos humanos, justiça social, pobreza, violência urbana e internacional, desarmamento

---

[160] Circular 83 de 1/2-12-1965.

[161] Depois de uma vida agitada e de ter militado no Partido Comunista, Merton foi batizado aos 23 anos; aos 26 tornou-se monge e aos 34 sacerdote. Ele não conservou as ilusões ligadas ao comunismo, mas também não aceitava que, em nome do combate ao comunismo e da defesa da segurança nacional, se cometessem absurdos, dentro de um estilo, ao mesmo tempo nazista e comunista (CAMARA, H. "Pacto com Tomás Merton". *Sedoc* 9 (1977) 797).

[162] SUDBRACK, J. "Merton Thomas". *DMi*, 719-720. Merton escreveu mais de 60 livros e mantinha extensa correspondência.

A MÍSTICA HELDERIANA: AS MEDITAÇÕES DO PE. JOSÉ   441

nuclear, ecumenismo e diálogo inter-religioso entre Oeste e Leste.[163] Quando morreu, vítima de um acidente elétrico, enquanto participava de um congresso internacional sobre o futuro do monaquismo (em Bangkok, Tailândia) era, provavelmente, o monge mais famoso do mundo.

Na compreensão de Thomas, a pessoa contemplativa imita o amor de Cristo até a morte.[164] A contemplação é a imitação de Cristo na noite solitária do Monte das Oliveiras e engloba toda a vida, morte e ressurreição de Jesus; é uma vocação exigente e não um quietismo narcisístico ou um "consumismo espiritual".[165] Ela provoca uma vivência autêntica diante dos fatos ordinários da vida;[166] uma vivência profética diante das barbáries da humanidade. Nesse sentido, entende-se por que seus livros tanto contribuíram na formação de gerações de contemplativos cristãos nos tempos de Auschwitz, Hiroshima, Vietnã...

> O contemplativo não é apenas um homem que se senta debaixo de uma árvore, de pernas cruzadas. Tampouco é alguém que se edifica a si mesmo com a resposta aos problemas essenciais e espirituais. O contemplativo é alguém que procura conhecer o sentido da vida, não apenas com a cabeça, mas com todo o seu ser, vivendo em profundidade e na pureza – unindo-se assim à própria Fonte da Vida. É uma fonte infinitamente concreta e, portanto, demasiadamente real para ser contida satisfatoriamente em uma palavra ou em um conceito ou nome designado pelo homem.[167]

Nesse sentido, ele entende que a contemplação mística situa-se absolutamente para além das possibilidades da atividade natural do homem. É um puro dom de Deus. O Senhor o dá a quem lhe apraz:

---

[163] EGAN, H. I Mistici e la Mistica: Antologia della mistica cristiana, 636-638.

[164] MERTON, T. Poesia e contemplação, 198.

[165] EGAN, H. I Mistici e la Mistica: Antologia della mistica cristiana, 638-641. Merton analisa a angústia e o tédio (deserto) que vive o ser humano moderno e propõe como resposta a oração e a esperança. O deserto também é belo porque nele há uma fonte. Dom Helder, por sua vez, escreveu O deserto é fértil convocando às Minorias Abraâmicas para se unirem em vista da transformação do mundo (cf. Cap. IX, 1.3).

[166] CILIA, A. "Merton Thomas". DIM, 810-811.

[167] MERTON, T. Poesia e contemplação, 188-189. Conforme Merton, "a contemplação relaciona-se com a arte, o culto, a caridade" (ID. Poesia e contemplação, 189).

nenhum grau de generosidade de nossa parte, nenhum sacrifício, ainda que numerosos, serão capazes de fazer de nós um místico. [...] Nossa parte, entretanto, é simplesmente consentir, ouvir e seguir, sem saber para onde vamos. Tudo o mais que possamos fazer resume-se na tarefa mais ou menos negativa de evitar obstáculos e de assegurar que nossos julgamentos eivados de preconceitos e nossa vontade própria egoísta não sejam empecilho para Deus.[168]

No dia 23 de novembro de 1976, Dom Helder recebeu o Prêmio Thomas Merton em Pittsburgh, Estados Unidos, e ressaltou que o contemplativo "entendeu, profundamente, o Terceiro Mundo, tendo carinho especial pela América Latina, cujos poetas, cujos cantores e cujos romancistas faziam parte de seu mundo interior".[169] Acrescentou que Merton nos recorda a necessidade de momentos de deserto, de recolhimento, de silêncio, mas também nos ensina que ao encontro com Deus precisamos levar os grandes problemas humanos e beber em Deus força para defender a justiça como condição para a paz. Assim como é perigoso o ativismo – a embriaguês na ação sem vagar para a prece – "não é menor o perigo de parar na prece, de aparentemente embevecer-se em Deus, quando o embevecimento é simplesmente fuga da realidade, falta de coragem de enfrentá-la, porque ela é complexa, rude e, não raro, suja... A ligação entre prece e engajamento, entre ação e reflexão tem consequências riquíssimas. A reflexão ilumina e fortalece a ação. Por sua vez, a ação ajuda a aprofundar a reflexão".[170] Dom Helder e Thomas Merton, portanto, foram duas personalidades místicas do século XX, pois uniram a contemplação e a ação em favor da verdadeira paz que nasce da justiça, do amor e do perdão.

---

[168] MERTON, T. *Poesia e contemplação*, 205-206.
[169] CAMARA, H. "Pacto com Tomás Merton". *Sedoc* 9 (1977) 797.
[170] CAMARA, H. "Pacto com Tomás Merton". *Sedoc* 9 (1977) 798.

4. Autores espirituais que possuem semelhanças com Dom Helder

4.1 Catarina de Sena

Além de semelhanças históricas, há semelhança doutrinária entre o pensamento helderiano e o de Catarina de Sena. Do ponto de vista histórico, ambos sentiam atração para o silêncio e a oração, destacavam a importância da unidade com Cristo, criaram em torno de si um grupo de amigos e discípulos, escreviam cartas, tiveram grande empenho social em favor dos pobres, dedicaram-se constantemente à causa da paz, tinham devoção especial por São Francisco de Assis, comiam e dormiam pouco.[171]

O aspecto histórico mais importante, no entanto, é o de que Dom Helder e Santa Catarina davam conselhos aos Papas.[172] Por exemplo, Catarina aconselhou Gregório XI a deixar Avignon e a retornar a Roma. Os conselhos de Dom Helder, dados com humildade a Pio XII, a João XXIII e a Paulo VI, revelam uma visão das necessidades reais da Igreja. Por exemplo, ele aconselhou Pio XII a realizar um encontro entre Bispos da América Latina e dos Estados Unidos e Canadá a fim de que a Igreja, na América, fosse uma força espiritual empenhada na superação das injustiças. Pio XII aceitou esta e outras sugestões, tais como, a criação da CNBB e do CELAM. O Dom sugeriu a João XXIII que visitasse Jerusalém, a terra berço do cristianismo, e que saísse pelo mundo pregando a paz. João XXIII mostrou vivo interesse pela proposta, mas seu pontificado foi curto para realizá-la. Foi Paulo VI quem, depois de séculos, deixou de ser prisioneiro do Vaticano, e João Paulo II, por sua vez, realizou muitas viagens apostólicas – o mesmo está fazendo Bento XVI. Dom Helder, muitas vezes, aconselhou Paulo VI. Recomendou-lhe, por exemplo: a escrever uma encíclica sobre o progresso dos povos – o que se efetivou na *Populorum Progressio*; a reunir o

---

[171] EGAN, H. *I Mistici e la Mistica: Antologia della mistica cristiana*, 395-398.

[172] CASTRO, M. de. *Dom Helder: misticismo e santidade*, 13-15. Ambos também tiveram "problemas" com pessoas próximas aos Papas.

Episcopado Latino-Americano para "aplicar" o Vaticano II no continente – o que se concretizou na Conferência de Medellín; a abandonar o Vaticano...

Do ponto de vista da doutrina espiritual e mística, Catarina e Helder entendiam que Deus era "louco de amor".[173] Os dois viviam a mística da amizade com Deus, ou seja, da ternura amorosa cultivada na cela do conhecimento de si. Disso vinha o conhecimento prático de que não se ama a Deus sem amar o próximo, sem querer a salvação do mundo.[174] Assim poetizou o Pe. José:

> No tempo de meu orgulho
> eu me abrigava na solidão.
> Muitas vezes falar
> importaria em descer
> a discussões ridículas,
> a miudezas desprezíveis,
> a nadas de nadas...
> E o silêncio
> me cercava por todos os lados
> e à minha ilha deserta
> dificilmente
> importunos logravam chegar.
> Por amor de teu amor,
> vendi minha ilha,
> abandonei a solidão orgulhosa.
> Vim para o tumulto da caridade
> pois não tem canto próprio
> nem hora sua
> quem se entrega ao próximo
> e a todos se dá.
> Começo apenas a descobrir
> que a humildade também tem sítios solitários
> e a caridade permite à alma
> refugiar-me em celas

---

[173] O'DRISCOLL, M. "Caterina da Siena (santa)". *DIM*, 279-282; MOLINER, J. M. *Historia de la espiritualidad*, 264-265.

[174] SIENA, S. C. da. *Il dialogo della divina provvidenza*, 1.

A MÍSTICA HELDERIANA: AS MEDITAÇÕES DO PE. JOSÉ

445

que o silêncio constrói dentro de nós
e onde nos reabastecemos
para doações sempre mais largas,
para doações totais...[175]

Catarina e Dom Helder destacavam que vivemos mergulhados em Deus: para a Santa de Sena, podemos nos afogar nos desejos egoístas e nos afetos desordenados[176] ou podemos mergulhar no desejo de Deus; a Trindade Santa é como o mar profundo: quanto mais procuramos mais encontramos e quanto mais encontramos mais buscamos.[177] O Pe. José meditava: "Pense um pouco em expressões como: 'só', 'sozinho', 'solidão', e meça e sinta como são expressões impossíveis e absurdas para quem vive mergulhado em Deus e carrega no seu íntimo a Trindade Santíssima. Fique pensando que responsabilidade a nossa: levar para a escuridão do mundo, não apenas um candeeiro, uma vela... levar a luz de Deus, levar o próprio Deus!".[178]

Em Circular à sua Família, Dom Helder destaca que precisamos do "espírito de Santa Catarina e de seu exemplo":

Como me fala a Santa de hoje [...]. Deus a utilizou como instrumento junto aos Papas. Mulher, frágil, enfrentou barreiras terríveis... Como precisamos do espírito de Santa Catarina e de seu exemplo. Tudo ousar. Tudo dizer. Mas dentro do amor imenso ao Pai, [e como] encarnação viva de Cristo. Dentro da humildade mais autêntica de quem se sabe e se sente mero instrumento. O Discurso de domingo é feito, sobretudo, para o Santo Padre. É a Mensagem que a Secretaria de Estado deveria preparar para Sua Santidade.[179]

---

[175] CAMARA, H. "Vendi minha ilha". Apud LAURIER, P. J.-M. "Mística e profecia: Dom Helder Pessoa Câmara". *Contempl@ção* 1 (2010), revista eletrônica.

[176] SIENA, S. C. da. *Il dialogo della divina provvidenza*, 50.

[177] SIENA, S. C. da. *Il dialogo della divina provvidenza*, 167.

[178] CAMARA, H. "Solidão para nós não existe". In: *Deus nos tempos de hoje e na vida de cada dia*. Helder e Catarina veem, em Jesus, o amor e a misericórdia: Catarina chega a dizer que o que segurou Cristo na cruz não foi a força dos pregos, mas o amor ilimitado (SIENA, S. C. da. *Epistolario*, II, lettera 132), e Helder perguntava-se "Como suportava o coração humano de Cristo o amor sem limites do Verbo Eterno não só pelo Pai, mas pelos homens?..." (Circular 26 de 10/11-6-64).

[179] Circular 185 de 29/30-4-1965. Trata-se do Discurso para a inauguração do Seminário Regional do Nordeste.

4.2 Santo Inácio de Loyola

Dom Helder conhecia a história e os escritos de Santo Inácio e mantinha contatos com muitos jesuítas, inclusive com um dos sucessores de Inácio, Pe. Arrupe.[180] Como o Santo de Loyola, o Dom considerava de fundamental importância descobrir a vontade de Deus nos acontecimentos da vida.[181] Por isso, pedia, incentivava e agradecia aos jesuítas a colaboração especialíssima no sentido de ajudar a Igreja a vivenciar o espírito do Vaticano II e a assumir, na América Latina, as opções de Medellín.[182]

A partir da experiência mística de Santo Inácio, expomos, agora, algumas características comuns entre o Santo de Loyola e o místico brasileiro. Optamos por essa metodologia porque Dom Helder, a seu modo, viveu as "verdades eternas" dos *Exercícios Espirituais*.[183] Porém, como diz Ruiz-Jurado, toda a personalidade e escritos, especialmente os *Exercícios Espirituais*, e a Companhia de Jesus, com suas *Constituições*, seriam incompreensíveis em seu sentido verdadeiro se não levassem em conta a natureza e a qualidade da experiência mística de Santo Inácio.[184]

Inácio cresceu com a mentalidade "cavalheiresca" de que deveria gozar a vida de modo livre. A autoafirmação egocêntrica, o orgulho, o desejo desmedido de fama e de honra eram valores fundamentais naquela sociedade renascentista.[185] No entanto, ferido em Pamplona, se viu próximo à morte; a situação, então, o levou a uma longa reflexão. Leu livros espirituais[186] e perguntou-se: "E se eu também fizesse aquilo que fez São Francisco e São Domingos?".[187] Essa pergunta de Inácio também se fez presente na história

---

[180] Em 1937, o Pe. Helder pensou em entrar na Companhia de Jesus, mas o seu orientador espiritual, o jesuíta Leonel Franca, ajudou-o a discernir que seu caminho era outro (PILETTI–PRAXEDES, 126-127).

[181] LIBANIO, J. B. *Espiritualidade da América Latina*.

[182] Circular 62 de 3/4-11-1964; Circular 63 de 4/5-11-1964.

[183] Circular 1 de 1-3-1964.

[184] RUIZ-JURADO, M. "Ignazio di Loyola (santo)". *DIM*, 636.

[185] GARCÍA MATEO, R. *Storia della Spiritualità (Secoli XV-XVI)*, 25-34.

[186] Inácio leu *Vita Christi* (Ludolfo de Saxônia + 1370) e *Flos Sanctorum* (Giácomo de Varazze + 1289) que lhe suscitou o desejo de imitar os Santos, de fazer uma "aventura espiritual" (LOYOLA, I. *Autobiografia*, 10; RUIZ-JURADO, M. "Ignazio di Loyola (santo)". *DIM*, 636.).

[187] LOYOLA, I. *Autobiografia*, 6-7.

do caminho espiritual de Dom Helder, principalmente a partir de 1940, quando ele leu o livro *São Francisco de Assis e a revolução social*, que lhe causou forte impressão. Portanto, ambos davam atenção ao testemunho evangélico dos Santos, em especial, a São Francisco de Assis.

Ao ler *Vita Christi* e *Flos Sanctorum*, Santo Inácio começou a ter uma luz particular que o abriu ao discernimento dos diversos espíritos que movem a alma. Em seguida, recebeu a visão imaginativa da Santíssima Trindade, a qual lhe deu intensa consolação de alma e náusea dos pecados. Essas experiências tiveram forte influência na mística inaciana: reflexiva, atenta ao discernimento espiritual, orientada ao serviço fiel a Deus.[188] Dom Helder também era atento ao discernimento, ou como escreveu Congar, "não somente muito aberto, mas também cheio de ideias, de imaginação e de entusiasmo; um homem de visão".[189] O Dom várias vezes comentou que, em momentos decisivos – para a história da humanidade e da Igreja –, os demônios, com Lúcifer à frente, fazem de tudo para confundir a visão e atrapalhar os avanços.[190] Durante a Vigília, ele realizava o discernimento espiritual, a fim de descobrir as verdadeiras dimensões do mundo tal como os Anjos e Deus o contemplam.[191]

Em Manresa, Inácio dedicou-se à penitência, à oração e viveu de esmolas. Escreveu que Deus o estava educando como o mestre de escola educa uma criança,[192] dando-lhe iluminações e visões sobre a Santíssima Trindade, a presença de Cristo na Eucaristia e Nossa Senhora. Na "iluminação do Cardoner", ocorreu-lhe uma clareza do intelecto que o fez penetrar no mais íntimo das coisas espirituais, a ponto de dizer que parecia estar acordando para um mundo todo novo, como se fosse outro homem e como se tivesse outro intelecto.[193] Estudiosos dizem que aqui nasceu o carisma e

---

[188] RUIZ-JURADO, M. "Ignazio di Loyola (santo)". *DIM*, 636.

[189] CONGAR, I. *Diario del Concilio 1960-1963*, I, 167-168.

[190] Circular 12 de 6/7-5-64. Lúcifer aproveita quando os ânimos estão abatidos, para usar inclusive pessoas santas – como Dom Ancel – a fim de impedir o avanço do espírito do Vaticano II (Circular 40 de 21-11-1962).

[191] Circular 115 de 23/24-12-1964.

[192] LOYOLA, I. *Autobiografia*, 27.

[193] LOYOLA, I. *Autobiografia*, 30.

o método dos exercícios espirituais.[194] Embora as "conversões" de Helder tenham sido menos impactantes, sabemos que, por volta de 1941-1942, ele fez penitências e jejuns. Durante o Ano Santo de 1950, aconteceu, em Roma, o "fenômeno do Anjo": uma luz repentina e intensa encheu a sacristia, aumentando-lhe a devoção aos Anjos.[195] Durante o Vaticano II, apesar do intenso trabalho, visitava os pobres de Roma tendo a impressão de receber claros recados do Pai através deles.[196]

Como Santo Inácio de Loyola, Dom Helder buscava a maior glória de Deus e entendia que o apostolado constituía a finalidade de sua aspiração espiritual. Por isso, pode-se falar que ambos cultivavam a mística apostólica.[197] Santo Inácio abandonou o que poderia dificultar ou impedir o apostolado: o coro, o hábito religioso com capuz, penitências físicas impostas por Regra; reduziu o tempo de oração comum, tornou mais empenhativo o tempo de formação para que os companheiros soubessem encontrar Deus na ação (*in actione contemplativus*) e enfatizou a obediência (disposição de si para o apostolado). De forma semelhante, Dom Helder foi morar na Igreja das Fronteiras e fazia questão de romper com tudo o que o afastava do contato direto com o povo, a fim de tornar mais intenso o apostolado: andava a pé e de ônibus, pegava caronas, fazia programas de rádio e televisão, frequentava restaurantes populares, participava de festas paroquiais, abriu as portas do Palácio São José, visitava as comunidades eclesiais... enfim, empenhava toda a vida na missão apostólica.

Inácio e Helder encontravam Deus em todas as coisas e não somente na contemplação. Buscavam, em tudo, amar e servir a Divina Majestade.[198] Entregam-se às "mãos do Senhor".[199] Ambos queriam que também outras pessoas vivessem uma forte experiência espiritual: para isso, Inácio

---

[194] R. García Mateo. *S. Ignazio di Loyola: persona – mistica – spiritualità*, 8-12; Ruiz-Jurado, M. "Ignazio di Loyola (santo)". *DIM*, 636.

[195] Circular 18 de 28/29-9-1964.

[196] Circular 176 - 4 de 30/31-3-65.

[197] Mezzadri, L. "Inizio del 'seculo d'oro' in Spagna. Santo Ignazio di Loyola". In: Brovetto, C.; Mezzadri, L.; Ferrario, F.; Ricca, P. *La Spiritualità cristiana nell'età moderna*, 35-38; Moliner, J. M. *Historia de la espiritualidad*, 337-343.

[198] Loyola, I. *Exercícios Espirituais*, Título e Pressuposto [21].

[199] Câmara, H. *Em tuas mãos, Senhor!*, 75.

A MÍSTICA HELDERIANA: AS MEDITAÇÕES DO PE. JOSÉ   449

escreveu, por exemplo, os *Exercícios Espirituais* (com o subtítulo "Exercícios espirituais para vencer a si mesmo e ordenar a própria vida, sem se determinar por nenhuma afeição desordenada"). Dom Helder escreveu, entre outros textos e poemas, a *Regra*. As *Circulares* à Família, de certa forma, correspondem ao *Diário Espiritual* do Santo de Loyola. Importante é ressaltar que Dom Helder conhecia os *Exercícios Espirituais* e afirmava que eles possuem "verdades eternas, dignas de serem reformuladas dentro das perspectivas do homem de hoje".[200]

Santo Inácio, fiel à Igreja e atento aos "sinais dos tempos", colocou em prática o Concílio de Trento. Da mesma forma, Dom Helder efetivou, na América Latina, as decisões do Vaticano II, Medellín e Puebla. Durante e após o Concílio, o Dom manteve contato com jesuítas do "1.º Time"[201] e, em sonho, o Papa João XXIII lhe ditou uma carta a ser entregue ao futuro Geral da Companhia – que viria a ser o Pe. Arrupe –, fazendo-lhe três pedidos relacionados ao ecumenismo, aos votos religiosos e a Teilhard de Chardin.[202] Dom Helder, portanto, a exemplo de Santo Inácio, discernindo a vontade de Deus a partir dos acontecimentos, viveu intensamente a mística apostólica.

5. Dom Helder e os místicos cearenses

Dom Helder era cearense, e o Ceará é um estado que gerou diversos místicos brasileiros: Pe. Ibiapina, Antônio Conselheiro, Pe. Cícero, beato Lourenço, Dom Hélio Campos.[203] Helder sabia a biografia e até conhe-

---

[200] Circular 1 de 1-3-1964.

[201] Durante o Concílio, Dom Helder encontrava-se com jesuítas que trabalhavam em revistas de toda a Europa e Estados Unidos. Percebeu que eles tinham visão larga e houve logo de início sintonização perfeita no sentido construtivo e no profundo amor à Igreja (Circular 46 de 20/21-11-1963; Circular 34 de 13/14-10-1965.).

[202] Os três pedidos são: 1) em relação às Igrejas protestantes, escrevesse uma carta dizendo que estava mais do que na hora de repensar a Companhia em termos de Vaticano II e de espírito ecumênico, pedindo perdão por excessos e equívocos cometidos no combate do que parecia pseudorreforma; 2) reformulasse os votos de pobreza, pureza e obediência em termos de cristianismo adulto, tendo inclusive presente a influência que a Companhia exerce na vida religiosa, especialmente feminina; 3) que reabilitasse e colocasse intelectuais da Companhia em contato com o pensamento de Teilhard de Chardin (Circular 63 de 4/5-11-1964).

[203] KATHEN, N. R. T *Uma vida para os pobres: a espiritualidade de D. Hélder Câmara*, 22-24; COMBLIN, J. *Espiritualidade de Dom Helder*, 3-6; MARIZ, C. *Ibiapina um apóstolo do*

ceu pessoalmente alguns desses "homens de Deus e dos pobres".[204] Entre as diversas características comuns dos místicos cearenses analisaremos três que consideramos fundamentais para compreender a mística helderiana: a valorização das lutas populares por justiça e paz, a esperança de um futuro melhor e a certeza de que "Deus existe" – e está sempre disposto a destronar os orgulhosos e exaltar os humildes – e é nele que se deve depositar a confiança e não em "carros" e "cavalos" (cf. Sl 20,8).

Os místicos cearenses gostavam de falar de seu estado e valorizavam sua gente e suas lutas por um mundo melhor, não como mera recordação ou glorificação do passado, mas para suscitar novos engajamentos.[205] Dom Helder dizia, com alegria, que o Ceará foi o primeiro estado brasileiro a abolir a escravidão africana por decisão popular: Nascimento, príncipe dos jangadeiros, proclamou que, naquele lugar, não haveria mais desembarque de escravos e, por causa disso, os militantes da abolição da escravatura deram o título "terra da luz" ao Ceará.[206] Porém, após a escravidão dos africanos, infelizmente, continuaram outras escravidões, na América Latina e no mundo, das quais Dom Helder, com a Igreja e com todos os que têm fome e sede de justiça, buscava libertar...

> Terminou sua escravidão?
> Posso e devo anunciar
> esta palavra tua, Senhor?...
> Que irão dizer

Nordeste, 3-271; CARVALHO, E. L. T. *A missão Ibiapina*, 15-196; COMBLIN, J. *Instruções espirituais do Padre Ibiapina*, 9-82; ID. *Padre Ibiapina*, 9-47; OTTEN, A. *"Só Deus é Grande": a mensagem religiosa de Antônio Conselheiro*, 141-355; BRAGA, A. M. da C. *Padre Cícero, sociologia de um Padre, antropologia de um Santo*; SANTANA, M. H. de M. *Padre Cícero do Juazeiro: condenação e exclusão eclesial à reabilitação histórica*, 23-100; FEITOSA, A. O *Padre Cícero e a opção pelos pobres*, 7-204; VIDAL, R. *Padre Cícero*, 17-100; GUIMARÃES, T. S.; DUMOULIN, A. O *Padre Cícero por ele mesmo*, 11-134.

[204] Do Pe. Cícero, por exemplo, o seminarista Helder aprendeu que no coração de um cristão – sobretudo de um padre – não cabe uma gota de ódio (PILETTI–PRAXEDES, 63) e, na sacristia da Igreja das Fronteiras, o Dom conservava, com carinho, uma estátua de cerâmica do "padim Ciço".

[205] ARAÚJO, E. M. de. *"Sinais dos tempos, sinais de Deus": o pensamento teológico e antropológico de Dom Helder Camara*, 329. Segundo o Pe. Edvaldo Manuel, os místicos *nordestinos* olham para o futuro com um amor ativo, tendo confiança no advento de uma nova sociedade de amor e paz. São pessoas práticas, que organizam obras válidas e eficazes no tempo.

[206] CAMARA, H. *Le conversioni di un vescovo*, 17-29; KATHEN, N. R.T. *Uma vida para os pobres: espiritualidade de D. Hélder Câmara*, 19-24.

os escravos que me escutarem?
Que irão pensar
os próprios senhores
que se consideram cristãos
e preparam
ricos presépios
para a casa,
para a usina,
para a fábrica?...
Não será
mais verdadeiro
e mais irmão
lembrar
que continua a escravidão?[207]

Como Abraão, os místicos cearenses esperavam contra toda a esperança e foi Dom Helder quem criou o conceito espiritual de "minorias abraâmicas".[208] Otimistas e esperançosos em relação ao futuro, desenvolveram intensas atividades no mundo. Movidos pela "esperança abraâmica", acreditavam, sonhavam, ensinavam, praticavam e rezavam o amor em *faces libertárias*. O Bispinho ensinava que há verbos que jamais devemos conjugar: "Um exemplo fácil de entender: jamais conjuguemos o verbo ODIAR. Deus é amor! O ódio é o antiamor, é o antiDeus! Como odiar se o ódio nos afasta de Deus? E além do mais, o ódio envenena a nossa vida: faz mal, não só a nossa vida espiritual, mas a nossa própria saúde física".[209] Ele também considerava "anticristão" o verbo "intrigar". Já o verbo "dividir" se é no sentido de intrigar é péssimo, mas "há um dividir abençoado: repartir, não guardar só para si, não se fechar no egoísmo".

A abertura às pessoas, a busca da verdade, o compromisso com a paz, a pureza de coração faziam com que Dom Helder apreciasse profundamente os verbos "dialogar" e "compreender". Em sua vida, ele soube conjugar *corretamente* o verbo "amar" e "rezar":

---

[207] CAMARA, H. Obras do Frei Francisco – *Ano 2000: 500 anos de Brasil: uma visão de fé, esperança e amor nas mensagens fraternas de Dom Helder Camara*, 60.

[208] CAMARA, H. *Espiral de violência*, 65; ID. O deserto é fértil, 75. Cf. Cap. VIII, 1.3.3.

[209] CAMARA, H. "Verbos prediletos", *Deus nos tempos de hoje e na vida de cada dia*.

AMAR é o verbo no qual Cristo resumiu todos os nossos deveres como criaturas humanas e filhos de Deus. Quem passar por este mundo amando a Deus e amando o próximo, quem passar por este mundo amando, mas amando de verdade, é santo, é santa! Santo Agostinho chegou a dizer: "Ama e faze o que quiseres". Claro que o santo se referiu ao verdadeiro amor. E quantas vezes a pessoa pensa que ama e apenas se ama.[210]

Para o Dom, há uma "caminhada linda" dentro do verbo "rezar". Rezar não é só pedir, mas também abrir-se aos pedidos de Deus, colocando--se nas suas mãos. É também agradecer a Deus. Mas rezar adquire toda a sua grandeza e beleza quando também é adoração: "Experimente procurar lugares calmos, solitários e belos. Experimente chegar em horas como a madrugada ou o pôr do sol. Experimente colocar-se diante de Deus e dizer--lhe com a maior sinceridade: Pai, não venho pedir nada; venho apenas dizer que vibro de alegria, porque Tu existes e és Deus, e és Pai. Isto é adorar".[211]

Dom Helder vibrava de alegria porque se sentia dentro de Deus; dedicava horas de oração em comunicação com o Invisível que se fazia sensível e imediato. Esse tempo dedicado ao Senhor não era perdido. Ao contrário, tinha um valor em si e, também, o ajudava a ser um homem de ação profunda, sem afobação e com perspectiva de eternidade, de tal maneira que será impossível escrever a história da Igreja no século passado, sobretudo da América Latina, sem destacar a importância ímpar de Dom Helder na reforma da AC, na fundação da CNBB e do CELAM, na ação profética.

Portanto, a ação helderiana era radicada na prece:[212] sua profunda experiência de oração, realizada especialmente na Vigília e na Santa Missa, levava-o a ter uma visão alargada, aberta e uma ação pacífica, mas corajosa, em favor da justiça como caminho para a paz. A experiência mística do Pe. José permitiu que o caminho espiritual de Dom Helder se desse de

---

[210] CAMARA, H. "Verbos prediletos", *Deus nos tempos de hoje e na vida de cada dia.*

[211] CAMARA, H. "Verbos prediletos", *Deus nos tempos de hoje e na vida de cada dia.*

[212] Circular 205 de 19/20-5-1965. Não encontramos nenhum registro de Dom Helder com referência a crises, dificuldades ou problemas para rezar. Também na "meditação sincera diante do Senhor", ele passava de uma etapa para outra sem grandes abalos espirituais. Não entendia a Vigília, durante as madrugadas, como penitência, ascese ou "autoflagelação", mas como um momento privilegiado de encontro com Deus e, às vezes, nem percebia a hora "escapar" (Circular 35 de 8/9-11-1963).

modo progressivo, tranquilo, sem impactos na sua personalidade. Na compreensão de Marcos Castro, "só a profundidade de seu lado místico, de quem dá todos os passos no sentido irreversível de Deus, poderia descobrir um mundo novo e passar com tanta naturalidade de uma etapa para a outra".[213] Embora estudasse Maritain, Teilhard de Chardin, Pe. Lebret, Congar, Rahner, ele não abandonou a religiosidade tradicional do povo cearense e nordestino. Esperou contra toda a esperança e traduziu o amor em *faces libertárias*.

***

Portanto, o Pe. José agia mergulhado na vida divina da Santíssima Trindade e unido a Cristo. Vivia sob o signo da unidade, da verdade, do belo e do bem. Alimentava a sua mística e a sua espiritualidade em longas horas de oração, não para fugir da realidade, mas para contemplar a vida real, com os olhos transfigurados pela poesia e pela fé. Através da Vigília, descobria as verdadeiras dimensões do mundo "tal como os Anjos e Deus as contemplam". A experiência mística lhe permitiu: 1) passar de uma etapa para outra da vida sem grandes traumas pessoais. Suas "conversões" não foram de "caráter ou de personalidade", mas de novas aplicações da sua força mística e, nesse sentido, ele considerava as "humilhações" como presentes divinos para o seu progresso espiritual, a fim de crescer na santidade; 2) descobrir novos horizontes para viver de modo mais eficaz a sua consagração aos pobres – da "ajuda material" até a "libertação dos oprimidos"; 3) ter a serenidade de espírito nos momentos em que foi difamado, execrado e silenciado, de tal maneira que, no seu coração, não coube "uma gota de ódio". Ao contrário, tornou-se o incansável "peregrino da paz"; e 4) ser líder espiritual fecundo. Helder, com facilidade, aglutinava em torno de si grupos de pessoas para realizar projetos socioeclesiais e partilhar causas utópicas. As Meditações do Pe. José continuam sendo fonte de irradiação espiritual.[214] O fenômeno mundial suscitado com a publicação das *Circulares*

---

[213] CASTRO, M. de. *Dom Helder: misticismo e santidade*, 18.

[214] José Comblin destaca: "Eu sou daqueles que têm a convicção de que os escritos de Dom Helder ainda serão fonte de irradiação na América Latina daqui a mil anos. Pois ele lançou sementes destinadas a produzir uma messe abundante nesta nova época do cristianismo que está começando agora" (COMBLIN, J. "Prefácio". In: CAMARA, H. *Vaticano II: Circulares Conciliares*, I, XXV).

Conciliares e das *Circulares Interconciliares* é, provavelmente, apenas a ponta do iceberg da irradiação que provocarão seus textos nos próximos anos. A beleza e o conteúdo dos *poemas místicos* do Pe. José provocam na alma uma vontade de romper distâncias criadas por incompreensões, indiferenças, desencantos, injustiças, ódios e guerras e de criar pontes de diálogos entre os diversos mundos.[215] Entre as principais "expressões" da "caminhada mística" helderiana, destacamos: 1) a grandeza de alma, expressa na capacidade de ouvir os gritos dos oprimidos; a consagração aos pobres vivida de modo processual; a profecia unida à contemplação e como manifestação do amor; 2) a colaboração eficaz para que a Igreja se renovasse no Evangelho através da pobreza e do serviço; 3) a pregação em favor da paz mundial e seu espírito pacifista e ecumênico; 4) a audácia de sofrer para não romper a união com Cristo; a capacidade de sentir compaixão dos empobrecidos e injustiçados; 5) a opção de servir aos irmãos com alegria, uma vez que uma criatura pessimista é péssima propaganda para a fé; a visão positiva do mundo, da humanidade, das ciências; o otimismo e a esperança em relação ao futuro; 6) a admiração, a integração, o cuidado e a defesa do criado. Conversava com a "irmã natureza", e cada elemento desta lhe trazia mensagens de vida. As rosas, por exemplo, eram símbolos do amor. Pregava a necessidade de revisar a política internacional do comércio, uma das principais causas da pobreza e da destruição do planeta; e 7) a confiança nos pequenos gestos, nas orações e sacrifícios das multidões, no "apostolado oculto", na "pequena via" e na "ascética cotidiana" como uma expressão da caridade cristã. Essas "expressões" da mística helderiana sinalizam para aquele que foi o valor absoluto de sua vida: Deus.

---

[215] CAMARA, H. *Família: Missão de Amor*, 51-52; CAMARA, H. "Sinfonia dos dois mundos". *Sedoc* 32 (1999) 343.

CAPÍTULO IX

O pensamento profético-espiritual de Dom Helder

Dom Helder Camara deixou para o mundo, especialmente para a América Latina, um profundo legado profético-espiritual. Ele gestou, participou e difundiu a Conferência de Medellín, a partir da qual se pode falar em caráter "fundacional" da Igreja na América Latina. Sua participação em Puebla foi de suma importância para garantir a autêntica tradição espiritual latino-americana. Acreditou na força da pressão moral libertadora, da violência dos pacíficos e das minorias abraâmicas. Viajou pelo mundo denunciando a injusta política internacional do comércio e o colonialismo interno e convocando a todos para se unirem em grupos e comunidades no intuito de um novo milênio sem miséria. Desse modo, com voz e silêncio, ação e prece, mística e utopia, o "peregrino da paz" foi uma "vela no altar da Igreja" que alimentou a profecia e a "inteligência da fé" do século XX.

1. "[...] um autêntico doutor da fé, [...] ante quem os 'catedráticos' de Teologia se levantam de suas cátedras e se inclinam"

Durante o Vaticano II, Dom Helder escreveu à Família: "Os Amigos não se conformam com o meu silêncio na Basílica: não sabem que sou muito mais da família dos profetas do que da dos Doutores".[1] Mas o jornalista José de Broucker levantou outra hipótese: "Dom Hélder pensava pertencer antes 'à família dos profetas do que à dos doutores'. Minha hipótese é que

---

[1]   Circular 36 de 11/12-10-1964.

pertencia às duas...".[2] Opinião semelhante tinha o decano da Faculdade de Teologia de Friburgo, Suíça, quando lhe entregou o título de *Doctor Honoris Causa* em Teologia, em 1971. Conforme o decano, a Universidade tinha consciência de que, ao conferir-lhe o título, a honra era, sobretudo, para ela própria. Porém, era também um compromisso assumido no plano teológico: "Este gesto significa que o senhor, por sua vida, por sua atuação de pastor, por seu testemunho, é um autêntico doutor da fé, um genuíno intérprete da verdade evangélica, ante quem os 'catedráticos' de Teologia se levantam de suas cátedras e se inclinam".[3] Ao apresentar o livro *Terzo Mondo defraudato*, publicado na Itália em 1968, o Cardeal Michele Pellegrino, Arcebispo de Turim, afirmou que o ensinamento de Dom Helder estava à altura de Basílio, Ambrósio e Crisóstomo.[4] Atualmente, diversos estudiosos defendem que na América Latina, no século XX, apareceram vários Bispos que podem ser chamados de "Santos Pais", porque fixaram os caminhos da Igreja no continente.[5] É nesse contexto que localizamos Dom Helder Camara irradiando sua mística e seu pensamento espiritual, inspirando novos caminhos de seguimento a Jesus Cristo.[6]

1.1 Dom Helder em Medellín: da sustentação da ordem à libertação dos oprimidos

A consagração aos pobres, que Dom Helder iniciou em 1955, chegou ao seu ápice em Medellín. O evento eclesial foi convocado por Paulo VI a fim de "aplicar" o Vaticano II às necessidades da Igreja na América Latina. A abertura foi realizada pelo próprio Pontífice, na ocasião, o primeiro Papa

---

[2] BROUCKER, J. de. *As noites de um profeta: Dom Helder Câmara no Vaticano II*, 10.

[3] RENEDO, B. T. de. *Hélder Câmara: proclamas a la Juventud*, 73.

[4] CÂMARA, H. *Terzo Mondo defraudato*, IX.

[5] COMBLIN, J. "Os Santos Pais da América Latina". *Concilium* 333 (2009) 620. Em 2009, quando se comemoravam 100 anos de nascimento de Dom Helder e se recordavam 10 anos de seu falecimento, a revista *Concilium*, para homenageá-lo, dedicou um número aos "Santos Padres Latino-Americanos". Eles foram Bispos da geração Concílio, Medellín e Puebla que forjaram um novo modelo episcopal e uma nova imagem de Igreja continental. Uniram a *episkipê* com a profecia.

[6] SORGE, B. *La traversata: la Chiesa dal Concílio Vaticano II a oggi*, 108-116.

O PENSAMENTO PROFÉTICO-ESPIRITUAL DE DOM HELDER   457

a visitar a América Latina, depois de quase 500 anos da presença da instituição eclesial no continente.

Foi nas reuniões do CELAM em Roma, durante o Vaticano II, que surgiu a ideia de propor ao Papa o evento. Dom Helder esteve na origem dessa ideia do CELAM.[7] Após o Vaticano II, os Bispos começaram a preparar Medellín. Sabiam que não se tratava de uma aplicação mecânica dos documentos do Concílio, mas que era chegado o momento de fundar a "Igreja latino-americana"[8] pois, até então, a orientação não era própria, vinha de fora: a Igreja latino-americana era uma extensão da Igreja europeia, em grande parte corrompida pela dominação colonial. Tratava-se, portanto, de "captar os sinais dos tempos", analisando-os sob a ótica do Evangelho e do Concílio. Por isso, Medellín tornou-se um "acontecimento fundador".[9] No dizer de Segundo Galilea, "depois de Medellín pode-se falar legitimamente de uma Igreja latino-americana, de uma pastoral latino-americana, de uma Teologia latino-americana. [...] Pode-se falar em caráter 'fundacional' em uma Igreja que quer renovar-se, fiel ao Concílio, abordando decididamente os desafios de uma 'nova sociedade'. Daí em diante, ela será referência necessária a todo discurso teológico e pastoral latino-americano".[10]

A participação de Dom Helder em Medellín – embora menos intensa do que no Vaticano II[11] – foi marcante, principalmente, porque atuou na Comissão "Paz". Tal escolha se deu porque era entusiasta da Pontifícia Comissão Justiça e Paz – criada por Paulo VI e um dos frutos maduros do

---

[7]   Circular 17 de 26/27-9-1965. A Segunda Conferência Geral do Episcopado Latino-Americano aconteceu de 24 de agosto a 6 de setembro de 1968, na Colômbia.

[8]   COMBLIN, J. "Os Santos Pais da América Latina". *Concilium* 333(2009) 620. Tratava-se, portanto, de concretizar a ideia de que na "Igreja Particular" realiza-se a "Igreja Universal" (CONCÍLIO VATICANO II. *Documentos do Vaticano II: Lumem Gentium* III).

[9]   COMBLIN, J. "Os Santos Pais da América Latina". *Concilium* 333 (2009) 626-628.

[10]   GALILEA, S. *A mensagem de Puebla*, 15-16.

[11]   PILETTI–PRAXEDES, 450. Dom Helder foi eleito em quarto lugar. A representação brasileira refletia uma tendência moderada-conservadora. É que a CNBB, depois de 12 anos (1952-1964) liderada por Dom Helder, foi assumida por um grupo moderado-conservador. Além disso, o golpe militar criava dificuldades aos Bispos considerados progressistas. Paradoxalmente à representação brasileira de tendência conservadora, no encontro de Medellín, sob a orientação explícita de Paulo VI, a Igreja definiu como sua missão ajudar a encontrar soluções para os problemas sociais do continente, apoiando a consolidação das CEBs e a perspectiva de um ensino teológico-espiritual que promovesse a libertação do povo de Deus de todas as opressões.

Vaticano II que objetivava aplicar, especialmente, a *Gaudium et Spes*. O que Dom Helder não imaginava é que, depois do Discurso Inaugural de Paulo VI, o capítulo sobre a Paz tornou-se o mais esperado.[12]

O capítulo "Paz" enfoca que o colonialismo interno e a violência constituem problemas graves no continente e que a Igreja quer desenvolver a consciência da justiça defendendo o direito dos pobres, denunciando energicamente as desigualdades sociais e exigindo o fim da corrida armamentista. O que existe na América Latina não são apenas injustiças localizadas, mas uma situação que se pode chamar de violência institucionalizada, porque as estruturas violam os direitos fundamentais. Além disso, não raro, grupos e setores dominantes qualificam de ação subversiva toda tentativa de mudança de um sistema social que favorece a permanência de seus privilégios, recorrendo, inclusive, ao uso da força para reprimir todo o intento de reação e apelando a justificativas ideológicas como o anticomunismo e a conservação da "ordem". Para os cristãos, a paz é fruto da justiça e do amor. A opressão exercida por grupos dominantes pode dar uma aparência de paz e ordem, mas na verdade é um germe contínuo de rebeliões e guerras. A paz é uma tarefa permanente que implica mudanças de estruturas, transformações de atitudes e conversão dos corações. Daí a importância de investir na conscientização e na organização do povo. Os Bispos reafirmam a fé na fecundidade da paz e desacreditam a violência dos oprimidos, não por ser injusta, mas por ser ineficaz e por engendrar males ao povo. Porém, alertam os ricos e poderosos a não se aproveitarem da posição pacífica da Igreja como pretexto para se oporem às transformações necessárias, pois seriam responsabilizados perante a história por provocarem revoluções explosivas e o desespero.[13]

---

[12] O Papa pediu que se favorecesse todo o esforço honesto visando promover e elevar os pobres; a não se solidarizar com sistemas e estruturas que encobrem graves e opressoras desigualdades entre as classes e os cidadãos dentro de um mesmo país; a buscar saídas diante das injustiças sem recorrer ao ódio e à violência (PAULO VI. "Discurso de S.S. Paulo VI na abertura da Segunda Conferência". In: CELAM. *A Igreja na atual transformação da América Latina à luz do Concílio*. Conclusões de Medellín, 9-19).

[13] CELAM. *A Igreja na atual transformação da América Latina à luz do Concílio*: conclusões de Medellín, Paz, especialmente os números 1.5-9.15-19.

O PENSAMENTO PROFÉTICO-ESPIRITUAL DE DOM HELDER

A Conferência de Medellín – real, simbólica, espiritual e formalmente – significou, para a Igreja na América Latina, a passagem da tarefa de sustentar a ordem estruturalmente injusta à missão de colaborar na libertação dos oprimidos.[14] Tendo presente as orientações do Vaticano II, os Bispos partiram dos "sinais dos tempos". Desse modo, o tema básico foi a pobreza. Medellín, sem medo, usou a palavra "justiça", tão cara para Dom Helder. Ora, quem usava esse termo, geralmente, era tachado de extremista e comunista. Mas os Bispos foram mais longe e usaram a palavra "libertação",[15] e esta provocou uma reação de horror em certos ambientes políticos e eclesiais. Por outro lado, a recepção de Medellín foi muito positiva nos ambientes pastorais comprometidos com a transformação social, possibilitando uma releitura da História da Igreja no continente e criando esperanças de um futuro de justiça, libertação e paz. Em seu pastoreio na Arquidiocese de Olinda e Recife e em suas peregrinações pelo mundo pregando a violência dos pacíficos, Dom Helder embasava-se, constantemente, em Medellín. Até morrer quis "salvar Medellín".

Medellín ajudou a Igreja no continente a fazer uma nova leitura da sua história e missão. Dom Helder, por suas "conversões", espiritualidade, testemunho de vida, meditações e atuação de profeta e pastor muito contribuiu para a nova visão. Ao analisar os 500 anos de evangelização na América Latina, ele destacava, basicamente, quatro aspectos. Primeiramente, o esforço realizado pelos missionários que vieram do além-mar e dos primeiros nativos que se consagraram à vida apostólica e sacerdotal. Quando não havia estradas, andando a pé, no lombo de animais ou de barco, a fé cristã chegou a todas as partes do continente. Não houve lugar em que a cruz não fosse plantada. Hoje é fácil dizer que houve pobreza de evangelização,

---

[14] Foi o próprio Deus quem, na plenitude dos tempos, enviou o seu Filho para que, feito carne, liberte todos os seres humanos de todas as escravidões suscitadas pelo pecado: a injustiça e o ódio que têm origem no egoísmo humano (CELAM. *A Igreja na atual transformação da América Latina à luz do Concílio*. Conclusões de Medellín, Justiça 3).

[15] No dizer do Cardeal Lorscheider, a palavra-chave de Medellín é "libertação". Na Conferência, a teologia do desenvolvimento e da promoção humana cedeu lugar à teologia e pastoral da libertação. Descobre-se o *submundo dos pobres*, dos países pobres, que é a maioria da humanidade, e pobres devido à situação de dependência opressora que gera injustiça. Impõem-se, com a conversão das estruturas humanas, as mudanças estruturais (LORSCHEIDER, A. "Conferências-Gerais do Episcopado Latino-Americano e do Caribe. Subsídio preparatório à V Conferência do Episcopado Latino-americano". *Documentos do Celam*, 7-13).

"mas aí está enraizada a fé no coração do nosso povo".[16] A Paixão de Cristo, o Santíssimo Sacramento, Nossa Senhora e Santos populares arrastam multidões para procissões e visitas a santuários. Dessa fé vem a coragem de viver e de sofrer. Houve em tudo isso um trabalho surpreendente do Espírito de Deus no íntimo de criaturas mergulhadas em subvida; houve heroísmo e santidade. Diante de Governos omissos, por falta de recursos ou de visão, a Igreja exerceu uma função subsidiária, construindo hospitais, escolas, santas casas de misericórdia; organizou confrarias, montepios, associações religiosas para acudir doentes, órfãos, idosos; avalizou a distribuição de esmolas, de alimentos, de roupas e até a construção de casas populares ou pequenas choupanas.

Em segundo lugar, no entanto, Dom Helder reconhecia que dentro "da mentalidade do tempo", houve aceitação da escravidão de africanos e de índios e a construção de igrejas e capelas grandes e ricas. Por isso, sem julgar – "Cristo ensinou que não devemos julgar" e "ainda menos, sem pretender julgar o passado com a visão de hoje" –,

> tenhamos a coragem de reconhecer que os homens da Igreja, na América Latina, tivemos uma tal preocupação em manter a autoridade e a chamada ordem social que nem descobrimos as terríveis injustiças que se escondiam e se escondem por detrás da pseudo-ordem social. Consciente ou inconscientemente demos cobertura a um verdadeiro colonialismo interno, isto é, no fato de ricos dos nossos países manterem a própria riqueza esmagando milhões e milhões de concidadãos. Apresentamos à nossa gente um cristianismo excessivamente passivo. Pregamos obediência, paciência, aceitação dos sofrimentos em união com os sofrimentos de Cristo: grandes virtudes, mas, no contexto em que foram apresentadas, fizeram o jogo dos opressores. Claro que tínhamos gratidão e apoio da parte dos governos e dos ricos, que se beneficiavam com nossa atitude. Em geral, aproveitávamos esse apoio para servir ao Povo – o que não obtínhamos na lista dos direitos dos trabalhadores, na linha da justiça, obtínhamos – evidentemente em escala muito reduzida – na linha do paternalismo, da generosidade, na fundação de hospitais, às vezes de escolas, e sempre de igrejas majestosas...[17]

---

[16] CAMARA, H. "Pobreza e miséria na América Latina". *Sedoc* 9 (1977) 771.

[17] CAMARA, H. "Pobreza e miséria na América Latina". *Sedoc* 9 (1977) 773.

Esse acordo implícito – e muitas vezes inconsciente – entre a Igreja e a ordem (injusta) fez com que, em geral, fosse pobre o anúncio da Palavra de Deus: "Que teria acontecido se desde o início falássemos mais claramente aos nossos ricos, clamando por justiça, defendendo os direitos dos pequenos, dos humildes!?".[18]

Em terceiro lugar, Dom Helder enfatizava que a situação de injustiça presente no mundo e, particularmente na América Latina, "nos foi abrindo os olhos". Contribuíram "muitíssimo" para isso as Encíclicas dos Papas – desde Leão XIII, que foram se tornando cada vez mais exigentes em matéria de justiça como condição para a paz verdadeira e duradoura – e o movimento litúrgico e bíblico, bem como a Ação Católica – especialmente a JOC e seus correspondentes –, que foram "ajudas preciosas" no emergir da nova visão. Tudo isso "nos preparou para participar do milagre do Vaticano II, ajudado poderosamente pelo milagre que foi e continua sendo o Papa João. E a América Latina viveu o momento alto da reunião da hierarquia latino-americana, em Medellín. Sendo injusto esquecer, no capítulo da preparação, a criação do CELAM, a primeira articulação de uma hierarquia, em nível continental".[19] Medellín destacou três pontos essenciais ligados ao tema da pobreza e da miséria:

> 1. a denúncia da presença no continente do pior dos colonialismos, o colonialismo interno: ricos dos nossos próprios países mantendo a riqueza à custa do esmagamento dos próprios concidadãos, mantidos aos milhões, no continente, em condição sub-humana; 2. a denúncia de que as injustiças no continente não eram apenas eventuais e passageiras: as injustiças estão estratificadas em estruturas de opressão, que urge revolver, de modo pacífico, mas decidido e firme; 3. a decisão de bater-nos por uma educação libertadora. Libertadora do quê? Do pecado e das consequências do pecado; do egoísmo e das consequências do egoísmo. Sentimos ao vivo a importância e urgência de não parar na conversão individual, mas de atingir as estruturas injustas que são verdadeiros pecados...[20]

---

[18] CAMARA, H. "Pobreza e miséria na América Latina". *Sedoc* 9 (1977) 773.

[19] CAMARA, H. "Pobreza e miséria na América Latina". *Sedoc* 9 (1977) 774.

[20] CAMARA, H. "Pobreza e miséria na América Latina". *Sedoc* 9 (1977) 774.

Em quarto lugar, Dom Helder realçava que o Espírito Santo, que esteve "presente, presentíssimo no encontro de Medellín", continuou trabalhando no pós-Medellín. Como prova, apresentava duas realidades que no continente, de modo geral, "têm conotações positivas e representam linhas de grande esperança para a Igreja de Cristo em nosso tempo e em nosso meio: aludimos às Comunidades de Base e à Teologia da Libertação, tais como são vividas aqui, em nossa realidade latino-americana". A fidelidade da Igreja ao Espírito Santo foi tão grande em Medellín que, do ponto de vista da libertação da pobreza e da miséria na América Latina, "a falha mais grave do presente, da qual urge que nos libertemos, é a tentação de abandonar Medellín".[21] É que no pós-Medellín houve uma inteligente reação a essa Conferência:

> Claro que a reação dos poderosos era mais do que infalível. Se a Igreja passou de uma posição de suporte da chamada ordem social – carregada de injustiças que esmagam mais de 2/3 da humanidade – para a denúncia do colonialismo interno, a denúncia de estruturas de opressão e para o compromisso com uma educação libertadora, seria ingênuo espantar-nos com a reação dos privilegiados. A surpresa foi a inteligência da reação. Eles não combatem a Igreja, o Vaticano II ou o Encontro de Medellín. Ao contrário, eles se apresentam como os defensores da civilização cristã. Eles denunciam uma gravíssima infiltração marxista na Igreja, inclusive no clero e no episcopado. Eles denunciam uma leitura marxista do Vaticano II e de Medellín.[22]

---

[21] CAMARA, H. "Pobreza e miséria na América Latina". *Sedoc* 9 (1977) 775. No dizer do historiador Beozzo, "Medellín não repete o Vaticano II. Medellín refaz, num certo sentido, o Vaticano II e, em muitos pontos, dá um passo além: aí emerge pela primeira vez a importância das comunidades eclesiais de base, esboça-se a teologia da libertação, aprofunda-se a noção de justiça e de paz ligadas aos problemas da dependência econômica, coloca-se o pobre no centro da reflexão da Igreja no continente" (BEOZZO, J. O. *A Igreja no Brasil: de João XXIII a João Paulo II. De Medellín a Santo Domingo*, 117-118).

[22] CAMARA, H. "Pobreza e miséria na América Latina". *Sedoc* 9 (1977) 775. Dom Helder comenta que em Medellín todos os textos foram discutidos e votados com plena liberdade. As palavras e frases foram examinadas por Roma. Tudo foi aprovado, inclusive a denúncia do colonialismo interno e da injustiça estrutural e a decisão pela educação libertadora. As comunidades acolheram os textos e resolveram colocá-los em prática. Os grupos privilegiados, inteligentemente, começaram a atacar a Igreja. Diziam que devotavam um grande respeito ao Papa, eram fiéis à verdadeira Igreja e defensores da civilização cristã; para protegê-la, denunciavam a infiltração marxista que a corroíam por dentro... Para estes, era evidente que falar em opressores e oprimidos era linguagem marxista; a ideia de colonialismo interno não podia vir senão de Moscou; querer combater a injustiça estratificada era maoismo (CAMARA, H. *Le conversioni di un vescovo*, 126-127).

O PENSAMENTO PROFÉTICO-ESPIRITUAL DE DOM HELDER

463

Diante da forte e inteligente reação, Dom Helder convidava para não se deixar levar pelo temor, confiar em Jesus e pedir a inspiração do Espírito Santo para atualizar Medellín: "Nada de atemorizar-nos diante da acusação cavilosa de leitura marxista do Vaticano II e de Medellín. Não precisa de marxismo quem tem o Evangelho, o Vaticano II e Medellín. Não precisa de Marx quem tem Jesus Cristo! Que o Espírito Santo inspire e fortaleça a Igreja latino-americana, não só para a retomada de Medellín, mas para a sua atualização...".[23]

Portanto, em Medellín, a Igreja teve uma visão menos triunfalista – de que vivemos num continente cristão e de que somos a reserva de cristianismo para o mundo –, adotando uma mais humilde: se o cristianismo é a grande força espiritual do continente, ele tem sua parte de responsabilidade na situação e na mudança. Urge a importância de orientar seu agir para a construção do Reino de Deus.[24] Foi isso que fez Dom Helder "símbolo da Igreja e do continente" sonhados em Medellín.

1.2 Dom Helder em Puebla: garantir a autêntica tradição profético-espiritual latino-americana

De 27 de janeiro a 13 de fevereiro de 1979, Dom Helder participou da III Conferência do Episcopado Latino-Americano.[25] A Conferência foi marcada por um clima constante de tensão: de um lado forças que pretendiam corrigir *a leitura marxista de Medellín* e, de outro, comoção popular das comunidades, pastorais e teólogos que queriam impedir *a estratégia dos poderosos de desfazer Medellín*. A participação de Dom Helder foi de fundamental importância no sentido de garantir a autêntica tradição profético-espiritual latino-americana, ou seja, *aprofundar Medellín em Puebla.*[26]

---

[23] CAMARA, H. "Pobreza e miséria na América Latina". *Sedoc* 9 (1977) 776.

[24] CÂMARA, H. *Chi sono io?*, 51-54.

[25] O Papa Paulo VI convocou o Episcopado Latino-Americano para realizar uma Conferência em comemoração aos dez anos de Medellín. Deveria realizar-se em 1978, na cidade de Puebla. Mas com a morte de Paulo VI – e de João Paulo I –, João Paulo II achou melhor transferir o evento para 1979.

[26] PILETTI–PRAXEDES, 432-433.

A grande tensão existente se dava porque grupos conservadores tentavam boicotar o processo pastoral desencadeado, principalmente com Medellín. É que, entre 1968-1979, setores significativos da Igreja na América Latina tomaram posição, comprometendo-se profeticamente, ao lado do povo.[27] Esse compromisso questionou a função alienante que a Igreja desempenhou diante da injustiça social,[28] ou seja, mostrou que, presa ao poder, muitas vezes a hierarquia deu legitimação religiosa aos opressores, aos ricos, tranquilizando as suas consciências com o apelo às obras caritativas. Tais setores também evidenciaram que houve e que havia guias espirituais, como Dom Helder, que ofereciam aos pobres não simplesmente a caridade, mas o Evangelho, que é um dinamismo libertador, uma vez que denuncia a idolatria e as injustiças estabelecidas e desperta a esperança, chamando a uma renovada responsabilidade diante do Deus da história.[29]

Nesse contexto socioeclesial, o pensamento de Bispos, como Dom Helder Camara, se propagava cada vez mais, apesar das censuras. A Igreja, nas palavras e nos gestos proféticos, crescia na compreensão de que sua missão não era a de ser sustentadora da "autoridade" e da "ordem", mas sacramento do Reino de Deus, voz que clama pela justiça e pela libertação dos oprimidos. Isso causava atitudes de horror aos opressores e seus ideólogos. Por isso, queriam "desfazer Medellín",[30] ou seja, condenar a Teologia da Libertação, desestimular as CEBs, inutilizar a Conferência Latino-Americana dos Religiosos e atacar a participação de sacerdotes, religiosos e comunidades na "política", ou seja, no compromisso com a justiça social. Antes do encontro, elaborou-se um Documento de Consulta enviado pelo

---

[27] Muñoz, R. *La Iglesia en el pueblo: hacia una eclesiologia latinoamericana*, 92-93.96.

[28] Calimann, C. "A identidade histórica da Igreja no Brasil nos últimos 20 anos". In: Estudos da CNBB. *Leigos e participação na Igreja*, 28-30.

[29] Muñoz, R. *La Iglesia en el pueblo: hacia una eclesiologia latinoamericana*, 138-140. No dizer do teólogo Ronaldo Muñoz, o Vaticano II e Medellín fizeram a Igreja na América Latina rever suas alianças. Enquanto era aliada do poder conservador oferecia "ajudas" aos pobres. Porém, quando Pastores assumiram as dores e as alegrias dos pobres, emergiram conflitos com o poder conservador. Para as comunidades eclesiais, o apoio *institucional* dos Pastores serviu de estímulo para seguir a Causa de Jesus Cristo, o libertador dos oprimidos; a Instituição, por sua vez, ganhou mais autenticidade evangélica. O paradoxo, portanto, se deu no fato de que os pobres evangelizaram a grande Instituição, enquanto os ricos e os poderosos a utilizaram como meio ideológico para manter a injustiça estrutural, ornamentando-a com certo "poder sagrado".

[30] Comblin, J. "Os Santos Pais da América Latina". *Concilium* 333 (2009) 629.

CELAM a todas as Conferências Episcopais do continente. Foi severamente criticado, pois os Bispos não aceitaram o tratamento dado às CEBs e à Teologia da Libertação e consideraram que as opções fundamentais da Igreja na América Latina não estavam representadas.[31] A partir disso, o texto foi refeito e chamou-se Documento de Trabalho. Na Sessão de Abertura, este também foi recusado. Diante disso, Dom Luciano Mendes de Almeida tentou "arrumar" o texto. Passou a noite inteira estudando e, no dia seguinte, apresentou propostas de trabalho.[32]

A insatisfação ainda era maior porque os Bispos não puderam levar seus assessores teológicos à Conferência, uma vez que o CELAM, estrategicamente, pediu a Roma que nomeasse os peritos. Era uma forma de impedir que Puebla fosse além de Medellín.[33] Ora, isso gerava preocupações, uma vez que os Bispos estavam acostumados a estimar e trabalhar com os seus teólogos e eles foram excluídos.[34] Diante da exclusão dos melhores teólogos latino-americanos, o padre chileno, Sérgio Torres, que conhecia bem a cidade de Puebla e tinha muitos contatos internacionais, tomou a iniciativa de pedir dinheiro a organizações a fim de alugar algumas casas da cidade. A iniciativa deu bom resultado. Gustavo Gutiérrez, José Comblin, Leonardo Boff, Frei Betto, Frei Gorgulho, entre outros, ficaram reunidos como se

---

[31] LIBANIO, J. B. "Apresentação". In: CELAM. *A Evangelização no presente e no futuro da América Latina*. Conclusões: Puebla, 55-79.

[32] SYDOW, E.; FERRI, M. *Dom Paulo Evaristo Arns: um homem amado e perseguido*, 265-266.

[33] Os assessores teológicos escolhidos pela Secretaria Geral tinham uma visão teológica mais tradicional, nada significativos da prática teológica latino-americana. Antes, eram aqueles que se opunham a ela. Isso se refletirá no texto: bastante superior na parte social em relação à doutrinal teológica: "Esta constitui seu ponto mais fraco e desinteressante, por sua monotonia, falta de criatividade, repetição dos ensinamentos formulados de modo muito melhor em outros documentos da Igreja bem anteriores" (LIBANIO, J. B. "Apresentação". In: CELAM. *A Evangelização no presente e no futuro da América Latina*. Conclusões: Puebla, 61).

[34] Segundo Libanio, "o melhor da teologia latino-americana, na pessoa de seus teólogos e Bispos mais avançados, não foi convidada. É como se o Concílio Vaticano II não tivesse aceitado a contribuição de Yves Congar, Karl Rahner, Edward Schilebeeckx, Padre Chenu e outros grandes teólogos europeus. Muita gente queria que lá dentro estivessem presentes os nossos teólogos de valor: Gustavo Gutiérrez, Leonardo Boff, Jon Sobrino, Juan Luis Segundo, Juan Carlos Scannone, Segundo Galilea, Carlos Mesters, Ronaldo Muñoz, Enrique Dussel, Raúl Vidales, Ricardo Antoncich e tantos outros. Nenhum destes foi convidado". Libanio acrescenta que entre os bons assessores estava o sociólogo brasileiro Pe. Fernando Bastos de Ávila (CHRISTO, C. A. L. *Diario di Puebla*, 135).

estivessem em uma "república de estudantes".[35] O Secretariado-geral, no entanto, proibiu a entrada de pessoas não credenciadas no Seminário de Palafox.[36] Além disso, os Bispos ficaram fechados como em uma fortaleza, guardados pela "Segurança Nacional". Também os 2.600 jornalistas que queriam relatar o evento ficaram sem saber quase nada.

O Episcopado de Puebla era jovem, aberto às orientações de João Paulo II. A geração de Dom Helder estava praticamente fora de Puebla. No dia 28 de janeiro, o Papa fez a proeza de ler um discurso de abertura que foi interpretado como encorajamento, tanto para conservadores quanto para adeptos do pensamento da Teologia da Libertação. Ele assumiu os gritos de alerta do CELAM, mas também insistiu nas responsabilidades sociais da Igreja diante das injustiças:

> Nestes dez anos, quanto a humanidade avançou no seu caminhar! E, com a humanidade e a seu serviço, quanto avançou também a Igreja! Esta terceira Conferência não pode ignorar essa realidade. Deverá, pois, tomar como ponto de partida as conclusões de Medellín, com tudo o que têm de positivo, sem ignorar, porém, as interpretações incorretas que às vezes se fizeram e que exigem sereno discernimento, oportuna crítica e tomadas de posição.[37]

Após o discurso do Papa, Dom Afonso Trujillo, satisfeito, foi perguntar a opinião de Dom Helder: "Então, o que achou do discurso?". O Dom, abrindo os braços, respondeu: "Magnífico!".[38]

---

[35] SYDOW, E.; FERRI, M. *Dom Paulo Evaristo Arns: um homem amado e perseguido*, 266.

[36] O teólogo Camilo Maccise disse: "Para mim foi uma das experiências eclesiais que não suspeitava que iria viver. Viemos como teólogos um pouco marginalizados" (CABESTRERO, T. *Los teólogos de la liberación em Puebla*, 137). Pablo Richard comentou: "Esta III Conferência do Episcopado Latino-Americano em Puebla, apesar de todas as limitações, manipulações e discriminações, nos mostrou que a nossa Igreja possui a força indestrutível da Esperança" (CABESTRERO, T. *Los teólogos de la liberación em Puebla*, 140).

[37] JOÃO PAULO II. "Audácia de profetas e prudência de pastores: discurso do Santo Padre no início dos trabalhos da III Conferência Geral do Episcopado Latino-Americano, em 28 de janeiro de 1979". In: JOÃO PAULO II. *João Paulo II em Puebla: pronunciamentos do Papa na América Latina*, 44.

[38] CHRISTO, C. A. L. *Diario di Puebla*, 70.

1.2.1. Ponto de Partida: Conclusões de Medellín

Alguns Bispos tiveram a impressão de que o discurso de João Paulo II estava tão bem elaborado que apenas bastava assiná-lo e retornar... Outros, porém, acharam que tomar essa atitude seria dar-se um "diploma de incapacidade". Foi então que, no dia seguinte, o Presidente da Assembleia, Cardeal Lorscheider, de modo belíssimo, seguindo o conselho do Papa, abriu caminho retomando os desafios de Medellín. Era deles que se deveria partir. Acrescentou que o Documento de Trabalho foi previsto como "um instrumento de ajuda à criatividade dos participantes na III Conferência. Não quis o DT ser uma espécie de documento-base que os Bispos discutissem, propondo emendas. O DT só quis sintetizar principalmente o que os Episcopados haviam trazido. Não é necessário sublinhar que toda síntese é relativa."[39] Assim, o ponto de partida de Puebla foi Medellín, e não os Documentos de Consulta e de Trabalho. Dom Helder vibrou.[40]

Nos grupos aconteceram tensões,[41] pois havia forças que não queriam que os Bispos estruturassem a evangelização a partir da opção pelos pobres, retomando a perspectiva de Medellín. Isso polarizou todo o encontro. Progressistas e conservadores travavam lutas diárias.[42] Dom Helder se inscreveu no grupo "Evangelização e promoção humana" no qual ocorreria a

---

[39] LORSCHEIDER, A. "Discurso de Dom Aloíso Lorscheider". In: CELAM. *A Evangelização no presente e no futuro da América Latina.* Conclusões: Puebla, 46.

[40] Através de um e-mail, o Pe. José Marins, que acompanhou de perto o Encontro de Puebla, escreveu ao autor desta tese que Dom Helder encontrou-se com Dom Aloísio depois do discurso de João Paulo II. Devem ter conversado sobre a continuidade dos trabalhos. Durante toda a Conferência, o Dom atuava unido com Dom Evaristo Arns, Dom Ivo Lorscheiter, Dom José Maria Pires, Dom Aloísio, Dom Luciano Mendes de Almeida (7-6-2010).

[41] Para evitar, por exemplo, que o pensamento de Dom Paulo Evaristo Arns saísse no documento final, a sua Comissão – Construtores da Sociedade – contava com muitos conservadores. De fato, o texto "O rosto de Cristo é o rosto dos pobres" escrito por José Comblin e Frei Gorgulho, a pedido do Cardeal, foi rejeitado. Dom Cândido Padim, no entanto, que estava em outra Comissão, falou para Dom Paulo: "Dá pra mim o texto que eu ponho na conclusão" (SYDOW, E.; FERRI, M. *Dom Paulo Evaristo Arns: um homem amado e perseguido,* 268).

[42] SYDOW, E.; FERRI, M. *Dom Paulo Evaristo Arns: um homem amado e perseguido,* 268-269. O fato de os peritos serem indicados por Roma dificultou o trabalho, pois era uma investida da ala conservadora. Tinha até guardas na porta do Seminário, local da Assembleia, com ordens de impedir a entrada dos teólogos dos Bispos. Somente Frei Gilberto Gorgulho, teólogo do Cardeal Arns, conseguiu permissão para entrar. Os outros Bispos aproveitavam a sua presença para enviar trabalho aos seus colaboradores. Os teólogos trabalhavam a noite inteira e, no dia seguinte, entregavam suas anotações.

discussão sobre a educação libertadora e a Teologia da Libertação. No mesmo grupo estavam Afonso López Trujillo, Luciano Duarte e Gerardo Flores entre outros. Helder e Trujillo foram encarregados de redigir um texto a ser discutido e aprovado pelo grupo. Coube ao Dom fazer a primeira elaboração. Ele contou com a ajuda de Dom Cândido Padim, Dom Aloísio... Por algum motivo insondável, o Arcebispo colombiano, que também havia preparado um texto, aprovou o de Dom Helder na íntegra. O Arcebispo de Olinda e Recife ficou desconfiado com a flexibilidade do Secretário do CELAM, mas lembrou-se de uma frase dita por um amigo na última viagem a Roma: "Eu sei que, em Puebla, você vai vencer...". Utilizando de sua inteligência e capacidade de articulador, Dom Luciano Mendes de Almeida, convidado a participar da discussão, sugeriu que os textos fossem fundidos. Assim, o texto do *grupo*, não trouxe prejuízos para as teses fundamentais defendidas pelos progressistas, confirmando e ampliando a Teologia da Libertação e a educação libertadora.[43] Portanto, em Puebla, Dom Helder, novamente, foi decisivo quando se tratou de formular a doutrina da libertação.[44]

A divulgação das respostas de Trujillo a Dom Duarte não deixou de ser vista como um acontecimento providencial:[45] contribuiu para que ne-

---

[43]   PILETTI–PRAXEDES. 433-434. Frei Betto escreveu no *Diario di Puebla*, dia 6 de fevereiro: "Estive com Dom Helder Camara que, amanhã, completa 70 anos bem vividos. Como sempre, ele é um dos Bispos mais procurados pelos jornalistas. Está preocupado com o texto final sobre a Teologia da Libertação e, por incrível que possa parecer, estava redigindo um esboço sobre o argumento junto com Dom López Trujillo. Também neste ponto a Teologia confirma a Ciência: as paralelas se encontram no infinito..." (CHRISTO, C. A. L. *Diario di Puebla*, 124-125).

[44]   COMBLIN, J. "Dom Helder e novo modelo episcopal no Vaticano II". In: POTRICK, M. B. *Dom Helder, pastor e profeta*, 30-32. Sorge, teólogo nomeado por Roma, testemunha que em Puebla conheceu Dom Helder e que se viu defronte de uma das figuras mais significativas da Igreja do século XX. Ele pertence ao grupo dos "profetas" que a estação do Concílio suscitou: testemunho corajoso, humilde na liberdade da palavra, fiel ao Evangelho, obediente à Igreja, porém incompreendido e visto com suspeita. Hoje, a memória de Dom Helder é uma bênção. Sorge, então, confessa que foi a Puebla a pedido do Papa João Paulo II e carregava a ideia, em prejuízo próprio, de que Dom Helder era um Bispo de tendência marxista e sustentador da Teologia da Libertação. Mas logo se deu conta de que era uma pessoa simples e humilde nas relações, com espírito orante e de indiscutível fidelidade ao Evangelho e à Igreja, de um grande amor à pobreza e aos pobres. As ideias de Dom Helder sobre a libertação aparecem no Documento Final de Puebla e este não condena nenhuma corrente da Teologia da Libertação e nenhum teólogo. O juízo equilibrado e o tom positivo com o qual a matéria é tratada correspondem ao estilo pastoral do Arcebispo (SORGE, B. "Hélder Câmara: il sogno di una Chiesa 'povera e serva'". *Aggiornamenti Sociali*, 85-89).

[45]   No dia 1.º de fevereiro aconteceu um incidente cujos efeitos mudaram os rumos dos debates. O jornal mexicano *Uno más Uno* publicou uma carta do Secretário da Conferência López Trujillo

O PENSAMENTO PROFÉTICO-ESPIRITUAL DE DOM HELDER   469

nhuma tendência da Teologia da Libertação fosse condenada e as CEBs até receberam novos incentivos. O acontecimento também confirmou que uma das causas principais de tamanha tensão estava no modo como o Secretário-geral se comportava.[46] A pessoa ilustre de Puebla não foi o Arcebispo de Medellín, como era esperado, mas Dom Luciano Mendes de Almeida, por seu imenso prestígio, ética e talento de articulador. Assim, a grande ofensiva contra Medellín foi sendo desfeita.

1.2.2 A presença questionadora e desafiante do Senhor nas feições concretíssimas dos pobres

Durante o evento, Dom Helder era um dos Bispos mais requisitados pelos jornalistas a fim de conceder entrevistas e contar o que se passava dentro daquele Seminário, totalmente cercado pelas forças nacionais de segurança. No dia 30 de janeiro, ele falou a Frei Betto: "A história é implacável. Deus nos pedirá contas. Aqueles que pensam que estamos agindo com muita pressa para mudar as estruturas do Continente, recordo que a América

---

 ao seu amigo, Dom Luciano Duarte, Arcebispo de Aracaju. O jornalista tinha recebido uma fita cassete de Trujillo, para gravar uma entrevista com o Arcebispo. Ao voltar para o México descobriu que no outro lado continha várias respostas do Secretário do CELAM às perguntas feitas pelo seu amigo brasileiro. As respostas chocavam pela linguagem utilizada, pela referência a várias pessoas importantes na Igreja da América Latina e pela revelação de estratégias contra os progressistas. Durante vários dias, López Trujillo não apareceu em público. Ficou no seu quarto. Perdeu a liderança da Assembleia e seu prestígio foi ameaçado (SYDOW, E.; FERRI, M. *Dom Paulo Evaristo Arns: um homem amado e perseguido*, 266).

[46] O teólogo João Batista Libanio afirma que a preparação de Puebla tinha sido carregada, por motivos ideológicos e psicológicos, de tensões e polarizações: "Uma de suas causas de não pouca monta era precisamente a maneira como a Secretaria Geral se comportava, com ostensiva parcialidade, que tinha ficado patente na escolha dos peritos e convidados, com nítida exclusão de toda uma linha teológica" (LIBANIO, J. B. "Apresentação". In: CELAM. *A Evangelização no presente e no futuro da América Latina*. Conclusões: Puebla, 57). Segundo Dom Trujillo, o CELAM fez grandes esforços para dialogar com os Teólogos da Libertação. Eles, no entanto, não participaram da Conferência na qualidade de *espertos* ou *convidados*, porque não foram apresentados anteriormente pelas Conferências. A grande maioria dos Bispos tomava distância desses teólogos. Mesmo assim, eles tentaram fazer pressão em Puebla, mas não tiveram êxito: "Os textos claros sobre a Teologia da Libertação foram escritos, como se sabe publicamente, por dom Hélder Câmara e por mim. Falo dos pontos 480-490 do documento final. E receberam a total aprovação da Conferência. Neste texto não se condena uma teologia da libertação cristã autêntica e genuína. Ao contrário. Mas reprova-se sem meios termos todo desvio ideológico no sentido marxista" ("Há 25 anos a primeira das 102 viagens ao exterior de João Paulo II: Primeira parada, Puebla. Entrevista com Dom López Trojillo", *30Giorni* (2004/1) [acesso em 9-6-2010].

Latina espera isto há quatro séculos e meio".[47] Além disso, durante a Conferência, ele completou 70 anos recebendo, por esse motivo, grandes atenções de Bispos e jornalistas. Conseguiu comunicar-se, inclusive, com teólogos como Pe. José Comblin, Frei Leonardo Boff, Frei Clodovis Boff, Frei Gilberto Gorgulho etc. No dia 8 disse: "Estou recebendo ajuda dos teólogos que eu entendo bem. E não escondo. É nosso direito contar com colaborações. Sem isso, eu não terei capacidade de votar na assembleia".[48] Nas Vigílias de Puebla, Dom Helder rezava pelos teólogos que foram impedidos de entrar no Seminário de Palafox: "Tenho passado a noite dando graças a Deus pela presença aqui em Puebla, fora do Seminário, de nossos teólogos: pela luz que eles nos trazem, pelo espírito evangélico que vivem, pela presença deles e pelo que significam. Não me canso de dar graças a Deus por eles".[49]

Diante de tanta tensão em que Puebla esteve envolta, Dom Helder reconheceu, no dia 8 de fevereiro, que o Documento não seria aquilo que se esperava:

> A experiência que tenho de assembleias internacionais é sempre a mesma. Quando se inicia o confronto, a primeira impressão é horrível. Ainda não estamos prontos para o diálogo. No entanto, é importante a troca de ideias. Há irmãos que não possuem a mesma nossa visão. Não que nós somos mais santos, é questão de se deixar abrir à realidade. Não digo que, daqui, sairá um documento que queremos. Mas, ao final, teremos feito o caminho.[50]

Interrogado sobre o medo de Bispos de que a Igreja se metesse em "política", respondeu: "Quando vivíamos vinculados com os governos e os potentes, ninguém dizia que fazíamos política, mas sim quando a situação da América Latina se agravou, e vimos que era impossível continuar a sustentar a velha ordem social. A partir de então somos malvistos. Em todo o caso, temos a obrigação de nos preocupar com a situação em que se acha o nosso povo".[51]

---

[47] CAMARA, H. In: CHRISTO, C. A. L. *Diario di Puebla*, 87.

[48] CHRISTO, C. A. L. *Diario di Puebla*, 142.

[49] CABESTRERO, T. *Los teólogos de la liberación em Puebla*, 8.

[50] CHRISTO, C. A. L. *Diario di Puebla*, 141.

[51] CHRISTO, C. A. L. *Diario di Puebla*, 142.

O PENSAMENTO PROFÉTICO-ESPIRITUAL DE DOM HELDER

No dia 13 de fevereiro, apesar de tanta tensão, o texto de Puebla foi aprovado por 178 votos a favor e um contra. Foi estruturado em torno da opção pelos pobres e dividido em cinco partes: Visão pastoral da realidade da América Latina; Desígnio de Deus para a América Latina; A evangelização da América Latina: comunhão e participação; A Igreja missionária a serviço da evangelização na América Latina;[52] Opções Pastorais.[53] Puebla identificou o pecado estrutural que se manifesta na injustiça e na opressão contra a maioria-pobre e o chama de *pecado social*. Para a Bíblia e para a Igreja, a coexistência de ricos e pobres não é uma situação natural, mas fruto do pecado. É a quebra da comunhão com Deus, com os semelhantes e com a natureza.[54] Tal ruptura é sustentada por estruturas econômicas, sociais e políticas que favorecem que os ricos fiquem cada vez mais ricos e os pobres cada vez mais pobres.[55] Com essa visão, Puebla pôde afirmar: "Os pobres merecem uma atenção preferencial, qualquer que seja a situação moral ou pessoal em que se encontram".[56] Esta é uma concepção libertadora, pois uma visão religiosa intimista de pecado pode oprimir ainda mais quem já é tão oprimido econômico-socialmente, através da privação,

---

[52] A parte mais importante de Puebla é a IV. Além da opção pelos pobres e pelos jovens, trata dos direitos fundamentais do ser humano: os direitos individuais, sociais, emergentes e alguns internacionais. Afirma que a evangelização precisa ser feita em comunhão e participação para que o ser humano se realize como imagem e semelhança de Deus. O modelo de ação evangelizadora para Puebla são as CEBs e as palavras-chave foram "comunhão e participação" em busca da libertação sob o signo da dignidade humana fundamental (LORSCHEIDER, A. "Conferências--Gerais do Episcopado Latino-Americano e do Caribe. Subsídio preparatório à V Conferência do Episcopado Latino-americano". In: *Documentos do Celam*, 7-13).

[53] SYDOW, E.; FERRI, M. *Dom Paulo Evaristo Arns: um homem amado e perseguido*, 269-270. Conforme Galilea, Medellín foi o primeiro marco referencial para Puebla: "Daí não se poder pretender ir buscar em Puebla uma porção de novidades – há algumas [...] –, pois ela é antes a confirmação atualizada de Medellín". A segunda referência é a *Evangelii Nuntiandi* de Paulo VI: Puebla procurou fazer uma leitura latino-americana da Encíclica. A terceira referência é a realidade social em que o povo de Deus vive no continente. A quarta é a experiência pastoral da Igreja depois de Medellín: "a primeira colheita de Medellín" (GALILEA, S. *A mensagem de Puebla*, 28-32).

[54] CELAM. *A Evangelização no presente e no futuro da América Latina*. Conclusões: Puebla, nn. 10, 28, 70, 73, 92, 186, 281, 328, 487, 517, entre outros.

[55] CELAM. *A Evangelização no presente e no futuro da América Latina*. Conclusões: Puebla, nn. 1141-1142; MUÑOZ, R. *La Iglesia en el pueblo: hacia una eclesiologia latinoamericana*, 207.

[56] CELAM. *A Evangelização no presente e no futuro da América Latina*. Conclusões: Puebla, 1142.

das frustrações, das humilhações.[57] A Igreja reconhece que, nos pobres, o Senhor a interpela e questiona "com suas feições concretíssimas, nas quais deveríamos reconhecer as feições de Cristo, o Senhor".[58] Por isso, os Bispos conclamam todos a se converterem à causa dos pobres, ou seja, à luta solidária dos pobres que defendem seus valores e a conquista de seus direitos. Eles não têm somente necessidades, mas também direitos. É preciso defender o direito fundamental dos pobres de criar suas próprias organizações, promover seus interesses e contribuir para o bem comum.[59] Que eles sejam protagonistas da sociedade nova, imprimindo humanidade. Os jovens merecem uma atenção especial, pois há uma ligação especial entre pobres, jovens e Igreja. Portanto, em Puebla, a presença e o testemunho de Dom Helder foram sumamente importantes para garantir a continuidade da autêntica tradição espiritual da Igreja na América Latina. Porém, forças conservadoras continuaram alarmando sobre os perigos da Igreja "revolucionária".[60]

1.3 "[...] uni-vos, Minorias Abraâmicas"

Dom Helder, a partir da realidade social e de sua experiência mística e eclesial, abalizado no Evangelho e no Magistério da Igreja, construiu um *pensamento espiritual* que serviu e serve para alimentar práticas e utopias

---

[57] MUÑOZ, R. *La Iglesia en el pueblo: hacia una eclesiologia latinoamericana*, 56.

[58] CELAM. *A Evangelização no presente e no futuro da América Latina*. Conclusões: Puebla, nn. 31-39. No mesmo sentido, os números 26, 29, 45, 50, 571, 1135 com sua nota, 1159-1161, 1176, 1207, 1260. O Documento explicita os rostos de crianças golpeadas pela pobreza antes de nascer; de jovens desorientados que não encontram lugar na sociedade por falta de oportunidades; rostos indígenas e afro-americanos que vivem marginalizados em situações desumanas, considerados os mais pobres entre os pobres; rostos de campesinos que são relegados e explorados; rostos de operários com frequência mal remunerados e com dificuldades de se organizarem para defenderem seus direitos; rostos de desempregados por causa do modelo de desenvolvimento que submete os trabalhadores e suas famílias a frios cálculos econômicos; rostos de trabalhadores urbanos marginalizados que sofrem duplo impacto: carências próprias e ostentações da riqueza de outros setores sociais; rostos de anciãos marginalizados porque já não produzem.

[59] JOÃO PAULO II. "Alocução Operários Monterrey", 3, *AAS* LXXI (1979) 242; ID. In: CELAM. *A Evangelização no presente e no futuro da América Latina*. Conclusões: Puebla, n. 1163.

[60] PALÁCIO, C. *Cristianismo e história*, 320-321. No dizer de Carlos Palácio, a imagem de uma Igreja supostamente "revolucionária", conflitiva, politizada é apenas *fenótipo* de transformações mais radicais no *modo de ser Igreja*. Trata-se de uma nova compreensão do mistério da Igreja que se reflete *na* sociedade, e leva a uma nova compreensão de sua missão; do modelo da "cristandade" para o inédito "a igreja que nasce do povo pela força do Espírito".

O PENSAMENTO PROFÉTICO-ESPIRITUAL DE DOM HELDER

de cristãos e pessoas de boa vontade dedicadas à causa da libertação dos oprimidos e à construção da paz mundial.[61] Ele peregrinou pelo mundo, divulgando e dinamizando as ideias da "pressão moral libertadora", da "violência dos pacíficos" e das "Minorias Abraâmicas".

1.3.1 A pressão moral libertadora

Nas décadas de 1960-80, a América Latina foi dominada por ditaduras de extrema direita, sustentadoras do colonialismo interno e obedientes ao capitalismo imperialista dos Estados Unidos. Essa dependência dificultava o desenvolvimento da América Latina, pois suas imensas riquezas naturais eram exportadas a preços baixíssimos, ao passo que o continente pagava altíssimos preços para receber os produtos industrializados. Essa injustiça internacional gerava focos de rebelião, principalmente entre a juventude que se conscientizava nos grupos da AC, nos partidos de esquerda ou nas universidades. Alguns líderes juvenis acreditavam que a única possibilidade de libertação seria pela violência armada e, nessa lógica, apelar pela paz era discurso que enfraquecia a resistência e favorecia os imperialistas. É nesse contexto que Dom Helder vai elaborando suas ideias em favor da paz, mas não da "enganadora paz dos pântanos".[62]

Helder reconhecia que "já existe, instalada, uma violência na América Latina: a violência dos pequenos grupos privilegiados que mantêm milhões

---

[61] Segundo o teólogo Comblin, "escrever a biografia de Dom Helder é fazer a história da Igreja no Brasil desde 1940, a história da Igreja latino-americana desde 1955 e a história da Igreja Católica desde o Vaticano II" (COMBLIN, J. "Dom Helder e novo modelo episcopal no Vaticano II". In: POTRICK, M. B. *Dom Helder, pastor e profeta*, 24). O advogado e líder laico católico Sobral Pinto destaca: "Hélder é uma das pessoas que passará à História como uma das figuras mais notáveis que a Igreja teve" ("Depoimento de Sobral Pinto". In: CASTRO, M. de. *Dom Helder: misticismo e santidade*, 269). O grande líder do laicato brasileiro, Alceu Amoroso Lima, dizia, nos inícios dos anos 1970, que "D. Helder Câmara é hoje, como onteontem D. Vital e ontem Dom Leme, um marco decisivo numa etapa essencial da história da Igreja no Brasil, no mundo que se prepara para ingressar no século XXI" (["Artigos sobre Dom Helder"]. *Jornal do Brasil* de 8/9-10-1970).

[62] A expressão "enganadora paz dos pântanos" tornou-se famosa: "[...] que o Brasil e o Mundo conheçam uma paz verdadeira. Não a enganadora paz dos pântanos, que mal encobrem a podridão, mas a paz autêntica, a ser conquistada cada dia, baseada na justiça e no amor" (CAMARA, H. "Exame de Admissão – Discurso do Arcebispo de Olinda e Recife, ao ser-lhe conferido o título de Cidadão Pernambucano, pela Assembleia Legislativa do Estado (25/9/1967)". In: POTRICK, M. B. *Dom Helder, pastor e profeta*, 138-145).

de filhos de Deus em situação infra-humana".[63] Porém, mesmo que surgisse uma guerrilha libertadora, logo seria pisada pelo imperialismo, pois os Estados Unidos não aceitariam uma "nova Cuba". O recurso à violência por parte da resistência se voltaria contra as massas.[64] Além disso, a revolução não poderia ser feita por estudantes, padres, religiosos, artistas e intelectuais sem a participação das massas. Porém, o contato com estas revelava que além do subdesenvolvimento físico e material, desgraçadamente havia um espiritual: o fatalismo e a resignação matavam as razões para viver ou morrer. Na longa história de opressões, as massas aprenderam que sempre foram usadas pelos poderosos: estes trocaram o poder entre si, mas os pobres permaneceram na miséria. No mínimo, seriam necessários quinze anos para convencer as massas a aderirem a uma guerra de libertação.[65] O que fazer? A resposta está na pressão moral libertadora. "Pressão moral" para evitar a provocação da "pressão armada". Porém "moral libertadora", ou seja, capaz de demolir, totalmente, de modo pacífico, as estruturas de escravidão.[66]

Em julho de 1968, durante um encontro da CNBB, Dom Helder conseguiu a assinatura de 43 Bispos brasileiros em favor de um Movimento que exercesse a pressão moral libertadora, ou seja, mais dos 15% esperados. Em uma reunião informal, durante a Conferência de Medellín, os Bispos que aderiram ao Movimento mudaram-lhe o nome, pois a palavra "pressão" havia suscitado medo: passou a se chamar Ação Justiça e Paz. "Ação" porque não é só especulação, teoria, discussão, contemplação; "Justiça" porque esta é necessária em todas as partes do mundo; "Paz" porque existirá quando a justiça for a condição, o caminho e a meta.[67] O objetivo do novo Movimento era humanizar todos os que viviam em condições subumanas por causa da miséria ou que eram desumanizados pelo egoísmo. Para tanto, buscaria a transformação gradual, efetiva e rápida das estruturas socioeconômicas,

---

[63] CAMARA, H. "A pressão moral libertadora". In: FRAGOSO, A.; BARBÉ, D.; CÂMARA, H.; JESUS, M. C. de.; BRENO, J.; LEPARNNER; KUNZ, A. *A força da não violência: a firmeza permanente*, 113.

[64] CÂMARA, H. *O deserto é fértil*, 4.

[65] BROUCKER, J. de. *Helder Camara: la violenza di un pacifico*, 108-109.

[66] CAMARA, H. "Hombre, ¿quieres ser libre?". In: RENEDO, B. T. de. *Hélder Câmara: proclamas a la Juventud*, 77.

[67] CAMARA, H. *Espiral de violência*, 51.

O PENSAMENTO PROFÉTICO-ESPIRITUAL DE DOM HELDER   475

políticas e culturais na América Latina e a integração do continente sem a ingerência dos imperialismos internos e externos.[68]

O lançamento do Movimento aconteceu no dia 1.º de outubro de 1968 em Recife e, simultaneamente, em outras quarenta cidades. Em Recife, mais de 30 mil pessoas participaram com cartazes contendo frases como estas: "Ação Justiça e Paz", "revolução sem violência", "contra a violência da ordem", "contra o imperialismo americano", "último recurso à legalidade", "para exigir a reforma agrária" e "contra a repressão militar". O sucesso do evento evidenciou que as aparências de ordem e de paz escondiam injustiças terríveis que trabalhavam contra a paz.[69]

No discurso de lançamento, Dom Helder disse que muitos dos Governos latino-americanos, talvez sem notar e sem querer, estavam preparando a explosão da bomba da miséria. Colaboravam para isso os poderosos e privilegiados que faziam de tudo para evitar as reformas estruturais; os que temiam e impediam a conscientização das massas com a acusação cavilosa e "já, agora, ridícula de subversão comunista"; os que reprimiam pela força o protesto dos jovens, dos trabalhadores e da Igreja, quando esta sente que é obrigação humana e cristã emprestar a voz aos que não podem falar. Nesse sentido, a AJP não veio para amortecer, para ser um movimento morno, acomodado e acomodante, porque Deus vomita os tíbios. O Movimento veio para ser a violência dos pacíficos:[70] "Quando o pequeno Davi enfrentou o gigante Golias com apenas uma funda e cinco pedras, quem apostaria na vitória de Davi? As nossas cinco pedras são: a fé em Deus, a confiança na verdade, a confiança na justiça, a confiança no bem, a confiança no amor".[71]

---

[68] BROUCKER, J. de. *Helder Camara: la violenza di un pacifico*, 88-95.

[69] BROUCKER, J. de. *Helder Camara: la violenza di un pacifico*, 97-99.

[70] CAMARA, H. "A pressão moral libertadora". In: FRAGOSO, A.; BARBÉ, D.; CÂMARA, H.; JESUS, M. C. de.; BRENO, J.; LEPARNNER; KUNZ. A. *A força da não violência: a firmeza permanente*, 114.

[71] CAMARA, H. "Violencia de los pacíficos". In: CAYUELA, J. *Hélder Câmara – Brasil: ¿un Vietnam católico?*, 273; BROUCKER, J. de. *Helder Camara: la violenza di un pacifico*, 104. O Movimento AJP atuou em Recife, Barra do Piraí, Vitória, Campina Grande, João Pessoa, Goiânia, Santos, São Paulo e em outras cidades brasileiras, nas quais os Bispos haviam assinado o pacto (ID. *Helder Camara: la violenza di un pacifico*, 106).

Infelizmente, no Brasil, a AJP recebeu um grande golpe em 13 de dezembro de 1968. O Presidente Marechal Costa e Silva fez a "revolução dentro da revolução", ou seja, deu um golpe de Estado dentro do golpe de Estado, retomando, com mais dureza, a situação de 1.º de abril de 1964. Golpeou os jovens da AC e simpatizantes e até "liberais" de direita como Juscelino e Carlos Lacerda. A censura da imprensa se tornou mais rígida, atingindo o próprio Dom Helder. O desejo da AJP de exercer a pressão moral libertadora foi, na prática, proibido. Desse modo, enquanto Dom Helder acreditava na "revolução dentro da paz", os militares estavam dispostos a impedi-la com todas as violências possíveis: queriam fechar todos os caminhos da paz.[72]

1.3.2 A violência dos pacíficos

Para transformar a América Latina e o mundo, Dom Helder confiava na força da violência dos pacíficos. Não na violência das armas, mas na violência de Gandhi e de Martin Luther King: na violência de Cristo.[73] Ele ensinava que "somente os homens que realizam em si mesmos a unidade interior: somente os homens de visão planetária e coração universal serão instrumentos válidos para o milagre de serem violentos como os profetas, verdadeiros como o Cristo, revolucionários como o Evangelho, porém sem ferir o amor".[74] Com o livro *Espiral de violência* conclamou a humanidade a ingressar nessa proposta capaz de efetivar a verdadeira paz. O livro tornou-se uma referência importantíssima para compreender a violência presente no mundo e alentar a esperança da paz entre os povos.

Conforme o pensamento helderiano, por todas as partes do mundo há injustiças de diferentes naturezas. Mas as injustiças se situam em uma perspectiva nova, quando consideramos as relações egoístas entre os países

---

[72] CAYUELA, J. *Hélder Câmara – Brasil: ¿un Vietnam católico?*, 187-189. Paulo VI aprovou e apoiou a AJP em âmbito internacional, no início da década de 1970, uma vez que no Brasil estava sendo difícil sua prosperidade (CONDINI, M. *Dom Helder Camara: um modelo de esperança*, 76).

[73] CAMARA, H. "Entrevista [a Orina Fallaci]". *Siete Días Ilustrados*, 7-10-1970.

[74] CAMARA, H. "La violencia: ¿opción única?". In: CAYUELA, J. *Hélder Câmara – Brasil: ¿un Vietnam católico?*, 268.

desenvolvidos e os subdesenvolvidos[75]. A injustiça é a primeira de todas as violências, "a violência número um", pois ninguém nasceu para ser escravo, viver na humilhação e na repressão. Porém, o egoísmo de alguns grupos privilegiados encerra uma multidão de seres humanos nessa condição infra-humana, vivendo sem perspectivas, sem esperança. A miséria mata mais do que a guerra mais sangrenta e produz transtornos físicos, psicológicos e morais.

A "violência número um" atrai "a violência número dois": a revolução, ou a dos oprimidos, ou a da juventude decidida a lutar por um mundo mais justo e mais humano. Como os oprimidos estão abrindo os olhos, as autoridades e os privilegiados se alarmam diante de quem eles chamam de "elementos subversivos", "agitadores", "comunistas". Em certas ocasiões são pessoas de extrema esquerda que lutam pela libertação dos oprimidos optando pela violência armada, mas em outras são pessoas movidas por sentimentos religiosos: não suportam que a religião seja interpretada como ópio do povo e desejam que esteja a serviço da promoção humana. Para as autoridades e os privilegiados, quando, em nome da religião, eclesiásticos e leigos trabalham para implantar as reformas de base é porque abandonaram a religião pela política, porque caíram no esquerdismo ou são ingênuos a preparar o caminho do comunismo.[76]

Quando a "violência número dois" enfrenta "a número um", as autoridades creem na obrigação de salvar a ordem pública e usam meios mais fortes: entra em cena "a violência número três". Para obter informações, a lógica da violência conduz ao uso de torturas morais e físicas. Com frequência, são organizados protestos contra as torturas – e os resultados dessa pressão moral libertadora tendem a ser positivos, pois os Governos não gostam de serem vistos como despóticos e autoritários –, mas, infelizmente, não bastam, pois a violência chegará quando houver protestos dos oprimidos.

Para Dom Helder, não havia indícios de mudanças na política internacional de comércio e também era certo o agravamento do protesto

---

[75] Camara, H. *Espiral de violência*, 13-17.
[76] Camara, H. *Espiral de violência*, 17-20.

juvenil, ou seja, o mundo estava se dirigindo para uma espiral de violência.[77] Ele se perguntava: Como evitar? Por que não analisar o que há de justo no protesto da juventude? Fora da violência armada, há possibilidade para um país subdesenvolvido arrancar-se do subdesenvolvimento? Por que não buscar uma solução realmente válida?

Dom Helder descartava a guerrilha. A guerra do Vietnã ensinou que uma guerrilha não poderá vencer um império se não conta com o apoio da população local, mas que também só pode enfrentar o poder bélico de uma grande potência quando tem às suas costas outra grande potência. Isso quer dizer que a libertação do Vietnã foi relativa: o povo continuou sendo satélite de outra potência.[78] Solução válida – embora muito árdua – virá da "violência dos pacíficos". Em curto prazo, Gandhi pareceu fracassado. Mas ele conseguiu vencer a violência armada com a pressão moral libertadora, a não violência ativa.

Mas será que na atualidade Gandhi consegueria vencer a violência armada com a violência dos pacíficos? Seria possível a vitória quando os Direitos Humanos – inclusive o direito de expressão – são negados por métodos totalitários de distorção da verdade e táticas físicas e morais? Quando a imprensa é obrigada a divulgar o que manda a oficialidade e os presos são obrigados a dedar companheiros via tortura? Quando os regimes "respeitam o grande líder", mas perseguem os colaboradores mais humildes, sem preparação e resistência diante dos interrogatórios complexos, tendenciosos e dirigidos?[79] Quando Gandhi fazia uma greve de fome, o mundo entristecia e o império tremia, mas se tivessem difundido as maiores infâmias sobre ele, se tivesse ficado sem voz, se seus companheiros tivessem sido encarcerados, se tivesse abandonado a *satyagráha*, ele seria o Apóstolo da não violência?[80] Diante de tudo isso e das dificuldades de fazer um profundo diálogo para planificar a atual política de comércio exterior, peça-chave das

---

[77] CAMARA, H. *Espiral de violência*, 26-30.

[78] CAMARA, H. *Espiral de violência*, 33-37.

[79] Segundo Dom Helder, para um sacerdote, mais grave do que ser encarcerado é não sê-lo, mas ver encarcerados os militantes que acolheram com sinceridade a mensagem evangélica por ele proclamada (CAMARA, H. *Espiral de violência*, 42).

[80] CAMARA, H. *Espiral de violência*, 37-42.

injustiças existentes entre o mundo desenvolvido e o subdesenvolvido, devemos concluir, então, que é impossível iniciar na atualidade um movimento como o de Gandhi?

Surpreendentemente, Dom Helder afirma que o tempo joga em favor de Gandhi: o ser humano se convencerá do absurdo das guerras que exigem muitas vidas humanas e muito dinheiro.[81] Além disso, o Dom percebeu que, em todos os lugares, há minorias que sabem muito bem que a violência não é uma autêntica resposta à violência; que, se respondermos à violência com a violência, o mundo cairá em uma espiral de violência;[82] que a única forma de contê-la é enfrentar as injustiças que constituem a "violência número um". Essas minorias, exercendo a pressão moral libertadora, provocarão grandes questionamentos sobre a atual configuração sociopolítica. As autoridades, então, deverão escolher se preferem a violência sangrenta e armada ou a violência dos pacíficos. Aos que pensam que os poderosos não cederão ante a violência dos pacíficos – porque não querem mudanças das estruturas injustas e inumanas – basta recordar que os seus próprios filhos já estão exigindo um mundo mais solidário e mais humano.

Dom Helder convidava a todos para caminhar juntos, através da AJP, na violência dos pacíficos: os oprimidos e privilegiados que não suportam as injustiças; os que optaram pela violência armada mas perguntam-se se a violência dos pacíficos não é a melhor solução; as autoridades que responderam à violência com violência mas compreendem a urgência da justiça.

1.3.3 As Minorias Abraâmicas

Dom Helder criou a noção de "Minorias Abraâmicas"[83] e a desenvolveu no livro-roteiro O *deserto é fértil*, lançado em 1971. O roteiro apresenta uma nova reflexão espiritual, nascida da experiência espiritual do peregrino da paz, vivenciada no contexto socioeclesial latino-americano,

---

[81] CAMARA, H. *Espiral de violência*, 45-48.

[82] CAMARA, H. *Espiral de violência*, 48.

[83] No final do livro *Espiral de violência*, Dom Helder lançou a ideia de criar o movimento das "Minorias Abraâmicas" partindo do princípio de que em todas as partes existem minorias capazes de compreender a AJP e adotá-la como material de estudo e de ação. Explicava que estas são abraâmicas porque esperam contra toda a esperança (CAMARA, H. *Espiral de violência*, 65).

das décadas de 1960 e 70, e do contanto com as Minorias Abraâmicas de vários países.

Dom Helder, peregrinando pelo mundo, procurou convencer as instituições a aderirem à pressão moral libertadora e à AJP. No entanto, concluiu que as instituições eram "pesadas" demais. Então, descobriu as Minorias Abraâmicas:

> Sempre busquei meios para obter transformações das estruturas injustas por meio de uma pressão moral libertadora. Por um longo tempo pensei que esta pressão moral libertadora poderia ser exercitada por grandes instituições como a Igreja, a universidade, o sindicato, a imprensa. Bastava conscientizá-las e mobilizá-las. [...] Mas fui obrigado a reconhecer que as instituições são massas pesadas. Não é fácil mobilizar nem sequer uma universidade, impossível mobilizar muitas, e assim do mesmo modo as religiões, os sindicatos. Então descobri as Minorias. Em todas as sociedades e instituições há pessoas que têm fome e sede de justiça e pensam que a justiça é o caminho para a paz. A pressão moral libertadora pode ser feita pelas Minorias Abraâmicas.[84]

Por isso, Dom Helder considerava essencial transmitir essa descoberta maravilhosa: "Em todos os recantos da Terra, dentro de todas as raças, todas as línguas, todas as religiões, todas as ideologias, há criaturas que nascem para dedicar-se, para gastar-se ao serviço do próximo, dispostas a não medir esforços para ajudar de verdade e, enfim, a construir um mundo mais justo e mais humano".[85] São ligadas ao meio em que se acham inseridas, mas sentem-se membros da Família Humana e encaram a todos como irmãos e irmãs.

As Minorias receberam mais de Deus. Se Deus fosse um tímido e medroso dos julgamentos, teria criado todos iguais e ninguém poderia reclamar.

---

[84] CAMARA, H. *Le conversioni di un vescovo*, 188-190. Segundo Dom Helder, as instituições estão presas a duas dificuldades especiais que impedem gestos audazes: devem traduzir a média das opiniões e, na conjuntura capitalista, para se manterem são obrigadas, direta ou indiretamente, a se ligarem à engrenagem. Porém, ao convencer-se de que é praticamente impossível o apelo às instituições como instituições, "descubro, em toda a parte [...] minorias que parecem, na linha social e para explosões de amor, o equivalente à descoberta da energia nuclear, que dormiu milênios no seio dos átomos" (ID. *O deserto é fértil*, 5-6).

[85] CÂMARA, H. *O deserto é fértil*, 9.

A vida seria uma incrível monotonia: "Todos com o mesmo rosto e todas as flores com a mesma forma, cor e perfume".[86] Mas Deus aceita o risco de parecer injusto, mas não é. Ele pede mais de quem recebe mais: "Quem recebe mais recebe em função dos outros. Não é maior, é mais responsável. Deve servir mais. Viver para servir".[87] E para que as Minorias pudessem desempenhar melhor a sua vocação de "servir mais", Dom Helder escreveu-lhes um *roteiro espiritual* tendo como protótipo o Pai Abraão. O patriarca a) foi chamado por Deus, b) partiu e caminhou, c) enfrentou deserto (provas), d) respondeu ao máximo seu chamado. Nesse esquema, no entanto, é também latejante a experiência espiritual helderiana: como Abraão, o Dom ouviu o chamado de Deus, partiu e caminhou, enfrentou desertos, respondeu com coragem ao chamado divino.

De Abraão e de outros Pais de crentes e condutores de multidões se diz que ouviram o chamado de Deus. Atualmente, a voz de Deus continua chamando:

> Quem vive em áreas onde milhões de criaturas humanas vivem de modo subumano, praticamente em condições de escravidão, se não tiver surdez de alma, ouvirá o clamor dos oprimidos. E o clamor dos oprimidos é a voz de Deus. Quem vive em países desenvolvidos e ricos, onde existem zonas cinzentas de subdesenvolvimento e miséria, se tiver antenas espirituais, ouvirá o clamor silencioso dos sem-vez e sem-voz. E o clamor dos sem-vez e sem-voz é voz de Deus. [...] O protesto dos pobres é voz de Deus. [...] E a voz dos países injustiçados é a voz de Deus. [...] Seremos tão alienados, tão distantes e tão frios, de maneira a dar-nos ao luxo de procurar Deus, em horas cômodas de lazer, em templos luxuosos, através de liturgias pomposas e, não raro, vazias, sem vê-Lo, sem ouvi-Lo, sem tocá-Lo, lá onde Ele está, e nos espera e exige nossa presença. [...] É fácil, relativamente fácil, escutar o chamado de Deus [...]. Difícil é não parar em atitudes emotivas de compaixão e pesar. Dificílimo é arrancar-nos do comodismo; quebrar estruturas interiores (as mais duras e penosas de quebrar); deixar-nos revolver pela graça; decidir--nos a mudar de vida; a converter-nos.[88]

---

[86] CÂMARA, H. *O deserto é fértil*, 13.

[87] CÂMARA, H. *O deserto é fértil*, 13-14.

[88] CÂMARA, H. *O deserto é fértil*, 23-25. Quem é integrante das Minorias Abraâmicas, "amando sua pátria e todo o contexto humano e espiritual que particularmente o afeta, não se sinta

Quem ouve o chamado de Deus e decide-se por abandonar o comodismo, como Abraão, precisa partir e caminhar:

> Partir é, antes de tudo, sair de si. Romper a crosta de egoísmo que tende a aprisionar-nos no próprio eu. Partir é não rodar, permanentemente, em torno de si, numa atitude de quem, na prática, se constitui o centro do Mundo e da vida. Partir é não rodar apenas em volta dos problemas das instituições a que pertence. Por mais importantes que elas sejam, maior é a humanidade, a quem nos cabe servir. Partir, mais do que devorar estradas, cruzar mares ou atingir velocidades supersônicas, é abrir-se aos outros, descobri-los, ir-lhes ao encontro. Marchar por marchar não é ainda verdadeiramente caminhar. Caminhar é ir em busca de metas, é prever um fim, uma chegada, um desembarque. Mas há caminhada e caminhada. Para as Minorias Abraâmicas, partir, caminhar significa mover-se e ajudar muitos outros a se moverem no sentido de tudo fazer por um mundo mais justo e mais humano.[89]

Porém, quem escuta a voz de Deus faz sua opção interior e parte para lutar pacificamente por um mundo mais justo e mais humano: "não pense que vai encontrar caminho fácil, pétalas de rosas debaixo dos pés, multidões à escuta, aplausos por toda a parte e, permanentemente, como proteção decisiva, a Mão de Deus. [...] prepare-se para enfrentar desertos".[90] Os grandes e poderosos desaparecem, cortam as ajudas, passam represálias e, não raro, até financiam rudes, difamadoras e caluniosas campanhas. O deserto torna-se mais terrível porque os pequenos também tendem a intimidar-se: "Quem vive em dependência total quanto à casa e ao emprego [...] pensa na própria situação e, sobretudo, pensa na família e teme! Ficam os menos dependentes ou os mais conscientizados, dispostos ao que der e vier". Mesmo estes, no entanto, às vezes sentem o amigo como "incômodo", pois lhe cria má suspeita: amigo desejado no íntimo, mas temido pelas interpretações dadas ao gesto de receber "alguém malvisto, maljulgado, tido como perigoso...".[91]

---

estrangeiro em nenhum lugar do mundo. [...] Sua escala seja a Terra ou, melhor ainda, o Universo. [...] risque de seu dicionário expressões como 'inimigo', 'inimizade', 'ódio', 'ressentimento', 'rancor'..." (ID. *O deserto é fértil*, 21).

[89] CÂMARA, H. *O deserto é fértil*, 27-28.

[90] CÂMARA, H. *O deserto é fértil*, 31.

[91] CÂMARA, H. *O deserto é fértil*, 32.

Resta, então, a impressão de falar no deserto: as injustiças se alastram e somente as pedras escutam... O sofrimento chega ao auge: deserto exterior, deserto dentro de si, impressão de abandono por parte do Pai. Mas "quem não confia na própria força; quem se protege contra toda e qualquer amargura; quem se mantém humilde; quem se sabe nas mãos de Deus; quem não deseja senão participar na construção de um mundo mais justo e mais fraterno, não desanima, não perde a esperança. E sente, invisível, a sombra protetora do Pai!".[92] Por isso, deve continuar a caminhar: não desistir da causa da justiça e da paz, mesmo quando se tem a impressão "de a terra faltar debaixo dos pés".[93]

É na caminhada, respondendo ao chamado do Pai, que a vida se realiza em "perene juventude". "O segredo de ser jovem – mesmo quando os anos passam, deixando marcas no corpo – o segredo da perene juventude de alma é ter uma causa a dedicar a vida. Com 20 anos, sem sombra de ruga ou cabelo branco, é possível ser um vencido da vida, um pessimista, um velho! [...] Abraçar uma grande causa, ser-lhe fiel, sacrificar-se por ela é importante como acertar a escolha da vocação".[94] E a causa do século é "completar a libertação dos escravos sem nome e que são, hoje, dois terços da humanidade; completar a independência política dos países que conquistaram a própria soberania, encorajando-os a obter a independência econômica, sem a qual de pouco adiantará o próprio ingresso na ONU".[95]

---

[92] CÂMARA, H. *O deserto é fértil*, 33.

[93] CÂMARA, H. *O deserto é fértil*, 31.

[94] CAMARA, H. *O deserto é fértil*, 38. Em suas Meditações, escreveu o Pe. José:
Até o fim
Não, não pares.
É graça divina
começar bem.
Graça maior,
persistir na caminhada certa
manter o ritmo...
Mas a graça das graças
é não desistir.
Podendo ou não podendo
caindo, embora, aos pedaços,
chegar até o fim (ID. *O deserto é fértil*, 41)

[95] H. CÂMARA, *O deserto é fértil*, 39.

Para se dedicar à causa do século, é importante saber qual é a raiz do mal, o problema do século: "O mal dos males é o egoísmo. O egoísmo que fecha os olhos dos ricos dos países pobres [...], dos ricos dos países ricos". Porém, "ninguém se iluda: egoísmo não é monopólio de ninguém, nem de povo nenhum". Entretanto, agora, o egoísmo assumiu escala internacional: "Já não é apenas de indivíduo contra indivíduo ou de grupo contra grupo, mas de países contra países".[96] O egoísmo leva ao orgulho e faz o ser humano ter a audácia de imaginar que pode prescindir de Deus ou tomar o seu lugar; fecha o ser humano e cria infelicidade, tensões, divisões e choques em lares, sindicatos, clubes, partidos políticos e no âmbito religioso.[97] O egoísmo se combate com inteligência e de modo positivo, antes de tudo no íntimo de cada pessoa.[98] O egoísmo, em escala internacional, se combate com uma educação libertadora.

Para libertar é preciso vencer certas hesitações, certas tentações. Pessoas sinceras, piedosas e insuspeitas serão as primeiras a aconselhar moderação, equilíbrio. Importante é não se deixar impressionar pela alegação da necessidade de manter a ordem quando se trata, na verdade, de manter a desordem estratificada. Trata-se sim de firmar a opção de ultrapassar o mero assistencialismo e de clamar por justiça como caminho para a paz:

> Este é um dos modernos divisores de água. Quem se limita a pedir aos poderosos ajuda para dar aos pobres; quem chega mesmo a ajudar os pobres em um começo de promoção humana, mas sem a "imprudência" e a "audácia" de falar em direitos e de ensinar a exigir justiça, é admirável e santo. Quem opta pela justiça e pela mudança das estruturas, que escravizam, no mundo de hoje, milhões de filhos de Deus, prepara-se para ver o próprio pensamento distorcido; para ser vítima da difamação e calúnia; para perder prestígio junto aos governos e poderosos e, quem sabe, ser preso, torturado ou até eliminado... Mas como esquecer que tudo isto é viver a oitava bem-aventurança...[99]

---

[96] H. CÂMARA, *O deserto é fértil*, 47-49.

[97] H. CÂMARA, *O deserto é fértil*, 61.

[98] H. CÂMARA, *O deserto é fértil*, 45-47.

[99] H. CÂMARA, *O deserto é fértil*, 64-65.

O PENSAMENTO PROFÉTICO-ESPIRITUAL DE DOM HELDER   485

Na concepção helderiana, as Minorias Abraâmicas possuem as forças capazes de explosões de amor tanto quanto a energia dos átomos. As energias de ambas por anos estiveram escondidas, mas agora estão latentes: o que falta às Minorias não é força, mas quebrar o isolacionismo para criar unidade na ação. Por isso, o Dom lança o apelo: "Uni-vos, Minorias Abraâmicas".[100] Não se trata de criar uma organização rígida e hierarquizada – pois a Família Abraâmica é mais um espírito, uma mística –, mas de criar entrosamentos para habituar-se a *ver* e *ouvir*,[101] buscando apoios nos "seres humanos médios",[102] nos artistas e nos jovens.[103] O Movimento que parece não ter chefe nem guia, será conduzido diretamente pelo Senhor[104] e, se as Minorias se unirem, então teremos o direito de conservar a esperança.[105]

1.4 "[...] quero dar-me até o último suspiro de vida em defesa da justiça e da paz"

Dom Helder viajou pelo mundo afora anunciando que a justiça é condição indispensável para a verdadeira paz.[106] Foi, principalmente, por

---

[100] H. CÂMARA, *O deserto é fértil*, 75.

[101] H. CÂMARA, *O deserto é fértil*, 77-78. Dom Helder dizia que as Minorias, entre outras coisas, poderiam: 1) documentar: oferecer dados de quanto é investido em educação, saúde, armamentos, taxas de importação e exportação das matérias-primas e dos produtos industrializados... 2) documentados, exercer a pressão moral libertadora: considerada por muitos como perigosa e subversiva, mas que é a violência dos pacíficos, incomparavelmente preferível à violência explosiva e armada.

[102] "Humanos médios": não são nem de grandes pecados e covardias e nem de grandes virtudes e coragens. Não se trata dos tíbios, mas de pessoas que querem viver tranquilos e em paz com os seus e que fazem, muitas vezes, heroísmos anônimos, como um taxista que garante a educação de oito filhos (CÂMARA, H. *O deserto é fértil*, 85-88).

[103] Segundo Dom Helder, para que um artista não se preocupe com a construção de um mundo mais humano, é preciso que esteja muito comprometido pela ganância, egoísmo, aburguesamento. Se há jovens que se drogam para esquecer o que parece ser o absurdo da vida, há outros que estão cheios de esperança, rebentando de generosidade, dispostos a gastar a vida pela construção de um mundo mais respirável e humano (CÂMARA, H. *O deserto é fértil*, 89-99).

[104] CAMARA, H. *Espiral de violência*, 51-55.

[105] CAMARA, H. *Espiral de violência*, 55-59; ID. *Chi sono io?*, 72-74.

[106] Marcos de Castro anota que as viagens do Dom, "que sempre provocaram reações de incompreensão ou de maldade dentro do Brasil, desde o início tiveram uma razão muito clara, muito definida. Ele partiu sempre do princípio segundo o qual as mudanças nos nossos países do mundo subdesenvolvido serão impossíveis sem mudanças de estrutura dos países industriais. E essas mudanças, para Dom Hélder, só podem ser feitas se houver justiça e amor" (CASTRO,

ocasião do Vaticano II que ele ficou conhecido na Europa. Todavia não foram os seus discursos – não os fez – nas Aulas Conciliares que tornaram notável o seu nome. Foram os testemunhos de pessoas que tiveram a ocasião de conhecer esse Bispo, minúsculo e aparentemente insignificante, extremamente simples, capaz de revelar uma grande alma. Nos anos seguintes, ele foi convidado por personalidades eclesiásticas e civis para fazer conferências em várias partes do mundo, tais como Nova Iorque, Milão, Paris, Genebra, Amsterdam, Londres, Berlim, Montreal, Buenos Aires.[107] No clima de Medellín, Dom Helder lançou no Brasil a AJP, a fim de exercer a pressão moral libertadora. Mas o AI-5 praticamente impediu que o movimento exercesse sua missão. Então, o Senhor "logo permitiu que eu recebesse numerosos convites do exterior. Em média, chegam-me oitenta convites por ano; evidentemente, não me é possível aceitar todos".[108] Através das viagens, Dom Helder compreendeu que, se por um lado, as injustiças estavam presentes em todo o mundo, por outro, em todas as partes existiam minorias que se doavam pela justiça. Sentiu-se, então, chamado pelo Senhor para peregrinar, a fim de fortalecer e unir as "Minorias Abraâmicas".[109]

Em suas viagens e conferências, o Dom apresentava-se como "criatura humana que se considera irmão de todos os homens, sem exceção de

---

M. de. *Dom Helder: misticismo e santidade*, 195). Muratori afirma que, em suas viagens, Dom Helder buscava ajudar a Igreja, os cristãos e milhares de pessoas a assumir a tarefa fundamental na luta contra o subdesenvolvimento e na construção de uma nova sociedade. Em muitos países, grupos de Bispos, sacerdotes, organizações laicais se inspiravam nas palavras e ações do Bispinho. Ele foi providencial para fazer da Igreja uma das principais forças sociais no Brasil e na América Latina, tomando posições abertas em relação à justiça internacional (MURATORI, L. "Le sue parole e l'Opera". In: BOURGEON, R. *Il profeta del Terzo Mondo*, 264-267). Dom Helder recebeu convites, mas nunca pregou em países socialistas por dois motivos: 1) porque queria ter a liberdade de criticar os limites do regime; 2) porque o Governo brasileiro criaria grandes problemas, uma vez que por pregar em países supercapitalistas já o considerariam "comunista" (CAMARA, H. *Le conversioni di un vescovo*, 194).

[107] MURATORI, L. "Le sue parole e l'Opera". In: BOURGEON, R. *Il profeta del Terzo Mondo*, 264-265.

[108] CAMARA, H. *Le conversioni di un vescovo*, 193-194.

[109] CAMARA, H. *Le conversioni di un vescovo*, 193. Paulo VI, empolgado pela pregação de Dom Helder, certa vez lhe perguntou se não tinha medo de ser assassinado. E eis que ouviu: "Santo Padre, vou lhe responder com o coração aberto. Parece-me que oferecer a própria vida pela paz do mundo, pela aproximação entre os seres humanos, seja uma graça que ninguém, ninguém merece. Se, sem nenhum mérito da minha parte, o Senhor me oferece esta graça, não tenho absolutamente nada com que me preocupar" (ID. *Le conversioni di un vescovo*, 226-227). Um dos critérios usados para aceitar os convites era se a viagem fortaleceria as "Minorias Abraâmicas".

O PENSAMENTO PROFÉTICO-ESPIRITUAL DE DOM HELDER

ninguém; um cristão que sabe que Jesus Cristo não morreu apenas pelos cristãos, mas por todos os homens, de todas as raças, de todos os credos, de todas as ideologias";[110] "um bispo que agradece a Deus as figuras humaníssimas de João XXIII e Paulo VI; um bispo que exulta com a *Populorum Progressio* e se alegrará em sofrer pela solidariedade universal, desejando-a não só em palavras e anseios vagos, mas concreta e real, através da aproximação entre todas as religiões, da aproximação entre Norte e Sul, entre Leste e Oeste".[111] Quando estava sendo acusado de ingênuo, presunçoso, agitador, identificou-se como "seguidor do Peregrino da paz": "Meu único juiz, Cristo, o sabe. Só pretendo uma coisa: seguir cada dia as vias do Peregrino da paz e falar em nome de quem não pode fazê-lo".[112] A sede de diálogo levava-o a falar inglês, francês, italiano, alemão... Porém, ele dizia: "Em todos estes casos só consigo chegar ao dialeto Camara: um pouco da língua, muito gesto e todo o meu coração".[113]

Embora tendo um núcleo constante – a justiça como condição para a paz –, a pregação de Dom Helder era criativa, não repetitiva, atraente. Demonstraremos isso "viajando" com ele por alguns países e em épocas diferentes.

1.4.1 A injusta política internacional do comércio e o colonialismo interno

Em dezembro de 1965, na conclusão da segunda conferência europeia de jovens cristãos dirigentes de empresas, em Amsterdam, Dom Helder, entre outras coisas, afirmou profeticamente que a fome existente no mundo é uma vergonha para uma sociedade que se diz cristã e que estaremos "brincando de desenvolvimento" até não se obter uma reforma profunda da política do comércio. Acrescentou que nos países do Terceiro Mundo os *trusts* internacionais matam a indústria local, além de levar embora mais

---

[110] CÂMARA, H. *Revolução dentro da paz*, 72; ID. "Il nuovo umanesimo che sta sorgendo". In: CÂMARA, H. *Terzo Mondo defraudato*, 69.

[111] CÂMARA, H. *Revolução dentro da paz*, 72; ID. "Il nuovo umanesimo che sta sorgendo". In: CÂMARA, H. *Terzo Mondo defraudato*, 69.

[112] CAMARA, H. Para llegar a tiempo. Apud BLAZQUEZ, F. *Ideario de Hélder Câmara*, 205.

[113] CAMARA, H. "Recife e Milão, irmãs em responsabilidades em face do desenvolvimento". In: H. CÂMARA. *Utopias peregrinas*, 38.

do que os benefícios que deixam. É preciso que todos os países busquem o desenvolvimento harmônico e integral do mundo.[114]

Associado à injustiça internacional estava o colonialismo interno. Há "irmãos" que dependem totalmente de um latifundiário: vivem na terra do patrão, recebem uma casa miserável, realizam um subtrabalho que só permite viver em um regime de fome. Esses "irmãos", em qualquer instante, podem ser expulsos das terras do patrão. Vivendo em tal condição, sem acesso à educação e ao trabalho livre e invadidos por um desalento interior, tendem a identificar a religião com um triste fatalismo: pensam que Deus quis que uns nascessem pobres e outros ricos.[115]

Diante desse cenário socioespiritual, em maio de 1967, perguntou em Milão: "Que deve fazer um Bispo ao chegar a uma Cidade e verificar que 2/3 do Povo que o Pai lhe confia vive em situação infra-humana? Qual o seu primeiro dever como homem, como cristão, como Padre, como Pastor? Sem perda de tempo, cabe-lhe ajudar sua gente a atingir um nível humano de vida".[116] Depois de três séculos de escravização de milhões de africanos, é preciso reconhecer que "passamos a escravizar nossos próprios conterrâneos, não só filhos de Deus como nós, mas filhos de nosso próprio País, carne de nossa carne, sangue de nosso sangue. Este é o pior e o mais triste dos Colonialismos, o Colonialismo interno: riquezas que se baseiam, que se firmam na miséria dos compatriotas".[117]

Em maio de 1973, em Bruxelas, Dom Helder ressaltou que as multinacionais, nos países subdesenvolvidos, estavam reforçando o colonialismo interno, fazendo alianças com ditaduras, realizando o moderno imperialismo, reforçando Governos que, ao invés de obter como resultado o desenvolvimento do homem e de todos os homens, geravam crescimento econômico

---

[114] CAMARA, H. "Dieci proposte per il Terzo Mondo". In: CÂMARA, H. *Terzo Mondo defraudato*, 25-35.

[115] CAMARA, H. "Il dialogo tra le università". In: CÂMARA, H. *Terzo Mondo defraudato*, 73.

[116] CAMARA, H. "Recife e Milão, irmãs em responsabilidades em face do desenvolvimento". In: CÂMARA, H. *Utopias peregrinas*, 30.

[117] CAMARA, H. "Recife e Milão, irmãs em responsabilidades em face do desenvolvimento". In: CÂMARA, H. *Utopias peregrinas*, 31.

de grupos privilegiados, de modo que os ricos ficavam cada vez mais ricos e os pobres cada vez mais pobres.[118]

1.4.2 A conscientização das massas e o potencial da juventude

Tendo em vista o cenário acima descrito, Dom Helder dizia que é preciso mais do que ensinar a ler e a escrever. É necessário despertar a iniciativa, promover lideranças, ensinar que as saídas virão de buscas coletivas e, por isso, é preciso aprender a trabalhar em equipe, pois não basta ficar somente esperando que o Governo faça. "A esse trabalho damos o nome de conscientização. Trata-se de abrir os olhos, excitar a consciência, ajudar o homem a utilizar sua inteligência e sua liberdade; de ajudar o homem a ser homem."[119] Os latifundiários, no entanto, se opõem a qualquer trabalho de conscientização das massas. O próprio Governo se alarma dizendo que é mais fácil "conscientizar" do que "fazer as reformas" e acusa de "subversivos" e "comunistas"os que tentam conscientizar. "Mas se amanhã as massas da América Latina abrirem os olhos e tiverem a impressão de que o cristianismo teve medo, que não teve coragem de falar claramente e sem temor, por medo do Governo e dos latifundiários, as massas refutarão o cristianismo porque esse lhes parecerá, sem equívoco, como a religião aliada dos seus exploradores."[120] D. Helder acrescentava que já se sabe como ajudar as massas a serem povo e como preparar o povo para o desenvolvimento. Porém, "a dúvida consiste em saber se a educação tira escamas de olhos de ricos, rompe carapaças de egoísmo, revolve consciências, muda mentalidades, conduz à reforma de estruturas socioeconômicas".

Nesse sentido, no final de maio de 1967, durante sessão solene da 2.ª Conferência *Pacem in Terris*, em Genebra, afirmou que, para obter que as leis sociais não se convertam em letra morta, são necessárias pressões morais, democráticas, porém fortes, para ajudar a vencer a debilidade

---

[118] CAMARA, H. "As multinacionais – esfinge de nosso tempo". *Sedoc* 6 (1973) 469-470; ID. "Escolas Superiores de Paz". In: CÂMARA, H. *Utopias peregrinas*, 68-69).

[119] CAMARA, H. "Il dialogo tra le università". In: CÂMARA, H. *Terzo Mondo defraudato*, 73.

[120] CAMARA, H. "Il dialogo tra le università". In: CÂMARA, H. *Terzo Mondo defraudato*, 73-74. Para Dom Helder, o cristianismo não pode ser "ópio do povo" mas, seguindo o exemplo de Cristo e em união com ele, encarnar e assumir os problemas humanos, em vista da redenção do ser humano.

humana dos grandes proprietários,[121] os quais mantêm uma violência institucionalizada. Por isso, Dom Helder conclamava a juventude a aderir à violência dos pacíficos por ser esta mais realista e evangélica do que a violência armada: "Minha vocação pessoal é a de ser seguidor do Peregrino da paz: pessoalmente, prefiro mil vezes que me matem, a matar".[122] Em 1969, durante o Congresso Estudantil de Manchester, na Inglaterra, expôs os sete pecados capitais do mundo de hoje – racismo, colonialismo, guerras, paternalismo, farisaísmo, alienação, medo – e conclamou a juventude para que os combatessem.[123]

Dom Helder percebeu que, para conscientizar as massas, exercitar a pressão moral libertadora e praticar a violência dos pacíficos eram de suma importância a ação e a união das Minorias Abraâmicas. No Encontro de Jovens, de novembro de 1972, em Turim, disse que, se olharmos ao redor, descobriremos uma minoria disposta a trabalhar, inclusive com sacrifício, para a construção de um mundo mais justo e mais humano. Perguntava-se se era possível descobrir a maneira de reunir em cada bairro, em cada província, em cada nação, em cada continente, em todo o mundo, minorias que

---

[121] CAYUELA, J. *Hélder Câmara – Brasil: ¿un Vietnam católico?*, 212-213. Na ocasião, Dom Helder conversou muito com Luther King, aprofundando ideias sobre a paz mundial. Alguns meses depois, em abril de 1968, Martin cairia vítima da violência.

[122] CAMARA, H. "La violencia: ¿opción única?". In: CAYUELA. J. *Hélder Câmara – Brasil: ¿un Vietnam católico?*, 267.

[123] CAMARA, H. "Ante la crisis ¿qué débeis hacer?". In: RENEDO, B. T. de. *Hélder Câmara: proclamas a la Juventud*, 88-92. Dom Helder, por sua personalidade, profecia, mística e por acreditar no potencial juvenil em vista da construção de um mundo justo e fraterno, era muito admirado pela juventude que lotava espaços para vê-lo e ouvi-lo. Em Paris, qualquer evento com a presença do Arcebispo era frequentadíssimo. Em abril de 1968, por exemplo, ele pronunciou a conferência "A violência, opção única?", diante de um público complexo, exigente e desafiante: sacerdotes, religiosas, hierarquias de vários credos, *hippies* e jovens de todas as tendências, predominando jovens universitários do mundo subdesenvolvido – sobretudo latino-americanos, para quem a ideologia e o testemunho de Camilo Torres e Che Guevara eram irreversíveis – e universitários do mundo desenvolvido – a maioria franceses, aferrados em suas teses de rebeldia. Ao final da conferência, desenvolveu-se um grande debate entre os defensores da violência armada e os da violência dos pacíficos. ("Dom Helder s'explique", *Informations Catholiques Internacionales* 315 (1968) 4-9). O momento mais célebre, no entanto, aconteceu em maio de 1970, quando vinte mil pessoas – a maioria jovens – se apinharam dentro e fora do Salão de Esportes. Na ocasião, o Dom pronunciou a célebre conferência "Quaisquer que sejam as consequências", denunciando a tortura existente no Brasil (CAMARA, H. "Quaisquer que sejam as consequências". In: CIRANO, M. *Os caminhos de Dom Helder: perseguição e censuras (1964-1980)*, 71-72. Cf. Cap. V, 3.2).

O PENSAMENTO PROFÉTICO-ESPIRITUAL DE DOM HELDER 491

se colocassem de acordo em três ou quatro pontos concretos, que exigem atenção primordial.[124]

1.4.3 Educação, arte e religiões em prol da Paz

Dom Helder questionava a idealização que se faz das guerras. Ao receber o Prêmio Popular da Paz em fevereiro de 1974, perguntou: "Até quando haverá quem entoe hinos à guerra, pretendendo idealizar a carnificina, o assassinato das populações mais jovens, a destruição maciça de crianças, de velhos?".[125] Em relação à guerra fria frisava: "Hoje os Estados Unidos e a União Soviética estão muito menos longe, um do outro, do que podem imaginar os ingênuos anticomunistas, que tremem de horror ante a foice e o martelo".[126] E, honestamente, perguntava: "O que faria São Tomás de Aquino, o comentador de Aristóteles, diante de Karl Marx?".[127] Ao invés de exaltar e idealizar guerras, importante é promover Escolas Superiores de Paz. Por isso, em março de 1975, quando recebeu o título de *Doutor Honoris Causa*, na Universidade de Paris – Pathéon Sorbonne – disse:

> uma das melhores maneiras de aproveitar esta hora é sugerir-vos que encorajeis o surgimento, do flanco de vossa Universidade, de uma Escola Superior de Paz. Quem sabe, outras Universidades do Norte e do Sul, do Leste e do Oeste criarão Escolas semelhantes, convictas de que assim estarão colaborando para abrir saídas para os terríveis impasses, para os quais a Humanidade está marchando com passos acelerados.[128]

Recordando a frase "Se quiseres a paz, prepara a paz", disse que as Escolas poderiam estudar a fixação dos preços do mercado internacional a

---

[124] CAMARA, H. "La degradación de los mundos y la urgente renovación de la tierra". In: RENEDO, B. T. de. *Hélder Câmara: proclamas a la Juventud*, 203.

[125] CAMARA, H. "Mais perto ou mais longe da paz?". In: CÂMARA, H. *Utopias peregrinas*, 58.

[126] CÂMARA, H. *Revolução dentro da paz*, 114.

[127] CAMARA, H. "O que faria S. Tomás de Aquino, o comentador de Aristóteles, diante de Karl Marx?". In: POTRICK, M. B. *Dom Helder, pastor e profeta*, 151-160. Dom Helder sugeriu, em outubro de 1974, que a Universidade de Chicago comemorasse o sétimo centenário de São Tomás fazendo com o pensamento de Karl Marx o que Tomás fizera com o de Aristóteles. Assim como na *Suma Teológica*, Tomás "redescobriu os valores cristãos" na filosofia de Aristóteles, há verdades a redescobrir e a valorizar no marxismo.

[128] CAMARA, H. "Escolas Superiores de Paz". In: CÂMARA, H. *Utopias peregrinas*, 65-66; ID. *Le conversioni di un vescovo*, 216-218.

fim de despertar a consciência e superar os antagonismos; pensar na criação das indústrias da paz e demonstrar que não precisamos viver sob a condição de abutres por causa dos lucros das empresas da guerra; avaliar o desenvolvimento de todos os homens e do homem todo; mostrar o perigo que representam à segurança nacional e internacional as polícias paralelas, as forças ocultas que não conhecem barreiras e limites; examinar a possibilidade de colocar as multinacionais não a serviço de grupos privilegiados mas da humanidade e da natureza que está sendo esgotada.[129] As Escolas dariam suporte às Minorias Abraâmicas e, juntos, deflagrariam a força nuclear do Bem, a força solar do Amor.[130]

Dom Helder esperava que as universidades fossem lugares de reflexão em prol da paz, da justiça e da libertação dos oprimidos. Em sua conferência, por ocasião da comemoração do primeiro centenário da Universidade Livre de Amsterdam, em outubro de 1980, ele voltou a insistir sobre a necessidade de uma nova cátedra: a de Educação para a Justiça, na linha do que foi criado na Universidade de Notre Dame, nos Estados Unidos (em abril de 1980); ou uma cátedra de Educação Libertadora, como vem tentando o povo latino-americano, de modo empírico, mas com toda a alma; ou uma Escola Superior de Paz, como está sendo sonhada pelos que trabalham para criar um mundo mais respirável, mais justo e mais humano.[131] Na ocasião, afirmou:

> O balanço dos milênios de atuação humana demonstra que, na linha da inteligência, o Homem revela que é mesmo um cocriador. Estamos no começo do começo das Viagens espaciais. Muito em breve a escala planetária da Terra minúscula será substituída por uma escala verdadeiramente universal. Mas, na linha do egoísmo, como continua primário o Animal-Homem!... Quem não sabe que o Homem, tanto é capaz de liquidar a Miséria da Terra, como é capaz de liquidar a vida em nosso Planeta.[132]

---

[129] CAMARA, H. "Escolas Superiores de Paz". In: CÂMARA, H. *Utopias peregrinas*, 69-72.

[130] CAMARA, H. "Escolas Superiores de Paz". In: CÂMARA, H. *Utopias peregrinas*, 73.

[131] CAMARA, H. "Apelo fraterno à Universidade Livre, de Amsterdam". In: CÂMARA, H. *Utopias peregrinas*, 76.

[132] CAMARA, H. "Apelo fraterno à Universidade Livre, de Amsterdam". In: CÂMARA, H. *Utopias peregrinas*, 75-76.

Dom Helder também "pregava" a paz através da arte. Em 1980, por exemplo, gravou na França a *Sinfonia dos dois mundos*, com texto de sua autoria e música do padre suíço Pierre Kaelin. Na gravação original, o Arcebispo é o narrador. A *Sinfonia*, apresentada pela primeira vez na Bélgica durante a década de 1970, foi outro meio utilizado para conscientizar o mundo, mas principalmente os países ricos, sobre o fato de que, sem mudanças profundas e pacíficas nos países industrializados, a melhoria das relações com os países do Terceiro Mundo ficaria cada vez mais difícil de ocorrer. Em consequência aumentariam a miséria e a violência no mundo.[133] Prestigiada na Suíça, França e Itália, a *Sinfonia* foi apresentada no Brasil somente em 1985, porque o autor estava sob a censura. Em 1985, no entanto, antigos detratores promoveram e elogiaram o grandioso espetáculo, não mais do "Arcebispo vermelho", mas do "mensageiro da Paz", do "mito D. Helder".[134]

O peregrino da paz, em suas mensagens, sempre convocava os líderes religiosos e todas as religiões a adotarem uma postura de diálogo, compreensão, respeito e, juntos, lutarem pela justiça. Por causa dessa postura, foi o primeiro a receber o Niwano da Paz, em abril de 1983. Na ocasião, disse: "Ao ser concedido, pela primeira vez, o Niwano Peace Prize, os nossos Irmãos Budistas aceitaram que o laureado fosse um Cristão, fosse o Arcebispo Católico de Olinda e Recife, no Brasil! Este gesto surge do contexto de esforços numerosos que os Budistas vêm tentando e, ao menos em parte, liderando, para chegarmos a um Mútuo Conhecimento e a uma Cooperação Inter-religiosa".[135]

1.4.4 Um "outro desenvolvimento" e um novo milênio sem miséria

Esmagado por 20 anos de ditadura militar que boicotou as reformas de base, o povo brasileiro esperava que, com a redemocratização, fosse possível efetivar mudanças estruturais. Dom Helder, com suas palavras de

---

[133] CONDINI, M. *Dom Helder Camara: um modelo de esperança*, 99-100; "Apresentação da *Sinfonia dos dois mundos*, em Genebra" [acesso em: 15-5-2009].

[134] PILETTI–PRAXEDES, 447-448; "Sinfonia: ensaio geral emocionou orquestra, solistas e coral". *O Globo*, 21-9-85; "O mito D. Helder Camara". *O Estado de S. Paulo*, 11-4-85.

[135] CAMARA, H. "Colaboração do Budismo para a Paz Mundial". In: CÂMARA, H. *Utopias peregrinas*, 103.

Pastor, alimentou a esperança. Em dezembro de 1984, quando foi paraninfo dos formados de Pedagogia da Faculdade de Filosofia de Recife, disse que naquelas "horas tão decisivas" o Brasil precisava livrar-se·dos escândalos realizados com o dinheiro público, restaurar a confiança nas declarações oficiais, pois o país não precisa das pseudopatrióticas inverdades; valorizar os jovens, livrando-os das guerras, da miséria, das drogas; valorizar a contribuição indispensável da mulher, estimulando o autêntico feminismo; salvar a Amazônia;[136] verificar se as dívidas externas já não estavam pagas;[137] promover a reforma agrária.[138] Enfim, conclamou a juventude para um desafio apaixonante: "Já reparastes que faltam 15 anos para o Ano 2000 do Nascimento de Cristo!?... É ou não um desafio apaixonante para a vossa Mocidade aproveitar os 15 anos que vos separam do início do 3.º milênio da Era Cristã para ajudar o nosso Nordeste e o nosso Brasil a serem exemplos de áreas humanas onde todos se sintam, de verdade, filhas e filhos de Deus, Irmãs e Irmãos entre nós!?...".[139]

Sem a antiga censura, Dom Helder pregava no Brasil a necessidade de um "outro desenvolvimento", que beneficiasse os pobres, pois havia um "desenvolvimento" que beneficiava os latifundiários, os ricos e as multinacionais. O "novo desenvolvimento" promoveria, entre outras coisas, a reforma agrária: "As estatísticas oficiais dizem que 10% dos brasileiros são sempre mais ricos, com o sacrifício do resto da População... E as mesmas estatísticas oficiais informam que a **terra**, em nosso País de dimensão continental, está nas mãos de 6% da População". Acrescentava que "tentar

---

[136] "Precisamos chegar a tempo para tentar salvar o que porventura ainda sobra da floresta amazônica. Precisamos evitar que a Sociedade de Consumo continue a dilapidar nossas matérias-primas não renováveis" (CAMARA, H. "Dias decisivos para o Nordeste, para o Brasil". In: CÂMARA, H. *Utopias peregrinas*, 111).

[137] "Precisamos de um Brasil que, em face das chamadas dívidas externas nossas, tenha a coragem de verificar até que ponto nossas dívidas já estão pagas, devido a passes mágicos nos juros, feitos com desplante e leviandade" (CAMARA, H. "Dias decisivos para o Nordeste, para o Brasil". In: CÂMARA, H. *Utopias peregrinas*, 111).

[138] "Basta do ridículo de chamar de Agitador e Comunista todo Aquele que, dentro da mais estrita justiça, tenta defender seus direitos. Basta de assassinatos de Líderes Rurais! Basta de perseguição à Pastoral da Terra" (CAMARA, H. "Dias decisivos para o Nordeste, para o Brasil". In: CÂMARA, H. *Utopias peregrinas*, 113).

[139] CAMARA, H. "Dias decisivos para o Nordeste, para o Brasil". In: CÂMARA, H. *Utopias peregrinas*, 113.

O PENSAMENTO PROFÉTICO-ESPIRITUAL DE DOM HELDER

495

enfrentar, sem violência, sem ódio, mudanças de estruturas como a da terra, vão exigir muita ajuda divina e numerosos martírios..."[140]

Em 1987, durante uma conferência internacional no Fórum da Habitação, em Berlim, Dom Helder, por um lado, destacou o trabalho das pequenas comunidades que não trabalham para o povo mas com o povo; por outro, percebia que os problemas mundiais estavam se agravando. Até nos países industrializados e ricos cresciam os bolsões de miséria, constituídos com migrantes ilegais e pessoas desempregadas (por causa da desativação de indústrias).[141] A chegada do ano 2000 poderia ser um estímulo para fazer uma bela celebração da unidade de todas as criaturas humanas: "Ao invés de 1.º Mundo, 2.º Mundo, 3.º Mundo, 4.º Mundo, um só Mundo, uma só Família, sem Opressões, sem Oprimidos, uma Família autêntica de Irmãos e Irmãs, porque Todos somos Filhos e Filhas do mesmo Criador e Pai!".[142]

Faltando uma década para a celebração dos 2000 anos do nascimento de Jesus Cristo, Dom Helder lançou, no dia 20 de novembro de 1990, na Fundação Joaquim Nabuco, a campanha para a erradicação da miséria até o ano 2000. A Campanha "Novo Milênio sem Miséria" foi deflagrada quando uma pesquisa americana apontava Recife como uma das cinco piores cidades do mundo para se viver.[143] Este seria, na compreensão do "irmão dos pobres", o melhor presente que se poderia oferecer ao Menino

---

[140] CAMARA, H. "O Outro Desenvolvimento e os Pobres". In: CÂMARA, H. *Utopias peregrinas*, 117 e 120. Dom Helder dizia: "A propriedade privada é dogma principal para alguns 'bons cristãos', mais importante que a Santíssima Trindade e a Encarnação do Verbo. A propriedade privada que é propriedade privatizante" (BLAZQUEZ, F. *Ideario de Hélder Câmara*, 108). Atualmente, diversos acampamentos, assentamentos e escolas de agricultores ligados ao MST chamam-se "Dom Helder", bem como projetos de reforma agrária e de desenvolvimento da agricultura familiar ligadas ao Governo Federal, a ONGs e às Pastorais das Igrejas.

[141] CAMARA, H. "Pertinência de uma aparente impertinência". In: CÂMARA, H. *Utopias peregrinas*, 125-130. Na ocasião, Berlim festejava seus 750 anos.

[142] CAMARA, H. "Pertinência de uma aparente impertinência". In: CÂMARA, H. *Utopias peregrinas*, 130.

[143] "D. Hélder lança campanha contra miséria"; *Jornal do Comércio*, 21-11-1990; "Comitê Pernambuco homenageia Betinho e Dom Helder", 28-8-2003 [acesso em 2-2-2011]. A Campanha uniu-se ao movimento social *Ação da Cidadania contra a Fome, a Miséria e pela Vida*, lançado nacionalmente pelo sociólogo Herbert de Souza e que teve repercussão internacional. Betinho, na década de 1960, inspirou-se em Dom Helder para iniciar as suas primeiras atividades solidárias. Além de Dom Helder, empenharam-se pela Campanha, entre outros, Dom Luciano Mendes de Almeida, Dom Mauro Morelli, Dom Demétrio Valentini, Zilda Arns e João Pedro Stédile.

que nasceu pobrezinho em Belém: um mundo sem fome e sem miséria; um mundo de irmãos.

Dom Helder foi uma das principais personagens presentes na Eco 92, no Rio de Janeiro. Ele participou do grupo que debateu religião e meio ambiente. Ativistas sociais, ecologistas e religiosos de todo o mundo o procuravam para saudá-lo e tirar uma foto com o "dom da paz". Ele continuava pregando a importância do "novo desenvolvimento" que promovesse a vida dos pobres e o cuidado ambiental, bem como a importância de as religiões ajudarem a humanidade a cumprir a missão, recebida do Criador e Pai, de ser cocriadora e cuidadora da vida.[144]

Desaconselhado por médicos de continuar viajando, Dom Helder fez a sua última viagem internacional em 1994, acompanhado por Zezita, quando participou em Paris de uma homenagem da UNESCO ao seu grande amigo abade Pierre, fundador do movimento Tropeiros de Emaús.[145] Quando Piletti e Praxedes, em dezembro de 1995, o entrevistaram, por ocasião da elaboração do livro *Dom Hélder Câmara: entre o poder e a profecia*, interrogado sobre suas preocupações de então, ele respondeu: "Preparar-me para a 'grande viagem'. Deus sabe o quanto ainda me falta. Não tenho ilusões. Eu sei a média de vida das pessoas e sei os anos que tenho. Nasci em 1909. É fácil fazer a conta e ver que estou com quase 100 anos. Não é?".[146]

Portanto, o peregrino da paz denunciou a injusta política internacional do comércio, o colonialismo interno e a indústria da guerra. Em sua mensagem espiritual alentava a conscientização, a pressão moral libertadora, a violência dos pacíficos, a união das Minorias Abraâmicas, a criação das Escolas Superiores da Paz e a esperança de um novo milênio sem miséria. Será que Dom Helder teve sucesso? "Não importa o sucesso, o triunfo:

---

[144] SYDOW, E.; FERRI, M. *Dom Paulo Evaristo Arns: um homem amado e perseguido*, 358. Entre os que conversaram com o Arcebispo Emérito estava o líder espiritual do Tibete, Dalai Lama Tensi Gyatso, que participava do mesmo grupo de debates.

[145] PILETTI–PRAXEDES, 452. Em 1996, foi Abbé Pierre quem visitou Dom Helder em Recife. Na ocasião fizeram uma declaração em conjunto expressando que colocariam as suas forças espirituais a serviço da luta pela erradicação da fome: "Temos mais de 80 anos e ainda há muitas coisas a fazer para recolocar em ordem o mundo. Com as pequenas forças que nos restam, continuaremos a combater contra a miséria" (BARROS, M. "Dom Helder e a sua herança espiritual" [acesso em 31-8-2010]).

[146] PILETTI–PRAXEDES, 451.

O PENSAMENTO PROFÉTICO-ESPIRITUAL DE DOM HELDER

o deixo para Deus. Deus sabe que quero dar-me até o último suspiro de vida em defesa da justiça e da paz. E sabe que quero fazer isto com alegria".[147]

1.5 "Eu acredito que o mundo será melhor quando o menor que padece acreditar no menor"

Como Dom Helder viajava para o exterior cumprindo sua missão de peregrino da paz, criou-se a ideia de que a Arquidiocese de Olinda e Recife estava abandonada. Essa imagem usada pelos difamadores do Arcebispo teve recepção no Vaticano causando sofrimentos ao Dom. A Arquidiocese, no entanto, estava bem governada, porém, num estilo renovado. No dizer de José Comblin, Dom Helder *prefigurava* o Bispo do terceiro milênio. Seu lugar era o mundo. Encarnava a presença da Igreja no meio do mundo. Por isso, era homem de relações públicas. O Bispo do segundo milênio foi configurado pelo Concílio de Trento e devia administrar o clero e os bens da Igreja – fiscalizar, nomear, transferir, coordenar, castigar, recompensar. Certamente, a administração ainda é necessária, mas pode ser partilhada. Nesse sentido, o binômio Dom Helder/Dom Lamartine foi exemplar: "Sem Dom Lamartine, Dom Helder não poderia ter sido o Bispo do Terceiro Milênio".[148] No dizer de Ernani Pinheiro, um dos Vigários Episcopais da Arquidiocese:

Fala-se muito que Dom Helder vivia muito fora da arquidiocese e, por isso, não seguia a dinâmica eclesial. Ledo engano! Seguramente, a parte mais orgânica – administração, relacionamento com os padres, com as organizações eclesiais – era garantida por Dom José Lamartine e pelos vigários episcopais. No entanto, a mística da missão, as prioridades da arquidiocese, o diálogo com a sociedade era marcado pelo próprio arcebispo. Tentava compensar suas saídas pela intensidade da presença.[149]

---

[147] CÂMARA, H. *Chi sono io?*, 132.

[148] COMBLIN, J. "Dom Helder, o bispo do Terceiro Milênio". In: ROCHA, Z. *Helder, o Dom. Uma vida que marcou os rumos da Igreja no Brasil*, 91-92.

[149] PINHEIRO, E. "Dom Helder Camara como arcebispo de Olinda e Recife (1964-1985)". In: RO-CHA, Z. *Helder, o Dom. Uma vida que marcou os rumos da Igreja no Brasil*, 80. Os cofres da cúria recebiam ofertas estrangeiras para as "obras de Dom Helder". Por isso, difundiu-se a opinião maliciosa de que Dom Helder era um péssimo administrador e que somente havia dinheiro

A presença de Dom Helder na Arquidiocese irradiava confiança e sedimentava a mística do compromisso evangélico: "Ele não chegou com um plano de pastoral preestabelecido, mas com a coragem de ser fiel aos apelos da Igreja, aos apelos do Espírito em meio a este povo que espelha de tantas maneiras o rosto de Cristo sofredor".[150] Por isso, além do Governo Colegiado que envolvia Bispos, padres, leigos, religiosos e religiosas, o Arcebispo Metropolitano valorizava as obras pias, os movimentos de leigos – como a AC e a JUC – bem como as famílias dos presos políticos. Através da Operação Esperança, do Banco da Providência e da Comissão Justiça e Paz, muitas pessoas se colocaram na corrente da caridade, da justiça e da paz. No Seminário Regional do Nordeste, buscava-se formar sacerdotes atentos aos apelos da Igreja e aos sinais dos tempos. As Assembleias Arquidiocesanas de Pastoral (1974, 1977 e 1981) eram intensamente preparadas por comunidades, movimentos apostólicos, pastorais e serviços que atuavam na Igreja local, praticando-se, assim, uma eclesiologia "Povo de Deus", "comunhão e participação", "libertadora" e estabelecendo o objetivo geral e as prioridades da Arquidiocese e das pastorais. O Secretariado do Regional Nordeste II, sediado em Recife e formado pelos estados Rio Grande do Norte, Pernambuco, Paraíba e Alagoas, animava as pastorais da região numa perspectiva libertadora. Destaque merece o Movimento de evangelização "Encontro de Irmãos", que se tornou uma das origens das CEBs.

O "Encontro de Irmãos" foi um programa original de evangelização que seguia a experiência do MEB. O Movimento nasceu na preparação da Semana Santa de 1969. Foram preparados monitores que receberam um manual para encaminhar a reflexão nos grupos, após ouvirem a reflexão de Dom Helder pela emissora de rádio. O Pastor falava sobre Deus Pai, Deus Filho, Deus Espírito Santo, Igreja, pecado, conversão... Em seguida, os monitores abriam o debate e as pessoas relacionavam os ensinamentos da Igreja com a realidade – "Fé e Vida". Os monitores formaram outros monitores, que, por sua vez, constituíam novos grupos e comunidades. Dona

---

por causa desses donativos. Na verdade, era Dom Lamartine que, na administração da cúria, garantia a economia da Arquidiocese com eficácia (PILETTI–PRAXEDES, 394-395).

[150] PINHEIRO, J. E. "Dom Helder Câmara como Arcebispo de Olinda e Recife – um depoimento pastoral". In: POTRICK, M. B. *Dom Helder, pastor e profeta*, 45.

Severina, do Bairro Macaxeira, formou cinco comunidades em poucas semanas.[151] Desse modo, nasceram as CEBs de Olinda e Recife. Para as visitas pastorais, os monitores e párocos preparavam os pontos que deveriam ser aprofundados pelo Bispo.[152] Na solenidade de Pentecostes, os grupos e/ou as comunidades se reuniam para a grande celebração na qual o canto-símbolo era: "Eu acredito que o mundo será melhor, quando o menor que padece acreditar no menor". O próprio Dom Helder cantou esse hino das CEBs para Paulo VI, expressando as maravilhas que Deus estava operando: os pobres evangelizando os pobres.[153] No dia 10 de junho de 1984, quando o "Encontro de Irmãos" comemorou 15 anos de fundação, quase três mil pessoas superlotaram a quadra do Colégio Salesiano. Muito feliz, Dom Helder presidiu a celebração.

O "Encontro de Irmãos" e/ou CEBs analisavam a realidade sob a ótica do Evangelho e buscavam criar ações em sintonia com o Reino de Deus, anunciado por Jesus Cristo. Debatiam os problemas da comunidade e organizavam a solidariedade destacando que o mundo é melhor quando os pequenos se unem na busca de soluções. Dom Helder acreditava que as CEBs poderiam praticar a pressão moral libertadora na América Latina, criando unidade com grupos dos países industrializados, especialmente com jovens sensíveis à causa da justiça. Desse modo, enquanto os Governos da América Latina criavam grandes projetos de modernização alicerçados na exploração dos trabalhadores e na destruição da natureza, nas comunidades se praticavam a fraternidade, a preservação da criação, e se levantavam "bandeiras" como a reforma agrária. Enquanto os Governos dificultavam e impediam a aprovação de projetos que beneficiavam os pobres e, com agilidade, aprovavam os que favoreciam as grandes empresas (multinacionais e nacionais) e os latifúndios, a Igreja optou por ficar no lado dos posseiros e dos retirantes que se transformavam em favelados.

---

[151] PINHEIRO, E. "Dom Helder Camara como arcebispo de Olinda e Recife (1964-1985)". In: ROCHA, Z. *Helder, o Dom. Uma vida que marcou os rumos da Igreja no Brasil*, 81-82.

[152] CAMARA, H. "Ser cristiano hoy". Pasquim. In: RENEDO, B. T. de. *Hélder Câmara: proclamas a la Juventud*, 107; ROCHA, G. L. da. Dom Helder Camara Profeta da Justiça e Mensageiro da Esperança, 9.

[153] PINHEIRO, J. E. "Dom Helder Câmara como Arcebispo de Olinda e Recife – um depoimento pastoral". In: POTRICK, M. B. *Dom Helder, pastor e profeta*, 51-52.

Desse modo, enquanto os poderosos buscavam a sua força nas armas, nos Governos corruptos, na massificação e na destruição da natureza, as comunidades, refletindo a Palavra de Deus, descobriam a sua própria força: "Dentro de países pobres, a mim me parece que a força mais séria do que muita gente pensa são as comunidades de base".[154] A força comunitária vinha do compromisso com o Deus-libertador que inspira a união, a comunhão, a justiça, o amor, o pacifismo, a verdade. Diversas lideranças dos grupos foram difamadas, acusadas de "comunistas" e "subversivas", mas seu "crime", no entanto, foi o de querer "viver o cristianismo tal como ensina a Igreja, diante da realidade de hoje. Cristianismo que denuncia injustiças e se bate, de modo pacífico, mas decidido e corajoso, na promoção humana e cristã de milhares de filhos de Deus".[155] Diante das calúnias e perseguições, o Pastor mantinha a esperança. Como nos tempos das "catacumbas", as comunidades davam testemunho de seguimento a Jesus Cristo. Não se entendiam como novidade "moderna" da "Igreja progressista", mas como a Igreja de sempre, a Igreja de Cristo, que queria viver o Evangelho.[156]

Dom Helder também era muito talentoso no uso dos meios de comunicação social. O povo de Deus gostava de ouvir o Pastor, Profeta e Místico rezando e transmitindo esperança. No final de 1982, por exemplo, o Dom leu nos microfones da Rádio Olinda um conjunto de crônicas inéditas que compuseram o livro *Um olhar sobre a cidade:* olhar atento, de esperança e prece... As crônicas/livro impulsionam para a vivência do amor, da esperança e da oração.

---

[154] CAMARA, H. "Entrevista de D. Hélder". *Sedoc* 11 (1978) 491.

[155] CAMARA, H. "Centenário da morte de D. Vital". *Sedoc* 11 (1978) 625.

[156] CASTRO, M. de. *Dom Helder: misticismo e santidade*, 217-223; CAMARA, H. *Quem não precisa de conversão?*, 60. O Encontro de Irmãos resistiu ao tempo e "às dificuldades" e continua realizando suas atividades. Atualmente existem cerca de 70 grupos, embora em outros tempos chegasse a 300. Durante a ditadura militar, agentes secretos infiltraram-se nos grupos para sondar o "pensamento de Dom Helder". Alguns líderes foram presos e torturados, como por exemplo José Henrique Meira (1973). Além das CEBs, do Movimento nasceram sindicatos, clubes de mães, associações e conselhos de moradores. A Associação dos Moradores do Céu Azul, por exemplo, nasceu do Movimento de Evangelização com o objetivo inicial de conseguir transporte público para a comunidade. Entre as dificuldades atuais, os integrantes destacam: o individualismo ensinado pela imprensa e a falta de apoio dos padres ("Evangelização resiste ao tempo" [acesso em 4-6-2009]).

2. "Não deixe cair a profecia"

Dom Helder Camara animou a profecia no século XX e continua sendo fonte de inspiração profética no século XXI.[157] Na sua vida, ele encarnou o sacrifício da cruz celebrado no altar. Na longa "noite escura" cultivou o silêncio, a oração e a esperança. Diante de tantas homenagens a ele dedicadas, na Santa Missa oferecia, humildemente, toda a honra e glória ao Pai.

2.1 Dom Helder encarnou na vida o Sacrifício da Cruz celebrado no altar

Nos dias 15 e 16 de agosto de 1981, Dom Helder celebrou 50 anos de sacerdócio, juntamente com oito companheiros de Seminário que foram ordenados com ele, contando com a presença dos Cardeais Arns e Lorscheider. Dom Luciano Mendes de Almeida, Secretário Geral da CNBB, representou o Episcopado Nacional e o Papa João Paulo II que havia enviado uma carta. As comemorações tornaram público o reconhecimento da Igreja e do Brasil pela trajetória religiosa e política do peregrino da paz.[158] A homilia de Dom José Maria Pires, Arcebispo da Paraíba e Presidente da Comissão Episcopal do Regional Nordeste II da CNBB, tornou-se uma das mais belas interpretações espirituais da vida de Dom Helder Camara. Ele afirma, então, que há 50 anos o Pe. Helder distribui a Palavra da vida que ele mesmo "ruminou em seu coração, diariamente, em longas Vigílias de oração que se estendem pela madrugada". Sacerdote para o povo, "há 50 anos ele sobe todos os dias ao altar, gera o Cristo na celebração da Eucaristia e o oferece ao povo para

---

[157] Quando, no Brasil, fala-se em "profetas do nosso tempo", geralmente, o nome mais citado é o de Dom Helder. De fato, sua *face profética* deixou impressão no coração das lideranças e comunidades que se dedicam à construção da paz que brota da justiça. No dizer de Dom Fragoso, associar Dom Helder à profecia é uma redundância, pois, parodiando Tomás de Celano, Helder não era um homem que profetizava, mas era a profecia feita homem (FRAGOSO, A. "Introdução". In: CAMARA, H. *Circulares Interconciliares*, II, 17). Segundo Ferrarini, "no Brasil, nosso grande profeta foi Dom Hélder Câmara. Em meu entender, o maior bispo dos 500 anos de cristianismo em terras de Santa Cruz. Foi ele quem patrocinou o grande arrastão profético [...] não só no Brasil, mas em toda a América Latina e com enorme repercussão no mundo inteiro" (FERRARINI, S. A. *História da Igreja no Brasil. Cenários do profetismo 1960-1985:* Uma memória provocadora e estimulante, 8).

[158] PILETTI–PRAXEDES, 436-437.

saciar a fome e a sede dos que caminham para o Reino da justiça".[159] Depois de recordar a fase integralista vivida no Ceará, Dom José rememorou o "período áureo" no Rio de Janeiro:

> Como toda a Igreja daquele tempo, Dom Hélder acreditou no Governo e em sua vontade sincera de solucionar os grandes problemas do povo. Manteve excelentes relações com todos os governantes, marcou presença nos Palácios e nos Ministérios, obteve apoio oficial para projetos ousados e realizações de vulto como a Cruzada de São Sebastião e o Banco da Providência. Em termos humanos, esse foi o período áureo da vida de Dom Hélder: ele era uma estrela em ascensão. Respeitado e ouvido pelo Governo, aceito pelos poderosos, consultado pelos maiores da Igreja, amado e reconhecido como benfeitor pelos humildes... tal era o padre Hélder do Rio de Janeiro, fundador da CNBB, inspirador da SUDENE, organizador do XXXVI Congresso Eucarístico Internacional... Não houve iniciativa ou realização importante na Igreja ou no Governo de que não participasse direta ou indiretamente o padre Hélder Câmara.[160]

Mas a "estrela começa a declinar", quando Dom Helder fez uma análise mais crítica da realidade e foi percebendo que a pobreza não diminuía, apesar dos progressos elaborados pelos novos organismos criados – ao contrário, os ricos aumentavam as suas riquezas e os pobres empobreciam ainda mais. Questionando-se, descobriu que o abismo de desigualdade social não era um fato excepcional: "é decorrência da ordem vigente e sustentada pelo poder político, legitimada pelas decisões judiciais, abençoada pela Igreja e garantida pelas Forças Armadas. Governo, Justiça, Religião e Exército eram os grandes aliados e os baluartes de um sistema iníquo de opressão".[161] Então, Dom Helder foi se distanciando dos palácios e dos ministérios e se aproximando do povo:

---

[159] PIRES, J. M. "Homilia para a Missa do Jubileu Sacerdotal de Dom Hélder Câmara". *Sedoc* 14 (1981) 432.

[160] PIRES, J. M. "Homilia para a Missa do Jubileu Sacerdotal de Dom Hélder Câmara". *Sedoc* 14 (1981) 433.

[161] PIRES, J. M. "Homilia para a Missa do Jubileu Sacerdotal de Dom Hélder Câmara". *Sedoc* 14 (1981) 433-434.

O PENSAMENTO PROFÉTICO-ESPIRITUAL DE DOM HELDER

Deixou de procurar os grandes para obter ajuda deles e levá-la aos pobres. Passou a animar os pobres a se unirem para exigir por direito o que antes se lhes dava (ou se lhes negava) como esmola. Sua voz ultrapassou fronteiras nacionais e continentes. Foi até as metrópoles da América do Norte e da Europa para denunciar o colonialismo das grandes nações contra as mais pobres e menos desenvolvidas. Dentro dos horizontes brasileiros, ele não se cansou de bradar contra o colonialismo interno que mantém na miséria regiões inteiras de densa população como é o caso do Nordeste. Mais do que qualquer outro bispo, Dom Hélder lutou na CNBB e em Medellín para que a Igreja se dessolidarizasse do poder e deixasse de ser um dos aliados do sistema opressor.[162]

Mas essas suas atitudes evangélicas lhe custaram um preço elevado. Vieram as incompreensões, as perseguições e as calúnias. Escreveram-se horrores contra Dom Helder e lhe negavam o direito de se defender. Os meios de comunicação "foram proibidos de divulgar a sua voz e de transmitir seu pensamento ou mesmo de declinar seu nome". Foi visto com restrições, mesmo em setores da Igreja, o que lhe causou muitas dores, embora recebesse conforto do próprio Papa Paulo VI através de palavras, gestos e até pequenos presentes. O Dom sabia, porém, "que estava vivendo a hora do Getsêmani":

Ele sabia que era importante para sua purificação e para a causa da libertação dos oprimidos sentir na própria carne as humilhações do Servo de Javé. Ficou claro que o que Deus queria de seu padre Hélder era que ele encarnasse na vida o Sacrifício da Cruz que celebrava no altar. Para assumir a causa dos pobres, não deveria contar com os aplausos dos poderes que eram interpelados por sua pregação. Talvez por causa disso seus admiradores sonhassem com distinções de que tanto desejaram vê-lo revestido. Não sabiam, certamente, que o dia 7 de julho de 1980 reservava para Dom Hélder o momento daqueles dois grandes abraços de João de Deus no Aeroporto do Recife e no Joana Bezerra e o maior de todos os títulos que ele jamais recebeu: – "Irmão dos pobres e meu Irmão".[163]

---

[162] PIRES, J. M. "Homilia para a Missa do Jubileu Sacerdotal de Dom Hélder Câmara". *Sedoc* 14 (1981) 434.

[163] PIRES, J. M. "Homilia para a Missa do Jubileu Sacerdotal de Dom Hélder Câmara". *Sedoc* 14 (1981) 434-437. Depois dos 50 anos de sacerdócio, houve a comemoração dos 20 anos de

2.2 Uma longa "noite escura": silêncio, oração e esperança

Por ocasião da celebração dos 50 anos de sacerdócio de Dom Helder, havia nos bastidores diversos comentários sobre o seu sucessor no Governo Pastoral da Arquidiocese. Na verdade, em uma reunião do Governo Colegiado, em 1977, o Arcebispo expressara o desejo de indicar Dom Lamartine como Coadjutor, uma vez que almejava tornar-se emérito aos 70 anos – ideia por ele defendida. Mas tanto o Governo Colegiado, quanto Dom Marcelo Carvalheira, Dom Ivo Lorscheiter, Dom José Maria Pires e os Cardeais Marty e Suenens o alertaram de que, naquele momento, provavelmente, "não faria o seu sucessor" e, por isso, era melhor esperar chegar aos 75 anos; conforme as novas indicações, era improvável que alguém ligado à Teologia da Libertação fosse indicado para a Sé de Olinda e Recife. Mesmo assim, Dom Helder enviou uma lista ao Vaticano, deixando claro, no entanto, que não estava exercendo nenhuma pressão. Seus indicados foram: Dom Lamartine, Dom Marcelo e Dom Luciano Mendes de Almeida.[164]

A nomeação do novo Arcebispo Metropolitano foi divulgada em 1985, quando fazia mais de um ano que Dom Helder pedira a renúncia. De fato, ele "não fez o seu sucessor".[165] O escolhido pelo Vaticano foi José Cardoso Sobrinho, Bispo de Paracatu, Minas Gerais, pouco conhecido e conservador.[166] Dom Lamartine foi nomeado para a Arquidiocese de Maceió. Abalado e gravemente doente, faleceu no dia 18 de agosto de 1985, antes de assumir o cargo.

Arcebispo de Olinda e Recife, no dia 22 de abril de 1984, com a presença de 30 mil pessoas no Sport Clube Recife.

[164] PILETTI–PRAXEDES, 438-439.

[165] PILETTI–PRAXEDES, 440-441. Contra as indicações de Dom Helder estava o Prefeito para a Congregação dos Bispos e ex-Núncio do Brasil, Cardeal Baggio, o qual não escondia as suas divergências com o pensamento helderiano. Para ele, o Arcebispo se deixava instrumentalizar por grupos políticos de esquerda. Além disso, o Cardeal discordava das conferências episcopais dizendo ao fundador da CNBB que "a rigor, elas não existem" (ID. 425.428).

[166] No dizer de Marcos de Castro, o nomeado foi "um reacionário exacerbado em relação a tudo o que se parecesse longinquamente com a teologia da libertação, com a Igreja dos Pobres". Além disso, "de um bispo de brilho universal como Dom Helder, passaria a responder pela arquidiocese um bispo desconhecido e obscuro [...] mas com enorme tenacidade para impor suas ideias retrógradas e destrutivas" (CASTRO, M. de. *Dom Helder: misticismo e santidade*, 247).

No dia 15 de junho de 1985, antes de passar o báculo, Dom Helder dirigiu ao "meu povo de Olinda e Recife mais um apelo fraterno: ajudem o mais possível Dom José Cardoso a preparar nossa Arquidiocese para festejar, em quinze anos, o ano 2000 – dois mil anos do nascimento de Nosso Senhor Jesus Cristo". Dom José Cardoso retribuiu a gentileza lembrando, em seu pronunciamento, os nomes de Dom Sebastião Leme e Dom Helder Camara: "Como deve ser querida de Deus a Diocese que tais Bispos mereceu... São nomes que nos humilham, mas são esperanças que nos alentam". Depois da celebração, ao comentar a afirmação de uma repórter de que seria conservador, disse: "A senhora foi quem afirmou. Eu diria, como já tive a oportunidade de dizer, que é sem dúvida impossível definir um estilo de trabalho numa palavra".[167]

Dom José desmantelou o trabalho anterior, entre outras coisas, demitindo o Governo Colegiado, demitindo e despejando a Pastoral da Terra do prédio da cúria, destituindo a Comissão Justiça e Paz; expulsando agricultores do Palácio com o uso da polícia; fechando o ITER e o Seminário Regional do Nordeste II; expulsando sacerdotes da Arquidiocese; criando uma lista de conflitos com comunidades.[168] Dom José justificava suas ações dizendo que estava realizando fielmente a sua missão; que Dom Helder era profeta e, por isso, combateu a opressão; ele, como jurista, veio para cumprir leis, aliás, não só cumpri-las para também criá-las.[169]

---

[167] PILETTI–PRAXEDES, 441.

[168] IGREJA NOVA. *Retrato de uma Igreja em crise: Arquidiocese de Olinda e Recife segundo a imprensa local 1989-1997*, 5-40; "Dossiê: Arquidiocese de Olinda e Recife: três medidas que causam mal-estar". *Sedoc* 22 (1990) 693; ARAÚJO, E. M. de. *"Sinais dos tempos, sinais de Deus": o pensamento teológico e antropológico de Dom Helder Camara*, 214-220; "Padres fogem da Missa do Crisma". *Jornal do Comércio*, 12-4-1990; SOBRINHO, J. C. "Carta do Arcebispo". *Boletim Arquidiocesano* 16-3-1990 = *Sedoc* 23 (1990) 246-24; BEOZZO, J. O. *A Igreja do Brasil: de João XXIII a João Paulo II, de Medellín a Santo Domingo*, 282. No dizer de Beozzo, o caso mais clamoroso de desencontro entre as perspectivas da Igreja local e os novos Bispos escolhidos é, provavelmente, o de Olinda e Recife, onde o substituto de Dom Helder Camara, "recebido com todo carinho pelo velho arcebispo e por seus auxiliares, em abril de 1985, dedicou-se a desmantelar todo o trabalho anterior".

[169] MOURA, A. S. de. "Ritos de um retrocesso". *Folha de S. Paulo*, 29-10-88. Dom José explicava que expulsou os camponeses porque invadiram a sua residência, não para dialogar e pedir apoio, mas para exigir revogação de decisão do seu legítimo ministério, e que destituiu a Comissão Justiça e Paz porque esta cometeu injustiça contra seu Arcebispo.

No dia 4 de outubro de 1989 foi divulgado um dossiê, com documentos inéditos, sobre a crise na Igreja de Olinda e Recife. O vice-Presidente do ITER, professor Severino Vicente da Silva, e o senhor Adalberto Mendes Pinto Vieira, da Comissão Justiça e Paz escreveram:

> A Igreja de Olinda e Recife sob o carisma profético de D. Hélder Câmara criou inúmeras formas de atuação pastoral junto aos pobres, na linha daquela opção preferencial enunciada nas reuniões de Medellín e Puebla, de acordo com o Concílio Vaticano II. No entanto, a partir da substituição de D. Hélder Câmara pelo atual arcebispo D. José Cardoso Sobrinho essa orientação vem sendo mudada sistematicamente e de modo cada vez mais trágico.[170]

Diante da destruição do trabalho colegiado, da mudança de linha pastoral e das críticas que se faziam a Dom José, Dom Helder pedia o "direito de silêncio", assumindo cada vez mais sua face de místico, de monge do deserto, voltado para Deus. Mesmo assim, em 1989, foi ultrajado pelo Bispo Auxiliar Dom João Evangelista Martins Terra, que, em uma curta e indelicada comunicação telefônica, ordenava ao Arcebispo Emérito "silêncio total" em suas declarações à imprensa, referentes aos conflitos na Arquidiocese de Olinda e Recife.[171]

Quando o Papa João Paulo II veio ao Brasil, em 1991, depois de ter dado o abraço mais caloroso de todos a Dom Helder,[172] ele viu um grupo de leigos, representando vários grupos da Arquidiocese de Olinda e Recife, que o acolheu com uma faixa escrita em polonês: "Santo Padre, Olinda e Recife está como ovelhas sem Pastor. Solidariedade!". Segundo o Grupo Igreja Nova, a frase era uma denúncia e uma súplica ao Papa, pois a maioria

---

[170] "Dossiê: Arquidiocese de Olinda e Recife: três medidas que causam mal-estar". *Sedoc* 22 (1990) 693-694.

[171] ITER e COMISSÃO JUSTIÇA E PAZ DE RECIFE. "Faz escuro mas eu canto". In: *Sedoc* 22 (1990) 742-743. No dia 8 de fevereiro de 1995, no entanto, o *Jornal do Comércio* noticiará o conflito entre Dom João Terra e Dom José Cardoso. Conforme o jornal, naquele momento, a situação da Igreja de Olinda e Recife preocupava o Vaticano a ponto de o Cardeal Gantin, Prefeito da Congregação para os Bispos, ter revelado a Dom Terra que João Paulo II chegava às lágrimas quando se referia aos desacordos vividos pela Igreja pernambucana ("D. João diz por que deixa Recife", *Jornal do Comércio*, 8-2-1995).

[172] CASTRO, M. de. *Dom Helder: misticismo e santidade*, 248.

O PENSAMENTO PROFÉTICO-ESPIRITUAL DE DOM HELDER

507

do povo católico sentia a ausência de um Pastor, uma vez que, além de não serem criadas novas pastorais e serviços, foram destruídos os antigos e até pastorais reconhecidas internacionalmente. A frase foi escrita em polonês para homenagear João Paulo II, mas também para evitar polêmicas desnecessárias à sua visita. O Papa leu a frase na chegada e procurou a faixa com o olhar durante a Missa. Algumas horas depois, no diálogo que manteve com padres e Bispos, disse: "Se de um lado os padres devem obediência aos seus bispos, por outro lado, os bispos devem sempre manter um diálogo fraterno com os padres, para que os fiéis não fiquem como ovelhas sem pastor!...".[173] Dom José teve sérios conflitos com comunidades, lideranças e sacerdotes até o final do seu Governo Pastoral em 2009.

Os últimos 14 anos de Dom Helder foram uma longa noite escura que ele passou em silêncio, oração e esperança.[174] Ele recolheu-se com toda a intensidade de sua energia mística.[175] Seu silêncio não deixava de ser um testemunho de santidade.[176] Apesar do desmantelamento na Arquidiocese, a velha e uma nova geração ligada a Dom Helder – em muitos lugares do mundo – continuam alimentando os sonhos daquele que esteve "na origem e na animação de tudo o que foi importante na Igreja do Brasil pelo menos de 1952 a 1985".[177] A CNBB, as CEBs, as pastorais, associações e diversas organizações da sociedade civil e do Governo, enfim, o povo de Deus que marcha em busca da libertação continua honrando o trabalho apostólico e a herança espiritual do "irmão dos pobres".[178]

---

[173] IGREJA NOVA. *Jornal Igreja Nova*, outubro 1991 [acesso em 17-6-2009].

[174] Segundo José Comblin, Dom Helder sempre acreditou que a destruição de sua obra iria cessar. Pensava que diante dos escândalos de Dom José Cardoso, a Cúria Romana nomearia Dom Marcelo Carvalheira. Pouco antes de morrer, o Arcebispo Emérito disse a Dom Marcelo: "Quando você for nomeado aqui no Recife, eu quero ser o primeiro a receber a notícia" (COMBLIN, J. "Entrevista ao Gruppone Missionário", concedida em 7-6-2009).

[175] COMBLIN, J. *Espiritualidade de Dom Helder*, 10.

[176] CASTRO, M. de. *Dom Helder: misticismo e santidade*, 251. Segundo Velasco, é comum os místicos recorrerem ao silêncio como forma de garantia da verdade. Nesses casos, o silêncio é o último recurso de linguagem: transforma-se em testemunho. Em negativo, o silêncio é para não ser causa de discórdia... Em positivo, nos casos extremos, é o melhor modo de entregar-se ao amor-unitivo com Deus (VELASCO, J. M. *Il Fenomeno Mistico*, 57-58).

[177] COMBLIN, J. "Prefácio". In: CAMARA, H. *Vaticano II: Circulares Conciliares*, I, XXVIII.

[178] Atualmente, Dom Helder é recordado e honrado de muitas maneiras: dissertações e teses sobre sua pessoa e obra são escritas; livros, artigos e filmes são lançados; ruas, avenidas, associações, acampamentos de sem-terra, organizações sociais, comunidades eclesiais, salas, prêmios,

2.3 "Ao Pai, toda honra e toda a glória"

Um mês depois de se tornar Emérito, no dia 20 de julho de 1985, Dom Helder é acolhido com muita alegria pelos participantes do XI Congresso Eucarístico Nacional em Aparecida – cujo tema era "Pão para quem tem fome". De lá, ele escreveu a primeira Circular à Família Mecejanense como "Arcebispo Emérito",[179] na qual comentou algumas das atuais preocupações: 1) diante do agravamento do estado de saúde de Dom Lamartine, queria contribuir para humanizar o processo de eleição, promoção e transferência dos Bispos; 2) perante a nova fase da vida, desejava abrir espaço maior para o estudo, a fim de melhorar o nível de suas mensagens dentro e fora do país; 3) reservar um tempo maior para descanso, oração e arejamento mental; 4) organizar o trabalho, a fim de não permitir que Zezita continuasse com o ritmo quase esmagador; 5) dedicar mais tempo para os pobres que chegavam até ele; 6) realizar gravações que sempre foram adiadas; 7) dedicar-se à fundação *Obras de Frei Francisco*, criada por ele quando completou 75 anos, com sede em Recife e representantes na Alemanha, França e Itália, tendo como objetivo principal desenvolver iniciativas de promoção humana nas comunidades e em áreas de extrema pobreza, sobretudo no Nordeste brasileiro.[180]

---

jornadas teológicas, postos de saúde, bibliotecas, escolas, prédios, medalhas de honra ao mérito, sites... recebem o seu nome; peregrinações de fiéis dirigem-se ao seu túmulo; Igrejas, organizações populares e governamentais o citam, prestando-lhe homenagens. Também nasceram associações em outros países como França, Itália e Bélgica: "Dom Helder – Memória e atualidade", por exemplo, é uma associação nascida na França em 2002, sob a direção do primeiro biógrafo José de Broucker, em parceria com o ramo Olindo-recifense da Família Mecejanense, que visa suscitar, avaliar e acompanhar todas as iniciativas e estudos em prol da memória de Helder Pessoa Camara.

[179] PILETTI–PRAXEDES, 446-447.

[180] Após a morte do Arcebispo, a obra passou a se chamar Instituto Dom Helder Camara, tendo como objetivo preservar o acervo bibliográfico do peregrino da paz, contribuindo assim para manter viva a presença espiritual de sua mensagem. O Instituto conserva aproximadamente 650 pronunciamentos em cátedras e púlpitos no Brasil e no exterior sobre problemas que envolvem a humanidade, 7.500 poemas-meditações e as circulares. Grande parte dos escritos ainda é inédita. O sustento do Instituto provém de doações e dos direitos autorais do Arcebispo (ROCHA, Z. "Apresentação". In: CAMARA, H. *Circulares Interconciliares*, I, XIII-XIV; CAVALCANTI, Z. In: H. CÂMARA, *Utopias peregrinas*, 10-11). Também foi criado o Centro de Documentação Dom Helder Camara, que é guardiã de mais de 320 vídeos, 291 fitas cassetes, 15 mil fotografias, 44 volumes encadernados com recortes de jornais nacionais e internacionais, 4,5 mil gravações dos programas *Um olhar sobre a cidade* e *Pausa para uma Prece*, transmitidos pela Rádio Olinda. Recentemente o Centro recebeu 18 caixas com fotografias e outros materiais sobre o trabalho que o Dom realizou no Rio de Janeiro. O Centro de Documentação, no entanto, passa por

O PENSAMENTO PROFÉTICO-ESPIRITUAL DE DOM HELDER   509

Dom Helder escreveu à Família Mecejanense que estava muito preocupado com a situação agrária do Brasil: "Sem criar pânico entre os irmãos bispos os tenho alertado para o alto preço que teremos de pagar pelo apoio a uma autêntica reforma agrária... Já há claros sintomas em todo o país de que a intimidação vai ser fortíssima e de que ainda teremos muitas vidas sacrificadas". De fato, ele acertou na previsão: nos anos seguintes, aconteceram muitos martírios de pessoas ligadas à CPT.[181]

O Arcebispo Emérito também relatou na Circular que deveria meditar sobre a sua postura diante do crescente assédio por parte dos fiéis:

> O avança-avança para o beija-mão e beija-rosto e beija-roupa e autógrafos já está perturbando o Congresso... Quanto mais tento fugir, quanto mais discreto procuro ser, mas a multidão aumenta. Graças a Deus, os bispos são testemunhas de como procuro escapar... É grave quando recebemos muita louvação. O Evangelho diz: "Assim brilhem as obras de vocês diante dos homens, de modo a que glorifiquem o Pai que está no Céu!". Somos tão pouco transparentes! Somos tão opacos. Meu consolo é poder dizer na Santa Missa: Em Cristo, com Cristo, por Cristo! A vós, Pai, todo poderoso, toda a honra e toda a glória pelos séculos dos séculos![182]

Quando Dom Helder completou 80 anos, foram realizadas diversas comemorações pelo Brasil afora. A CNBB organizou uma Missa em Itaici, e jovens lotaram a Catedral de São Paulo para homenageá-lo.[183] No Ceará,

---

dificuldades econômicas, uma vez que sobrevive de doações. Também existe um museu que faz parte do Memorial Dom Helder Camara.

[181] Apenas quatro dias depois da Circular, o missionário comboniano Pe. Ezequiel Ramin foi martirizado, em Roraima.

[182] PILETTI–PRAXEDES, 447.

[183] "D. Helder". *O São Paulo*, 14 a 20-4-89. Nas Assembleias da CNBB, o *Bispinho* continua sendo constantemente lembrado. Quando a entidade fez cinquenta anos em 2002, o auditório dela passou a se chamar "Dom Helder Camara". Em 2005 foi criado o Centro de Fé e Política Dom Helder Camara. A Conferência ainda oferece um Prêmio de Comunicação em homenagem ao seu fundador. No entanto, o mais importante é que a marca Dom Helder permanece nos trabalhos da CNBB, como afirmou o seu Secretário Geral, Dom Dimas Lara Barbosa, aos Estudantes do Pio Brasileiro em 2009 e, como se evidenciou no conflito ideológico, durante a Assembleia de 2010: apesar das pressões conservadoras em contrário, a CNBB apoiou a causa dos Direitos Humanos, seguindo a feliz herança de seu fundador. Também no CELAM, Dom Helder está "presente": durante a Conferência Episcopal Latino-Americana de Aparecida, em maio de 2007, a "presença" de Dom Helder era percebida nas "esquinas e corredores" (VALENTINI, D. "Dom Helder à luz de Aparecida" [acesso em 7-2-2009].

sua terra natal, foi chamado, inclusive pelo Governador Tasso Jereissati, de "Profeta do Terceiro Mundo". Em Recife, durante a Missa de Ação de Graças, na qual estavam presentes 17 Bispos – entre eles Dom Jean Debu, Auxiliar de Bruxelas – e uma equipe de jornalistas europeus, foi lida uma carta enviada por João Paulo II. No Rio de Janeiro, a Celebração Eucarística foi presidida pelo Cardeal Eugênio Sales, na Catedral, com a presença de mais seis Bispos, dezenas de sacerdotes, passando de 4 mil pessoas.[184] Em suas pregações, o Dom continuava afirmando a necessidade de continuar trabalhando pela garantia dos Direitos Humanos; da animação da fé do continente latino-americano para que atravessasse o ano 2000 dando exemplo de anti-imperialismo; que, no final do século, não houvesse, no Brasil, ninguém com vida subumana; que os trabalhadores tivessem terra, salário digno e direitos garantidos.

No dia 15 de agosto de 1996, quando o Arcebispo Emérito completou 65 anos de Sacerdócio, Dom José Maria Pires, na homilia, fez uma louvação ao Senhor que realizou "grandes obras" na vida de Helder e na Igreja por meio do Dom. Enfocou que o Arcebispo soube colocar em prática, no Nordeste brasileiro, as decisões do Vaticano II: dinamizou uma Igreja mais povo de Deus do que hierarquia, mais comunidade do que sociedade, mais inserida no mundo do que no lado do mundo, servidora e não senhora, defensora da verdade e não proprietária. Por isso, com Dom Helder, o clero se sentiu presbítero, corresponsável pela caminhada local; os leigos organizaram-se em comunidades, movimentos, associações e setores e, mantendo a comunhão com a hierarquia, assumiram responsabilidades na evangelização, dando a sua indispensável contribuição na construção do reino de paz e justiça.[185]

---

[184] PILETTI–PRAXEDES, 448-449. Na Câmara dos Deputados houve discursos de deputados de diferentes partidos políticos, tais como Plínio de Arruda Sampaio (PT-SP), Cristina Tavares (PSDB-PE), Ricardo Fiúza (PFL-PE) e Victor Faccioni (PDS-RS).

[185] PIRES, J. M. "O Todo-poderoso fez por mim grandes coisas". In: ROCHA, Z. *Helder, o Dom. Uma vida que marcou os rumos da Igreja no Brasil*, 15-19. Na ocasião foi lançado o livro *Rosas para meu Deus*, que recolhe 65 Meditações do Pe. José sobre justiça, paz, fraternidade, amor.

2.4 A "grande viagem"

Aos 90 anos, Dom Helder celebrava a Missa diária, sentado diante de uma mesa na sala, auxiliado por um dos seus colaboradores. Uma vez por semana celebrava na igreja, assistido por outro sacerdote. Para preparar a alimentação, contava com a ajuda da Irmã Catarina, amiga e enfermeira que o acompanhou por longos anos. Durante a noite, um enfermeiro dormia em sua casa para ajudá-lo a tomar os remédios e fazer a higiene pessoal. Devido aos problemas de saúde, não conseguiu escrever o livro sobre Dom Lamartine que tanto desejava – a obra foi redigida por um de seus assessores, o médico Francisco de Alencar.[186]

No dia 16 de julho de 1999, o grupo Igreja Nova, a secretária Zezita e Frei Betto organizaram um encontro de Dom Helder com o cantor Chico Buarque. O Arcebispo Emérito estava sentando na cadeira de balanço nos fundos da Igreja das Fronteiras. Chico cantou *A banda* e o Bispinho, alegremente, de braços erguidos, acompanhava o ritmo como se regesse uma orquestra.[187] No início de agosto, ele recebeu a visita do teólogo Leonardo Boff. Durante um abraço, disse-lhe: "Nós sempre fomos irmãos, nós sempre fomos amigos, nós sempre nos entendemos".[188] No dia 5 de agosto, foi visitado pelo Pe. Marcelo Barros. O Arcebispo estava calado, parecendo pouco

---

[186] PILETTI–PRAXEDES, 452; ALENCAR, F. A. S. D. de. *Dom José Lamartine – O Pastor do silêncio.* Assim era a agenda de Dom Helder quando completou 90 anos: dormir por volta das 21 horas e levantar cedo para meditar e rezar, dedicando várias horas para isso. Depois escutava música clássica e popular brasileira e assistia aos telejornais. Ao meio-dia fazia um almoço leve, quase sempre um caldo. À tarde recebia as visitas: grupos de estrangeiros, estudantes, religiosos, simpatizantes de todo o mundo. Às 17 horas celebrava a Missa, algumas vezes indo até a Comunidade Dois Unidos, onde atuava o Pe. João Pubben. Dom Helder estava enfraquecido, com lapsos de memória e problemas circulatórios ("Dom Hélder Câmara, uma vida de dedicação ao sacerdócio" [acesso em 4-6-2009]).

[187] Na ocasião, Chico Buarque recordou: "Todo mundo sabia que não se podia falar em Dom Helder. Eu não era querido também não, mas podia fazer meus *shows*. Eu vim aqui fazer um *show* no Geraldão, o *show* estava indo mais ou menos morno, uma música e outra, aí eu falei: eu queria anunciar e agradecer a presença de Dom Helder Camara. Eu nunca fui tão aplaudido na minha vida. Aquele ginásio veio abaixo. Foi uma coisa linda. Isso foi em setenta e pouquinhos... setenta e dois, setenta e três" ("Entrevista exclusiva: Chico Buarque de Holanda", *Igreja Nova*, agosto 1999 [acesso em 10-8-2010].

[188] BOFF, L. "Entrevista realizada por Martinho Condini no dia 26 de julho de 2000". In: CONDINI, M. *Dom Helder Camara: um modelo de esperança*, 170.

lúcido, mas fez um sinal demonstrando que o havia reconhecido. Então teria dito as suas "últimas palavras": "Não deixe cair a profecia".[189]

Na noite de 27 de agosto de 1999, às 22h20min, em sua casa na Igreja das Fronteiras, aos "90 anos de idade e meio", faleceu uma das personalidades mais importantes do século XX. Dom Helder partia para a sua "grande viagem". Naquela sexta-feira, ele "passou o dia ouvindo canções religiosas e levantando os braços. Parecia que estava conversando com Deus e preparando a partida",[190] comentou sua secretária Zezita. A causa clínica da morte foi insuficiência respiratória aguda, decorrente de uma pneumonia, depois de ter passado cinco dias hospitalizado. O Dom morreu como uma vela que se apagou aos poucos no altar da igreja.[191]

Milhares de pessoas foram ao velório na Igreja das Fronteiras, local em que ele morou por 31 anos.[192] O Dom estava com as roupas e o terço que recebeu do Papa João Paulo II. No dia seguinte, às 17 horas, seu corpo foi transportado num caminhão do Corpo de Bombeiros até a Catedral da Sé de Olinda. Milhares de pessoas, durante três horas, fizeram o percurso de dez quilômetros a pé, levando rosas e flores para oferecer ao Pastor. O clima era de oração. As vozes uniam-se em cantos, tais como "O povo de Deus no deserto andava [...]. Também sou teu povo Senhor e estou nesta estrada". Chorando, o povo cantou: "Tá chegando a hora, o dia já vem clareando meu bem, eu tenho que ir embora". Na Sé, outros milhares de fiéis esperavam o cortejo com lenços brancos tremulando no ar.[193] Então, alguém

---

[189] PILETTI–PRAXEDES, 384.

[190] "[Morre o Dom da Paz"]. *Jornal do Comércio*, 29-8-1999.

[191] Na década de 1970, o Dom expressara que gostaria de morrer como uma vela que se apaga no altar: "Deus permita que o símbolo de minha vida seja a vela que se queima, que se gasta, que se consuma, enquanto há cera a queimar. Quando mais nada restar para ser consumido, que minha chama ainda, um instante, teime em permanecer viva e de pé, para tombar depois, feliz, na convicção de que, um dia, talvez mais rapidamente do que imaginamos, a força do direito vencerá o pretenso direito da força!..." (CAMARA, H. "Força do Direito ou direito da força". *Sedoc* 7 (1974) 627).

[192] O velório foi organizado pelo Pe. Edwaldo Gomes, seu colaborador. Às 4 horas, Pe. João Pubben presidiu a primeira das várias Missas que aconteceram na Igreja das Fronteiras. Na manhã de sábado, sua irmã Nair, com 86 anos, chegou do Rio de Janeiro e permaneceu o restante do velório ao lado do caixão e em prantos. O irmão Mardônio, com 93 anos, não pôde deixar o Rio de Janeiro por recomendação médica.

[193] N. PILETTI – W. PRAXEDES. *Dom Helder Camara: o profeta da paz*, 382.

O Pensamento Profético-Espiritual de Dom Helder

do meio da multidão chegou até o caixão e o cobriu com uma bandeira do MST. Houve um profundo silêncio e alguns olhares perturbados... Ninguém ousou tirar a bandeira, símbolo do sonho de paz e justiça, que pouco a pouco se desintegrará em terra juntamente com aquele que foi um grande defensor do direito de "um palmo da terra" para todos.[194]

O Núncio Apostólico, Dom Alfio Rapisarda, presidiu a Missa ao ar livre e leu uma Mensagem do Vaticano.[195] A Missa foi concelebrada pelos Arcebispos José Cardoso Sobrinho e Marcelo Carvalheira. Estavam presentes dezoito Bispos e cerca de cem padres. Dom Marcelo, Vice-Presidente da CNBB e responsável pela homilia, emocionou os presentes, reafirmando princípios do Vaticano II, Medellín, Puebla e Santo Domingo e exaltando a luta do Dom pela justiça social na ótica dos pobres. O corpo do Bispinho foi sepultado em frente ao altar da Igreja, ao lado da sepultura do "querido amigo e Bispo Auxiliar" Dom Lamartine Soares. O povo de Deus, que lá acorre para "conversar com o Dom", nunca parou de dizer: "Nós temos mais um santo nos céus. Que ele continue se lembrando de nós".[196]

---

[194] FRENCKEN, G. "Refletindo Dom Helder Camara" [acesso em 8-10-2009]. O "Irmão do Papa e Irmão dos Pobres" foi sepultado com "roupas" que recebeu de João Paulo II e do MST. Quem diria que o jovem que vestira com destemor a "camisa verde" seria sepultado com "a bandeira vermelha"? A mudança é uma amostra do caminho espiritual percorrido pelo Pe. José, que certa vez meditou: "Aceita as surpresas que transformam teus planos, derrubam sonhos, dão rumo totalmente diverso ao teu dia e, quem sabe, à tua vida. Não há acaso. Dá liberdade ao Pai, para que Ele mesmo conduza a trama dos teus dias".

[195] N. PILETTI; W. PRAXEDES. *Dom Helder Camara: o profeta da paz*, 382-383. Chegaram inumeráveis mensagens de condolências de todo o mundo, entre elas, do Papa João Paulo II, do Presidente da CNBB Dom Jaime Chemello e do Presidente da República Fernando Henrique Cardoso.

[196] REDE GLOBO NORDESTE. "Centenário Dom Hélder – Católicos se emocionam" [acesso em 15-5-2009]. Em fevereiro de 2008, durante o Encontro Nacional dos Presbíteros, 400 presbíteros representantes dos 18.685 padres que atuam no Brasil propuseram a beatificação de Dom Helder. Alegaram que os fiéis pensam que esta é mais do que justa, tendo em vista a ação em prol da justiça realizada pelo Dom. Acrescentaram que Helder viveu de modo exemplar seu sacerdócio. A Presidente do Instituto Dom Helder Camara, Lúcia Moreira, comentou que se a beatificação vier, será bem-vinda; muitos que conviveram com Dom Helder, de fato, o consideram um santo. Porém, mais importante do que o processo de beatificação é que as pessoas procurem viver as ideias sonhadas pelo Arcebispo, como a justiça social ("Dom Helder pode ser beatificado". *Pime-Net*, 22-2-2008). No dizer do próprio Dom Helder, santidade não se finge e nem se improvisa, mas "tem que ter por detrás toda uma existência de real e profundo amor a Deus e aos homens" (Circular 62 de 3/4-11-1964, escrita em Berna, Suíça) e os "títulos" valem na medida em que colaboram com grandes causas como a justiça e a paz no mundo e a renovação da Igreja nas trilhas do serviço e da pobreza (Circular 13 de 23/24-9-1964).

Dom Helder
Vai Dom, vai em paz
Dá a mão a tua querida mãe
E vai...
Vai contemplar a Face do teu amado Pai
Vai, vai de cabeça erguida
Olha-o face a face.
Ele sabe que tu mantiveste a
Dignidade da coerência e
Fizeste da tua vida, a Divina Vontade.
Vai Dom, vai voando
Qual Pombo...
A humanidade, tua irmã,
Chora a saudade do Profeta,
Mas vai...
Vai abraçar nossos mártires
Vai encontrar Margarida, Henrique,
Tito...
Rever Betinho, sentar junto a Gandhi.
Vai Dom, se juntar ao coro dos santos
Não dos que foram perfeitos, mas dos que
Ousaram sonhar e acreditar num
Mundo de justiça e sem misérias.
Vai Dom, que aqui a luta continua...
Vai meu Eterno Bispo que sabe ser irmão,
E irmão é para sempre
Tua vida, é chama que continua
Acesa no coração do rebanho
Teu exemplo é o alimento de Esperança.
Vai Dom, vai em paz
Vai pleno para o Amor de Deus.
Cumpriste bem a tua missão
Foste sinal, fermento, sal
És luz... És vida
És Dom do Amor de Deus.[197]

---

[197] SANTOS, G. "Dom Hélder". *Igreja Nova*, setembro 1999. Em 2009, por ocasião do centenário de nascimento de Dom Helder, centenas de eventos foram realizados no Brasil, na França, na

O PENSAMENTO PROFÉTICO-ESPIRITUAL DE DOM HELDER

***

Dom Helder deixa "saudades"; permanece como *símbolo* de um cenário eclesial e social: 1) ele é um *testamento espiritual* de uma Igreja aberta, arejada e corajosa. Igreja que se banha no Evangelho – saindo limpinha e com cheiro de sabonete gostoso – porque optou por ser servidora ao invés de senhora, pobre em lugar de rica; em posição de diálogo, compreensão, estímulo, orientação, ao invés de suspeição, perseguição, condenação, queimação;[198] 2) ele é uma *inspiração espiritual* para a luta, pacífica e corajosa, por mudanças estruturais que conduzam o mundo em direção à paz que brota da justiça, do amor e do perdão. Certamente, Dom Helder foi membro da *família espiritual* mais nobre e bela do mundo – nobre pela nobreza de sentimentos, bela pela beleza de alma – cujo máximo representante

---

Alemanha, na Itália e em outros países. Citamos alguns: 1) o Presidente da República, Luis Inácio Lula da Silva, através da Empresa Nacional de Correios, criou o selo comemorativo "Dom Helder Camara" ("Poema inspira selo para o Dom da Paz" [acesso em 4-6-2009]; 2) o Presidente da CNBB, Dom Geraldo Lyrio Rocha, durante a Aula Magna da PUC-RJ, disse que "Dom Helder Camara contribuiu de maneira decisiva para a renovação da Igreja no Brasil" (ROCHA, G. L. da *Dom Helder Camara Profeta da Justiça e Mensageiro da Esperança*, 3); 3) a mesma Universidade instituiu o "Ano Dom Helder Camara" e, no dia 19 de junho, lançou um site com fotos, entrevistas, mensagens, depoimentos de Dom Helder e sobre ele; 4) no Brasil e na França, houve a exposição fotográfica: "Dom Helder: memória e profecia no seu centenário 1909-2009", a qual recordava momentos da vida e "pensamentos" de Dom Helder; 5) foram publicadas as *Circulares Conciliares e Interconciliares*, em dois tomos de três volumes cada, sob o patrocínio do Governo do Estado de Pernambuco; 6) foi lançado um CD comemorativo contendo o Hino do Centenário: "O pastor da paz", de autoria do Pe. José Freitas Campos, além de dez canções, de diversos cantores, que homenageiam o *Dom de Deus* e a voz do próprio Arcebispo declamando *Mariama* e *Diálogo*; 7) foi inaugurada uma escultura do Dom da Paz, na Igreja das Fronteiras, uma estátua no Rio de janeiro (RJTV, "Estátua de Dom Hélder Câmara é inaugurada" [13-11-2010] e lançado um álbum de poemas: "Entrelinhas"; 8) houve um encontro de Movimentos Populares com o tema: "Helder, o que vistes?"; 9) aconteceu uma jornada teológica com o tema: "Centenário de Dom Helder Camara profeta da Justiça, da Esperança e da Libertação", em Recife; 10) realizou-se um Seminário Internacional de Teologia, na Universidade de Marília, com o tema: "A Teologia Mística de Dom Helder"; 11) aconteceram muitas peregrinações, Missas e orações no seu túmulo, destacando-se a Peregrinação Cearense. Convém recordar que ainda celebrava-se o centenário do nascimento do Profeta do Terceiro Mundo quando o beneditino, Dom Antonio Fernando Saburido, foi designado para ser o novo Arcebispo Metropolitano de Olinda e Recife, em agosto de 2009, reacendendo a esperança na Arquidiocese ('"Eu sou mais pastoral', Entrevista//Dom Saburido". *Diário de Pernambuco*, 2-7-2009; "Toma posse novo arcebispo de Recife. Missão fazer a Igreja sorrir". *Diário de Pernambuco*, 17-8-2009; PAZ, J.; TELLES, M. "Arquidiocese sob nova linha teológica". *Diário de Pernambuco*, 2-7-2009).

[198] Circular 55 de 3/4-11-1965.

é Cristo, Filho de Deus[199] que, por amor aos seres humanos, se fez homem e, por amor aos oprimidos, nos deu Helder Pessoa Camara, o *Dom*!

---

[199] CAMARA, H. "Rebelión de los Economistas". In: CAYUELA, J. *Hélder Câmara – Brasil: ¿un Vietnam católico?*, 252-253.

Conclusão

Esta tese/livro nasceu no contexto das comemorações do centenário do nascimento de Dom Helder. Entre as motivações estavam os apelos que vinham de centenas de estudiosos, autoridades eclesiásticas e civis, comunidades eclesiais, pastorais, universidades e movimentos populares, os quais ressaltavam a importância de manter vivo e refletir sobre o legado espiritual que Dom Helder deixou à Igreja e ao mundo, particularmente ao Brasil.

Depois de ouvir conselhos de vários amigos e professores, aceitei o desafio de estudar *o caminho espiritual de Dom Helder Camara*. E assim, durante praticamente três anos, "Dom Helder" esteve presente comigo, não apenas nas longas horas de estudo ou em momentos informais de conversas, mas também foi "companheiro de Vigília e de Santa Missa".

A primeira fase da pesquisa foi assinalada pela alegria das descobertas espirituais, pois tudo o que sabia sobre Dom Helder tornou-se pouco perante tamanhas novidades; e assim, com os "cinco sentidos da imaginação",[1] fui analisando os escritos, o testemunho, a mística, a profecia, as lutas, os sofrimentos de Dom Helder e "tirando proveito disso". A segunda fase foi marcada pela sistematização dos dados recolhidos. Isso exigiu escolhas metodológicas e de conteúdo, pois é impossível esgotar os "inesgotáveis reservatórios de energias renováveis"[2] que são os escritos e a história espiritual do Dom. Essa fase teve seus momentos "dolorosos", mas não foram poucas, também, as ocasiões de vibração. O resultado é que, no meu entender, esta tese conseguiu fazer uma significativa exposição do *caminho espiritual* de Dom Helder, desvendando como ele *aplicou* e *cultivou* sua força místico--espiritual. Da mesma forma, este estudo promoveu algumas perspectivas espirituais que, agora, classifico em três níveis, articulados entre si.

Em nível pessoal, posso dizer que, estudando as Circulares e outros escritos helderianos, de certo modo senti-me membro da Família Mecejanense

---

[1] LOYOLA, I. *Exercícios Espirituais*, 121-126.

[2] BROUCKER, J. de. "Dom Helder: Místico, Fraternal, Servidor Fiel" [acesso em 8-10-2009].

e, portanto, as palavras do Dom dizem respeito também à minha vida, aos meus sonhos, aos meus ideais, à minha espiritualidade. Assim, conhecer o seu *caminho espiritual* desafiou-me, entre outras coisas: 1) a intensificar os momentos de oração e silêncio para "salvar a unidade", mergulhando a vida na "Vida Divina da Santíssima Trindade" e em "união com Cristo"; 2) a "espalhar a Santa Missa" em todo o meu viver; 3) a escrever "circulares" para alguns amigos e amigas, favorecendo relações *mecejanenses*; 4) a escrever algumas *Meditações*; 5) a dar um nome ao meu Anjo da Guarda; 6) a renovar a minha consagração aos pobres empenhando-me na luta, pacífica e corajosa, pela libertação dos oprimidos; 7) a reafirmar minha opção por uma eclesiologia renovada e libertadora, à luz do Vaticano II, de Medellín-Puebla e Santo Domingo-Aparecida; 8) a meditar o ministério sacerdotal como uma opção de amar, configurando-me a Cristo Bom Pastor; 9) a revigorar o desejo de servir com alegria, tendo uma visão ampla, aberta, profética, positiva do mundo e das ciências; 10) a cultivar e difundir a esperança, alicerce das ações efetivadas pela Família Abraâmica.

Em nível eclesial, esta tese é um contributo, entre outras coisas: 1) para manter vivo o legado espiritual de Dom Helder, pois seu pensamento será refletido e rezado em homilias e retiros espirituais, na formação de lideranças eclesiais e nas aulas de Teologia Espiritual, bem como em textos que serão publicados; 2) para recordar a importância da articulação entre mística e profecia. De fato, Dom Helder é um modelo especialíssimo na vivência de uma profunda unidade com Deus através da oração e da ação, em vista da construção de uma sociedade justa e solidária; 3) para apresentar Dom Helder como exemplo de sacerdote e Bispo que soube, entre outras coisas, viver exemplarmente a opção pelos pobres e dialogar com todos, praticar as decisões do Vaticano II, de Medellín e de Puebla, configurar-se a Cristo, Bom Pastor.

Em nível social, a tese é um contributo por apresentar Dom Helder como uma *inspiração espiritual* à luta, pacífica e corajosa, por mudanças estruturais, em vista da fraternidade universal. Nesse sentido, grupos de Pastorais Sociais, de Direitos Humanos, Ecológicos, Movimentos Populares, Organizações Governamentais e Não Governamentais encontram no Bispinho um edificante exemplo de pessoa empenhada no que tange: 1) à vivência de valores evangélicos tais como a justiça, a liberdade, a democracia, o respeito à dignidade humana; 2) à admiração, integração, cuidado e defesa do criado, questionando as estruturas geradoras da crise ecológica; 3) à dedicação em prol da *violência dos pacíficos*; 4) a responder, com profundidade, ao grito dos oprimidos, sabendo da enorme diferença entre "trabalhar *para* o povo" e "trabalhar *com* o povo".

Sem dúvida, esta tese foi apenas um singular contributo, pois, a partir dos textos helderianos – incluindo os que serão publicados –, inovadoras teses poderão ser elaboradas. O Instituto Dom Helder Camara dispõe, por exemplo, de 7.500 Poemas-Meditações do Pe. José, a grande maioria inéditos. Estudos da experiência místico-espiritual expressa nas Meditações renderia excelentes dissertações e teses de Teologia Espiritual.

Uma parte importante do desenvolvimento espiritual de Dom Helder – e que ainda merece mais pesquisas – aconteceu durante o período em que ele habitou no Rio de Janeiro. Há uma grande quantidade de registros inéditos dessa época que, provavelmente, serão fontes de inovadores conhecimentos em diversas áreas, tais como a Pedagogia, a Mística, a Espiritualidade.

Da mesma forma, teses sobre as Circulares Pós-Conciliares nos ajudariam a compreender com profundidade a meditação helderiana justamente no período em que eram vividos momentos importantes da Eclesiologia, da Teologia e da Espiritualidade latino-americanas, ou seja, durante a primavera conciliar e a fecundidade de Medellín e Puebla.

Portanto, podemos dizer que os escritos helderianos permanecem como uma herança preciosíssima para as gerações futuras. Por meio desses escritos, elas poderão realizar estudos e meditações, sonhar e fazer a paz acontecer. E, assim, o Bispinho continuará *cuidando* da Família Mecejanense e conclamando as Minorias Abraâmicas para a união... O Pe. José continuará ajudando-nos a contemplar o mundo com os olhos transfigurados pela poesia e pela fé, nos remetendo ao essencial:

> Reparte teu pão
> porque há irmãos famintos
> que não podem esperar...

Reparte justiça
porque há irmãos oprimidos
cansados de tanto esperar...
Reparte amor
porque a terra inteira
anda sedenta
de compreensão
e de amor-Amor...[3]

---

[3] CAMARA, H. Obras de Frei Francisco – *Ano 2000: 500 anos de Brasil: uma visão de fé, espe-rança e amor nas mensagens fraternas de Dom Helder Camara*, 48.

Bibliografia

1. Textos de Dom Helder[1]

1.1 Livros

CAMARA, H. *Chi sono io?*. Assisi, 1979 = *Quien soy io?*. Madrid, 1979.

————. *Circulares Conciliares.* I – de 13/14 de outubro de 1962 a março de 1964; II – de 12 de setembro a 22/23 de novembro de 1964; III – de 10/11 de setembro a 7/8 de dezembro de 1965. Obras Completas de Dom Helder, Recife, 2009.

————. *Circulares Interconciliares.* I – de 11/12 de abril a 9/10 de setembro de 1964; II – de 23/24 de novembro de 1964 a 17/18 de abril de 1965; III – de 18/19 de abril a 31 de agosto/1 de setembro de 1965. Obras Completas de Dom Helder, Recife, 2009.

————. *Cristianismo, socialismo, capitalismo.* Salamanca, 1975, 1975^2.

————. *Em tuas mãos, Senhor*, A oração dos Pobres. São Paulo, 1986. Traduções em inglês, italiano, alemão e espanhol.

————. *Espiral de violencia.* Salamanca, 1970^3. Edições em francês (1970), alemão, norueguês, holandês, chinês, inglês, italiano e português.

————. *Família: missão de amor.* São Paulo, 1997, 2003^3.

————. *Iglesia y desarollo.* Buenos Aires, 1968^2.

————. *Le conversioni di un vescovo.* Torino, 1979. Edições em francês (1977), alemão, inglês, espanhol e sueco.

————. *Mil razões para viver.* Meditações do Pe. José. São Paulo, 1978. Traduções em francês, alemão, italiano, inglês, sueco, holandês, espanhol, norueguês e dinamarquês.

---

[1] Como a Bibliografia consultada é vasta, registramos somente os textos mencionados no livro.

——. *Nossa Senhora no meu caminho.* Meditações do Padre José. São Paulo, 1981, 2005[7]. Traduções em italiano e alemão.

——. *O deserto é fértil.* Roteiro para as Minorias Abraâmicas. Rio de Janeiro, 1971, 1976[5]. Edições em francês (1971), espanhol, italiano, alemão, inglês, coreano e japonês.

——. *O Evangelho com Dom Hélder.* Rio de Janeiro, 1993. Edições em francês (1985), espanhol, alemão, inglês, holandês, italiano.

——. *Ano 2000: 500 anos de Brasil:* uma visão de fé, esperança e amor nas mensagens fraternas de Dom Helder Camara. São Paulo, 1997. Recife, Obras de Frei Francisco.

——. *Quem não precisa de conversão?*, São Paulo, 1987. Traduções em alemão, inglês e espanhol.

——. *Revolução dentro da paz.* Rio de Janeiro, 1968. Traduções em holandês, alemão, francês, coreano, inglês e italiano.

——. *Rosas para meu Deus.* São Paulo, 1996, 2007[5].

——. *Roteiro de vida cristã.* Rio de Janeiro, 1951/Recife: Obras de Frei Francisco [inédito].

——. *Terzo Mondo defraudato.* Milano, 1968, 1970[4]. Edições em francês e inglês.

——. *Um olhar sobre a cidade.* São Paulo, 1976, 1985[6]. Tradução em alemão.

——. *Um olhar sobre a cidade:* olhar atento, de esperança, de prece... São Paulo, 1995.

——. *Utopias peregrinas.* Recife, 1993.

——.; SILVA, M.; FRAGOSO, A. B.; BETTO, F.; LEBRET, G.; SILVA SOLAR, J.; FREIRE, P. *Complicità o resistenza?* La Chiesa in America Latina. Assisi, 1976.

1.2 Conferências, palestras, discursos, homilias, aulas

CAMARA, H. "A CNBB nasceu assim", *O São Paulo* 19-21-11-1975 = *Sedoc* 10 (1978) 803-805. Texto escrito por ocasião da celebração dos 25 anos de fundação da CNBB, celebrados em outubro 1977.

———. "A Igreja na América Latina: Hoje". In: Câmara, D. H. *Utopias peregrinas*. Recife, 1993. p. 79-89. Aula Magna na Universidade Católica do Sagrado Coração. Milão, Itália, 2-4-1981.

———. "A pobreza na abundância". In: Câmara, D. H. *Utopias peregrinas*. Recife 1993, p. 29-48. Discurso pronunciado durante a Semana Social em Homenagem a Dom Cardjin. Liège, Bélgica, 19-4-1968.

———. "A única opção". *Sedoc* 1 (1968) 71-76 = "La violencia, ¿opción única?". In: Cayuela, J. *Hélder Câmara – Brasil: ¿un Vietnam católico?*. Santiago do Chile/Buenos Aires/México/Madrid/Barcelona, 1969, 261-268 = In: Renedo, B. T. de. *Hélder Câmara: proclamas a la juventud*. Salamanca 1976. p. 171-177 = "La violence: option unique?". In: Moltmnn, J.; Camara, D. H.; Sebeer, D. A.; Lotz, M.; Gollwitzer, H.; Weth, R.; Rich, A.; Dirks, W.; Assmann, H.; Bezerra de Mello, A. *Discussion sur "la Theologie de la Revolution"*. Paris, 1972. p. 177-185. Conferência pronunciada a convite da Comunidade Católica Latino-Americana, no "La Mutualité". Paris, França, 25-4-1968.

———. "Ante la crisis, ¿qué débeis hacer?". In: Renedo, B. T. de. *Hélder Câmara: proclamas a la juventud*. Salamanca, 1976. p. 88-92 = In: Secretariado Regional Nordeste II – CNBB, Serviço de Apostilas 29, 1-5. Conferência pronunciada a convite do Student Christian Movement, no Congresso Estudantil de Manchester. Inglaterra, 8-4-1969.

———. "Apelo Fraterno à Universidade Livre, de Amsterdam". In: Câmara, D. H. *Utopias peregrinas*. Recife, 1993. p. 75-78. Discurso pronunciado durante as comemorações do primeiro centenário da fundação da Universidade Livre de Amsterdam. Holanda, 21-10-1980.

———. "As multinacionais – esfinge de nosso tempo". *Sedoc* 6 (1973) 467-472. Conferência-debate realizada em Bruxelas por iniciativa de "L'Entreprise de demain". Bélgica, 25-5-1973.

———. "Centenário da morte de D. Vital". *Sedoc* 11 (1978) 623-626. Homilia pronunciada por ocasião do centenário da morte de Dom Vital, 4-7-1978.

———. "Colaboração do Budismo para a Paz Mundial". In: Câmara, D. H. *Utopias peregrinas*. Recife, 1993. p. 103-108. Discurso pronunciado ao receber o 1.º Prêmio Niwano da Paz. Tóquio, Japão, 7-4-1983.

———. "Diálogo entre universidades para el desarrollo". In: Renedo, B. T. de. *Hélder Câmara: proclamas a la juventud*. Salamanca, 1966. p. 59-63 =

"Charla en la Universidad de Cornell". In: CAYUELA, J. *Hélder Câmara – Brasil: ¿un Vietnam católico?*. Santiago de Chile/Buenos Aires/México/Madrid/Barcelona, 1969. p. 241-246 = "Il dialogo tra le Università". In: CÂMARA, H. *Terzo Mondo defraudato*. Milano, 1968, 1970[4]. p. 71-77. Conferência pronunciada na Universidade de Cornell, Ithaca. Nova Iorque, 9-2-1967.

—. "Dias Decisivos para o Nordeste, para o Brasil". In: CÂMARA, D. H. *Utopias peregrinas*. Recife, 1993. p. 109-113. Discurso pronunciado no Centro de Convenções, quando foi Paraninfo do curso de Pedagogia da FAFIRE. Recife, 22-12-1984.

—. "Dieci proposte per il Terzo Mondo". In: CÂMARA, H. *Terzo Mondo defraudato*. Milano, 1968, 1970[4]. p. 25-35. Discurso pronunciado em Amsterdam, durante a conclusão da segunda conferência europeia de jovens cristão dirigentes de empresas. Dezembro, 1965.

—. "Discurso de tomada de posse como Arcebispo de Olinda e Recife". In: CÂMARA, D. H. *Utopias peregrinas*. Recife, 1993, p. 15-28. Pronunciado na Praça do Diário. Recife, 11-4-1964.

—. "Discurso del Arzobispo de Olinda y Recife, pronunciado en agosto de 1966 durante la solemne entrega de diplomas a egresados del Curso de Desarrollo organizado por la CEPAL". In: CAMARA, H. *Iglesia y desarrollo*. Argentina, 1968[2]. p. 51-59.

—. "Escolas Superiores de Paz". In: CÂMARA, D. H. *Utopias peregrinas*. Recife, 1993. p. 65-73 = *Sedoc* 8 (1975) 177-182. Discurso ao receber o Doutorado *Honoris Causa* no Pathéon Sorbonne, Universidade de Paris. França, 7-3-1975.

—. "Eu tive um sonho...". *Sedoc* 3 (1970) 481-488. Conferência pronunciada ao receber o Prêmio Martinho Luther King, da Southern Christian Leadership Conference. Atlanta, Estados Unidos, 12-8-1970.

—. "Exame de Admissão". In: ARQUIDIOCESE DE OLINDA E RECIFE. *Dom Hélder – Pronunciamentos* (1967-1969).

—. "Força do Direito ou direito da força". *Sedoc* 7 (1974) 623-627. Discurso ao receber o título de Doutor *Honoris Causa* em Direito pela Universidade de Havard. Estados Unidos, 13-6-1974.

———. "Helder Camara – autocritica e utopia". In: CAMARA, H.; SILVA, M.; FRAGOSO, A. B.; F. BETTO; LEBRET, G.; SILVA SOLAR, J.; FREIRE, P. *Complicità o resistenza? La Chiesa in America Latina.* Assisi, 1976. p. 18-21.

———. "Hombre, ¿quieres ser libre?". In: RENEDO, B. T. de. *Hélder Câmara: proclamas a la juventud.* Salamanca, 1976. p. 74-79. Conferência pronunciada no encerramento do Congresso Jubilar da Pax Romana. Friburgo, Suíça, 17-7-1971.

———. "Homilia para a Missa de Sétimo Dia [de falecimento do Pe. Henrique]". *Sedoc* 2 (1969) 145-148.

———. "Joana, será que compreendes e amas a não violência?". In: ARQUIDIOCESE DE OLINDA E RECIFE. *Dom Hélder – Pronunciamentos* (1969-1970).

———. "La degradación de los mundos y la urgente renovación de la tierra". In: CÂMARA, H. *Cristianismo, socialismo, capitalismo.* Salamanca, 1974, 1975[2]. p. 104-114 = in RENEDO, B. T. de. *Hélder Câmara: proclamas a la juventud.* Salamanca, 1976. p. 199-204. Conferência pronunciada no Encontro com a Juventude. Milão, Itália, 7-11-1972.

———. "La presenza della Chiesa nello sviluppo dei popoli". In: IDOC. *Due miliardi di affamati. Helder Câmara, Arcevescovo di Olinda e Recife, Lebret, Gonzalez-Ruiz e altri denunciano la colpevole inerzia del mondo "civile" nei confronti dei paesi sottosviluppati.* Verona, 1968. p. 41-59.

———. "La rebelión de los economistas". In: RENEDO, B. T. de. *Hélder Câmara: proclamas a la juventud.* Salamanca, 1976. p. 155-159 = "Rebelión de los Economistas". In: CAYUELA, J. *Hélder Câmara – Brasil: ¿un Vietnam católico?.* Santiago de Chile/Buenos Aires/México/Madrid/Barcelona, 1969. p. 247-253. Discurso pronunciado por ocasião da entrega de diplomas de final de curso na faculdade de Ciências Econômicas da Universidade Federal do Rio Grande do Norte, 12-12-1967.

———. "Las minorías abrahámicas y las estructuras de la iglesia". In: CÂMARA, H. *Cristianismo, socialismo, capitalismo.* Salamanca, 1974, 1975[2]. p. 2-33 = "Minorias abraâmicas e estruturas da Igreja". In: Secretariado Regional Nordeste II – CNBB, Serviço de Apostilas 35, 12-16. Palestra na reunião dos colaboradores da Frechenhoster Kreises. Alemanha, 22-6-1972.

———. "Los jóvenes exigen y construyen la paz". In: RENEDO, B. T. de. *Hélder Câmara: proclamas a la juventud.* Salamanca 1976. p. 80-84 = in

CAYUELA, J. *Hélder Câmara – Brasil: ¿un Vietnam católico?*. Santiago de Chile/Buenos Aires/ México/Madrid/Barcelona, 1969. p. 255-260 = "Os jovens exigem e constroem a paz. Uma realidade que nos interpela" In: Secretariado Regional Nordeste II – CNBB, Serviço de Apostilas 17, 34-38. Discurso pronunciado durante o Congresso Mundial da Federação das Juventudes Femininas Católicas e da Federação Internacional da Juventude Católica. Berlim Ocidental, 18-4-1968.

———. "Mais perto ou mais longe da paz?". In: CÂMARA, D. H. *Utopias peregrinas*. Recife, 1993, p. 57-64 = *Sedoc* 6 (1974) 1418-1422. Palestra ao receber o Prêmio Popular da Paz. Oslo, Noruega, 10-2-1974.

———. "Misión de los juristas en los países subdesarrollos". In: RENEDO, B. T. de. *Hélder Câmara: proclamas a la juventud*. Salamanca, 1976. p. 161-165 = in Secretariado Regional Nordeste II – CNBB, Serviço de Apostilas 25, 10-14. Conferência pronunciada no VI Congresso Mundial de Juristas Católicos organizado pelo Secretariado Internacional dos Juristas Católicos da Pax Romana. Dakar, Senegal, 5-12-1968.

———. "Morte, onde está tua vitória?". *Sedoc* 11 (1979) 1356-1359. Homilia pronunciada na Missa do 10.º aniversário da morte do Pe. Henrique. Matriz da Várzea, Recife, 25-5-1979.

———. "Nuovo Umanesimo che sta sorgendo". In: CÂMARA, H. *Terzo Mondo defraudato*. Milano, 1968, 1970^4. p. 59-69 = "O Novo Humanismo que está surgindo". *Folha de S. Paulo* 20-6-1967. Conferência pronunciada em São Paulo, 19-6-1967.

——— "O Outro Desenvolvimento e os Pobres". In: CÂMARA, D. H. *Utopias peregrinas*. Recife, 1993. Discurso pronunciado durante o 2.º Seminário sobre a criação de recursos para o desenvolvimento local, promovido pela Fundação Dag Hammarskjold. Garanhuns, Pernambuco, 30-8-1985.

———. "O Pão da Vida e a subvida no mundo". *Sedoc* 9 (1977) 768-770. Conferência proferida durante o simpósio sobre a fome mundial por ocasião do 41.º Congresso Eucarístico Internacional. Estados Unidos, 2-8-1976.

———. "Oração do Paraninfo dos Bacharéis e Licenciados na Faculdade de Filosofia". Rio de Janeiro, 1945, Anuário das Faculdades Católicas – 1944. http://www.ccpg.puc-rio.br/nucleodememoria/dhc/porescritodomhelder.htm [acesso em 2-9-2009].

CAMARA, H. "Os direitos humanos e a libertação do homem nas Américas". In: Secretariado Regional Nordeste II – CNBB, Serviço de Apostilas 25, 30-34 = in *Sedoc* 1 (1969) 1357-1364. Alocução no encerramento da VI Conferência Anual Internacional do Catholic Inter-American Cooperation Program. Nova Iorque, 26-1-1969.

―――. "Pacto com Tomás Merton". *Sedoc* 9 (1977) 796-802. Palestra pronunciada ao receber o Prêmio Thomas Merton. Pittsburgh, Estados Unidos, 23-11-1976.

―――. "Per una visione cristiana dello sviluppo". In: CÂMARA, H. *Terzo Mondo defraudato*. Milano, 1968, 1970⁴. p. 15-23.

―――. "Pertinência de uma aparente impertinência". In: CÂMARA, D. H. *Utopias peregrinas*. Recife, 1993. p. 125-130. Conferência Internacional sobre vivenda e desenvolvimento local, processos de urbanização e opções de desenvolvimento, pronunciada durante o Habitat Forum Berlin'87. Alemanha, 1 a 13-6-1987.

―――. "Pobreza e miséria na América Latina". *Sedoc* 9 (1977) 770-776. Palestra pronunciada durante o 41.º Congresso Eucarístico Internacional. Estados Unidos, 3-8-1976.

―――. "Prêmio Roma-Brasília Cidade da Paz, 1986". In: CÂMARA, D. H. *Utopias peregrinas*. Recife, 1993. p. 121-124. Discurso pronunciado ao receber o Prêmio Roma-Brasília Cidade da Paz. Roma, Itália, 17-12-1986.

―――. "Presencia de la iglesia en el desarrollo de América Latina". In: RENEDO, B. T. de. *Hélder Câmara: proclamas a la juventud*. Salamanca, 1976. p. 116-127 = "Presenza della chiesa nello sviluppo dell'America Latina". In: CÂMARA, H. *Terzo Mondo defraudato*. Milano, 1970. p. 101- 119 = "Presença da Igreja no desenvolvimento da América Latina. Sugestões fraternas, palestra em Mar del Plata". In: Secretariado Regional Nordeste II – CNBB, Serviço de Apostilas 12, 1-14. Discurso na X Assembleia Extraordinária do CELAM. Mar del Plata, Argentina, 9 a 16-10-1966.

―――. "Quaisquer que sejam as consequências". In: CIRANO, M. *Os caminhos de Dom Helder: perseguição e censuras (1964-1980)*. Recife, 1983. p. 71-72. Conferência pronunciada no Centro de Esportes. Paris, 26-5-1970.

―――. "Quello che il Concilio non poteva dire". In: CÂMARA, H. *Terzo Mondo defraudato*. Milano, 1968, 1970⁴. p. 47-57. Discurso pronunciado na

Domus Mariae durante o Quarto Período do Vaticano II. Itália, novembro de 1965.

———. "Realismo da Igreja continuadora de Cristo". *Vozes* 5 (1965) 432-439. Discurso na inauguração do Seminário Regional do Nordeste. Pernambuco, 2-5-1965.

———. "Recife e Milão, irmãs em responsabilidades em face do desenvolvimento". In: CÂMARA, D. H. *Utopias peregrinas.* Recife, 1993. p. 29-38 = "Recife e Milano sorelle in responsabilità di fronte allo sviluppo". In: CÂMARA, H. *Terzo Mondo defraudato.* Milano, 1968, 1970[4]. p. 89-100. Discurso pronunciado em Milão, 27-5-1967.

———. "Responsabilidade da França em face da Revolução". In: ARQUIDIOCESE DE OLINDA E RECIFE. *Dom Hélder – Pronunciamentos* (1969-1970).

———. "Responsabilidade dos cristãos em face do mundo de hoje". In: Secretariado Regional Nordeste II – CNBB, Serviço de Apostilas 36, 37-41. Palestra em sessão acadêmica ecumênica em Bruxelas, Bélgica, 19-5-1973.

———. "São Francisco, Santo do Nosso Tempo". In: CÂMARA, D. H. *Utopias peregrinas.* 1993. p. 91-95. Discurso pronunciado durante as comemorações do oitavo centenário do nascimento de São Francisco de Assis. Catedral de Ivreia, Itália, 4-10-1981.

———. "Tricentenário da diocese de Olinda". *Sedoc* 9 (1977) 779-784. Mensagem por ocasião do tricentenário da criação da Diocese de Olinda, Olinda, 7-10-1976.

———. "Un pacto digno de coronar nuestra marcha". In: RENEDO, B. T de. *Hélder Câmara: proclamas a la juventud.* Salamanca, 1976. p. 187-192 = In: CÂMARA, H. *Cristianismo, socialismo, capitalismo.* Salamanca, 1974, 1975[2]. p. 81-92 = "Pacto digno". *Sedoc* 5 (1973) 866-872. Mensagem ao Movimento de Jovens "Mani Tese", por ocasião do encerramento da Marcha de 1972, na Praça Michelangelo. Florença, Itália, 5-11-1972.

———. "Violência de los Pacíficos". In: CAYUELA, J. *Hélder Câmara – Brasil: ¿un Vietnam católico?.* Santiago de Chile/Buenos Aires/México/Madrid/Barcelona, 1969. p. 269-273 = In: RENEDO, B. T. de. *Hélder Câmara: proclamas a la juventud.* Salamanca, 1976. p. 178-181 = "Pressão Moral Libertadora". In: FRAGOSO, A.; BARBÉ, D.; CÂMARA, H.; JESUS, M. C. de; BRENO, J.; LEPARGNEUR; KUNZ, A. *A força da não violência: A firmeza- -permanente.* São Paulo, 1977. p. 113-118. Discurso pronunciado durante o lançamento oficial do Movimento AJP, por ocasião da Abertura do Centenário do nascimento de Gandhi. Recife, 2-10-1968.

———. "O que faria São Tomás de Aquino diante de Karl Marx?". In: *Cadernos de Opinião* 1975.

1.3 Meditações[2]

CAMARA, H. "Balãozinho vermelho". In: CAMARA, D. H. *Um Olhar sobre a cidade* [CD-ROM]. Recife, sd.

———. "Cristo em nossa vida". In: CAMARA, D. H. *Deus nos tempos de hoje e na vida de cada dia* [CD-ROM]. São Paulo, 1994.

———. "Deus nos tempos de hoje e na vida de cada dia". In: CAMARA, D. H. *Deus nos tempos de hoje e na vida de cada dia* [CD-ROM]. São Paulo, 1994.

———. "Diálogo". In: CAMARA, D. H. *Um olhar sobre a cidade* [CD-ROM]. Recife, sd.

———. "Embriaguês". In: CAMARA, D. H. *Um olhar sobre a cidade* [CD-ROM]. Recife, sd.

———. "Ensinamentos". In: CAMARA, D. H. *Um olhar sobre a cidade* [CD-ROM]. Recife, sd.

———. "Flores Murchas". In: CAMARA, D. H. *Um olhar sobre a cidade* [CD-ROM]. Recife, sd.

———."Mariama". http://www.domtotal.com/multimidia/audio_video_detalhes.php? mulId=30 [acesso em 7-1-2009].

———. "Solidão para nós não existe". In: CAMARA, D. H. *Deus nos tempos de hoje e na vida de cada dia* [CD-ROM]. São Paulo, 1994.

———. "Tudo tem vida e santidade". In: CAMARA, D. H. *Deus nos tempos de hoje e na vida de cada dia*. São Paulo, 1994.

———. "Verbos prediletos". In: CAMARA, D. H. *Deus nos tempos de hoje e na vida de cada dia* [CD-ROM]. São Paulo, 1994.

———. *Deus nos tempos de hoje e na vida de cada dia* [CD-ROM]. São Paulo, 1994.

———. *Um olhar sobre a cidade* [CD-ROM]. Recife, sd.

---

[2] Outras Meditações e as crônicas citadas estão publicadas nos livros e circulares.

1.4 Registros

CAMARA, H. "Ata da Assembleia de Fundação da CNBB". *Sedoc* 5 (1972) 561-565.

———. "Comunicado pastoral ao povo de Deus". *Sedoc* 10 (1977) 517. Sobre a possível expulsão do Pe. Romano Zufferey do Brasil. Recife, 12-7-1977.

———. "Dados sobre a Cruzada de São Sebastião". *Reb* 19 (1959) 636-668.

———. "Declaração de D. Helder". *Sedoc* 3 (1970) 635-636. Publicada no *Boletim Arquidiocesano* depois que Amaral Neto acusou Dom Helder de difamar o Brasil no exterior.

———. "Depoimento de Dom Helder à Justiça [sobre a morte do Pe. Henrique]. Recife 28-8-1969". In: CIRANO, M. *Os caminhos de Dom Helder: perseguição e censuras (1964-1980)*. Recife, 1983. p. 111-115.

———. "Nota. Resposta de Dom Helder a Gilberto Freyre". *Boletim Arquidiocesano* (1965-66).

———. "Quem financia minhas viagens?". *Sedoc* 3 (1970) 636-640 = in CIRANO, M. *Os caminhos de Dom Helder: perseguição e censuras (1964-1980)*. Recife, 1983. p. 156-162 = In: Separata do *Boletim Arquidiocesano*. Recife, setembro de 1970.

———. "Resposta de Dom Helder solicitada pelos Bispos da Alemanha (Recife, 29-9-1970)". In: CIRANO, M. *Os caminhos de Dom Helder: perseguição e censuras (1964-1980)*. Recife, 1983. p. 66-67.

1.5 Entrevistas

CAMARA, H. ["Entrevista de Dom Helder"]. *Fatos e Fotos* 3-5-1968. In: CAYUELA, J. *Hélder Câmara – Brasil: ¿un Vietnam católico?*, Santiago de Chile/Buenos Aires/México/Madrid/Barcelona, 1969. p. 220.

———. "A entrevista [proibida]". *Sedoc* 12 (1979) 706-718 = In: FERRARINI, S. *A imprensa e o arcebispo Vermelho: 1964-1984*. São Paulo, 1992. p. 269-292. Entrevista concedida ao Semanário *Politika*, cuja divulgação fora proíbida pelo DOPS. Em agosto de 1979, *O Amigo do Povo* a publicou juntamente com o editorial "O *mea culpa* de Dom Helder", que dera origem à entrevista.

———. "Dom Helder Câmara racconta la sua vita". In: BOURGEON, R. *Il profeta del Terzo Mondo*. Testimoni del nostro tempo 1. Milano, 1970. p. 235-240.

———. "Dom Helder s'expliques". *Informations Catholiques Internationales* 315 (1968) 4-9.

———. "Entrevista [a Oriana Fallaci]". *Siete Días Ilustrados*, 7-10-1970. Publicada em Buenos Aires, Argentina.

———. "Entrevista [ao jornalista J. de Moraes] de Dom Hélder Câmara". *Diário de Pernambuco* 15-5-1983 = *Sedoc* 16 (1983) 457-461.

———. "Entrevista com D. Hélder", *Sedoc* 10 (1977) 218-225.

———. "Entrevista de D. Helder". *Sedoc* 11 (1978) 485-496 = *Folha de S. Paulo* [Folhetim] 25-6-1978.

———. "La más valiente de las encíclicas". *Fatos e Fotos* [abril 1967]. In: RENEDO, B.T de. *Hélder Câmara: proclamas a la juventud*. Salamanca, 1976. p. 129-133.

———. "Quanto mais negra é a noite, mais carrega em si a madrugada". *Jornal do Brasil* 24-4-1977 = *Sedoc* 10 (1977) 217-225. Entrevista concedida a Divane Carvalho por ocasião dos 25 anos de Ordenação Episcopal.

2. Textos da Igreja

2.1 Ensinamentos Pontifícios

JOÃO PAULO II. "A terra é dom de Deus a todos os homens". *Sedoc* 13 (1980) 105-111. Homilia da Missa em Recife, 7-7-1980.

———. "Alocução Operários Monterey". *AAS* LXXI (1979) 240-245.

———. "Audácia de profetas e prudência evangélica de pastores: discurso do Santo Padre no início dos trabalhos da III Conferência Geral do Episcopado Latino-Americano, em 28 de janeiro de 1979". In: JOÃO PAULO II. *João Paulo II em Puebla: Pronunciamentos do Papa na América Latina*. São Paulo, 1979. p. 43-70.

———. "Carta de João Paulo II por ocasião dos 50 anos de Sacerdócio de Dom Helder (15/08/1981)". In: POTRICK, M. B. *Dom Helder, pastor e profeta.* São Paulo, 1983, 1984[2]. p. 169-170.

———. *João Paulo II em Puebla: Pronunciamentos do Papa na América Latina.* São Paulo, 1979.

PAULO VI. "Discurso de S.S. Paulo VI na abertura da Segunda Conferência". In: CELAM. *A Igreja na atual transformação da América Latina à luz do Concílio: conclusões de Medellín.* Petrópolis, 1969, 1980[7]. p. 9-19

———. "Mensagem do Papa Paulo VI por ocasião da morte do Pe. Henrique". *Sedoc* 2 (1969) 144.

———. *Populorum Progressio.* In: *Enchiridion delle Encicliche* 7. Bologna, 1994. p. 930-1016.

2.2 Documentos da Igreja

CELAM. *A evangelização no presente e no futuro da América Latina. Conclusões: Puebla.* São Paulo, 1979, 1995[8].

———. *A Igreja na atual transformação da América Latina à luz do Concílio: Conclusões de Medellín.* Petrópolis, 1969, 1980[7].

CNBB – REGIONAL NORDESTE. "Manifesto dos Bispos do Nordeste". *Boletim Arquidiocesano* (1965-1966).

CNBB. *Plano de emergência para a Igreja do Brasil.* Rio de Janeiro, 1962.

CONCÍLIO VATICANO II. *Documentos do Vaticano II: constituições, decretos e declarações.* Petrópolis, 1966.

3. Textos sobre Dom Helder

3.1 Livros e artigos

AMARAL, I.G. do. "Circular de Itiberê Gurgel do Amaral". In: CIRANO, M. *Os caminhos de Dom Helder: perseguição e censuras (1964-1980).* Recife, 1983. p. 27-28.

BIBLIOGRAFIA

ARAÚJO, E.M. de. *"Sinais dos tempos, sinais de Deus": Evangelizar na realidade de injustiça. O pensamento teológico e antropológico de Dom Helder Camara.* Roma, 2004.

ARQUIDIOCESE DE OLINDA E RECIFE. "Aniversário da Morte do Pe. Henrique – Por ocasião do 1.º Aniversário" = *Sedoc* 2 (1970) 1580.

———. "Nota da Arquidiocese de Olinda e Recife sobre a morte do Pe. Henrique" = *Sedoc* 2 (1970) 143-144.

BANDEIRA, M. "D. Hélder Câmara e o Vaticano II". *Vozes* LXXII (1978) 973-976.

BARROS, M. "O profeta Helder Camara e a sua herança espiritual". http://www.adital.org.br/site/noticia2.asp?lang=PT&cod=13388 [acesso em 31-9-2010].

BARROS, R. C. de. "Pós-escrito a Dom Helder". In: ROCHA, Z., ed. *Helder, o Dom. Uma vida que marcou os rumos da Igreja no Brasil.* Petrópolis, 1999. p. 202-208.

BAUER, E. *Dom Helder Camara – o Santo Rebelde* [CD-ROM], 2004.

BEOZZO, J. O. "Apresentação". In: CAMARA, D. H. *Circulares Conciliares*, I. Recife, 2009, XVII-XXIII.

———. "Dom Helder Camara e o Concílio Vaticano II". In: ROCHA, Z., ed. *Helder, o Dom. Uma vida que marcou os rumos da Igreja no Brasil.* Petrópolis, 1999. p. 102-110.

BINGEMER, M. C. L. "Contemplação do mistério e prática da justiça (a harmoniosa síntese de Dom Helder Camara entre mística e ação)". http://www.ccpg. puc-rio.br/ nucleodememoria/dhc/textos/mariaclarabingemer.pdf [acesso em 6-9-2010].

———. "Dom Helder Camara: um Pastor para o Século XXI. Depoimento em vídeo concedido em agosto de 2009 a Mauana Simas na PUC-Rio". http:// www.ccpg.puc-rio.br /memoriapos/dhc/vida.htm [acesso em 1-7-2009].

BLAZQUEZ, F. *Ideario de Hélder Câmara.* Salamanca, 1974.

BOFF, L. "Entrevista realizada por Martinho Condini no dia 26 de julho de 2000". In: CONDINI, M. *Dom Helder Camara: um modelo de esperança.* São Paulo, 2008. p. 169-174.

BOURGEON, R. *Il profeta del Terzo Mondo,* Testimoni del nostro tempo 1. Milano, 1970 = *L'Archevêque des favelles.* Paris, 1968.

BROUCKER, J. de. "Dom Helder: Místico, Fraternal, Servidor Fiel". http://www.oarcanjo.net/site/index.php/testemnhos/dhelder/jose-de-broucker-dom-helder-amara-mistico-fraternal-servidor-fiel/ [acesso em 8-10-2009].

———. *As noites de um profeta: Dom Helder Câmara no Vaticano II*. São Paulo, 2008 = *Le notti di un profeta: Dom Hélder Câmara al Concilio*. Milano, 2009.

———. *Helder Camara: la violenza di un pacifico*. Roma, 1970.

CALDERÓN, C. "La Vangardia", 13-7-1968. In CAYUELA, J. *Hélder Câmara – Brasil: ¿un Vietnam católico?*. Santiago de Chile/Buenos Aires/México/Madrid/Barcelona, 1969. p. 177.

CASTELLI, F. "Le 'conversioni' di Dom Helder Camara". *La Cività Cattolica* I (1980) 153-160.

CASTRO, M. de. *Dom Helder: misticismo e santidade*. Rio de Janeiro, 2002.

CAYUELA, J. *Hélder Câmara – Brasil: ¿un Vietnam católico?*. Santiago de Chile/Buenos Aires/México/Madrid/Barcelona, 1969.

CIRANO, M. "A resistência democrática". http://www.pe-az. com.br/dh/resistencia.htm [acesso em 13.4.2010].

———. "Os opositores". http://www.pe-az.com.br/dh/ opositores.htm [acesso em 13-4-2010],

———. *Dom Helder: Pastor da Liberdade*. http://www.pe-az.com.br/dh/projeto.htm

———. *Os caminhos de Dom Hélder: perseguições e censura (1964-1980)*. Recife, 1983.

COMBLIN, J. "Dom Helder e o novo modelo episcopal no Vaticano II". In: POTRICK, M. B., ed. *Dom Helder, pastor e profeta*. São Paulo, 1983, 1984[2]. p. 23-42.

———. "Dom Helder, bispo do Terceiro Milênio". In: ROCHA, Z., ed. *Helder, o Dom. Uma vida que marcou os rumos da Igreja no Brasil*. Petrópolis, 1999. p. 91-94.

———. "Entrevista realizada por Martinho Condini no dia 26 de julho de 2000". In: CONDINI, M. *Dom Helder Camara: um modelo de esperança*. São Paulo, 2008. p. 161-168.

———. "Os Santos Pais da América Latina". *Concilium* 333 (2009) 619-630.

BIBLIOGRAFIA

535

———. "Prefácio". In: CAMARA, D. H. *Circulares Conciliares*, I. Recife, 2009, XXV-XXXIII.

———. *A Espiritualidade de Dom Helder*. Recife [2001 – inédito].

———. *Dom Helder* [CD-ROM], 2009. Entrevista em vídeo concedida ao Gruppone Missionário, 7-6-2009 [inédito].

CONDINI, M. *Dom Helder Camara: um modelo de esperança*. São Paulo, 2008.

CONFEDERAÇÃO LATINO-AMERICANA DE SINDICATOS CRISTÃOS. "Candidatura de D. Helder Câmara ao Nobel da Paz. Moção de Apoio de 24 de outubro de 1969". *Sedoc* 3 (1970) 59.

CONFEDERAÇÃO MUNDIAL DO TRABALHO. "Apoio à Candidatura de Dom Helder Camara ao Nobel da Paz". *Sedoc* 3 (1970) 62 = *Labor* 16-2-1970.

Dom Helder: memória e profecia no seu centenário 1909-2009. Exposição fotográfica. Rio de Janeiro, 2009.

FERRARINI, S. A. *A imprensa e o arcebispo Vermelho: 1964-1984*. São Paulo, 1992.

FRAGOSO, A. "Introdução". In: CAMARA, D. H. *Circulares Interconciliares*, II. Recife, 2009. p. 17-23.

FRAGOSO, H. "Dom Helder, profeta do perdão evangélico". In: ROCHA, Z., ed. *Helder, o Dom. Uma vida que marcou os rumos da Igreja no Brasil*. Petrópolis, 1999. p.185-200.

FRENCKEN, G. "Refletindo Dom Helder Camara". http://www.cebsuai.org/content/view/2302/36/ [acesso em 8-10-2009].

GEBARA, I. "D. Helder, sinal da glória de Deus". In: ROCHA, Z., ed. *Helder, o Dom. Uma vida que marcou os rumos da Igreja no Brasil*. Petrópolis, 1999. p. 166-170.

GLOBONEW, "Nesse ano faz um século do nascimento de Dom Hélder Câmara". http://video.globo.com/Videos/Player/Noticias/0,,GIM11170307823NES-SE+ANO+FAZ+UM+SECULO+DO+NASCIMENTO+DE+DOM+HEL-DER+CAMARA,00.html [acesso em 7-1-2010].

GONZÁLEZ, J. *Helder Câmara: il grido dei poveri*. Roma, 1970, 1976[4].

HOORNAERT, E. "Introdução". In: CAMARA, D. H. *Circulares Interconciliares*, I. Recife, 2009, XVII-XXVI.

ISNARD, C. "Dom Helder e a Conferência dos Bispos". In: ROCHA, Z., ed. *Helder, o Dom. Uma vida que marcou os rumos da Igreja no Brasil*. Petrópolis, 1999. p. 97-100.

KATHEN, N. R. T. *Uma vida para os pobres: Espiritualidade de D. Hélder Câmara*. São Paulo, 1991.

LAURIER, P. J.-M. "Mística e profecia: Dom Helder Pessoa Câmara". *Contempl@ção* 1 (2010).

LEÃO, J.G. "Ideias, opiniões e sentimentos: A escrita epistolar do Padre Helder Camara". Texto apresentado no IV Simpósio Nacional de História Cultural em Goiânia, Goiás, 13 a 17-10-2008 [recebido via e-mail].

LIMA, A. A. "Depoimento". In: CASTRO, M. de. *Dom Helder: misticismo e santidade*. p. 259-268.

LUNING, H. "Hélder Câmara". In: SCHULTZ, H. *Testigos de la no violencia activa*. Madrid 1972. p. 139-152.

MARINS, J. "Dom Helder" [via e-mail, 7-10-2010].

MARQUES, L. C. L.; FARIA, R. A.; CAMARA, D. H. *Circulares conciliares*, II. Recife, 2009, nota 408.

————. "As Circulares Conciliares de Dom Helder". In: CAMARA, D. H. *Circulares Conciliares*, I. Recife, 2009, XXXV-XLVIII.

————. "As muitas facetas da 'figura conciliar' de Dom Helder Camara". In: ROCHA, Z., ed. *Helder, o Dom. Uma vida que marcou os rumos da Igreja no Brasil*. Petrópolis, 1999. p. 112-122.

MURATORI, L. "Le sue parole e l'opera". In: BOURGEON, R. *Il profeta del Terzo Mondo*, Testimoni del nostro tempo 1. Milano, 1970. p. 241-270.

NASCIMENTO, T. "A trajetória de 50 anos do Banco da Providência: Legado de Dom Helder Camara para a cidade do Rio de Janeiro". http://www.ccpg. pucrio.br/nucleodememoria/dhc/textos/terezinhanascimento.pdf [acesso em 9-9-2010].

PAX CHRISTI INTERNACIONAL. "Carta de Apoio à Candidatura de Dom Helder Camara ao Nobel da Paz". *Sedoc* 3 (1970) 61.

PILETTI, N.; PRAXEDES, W. *Dom Hélder Câmara: entre o poder e a profecia*. São Paulo, 1997.

————. *Dom Helder Camara: o profeta da paz*. São Paulo, 2008[2].

BIBLIOGRAFIA

PINHEIRO, E. "Dom Helder Camara como Arcebispo de Olinda e Recife (1964-1985)". In: ROCHA, Z., ed. *Helder, o Dom. Uma vida que marcou os rumos da Igreja no Brasil*. Petrópolis, 1999. p. 77-87.

————. "Dom Helder Câmara como Arcebispo de Olinda e Recife – um depoimento pastoral". In: POTRICK, M. B., ed. *Dom Helder, pastor e profeta*. São Paulo, 1983, 1984[2]. p. 46-54.

PIRES, J. M. "Homilia para a Missa do Jubileu Sacerdotal de Dom Hélder Câmara". *Sedoc* 14 (1981) 432-435.

———— "O Todo-poderoso fez em mim maravilhas". In: ROCHA, Z., ed. *Helder, o Dom. Uma vida que marcou os rumos da Igreja no Brasil*. Petrópolis, 1999. p. 15-18.

POTRICK, M. B., ed. *Dom Helder, pastor e profeta*. São Paulo, 1983, 1984.

REDE GLOBO NORDESTE. "Centenário Dom Hélder – Católicos se emocionam". http://www.youtube.com/watch?v=hI1Dgebtj5M [acesso em 15-5-2009].

REDE GLOBO. "Dom Hélder Câmara e o Padre Cícero do Juazeiro". http://www.youtube.com/watch?v=B1CL8o39zR0 [acesso em 17-11-2009].

RENEDO, B. T. de. *Hélder Câmara y la justicia: ideário*. Salamanca, 1981.

————. *Hélder Câmara: proclamas a la juventud*. Salamanca, 1976.

ROCHA, G. L. da. "Homilia por ocasião do Centenário de Dom Helder Camara". http://www.oarcanjo.net/site/index.php/testemunhos/dhelder/presidente-da-cnbb-homenageia-dom-helder/ [acesso em 9-2-2009].

————. "Dom Helder Camara Profeta da Justiça e Mensageiro da Esperança". Rio de Janeiro, 27-3-2009 [via e-mail].

ROCHA, Z. "Apresentação". In: CAMARA, D. H. *Circulares Interconciliares*, I. Recife, 2009, XIII-XVI.

————. "Introdução". In: CAMARA, D. H. *Circulares Interconciliares*, III. Recife. 2009. p. 17-31.

ROCHA, Z., ed. *Helder, o Dom. Uma vida que marcou os rumos da Igreja no Brasil*. Petrópolis, 1999.

ROY, C. "Carta do Cardeal Roy a D. Helder". *Sedoc* 4 (1972) 1184-1185.

SALES, E. "Defesa de Dom Helder em programa radiofônico". *Reb* 30 (1970) 171.

Santos, G. "Dom Hélder". *Igreja Nova* 76 (1999) edição especial – o Dom da Libertação.

Sigaud, G. de P. "Carta ao bispo de Munster, Alemanha, monsenhor Heinrich Tenhumberg, 11 de agosto de 1970". In: *Dom Hélder – Pronunciamentos, Arquidiocese de Olinda e Recife* (1969-70) = in Cirano, M. *Os caminhos de Dom Helder: perseguição e censuras (1964-1980)*. Recife, 1983. p. 60-61.

———. "Carta ao Presidente da CNBB". In: Cirano, M. *Os caminhos de Dom Helder: perseguição e censuras (1964-1980)*. Recife, 1983. p. 55-56.

———. "Carta ao Presidente do Brasil". In: Cirano, M. *Os caminhos de Dom Helder: perseguição e censuras (1964-1980)*. Recife, 1983. p. 53-54.

Slob, B. "Do Barraco para o Apartamento: a 'humanização' e a 'urbanização' de uma favela situada em um bairro nobre do Rio de Janeiro". Holanda, 2002. http://www.ccpg.puc-rio.br/nucleodememoria/dhc/textos/16210742-Do--barraco-para-o-apartamento.pdf [acesso em 3-9-2010].

Sorge, B. "Hélder Câmara: il sogno di una Chiesa 'povera e serva'". *Aggiornamenti Sociali* 2 (2009) 85-90.

Souza, L. A. G. de. "D. Hélder, irmão dos pobres. Um testemunho no ano de seu centenário". http://www.unisinos.br/_ihu/index.php?option=com_noticias&Itemid=18&task= detalhe&id=20758 [acesso em 22-3-2009].

———. "Dom Hélder, Irmão dos pobres". *Reb* 41 (1981) 419-425.

———. *A JUC: Os estudantes católicos e a política*. Petrópolis, 1984.

TV Cultura. "Dom Hélder Câmara: O Mestre da Paz – parte 1". http://www.youtube.com/watch?v=-t7Aier2yPU [acesso em 5-12-09].

TV Senado. "Dom Hélder (parte 1). http://www.youtube.com/watch?v=VlS5so-5da3o [acesso em 15-5-2009].

———. "Dom Hélder (parte 2). http://www.youtube.com/watch?v= HUxScUr-45MY [acesso em 15-5-2009].

Valentini, D. "Dom Helder à luz de Aparecida" http://www.oarcanjo.net/site/index .php/destaque/dom-helder-a-luz-de-aparecida [acesso em 7-2-2009].

Vilela, A. B. "D. Avelar defende D. Hélder". *Sedoc* 3 (1970) 641-643.

Weigner, G. *Helder Câmara: la voce del mondo senza voce*. Milano, 1973.

3.2 Notícias de jornais

"[Dom Helder: Exemplo vivo de Teologia Espiritual]". *Reb* 32 (1972) 707.

"[Morre o Dom da Paz"]. *Jornal do Comércio* 29-8-1999.

"[Resposta ao Editorial de O *Globo* 24-6-1972]". *Boletim Arquidiocesano* 30-6-1972 = *Reb* 32 (1972) 707-78.

"A angústia do mundo". *O Estado de S. Paulo*, 24-9-86.

"A eternidade começa aqui". *Veja*, 13-9-1978.

"A história de Dom Helder Câmara". http://www.youtube.com/watch?v=SI857 hSp9IY [acesso em 15-5-2009].

"A maldição revogada". *Veja*, 17-9-1980.

"Afastamento de Padre Hélder preocupa católicos do Recife". *Jornal do Brasil*, 25-8-1966.

"Apoio a Pe. Hélder é um dever, diz Núncio". *Jornal do Brasil*, 26-8-1966.

"Apresentação da Sinfonia dos dois mundos, em Genebra". http://www.youtube. com /watch?v=6a6z_bpeWAs [acesso em 15-5-2009].

"Arcebispo: Ficarei em Pernambuco". *Última Hora*, 17-8-1966.

"Arcebispos e Bispos condenam excessos cometidos em nome da reforma da Igreja". *Diário de Pernambuco*, 11-8-1968.

"ARENA-RS também apoia a Igreja". *Última Hora*, 17-8-1966.

"Assembleia Legislativa aprova moção de solidariedade ao Arcebispo de Olinda e Recife". *Diário de Pernambuco*, 14-6-1968.

"Bispo reafirma que há comunista na Igreja". *Jornal do Commercio*, 1-9-1968.

"Bispos do Nordeste lançam Manifesto de Solidariedade a Trabalhadores da região". *Jornal do Brasil*, [julho] 1966.

"Bispos do Regional Centro-Oeste. Carta ao Diretor de O *Cruzeiro*". *Sedoc* 3 (1970) 764-565.

"Bispos e militares". *O Globo*, 13-8-1966.

"Bispos são contra esquerdismo e conclamam à harmonia". *Diário de Pernambuco*, 24-7-1968.

"Câmara de Caruaru tem voto de desagravo para Pastor de Manguinhos". *Jornal do Commercio*, 22-6-1968.

"Canavieiros rebatem críticas de Dom Hélder". *Diário de Pernambuco*, 5-10-1967.

"Carta de Dom Helder sobre o Padre Henrique" http://www2.uol.com.br/JC/sites/sementesdodom [acesso em 4-6-2009].

"Cartas trocadas entre Dom Helder Camara e Alceu Amoroso Lima". http://www.ccpg.puc-rio.br/nucleodememoria/dhc/textos/cartas caall.pdf [acesso em 6-9-2010].

"Casa de Dom Hélder é pichada". *Jornal do Brasil*, 27-4-1980.

"CNBB toma defesa de Dom Helder". *Reb* 30 (1970) 172.

"Cogitado o afastamento de D. Hélder Câmara do Brasil". *Diário de S. Paulo*, 17-8-1966.

"Comitê Pernambuco homenageia Betinho e Dom Helder". 28-8-2003. http://www.acaodacidadania.com.br/templates/acao/novo/noticia/noticia.asp?-cod_Canal=8&cod_Noticia=239 [acesso em 2-2-2011].

"Congresso de Parlamentares de Santa Catarina aprovou apoio a Dom Hélder". *Diário de Pernambuco*, 26-6-1968.

"Costa vê em Dom Hélder testemunho de sua ação". *Jornal do Commercio*, 16-9-1967.

"Criação da Fundação Obras de Frei Francisco". *Sedoc* 16 (1984) 1025.

"Cristo, César e o templo". *Jornal do Commercio*, 16-7-1966.

"Cúria desmente notícia da transferência de Dom Hélder da Arquidiocese". *Jornal do Commercio*, 30-8-1966.

"D. Helder – o S. Vicente de Paulo das favelas". *O Cruzeiro*, 5-1-1957.

"D. Hélder quer que os jovens sigam exemplos dos Beatles". *O Globo*, 11-4-1969.

"D. Helder, 'o arcebispo vermelho', em Paris". *O Cruzeiro*, 23-6-1970.

"D. Hélder: Estudantes devem imitar Beatles – Um sermão em Manchester". *O Globo*, 11-4-1969 = In: Cirano, M. *Os caminhos de Dom Helder: perseguição e censuras (1964-1980)*. Recife, 1983. p. 150-151.

"D. Helder". *O São Paulo*, 14 a 20-4-89.

"D. Vicente Scherer defende H. veementemente". *Diário de Pernambuco*, 16-5-1968.

"Deputado ganha aplausos por defender Dom Hélder". *Jornal do Commercio*, 28-8-1967.

"Deputado pede aplausos a D. Hélder Câmara no sentido de desagravá-lo". *Jornal do Commercio*, 8-8-1967.

"Documento revela quem é o Arcebispo de Olinda". *O Estado de S. Paulo*, 28-5-1970 = In: CIRANO, M. *Os caminhos de Dom Helder: perseguição e censuras (1964-1980)*. Recife, 1983. p. 152-154.

"Dom Agnelo apoia com decisão a obra de Padre Hélder". *Jornal do Brasil*, 30-8-1966.

"Dom Fernando [Gomes dos Santos] defende Pe. Hélder". *Jornal do Brasil*, 13-8-1966.

"Dom Hélder Câmara confirma denúncia". *O Estado de S. Paulo*, 13-2-1968.

"Dom Helder Camara interpelle l'Ocident". *Informations Catholiques Internatinales* 362 (1970) 22-29.

"Dom Hélder Câmara, uma vida de dedicação ao sacerdócio". http://www2.uol.com.br/JC/sites/sementesdodom [acesso em 4-6-2009].

"Dom Hélder diz no Vaticano que poderá ser assassinado". *Diário de Pernambuco*, 23-4-1968.

"Dom Hélder diz por que citou os Beatles". *Folha de S. Paulo*, 15-4-1969.

"Dom Helder é agraciado com o título de Doutor *Honoris Causa* em Teologia pela Universidade alemã de Munster, no dia 22 de junho de 1972". *Reb* 32 (1972).

"Dom Helder é eleito membro do Conselho Científico de Estocolmo para a paz". *Reb* (1970) 171.

"Dom Hélder lança um novo movimento". *Folha de S. Paulo*, 20-7-1968.

"Dom Hélder não será afastado do Recife. E cessarão equívocos". *Diário da Manhã*, 29-8-1966.

"Dom Helder pode ser beatificado". *Pime-Net*, 22-2-2008. http://www.pime.org.br/noticias2008/noticiasbrasil640.htm [acesso em 13-1-2010].

"Dom Hélder será mantido no Nordeste". *Jornal do Commercio*, 18-9-1966.

"Dom Hélder, defensor dos direitos humanos". *O Globo*, 28-8-1999.

"Dom Hélder: ataque e defesa no fim do silêncio". *O Cruzeiro*, 7-1-1978.

"Dom Hélder: Falei em ameaça como um exemplo e não como uma realidade". *Folha de S. Paulo*, 28-4-1968.

"Dom Hélder: reformistas são considerados comunistas". *Diário de Pernambuco*, 4-8-1967.

"Dom Valdir prefere Igreja perseguida". *Jornal do Brasil*, 13-8-1966.

"Dossiê Censura – Fica proibida a divulgação de...". *Folha de S. Paulo*, 5-3-1978.

"Em plena campanha". *O Estado de S. Paulo*, 28-5-1970.

"Entrevista com Marina Araujo no programa RJTV – Rede Globo". http:// www.youtube.com/watch?v=ZuvLdXOneD4 [acesso em 3-1-11].

"Entrevista exclusiva: Chico Buarque de Holanda". *Igreja Nova*, agosto de 1999. http://www.igrejanova.jor.br/edago99.htm [acesso em 10-8-2010].

"Esquerdas sofrem grande derrota, afirma Dom Sigaud". *O Globo*, 24-7-1968.

"Estadão volta a criticar Dom Hélder". *Diário da Noite*, 13-11-1967.

"Evangelização resiste ao tempo". http://www2.uol.com.br/JC/sites/sementesdodom [acesso em 4-6-2009].

"Exército acusa Padre Hélder de agitador". *Jornal do Brasil*, 12-8-1966.

"General disse que nada há de comprometedor na Mensagem dos Bispos". *Jornal do Commercio*, 30-8-1966.

"General que insultou Dom Hélder será transferido". *Última Hora*, 17-8-1966.

"Gilberto Freyre compara Padre Hélder a Goebbels". *Jornal do Brasil*, 30-8-1966 = *Jornal do Commercio*, 28-8-1966.

"Gilberto Freyre compara Padre Hélder a Kerenski". *Jornal do Brasil*, 26-8-1966.

"Gilberto Freyre teme que Pe. Hélder morra atropelado porque anda muito a pé". *Jornal do Brasil*, 26-4-1968.

"Hélder admira Guevara mas diz preferir King". *Diário de Pernambuco*, 25-4-1968.

"Hélder admite crise". *Jornal do Commercio*, 14-12-1967.

"Hélder Câmara corre perigo de ser morto". *Diário de Pernambuco*, 24-6-1980.

"Hélder Câmara recebe solidariedade dos vereadores de Maceió". *Jornal do Commercio*, 20-6-1968.

"Hélder confirma que fim de King pode ser o seu". *Jornal do Commercio*, 24-4-1968.

"Hélder tem prontuário na polícia". *Jornal do Commercio*, 23-5-1968.

"Hélder volta às acusações". *O Estado de S. Paulo*, 24-5-1970.

"Hélder: Se houver novas pichações nos Manguinhos, ficará". *Jornal do Commercio*, 20-6-1980.

"Juiz acha desserviço a ação do Dops no país". *Jornal do Commercio*, 24-5-1968.

"Mais solidariedade a D. Hélder". *Última Hora*, 13-8-1966.

"Manifesto dos Bispos do Nordeste". *Boletim Arquidiocesano* (1965-1966) 47-48 = In: CIRANO, M. *Os caminhos de Dom Helder: perseguição e censuras (1964-1980)*, Recife, 1983. p. 19-20.

"MDB: audácia teve testemunhas". *Última Hora*, 17-8-1966.

"Meninos, eu vi". *O Estado de S. Paulo*, 26-6-87.

"Moacir refuta: não há prontuário de Dom Hélder no Dops". *Diário de Pernambuco*, 25-5-1968.

"Muros de Recife amanhecem pichados". *Jornal do Brasil*, 20-6-1980.

"Núncio dá por encerrado os malentendidos". *Jornal do Brasil*, 26-8-1966.

"O desabafo de Isaiaras". *Jornal da Cidade*, 19 a 24-7-1981 = In: CIRANO, M. *Os caminhos de Dom Helder: perseguição e censuras (1964-1980)*. Recife, 1983. p. 121.

"O mito D. Helder Camara". *O Estado de S. Paulo*, 11-4-85.

"O Natal de Dom Helder". *Boletim Arquidiocesano* 172 (1972) = *Reb* 32 (1972) 200-201.

"Oposição critica DOPS porque fichou Dom Hélder". *Jornal do Commercio*, 29-5-1968.

"Organizações católicas do Recife dão apoio a Padre Hélder". *Jornal do Brasil*, 17-8-1966.

"Os 'guerrilheiros de salão' e o terrorismo no Chile". *Jornal da Tarde*, 1-6-1970.

"Os Europeus começam a perceber quem é D. Helder". *Jornal da Tarde*, 1-7-1970.

"Os opositores". http://www.pe-az.com.br/dh/opositores.htm [acesso em 13-4-2010].

"Parlamentares dos dois partidos apoiam ação do Pe. Hélder". *Folha de S. Paulo*, 2-7-1968.

"Pe. H. admite morrer como King". *Jornal do Brasil*, 24-4-1968.

"Pe. Hélder e Presidente reúnem-se por uma hora no Recife". *Jornal do Brasil*, 16-8-1966.

"Pe. Hélder recebe sem surpresa notícia de que é fichado como agitador". *Jornal do Brasil*, 24-5-1968.

"Pe. Hélder tem apoio de deputados". *Jornal do Brasil*, 14-6-1968.

"Poema inspira selo para o Dom da Paz". http://www2.uol.com.br/JC/sites/sementesdo dom [acesso em 4-6-2009].

"Porque D. Helder não recebeu o Prêmio Nobel". *Jornal da Tarde*, 22-10-1970.

"Prelado faz críticas ao Manifesto". *Jornal do Commercio*, 12-10-1966.

"Prêmio Nobel da Paz". *O Estado de S. Paulo*, 6-6-1970.

"Prisão de Missionários. O caso Michael Capuano e Lawrence Rosegaugh". *Sedoc* 10 (1977) 521-534.

"Prisão do Padre Antônio Torre Medina". *Sedoc* 11 (1978) 459.

"Quem quer matar este homem?". *Fatos e Fotos*, 9-5-1968. In: PILETTI, N.– PRAXEDES, W. *Dom Hélder Câmara: entre o poder e a profecia*. São Paulo, 1997. p. 349.

"Sec. de Segurança afirma: Não há prontuário de Hélder e papa-figo é estória". *Diário de Pernambuco*, 28-5-1968.

"Secretaria de Estado a Santa Sé e D. Helder". *Sedoc* 2 (1969) 321-322 = *L'Osservatore Romano*, 25-7-1969.

"Sinfonia: ensaio geral emocionou orquestra, solistas e coral". *O Globo*, 21-9-85.

"Solidariedade a Dom Hélder". *Diário da Manhã*, 15-8-1966.

"Solidariedade dos Religiosos e dos Leigos". *Boletim Arquidiocesano* (1965=1966) 39.

"Sonho da terra vira realidade". http://www2.uol.com.br/JC/sites/sementesdodom [acesso em 4-6-2009].

"Souza Aguiar vai a Padre Hélder". *Jornal do Brasil*, 25-8-1966.

"Sucessor de Martinho Lutero King". *Boletim Arquidiocesano* (1970-1).

"Terroristas atiram contra a residência de Dom Hélder". *Diário de Pernambuco*, 25-10-1968.

"Vereador faz carga cerrada contra Dom Hélder". *Folha de S. Paulo*, 4-7-1968.

"Vereador: Dom Hélder não é comunista". *Diário da Noite*, 23-8-1967.

"Wandenkolk confirma que Hélder tinha prontuário". *Jornal do Commercio*, 25-5-1968.

"Wandenkolk diz que Documento em seu poder levará até Dom Hélder à cadeia". *Diário de Pernambuco*, 11-6-1968.

"Wandenkolk exige ação da linha dura e acusa Hélder". *Diário da Noite*, 3-8-1967.

CORÇÃO, G. "Dom Hélder". *O Estado de S. Paulo*, 14-5-1977 = CIRANO, M. *Os caminhos de Dom Helder: perseguição e censuras (1964-1980)*. Recife, 1983. p. 140-142.

————. "Gigantesco esforço". *O Estado de S. Paulo*, 16-7-1970 = In: CIRANO, M. *Os caminhos de Dom Helder: perseguição e censuras (1964-1980)*. Recife, 1983. p. 141.

FERNANDES, H. "Rumores buscam implicar Católicos na bomba". *Tribuna da Imprensa*, 4-8-1966.

FREYRE, G. "Que é que há contra Apipucos?". *Diário de Pernambuco*, 14-6-1970 = CIRANO, M. *Os caminhos de Dom Helder: perseguição e censuras (1964-1980)*. Recife, 1983. p. 133-134.

————. In: *Diário de Pernambuco*, 21-8-1966.

JORGE, S. "D. Hélder e a copa do mundo". *O Estado de S. Paulo*, 30-6-1970 = In: CIRANO, M. *Os caminhos de Dom Helder: perseguição e censuras (1964-1980)*. Recife 1983. p. 135-138.

LILLEBO, A. "Prêmio Nobel à violência?". *O Estado de S. Paulo*, 18-10-1970 = In: CIRANO, M. *Os caminhos de Dom Helder: perseguição e censuras (1964-1980)*. Recife, 1983. p. 89-91.

LIMA, A. A. ["Artigos sobre Dom Helder"]. *Jornal do Brasil*, 8 e 9-10-1970 = comentados in *Reb* 30 (1970) 169-171.

MARINHO, R. "O *mea culpa* de Dom Hélder". *O Globo*, 24-6-1972 = *Sedoc* 12 (1980) 705-706 = In: FERRARINI, S. A. *A imprensa e o arcebispo Vermelho: 1964-1984*. São Paulo, 1992. p. 267-268.

————. "O Padre Hélder". *O Globo*, 3-5-1968 = In: CIRANO, M. *Os caminhos de Dom Helder: perseguição e censuras (1964-1980)*. Recife, 1983. p. 200-201.

Mourão, G. de M. "As bodas de ouro do padrezinho". *Folha de S. Paulo*, 15-8-1981.

Nasser, D. "Cara de Santo". *O Jornal*, 12-7-1970.

———. "Central da Difamação". *O Jornal*, 24-10-1970 = In: Cirano, M. *Os caminhos de Dom Helder: perseguição e censuras (1964-1980)*. Recife, 1983. p. 139.

———. "Esta é a nossa igreja". *O Jornal*, 24-9-1970.

———. "Igreja cúmplice – fala como padre ou fala como cidadão". *O Cruzeiro*, 6-10-1970.

———. "Igreja do diabo". *O Jornal*, 17-9-1970.

———. "Missa negada". *O Jornal*, 19-9-1970.

———. "Pergunta sem resposta". *O Jornal*, 20-8-1970.

———. "Quem financia Dom Hélder?". *O Jornal*, 21-7-1970.

———. "Repulso". *O Jornal*, 18-9-1970.

———. "Traidores de batina". *O Jornal*, 18-9-1970.

Oliveira, P. C. de. "O Arcebispo Vermelho abre as portas da América e do mundo para o comunismo". *Folha de S. Paulo*, 1-2-1969 = *O Globo*, 6-2-1969 = *O Estado de S. Paulo*, 1-2-1969 = In: Cirano, M. *Os caminhos de Dom Helder: perseguição e censuras (1964-1980)*. Recife, 1983. p. 129-132.

RJTV. "Estátua de Dom Hélder Câmara é inaugurada". http://video.globo. com/Videos/Player/Noticias/0,,GIM1374481-7823ESTATUA+DE+DOM+HELDER+CAMARA+E+INAUGURADA,00.html [acesso em 13-11-2010].

4. Textos de Espiritualidade e Mística

"Pacto das Catacumbas". In: Kloppenburg, P. F. B. *Documentos do Vaticano II*, V. Petrópolis, 1966. p. 526-528.

Alencar, F.A.S.D. de. *Dom José Lamartine – O Pastor do Silêncio*. São Paulo, 1994.

Ancilli, E. "La mistica: alla ricerca di una definizione". In: Ancilli, E.; Paparozzi, M., ed. *La Mistica*: fenomenologia e riflessione teologica, I. Roma, 1984. p. 14-40.

BIBLIOGRAFIA

AREOPAGITA, D. *Teologia Mística*. In: AREOPAGIRA, D. *Obras completas*. São Paulo, 2004. p. 129-136.

———. *Obras completas*. São Paulo, 2004.

ASSIS, F. de. *Cântico ao Irmão Sol*. In: SILVEIRA, I.; REIS, R. dos., ed. *Escritos e biografias de São Francisco de Assis: crônicas e outros testemunhos do primeiro século franciscano*. Petrópolis, 1988[5]. p. 70-72.

———. *Testamento*. In: SILVEIRA, I.; REIS, R. dos., ed. *Escritos e biografias de São Francisco de Assis: crônicas e outros testemunhos do primeiro século franciscano*. Petrópolis, 1988[5]. p. 167-170.

BALDINI, M. *Il linguaggio dei mistici*. Brescia, 1986.

BERNARD, C.A. "Conoscenza e amore nella vita mistica". In: ANCILLI, E.; PAPAROZZI, M., ed. *La Mistica: fenomenologia e riflessione teológica*, II. Roma, 1984. p. 253-293.

———. *Teologia Spirituale*. Milano, 1982[1], 20026.

BOAVENTURA. *Legenda Maior*. In: SILVEIRA I.; REIS, R. dos., ed. *Escritos e biografias de São Francisco de Assis: crônicas e outros testemunhos do primeiro século franciscano*. Petrópolis, 1988[5]. p. 461-611.

BORRIELLO, L.; CARUANA, E.; DEL GENIO, M. R.; SUFFI, N., ed. *Dizionario di Mistica*. Roma, 1998.

BORRIELLO, L. "Esperienza mistica". *DIM*, 467-476.

———. "Prefazione". In: EGAN, H. *I Mistici e la Mistica: Antologia della mistica cristiana*. Città del Vaticano, 1995, p. 5-6.

BROVETTO, C.; MEZZADRI, L.; FERRARIO, F.; RICCA, P. *La Spirititualità cristiana nell'età moderna*. Storia della spiritualità 5. Roma, 1987.

CELANO, T. de. *Legenda de Santa Clara*. In: PEDROSO, J. C. C., ed. *Fontes Clarianas*. Petrópolis, 1993. p. 30-59.

———. *Vida I*. In: SILVEIRA, I.; REIS, R. dos, ed. *Escritos e biografias de São Francisco de Assis: crônicas e outros testemunhos do primeiro século franciscano*. Petrópolis, 1988[5]. p. 178-285.

———. *Vida II*. In: SILVEIRA I.; REIS, R. dos., ed. *Escritos e biografias de São Francisco de Assis: crônicas e outros testemunhos do primeiro século franciscano*. Petrópolis, 1988[5]. p. 286-446.

CHRISTO, C. A. L. *Diario di Puebla*. Brescia, 1979.

CILIA, A. "Merton Thomas". *DIM*, 810-811.

CLARET, L. "Roger (Fratel)". *DIM*, 1078-1080.

COMBLIN, J. *Padre Ibiapina*. São Paulo, 1993.

——. *Instruções Espirituais do Padre Ibiapina*. São Paulo, 1984.

CRIPPA, L. "Modelli Spirituali". *DIM*, 882-884.

CROMPTON, S.W. *100 líderes espirituais que mudaram a história*. Rio de Janeiro, 2004 = *100 spirituals leaders who shaped world history*. California, 2004.

CRUZ, S. J. da. *Cântico Espiritual*. In: CRUZ, S. J. da. *Obras Completas*. Oeiras, 1986⁵. p. 555-828.

——. *Chama viva de Amor*. In: CRUZ, S. J. da. *Obras Completas*. Oeiras, 1986⁵. p. 829-957.

——. *Noite Escura*. In: CRUZ, S. J. da. *Obras Completas*. Oeiras, 1986⁵. p. 389-553.

——. *Obras Completas*. Oeiras, 1986⁵.

——. *Subida ao Monte Carmelo*. CRUZ, S.J. da. *Obras Completas*. Oeiras, 1986⁵. p. 1-387.

D'ALESSANDRIE, P. *De vita contemplata*. Paris, 1963.

——. *De vita Mose*. Paris, 1967.

DAGNINO, A. "Inabitazione". *DIM*, 651-655.

DEL GENIO, M. R. "Mistica (Cenni storici)". *DIM*, 824-834.

DINZELBACHER, P. ed. *Diccionario de la Mística*. Burgos, 2000.

EGAN, H. *I Mistici e la Mistica: Antologia della mistica cristiana*. Città del Vaticano, 1995.

FARRUGIA, E. "Filone d'Alessandria". *DIM*, 513-515.

GAUTHIER, P. *Les pauvres, Jésus et l'Église*. Paris, 1962 = GAUTHIER, P. *I poveri, Gesù e la Chiesa*. Torino, 1963.

GARCÍA MATEO, R. *Lo Spirito Santo nella vita spirituale*. Roma, 2007.

——. *S. Ignazio di Loyola: Persona – Mistica – Spiritualità*. Roma. 2008².

——. *Storia della Spiritualità (Secoli XV-XVI)*. Roma, 2004.

——. *Teologia Spirituale: il laicato*. Roma, 2007².

Bibliografia

I fioretti de São Francisco de Assis. In SILVEIRA, I.; REIS, R. dos, ed. *Escritos e biografias de São Francisco de Assis: crônicas e outros testemunhos do primeiro século franciscano*. Petrópolis, 1988[5]. p. 1079-1296.

JESUS, S. T. do M. *Manuscritos Autobiográficos*, B (Carta para a Irmã Maria do Sagrado Coração). In: JESUS, S. T. do M. *Obras Completas de Santa Teresinha do Menino Jesus e da Santa Face*. São Paulo, 2002. p. 167-177.

————. *Obras Completas de Santa Teresinha do Menino Jesus e da Santa Face*. São Paulo, 2002.

JOHNSTON, W. *Teología mística: la ciencia del* amore. Barcelona, 1997.

JUAN-TOUS, P. "Juan de la Cruz". *DMi*, 596-600.

LARKIN, E. "Spiritualità". *DIM*, 1170-1172.

Legenda dos Três Companheiros. In: SILVEIRA, I.; REIS, R. dos., ed. *Escritos e biografias de São Francisco de Assis: crônicas e outros testemunhos do primeiro século franciscano*. Petrópolis 19885. p. 646-697.

LIBANIO, J. B. *Espiritualidade da América Latina* [CD-ROM]. Belo Horizonte.

LILLA, S. "Dionigi Areopagita". *DIM*, 416-418.

LIMA, A. A. *Tudo é Mistério*. Petrópolis, 1983, 1984[3].

LOYOLA, I. de. *Autobiografia*. In: LOYOLA, I. de. *Obras completas de S. Ignacio de Loyola*, I. Madrid, 1947. p. 118-580.

————. *Diario espiritual*. In: LOYOLA, I. de. *Obras completas de S. Ignacio de Loyola*, I. Madrid, 1947. p. 683-792.

————. *Exercícios espirituais*, escritos de Santo Inácio. São Paulo, 2000, 2006[3].

————. *Obras completas de S. Ignacio de Loyola*, I, II. Madrid, 1947.

LUBAC, H. de. *Lês quatré sens de L'Escriture*, II. Paris, 1959.

————. *Mistica e mistero Cristiano*. Milano, 1979.

MARRANZINI, A. "Teilhard de Chardin Piere". *DIM*, 1192-1194.

MERTON, T. *Poesia e contemplação*. Rio de Janeiro, 1972.

MEZZADRI, L. "'La soledad sonora': San Giovanni della Croce". In: BROVETTO, C.; MEZZADRI L.; FERRARIO, F.; RICCA, P. *La Spiritiualità cristiana nell'età moderna*. Storia della Spiritualità 5. Roma, 1987. p. 67-77.

————. "Inizio del 'seculo d'oro' in Spagna". In: Brovetto, C.; Mezzadri, L.; Ferrario, F.; Ricca, P. *La Spirititualità cristiana nell'età moderna*. Storia della Spiritualità 5. Roma, 1987. p. 35-38.

Mioli, G. "Mistica Cristiana". *NDS*, 985-1000.

Moliner, J.M. *Historia de la Espiritualidad*. Burgos, 1972.

Nascimento, P.I. *Dom Távora: o bispo dos operários – um homem além do seu tempo*. Coleção Testemunhos de Santidade. São Paulo, 2008.

O'Driscoll, M. "Caterina da Siena (santa)", *DIM*, 279-282.

Pedroso, J. C. C., ed. *Fontes Clarianas*. Petrópolis, 1993.

Pinto, E. *Francisco de Asís e la revolución social*. Uruguay, 1940.

Rampon, I. A. "Francisco de Assis: um profeta da paz". *Caminhando com o Itepa* 78 (2005) 50-67.

————. *A opção pelos pobres em São Francisco de Assis*. Belo Horizonte, 2005. [Dissertação de mestrado.]

Ruiz-Jurado, M. "Santo Ignazio di Loyola (santo)". *DIM*, 635-638.

————. *Il pellegrino della volontà di Dio. Biografia spirituale di sant'Ignazio di Loyola*. Milano, 2008.

Schutz, R. *Violence des pacifiques*. France, 1968.

Sena, S. C. de. Cartas completas. São Paulo, 2005.

Sicari, A. M. "Giovanni della Croce (santo)". *DIM*, 568-571.

Siena, S. C. da. *Epistolario*, I, II, III. Alba, 1972.

————. *Il dialogo della Divina Provvidenza*. Siena, 1974, 1998[6].

Silveira, I.; Reis, R. dos, ed. *Escritos e biografias de São Francisco de Assis: crônicas e outros testemunhos do primeiro século franciscano*. Petrópolis, 1988[5].

Sudbrack, J. "Merton Thomas". *DMi*, 719-720.

————. "Mistica". *DMi*, 732-737.

Szentmártoni, M. *In cammino verso Dio*, Milano-Torino 1998.

Taizé, H. R. de, "La Regla de Taizé". In: Taizé, H. R. de. *Las fuentes de Taizé*. Barcelona, 1981, 1988[2]. p. 13-56.

————. *Las fuentes de Taizé*, Barcelona, 1988.

BIBLIOGRAFIA 551

TEILHARD DE CHARDIN, P. *Hymne de l'univers*. Paris, 1961.

——. *Le Milieu divin*. Paris, 1957.

——. *Le Phénomène humain*. Paris, 1955.

UNDERHILL, E. *La mística: Estudio de la conciencia espiritual*. Madrid, 2006.

VELASCO, J. M. *El fenómeno místico: estudio comparado*. Madrid, 1999.

——. *La experiencia cristiana de Dios*. Madrid, 1995.

5. Outros textos

"'Eu sou mais pastoral'. Entrevista//Dom Saburido". *Diário de Pernambuco*, 2-7-2009.

"D. Geraldo achou desleal eleição para ir à CELAM". *Jornal do Brasil*, 21-8-1968.

"D. Geraldo Sigaud diz saber de um Seminário onde a Rádio de Moscou é a mais ouvida". *Jornal do Brasil*, 16-8-1968.

"D. João diz por que deixa Recife". *Jornal do Comércio*, 8-2-1995.

"D. Sigaud diz que só não entra para a TFP porque é momento civil". *Jornal do Brasil*, 14-9-1968.

"Dom Geraldo justifica a ação do Conselho de Segurança". *Jornal do Brasil*, 24-7-1968.

"Dossiê: Arquidiocese de Olinda e Recife: três medidas que causam mal-estar". *Sedoc* 22 (1990) 693-747.

"Há 25 anos a primeira das 102 viagens ao exterior de João Paulo II: Primeira parada, Puebla. Entrevista com Dom López Trujillo". *30Giorni* (2004) 1. http://www.30giorni.it/br/articolo_stampa.asp?id=2836 [acesso em 9-6-2010].

"Messejana e sua história". http://www.portalmessejana.com.br/historia.php [acesso em 9-5-2010].

"O 'caso Dom Sigaud'". *Sedoc* 9 (1977) 102, 1263-1334; *Sedoc* 10 (1977) 205-217.

"Padres fogem da Missa do Crisma". *Jornal do Comércio*, 12-4-1990.

"Toma posse novo arcebispo de Recife. Missão fazer a Igreja sorrir". *Diário de Pernambuco*, 17-8-2009.

ALVES, M. H. M. *Estado e oposição no Brasil (1964-1984)*. Petrópolis, 1984, 1985³ = ALVES, M. H. M. *Estado e oposição no Brasil 1964-1984*. Bauru, 2005.

ÁVILA, F. B. de. *L'immigration au Brésil: contribuition à une théorie génerale de l'imigration*. Rio de Janeiro, 1956.

BRAGA, A. M. da C. *Padre Cícero: sociologia de um Padre, antropologia de um Santo*, Bauru, 2008.

CABESTREIRO, T. *Los teólogos de la liberación en Puebla*. Madrid, 1979.

CALIMANN, C. "A identidade histórica da Igreja no Brasil nos últimos 20 anos". In: *Leigos e participação na Igreja*. Estudos da CNBB 45. São Paulo, 1986. p. 17-35.

CALLADO, A. *Tempo de Arraes: a revolução sem violência*. Rio de Janeiro, 1964, 1980³.

CARVALHO, E. L. T. *A missão Ibiapina*. Passo Fundo, 2008.

CASTRO, M. de. *64: Conflito Igreja X Estado*. Petrópolis, 1984.

COMBLIN, J. "A propósito de um Documento que se torna Fantasma". *Sedoc* 1 (1968) 451-452.

————. "Notas sobre o Documento Básico para a II Conferência Geral do Episcopado Latino-Americano". *Sedoc* 1 (1968) 452-466.

CONGAR, I. *Diario del Concilio 1960-1963*, I. Milano, 2005.

————. *Diario del Concilio 1964-1966*, II. Milano, 2005.

CORPORALE, R. *Last of the Councils*. California, 1964.

FEITOSA, A. *O Padre Cícero e a opção pelos pobres*. São Paulo, 1984.

FERRARINI, S.A. *História da Igreja no Brasil. Cenários do profetismo 1960--1985: Uma memória provocadora e estimulante*. Aparecida, 2004.

FESQUET, H. *Diario del Concilio: tutto il Concilio giorno per giorno*. Milano, 1967.

FIGUEIREDO, J. de. *Correspondência*. Rio de Janeiro, 1946³.

FILHO, J. L. C. *MEB 40 anos: crônicas*. Brasília, 2001.

FONSECA, J. *O Canto novo da nação do Divino: música inculturada na experiência do Pe. Geraldo Leite Bastos e suas comunidades*. São Paulo, 2000.

BIBLIOGRAFIA

553

FREIRE, P. *Pedagogia do oprimido.* São Paulo, 1970, 2008[47].

GALILEA, S. *A mensagem de Puebla.* São Paulo, 1979.

GROOTAERS, G. *Actes et acteurs à Vatican II.* Leuven, 1998.

GRUPO TORTURA NUNCA MAIS. "Antônio Henrique Pereira Neto (Padre)". http://www.torturanuncamairj.org.br/MDDetalhes.asp?CodMortosDesaparecidos=28 [acesso em 7-4-10].

GUIMARÃES, T.S.; DUMOULIN, A. *O Padre Cícero por ele mesmo.* Petrópolis, 1983.

IGREJA NOVA. *Jornal Igreja Nova,* outubro de 1991.

http://www.igrejanova.jor.br/leigos.htm [acesso em 17-6-2009].

————. *Retrato de uma Igreja em crise: Arquidiocese de Olinda e Recife segundo a imprensa local 1989-1997.* Recife, 1997.

ITER E COMISSÃO JUSTIÇA E PAZ. "Faz escuro mais eu canto". *Sedoc* 23 (1990) 247-248; *Sedoc* 22 (1990) 742-747.

LEME, S. *Primeira Carta Pastoral de Dom Sebastião Leme.* Petrópolis, 1916.

LIBANIO, J. B. "Apresentação". In: CELAM. *A evangelização no presente e no futuro da América Latina. Conclusões: Puebla.* São Paulo, 1979, 1995[8]. p. 55-79.

————. In: CHRISTO, C. A. L. *Diario di Puebla.* Brescia, 1979. p. 142.

LIMA, A. A. "Introdução". In: MARITAIN, J. *Cristianismo e democracia.* Rio de Janeiro, 1943, 1945[2]. p. 7-16.

————. *No limiar da Idade Nova.* Rio de Janeiro, 1935.

LIMA, A. A. *Os Direitos do Homem e o Homem sem Direitos.* Rio de Janeiro, 1974.

LORSCHEIDER, A. "Conferências-Gerais do Episcopado Latino-Americano e do Caribe. Subsídio preparatório à V Conferência do Episcopado Latino-americano". In: *Documentos do Celam.* Documentos da Igreja 8. São Paulo, 2004. p. 7-13.

————. "Discurso de Dom Aloísio Lorscheider". In: CELAM. *A evangelização no presente e no futuro da América Latina. Conclusões: Puebla.* São Paulo, 1979, 1985[8]. p. 45-50.

MACCISI, C. In: CABESTREIRO, T. *Los teólogos de la liberación en Puebla*. Madrid, 1979. p. 137.

MARITAIN, J. *Cristianismo e democracia*. Rio de Janeiro, 1943, 1945[2].

———. *Humanismo integral: uma visão nova da ordem cristã*. São Paulo, 1945.

———. *Umanesimo integrale*. Roma, 1946, 1947[2].

MARIZ, C. *Ibiapina, um apóstolo do Nordeste*. João Pessoa, 1980, 1980[2].

MELO, J. C de M. *Morte e Vida Severina*. Rio de Janeiro, 2006.

MENDES, C. *Dr. Alceu: da 'persona' à pessoa*. São Paulo, 2008.

MOURA, A. S. de. "Ritos de um retrocesso". *Folha de S. Paulo*, 29-10-88 = *Sedoc* 22 (1990) 700-701.

MUÑOZ, R. *La Iglesia en el pueblo: hacia una eclesiologia latinoamericana*. Santiago, Chile, 1982.

OTTEN, A. *"Só Deus é Grande": mensagem religiosa de Antônio Conselheiro*. São Paulo, 1980.

PALÁCIO, C. *Cristianismo e história*. São Paulo, 1982.

PAZ, J.; TELLES, M. "Arquidiocese sob nova linha teológica". *Diário de Pernambuco*, 2-7-2009.

PIRES, J. M. "Homilia". *Missa dos Quilombos* [LP]. Recife, 1982.

PRANDINI, F.; PEDRUCCI, V. A.; DALE, F. R., ed. *As relações Igreja-Estado no Brasil*, II – durante o Governo do Marechal Costa e Silva 1967-1970; III – durante o Governo do General Médici 1970-1974; IV – durante o Governo do General Geisel 1974-1976; V – durante o Governo do General Geisel 1977; VI – durante o Governo do General Geisel 1978-1979. São Paulo, 1987.

RICHARD, P. In: CABESTREIRO, T. *Los teólogos de la liberación en Puebla*. Madrid, 1979. p. 140.

ROSÁRIO, M. R. do S. *O Cardeal Leme (1822-1942)*. Rio de Janeiro, 1962.

SANTANA, M. H. de M. *Padre Cícero do Juazeiro: condenação e exclusão eclesial à reabilitação histórica*. Maceió, 2009.

SILVEIRA, T. *Alegorias do Homem Novo*. Rio de Janeiro, 1936.

———. *Fio d'Água*. Rio de Janeiro, 1918.

SORGE, B. *La traversata: La Chiesa dal Concílio Vaticano II a oggi*. Milano, 2010.

SUENENS, J-L. "A Unidade da Igreja na Lógica do Vaticano II". *Sedoc* 2 (1969) 97-120.

————. *Souvenirs et esperances*. Paris, 1991. p. 177. In: MARQUES, L. C. L. "As Circulares Conciliares de Dom Helder". In: CAMARA, H. *Vaticano II: Circulares Conciliares*, I, XLV.

SYDOW, E.; FERRI, M. *Dom Paulo Evaristo Arns: um homem amado e perseguido*. Petrópolis, 1999.

VIDAL, R. *Padre Cícero*. Rio de Janeiro, 1936.

Impresso na gráfica da
Pia Sociedade Filhas de São Paulo
Via Raposo Tavares, km 19,145
05577-300 - São Paulo, SP - Brasil - 2017